DEVOIRS SURVEILLÉS

collection dirigée par Pascal Clavier

1re S

Physique Chimie

2e édition

conforme au nouveau programme 2011

David Latouche

Valéry Quedru

ellipses

Troisième

📖 *Mathématiques,* Nathalie Chalard, Isabelle Étévé, 2008.

Seconde

📖 *Mathématiques*, conforme au nouveau programme 2010, David Azuelos, 2010.

📖 *Physique-Chimie*, conforme au nouveau programme 2010, Lydie Clolus, Sophie Thomas, 2011.

Première S

📖 *Mathématiques*, conforme au nouveau programme 2011, Yoan Lee, 2011.

📖 *Physique-Chimie*, conforme au nouveau programme 2011, David Latouche, Valéry Quedru, 2011.

Terminale S

📖 *Mathématiques - enseignement obligatoire*, Bruno Ciolfi, 2008.

📖 *Mathématiques - enseignement de spécialité*, Claudette Marion, 2008.

📖 *Physique-Chimie - enseignement obligatoire*, Vincent Davoine, Noémie Weber, 2008.

📖 *Physique-Chimie - enseignement de spécialité*, Jean-Luc Bousquet, Josiane Levy, 2008.

Terminale STG

📖 *Mathématiques*, Stéphanie Wong, 2008.

ISBN 978-2-7298-65849

32, rue Bargue 75740 Paris cedex 15

www.editions-ellipses.fr

Table des matières

PHYSIQUE
Résumé de cours
et
exercices d'application

1
Couleurs, vision et images

1. LENTILLES MINCES CONVERGENTES

1.1. Notion de lentille convergente

Une **lentille** est constituée d'un **matériau transparent** délimité par deux surfaces sphériques ou une surface plane et une surface sphérique. Une **lentille convergente** est un objet transparent à **bords minces** et à **centre épais**.

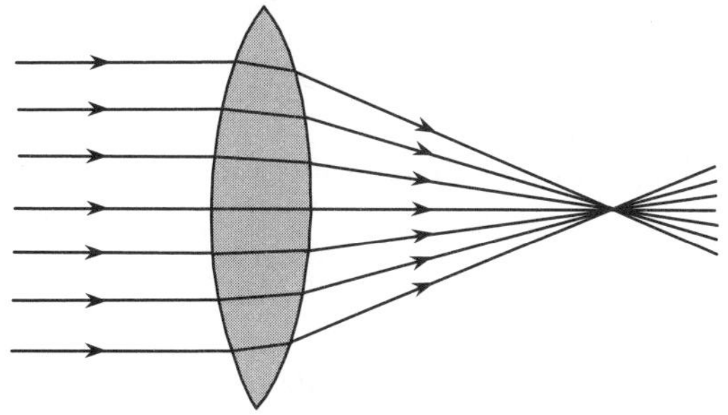

Figure 1 : lentille convergente faiblement bombée

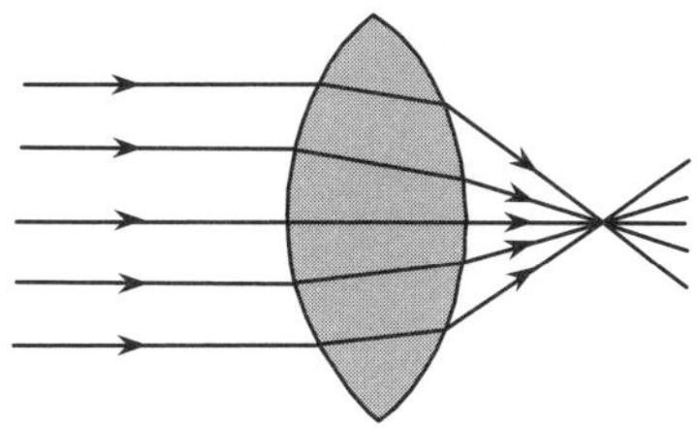

Figure 2 : lentille convergente fortement bombée

Lorsqu'un **faisceau parallèle** de lumière traverse une lentille convergente, les rayons lumineux se rapprochent les uns des autres et se coupent en un **point unique**.

Plus une lentille convergente est **bombée**, plus elle est **convergente**, c'est-à-dire plus les rayons lumineux émergents se coupent près d'elle.

1.2. Modélisation d'une lentille mince convergente

Une lentille mince convergente est caractérisée par son **centre optique** O, son **axe optique** Δ, son **foyer image** F' et son **foyer objet** F.

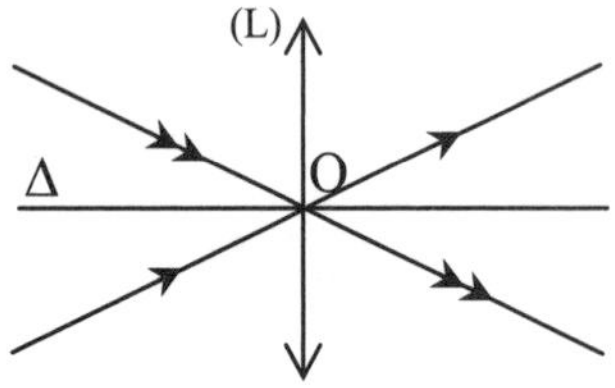

Centre optique et axe optique

Le **centre optique** O coïncide avec le centre géométrique de la lentille.
Tout **rayon passant par le centre optique** O de la lentille **n'est pas dévié**.
L'**axe optique** Δ passe par O et est perpendiculaire au plan de la lentille.

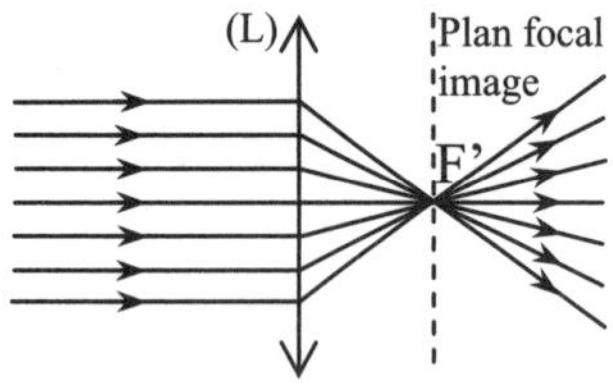

Foyer image F'

Tous les **rayons lumineux incidents, parallèles à l'axe optique**, **émergent** en **un point unique** F' appelé **foyer image**.
Le plan contenant F', et perpendiculaire à l'axe optique, est appelé **plan focal image**.

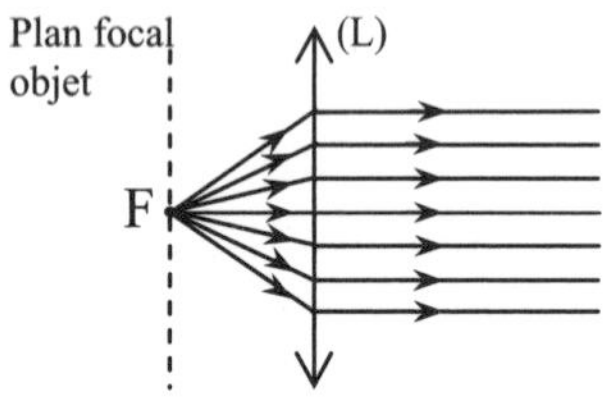

Foyer objet F

Tous les **rayons incidents issus du foyer objet** F **émergent parallèlement à l'axe optique**.
Le plan contenant F et perpendiculaire à l'axe optique est appelé **plan focal objet**.

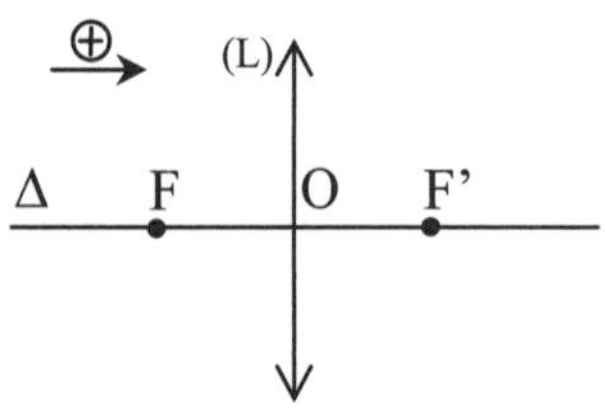

Convention d'algébrisation

L'**axe optique** Δ est **orienté** dans le **sens de propagation de la lumière**, soit sur le schéma ci-contre, de la gauche vers la droite.
La grandeur algébrique $\overline{OF'} > 0$ signifie que F' se trouve à droite de O alors que $\overline{OF} < 0$ indique que F est positionné à gauche de O.

Figure 3 : modélisation d'une lentille mince convergente (L)

Distance focale image et vergence

La **distance focale image** d'une lentille convergente est la grandeur positive définie par $f' = \overline{OF'}$. Elle s'exprime en **mètres** (m).
La **vergence** V d'une lentille convergente est l'**inverse** de la **distance focale** :

$$V = \frac{1}{\overline{OF'}} = \frac{1}{f'}$$

Elle s'exprime en **dioptries** (δ) et est **positive** pour une **lentille convergente**.

Remarque

Une lentille est très convergente si sa distance focale est courte et donc sa vergence élevée.

1.3. Construction géométrique de l'image

L'objet est situé entre l'infini et le foyer objet.

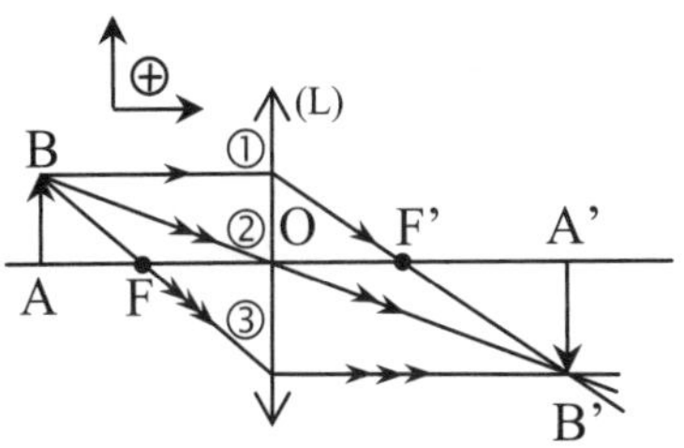

Figure 4 : rayons remarquables

Pour déterminer l'image B' d'un point objet B, situé en dehors de l'axe optique, on utilise deux des **trois rayons remarquables** suivants :

– le **rayon ①** issu de B, parallèle à l'axe optique et qui émerge en passant par F',
– le **rayon ②** issu de B, passant par O et qui n'est pas dévié,
– le **rayon ③** issu de B, passant par F qui émerge parallèlement à l'axe optique.

L'image du point objet A, projeté orthogonal de B sur l'axe optique Δ, est alors le point image A', projeté orthogonal de B' sur Δ. L'**image** de l'**objet** est **renversée** et elle est nette sur un écran placé en A'.

L'objet est situé entre le foyer objet et le centre optique.

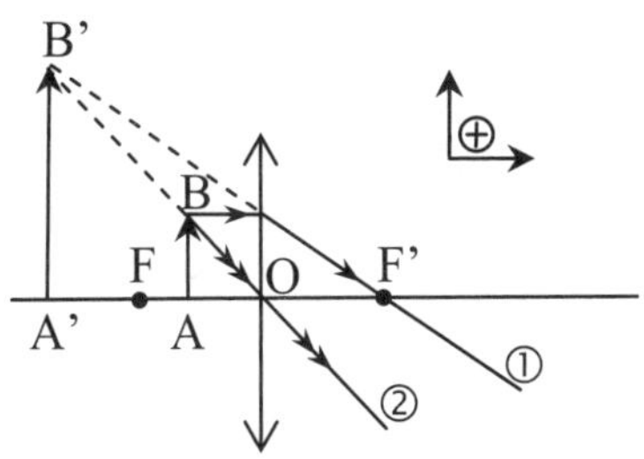

Figure 5 : rayons remarquables

Les rayons ① et ② semblent provenir du point B'.
L'image se forme du même côté que l'objet : on ne peut pas la recueillir sur un écran (**image virtuelle**). On peut l'observer à condition de se placer à droite de la lentille en regardant à travers elle.
L'**image** est **plus grande** que l'**objet** et de **même sens**.

Remarque

Lorsqu'un objet est à l'infini, les rayons lumineux qui en sont issus, arrivent parallèlement entre eux sur la lentille.

Exercice d'application 1

Un objet AB est déplacé le long de l'axe optique d'une lentille convergente dont la distance focale image est f'. Construire la position de l'image lorsque l'objet AB est :

1. à l'infini **2.** à $\overline{OA} = -4 f'$ **3.** à $\overline{OA} = -2 f'$

4. à $\overline{OA} = -f'$ **5.** à $\overline{OA} = -0,5 f'$.

Corrigé

Pour construire l'image A'B' d'un objet AB, il suffit de tracer deux des trois rayons lumineux remarquables issus du point objet B situé en dehors de l'axe optique.

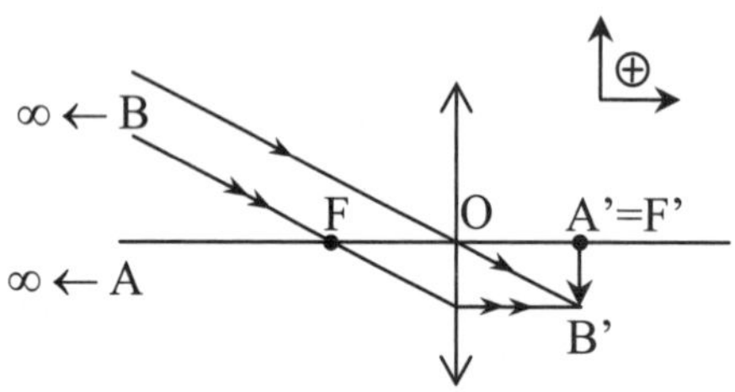

1. L'objet AB est à l'infini.

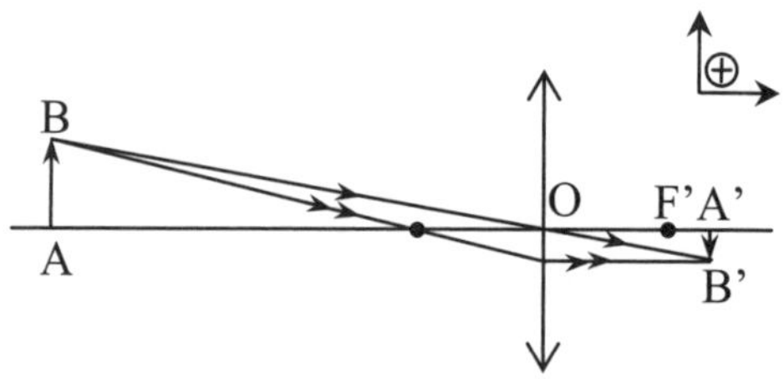

2. L'objet AB est tel que $\overline{OA} = -4 f'$

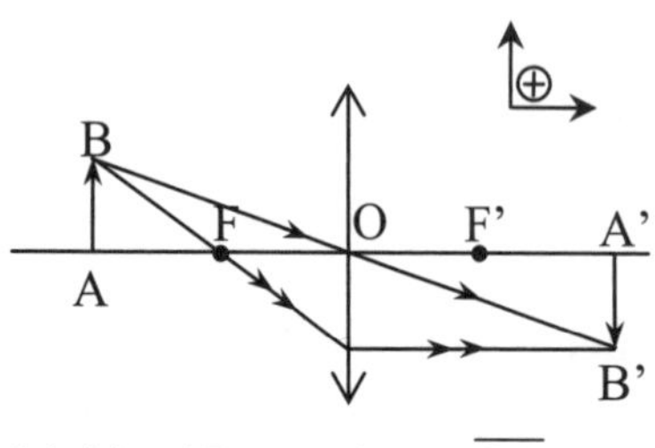

3. L'objet AB est tel que $\overline{OA} = -2 f'$

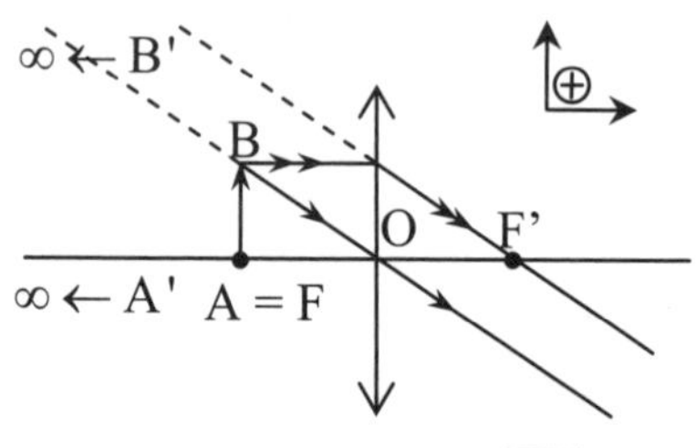

4. L'objet AB est tel que $\overline{OA} = -f'$

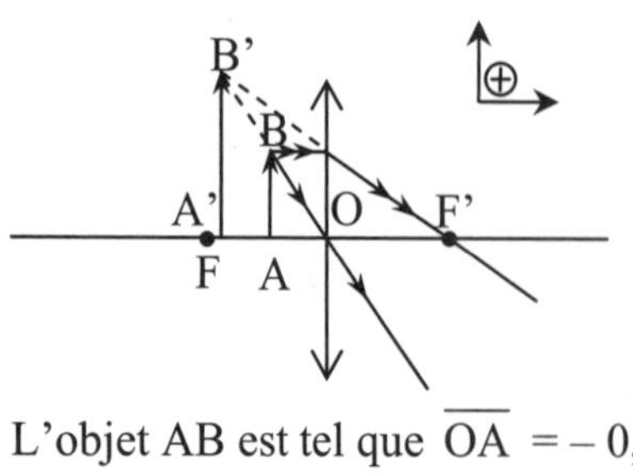

5. L'objet AB est tel que $\overline{OA} = -0,5 f'$

Remarques : l'image d'un objet à l'infini se forme dans le plan focal image de la lentille (cas **1.**).
Lorsque l'objet se trouve dans le plan focal objet de la lentille, son image se forme à l'infini (cas **4.**)

1.4. Relations de conjugaison et de grandissement

Les positions relatives d'un point objet A et de son image A' formée par une lentille convergente de centre optique O et de foyer image F' sont fournies par la **relation de conjugaison** :

$$\boxed{\frac{1}{\overline{OA'}} - \frac{1}{\overline{OA}} = \frac{1}{\overline{OF'}}} \text{ ou } \boxed{\frac{1}{\overline{OA'}} - \frac{1}{\overline{OA}} = \frac{1}{f'}}$$

Les tailles relatives d'un objet et de son image sont caractérisées par le **grandissement transversal** :

$$\boxed{\gamma = \frac{\overline{A'B'}}{\overline{AB}} = \frac{\overline{OA'}}{\overline{OA}}}$$

Si $\gamma > 0$, l'image et l'objet sont de même sens.
En revanche si $\gamma < 0$, l'image est renversée.

✍ Exercice d'application 2

1. Une lentille mince convergente de centre optique O a pour vergence V = 5,0 δ. Calculer sa distance focale f '.
2. On place la lentille devant un objet de hauteur 12 mm placé à 15 cm de O.
a) Calculer la position de l'image A'B' donnée par la lentille.
b) Calculer le grandissement de l'image.
c) Calculer la dimension de l'image.
3. Retrouver la position et la grandeur de l'image en utilisant une construction graphique.
4. Quelle fonction réalise la lentille utilisée dans ces conditions ?
5. Calculer la distance qui doit séparer l'objet de la lentille pour qu'une personne puisse observer une image grossie sans accommoder ? Faire une construction graphique.

Corrigé

1. Par définition, la distance focale image f ' = $\overline{OF'}$ de la lentille convergente est donnée par $\boxed{f' = \frac{1}{V}}$ A.N. : $f' = \frac{1}{5,0} = $ **+ 0,20 m**.

2. a) On obtient la position $\overline{OA'}$ de l'image à l'aide de la relation de conjugaison

$$\frac{1}{\overline{OA'}} - \frac{1}{\overline{OA}} = \frac{1}{\overline{OF'}} \Rightarrow \frac{1}{\overline{OA'}} = \frac{1}{\overline{OF'}} + \frac{1}{\overline{OA}} \Rightarrow \frac{1}{\overline{OA'}} = \frac{\overline{OA} + \overline{OF'}}{\overline{OA}.\overline{OF'}}$$

soit finalement : $$\boxed{\overline{OA'} = \frac{\overline{OA}\ .\ \overline{OF'}}{\overline{OA} + \overline{OF'}}}$$

A.N. : $\overline{OA'} = \dfrac{(-0{,}15)\times(0{,}20)}{(-0{,}15)+(0{,}20)} = -$ **0,60 m**.

L'image A'B' se situe 0,60 m avant le centre optique O de la lentille convergente.

b) Par définition : $\boxed{\gamma = \dfrac{\overline{OA'}}{\overline{OA}}}$ A.N. : $\gamma = \dfrac{-0{,}60}{-0{,}15} = +$ **4,0**.

Le grandissement étant positif, l'image et l'objet ont le même sens. L'image est 4 fois plus grande que l'objet.

c) Par définition $\gamma = \dfrac{\overline{A'B'}}{\overline{AB}}$ soit $\boxed{\overline{A'B'} = \gamma\ \overline{AB}}$

A.N. : $\overline{A'B'} = 4{,}0 \times 12.10^{-3} =$ **$4{,}8.10^{-2}$ m**.

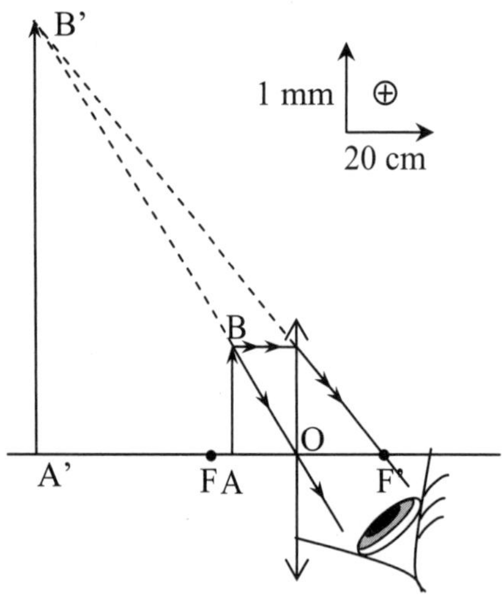

3. Pour construire l'image A'B' de l'objet AB, il suffit de tracer deux des trois rayons lumineux remarquables issus du point objet B situé en dehors de l'axe optique.

4. L'image (virtuelle) de l'objet est droite et grossie : elle peut être vue par un observateur situé à droite de la lentille et regardant à travers elle. Dans ces conditions, la lentille convergente se comporte comme une loupe.

5. Pour que l'œil de l'observateur n'accommode pas, il faut que l'image A'B' de l'objet soit rejetée à l'infini. Utilisons la relation de conjugaison afin de déterminer $\overline{OA}$ lorsque A' est à l'infini.

$$\frac{1}{\overline{OA'}} - \frac{1}{\overline{OA}} = \frac{1}{\overline{OF'}} \Rightarrow \frac{1}{\overline{OA}} = \frac{1}{\overline{OA'}} - \frac{1}{\overline{OF'}}$$

Or, lorsque A' est à l'infini $\dfrac{1}{\overline{OA'}} = 0 \Rightarrow \dfrac{1}{\overline{OA}} = -\dfrac{1}{\overline{OF'}} \Rightarrow \boxed{\overline{OA} = -\overline{OF'} = \overline{OF}}$.

Le point objet A est donc confondu avec F : l'objet est dans le plan focal objet de la lentille.

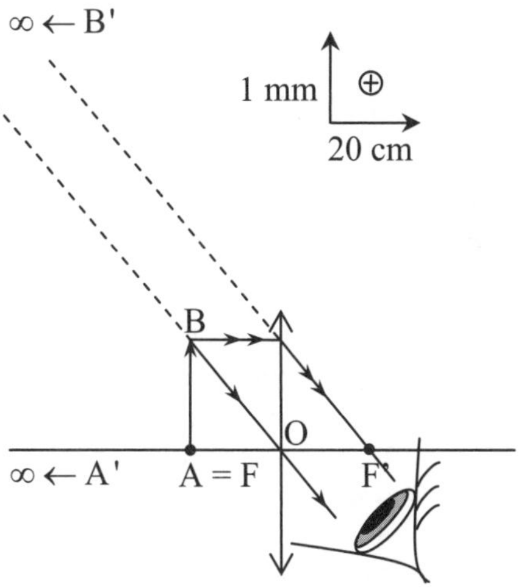

2. L'ŒIL

2.1. Description simplifiée de l'œil

Pour que l'on puisse voir un objet, celui-ci doit **produire** de la lumière (le Soleil, une lampe…) ou **diffuser** celle qu'il reçoit (la Lune, les pages d'un livre…). Après être passée à travers différents milieux, la lumière doit ensuite **pénétrer dans l'œil**.

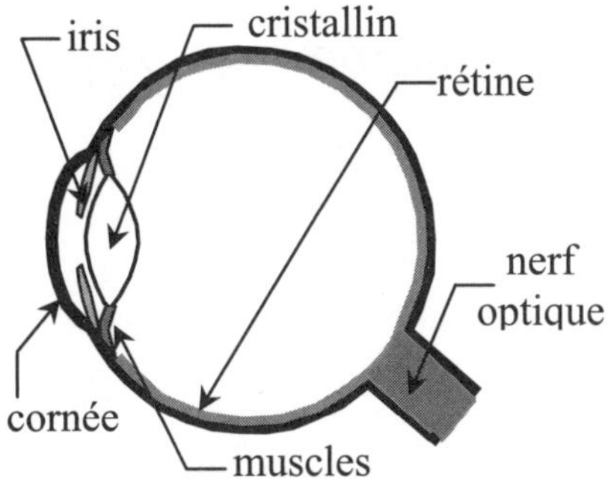

Figure 6 : schématisation simplifiée d'un œil

L'œil est un récepteur lumineux sensible aux radiations lumineuses dont la longueur d'onde λ est comprise entre **400 nm** et **700 nm**.

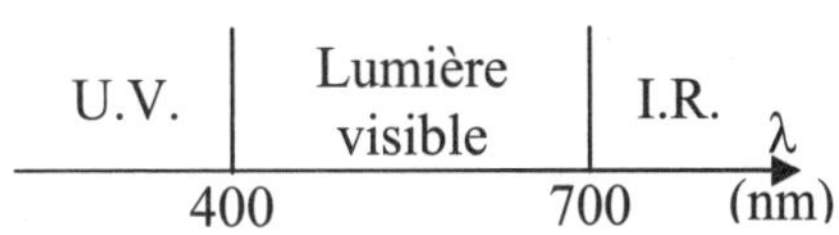

Schématiquement, d'un point de vue optique, l'œil est composé du **cristallin**, assimilable à une **lentille convergente** que des muscles peuvent rendre plus ou moins bombée afin de permettre la formation des images des objets sur la **rétine**, membrane constituée de **cellules photosensibles** (**cônes** pour la **vision diurne** et

bâtonnets pour la **vision nocturne**). La **pupille**, orifice au centre de l'iris coloré, en se dilatant ou en se contractant, laisse passer plus ou moins de lumière. Les images renversées qui se forment sur la rétine sont transmises par le nerf optique au cerveau qui se charge de les interpréter.

2.2. Le modèle de l'œil réduit

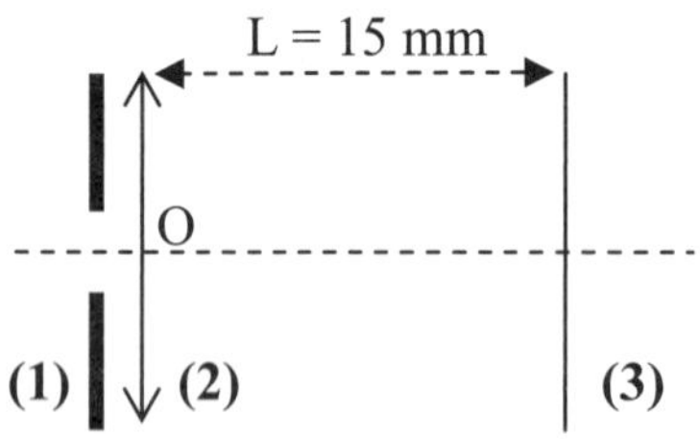

Figure 7 : œil réduit

Pour le physicien, l'œil peut être modélisé par une **lentille mince convergente** de distance focale variable (le **cristallin**) placée à une distance fixe d'environ 15 mm d'un **écran** (la **rétine**). Un **diaphragme** (la **pupille**) limite l'extension spatiale du faisceau lumineux pénétrant l'œil réduit.

(1) Diaphragme ↔ pupille
(2) Lentille convergente ↔ cristallin
(3) Ecran ↔ rétine

2.3. L'accommodation

Le **point le plus proche** vu par l'œil est le ***punctum proximum*** (P.P.). Pour un **œil normal** (dit **emmétrope**), il est situé à environ **25 cm** devant l'œil. Le **point le plus éloigné** vu par l'œil est le ***punctum remotum*** (P.R.). Pour un œil normal il est situé à l'**infini**.

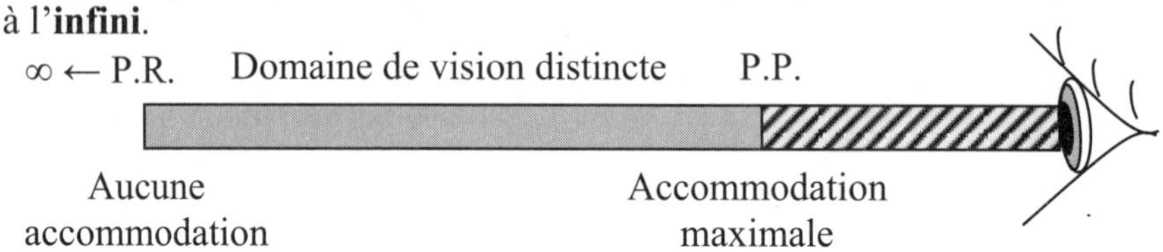

Figure 8 : domaine de vision distincte pour un œil emmétrope

L'œil ne voit nettement un objet que si son image se forme sur la rétine. **Au repos**, l'**œil** sans défaut **voit distinctement** sans effort les **objets** à l'**infini**. En revanche, lorsqu'un **objet** se situe à **distance finie** de l'œil, des **muscles déforment le cristallin** pour le rendre **plus convergent** afin de former l'image sur la rétine : c'est le phénomène d'**accommodation**.

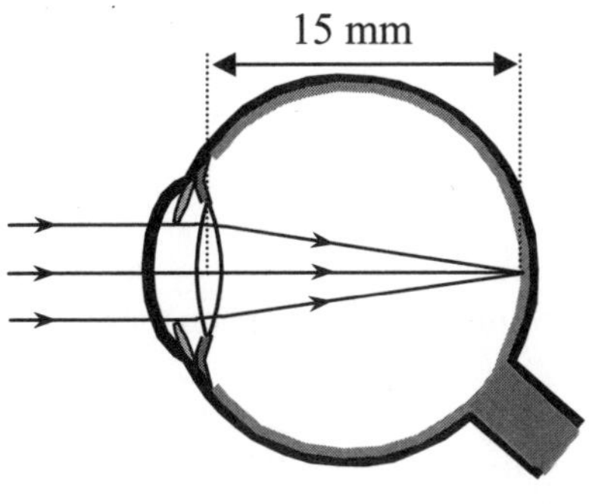

Figure 9 : vision à l'infini (l'œil est au repos, le cristallin est peu bombé)

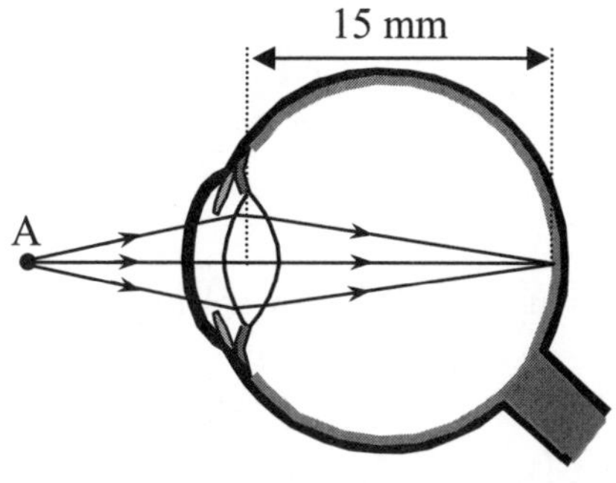

Figure 10 : vision à distance finie (l'œil accommode, le cristallin est fortement bombé)

Exercice d'application 3

On assimile l'œil à son modèle réduit, c'est-à-dire à une lentille convergente, de vergence variable (qui joue le rôle de cristallin) et à un écran (qui modélise la rétine).

1. Un œil normal est au repos.

a) Où se situe son *punctum remotum* ?

☐ à l'infini ☐ à 25 cm de l'œil ☐ à 2 m

b) Quelle est sa vergence ?

☐ $V = 3\ \delta$ ☐ $V = 0{,}3\ \delta$ ☐ $V = 67\ \delta$

2. Quelle est la vergence d'un œil normal observant un objet placé au punctum proximum ?

☐ $V = 63\ \delta$ ☐ $V = 67\ \delta$ ☐ $V = 71\ \delta$

Corrigé

1.

a) Dans un œil normal, la rétine et le cristallin sont distants de L = 15 mm. Un tel œil est au repos lorsque l'objet A observé se trouve à l'infini tandis que son image A' se forme sur la rétine.

b) Soit O le centre optique du cristallin, A un objet et A' son image formée sur la rétine.

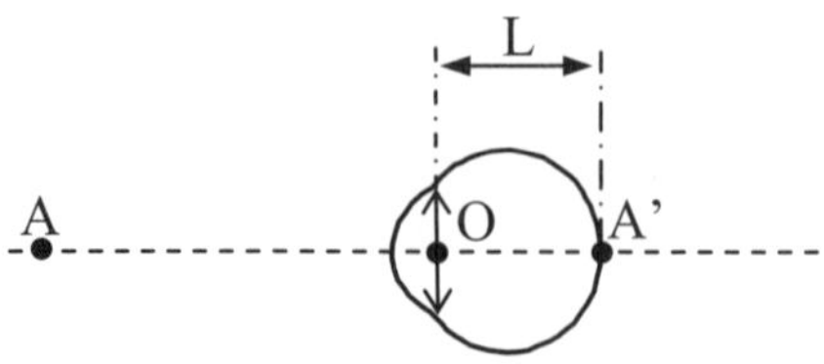

Lorsque l'objet A est à l'infini $\left(\frac{1}{\overline{OA}} \simeq 0\right)$, la relation de conjugaison permet de calculer la vergence V_{PR} de l'œil au repos :

$$\frac{1}{\overline{OA'}} - \frac{1}{\overline{OA}} = \frac{1}{\overline{OF'}} = V_{PR} \Rightarrow \boxed{V_{PR} = \frac{1}{\overline{OA'}} = \frac{1}{L}} \quad \text{A.N. : } V_{PR} = \frac{1}{15.10^{-3}} = \mathbf{67\ \delta}$$

2. Lorsqu'un œil normal observe un objet situé au *punctum proximum*, on a simultanément $\overline{OA} = -25$ cm et $\overline{OA'} = 15$ mm. La relation de conjugaison permet de calculer la vergence V_{PP} de l'œil accommodant au maximum :

$$\frac{1}{\overline{OA'}} - \frac{1}{\overline{OA}} = \frac{1}{\overline{OF'}} = V_{PP} \Rightarrow V_{PP} = \frac{1}{\overline{OA'}} - \frac{1}{\overline{OA}} \quad \text{A.N. : } V_{PP} = \frac{1}{15.10^{-3}} - \frac{1}{-25.10^{-2}}$$

$V_{PP} = \mathbf{71\ \delta}$

On remarque que plus un objet est proche de l'œil, plus celui-ci accommode et plus sa vergence augmente : son cristallin est plus convergent, donc plus bombé.

Exercice d'application 4

La myopie et l'hypermétropie sont des défauts courants de l'œil.

1. L'œil myope et sa correction.

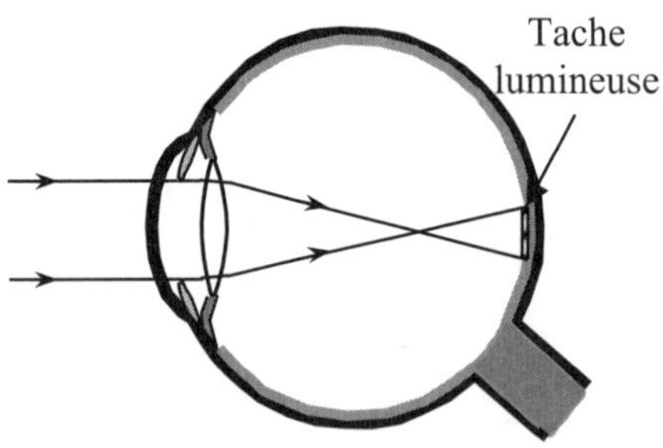

Œil myope au repos

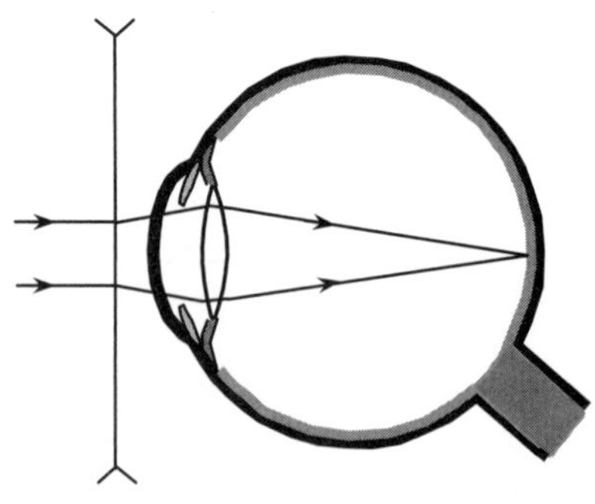

Œil myope au repos corrigé

a) Quand un œil myope est au repos, les rayons convergent par rapport à la rétine :
☐ *en avant* ; ☐ *en arrière* ;

b) L'image d'un point devient alors une tache sur la rétine. L'image est alors :
☐ *nette* ; ☐ *floue* ;

c) Le globe oculaire de l'œil myope est :

☐ *plus profond,* ☐ *moins profond,*
que celui de l'œil normal ou le cristallin est
☐ *pas assez convergent* ; ☐ *trop convergent* ;

d) Pour corriger ce défaut, on place devant l'œil myope une lentille :
☐ *convergente.* ☐ *divergente.*

2. L'œil hypermétrope et sa correction.

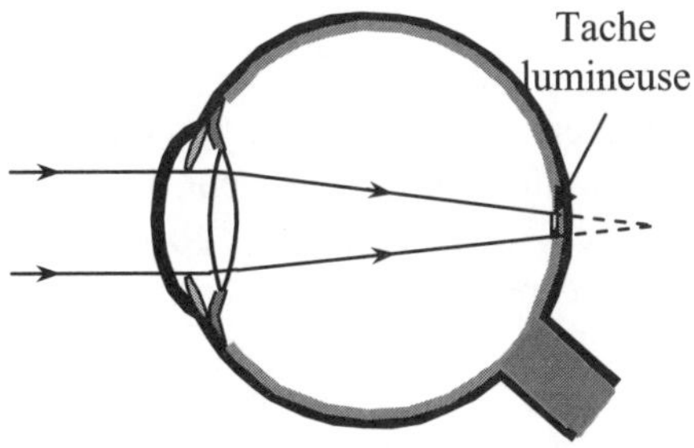

Œil hypermétrope au repos

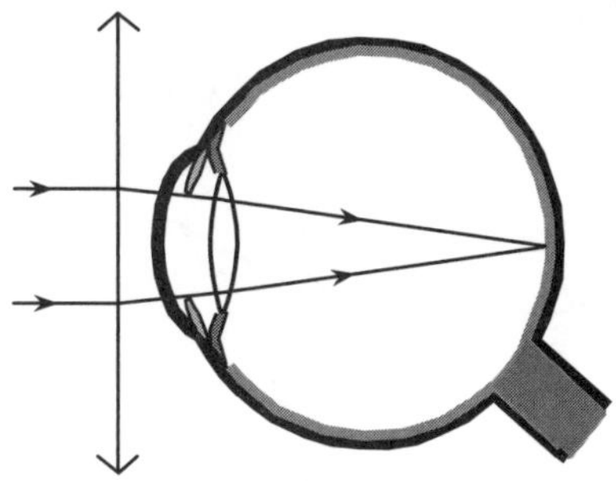

Œil hypermétrope au repos corrigé

a) Quand un œil hypermétrope est au repos, les rayons convergent par rapport à la rétine :
☐ *en avant* ; ☐ *en arrière* ;

b) L'image d'un point devient alors une tache sur la rétine. L'image est alors :
☐ *nette* ; ☐ *floue* ;

c) Le globe oculaire de l'œil hypermétrope est :
☐ *plus profond,* ☐ *moins profond,*
que celui de l'œil normal, ou le cristallin est :
☐ *pas assez convergent* ; ☐ *trop convergent* ;

d) Pour corriger ce défaut, on place devant l'œil hypermétrope une lentille :
☐ *convergente* ; ☐ *divergente* ;

Corrigé

1.

a) Quand un œil myope est au repos, les rayons convergent par rapport à la rétine ☑ *en avant.*

b) L'image d'un point devient une tache sur la rétine. L'image est alors ☑ *floue.*

c) Le globe oculaire de l'œil myope est ☑ *plus profond*, que celui de l'œil normal ou le cristallin est ☑ *trop convergent.*

d) Pour corriger ce défaut, on place devant l'œil myope une lentille ☑ *divergente.*

2.

a) Quand un œil hypermétrope est au repos, les rayons convergent par rapport à la rétine ☑ *en arrière.*

b) L'image d'un point devient une tache sur la rétine : l'image est ☑ *floue.*

c) Le globe oculaire de l'œil myope est ☑ *moins profond*, que celui de l'œil normal ou le cristallin est ☑ *pas assez convergent*.
d) Pour corriger ce défaut, on place devant l'œil myope une lentille ☑ *convergente*.

2.4. Interprétation d'une image par le cerveau

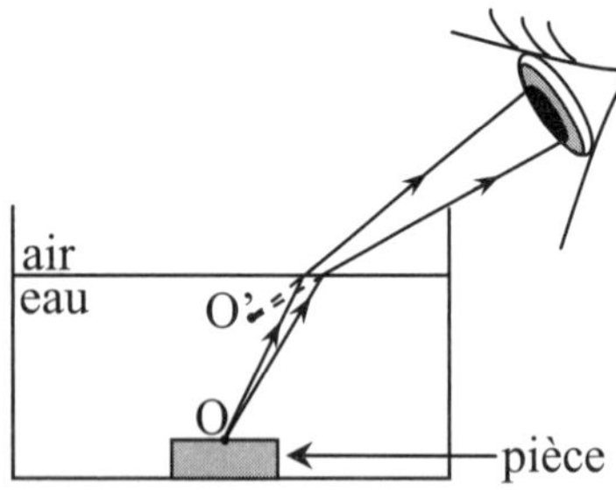

Figure 11 : interprétation de la position d'un objet par le cerveau

Lorsque la lumière issue d'un objet pénètre dans l'œil après un parcours non rectiligne dû à un changement de milieu (phénomène de réfraction), l'**objet vu** est **interprété** par le **cerveau** comme étant localisé dans la direction des rayons qui entrent dans l'œil. Nous ne voyons pas l'objet lui-même mais son image.
Ainsi sur la figure 11, la pièce au fond du récipient contenant de l'eau n'est pas vue à l'endroit où elle se trouve réellement.
En effet les prolongements des rayons lumineux qui pénètrent dans l'œil se coupent en O'. Pour le cerveau, les rayons semblent provenir de O' et non de O : l'image de l'objet est donc vue au-dessus de la position qu'il occupe dans la réalité.

3. QUELQUES INSTRUMENTS D'OPTIQUE

3.1. Comparaison simplifiée de l'œil et d'un appareil photographique

Du point de vue fonctionnel, l'**œil** et l'**appareil photographique** comportent des **organes** dont les **rôles** sont **comparables**.
Dans l'**appareil photographique**, une **lentille convergente** (ou une association de lentilles), appelée **objectif**, permet la formation d'une image sur une **surface photosensible** (**pellicule** argentique ou **cellules CCD**).
Dans de nombreux appareils photographiques, la **distance focale** f' de l'objectif est **constante**. La **mise au point** est alors assurée par la **modification** de la **distance** entre l'**objectif** et la **surface photosensible** : lorsqu'un objet se rapproche de l'objectif cette distance augmente.

Œil	Appareil photographique
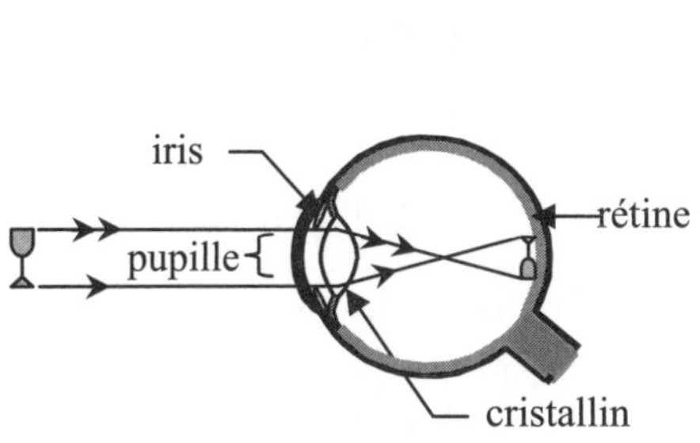	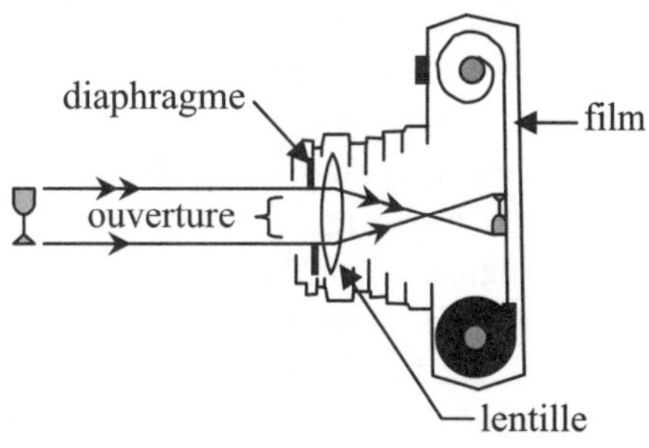
Analogies	
• Cristallin • Iris • Pupille • Rétine • Accommodation • Cônes et bâtonnets	• Lentille • Diaphragme • Ouverture • Surface photosensible • Mise au point • Sel d'argent ou cellule CCD
Différences	
• Cristallin élastique • Distance cristallin-rétine fixe • Distance focale du cristallin variable • Image subjective conçue par le cerveau • Résolution élevée	• Lentille rigide • Distance lentille-film variable • Distance focale de l'objectif fixe • Image objective • Résolution basse

✍ Exercice d'application 5

Les éléments essentiels d'un appareil photographique sont l'objectif et la pellicule. L'appareil photographique doit donner, d'un objet réel (arbre, voiture, personnage...), une image réelle nette qui doit se former dans le plan de la pellicule. Un appareil photographique « autofocus » (appareil qui effectue automatiquement la mise au point de l'objet) « 24 x 36 » (dimensions en mm de la pellicule) a un objectif de « focale » 50 mm.

Pour illustrer le principe de fonctionnement de l'appareil photographique, on modélise l'objectif par une lentille mince.

La mise au point sur l'objet à photographier, qui est automatique dans ce cas, règle la distance lentille-pellicule entre 50 et 55 mm, pour que l'image se forme sur la pellicule.

1. Questions qualitatives

a) La lentille mince qui modélise l'objectif de l'appareil photographique est-elle une lentille convergente ou une lentille divergente ? Justifier.

b) L'image obtenue est-elle droite ou renversée par rapport à l'objet ? Justifier à l'aide d'un schéma.

c) Quelle est la distance lentille-pellicule quand l'objet photographié est situé à une distance pratiquement infinie ?

d) La distance lentille-pellicule augmente-t-elle ou diminue-t-elle si on photographie un objet plus proche de l'objectif ? Justifier à l'aide de schéma(s).

e) Que devient la taille de l'image de l'objet photographié quand la distance objet-lentille diminue ? Justifier en schématisant.

2. La mise au point

a) Expliquer l'intérêt de la mise au point.

b) Déterminer la distance minimale qui peut séparer l'objet à photographier de l'objectif.

c) Un déplacement de la lentille par rapport à la pellicule inférieur à 0,25 mm ne peut être décelable. Montrer que tous les objets situés au-delà d'une distance de 10,0 m de l'objectif peuvent être considérés à l'infini. La justification passe par le calcul numérique pour la distance de 10,0 m.

d) On photographie un enfant de hauteur h = 1,0 m situé au pied d'un arbre de hauteur h'= 4,0 m. Lorsque la mise au point sur l'enfant et l'arbre est faite, la distance entre la lentille et l'enfant est de 2,0 m. Peut-on avoir sur la pellicule l'image entière de l'enfant et de l'arbre ?

Corrigé

1. Questions qualitatives

a) Une lentille convergente donne une image réelle d'un objet réel à photographier situé avant le foyer objet.

b)

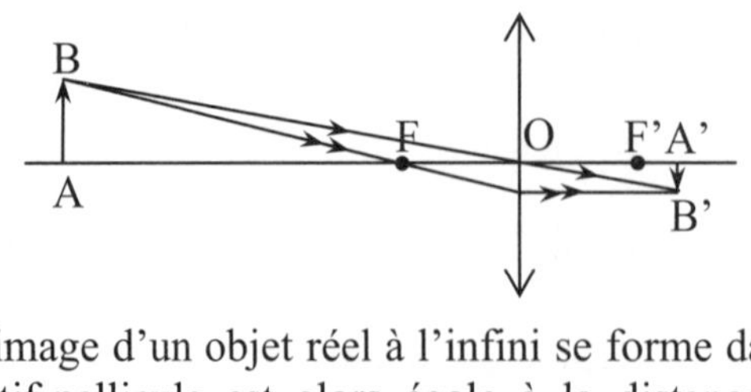

L'image d'un objet à travers une lentille convergente est renversée (voir construction ci-contre) si celui-ci est situé avant le foyer objet F.

c) L'image d'un objet réel à l'infini se forme dans le plan focal image : la distance objectif-pellicule est alors égale à la distance focale de la lentille, c'est-à-dire f' = 50 mm.

d) Quand on rapproche l'objet réel de la lentille, l'image réelle s'éloigne de la lentille ; la distance objectif-pellicule augmente (voir schéma ci-contre).

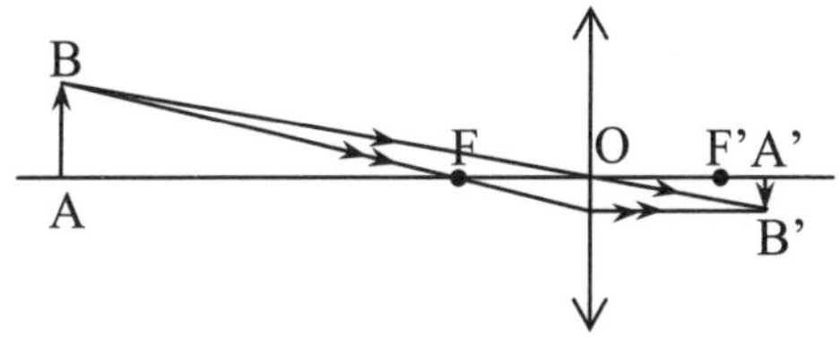

e) Quand on rapproche l'objet réel de la lentille, si l'image est réelle alors la taille de l'image augmente (voir schéma ci-contre).

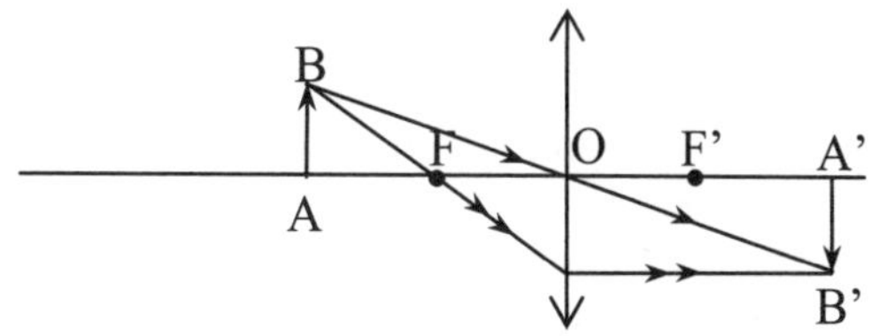

2. La mise au point

a) D'après les questions qualitatives, quand la distance objet-lentille diminue, la distance lentille-image augmente. Pour avoir une image nette il faut que la distance lentille-pellicule ait la valeur correspondante à la distance objet-lentille (voir 1.d).

b) $\overline{OA'}_{max} = 55\text{ mm} = 55.10^{-3}\text{ m}$

D'après la relation de conjugaison : $\frac{1}{\overline{OA'}} - \frac{1}{\overline{OA}} = \frac{1}{\overline{OF'}}$ d'où $\overline{OA} = \frac{\overline{OA'}\,.\,\overline{OF'}}{\overline{OF'} - \overline{OA'}}$

Donc $\boxed{\overline{OA}_{min} = \frac{\overline{OA'}_{max}\,.\,\overline{OF'}}{\overline{OF'} - \overline{OA'}_{max}}}$

A.N. : $\overline{OA}_{min} = \frac{(55.10^{-3}) \times (50.10^{-3})}{(50.10^{-3}) - (55.10^{-3})} = \mathbf{-\,5{,}5.10^{-1}\ m}$

c) D'après la relation de conjugaison : $\frac{1}{\overline{OA'}} - \frac{1}{\overline{OA}} = \frac{1}{\overline{OF'}}$ d'où $\boxed{\overline{OA'} = \frac{\overline{OA}\,.\,\overline{OF'}}{\overline{OA} + \overline{OF'}}}$

A.N. : $\overline{OA'} = \frac{(-10) \times (50.10^{-3})}{(-10 + 50.10^{-3})} = \mathbf{5{,}0.10^{-2}\ m}$ soit **50 mm**

L'image d'un objet à 10 m se forme donc dans le plan focal image de la lentille. Tous les objets situés au-delà d'une distance de 10 m de l'objectif peuvent être considérés à l'infini lorsque la distance objet-lentille augmente, la distance lentille-pellicule diminue.

d) Le grandissement est donné par : $\gamma = \frac{\overline{A'B'}}{\overline{AB}} = \frac{\overline{OA'}}{\overline{OA}}$

D'après la question précédente : $\overline{OA'} = \frac{\overline{OA}\,.\,\overline{OF'}}{\overline{OA} + \overline{OF'}}$

D'où $\frac{\overline{A'B'}}{\overline{AB}} = \frac{\overline{OA'}}{\overline{OA}} = \frac{\overline{OF'}}{\overline{OA} + \overline{OF'}}$ soit $\boxed{\overline{A'B'} = \overline{AB}\,\frac{\overline{OF'}}{\overline{OA} + \overline{OF'}}}$

A.N. Pour l'enfant $\overline{A'B'} = 1,0 \dfrac{50.10^{-3}}{\left(-2,0 + 50.10^{-3}\right)} =$ **– 2,6.10^{-2} m**.

Or 26 mm < 36 mm : l'image de l'enfant sera entière.

Pour l'arbre $\overline{A'B'} = 4,0 \dfrac{50.10^{-3}}{\left(-2,0 + 50.10^{-3}\right)} =$ **– 1,0.10^{-1} m**.

Or 100 mm > 36 mm : l'image de l'arbre ne sera pas entière.

3.2. Condition d'utilisation d'un instrument d'optique sans fatigue visuelle

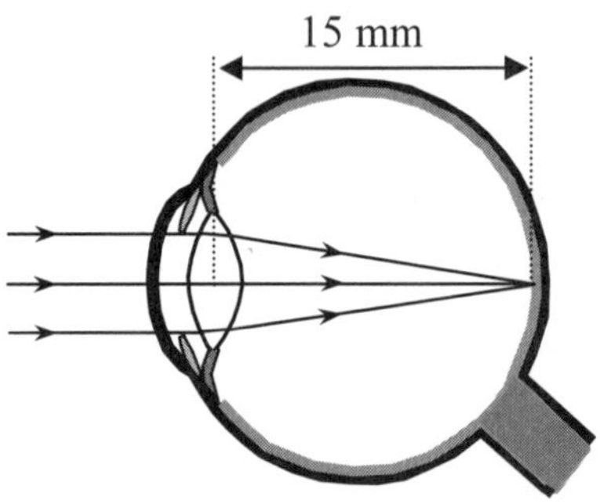

Figure 12 : œil normal au repos

Au repos, l'**œil sans défaut** voit distinctement les objets à l'**infini** car leurs images se forment sur la rétine : **il ne se fatigue pas**.
En revanche, lorsqu'un objet se situe à **distance finie** de l'œil, des **muscles déforment le cristallin** pour le rendre plus convergent afin de former l'image sur la rétine : c'est le phénomène d'**accommodation**.

En conséquence, pour réduire la fatigue visuelle de l'observateur, tous les instruments d'optique sont réglés de manière à ce que l'œil n'accommode pas lors de l'observation de l'image de l'objet donnée par le dispositif optique.

3.3. Le microscope

Un **microscope optique** est composé de **deux lentilles minces convergentes** de même axe optique : l'**objectif** (côté objet) et l'**oculaire** (côté œil). Il forme, d'un objet AB très proche de l'objectif et de petite dimension, une image définitive grossie A'B' et renversée, l'oculaire jouant le rôle de loupe.

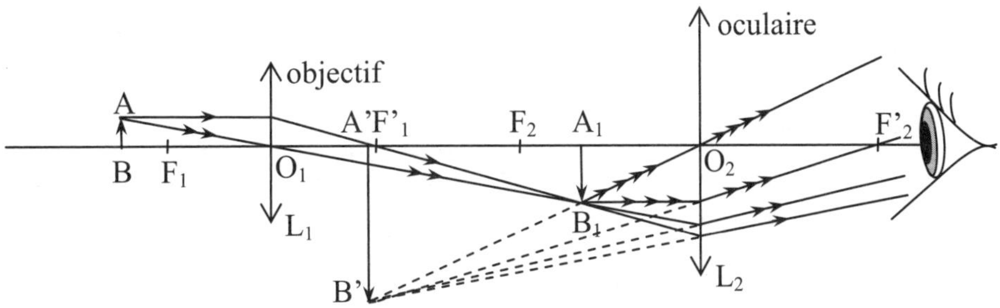

Figure 13 : schéma de principe d'un microscope optique

Pour que l'œil puisse observer l'image A'B' définitive sans accommoder, l'image intermédiaire A_1B_1 donnée par l'objectif (L_1) doit être dans le plan focal objet de l'oculaire (L_2) : A_1 est confondu avec F_2.

La distance entre l'objectif et l'oculaire d'un microscope étant fixe, la mise au point se fait en jouant sur la distance objet-objectif à l'aide d'une vis de réglage micrométrique.

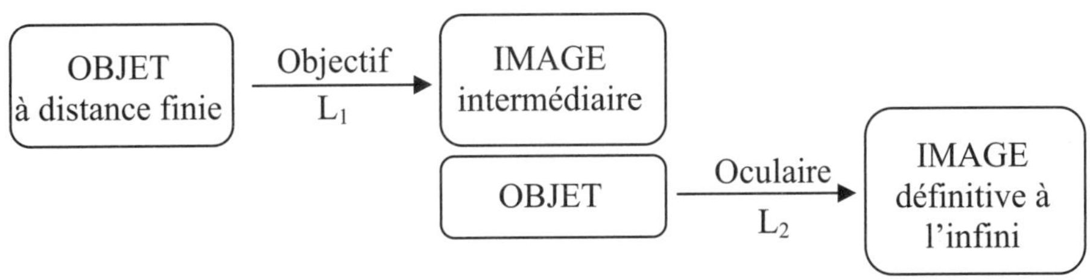

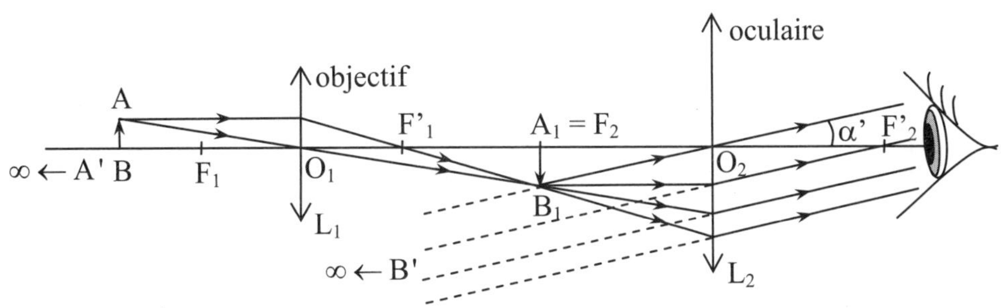

Figure 14 : schéma de principe d'un microscope optique réglé pour une observation sans accommodation

3.4. La lunette astronomique

Une **lunette astronomique** est composée de deux lentilles minces convergentes de même axe optique : l'**objectif** (côté objet) et l'**oculaire** (côté œil). Elle forme d'un objet AB à l'infini une image définitive grossie A'B' et renversée, l'oculaire jouant le rôle de loupe.

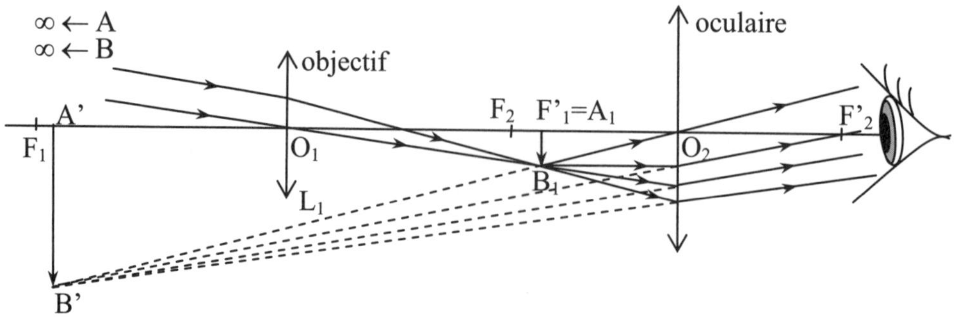

Figure 15 : schéma de principe d'une lunette astronomique

Pour que l'œil puisse observer l'image A'B' définitive sans accommoder, l'image intermédiaire A_1B_1 donnée par l'objectif (L_1) doit être dans le plan focal objet de l'oculaire (L_2) : A_1 est confondu avec F_2 et F'_1.
On réalise la mise au point en déplaçant l'oculaire par rapport à l'objectif.

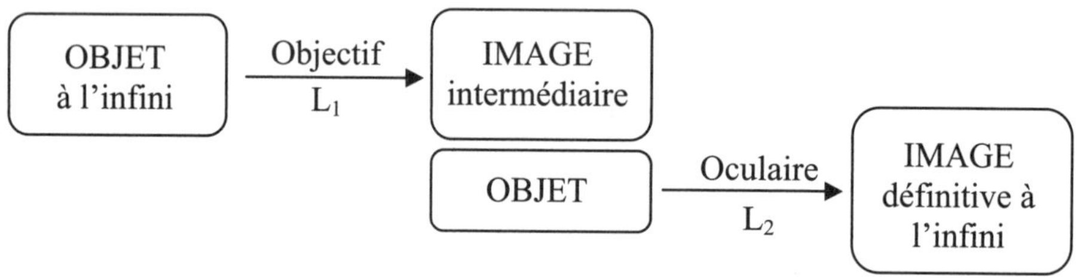

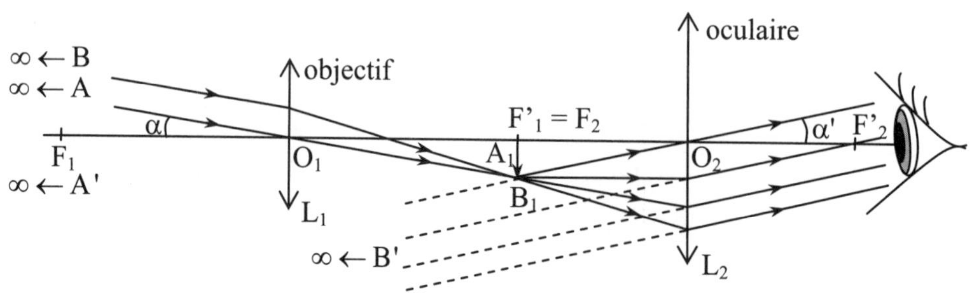

Figure 16 : schéma de principe d'une lunette astronomique réglée pour une observation sans accommodation

✍ Exercice d'application 6

Un rétroprojecteur donne d'un document transparent, disposé horizontalement sur un système d'éclairage puissant et uniforme, une image verticale agrandie, projetée sur un écran ou un mur.

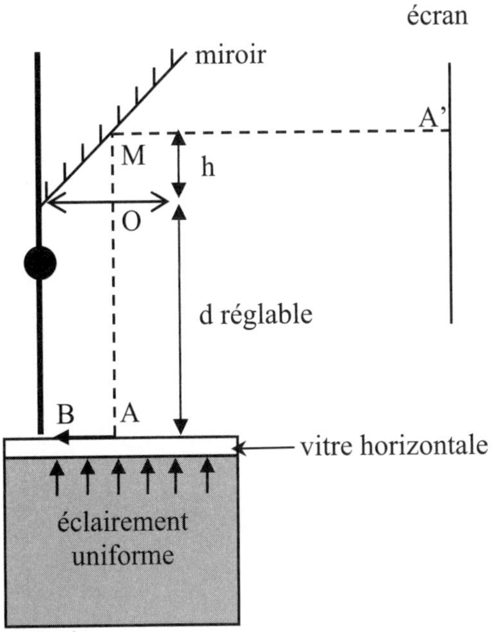

La tête de projection de l'appareil, est composée d'un miroir plan orientable et d'un système de lentilles, assimilé à une seule lentille mince convergente.
La distance d de la tête de projection à la vitre horizontale peut être réglée par l'utilisateur à l'aide d'un dispositif mécanique.

Données du constructeur :
f' = 300 mm
h = 100 mm.

1. Afin de comprendre le principe de fonctionnement de l'appareil, on retire le miroir et on forme l'image A_1B_1 d'un objet AB de longueur 20 cm au plafond. La distance parcourue par la lumière entre le point A et son image A' reste la même quand ont interpose le miroir. L'image obtenue est nette si la distance séparant la tête de projection de la vitre est OA = d = 40,0 cm.

a) Calculer dans ces conditions la position de l'image.
b) Calculer le grandissement.
c) Calculer la dimension de l'image.
d) Calculer la vergence de la lentille.

2. On remet le miroir plan et on l'incline de 45 ° par rapport au plan de la lentille.

a) Construire l'image A'B' de A_1B_1 formée par le miroir à l'échelle 1/20.
b) Quelle est la distance MA' séparant le centre du miroir de l'écran ?

3. On désire maintenant effectuer la projection du même objet AB sur un écran vertical placé à une distance MA' = 3,00 m du miroir. Pour cela on règle la distance d à une nouvelle valeur.

a) Calculer la nouvelle valeur de d permettant d'obtenir une image nette sur l'écran.
b) Calculer le grandissement obtenu dans ces conditions.
c) En déduire l'évolution de la distance d lorsque la distance miroir-écran augmente.

Corrigé

1. a) On obtient la position $\overline{OA_1}$ de l'image intermédiaire à l'aide de la relation de conjugaison :

$$\frac{1}{\overline{OA_1}}-\frac{1}{\overline{OA}}=\frac{1}{\overline{OF'}} \Rightarrow \frac{1}{\overline{OA_1}}=\frac{1}{\overline{OF'}}+\frac{1}{\overline{OA}} \Rightarrow \frac{1}{\overline{OA_1}}=\frac{\overline{OA}+\overline{OF'}}{\overline{OA}\,.\,\overline{OF'}}$$

soit finalement : $\boxed{\overline{OA_1}=\frac{\overline{OA}\,.\,\overline{OF'}}{\overline{OA}+\overline{OF'}}}$

A.N. : $\overline{OA_1}=\frac{\left(-40,0.10^{-2}\right)\times\left(300.10^{-3}\right)}{\left(-40,0.10^{-2}\right)+\left(300.10^{-3}\right)}=\mathbf{+\,1,20\ m}$

L'image intermédiaire A_1B_1 se trouve 1,20 m après le centre optique O de la lentille.

b) Par définition : $\boxed{\gamma=\frac{\overline{OA_1}}{\overline{OA}}}$

A.N. : $\gamma=\frac{1,20}{-\,0,400}=\mathbf{-\,3,00}$

Le grandissement étant négatif, l'image et l'objet ont des sens opposés. L'image est 3 fois plus grande que l'objet.

c) Par définition $\gamma=\frac{\overline{A_1B_1}}{\overline{AB}}$ soit $\boxed{\overline{A_1B_1}=\gamma\,\overline{AB}}$

A.N. : $\overline{A_1B_1}=-\,3,00\times 20.10^{-2}=\mathbf{-\,6,0.10^{-1}\ m}$.

d) Par définition $\boxed{V=\frac{1}{\overline{OF'}}=\frac{1}{f'}}$

A.N. : $V=\frac{1}{300.10^{-3}}=\mathbf{+\,3,33\ \delta}$.

2. a) On construit d'abord l'image intermédiaire A_1B_1 de l'objet AB formée par la lentille convergente en l'absence du miroir plan.
L'image définitive A'B' de l'objet AB est le symétrique de l'image intermédiaire A_1B_1 par rapport au plan du miroir.

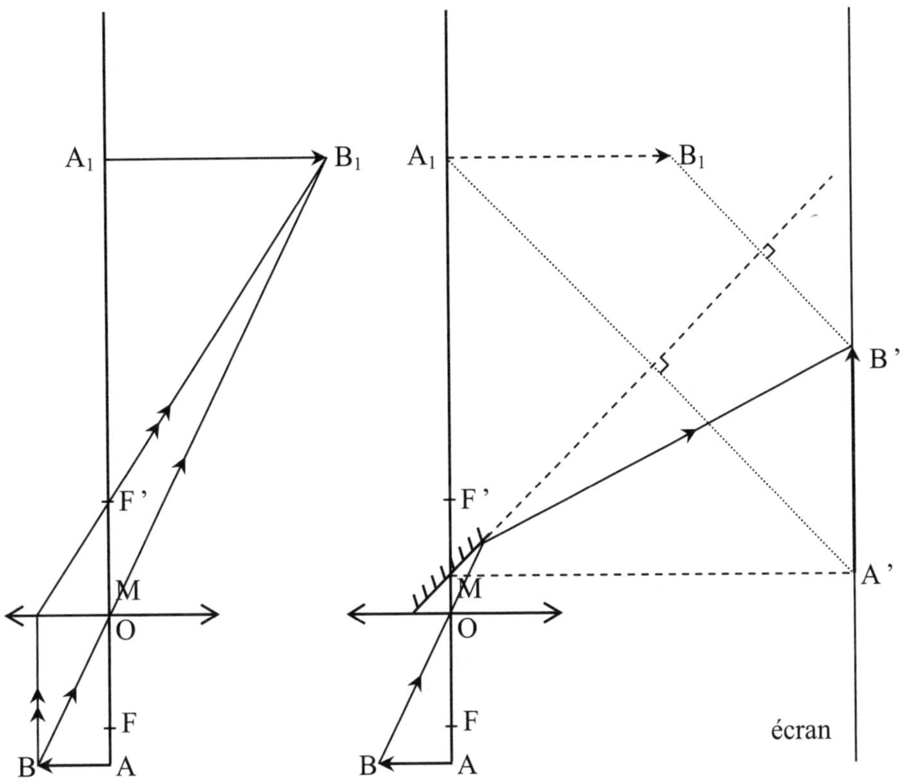

b) D'après la construction graphique précédente, $OA_1 = OM + MA_1$ ce qui implique que $MA_1 = OA_1 - OM$. Or A' étant le symétrique de A_1 par rapport au plan du miroir on a donc $MA' = MA_1 = OA_1 - OM$.
A.N. : MA' = 1,20 – 0,100 = **1,10 m**.

3. a) $MA' = OA_1 - OM$ d'où $OA_1 = MA' + OM$ soit $OA_1 = 3{,}00 + 0{,}100 =$ **3,10 m**.
On en déduit donc que $\overline{OA_1} = +\,\mathbf{3{,}10\ m}$.

Or $\dfrac{1}{\overline{OA_1}} - \dfrac{1}{\overline{OA}} = \dfrac{1}{\overline{OF'}}$ soit $\dfrac{1}{\overline{OA}} = \dfrac{1}{\overline{OA_1}} - \dfrac{1}{\overline{OF'}}$ d'où $\boxed{\overline{OA} = \dfrac{\overline{OA_1}\,.\,\overline{OF'}}{\overline{OF'} - \overline{OA_1}}}$

A.N. : $\overline{OA} = \dfrac{3{,}10 \times 0{,}300}{0{,}300 - 3{,}10}$ soit $\overline{OA} = -\,\mathbf{0{,}332\ m} = d$

b) Par définition : $\boxed{\gamma = \dfrac{\overline{OA_1}}{\overline{OA}}}$ A.N. : $\gamma = \dfrac{3{,}10}{-0{,}332} = -\,\mathbf{9{,}34}$

c) Précédemment on avait $\overline{OA} = -\ 0{,}40$ m pour une distance miroir-écran plus faible. Lorsque la distance miroir-écran augmente, la distance OA diminue.

4. COULEUR DES OBJETS

4.1. Longueurs d'onde associées aux couleurs

Une **lumière monochromatique** est une **onde électromagnétique** dont la **longueur d'onde** λ caractérise la couleur.

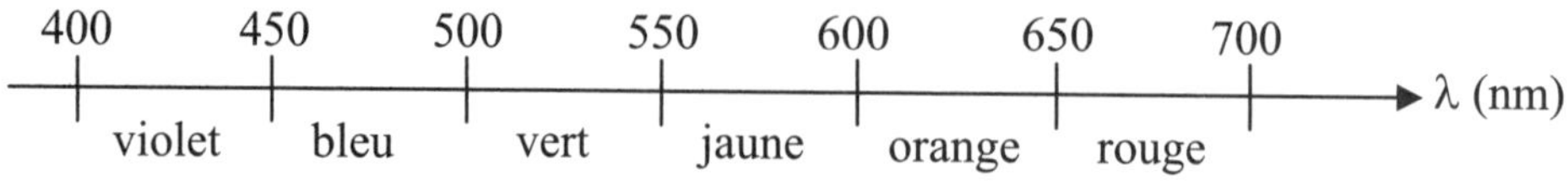

Figure 17 : couleurs et longueurs d'onde

La **lumière** dite **blanche** contient tous les rayonnements visibles par l'œil humain, c'est-à-dire toutes les **teintes de l'arc-en-ciel** ($400 \text{ nm} < \lambda < 700 \text{ nm}$).

4.2. La perception des couleurs par l'œil

La **rétine**, surface sur laquelle l'œil forme les images des objets, est tapissée de **cellules sensibles** à la lumière :
- les **bâtonnets**, dédiés à la **vision nocturne** et qui ne permettent pas la distinction des **couleurs**,
- les **cônes**, dont les 3 types, sensibles à différentes couleurs, assurent la **vision diurne**.

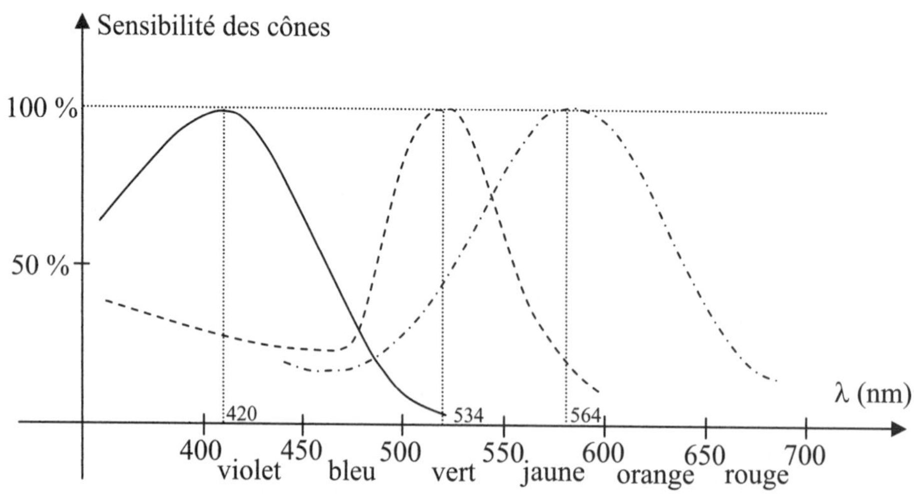

Figure 18 : sensibilité des 3 types de cônes aux différentes couleurs

Remarque

Le **daltonisme** est dû à une déficience (voir à une absence) des cônes sensibles au vert, qui empêche l'œil de distinguer le vert du rouge.

4.3. Synthèse additive des couleurs

On peut recomposer la **lumière blanche** en superposant des faisceaux de lumières **rouge**, **verte** et **bleue** : ces trois couleurs sont appelées **couleurs primaires**.

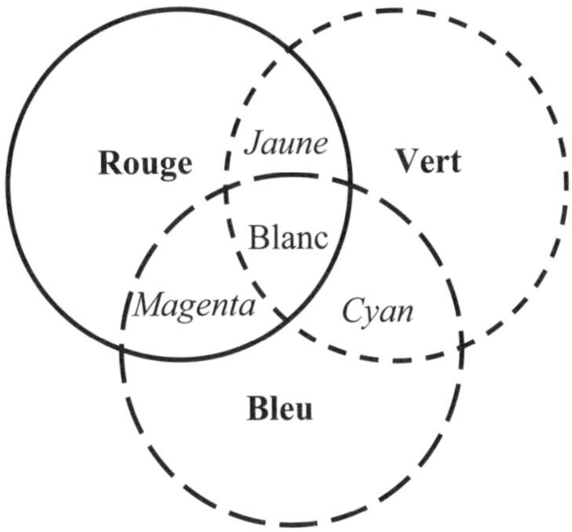

Figure 19 : synthèse additive des couleurs

La synthèse additive de deux couleurs primaires produit une couleur secondaire (jaune, cyan, magenta).

4.4. Synthèse soustractive des couleurs

On peut obtenir une lumière d'une certaine couleur en faisant passer la lumière blanche à travers un **filtre coloré** qui **absorbe toutes les couleurs sauf la sienne** : la lumière obtenue possède alors la couleur du filtre coloré utilisé.

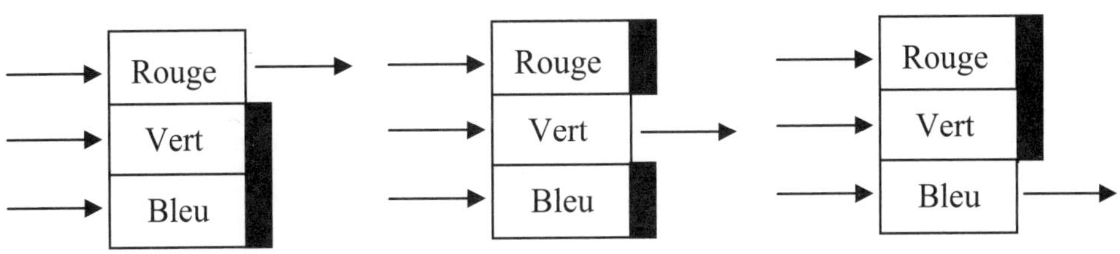

Figure 20 : chacun de ces filtres a une couleur primaire

Lorsque la **couleur du filtre** est une **couleur secondaire**, la **couleur** de la **lumière transmise** résulte de la **superposition** de **deux couleurs primaires**.

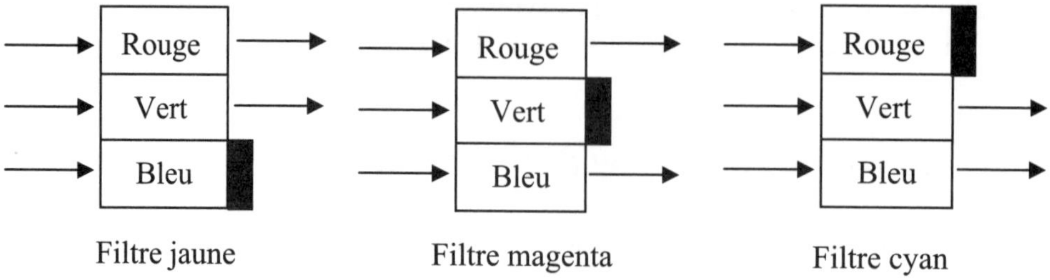

Figure 21 : chacun de ces filtres a une couleur secondaire

Exercice d'application 7

1. Déterminer la couleur de la lumière transmise si on fait passer de la lumière blanche à travers une association de filtres :

a) jaune et cyan,
b) jaune et magenta,
c) magenta et cyan,
e) jaune, magenta et cyan.

2. Deux couleurs sont dites complémentaires si elles ne transmettent pas de lumière. Déterminer les trois couples de couleurs complémentaires.

Corrigé

1.

a)

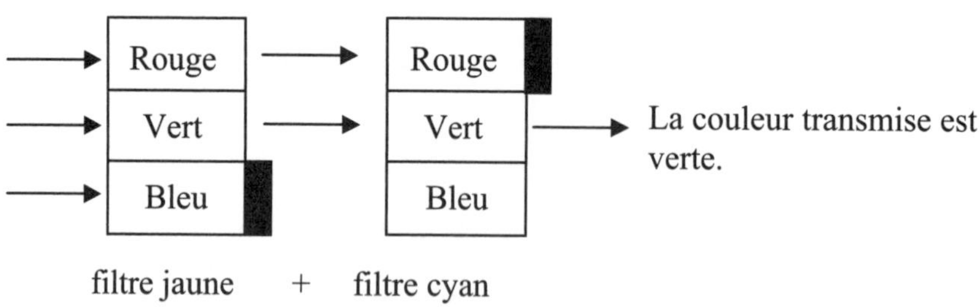

b)

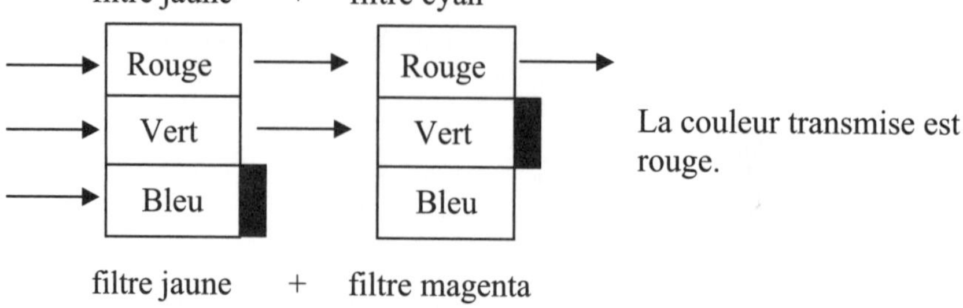

c)

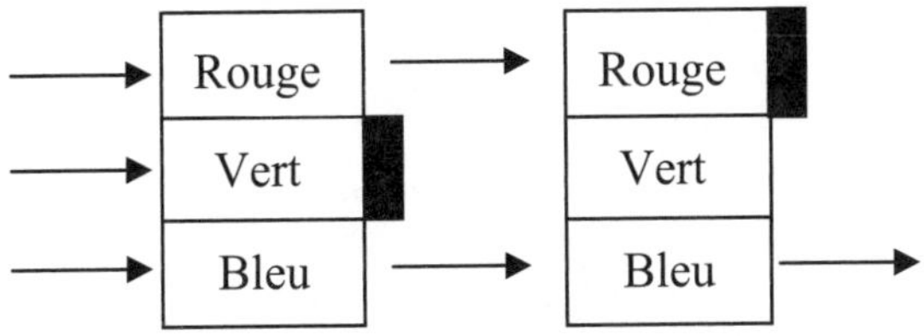

La couleur transmise est bleue.

filtre magenta + filtre cyan

d)

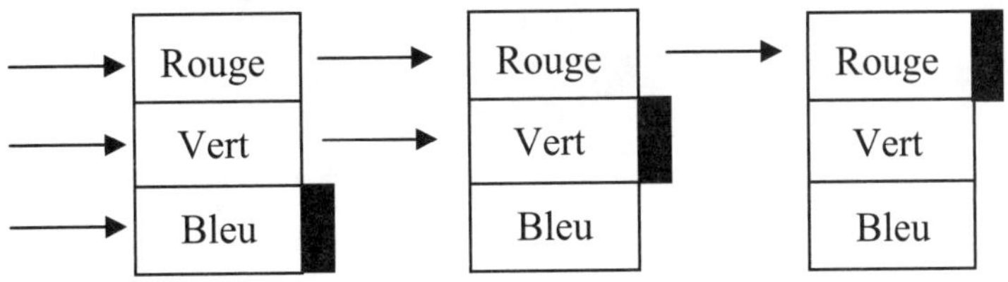

Pas de lumière transmise.

filtre jaune + filtre magenta + filtre cyan

2.

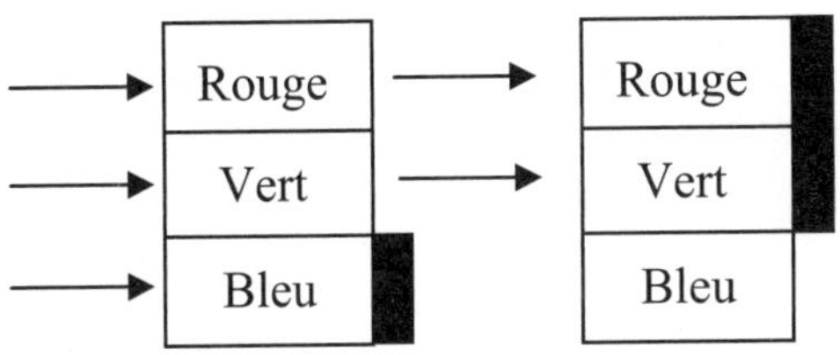

L'association d'un filtre jaune et d'un filtre bleu conduit à l'absence de lumière transmise.
Ces deux couleurs sont complémentaires.

filtre jaune + filtre bleu

D'une manière identique, on montre que les associations de filtres de type {magenta + vert} et {cyan + rouge} conduisent à l'absence de lumière transmise. Ces deux couples sont donc composés de couleurs complémentaires.

4.5. L'étoile des couleurs

Les couleurs, obtenues par **synthèse additive** ou **soustractive**, peuvent être prévues à l'aide de l'**étoile des couleurs** :

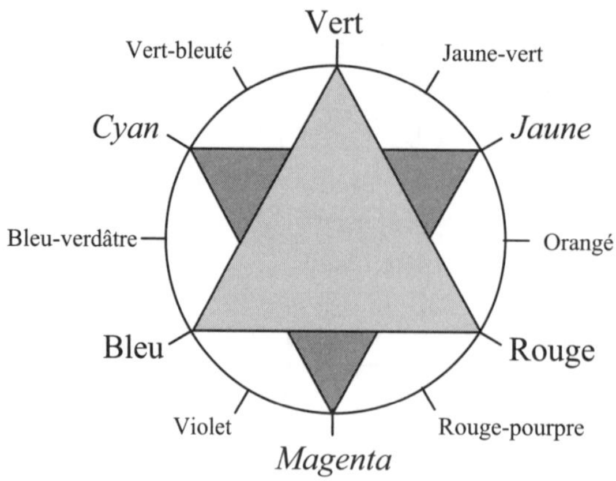

Figure 22 : étoile des couleurs

Les **trois couleurs primaires** (**rouge**, **vert**, **bleu**) sont disposées aux sommets d'un triangle équilatéral. Les **trois couleurs secondaires** (**jaune**, **cyan**, **magenta**), le sont aussi, sur un autre triangle équilatéral.
Par **synthèse additive** de **deux couleurs primaires** (par exemple vert + bleu), on obtient une **couleur secondaire**, intermédiaire entre les deux sommets correspondants (par exemple le cyan).
De même, la **synthèse soustractive** de **deux couleurs secondaires** (cyan + jaune par exemple) fournit une couleur, intermédiaire entre les deux sommets correspondants (par exemple le vert).
Deux couleurs diamétralement opposées (par exemple le jaune et le bleu) sont dites **complémentaires** : leur synthèse soustractive ne transmet pas la lumière.

✍ Exercice d'application 8

En utilisant l'étoile des couleurs, répondre aux questions en choisissant la bonne proposition.

1. Parmi les couples de couleurs suivantes, quelles sont celles qui sont complémentaires :
- ☐ le magenta et le cyan sont complémentaires ;
- ☐ le rouge et le cyan sont complémentaires ;
- ☐ le bleu et le vert sont complémentaires.

2. Lors d'une synthèse additive :
- ☐ un mélange de vert et de bleu donne du rouge ;
- ☐ un mélange de vert et de rouge donne du cyan ;
- ☐ un mélange de bleu et de rouge donne du magenta.

3. Lors d'une synthèse soustractive des couleurs :
☐ un mélange de cyan et de magenta donne du jaune ;
☐ un mélange de jaune et de magenta donne du rouge ;
☐ un mélange de jaune et de cyan donne du magenta.

Corrigé

1. Sur l'étoile des couleurs, deux couleurs complémentaires sont diamétralement opposées. Le rouge et le cyan sont donc deux couleurs complémentaires (2e proposition).
2. La synthèse additive de deux couleurs primaires donne une couleur secondaire intermédiaire entre les deux sommets. Ainsi, un mélange de bleu et de rouge donne du magenta (3e proposition).
3. La synthèse soustractive de deux couleurs secondaires fournit une couleur primaire intermédiaire entre les deux sommets. Donc, la synthèse soustractive du jaune et du magenta donne du rouge (2e proposition).

4.6. La diffusion de la lumière par un objet

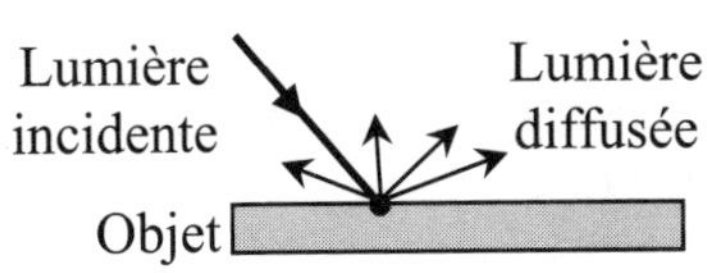

Figure 23 : diffusion de la lumière

Lorsque la lumière rencontre un objet, elle interagit avec lui et est **déviée** dans de **multiples directions** : c'est le phénomène de **diffusion**.
Un **objet** est **coloré** si, lors de l'interaction lumière-matière, **certaines couleurs** de la lumière incidente sont **absorbées**.

4.7. La couleur des objets en lumière blanche

Lors de l'**interaction lumière-matière** les **pigments colorés** de l'objet **absorbent une partie** des **couleurs de la lumière blanche**. La **couleur diffusée** est la **somme** des **couleurs** qui **ne sont pas absorbées** par les pigments, il s'agit d'une **synthèse soustractive** des couleurs.

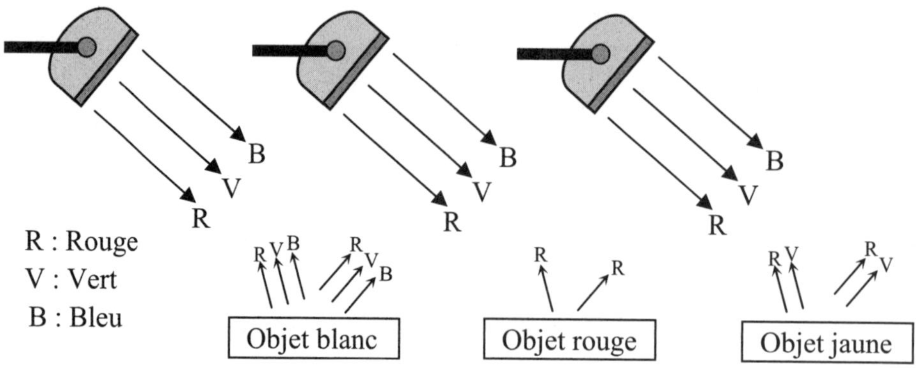

Figure 24 : diffusion de la lumière par des objets colorés

Remarque

Un objet est blanc s'il diffuse toutes les couleurs de la lumière blanche. Un objet est noir s'il absorbe toutes les couleurs de la lumière blanche.

✍ Exercice d'application 9

1. Un objet est cyan en lumière blanche. Quelle est sa couleur en lumière verte ?
2. Un objet est magenta en lumière blanche. Quelle est sa couleur en lumière cyan ?
3. Un objet est noir s'il est éclairé par de la lumière verte. Ce même objet est également noir s'il est éclairé par de la lumière jaune. Quelle est la couleur de cet objet en lumière blanche ?

Corrigé

1. D'après l'étoile des couleurs, si l'objet est cyan en lumière blanche, il diffuse le vert et le bleu. Si on l'éclaire en lumière verte, seule cette couleur sera diffusée. Cet objet apparaîtra donc vert s'il est éclairé en lumière verte.
2. D'après l'étoile des couleurs, si l'objet est magenta en lumière blanche, il diffuse le rouge et le bleu. Si on l'éclaire en lumière cyan, mélange de bleu et de vert, seul le bleu sera diffusé. Cet objet apparaîtra donc bleu s'il est éclairé en lumière cyan.
3. Si l'objet est noir en lumière verte, il ne diffuse pas le vert : il peut donc être rouge, bleu ou magenta (mélange de rouge et de bleu). Si l'objet est noir en lumière jaune, il ne diffuse pas le jaune, mélange de rouge et de vert. L'objet sera donc bleu en lumière blanche.

2
Sources de lumières colorées

1. CARACTERISTIQUES D'UNE SOURCE

1.1. Spectres d'émission

Source de lumière visible

Une **source lumineuse** est un système physique pouvant **transformer** une **forme d'énergie** (électrique, thermique…) en une **énergie lumineuse**.

L'**œil humain** est **sensible** aux rayonnements lumineux dont les longueurs d'onde sont comprises entre **400 nm** et **700 nm** :

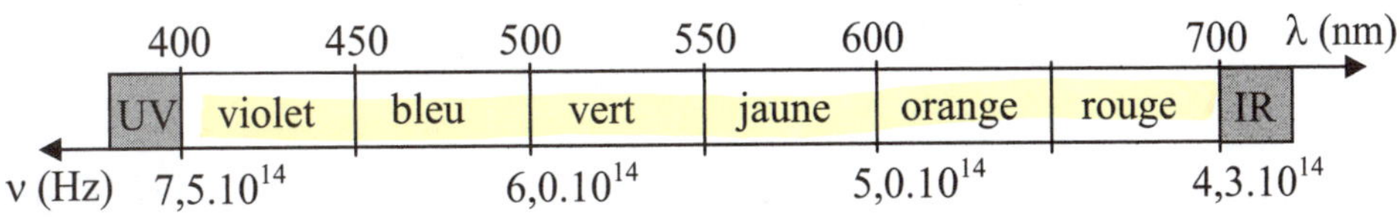

Figure 1 : spectre de la lumière blanche

La **lumière visible** représente une toute **petite partie** du spectre de la **famille** des **ondes électromagnétiques** :

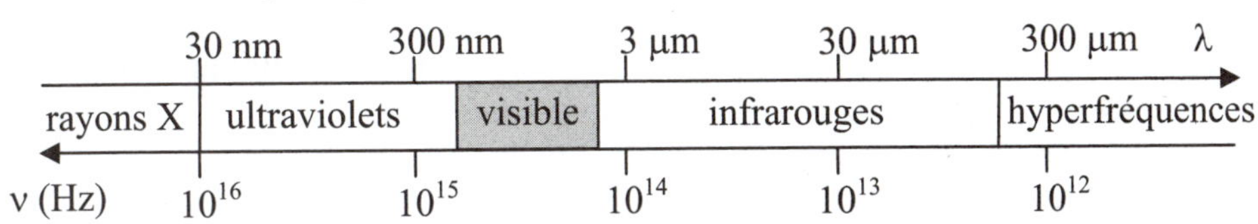

Figure 2 : famille des ondes électromagnétiques

La **longueur d'onde** λ (en m) d'une onde électromagnétique est liée à sa **fréquence** ν (en Hz), par la relation : $\boxed{\lambda = \frac{c}{\nu}}$, avec $c = 3{,}0.10^8\ m.s^{-1}$ (célérité de la lumière dans le vide).

Remarques

Les préfixes **infra** (avant) et **ultra** (après) rencontrés dans infrarouges et ultraviolets sont relatifs à l'axe des fréquences et non pas à celui des longueurs d'onde.
La longueur d'onde et la fréquence d'une onde électromagnétique sont des grandeurs inversement proportionnelles.
Conversions : micromètre, $1\ \mu m = 10^{-6}\ m$; nanomètre, $1\ nm = 10^{-9}\ m$.

Sources lumineuses monochromatique et polychromatique

Une source lumineuse **monochromatique** émet un rayonnement constitué par **une seule longueur d'onde**.

Une source lumineuse **polychromatique** émet un rayonnement composé de **plusieurs longueurs d'onde**.

Exercice d'application 1

Une source de lumière jaune peut être :
1. Monochromatique de longueur d'onde 525 nm ?
2. Polychromatique de longueurs d'onde 300 nm et 675 nm ?
3. Polychromatique de longueurs d'onde 525 nm et 900 nm ?
4. Polychromatique de longueurs d'onde 525 nm et 675 nm ?

Corrigé

La longueur d'onde λ d'une onde lumineuse visible caractérise sa couleur (voir *figure 1* du paragraphe 1.1.).
1. Un rayonnement monochromatique de longueur d'onde $\lambda = 525$ nm produit une lumière verte.
2. Un rayonnement polychromatique de longueurs d'onde $\lambda_1 = 300$ nm (UV, donc invisible) et $\lambda_2 = 675$ nm (rouge) produit une lumière rouge.
3. Un rayonnement polychromatique de longueurs d'onde $\lambda_1 = 525$ nm (vert) et $\lambda_2 = 900$ nm (IR, donc invisible) produit une lumière verte.

4. Un rayonnement polychromatique de longueurs d'onde λ_1 = 525 nm (vert) et λ_2 = 675 nm (rouge) produit, par synthèse additive (voir chapitre 1), une lumière jaune.

Largeur spectrale d'une source

Dans la réalité, une **source lumineuse** n'est jamais **rigoureusement monochromatique** : son spectre ne comportera jamais une seule longueur d'onde λ, c'est-à-dire une seule fréquence ν.
Une source lumineuse est qualifiée de **quasi monochromatique** si sa **largeur spectrale** $\Delta\nu$ centrée sur ν est faible devant cette dernière.

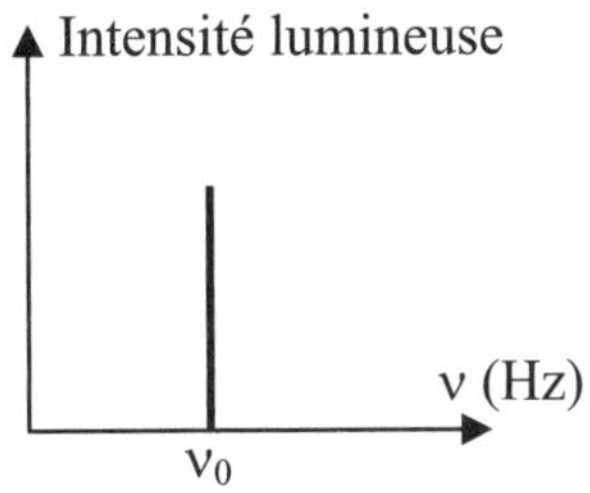

Figure 3 :
source monochromatique

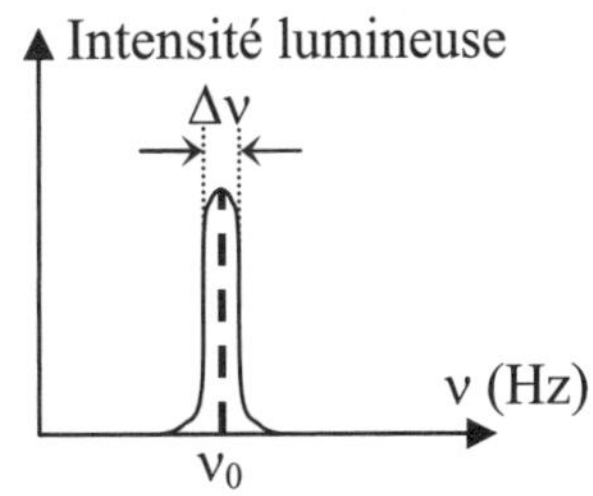

Figure 4 :
source quasi-monochromatique

✍ Exercice d'application 2

Un laser (*Light Amplification by Stimulated Emission of Radiation*) hélium-néon, très utilisé au lycée, produit un ensemble de rayonnements, centré sur la longueur d'onde λ = 632,8 nm.

1. La lumière produite par le laser est-elle visible ? Quelle est sa couleur ? Justifier.
2. Exprimer la longueur d'onde du laser en mètre et en notation scientifique.
3. En déduire la valeur de la fréquence ν de la lumière laser.
4. La largeur spectrale d'un tel laser est $\Delta\nu = 1{,}5.10^9$ Hz. Quelle est la nature de la lumière laser produite ?

Corrigé

1. La lumière laser (λ = 632,8 nm) appartient au domaine de la lumière visible par l'homme (400 nm < λ < 700 nm) : elle est proche du rouge.
2. Un nombre en notation scientifique s'écrit sous la forme : $a.10^n$ avec $1 \leq a < 10$ et n entier positif ou négatif (ou nulle).

$\lambda = 632{,}8\ nm = 632{,}8.10^{-9}\ m = 6{,}328.10^{2}.10^{-9}\ m = \mathbf{6{,}328.10^{-7}\ m}$.

3. Par définition $\lambda = \dfrac{c}{\nu}$ donc $\boxed{\nu = \dfrac{c}{\lambda}}$ **A.N.** : $\nu = \dfrac{3.0.10^{8}}{6{,}328.10^{-7}} = \mathbf{4{,}7.10^{14}\ Hz}$.

Le résultat d'un calcul ne peut être exprimé avec plus de chiffres significatifs que la donnée qui en comporte le moins. Par exemple ici, $3{,}0.10^{8}$ comporte 2 chiffres significatifs (3 et 0) alors que $6{,}328.10^{-7}$ en comporte 4 (6, 3, 2 et 8). Dans ce cas de figure ? le résultat doit être donné en arrondissant de manière à conserver 2 chiffres significatifs (la calculatrice affiche $4{,}74.10^{14}$ mais on écrira $4{,}7.10^{14}$).

4. Comparons la largeur spectrale $\Delta\nu = 1{,}5.10^{9}$ Hz à la fréquence $\nu = 4{,}7.10^{14}$ Hz :

$\dfrac{\nu}{\Delta\nu} = \dfrac{4{,}7.10^{14}}{1{,}5.10^{9}} = \mathbf{3{,}1.10^{5}}$. La largeur spectrale $\Delta\nu$ est donc 310 000 fois plus petite que la fréquence sur laquelle est centrée l'ensemble des rayonnements produits par le laser. La lumière produite par ce laser est donc quasi monochromatique.

1.2. Quelques exemples de sources lumineuses

Figure 5 : lampe à incandescence

Les **lampes à incandescence** sont des **sources lumineuses polychromatiques** qui transforment l'**énergie thermique** d'un **filament** de tungstène porté à haute température (2 800 K) en lumière.

Les **lampes à halogène** sont des sources utilisant le même principe que les lampes à incandescence mais dont l'ampoule est remplie d'un **gaz** appartenant à la famille des halogènes qui ralentit l'usure du filament. Il peut ainsi être porté à plus haute température et produire une lumière plus intense.

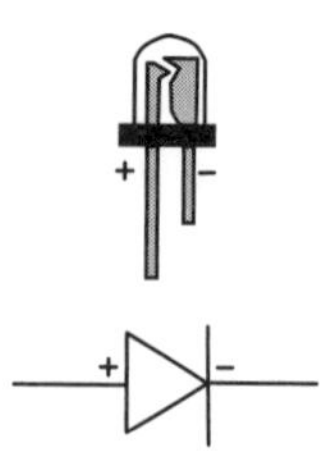

Figure 6 : DEL

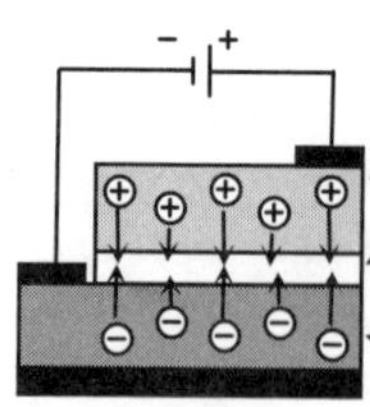

Les **diodes électroluminescentes** (DEL) sont des sources qui transforment l'**énergie électrique** en lumières **polychromatiques** ou quasi **monochromatiques.**

Dans une **DEL**, c'est lors de la recombinaison d'un électron (–) et d'un trou (+) dans la jonction P-N qu'il y a émission de lumière.

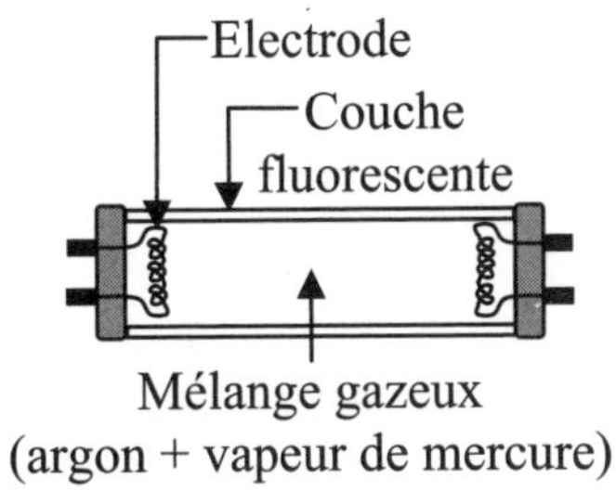

Figure 7 : tube fluorescent

Les **tubes fluorescents** sont des sources **polychromatiques** qui transforment **l'énergie d'une décharge électrique**, produite entre les deux électrodes d'un tube emprisonnant un mélange gazeux, en lumière. La lumière visible résultante est produite par deux processus successifs :

- l'ionisation du mélange gazeux sous l'effet d'un courant électrique génère une lumière dans la gamme des ultraviolets (donc invisible) ;
- ce premier rayonnement électromagnétique est converti en lumière visible par la couche fluorescente déposée à l'intérieur du tube.

Le feu : **source polychromatique** qui transforme **l'énergie thermique** issue de la **combustion** en lumière.
Les étoiles : **sources polychromatiques** qui transforment **l'énergie de fusion nucléaire** en lumière.

Remarques

Les **lampes fluocompactes** sont des tubes fluorescents repliés sur eux-mêmes plusieurs fois.
On donne ci-après quelques exemples de spectres de sources lumineuses.

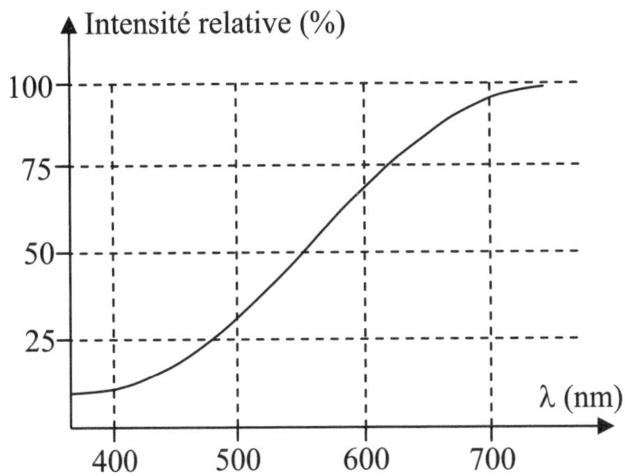

Figure 8 : spectre d'une lampe à halogène (spectre continu)

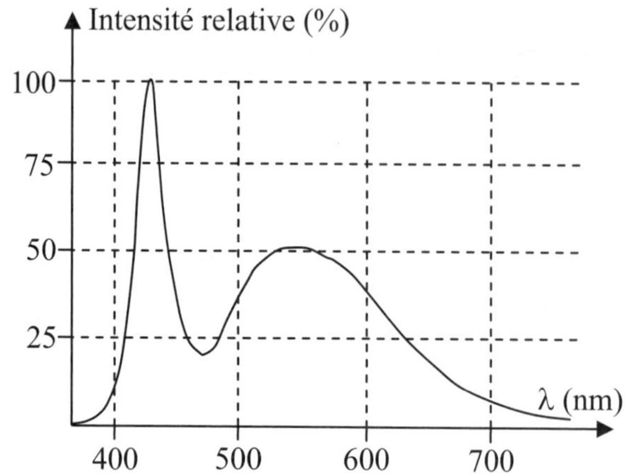

Figure 9 :
spectre d'une DEL blanche (spectre continu)

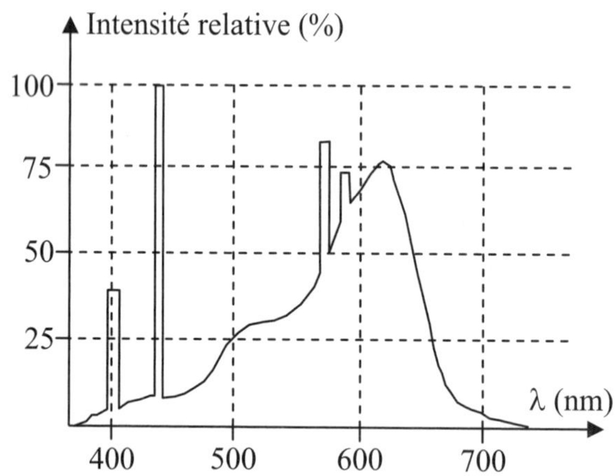

Figure 10 :
spectre d'un tube fluorescent (spectre continu)

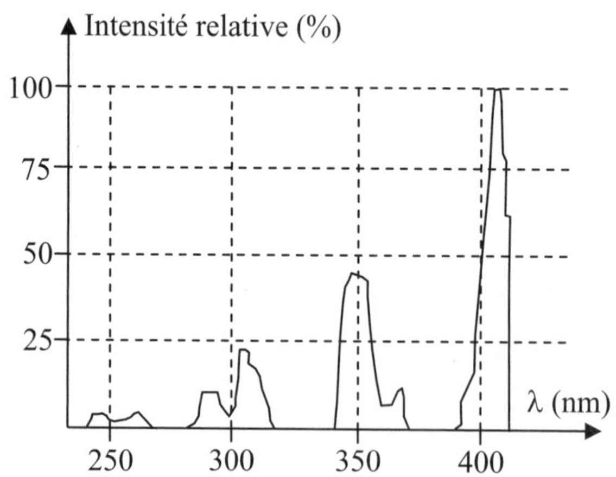

Figure 11 :
spectre d'une lampe à vapeur de mercure (spectre discontinu)

2. COULEURS DES CORPS CHAUFFES

2.1. Le corps noir

Les observations expérimentales montrent que **tout corps porté à une température** T **émet** un **rayonnement électromagnétique**. Le rayonnement des corps portés à une température T peut se ramener au rayonnement d'un **corps universel**, appelé **corps noir**, qui ne dépend que de T.

Par définition un corps noir est un corps capable d'**absorber** intégralement **toutes les radiations lumineuses** reçues quelles que soient leurs longueurs d'onde.

En 1880, le physicien autrichien Wien, montra expérimentalement qu'un corps noir en équilibre thermique à la température T émet un rayonnement électromagnétique dont l'intensité I dépend à la fois de T et de la longueur d'onde λ.

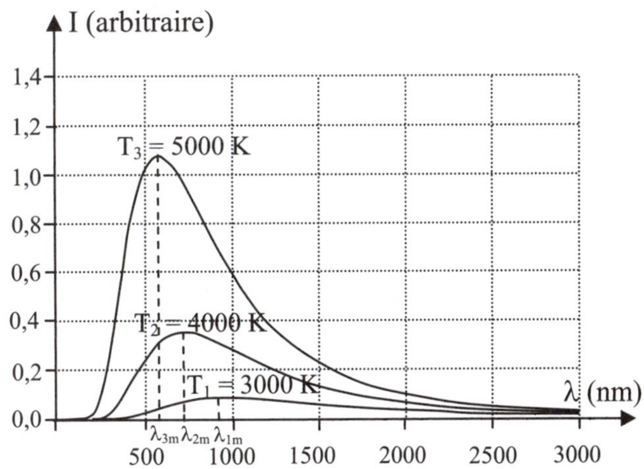

Figure 12 : intensité lumineuse du rayonnement électromagnétique d'un corps noir

2.2. Loi du déplacement de Wien

L'**intensité** I du rayonnement d'un corps noir, en équilibre thermique à la température T, admet **un maximum** pour une longueur d'onde notée λ_m telle que :

$$\lambda_m \times T = 2{,}898.10^{-3} \text{ m.K} = \text{constante}$$

Dans cette loi λ_m est exprimée en mètre (m) et T en kelvins (K).

Remarques

On rappelle que $T(K) = \theta(°C) + 273,15$.

λ_m et T sont des grandeurs inversement proportionnelles.

La loi du déplacement de Wien permet d'interpréter le lien entre la **couleur** des étoiles et leur **température de surface**. En effet la longueur d'onde du pic d'intensité du rayonnement électromagnétique des étoiles les plus froides (3 000 K) est centrée sur les longueurs d'onde du rouge (grandes longueurs d'onde) alors que celle des étoiles les plus chaudes (30 000 K) est centrée sur les longueurs d'onde du bleu (petites longueurs d'onde). Les étoiles de type solaire (5 500 K) apparaissent, quant à elles, jaunes.

Exercice d'application 3

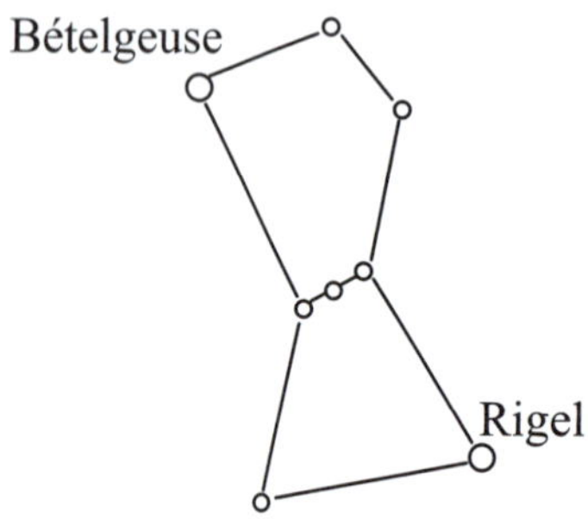

Avec autant d'étoiles brillantes facilement visibles depuis la surface terrestre, Orion (schématisée ci-contre) est l'une des plus anciennes constellations observée par l'homme. Les deux principales étoiles de cette constellation sont Bételgeuse (dont la couleur dominante est le rouge) et Rigel (dont la couleur dominante est le bleu).

La lumière produite par les étoiles de la constellation d'Orion obéit à la loi de Wien du corps noir dont une représentation graphique est donnée ci-dessous.

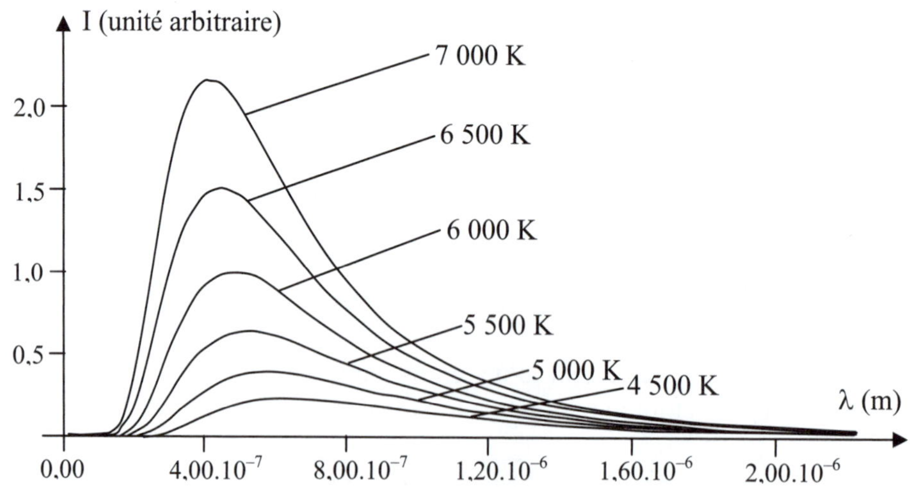

1. Quelle est l'étoile la plus froide : Bételgeuse ou Rigel ? Justifier.
2. Recopier et compléter le paragraphe ci-dessous.

« L'intensité lumineuse émise par un corps chauffé passe par un .... pour une longueur d'onde notée λ_m. Plus la .... du corps est grande, plus λ_m est .... et donc plus le spectre lumineux correspondant s'enrichit en .... longueurs d'onde. Les corps chauffés à des températures différentes seront perçus avec des .... différentes. »

3. Pour chaque température T, relever la longueur d'onde λ_m pour laquelle l'intensité lumineuse émise est maximale. Consigner les résultats dans un tableau.
4. Tracer la courbe λ_m en fonction de $\frac{1}{T}$.
5. Quelle est la nature de la courbe obtenue ? Quelle conclusion peut-on en tirer ?
6. Déterminer l'équation de la courbe.
7. Montrer que l'expression trouvée à la question précédente est compatible avec la loi de Wien.
8. En déduire les températures de l'étoile Bételgeuse et de Rigel sachant que la longueur d'onde correspondant à l'intensité maximale est λ_{m1} = 903 nm (Bételgeuse) et λ_{m2} = 289 nm (Rigel).
9. Les résultats de la question précédente confirment-t-ils ceux de la première question ?

Corrigé

1. D'après la loi de Wien, l'intensité I du rayonnement d'un corps noir en équilibre thermique à la température T admet un maximum pour une longueur d'onde notée λ_m telle que $\lambda_m \times T = \text{constante}$ soit $\boxed{T = \frac{\text{constante}}{\lambda_m}}$.

Comme λ_m (bleu) < λ_m (rouge) alors $\frac{1}{\lambda_m(\text{bleu})} > \frac{1}{\lambda_m(\text{rouge})}$.

Donc $\frac{\text{constante}}{\lambda_m(\text{bleu})} > \frac{\text{constante}}{\lambda_m(\text{rouge})}$ d'où $\boxed{T(\text{bleu}) > T(\text{rouge})}$.

L'étoile Bételgeuse (rouge) est donc plus froide que Rigel (bleue).

2. « L'intensité lumineuse émise par un corps chauffé passe par un *maximum* pour une longueur d'onde notée λ_m. Plus la *température* du corps est grande, plus λ_m est *petite* et donc plus le spectre lumineux correspondant s'enrichit en *faibles* longueurs d'onde. Les corps chauffés à des températures différentes seront perçus avec des *couleurs* différentes. »

3. Echelle : 9,75 cm $\leftrightarrow$ $2{,}00.10^{-6}$ m

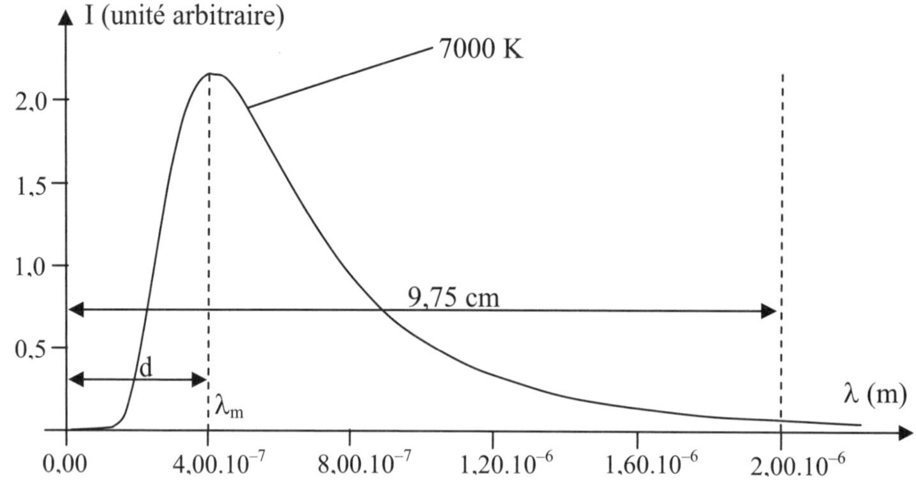

Donc pour une longueur λ_m lue à une distance d en cm de l'origine :

$$\lambda_m = \frac{d \times 2{,}00.10^{-6}}{9{,}75}$$

T (K)	4500	5000	5500	6000	6500	7000
λ_m (m)	$6{,}4.10^{-7}$	$5{,}8.10^{-7}$	$5{,}2.10^{-7}$	$4{,}8.10^{-7}$	$4{,}5.10^{-7}$	$4{,}0.10^{-7}$
$\frac{1}{T}$ (K^{-1})	$2{,}22.10^{-4}$	$2{,}00.10^{-4}$	$1{,}82.10^{-4}$	$1{,}67.10^{-4}$	$1{,}54.10^{-4}$	$1{,}43.10^{-4}$

4. Aux imprécisions de mesures près, les points expérimentaux sont tous alignés. On trace à la règle une droite moyenne passant par le maximum de ces points et l'origine du repère.

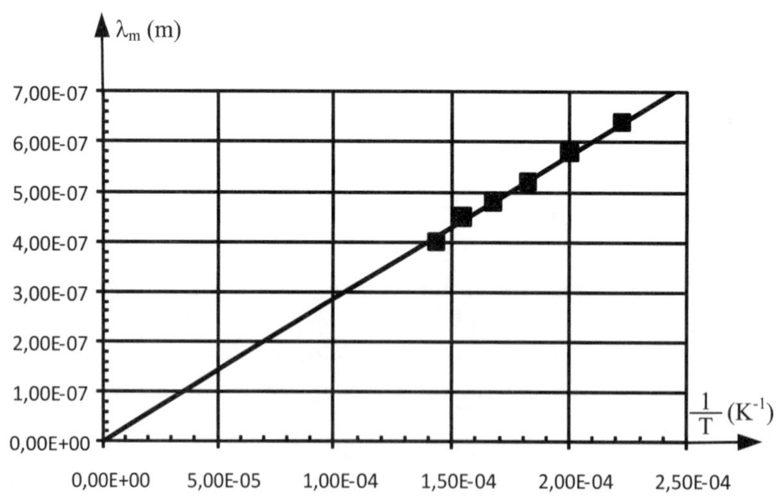

5. La courbe obtenue est une droite croissante passant par l'origine : λ_m et $\frac{1}{T}$ sont des grandeurs proportionnelles.

6. Afin de déterminer l'équation de la droite, procédons à une analogie entre les connaissances mathématiques et la situation physique étudiée.

Mathématiques	Physique
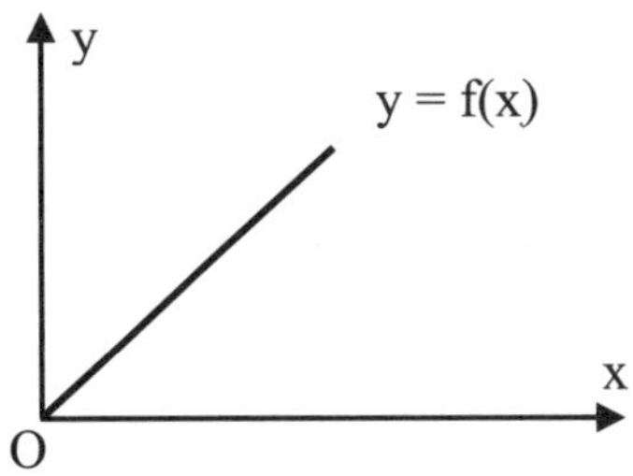	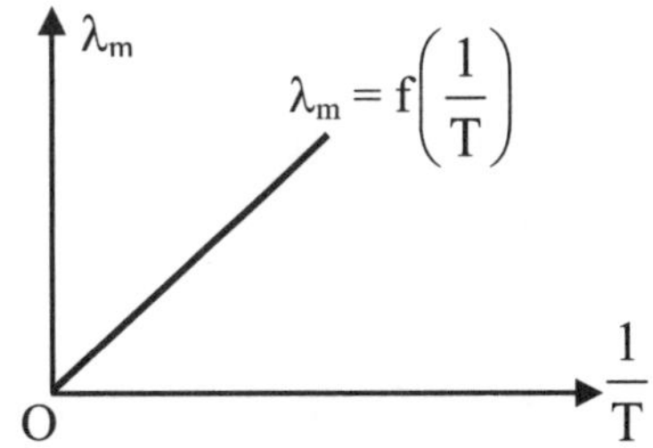
x	λ_m
y	$\frac{1}{T}$
Fonction linéaire d'équation : $y = a\,x$	Fonction linéaire d'équation : $\lambda_m = a\,\frac{1}{T}$

Calculons le coefficient directeur noté a. Pour cela, prenons deux points A (x_A ; y_A) et B (x_B ; y_B) appartenant à la droite. Par définition :

$$\boxed{a = \frac{y_B - y_A}{x_B - x_A}}$$

Contrairement aux mathématiques le coefficient directeur possède souvent des unités en physique. Ici $y_B - y_A$ s'exprime en m alors que $x_B - x_A$ s'exprime en K^{-1}.
L'unité du coefficient directeur est donc exprimé en m.K.
A.N. : A ($0\ K^{-1}$; 0 m) ; B ($2{,}22.10^{-4}\ K^{-1}$; $6{,}4.10^{-7}$ m).

$$a = \frac{6{,}4.10^{-7} - 0}{2{,}22.10^{-4} - 0} \text{ d'où } \mathbf{a = 2{,}9.10^{-3}\ m.K}$$

L'équation de la droite $\lambda_m = f\left(\frac{1}{T}\right)$ est donc $\lambda_m = a\,\frac{1}{T}$ soit $\lambda_m = 2{,}9.10^{-3}\,\frac{1}{T}$

7. L'équation de la droite obtenue à la question précédente conduit à :
$\boxed{\lambda_m \times T = 2{,}898.10^{-3}\ \text{m.K} = \text{constante}}$
On retrouve bien la loi du déplacement de Wien.

8. D'après les réponses aux questions **6.** et **7.** : $\boxed{T = \frac{2{,}9.10^{-3}}{\lambda_m}}$

A.N. : $T(\text{Bételgeuse}) = \frac{2{,}9.10^{-3}}{\lambda_{m1}} = \frac{2{,}9.10^{-3}}{903.10^{-9}} = \mathbf{3{,}2.10^{3}\ K}$

$$T(\text{Rigel}) = \frac{2{,}9.10^{-3}}{\lambda_{m2}} = \frac{2{,}9.10^{-3}}{289.10^{-9}} = \mathbf{1{,}0.10^4\ K}$$

9. Ces résultats permettent de confirmer que Rigel est bien plus chaude que Bételgeuse

3. INTERACTION LUMIERE-MATIERE

3.1. Quantum d'énergie et photon

En 1900, le physicien allemand Max Planck (1858–1947) postule que la **lumière** et la **matière** ne peuvent **échanger** de l'**énergie** que par « **paquets** » appelés **quanta**. L'**énergie échangée** entre la lumière et la matière est obligatoirement un **multiple** entier du **quantum d'énergie** :

$\varepsilon = h\nu = h\dfrac{c}{\lambda}$	ε : quantum d'énergie (en J) h : constante de Planck ($h = 6{,}62.10^{-34}$ J.s) ν : fréquence du rayonnement électromagnétique (en Hz) λ : longueur d'onde dans le vide du rayonnement électromagnétique (en m)

En 1905, Albert Einstein (1879-1955) postule que ce quantum d'énergie est transporté par un **photon**, **particule** dont la **masse** est **nulle** et se déplaçant à la **célérité de la lumière** $c = 3{,}0.10^8\ m.s^{-1}$ dans la vide.

Remarques

La **lumière** peut donc être à la fois décrite comme une **onde électromagnétique** caractérisée par sa longueur d'onde $\lambda = \dfrac{c}{\nu}$ responsable de sa couleur ou comme un **corpuscule** (petit grain de lumière de masse nulle appelé photon) véhiculant l'énergie $\varepsilon = h\nu$: c'est la **dualité onde-corpuscule**.

Une lumière de fréquence ν ne peut transporter que des énergies qui sont des multiples du quantum d'énergie $\varepsilon = h\nu$ car les photons sont des particules indivisibles.

3.2. Absorption et émission de photons

En 1913, le Danois Niels Bohr (1885 - 1962) postule que l'**énergie** d'un **atome** est **quantifiée** : elle ne peut prendre que certaines valeurs auxquelles on associe des **niveaux d'énergie** encore appelés **états**, notés E_n.

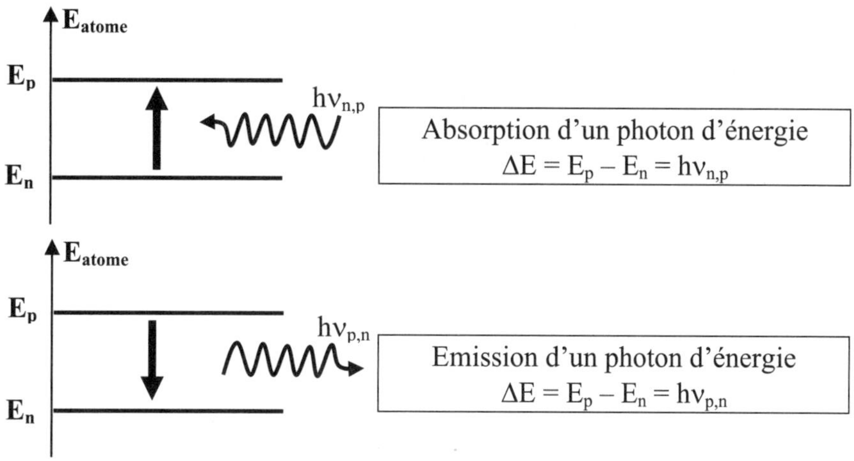

Figure 13 : transition électronique entre deux niveaux d'énergie au sein d'un atome

Les **échanges** d'**énergie** entre la **lumière** (photon) et la **matière** (atome) s'interprètent par des **transitions électroniques**, entre les **niveaux d'énergie** des atomes, conduisant à l'**absorption** ou à l'**émission** de **photons**.

Un électron au sein d'un atome peut passer d'un niveau d'énergie E_n à un niveau d'énergie supérieur $E_p > E_n$ en **absorbant** un **photon** dont l'énergie $\varepsilon = h\nu$ correspond exactement à l'écart énergétique $\Delta E = E_p - E_n$.

Réciproquement, un électron au sein d'un atome peut passer d'un niveau d'énergie E_p à un niveau d'énergie inférieur $E_n < E_p$ en **émettant** un **photon** dont l'énergie $\varepsilon = h\nu$ correspond exactement à l'écart énergétique $\Delta E = E_p - E_n$.

L'**émission** ou l'**absorption** de **lumière** par la matière se fait donc de manière **discontinue**.

Remarques

A l'instar des livres d'une bibliothèque qui ne peuvent être rangées que sur les étagères de celle-ci, les électrons d'un atome ne peuvent accéder qu'à des niveaux d'énergie bien particuliers : l'énergie d'un atome est quantifiée.
A basse température, les électrons des atomes sont en majorité dans leur niveau d'énergie minimale. Sous l'action d'un stimulus extérieur (élévation de

température, décharges électriques, onde électromagnétique…), les électrons des atomes peuplent les niveaux d'énergie supérieurs : l'atome est excité. Or, un atome excité tend à se désexciter spontanément, c'est-à-dire à revenir un niveau d'énergie minimale.

3.3. Niveaux d'énergie de l'atome d'hydrogène

L'atome d'hydrogène est l'élément le plus simple de l'Univers (il est composé d'un proton autour duquel gravite un unique électron) mais c'est aussi le plus abondant. En 1913, Niels Bohr propose un modèle de l'atome d'hydrogène dans lequel l'électron ne peut se déplacer que sur des orbites de rayons r_n correspondant à un niveau d'énergie E_n (en eV) particulier, tel que :

$E_n = -\dfrac{13,6}{n^2}$	E_n : énergie du niveau n (en eV) n : nombre quantique principal ($n \in \mathbb{N}^*$, n = 1, 2, 3…) 1 eV = $1,60.10^{-19}$ J

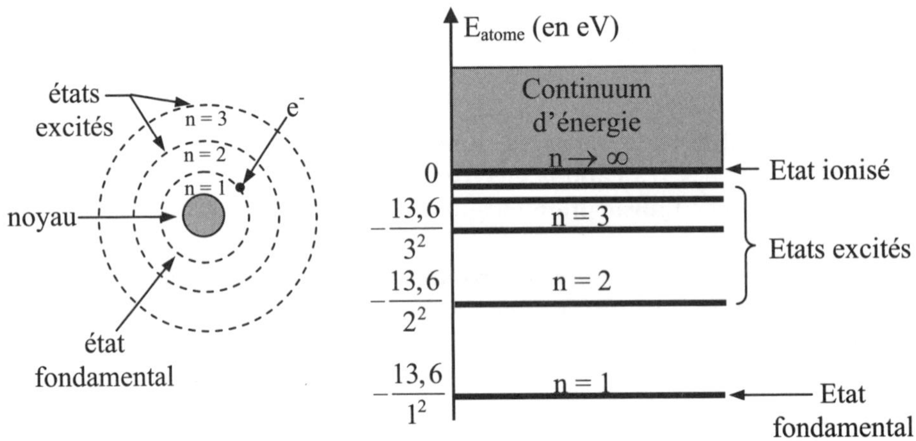

Figure 14 : niveaux d'énergie accessibles à l'électron d'un atome d'hydrogène

L'**état fondamental** (n = 1) est l'état de plus basse énergie dans lequel se trouve naturellement l'atome d'hydrogène au repos (**état** le plus **stable**).
Un **état excité** (n > 1) de l'atome d'hydrogène est un **état instable** dont l'énergie est supérieure à celle de l'état fondamental.
L'**état ionisé** ($n \to \infty$) est l'état à partir duquel l'électron n'est plus lié au noyau de l'atome d'hydrogène : l'atome devient un ion et toutes les énergies sont autorisées (**continuum** d'énergie).

La quantification des niveaux d'énergie de l'atome d'hydrogène permet d'expliquer l'émission discontinue de lumière par une lampe à vapeur d'hydrogène (spectre de raies colorées H_α, H_β, H_γ, H_δ, H_ε sur un fond noir).

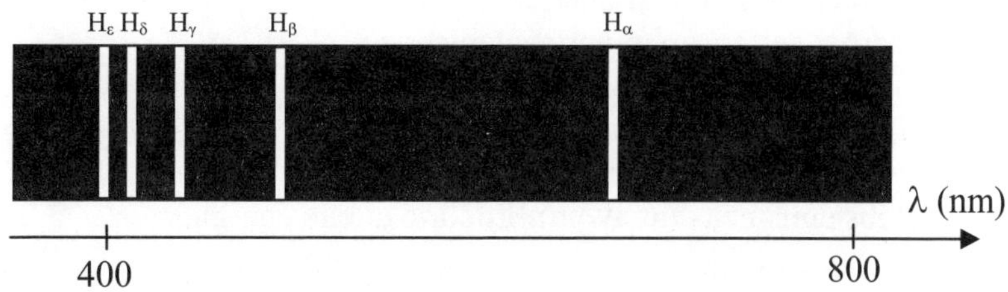

Figure 15 : spectre d'une lampe à vapeur d'hydrogène

Remarques

Au niveau atomique, l'unité d'énergie adaptée est l'**électronvolt** (eV). Par définition, 1 eV = $1{,}60.10^{-19}$ J.
A chaque **niveau d'énergie** E_n est associée une **orbite circulaire** de l'électron dont le rayon r_n vérifie $r_n = a_0 \times n^2$ avec a_0 rayon de Bohr, valeur du rayon du rayon de l'atome d'hydrogène pour n = 1 (a_0 = 53 pm).
Lorsqu'un **électron** est **lié au noyau** d'hydrogène son **énergie** est **négative** et ne peut pas prendre n'importe quelle valeur : elle est **quantifiée**.
L'**énergie d'ionisation** est l'énergie qu'il faut fournir à l'atome d'hydrogène dans son état fondamental pour lui **arracher** son unique **électron** : $E_{ionisation} = +13{,}6$ eV.
Lorsque l'**électron** est **libre**, c'est à dire lorsqu'il n'est plus lié à un atome d'hydrogène, son énergie peut prendre toutes les valeurs positives possibles : on parle de **continuum** d'**énergie** (son énergie n'est plus alors quantifiée).

✍ Exercice d'application 4

Parmi les propositions ci-dessous, choisir celles qui vous semblent correctes.
1. Un photon est une particule :
a) de masse nulle ;
b) se déplaçant plus vite que la lumière ;
c) transportant une énergie quelconque.
2. L'énergie d'un atome :
a) peut prendre n'importe quelle valeur ;
b) est positive ;
c) est quantifiée.
3. A partir de son état fondamental :
a) un atome peut absorber un photon ;
b) un atome peut émettre un photon.
4. Dans un atome d'hydrogène, le niveau d'énergie E = 0 :
a) représente son état fondamental ;

b) est l'énergie minimale d'un électron ;
c) est l'énergie maximale d'un électron.
5. Un atome d'hydrogène, dans son état fondamental :
a) peut absorber un photon d'énergie quelconque ;
b) peut absorber certains photons seulement ;
c) peut émettre certains photons seulement ;
6. Lorsqu'un atome se désexcite :
a) les photons émis ont des énergies quantifiées ;
b) les photons émis peuvent avoir n'importe quelle énergie.

Corrigé

1. Le photon est une particule de masse nulle se déplaçant dans le vide à la vitesse de la lumière $c = 3{,}0.10^8$ m.s^{-1} et emportant avec lui un quantum d'énergie $\varepsilon = h\nu$: **réponse a).**
2. Dans un atome, les niveaux d'énergie accessibles aux électrons sont quantifiés et négatifs : **réponse c).**
3. Dans son état fondamental, l'énergie d'un atome est minimale. Depuis son état fondamental son énergie ne peut donc que croître par absorption de photons : **réponse a).**
4. L'énergie d'un atome d'hydrogène est quantifiée par $E_n = -\frac{13{,}6}{n^2}$. Cette énergie peut donc varier de 0 eV (lorsque $n \rightarrow +\infty$) à –13,6 eV (n = 1 ; état fondamental). La valeur E = 0 est donc l'énergie maximale d'un électron : **réponse c).**
5. Depuis son état fondamental, un atome d'hydrogène peut absorber un photon à condition que l'énergie embarquée par celui-ci corresponde exactement à l'écart énergétique séparant un état excité de l'état fondamental : **réponse b).**
6. La désexcitation d'un atome consiste en une transition électronique d'un niveau d'énergie supérieure vers un niveau d'énergie inférieure. Puisque ces niveaux d'énergie sont quantifiés, il en est de même de l'énergie embarquée par le photon émis : **réponse a).**

Exercice d'application 5

La série de Balmer est une série de raies spectrales visibles de l'atome d'hydrogène correspondant à une transition électronique d'un état quantique de nombre principal n > 2 vers l'état de niveau n = 2.
1. Comment qualifie-t-on les niveaux d'énergie pour lesquels $n \geq 2$?
2. Les transitions électroniques de la série de Balmer correspondent-elles à des absorptions ou à des émissions de photons par l'atome d'hydrogène ? Justifier.
3. Calculer l'énergie des états caractérisés par n = 2, n = 3, …, n = 7 en électronvolts puis en joule.

4. Calculer les longueurs d'onde associées aux cinq premières raies de la série de Balmer.

Données : $c = 3{,}00.10^{8}$ m.s^{-1} ; $h = 6{,}63.10^{-34}$ J.s.

Corrigé

1. Les niveaux d'énergie tels que $n \geq 2$ sont des états excités de l'atome d'hydrogène dont l'état fondamental est caractérisé par $n = 1$.

2. Les transitions électroniques de la série de Balmer se font entre un niveau d'énergie supérieure ($n > 2$) et un niveau d'énergie inférieure ($n = 2$) : cette diminution d'énergie de l'atome d'hydrogène s'accompagne de l'émission de photons.

3. Pour un atome d'hydrogène, l'énergie d'un niveau de nombre quantique principal n est :

$$E_n = -\frac{13{,}6}{n^2}$$

A.N. $E_2 = -\frac{13{,}6}{2^2} = \mathbf{-3{,}40\ eV} = -3{,}40 \times 1{,}60.10^{-19} = \mathbf{-5{,}44.\ 10^{-19}\ J}$

$E_3 = -\frac{13{,}6}{3^2} = \mathbf{-1{,}51\ eV} = -1{,}51 \times 1{,}60.10^{-19} = \mathbf{-2{,}42.\ 10^{-19}\ J}$

$E_4 = -\frac{13{,}6}{4^2} = \mathbf{-8{,}50.10^{-1}\ eV} = -8{,}50.10^{-1} \times 1{,}60.10^{-19} = \mathbf{-1{,}36.\ 10^{-19}\ J}$

$E_5 = -\frac{13{,}6}{5^2} = \mathbf{-5{,}44.10^{-1}\ eV} = -5{,}44.10^{-1} \times 1{,}60.10^{-19} = \mathbf{-8{,}70.\ 10^{-20}\ J}$

$E_6 = -\frac{13{,}6}{6^2} = \mathbf{-3{,}78.10^{-1}\ eV} = -3{,}78.10^{-1} \times 1{,}60.10^{-19} = \mathbf{-6{,}05.\ 10^{-20}\ J}$

$E_7 = -\frac{13{,}6}{7^2} = \mathbf{-2{,}78.10^{-1}\ eV} = -2{,}78.10^{-1} \times 1{,}60.10^{-19} = \mathbf{-4{,}45.\ 10^{-20}\ J}$

4. La transition électronique au sein d'un atome d'hydrogène entre les niveaux d'énergie E_p et E_n ($E_p > E_n$) s'accompagne de l'émission d'un photon d'énergie $h\nu_{p,n}$: $\Delta E = E_p - E_n = h\nu_{p,n}$

Or $\lambda_{p,n} = \frac{c}{\nu_{p,n}}$ d'où $\nu_{p,n} = \frac{c}{\lambda_{p,n}}$.

On en déduit donc que $E_p - E_n = \frac{hc}{\lambda_{p,n}}$ et $\boxed{\lambda_{p,n} = \frac{hc}{E_p - E_n}}$

A.N. : $\lambda_{3\to2} = \frac{6{,}63.10^{-34} \times 3{,}00.10^{8}}{\left(-2{,}42.10^{-19} + 5{,}44.10^{-19}\right)} = 6{,}58.10^{-7}$ m = 658 nm

$$\lambda_{4\to 2} = \frac{6{,}63.10^{-34} \times 3{,}00.10^{8}}{\left(-1{,}36.10^{-19} + 5{,}44.10^{-19}\right)} = 4{,}85.10^{-7}\text{ m} = 485\text{ nm}$$

$$\lambda_{5\to 2} = \frac{6{,}63.10^{-34} \times 3{,}00.10^{8}}{\left(-8{,}70.10^{-20} + 5{,}44.10^{-19}\right)} = 4{,}33.10^{-7}\text{ m} = 433\text{ nm}$$

$$\lambda_{6\to 2} = \frac{6{,}63.10^{-34} \times 3{,}00.10^{8}}{\left(-6{,}05.10^{-20} + 5{,}44.10^{-19}\right)} = 4{,}09.10^{-7}\text{ m} = 409\text{ nm}$$

$$\lambda_{7\to 2} = \frac{6{,}63.10^{-34} \times 3{,}00.10^{8}}{\left(-4{,}45.10^{-20} + 5{,}44.10^{-19}\right)} = 3{,}96.10^{-7}\text{ m} = 396\text{ nm}$$

3.4. Spectres d'émission ou d'absorption

Un **rayonnement électromagnétique** est caractérisé par un **spectre** qui regroupe l'ensemble des **longueurs d'onde** ou des **fréquences** qui le compose.
Chaque type d'atomes présente un **spectre d'émission** qui lui est **spécifique**. C'est en quelque sorte la **signature** de l'**élément chimique**. Pour chaque élément chimique, on observe un spectre de **raies d'émission discontinu** (raies colorées sur un fond noir représenté ici en gris) qui lui est propre.

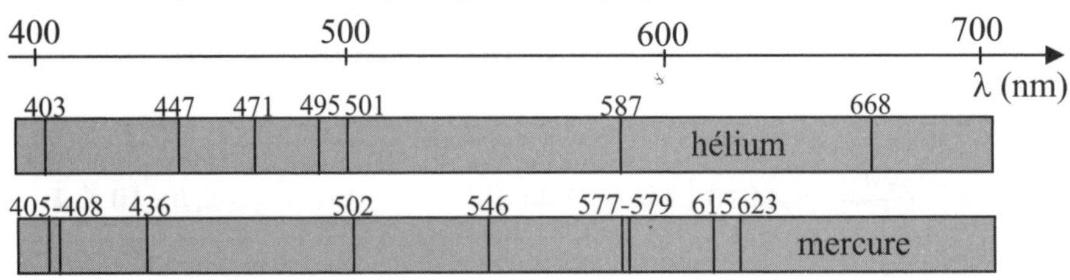

Figure 16 : spectres de raies d'émission de l'hélium et du mercure

Dans la pratique on obtient le **spectre d'émission** d'un **élément chimique** en **décomposant la lumière** produite lors de cycles d'excitation-désexcitation dans un tube à décharge à l'aide d'un **système dispersif** (**réseau** ou **prisme**).

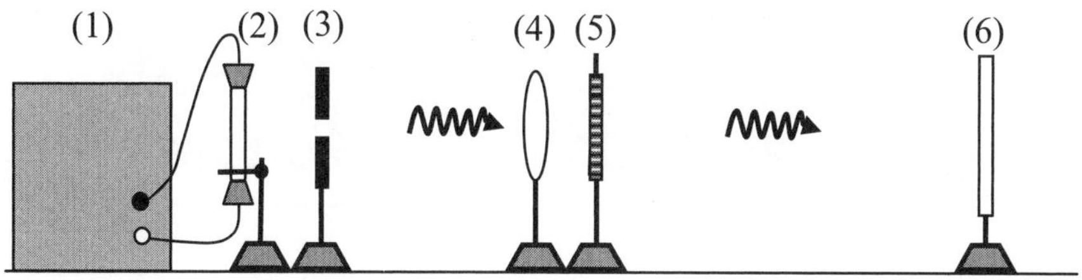

(1) : générateur de tension continue
(2) : tube à décharge emprisonnant un élément chimique sous forme gazeuse
(3) : fente (4) : lentille convergente (5) : réseau (ou prisme)
(6) : écran

Figure 17 : spectre d'émission d'un élément chimique

Pour obtenir expérimentalement le spectre de **raies d'absorption** d'un **élément chimique**, on éclaire un récipient transparent le contenant à l'état gazeux par de la lumière blanche et on **décompose** la **lumière transmise** par un **système dispersif** (**réseau** ou **prisme**).

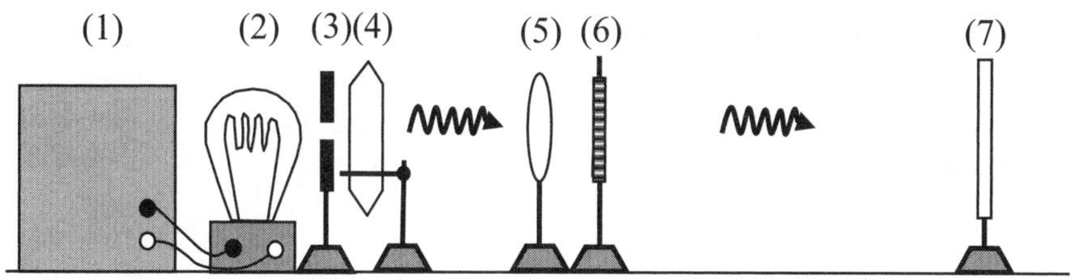

(1) : générateur de tension continue
(2) : lampe à incandescence produisant de la lumière blanche
(3) : fente
(4) : récipient transparent étanche emprisonnant un élément chimique sous forme gazeuse
(5) : lentille convergente (6) : réseau (ou prisme) (7) : écran

Figure 18 : spectre d'absorption d'un élément chimique

Pour chaque élément chimique, on observe un spectre de **raies d'absorption discontinu** (raies noires sur le fond continu de la lumière blanche) qui lui est propre.
Pour un **même élément chimique**, **spectre de raies d'émission** et **spectre de raies d'absorption** sont **complémentaires**. Un élément chimique absorbe donc les radiations qu'il est capable d'émettre.

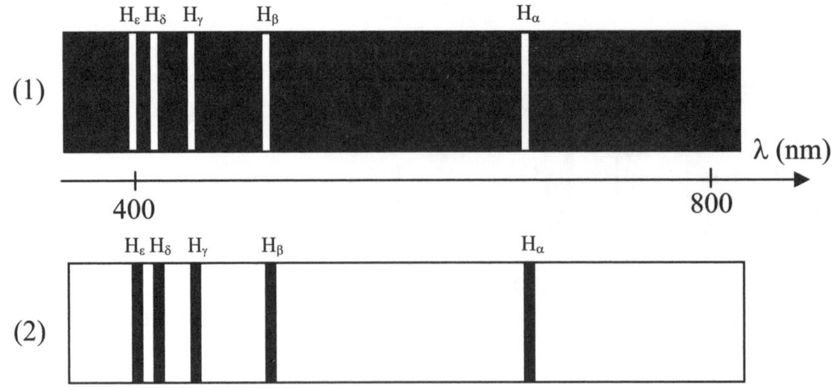

Figure 19 : spectres de raies d'émission (1) et d'absorption (2) de l'hydrogène

3.5. Spectre solaire

L'observation poussée de la décomposition de la lumière provenant du Soleil par Joseph Von Fraunhofer, en 1814, a permis de mettre en évidence l'existence de **fines raies noires** d'**absorption** parsemant le **spectre continu** de l'étoile. Le spectre émis par la **photosphère** (partie la plus chaude et la plus dense de l'enveloppe gazeuse du Soleil) est un **spectre continu** d'origine **thermique** : le rayonnement solaire vérifie la loi du déplacement de Wien avec un maximum d'intensité pour $\lambda = 483$ nm.

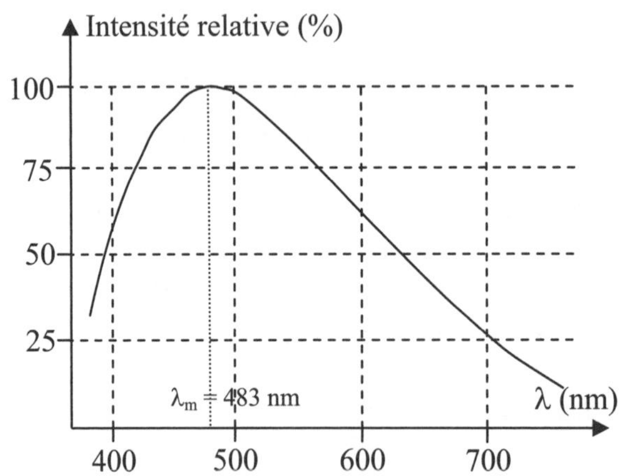

Figure 20 : spectre continu d'origine thermique du Soleil

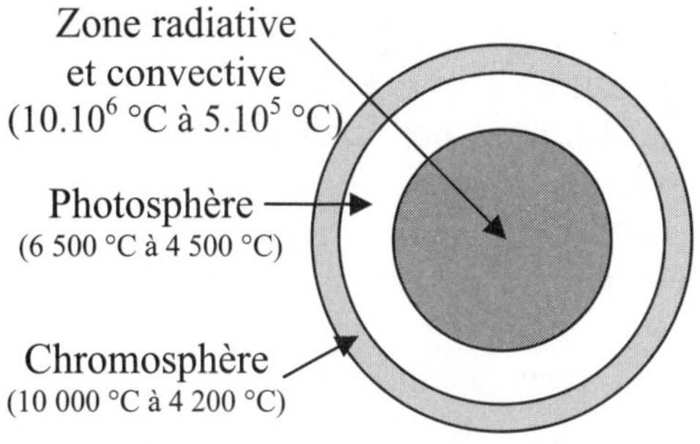

Lorsque la lumière traverse la **chromosphère** (partie la moins dense de l'enveloppe gazeuse du Soleil), il se produit un phénomène d'absorption lumineuse par les atomes qui y sont présents.

Figure 21 : composition simplifiée du Soleil

Exercice d'application 6

« Dès 1814, le physicien allemand Fraunhofer remarque la présence de raies noires dans le spectre du Soleil. Kirchhoff, un autre célèbre physicien allemand, mesure la longueur d'onde de plusieurs milliers de ces raies et montre qu'elles coïncident avec celles émises par diverses entités chimiques : hydrogène, calcium, cuivre, fer, zinc… Il publie, en 1861, le premier atlas du système solaire. »
On donne ci-dessous des extraits des spectres du soleil a) et de l'argon b) :

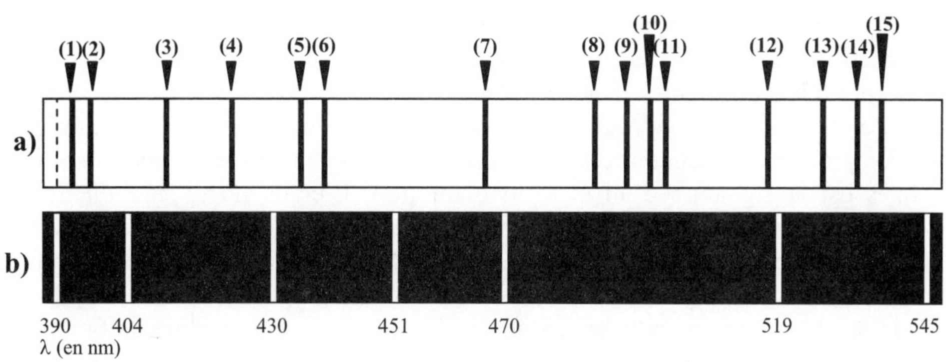

On donne également dans le tableau ci-dessous les longueurs d'onde des raies émises par certains éléments chimiques entre 400 nm et 550 nm :

H	410,1	434	485,7	656,3			
Ca^{2+}	396,8						
Mg	470,3	516,7					
Ca	393,4	422,7	458,2	526,2	527		
Fe	438,3	491,9	495,7	515,5	525,7	531,4	535,2
Ti	466,8	469,1	498,2				
Mn	403,6						
Ni	508,0						

1. Décrire le spectre du Soleil. De quel type de spectre s'agit-il ?
2. Expliquer l'origine des raies noires présentes dans le spectre du Soleil ainsi que le fond coloré.
3. Pourquoi l'étude des longueurs d'onde des raies noires va-t-elle permettre de connaître la composition de la chromosphère du Soleil ?
4. Le spectre d'émission de l'argon va servir de référence pour l'étude de la composition chimique du Soleil. Quel graphe de référence peut-on tracer à partir du spectre de l'argon ?
5. Donner un protocole permettant de trouver les éléments présents dans la chromosphère du Soleil à l'aide du graphe d'étalonnage de la question précédente.

Corrigé

1. Le spectre du Soleil est un spectre d'absorption, car il y a des raies noires sur un fond coloré.

2. Le Soleil possède différents éléments chimiques dans sa chromosphère. Chacun d'entre eux va absorber des radiations de longueurs d'ondes particulières, d'où la présence des raies noires dans le spectre du Soleil. Le fond coloré continu d'origine thermique est dû, quant à lui, à l'émission de la lumière par la photosphère du Soleil.

3. Chaque raie noire caractérise une radiation absorbée par un élément chimique. Le spectre d'absorption du Soleil est donc la superposition des spectres d'absorption des différents éléments présents dans chromosphère. Or le spectre de raies d'émission et le spectre de raies d'absorption d'un même élément chimique sont complémentaires et sont caractéristiques de cet élément (on dit qu'un spectre de raies est la signature d'un élément chimique). L'étude du spectre du Soleil permettra donc d'identifier les éléments chimiques présents dans la chromosphère.

4. Le spectre de l'élément argon est un spectre de raies d'émission (raies colorées sur un fond noir). Chaque raie est identifiée par sa longueur d'onde. Les longueurs d'onde étant connues, on peut en déduire celles des raies d'absorption du Soleil en traçant un graphe d'étalonnage $\lambda = f(d)$, où « d » est la distance séparant la raie de référence $\lambda = 390$ nm des autres.

Sur le spectre de l'argon on mesure la distance « d » pour chaque raie à la raie de référence $\lambda = 390$ nm. Les mesures sont rassemblées dans le tableau ci-dessous :

λ (nm)	404	430	451	470	519	545
d (cm)	1,0	3,0	4,6	6,1	9,8	11,9

On constate qu'aux erreurs de mesures près, les points expérimentaux sont quasiment tous alignés. On trace à la règle une droite moyenne passant par le maximum de ces points. La représentation graphique de la fonction $\lambda = f(d)$ est une droite croissante ne passant pas par l'origine : il s'agit d'une fonction affine.

Afin de déterminer l'équation de la droite, procédons à une analogie entre les connaissances de mathématiques et la situation physique étudiée.

Mathématiques	**Physique**
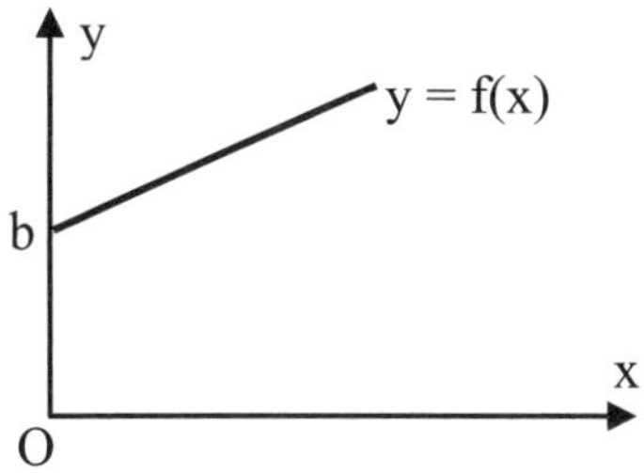	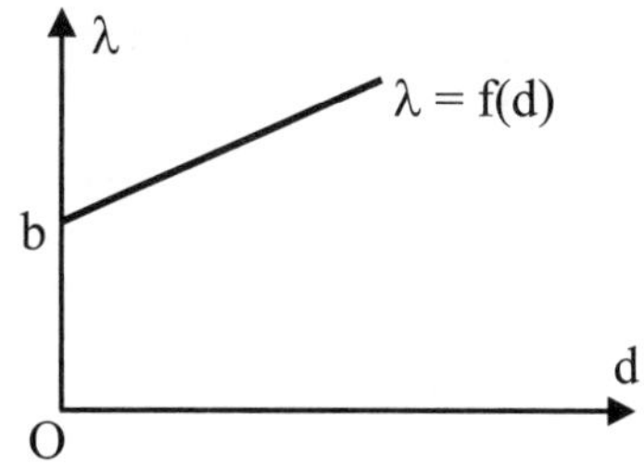
x	d
y	λ
Fonction affine d'équation : $y = a\,x + b$	Fonction affine d'équation : $\lambda = a\,d + b$

L'ordonnée à l'origine b, est l'intersection de la droite $\lambda = f(d)$ avec l'axe des ordonnées du repère cartésien. Graphiquement on trouve **b = 390 nm**.
Calculons le coefficient directeur noté a. Pour cela, prenons deux points A (x_A ; y_A) et B (x_B ; y_B) appartenant à la droite. Par définition :

$$\boxed{a = \frac{y_B - y_A}{x_B - x_A}}$$

Contrairement aux mathématiques le coefficient directeur possède souvent des unités en physique. Ici $y_B - y_A$ s'exprime en nm alors que $x_B - x_A$ s'exprime en cm. Les unités du coefficient directeur sont donc les $nm.cm^{-1}$.
A.N. : A (0 cm ; 390 nm) ; B (9,8 cm ; 519 nm).

$$a = \frac{519 - 390}{9{,}8 - 0} \text{ d'où } \mathbf{a = 13\ nm.cm^{-1}}$$

L'équation de la droite $\lambda = f(d)$ est donc $\lambda = a\,d + b$ soit $\boldsymbol{\lambda = 13\,d + 390}$.

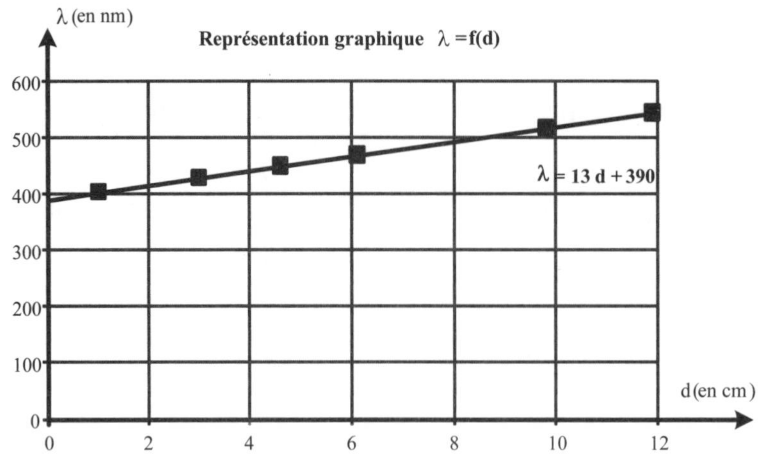

5. On mesure la distance « d » en centimètres des raies noires du spectre d'absorption du Soleil à la raie de référence ($\lambda = 390$ nm) du spectre d'émission de l'argon. On en déduit la longueur d'onde des raies d'absorption en utilisant la formule $\lambda = 13\ d + 390$ trouvée à la question précédente.

Raie n°	1	2	3	4	5	6	7	8	9	10	11	12	13	14	15
d (cm)	0,2	0,4	1,5	2,4	3,3	3,7	5,8	7,3	7,8	8,1	8,3	9,7	10,5	10,9	11,2
λ (nm)	**393**	**395**	**410**	**421**	**433**	**438**	**465**	**485**	**491**	**495**	**498**	**516**	**526**	**532**	**536**

Comparons les longueurs d'ondes des raies d'absorption du Soleil avec celles émises par les éléments chimiques du tableau de l'énoncé :

H	**410,1**	**434**	**485,7**	656,3			
Ca^{2+}	**396,8**						
Mg	470,3	516,7					
Ca	**393,4**	**422,7**	458,2	**526,2**	527		
Fe	**438,3**	**491,9**	**495,7**	**515,5**	525,7	**531,4**	**535,2**
Ti	**466,8**	469,1	**498,2**				
Mn	403,6						
Ni	508,0						

Toutes les raies caractéristiques d'un élément chimique ne sont pas toujours trouvées car, dans le spectre d'absorption du Soleil, certaines d'entre elles sont plus ou moins visibles.
Le soleil contient dans sa chromosphère les éléments hydrogène (H), calcium (Ca et Ca^{2+}), fer (Fe) et titane (Ti).

3
Particules élémentaires et réactions nucléaires

1. LA STRUCTURE DE LA MATIERE

1.1. Les particules élémentaires

La **matière** est constituée au niveau microscopique par des **atomes**, des **ions** et des **molécules**. Ces édifices résultent de l'assemblage de trois briques de base : **protons**, **neutrons** et **électrons** appelées **particules élémentaires**.

	Localisation	Masse	Charge
Proton	dans le noyau	$m_p = 1{,}67.10^{-27}$ kg	$q_p = 1{,}60.10^{-19}$ C
Neutron	dans le noyau	$m_n = 1{,}67.10^{-27}$ kg	$q_n = 0$ C
Electron	autour du noyau	$m_e = 9{,}11.10^{-31}$ kg	$q_e = -\,1{,}60.10^{-19}$ C

Toute charge électrique Q est multiple de la charge électrique élémentaire $e = 1{,}60.10^{-19}$ C donc $Q = n \times e$ avec $n \in \mathbb{Z}$.

Remarques

Protons et neutrons sont appelés **nucléons**.
La masse d'un nucléon est environ 2 000 fois plus grande que celle d'un électron.

On appelle **nucléides** l'ensemble des atomes ou des ions possédant des noyaux identiques.

1.2. Les atomes

Un **atome** est composé d'un **noyau** autour duquel gravitent des **électrons**. Il possède autant d'électrons que de protons car il est **neutre électriquement**. Sa structure est **lacunaire** et toute sa masse est quasiment concentrée dans son noyau.

Modèle atomique planétaire	Caractéristiques principales d'un atome
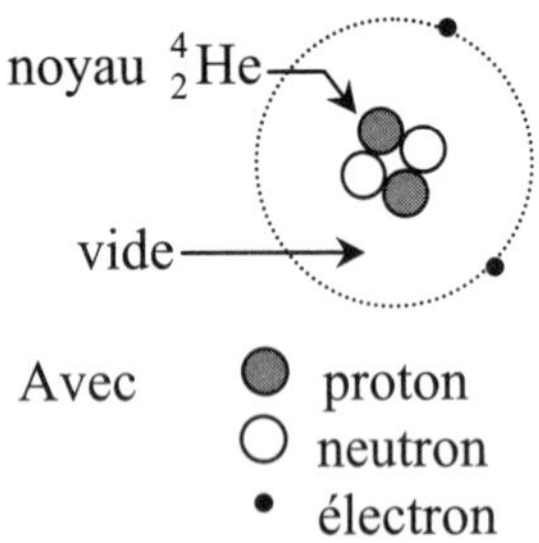	Dimensions : $r_{noyau} \approx 10^{-15}$ m ; $r_{atome} = 10^{-10}$ m. Le rayon atomique est environ 100 000 fois plus grand que celui du noyau.
	Symbolisation et composition du noyau : nombre de masse (nombre de nucléons) → $^{A}_{Z}X$ ← symbole de l'élément numéro atomique (nombre de protons) → Z
Atome d'hélium	nombre de neutrons : N = A – Z.
	Masse : $m_{atome} \approx m_{noyau} = A\ m_{nucléon}$.

Remarques

Le **numéro atomique** Z d'un élément chimique est caractéristique de cet élément.
Une **molécule** est l'association **électriquement neutre** de plusieurs atomes.
Un **ion monoatomique** est un **atome** ayant **perdu** ou **gagné** un ou plusieurs **électrons** sans que son noyau ait été modifié. En particulier, si n désigne un entier naturel non nul (n = 1, 2, 3, …), alors :

- un cation du type X^{n+} résulte de la perte de n électrons par un atome X,
- un anion du type X^{n-} résulte du gain de n électrons par un atome X.

1.3. Les isotopes

Deux **isotopes** d'un élément chimique sont des atomes ou des ions possédant le **même numéro atomique** Z mais un **nombre de masse** A **différent**.

Exemples :
- $^{12}_{6}C$ (carbone 12) et $^{14}_{6}C$ (carbone 14) sont deux isotopes de l'élément chimique carbone ;
- $^{1}_{1}H$ (protium), $^{2}_{1}H$ (deutérium) et $^{3}_{1}H$ (tritium) sont trois isotopes de l'élément chimique hydrogène.

Remarque

Deux isotopes diffèrent donc uniquement par le nombre de neutrons N = A – Z contenu dans leur noyau.

Exercice d'application 1

L'aluminium, dont le noyau est symbolisé par $^{27}_{13}\text{Al}$, est un métal argenté malléable de faible densité, très utilisé dans l'industrie agroalimentaire pour fabriquer des canettes recyclables. Son rayon atomique est de 0,15 nm alors que le rayon de son noyau vaut 125 fm.

1. Quelle est la composition de cet atome ?
2. Comparer les tailles respectives de cet atome et de son noyau.
3. Pourquoi la structure de l'atome d'aluminium est-elle qualifiée de lacunaire ?
4. Calculer la masse du noyau et celle du nuage électronique. Quelle conclusion peut-on en tirer ?
5. En déduire le nombre d'atomes d'aluminium présents dans une canette de soda de masse 30 g.
6. L'aluminium peut s'oxyder très lentement en produisant des ions Al^{3+}.
   Indiquer la composition de cet ion et calculer la valeur de sa charge électrique.

Corrigé

1. Le noyau d'aluminium $^{27}_{13}\text{Al}$ est de la forme $^{A}_{Z}\text{X}$.

Il renferme donc **Z = 13 protons** et **N = A – Z = 14 neutrons**. En outre, l'atome d'aluminium étant électriquement neutre, il contient autant d'électrons que de protons. Son nuage électronique est donc composé de **Z = 13 électrons**.

2. Afin de comparer les tailles respectives de l'atome d'aluminium et de son noyau on évalue le rapport suivant :

$$\frac{r(\text{atome})}{r(\text{noyau})} = \frac{0{,}15.10^{-9}}{125.10^{-15}} = \mathbf{1{,}2.10^{3}}$$

Le rayon de cet atome est donc 1 200 fois plus grand que celui du noyau.

3. La structure de l'atome d'aluminium est qualifiée de lacunaire car les particules élémentaires qui le composent sont localisées dans de petites régions de l'espace séparées par du vide.

4. m(noyau) = A m_n = 27 × $1{,}67.10^{-27}$ = $\mathbf{4{,}51.10^{-26}}$ **kg**.

m(nuage) = Z m_e = 13 × $9{,}11.10^{-31}$ = $\mathbf{1{,}18.10^{-29}}$ **kg**.

On remarque que : $\dfrac{\text{m(noyau)}}{\text{m(nuage)}} = \dfrac{4{,}51.10^{-26}}{1{,}18.10^{-29}} = \mathbf{3{,}82.10^{3}}$.

La masse du noyau d'aluminium est donc 3 820 fois plus grande que celle de son nuage électronique. Puisque :

$$\text{m(atome)} = \text{m(noyau)} + \text{m(nuage)}$$

$$\boxed{\text{m(atome)} \approx \text{m(noyau)}} = \mathbf{4{,}51.10^{-26}\ kg}.$$

La masse de l'atome d'aluminium s'identifie donc quasiment à celle de son noyau. La masse d'un atome est donc concentrée dans son noyau.

5. Le nombre N d'atomes d'aluminium contenu dans une canette de 30 g est :

$$N = \frac{30.10^{-3}}{4{,}51.10^{-26}} = \mathbf{6{,}7.10^{23}}$$

6. Les seules particules élémentaires chargées sont les protons et les électrons. Le cation Al^{3+} résulte de la perte de trois électrons par l'atome d'aluminium sans que le noyau de ce dernier ait été modifié. Le noyau de l'ion Al^{3+} comporte Z = 13 protons et N = A – Z = 14 neutrons. En revanche, son nuage électronique est composé de 13 – 3 = 10 électrons. La charge totale de l'ion est donc :

$$Q(\text{ion}) = q(\text{noyau}) + q(\text{nuage})$$

$Q(\text{ion}) = 13 \times 1{,}60.10^{-19} + 10 \times (-1{,}60.10^{-19}) = 3 \times 1{,}60.10^{-19}$

$Q(\text{ion}) = 4{,}80.10^{-19}$ C

La charge d'un ion est donc un multiple de la charge élémentaire e = $1{,}60.10^{-19}$ C.

1.4. Du noyau atomique aux galaxies

Les objets qui composent notre Univers ont des tailles très variées. Ainsi, les dimensions du noyau d'un atome (10^{-15} m) et de l'Univers (10^{25} m) sont séparées par 40 ordres de grandeurs ($10^{25} / 10^{-15} = 10^{40}$)

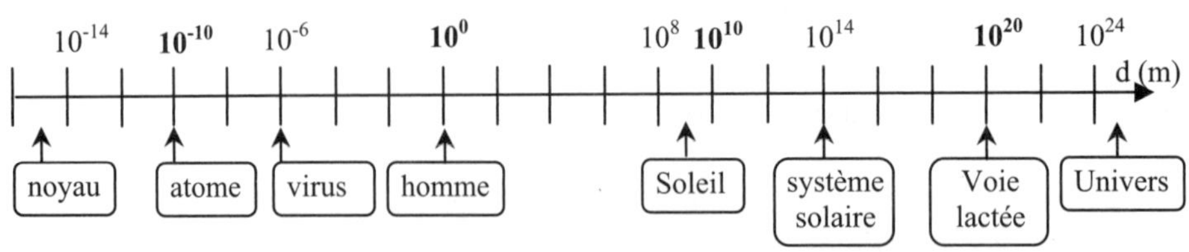

Figure 1 : la matière à différentes échelles

Il existe une propriété partagée par les **structures infiniment petites** et **infiniment grandes** : il s'agit de la **structure lacunaire**. Dans une telle structure, la matière est localisée dans certaines régions de l'espace et entre ces zones où elle se concentre, il règne le vide où le quasi vide.

Remarques

Sous-multiples et multiples du mètre (unité de longueur) :

Sous-mutliples				**Unité**	**Multiples**			
pm	**nm**	**µm**	**mm**	**m**	**km**	**Mm**	**Gm**	**Tm**
picomètre	nanomètre	micromètre	millimètre	mètre	kilomètre	mégamètre	gigamètre	téramètre
10^{-12} **m**	10^{-9} **m**	10^{-6} **m**	10^{-3} **m**	1 **m**	10^{3} **m**	10^{6} **m**	10^{9} **m**	10^{12} **m**

2. LES INTERACTIONS FONDAMENTALES

2.1. L'interaction gravitationnelle

Deux corps homogènes ou à répartition sphérique de masse, notés A et B, de masses respectives m_A et m_B, dont les centres sont séparés par une distance d, exercent mutuellement l'un sur l'autre une **force d'attraction gravitationnelle** caractérisée par :

- sa direction : celle de la droite (AB) ;
- son sens : attractif ;
- sa valeur (en newtons, N) :

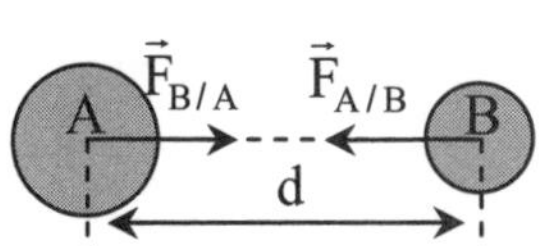

$$F_{A/B} = F_{B/A} = G\,\frac{m_A\ m_B}{d^2}$$ (loi de Newton)

avec m_A et m_B en kilogrammes (kg), d en mètres (m) et $G = 6{,}67.10^{-11}\ N.m^2.kg^{-2}$ (constante de gravitation universelle).

2.2. L'interaction électrostatique

Deux objets quasi ponctuels, notés A et B, séparés par une distance d et portant des charges électriques q_A et q_B exercent mutuellement l'un sur l'autre une **force électrostatique** caractérisée par :

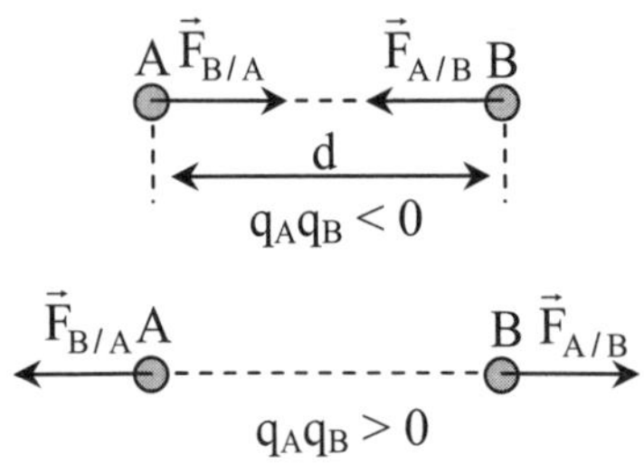

– sa direction : celle de la droite (AB) ;
– son sens : attractif si $q_Aq_B < 0$; répulsif si $q_Aq_B > 0$;
– sa valeur (en newtons, N) :

$$\boxed{F_{A/B} = F_{B/A} = k\,\frac{|q_A|\,|q_B|}{d^2}} \text{ (loi de Coulomb)}$$

avec q_A et q_B en coulombs (C), d en mètres (m) et $k = 9{,}0.10^9$ N.C^{-2}.m^2.

✍ Exercice d'application 2

Dans le modèle planétaire de l'atome d'hydrogène, l'unique électron gravite autour du noyau composé d'un proton à une distance moyenne $a_0 = 53$ pm.

1. Calculer la valeur de l'interaction gravitationnelle entre l'électron et le noyau.
2. Calculer la valeur de l'interaction électrostatique entre l'électron et le noyau.
3. Comparer la valeur de ces deux interactions. Quelle conclusion peut-on en tirer ?

Corrigé

1. La valeur de la force d'attraction gravitationnelle qu'exerce le proton du noyau sur l'électron est :

$$\boxed{F_{grav} = G\,\frac{m_P\ m_e}{a_0^2}}$$

où m_p et m_e désignent respectivement la masse d'un proton et celle d'un électron.

$$\text{A.N. : } F_{grav} = 6{,}67.10^{-11} \times \frac{\left(1{,}67.10^{-27} \times 9{,}11.10^{-31}\right)}{\left(53.10^{-12}\right)^2} = \mathbf{3{,}6.10^{-47}\ N}$$

2. La valeur de la force d'attraction électrostatique qu'exerce le proton du noyau sur l'électron est :

$$\boxed{F_{élec} = k\,\frac{q_P\ |q_e|}{a_0^2}}$$

où q_p et q_e désignent respectivement la charge électrique d'un proton et celle d'un électron.

$$\text{A.N. : } F_{élec} = 9{,}0.10^{9} \times \frac{\left(1{,}60.10^{-19} \times \left|-1{,}60.10^{-19}\right|\right)}{\left(53.10^{-12}\right)^2} = \mathbf{8{,}2.10^{-8}\ N}$$

3. $\frac{F_{élec}}{F_{grav}} = \frac{8,2.10^{-8}}{3,6.10^{-47}} = \mathbf{2,3.10^{39}}$

La valeur de l'interaction électrostatique entre l'électron et le noyau d'un atome d'hydrogène est donc environ 2.10^{39} fois plus grande que celle l'interaction gravitationnelle. A l'échelle atomique, l'interaction gravitationnelle est donc négligeable devant l'interaction électrostatique.

3. LA COHESION DE LA MATIERE

3.1. A l'échelle de l'Univers

L'**interaction gravitationnelle**, de **longue portée** et exclusivement **attractive**, assure la cohésion de la matière à l'**échelle de l'Univers**.

3.2. A l'échelle atomique et humaine

A l'**échelle atomique et humaine**, l'**interaction électromagnétique** dont l'interaction électrostatique (attractive ou répulsive) est une des manifestations, assure la cohésion de la matière.

3.3. A l'échelle du noyau atomique

A l'**échelle du noyau atomique**, l'**interaction forte**, de **faible portée** et exclusivement **attractive**, assure la cohésion de la matière.

✍ Exercice d'application 3

« L'hélium 4 », dont le noyau est symbolisé par ${}^{4}_{2}He$, est un gaz peu dense servant à remplir l'enveloppe des ballons dirigeables. Dans cet atome, une particule du nuage électronique est distante du noyau, en moyenne, de 55 pm.

1. Dénombrer les différentes particules élémentaires constituant cet atome.
2. Les noyaux d'hélium se rencontrent également sous la forme ${}^{3}_{2}He$.

   Quel nom donne-t-on aux noyaux ${}^{3}_{2}He$ et ${}^{4}_{2}He$?

3. On s'intéresse dans un premier temps aux forces s'exerçant entre le noyau d'hélium 4 et une particule du nuage électronique.

a) Calculer la valeur de la force gravitationnelle s'exerçant entre le noyau et une particule du nuage électronique de l'atome d'hélium.

b) Calculer la valeur de la force électrostatique s'exerçant entre le noyau et une particule du nuage électronique.

c) Comparer les valeurs de ces deux forces. Quelle conclusion peut-on en tirer ?

4. On considère maintenant les forces s'exerçant entre deux particules chargées à l'intérieur du noyau d'hélium 4. On suppose que la distance entre deux nucléons est en moyenne $1,2.10^{-15}$ m.

a) Calculer la valeur de la force gravitationnelle s'exerçant entre deux nucléons du noyau.

b) Calculer la valeur de la force électrostatique s'exerçant entre deux particules chargées du noyau.

c) Comparer les valeurs de ces deux forces. Comment expliquer la cohésion du noyau d'hélium ?

Corrigé

1. Le noyau d'hélium ${}^{4}_{2}\text{He}$ est de la forme ${}^{A}_{Z}\text{X}$.

Il renferme donc **Z = 2 protons** et **N = A – Z = 2 neutrons**. En outre, l'atome d'hélium étant électriquement neutre, il contient autant d'électrons que de protons. Son nuage électronique est donc composé de **Z = 2 électrons**.

2. Les noyaux ${}^{3}_{2}\text{He}$ et ${}^{4}_{2}\text{He}$ possèdent le même nombre de protons mais pas le même nombre de nucléons. Ils diffèrent par leur nombre de neutrons : ce sont des isotopes de l'élément hélium.

3. a) La valeur de la force gravitationnelle s'exerçant entre le noyau et une particule du nuage électronique de l'atome d'hélium est :

$$\boxed{F_{grav} = G\,\frac{m_{noyau}\,m_e}{d^2} \quad \text{avec } m_{noyau} = A\,m_{nucléon}}$$

$$\text{A.N. : } F_{grav} = 6,67.10^{-11}\,\frac{\left(4\times 1,67.10^{-27}\times 9,11.10^{-31}\right)}{\left(55.10^{-12}\right)^2} = \mathbf{1,3.10^{-46}\ N}$$

b) La valeur de la force électrostatique s'exerçant entre le noyau et une particule du nuage électronique est :

$$F_{élec} = k \frac{|q_{noyau}||q_e|}{d^2} \text{ avec } q_{noyau} = Z\, q_p$$

En effet, seuls les protons participent à la charge électrique du noyau.

A.N. : $F_{élec} = 9{,}0.\ 10^9 \times \dfrac{|2 \times 1{,}60.10^{-19}| \times |-1{,}60.10^{-19}|}{(55.10^{-12})^2} = \mathbf{1{,}5.10^{-7}\ N}$

c) Comparons les valeurs de ces deux forces :

$$\frac{F_{élec}}{F_{grav}} = \frac{1{,}5.10^{-7}}{1{,}3.10^{-46}} = \mathbf{1{,}2.10^{39}}$$

La force électrostatique est donc environ 1.10^{39} fois plus grande que la force gravitationnelle ! A l'échelle atomique, la valeur de la force gravitationnelle est donc négligeable par rapport à celle de la force électrostatique. La cohésion de la matière est donc assurée à cette échelle par la force électrostatique.

4. a) La valeur de la force gravitationnelle, s'exerçant entre deux nucléons du noyau, est :

$$F'_{grav} = G \frac{m_{nucléon}\, m_{nucléon}}{d^2}$$

A.N. : $F'_{grav} = 6{,}67.10^{-11} \times \dfrac{(1{,}67.10^{-27} \times 1{,}67.10^{-27})}{(1{,}2.10^{-15})^2} = \mathbf{1{,}3.10^{-34}\ N}$

b) La valeur de la force électrostatique s'exerçant entre deux particules chargées du noyau a pour expression :

$$F'_{élec} = k \frac{|q_p||q_p|}{d^2}$$

A.N. : $F_{élec} = 9{,}0.10^9 \times \dfrac{|1{,}60.10^{-19}||1{,}60.10^{-19}|}{(1{,}2.10^{-15})^2} = \mathbf{1{,}6.10^2\ N}$

c) Comparons les valeurs de ces deux forces :

$$\frac{F'_{\text{élec}}}{F'_{\text{grav}}} = \frac{1,6.10^{2}}{1,3.10^{-34}} = \mathbf{1,2.10^{36}}$$

La force électrostatique est donc environ 10^{36} fois plus grande que la force gravitationnelle ! A l'échelle du noyau, la force de répulsion électrostatique entre protons est donc beaucoup plus intense que la force d'attraction gravitationnelle qu'ils exercent mutuellement l'un sur l'autre. Le noyau résiste à la forte répulsion électrostatique entre protons grâce à une interaction attractive de courte portée entre nucléons appelée "interaction forte".

4. LA RADIOACTIVITE

4.1. Stabilité et instabilité des noyaux

La **stabilité** du **noyau** est assurée par l'**interaction forte attractive** qui compense la **répulsion électrostatique** entre les protons. Sous l'action de ces deux forces, certains noyaux sont **stables** (leurs durées de vie sont considérées comme étant infinie) et d'autres sont **instables** (ils se détruisent spontanément au bout d'une durée plus ou moins grande).
Parmi les différents **isotopes** possibles d'un élément, seuls certains sont stables. Les autres se **décomposent spontanément** : ils sont **radioactifs**. Par exemple l'isotope stable de l'élément oxygène est ${}^{16}_{8}O$, alors que ${}^{17}_{8}O$ et ${}^{18}_{8}O$ sont des isotopes instables.

4.2. La radioactivité naturelle

Définition et lois de conservation

La **radioactivité** est la **transformation spontanée**, **aléatoire** et **inéluctable**, d'un **noyau instable (père)** en un **autre noyau (fils)**. Cette désintégration radioactive s'accompagne d'une **libération d'énergie** et de l'**émission de particules** α, β^{-} ou β^{+} avec le cas échéant production d'un **rayonnement électromagnétique** γ de désexcitation si le noyau fils est dans un état excité. Le **rayonnement γ** est un **rayonnement électromagnétique** de très courte longueur d'onde (plus courte encore que celle des rayons X).

${}^{A_1}_{Z_1}X$	$\rightarrow$	${}^{A_2}_{Z_2}Y$	+	${}^{A_3}_{Z_3}P$	+	γ
Noyau père		Noyau fils		Particule		Rayonnement γ

Au cours d'une telle transformation, il y **a conservation** du **nombre de charge** et du **nombre de nucléons (lois** de conservation de **Soddy**).

Ainsi, l'équation radioactive précédente doit vérifier simultanément :

$$\begin{cases} Z_1 = Z_2 + Z_3 & \text{(conservation du nombre de charges)} \\ A_1 = A_2 + A_3 & \text{(conservation du nombre de nucléons)} \end{cases}$$

Les trois types de radioactivité spontanée

Il existe trois types de radioactivité spontanée :

- la **radioactivité α** : émission d'un **noyau d'hélium** noté ${}_{2}^{4}\text{He}$;
- la **radioactivité β⁻** : émission d'un **électron** noté ${}_{-1}^{0}e$;
- la **radioactivité β⁺** : émission d'un **positon** ou **positron** (**antiparticule** associée à l'**électron**), noté ${}_{+1}^{0}e$.

La radioactivité α

Elle concerne les **noyaux lourds** dont le nombre de nucléons est tel que A > 200 :

$$\boxed{{}_{Z}^{A}\text{X} \rightarrow {}_{Z-2}^{A-4}\text{Y} + {}_{2}^{4}\text{He} + \gamma}$$

Par exemple :

$${}_{88}^{226}\text{Ra} \rightarrow {}_{86}^{222}\text{Rn} + {}_{2}^{4}\text{He} + \gamma$$

Les particules α sont relativement grosses : elles franchissent difficilement les obstacles. Ainsi une feuille de papier suffit à les arrêter. Cependant elles sont **très ionisantes** donc **très dangereuses**.

La radioactivité β^-

Elle concerne certains noyaux possédant un **excès de neutrons** :

$$\boxed{{}_{Z}^{A}\text{X} \rightarrow {}_{Z+1}^{A}\text{Y} + {}_{-1}^{0}\text{e} + \gamma}$$

Par exemple :

$${}_{27}^{60}\text{Co} \rightarrow {}_{28}^{60}\text{Ni} + {}_{-1}^{0}\text{e} + \gamma$$

Tout se passe comme si, dans le noyau père :

$${}_{0}^{1}\text{n} \rightarrow {}_{1}^{1}\text{p} + {}_{-1}^{0}\text{e}$$

Les particules β^- étant très petites (ce sont des électrons), elles sont bien plus pénétrantes que les particules α. Pour les arrêter, quelques millimètres d'aluminium par exemple s'avèrent nécessaires.

La radioactivité β^+

Elle concerne certains noyaux possédant un **excès de protons** :

$$ {}^{A}_{Z}X \rightarrow {}^{A}_{Z-1}Y + {}^{0}_{+1}e + \gamma $$

Par exemple :

$$ {}^{18}_{10}Ne \rightarrow {}^{18}_{9}F + {}^{0}_{+1}e + \gamma $$

Tout se passe comme si dans le noyau père :

$$ {}^{1}_{1}p \rightarrow {}^{1}_{0}n + {}^{0}_{+1}e $$

Les particules β^+ (**antimatière**) se désintègrent quasiment instantanément en rencontrant les électrons de la matière (réaction d'**annihilation**) : leur pouvoir de pénétration est donc très faible. En revanche, le rayonnement γ émis lors de leur destruction est très pénétrant : il faut quelques centimètres de plomb pour s'en protéger.

✍ Exercice d'application 4

1. Ecrire l'équation de la désintégration radioactive transformant ${}^{30}_{15}P$ en ${}^{30}_{14}Si$.

2. Ecrire l'équation de la désintégration radioactive transformant ${}^{238}_{92}U$ en ${}^{234}_{90}Th$.

3. Ecrire l'équation de la désintégration radioactive transformant ${}^{40}_{19}K$ en ${}^{40}_{20}Ca$.

Corrigé

1. En désignant par X la particule inconnue émise, l'équation de désintégration radioactive du phosphore 30 en silicium 30 est :

$$ {}^{30}_{15}P \rightarrow {}^{30}_{14}Si + {}^{A}_{Z}X $$

Lors d'une réaction nucléaire, les lois de Soddy doivent être respectées.

Conservation du nombre de nucléons : $30 = 30 + A \Rightarrow \mathbf{A = 0}$

Conservation de la charge électrique : $15 = 14 + Z \Rightarrow \mathbf{Z = 1}$

La particule inconnue est donc un positon ${}^{0}_{1}e$ (antiparticule associée à l'électron).

$$ {}^{30}_{15}P \rightarrow {}^{30}_{14}Si + {}^{0}_{1}e $$

Il s'agit donc d'une radioactivité de type β^+.

2. En désignant par X la particule inconnue émise, l'équation de désintégration radioactive de l'uranium 238 en thorium 234 est :

$$^{238}_{92}U \rightarrow \, ^{234}_{90}Th + \, ^{A}_{Z}X$$

Lors d'une réaction nucléaire, les lois de Soddy doivent être respectées.
Conservation du nombre de nucléons : $238 = 234 + A$ $\Rightarrow$ $\mathbf{A = 4}$
Conservation de la charge électrique : $92 = 90 + Z$ $\Rightarrow$ $\mathbf{Z = 2}$

La particule inconnue est donc une particule alpha $^{4}_{2}He$ (noyau d'hélium).

$$^{238}_{92}U \rightarrow \, ^{234}_{90}Th + \, ^{4}_{2}He$$

Il s'agit donc d'une radioactivité de type α.

3. En désignant par X la particule inconnue émise, l'équation de désintégration radioactive du potassium 40 en calcium 40 est :

$$^{40}_{19}K \rightarrow \, ^{40}_{20}Ca + \, ^{A}_{Z}X$$

Lors d'une réaction nucléaire, les lois de Soddy doivent être respectées.
Conservation du nombre de nucléons : $40 = 40 + A$ $\Rightarrow$ $\mathbf{A = 0}$
Conservation de la charge électrique : $19 = 20 + Z$ $\Rightarrow$ $\mathbf{Z = -1}$

La particule inconnue est donc un électron $^{0}_{-1}e$.

$$^{40}_{19}K \rightarrow \, ^{40}_{20}Ca + \, ^{0}_{-1}e$$

Il s'agit donc d'une radioactivité de type β^-.

4.3. Activité et dangerosité biologique

L'**activité** notée A d'une source radioactive représente le **nombre moyen** de **désintégrations par seconde**. Elle s'exprime en **becquerels** de symbole Bq.

Exemples d'ordres de grandeur :

- radioactivité naturelle d'un litre d'eau de mer : 10 Bq ;
- radioactivité naturelle d'un litre de lait : 80 Bq ;
- radioactivité naturelle du corps humain (70 kg) : 8 000 Bq
- radioactivité d'un gramme de minerai d'uranium : 25 000 Bq
- radioactivité d'un gramme de plutonium 239 : $2{,}3.10^9$ Bq

Les **particules ionisantes** et le **rayonnement** γ sont susceptibles de provoquer des réactions chimiques et des modifications dans la structure des molécules constituant la matière vivante. En particulier, ils peuvent induire des **mutations génétiques** lorsque l'ADN se trouve modifié par leur action. On admettra que plus l'activité d'une source est grande, plus elle est dangereuse.

Remarque

On mesure expérimentalement l'activité d'une source radioactive à l'aide d'un **compteur Geiger-Müller** (dans lequel les particules engendrées lors de la désintégration nucléaire produisent une ionisation) ou d'un **scintillateur** (ces particules produisent un rayonnement électromagnétique amplifié par des photomultiplicateurs) relié à un compteur d'impulsions.

4.4. Décroissance radioactive et demi-vie

La **demi-vie** $t_{1/2}$ ou période d'un échantillon radioactif est la **durée nécessaire** à la **désintégration** de la **moitié** du nombre de noyaux radioactifs initialement présents :

$$\boxed{N(t = t_{1/2}) = \frac{N_0}{2}}$$

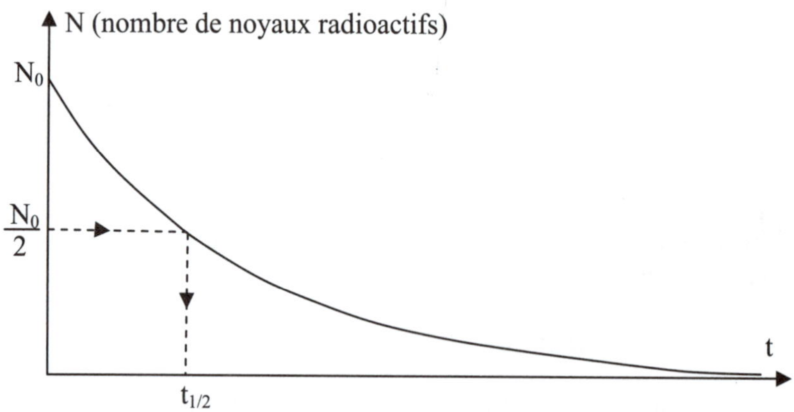

Figure 2 : loi de décroissance radioactive et demi-vie

L'**activité** A d'une source radioactive à une date t est **proportionnelle** au nombre N de noyaux qu'elle contient :

$$\boxed{A(t) = \lambda\, N(t)}$$

λ est appelée la **constante radioactive** et elle s'exprime en s^{-1}.

Il en résulte que si A_0 désigne l'activité initiale de la source radioactive à $t = 0$ alors :

$$\boxed{A(t = t_{1/2}) = \frac{A_0}{2}}$$

Remarque

L'activité A(t) étant proportionnelle au nombre de noyaux radioactifs N(t) encore présents à la date t, elle suit le même type de loi de décroissance radioactive que celui qui est évoqué par la figure 2.

Exercice d'application 5

1. Dans la nature le carbone existe sous forme de deux noyaux : ${}^{12}_{6}C$ (stable) et ${}^{14}_{6}C$ (instable). Dans la haute atmosphère, un neutron formé par l'action des rayons cosmiques bombarde un noyau d'azote 14 (${}^{14}_{7}N$) qui se transforme en carbone 14 (${}^{14}_{6}C$) radioactif β^- avec émission d'une autre particule.

a) Comment désigne-t-on les noyaux de carbone 12 et de carbone 14 ?

b) Écrire l'équation de la réaction nucléaire correspondant à la formation du carbone 14 dans la haute atmosphère. Identifier la particule émise. Justifier.

c) Écrire l'équation de la désintégration β^- du carbone 14.

2. Tant que la matière est vivante, les échanges de l'organisme animal ou végétal impliquant le dioxyde de carbone atmosphérique font que le rapport $N({}^{14}_{6}C)\ /\ N\ ({}^{12}_{6}C)$ est constant. A la mort de l'être vivant, la fin de ces échanges entraîne la décroissance de ce rapport.

a) Pourquoi à la mort de l'organisme animal ou végétal le rapport $N({}^{14}_{6}C)\ /\ N\ ({}^{12}_{6}C)$ diminue-t-il ?

b) Le temps de demi-vie $t_{1/2}$ du carbone 14 est de 5 570 ans. Qu'appelle-t-on temps de demi-vie ?

c) Exprimer en fonction de N_0 le nombre de noyaux N de carbone 14 restant aux instants $t_{1/2}$, $2\ t_{1/2}$, $3\ t_{1/2}$.

d) On mesure une quinzaine de désintégrations par minute avec un échantillon de 200 g d'os d'un être mort récemment. Quelle est l'activité de cet échantillon ? Avec quel appareil la mesure-t-on ?

e) L'activité A(t) est proportionnelle au nombre de noyaux radioactifs présents N(t) soit $A(t) = \lambda N(t)$ avec $\lambda = 1{,}244.10^{-4}\ an^{-1}$ pour le carbone 14. Quel est le nombre de noyaux radioactifs de carbone 14 présents dans cet échantillon ?

f) Quel est le rapport $N({}^{14}_{6}C) / N({}^{12}_{6}C)$ dans cet échantillon sachant que celui-ci contient 1,0 g de carbone 12 ?

g) Au bout de combien de temps l'activité de l'échantillon vaudra-t-elle $3{,}125.10^{-2}$ Bq ?

Données :
Le numéro atomique de l'élément azote N est Z = 7.
La masse molaire atomique du carbone 12 est $M(C) = 12{,}0\ g.mol^{-1}$.

Le nombre d'Avogadro est $N_A = 6{,}02.10^{23}$ mol^{-1}.

Corrigé

1. a) Les noyaux $^{12}_{6}C$ et $^{14}_{6}C$ sont des isotopes de l'élément carbone : ils possèdent le même nombre de protons (Z = 6) mais pas le même nombre de nucléons (A = 12 ou 14). Ils diffèrent donc uniquement par leur nombre de neutrons (6 pour le carbone 12 et 8 pour le carbone 14).

b) En désignant par X la particule inconnue émise, l'équation de formation du carbone 14 dans la haute atmosphère est :

$$^{14}_{7}N + {}^{1}_{0}n \rightarrow {}^{14}_{6}C + {}^{A}_{Z}X$$

Lors d'une réaction nucléaire, les lois de Soddy doivent être respectées.

Conservation du nombre de nucléons : $14 + 1 = 14 + A \quad \Rightarrow \mathbf{A = 1}$

Conservation de la charge électrique : $7 + 0 = 6 + Z \quad \Rightarrow \mathbf{Z = 1}$

La particule inconnue est donc un proton $^{1}_{1}H$ (ou $^{1}_{1}p$).

$$^{14}_{7}N + {}^{1}_{0}n \rightarrow {}^{14}_{6}C + {}^{1}_{1}H$$

c) L'équation de désintégration β^- (émission d'un électron $^{0}_{-1}e$) du carbone 14 est :

$$^{14}_{6}C \rightarrow {}^{A}_{Z}Y + {}^{0}_{-1}e$$

Le respect des lois de Soddy conduit à :

$14 = A + 0 \quad \Rightarrow \mathbf{A = 14}$

$6 = Z - 1 \quad \Rightarrow \mathbf{Z = 7}$

L'élément inconnu Y est donc l'azote (N).

$$^{14}_{6}C \rightarrow {}^{14}_{7}N + {}^{0}_{-1}e$$

2. a) A la mort de l'organisme animal ou végétal, le carbone 14 radioactif n'est plus renouvelé grâce aux échanges avec le milieu extérieur. Le nombre de noyaux de carbone 14 diminue donc au cours du temps selon la loi de décroissance radioactive alors que celui des noyaux de carbone 12 reste constant. Donc, dans l'organisme mort le rapport $N(^{14}_{6}C) / N(^{12}_{6}C)$ diminue donc au cours du temps.

b) La demi-vie $t_{1/2}$ d'un échantillon radioactif est la durée nécessaire à la désintégration de la moitié des noyaux radioactifs initialement présents.

Par définition : $N(t = t_{1/2}) = \dfrac{N_0}{2}$

c) De même : $N(t = 2\,t_{1/2}) = \dfrac{N(t = t_{1/2})}{2} = \dfrac{N_0}{4} = \dfrac{N_0}{2^2}$

$$N(t = 3\,t_{1/2}) = \frac{N(t = 2\,t_{1/2})}{2} = \frac{N_0}{8} = \frac{N_0}{2^3}$$

Généralisation : $\boxed{N(t = n\,t_{1/2}) = \dfrac{N_0}{2^n}}$ avec $n \in \mathbb{N}^*$

d) L'activité d'un échantillon radioactif est le nombre moyen de désintégrations par seconde. Elle se mesure avec un compteur Geiger-Müller en becquerels. Pour l'échantillon de 200 g d'os l'activité est :

$$A = \frac{15}{60} = \mathbf{2{,}5.10^{-1}\ Bq}$$

e) L'activité A(t) est proportionnelle au nombre de noyaux radioactifs de carbone 14 encore présents dans l'échantillon à la date t : $A(t) = \lambda N(t)$.

$$\Rightarrow \boxed{N(t) = \frac{A(t)}{\lambda}} \quad \textbf{A.N. } \lambda = 1{,}244.10^{-4}\ an^{-1} = \frac{1{,}244.10^{-4}}{(365\times 24\times 60\times 60)} = \mathbf{3{,}94.10^{-12}\ s^{-1}}$$

$$N(t) = \frac{0{,}25}{3{,}94.10^{-12}} = \mathbf{6{,}35.10^{10}}$$

L'échantillon de 200 g d'os d'un être fraichement mort contient donc $6{,}35.10^{10}$ noyaux de carbone 14.

f) La quantité de matière de carbone 12 contenu dans l'échantillon est :

$$n({}^{12}_{6}C) = \frac{m}{M(C)}$$

Le nombre de noyaux de carbone 12 contenu dans l'échantillon est donc :

$$N({}^{12}_{6}C) = n({}^{12}_{6}C) \times N_A \Rightarrow \boxed{N({}^{12}_{6}C) = \frac{m}{M(C)} \times N_A}$$

$$\textbf{A.N. } N({}^{12}_{6}C) = \frac{1{,}0}{12{,}0} \times 6{,}02.10^{23} = \mathbf{5{,}0.10^{22}} \text{ et } N({}^{14}_{6}C) = N(t) = \mathbf{6{,}35.10^{10}}$$

$$\Rightarrow \frac{N({}^{14}_{6}C)}{N({}^{12}_{6}C)} = \frac{6{,}35.10^{10}}{5{,}0.10^{22}} = \mathbf{1{,}3.10^{-12}}$$

g) L'activité de l'échantillon et le nombre de noyaux radioactifs présents à une date t sont des grandeurs proportionnelles. D'après la question 2. b) on peut donc écrire :

$$A(t = n\,t_{1/2}) = \frac{A_0}{2^n} \text{ avec } n \in \mathbb{N}^* \Rightarrow \boxed{\frac{A_0}{A} = 2^n}$$

$$\textbf{A.N. } \frac{A_0}{A} = \frac{0{,}25}{3{,}125.10^{-2}} = 8 = 2^3 \Rightarrow n = 3$$

L'activité de l'échantillon sera divisée par 8 pour $3\ t_{1/2}$ = 16 670 ans.

5. EQUIVALENCE MASSE ENERGIE

5.1. Relation d'Einstein

En 1905, Albert Einstein postule l'**équivalence** entre **masse** et **énergie** en associant, à toute particule au repos de masse m, une **énergie de masse** E :

$E = mc^2$	avec	E : énergie de masse en joule (J) M : masse en kilogramme (kg) C = $3{,}00.10^{8}$ $m.s^{-1}$ (célérité de la lumière dans le vide)

L'unité d'énergie utilisée en physique nucléaire est l'**électron-volt** (eV) et ses multiples (keV, MeV, GeV) car le joule est une unité beaucoup trop grande :

$$1\ eV = 1{,}60.10^{-19}\ J$$

Remarques

$1\ keV = 10^3\ eV = 1{,}60.10^{-16}\ J$
$1\ Mev = 10^6\ eV = 1{,}60.10^{-13}\ J$
$1\ GeV = 10^9\ eV = 1{,}60.10^{-10}\ J$
En physique nucléaire on exprime souvent les masses en unité de masse atomique (symbole u) : $1\ u = 1{,}66.10^{-27}\ kg$.

✍ Exercice d'application 6

1. Quelle est l'énergie de masse notée E_u, exprimée en joule puis en Mev, associée à une masse $m = 1\ u = 1{,}66.10^{-27}$ kg ?
2. Quelle est l'énergie de masse associée à un noyau d'hélium 4 au repos dont la formule est ${}_{2}^{4}He$?

Données : $m\left({}_{2}^{4}He\right) = 4{,}00150\ u$;

Corrigé

1. $E_u = mc^2 = 1,66.10^{-27} \times (2,998.10^8)^2 = \mathbf{1,49.10^{-10}\ J}$

$$E_u = \frac{1,49.10^{-10}}{1,60.10^{-19}} = 9,31.108 \text{ eV soit } E_u = \frac{9,31.10^8}{10^6} = \mathbf{9,31.10^2\ Mev}$$

2. $E = mc^2 = 4,00150 \times 1,66.10^{-27} \times (2,998.10^8)^2 = \mathbf{5,97.10^{-10}\ J}$

$$E = \frac{5,97.10^{-10}}{1,60.10^{-19}} = 3,73.10^9 \text{ eV soit } E = \frac{3,73.10^9}{10^6} = \mathbf{3,73.10^3\ MeV}$$

5.2. Défaut de masse du noyau

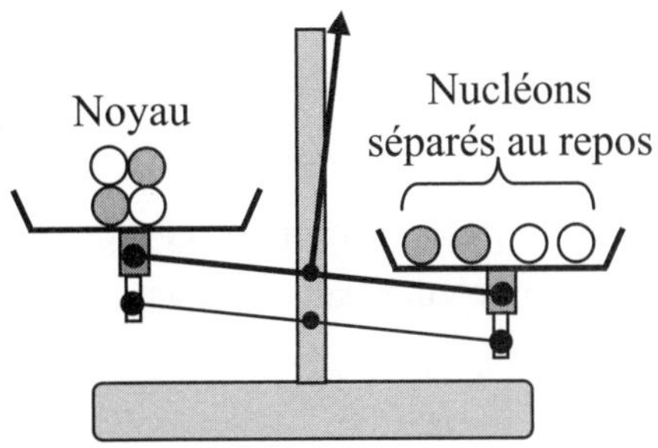

Figure 3 : illustration imagée du défaut de masse d'un noyau

On a constaté expérimentalement que la **masse** d'un **noyau** au **repos** est **inférieure** à la **somme** des **masses** des **nucléons séparés** au **repos** le constituant.

On appelle **défaut de masse** Δm d'un noyau, la différence entre la masse totale de ses nucléons séparés au repos et la masse du noyau constitué au repos.

Pour un noyau noté ${}^{A}_{Z}X$, le défaut de masse est :

$$\boxed{\Delta m = m_{nucléons} - m_{noyau} = Z\, m_p + (A - Z)\, m_n - m_{noyau} > 0}$$

5.3. Energie de liaison du noyau

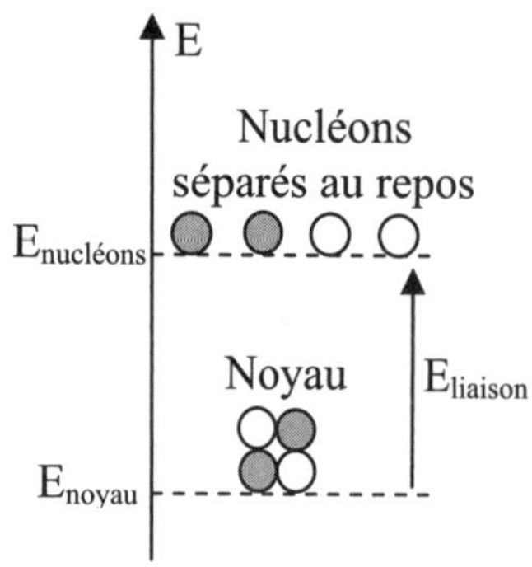

Figure 4 : énergie de liaison

L'**énergie de liaison** $E_{liaison}$ d'un noyau, est l'**énergie** qu'il faut **fournir** à un **noyau au repos** pour le **dissocier** en ses **nucléons isolés** et **immobiles** :

$$E_{liaison} = E_{nucléons} - E_{noyau} = m_{nucléons}\, c^2 - m_{noyau}\, c^2$$
$$E_{liaison} = (m_{nucléons} - m_{noyau})\, c^2$$

$$\boxed{E_{liaison} = \Delta m\, c^2}$$

avec $E_{liaison}$ en joule (J), Δm en kilogramme (kg) et $c = 3{,}00.10^8\ m.s^{-1}$

Remarque

Plus $E_{liaison}$ est grande, plus le noyau est stable, et plus il sera difficile de le briser. Le fait que $E_{noyau} < E_{nucléons}$ traduit la stabilisation des nucléons dans le noyau.

Exercice d'application 7

1. Calculer le défaut de masse en kg d'un noyau d'hélium ${}^{4}_{2}He$.

2. En déduire son énergie de liaison en MeV.

Données : $m\left({}^{4}_{2}He\right) = 4{,}00150\ u$; $m_p = 1{,}00728\ u$; $m_n = 1{,}00866\ u$

$1\ u = 1{,}66.10^{-27}\ kg$; $c = 3{,}00.10^8\ m.s^{-1}$

Corrigé

1. Par définition $\boxed{\Delta m = m_{nucléons} - m_{noyau} = Z\, m_p + (A - Z)\, m_n - m_{noyau}}$

$\Delta m = 2\, m_p + (4 - 2)\, m_n - m({}^{4}_{2}He) = 2\, m_p + 2\, m_n - m({}^{4}_{2}He)$

A.N. $\Delta m = 2 \times 1{,}00728 + 2 \times 1{,}00866 - 4{,}00150 = \mathbf{3{,}03800.10^{-2}\ u} > 0$

$\Delta m = 3{,}03800.10^{-2} \times 1{,}66.10^{-27} = \mathbf{5{,}04.10^{-29}\ kg}$

2. Par définition $\boxed{E_{liaison} = \Delta m\, c^2}$

A.N. $E_{liaison} = 5{,}04.10^{-29} \times (3{,}00.10^8)^2 = \mathbf{4{,}54.10^{-12}\ J}$

$$E_{liaison} = \frac{4{,}54.10^{-12}}{1{,}60.10^{-19}} = \mathbf{2{,}84.10^7\ eV} \text{ soit } E_{liaison} = \frac{2{,}84.10^7}{10^6} = \mathbf{2{,}84.10^1\ MeV}$$

5.4. Energie de liaison par nucléon et courbe d'Aston

L'**énergie moyenne de liaison par nucléon** $E_{liaison}$ / A permet de comparer la stabilité des différents nucléides. Les **nucléides les plus stables** correspondent aux valeurs de $E_{liaison}$ / A **les plus élevées**.

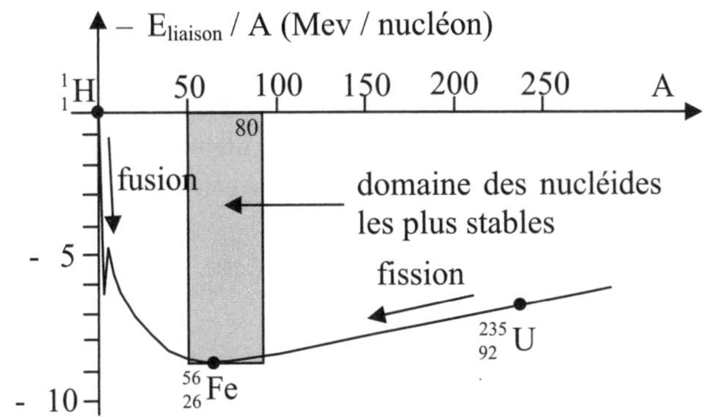

Figure 5 : courbe d'Aston

La **courbe d'Aston** ci-dessus présente un minimum très aplati correspondant aux nucléides les plus stables ($^{56}_{26}Fe$ étant le plus stable).

Les **extrémités** de la **courbe d'Aston** correspondent aux **nucléides les plus instables** :

- un noyau lourd (uranium 235 par exemple) bombardé par une particule adéquate peut se casser en deux noyaux plus légers et plus stables : c'est la **fission nucléaire** ;
- deux noyaux légers (isotopes de l'hydrogène) peuvent fusionner en un noyau plus lourd et plus stable : c'est la **fusion nucléaire**.

6. FISSION ET FUSION NUCLEAIRE

6.1. Réactions nucléaires provoquées

Une **réaction nucléaire** est dite **provoquée**, lorsqu'un **noyau cible**, frappé par un **noyau projectile**, se transforme en un autre noyau : on parle alors de **transmutation**.

Exemple : $^{27}_{13}Al + ^{4}_{2}He \rightarrow ^{30}_{15}P + ^{1}_{0}n$

Lors d'une réaction nucléaire provoquée, les lois de Soddy s'appliquent (conservation du nombre de charges et conservation du nombre de nucléons).

6.2. Fission nucléaire

La **fission** est une **réaction nucléaire provoquée** au cours de laquelle un **neutron casse** un **noyau lourd** fissile en **deux noyaux plus légers** avec **émission** d'autres **neutrons** et **libération** d'**énergie**.

Par exemple, dans le réacteur d'une centrale nucléaire, une réaction de fission possible est :

$$^{235}_{92}U + ^{1}_{0}n \rightarrow ^{93}_{36}Kr + ^{140}_{56}Ba + 3\ ^{1}_{0}n$$

On remarque que cette réaction **libère plus de neutrons** qu'elle n'en **consomme** : chacun d'eux peut à son tour engendrer une nouvelle fission provoquant une **réaction en chaîne**. Dans un réacteur nucléaire, la fission de l'uranium 235 est contrôlée par des barres mobiles composées d'un matériau qui absorbe une partie des neutrons produits afin d'éviter l'emballement de la réaction en chaîne. Dans une bombe atomique (bombe A), la réaction en chaîne est incontrôlée et explosive.

✍ Exercice d'application 8

Le combustible utilisé dans une centrale nucléaire est constitué d'un mélange de deux isotopes de l'uranium : $^{238}_{92}U$ et $^{235}_{92}U$.

1. L'uranium 235 est dit fissile car, sous l'impact d'un neutron lent, son noyau peut se casser en deux noyaux plus légers, avec émission d'autres neutrons. Une des réactions possibles conduit aux noyaux $^{95}_{38}Sr$ et $^{139}_{54}Xe$.

a) Ecrire l'équation de la réaction nucléaire en précisant le nombre de neutrons émis.

b) Pourquoi doit-on contrôler une telle fission dans une centrale nucléaire ?

2. L'uranium 238 peut quant à lui capter un neutron rapide, et donner naissance à un nouvel isotope de l'uranium. Le noyau ainsi formé est radioactif et peut se transformer à son tour en plutonium $_{94}Pu$ suite à deux désintégrations β^- successives.

Ecrire les équations des trois réactions nucléaires successives qui conduisent de $^{238}_{92}U$ à $_{94}Pu$.

Donnée : le neptunium Np a pour numéro atomique Z = 93.

Corrigé

1. a) Notons x le nombre de neutrons émis lors de la fission d'un atome d'uranium 235 provoquée par le choc avec un neutron lent :

$$^{235}_{92}U + ^{1}_{0}n \rightarrow ^{95}_{38}Sr + ^{139}_{54}Xe + x\ ^{1}_{0}n$$

Lors d'une réaction nucléaire, les lois de Soddy doivent être respectées.
Conservation du nombre de nucléons : 235 + 1 = 95 + 139 + x.
Conservation de la charge électrique : 92 + 0 = 38 + 54 + 0.
La première égalité conduit à : 236 = 234 + x $\Rightarrow$ x = 2.
L'équation de la réaction de fission nucléaire est donc :

$$^{235}_{92}U + ^{1}_{0}n \rightarrow ^{95}_{38}Sr + ^{139}_{54}Xe + 2\ ^{1}_{0}n$$

b) On remarque que la réaction de fission libère 2 neutrons qui pourront à leur tour engendrer d'autres réactions de fission et ainsi de suite : on parle de réaction en chaîne. Dans une centrale nucléaire on contrôle la fission en absorbant une partie des neutrons produits à l'aide de barres mobiles afin d'éviter que la réaction en chaîne devienne incontrôlable. En outre, ce dispositif permet d'adapter la production d'électricité de la centrale aux besoins de la consommation électrique du réseau de distribution.

2. La capture d'un neutron rapide par l'uranium 238 conduit à :

$$^{238}_{92}U + ^{1}_{0}n \rightarrow ^{A}_{Z}X$$

Lors d'une réaction nucléaire, les lois de Soddy doivent être respectées.
Conservation du nombre de nucléons : 238 + 1 = A $\Rightarrow$ A = 239.
Conservation de la charge électrique : 92 + 0 = Z $\Rightarrow$ Z = 92.
La réaction de transmutation nucléaire de l'uranium 238 est donc :

$$^{238}_{92}U + ^{1}_{0}n \rightarrow ^{239}_{92}U$$

La désintégration β^- (émission d'un électron) du noyau d'uranium 239 produit un noyau $^{A}_{Z}Y$ selon l'équation :

$$^{239}_{92}U \rightarrow ^{A}_{Z}Y + ^{0}_{-1}e$$

A nouveau les lois de conservation de Soddy conduisent à :
239 = A + 0 $\Rightarrow$ A = 239
92 = Z – 1 $\Rightarrow$ Z = 93
L'élément inconnu Y de numéro atomique Z = 93 est le neptunium Np.

$$^{239}_{92}U \rightarrow ^{239}_{93}Np + ^{0}_{-1}e$$

La désintégration β^- du neptunium produit à son tour un noyau $^{A}_{Z}Y'$ selon l'équation :

$$^{239}_{93}Np \rightarrow ^{A}_{Z}Y' + ^{0}_{-1}e$$

Les lois de Soddy imposent :
239 = A + 0 $\Rightarrow$ A = 239
93 = Z – 1 $\Rightarrow$ Z = 94
L'élément inconnu Y' de numéro atomique Z = 94 est le plutonium Pu.

$$^{239}_{93}\text{Np} \rightarrow \,^{239}_{94}\text{Pu} + \,^{0}_{-1}e$$

6.3. Fusion nucléaire

La **fusion** est une **réaction nucléaire provoquée** au cours de laquelle **deux noyaux légers** s'**unissent** pour former **un noyau plus lourd** avec **libération** d'**énergie**.

Par exemple, le Soleil tire son énergie de la fusion de l'hydrogène en hélium selon un processus en plusieurs étapes ayant pour équation globale :

$$4\,^{1}_{1}\text{H} \rightarrow \,^{4}_{2}\text{He} + 2\,^{0}_{1}e + 2\,\gamma$$

Pour que la **fusion soit possible**, les noyaux légers doivent être portés à **très hautes températures** (10^7 K) afin de vaincre **les forces de répulsion électrostatique** : il s'agit d'une **réaction thermonucléaire**.

A l'heure actuelle, en dépit de son grand intérêt pour la production d'énergie sur Terre, l'homme ne maîtrise pas encore la fusion nucléaire contrôlée. Dans une bombe à hydrogène (bombe H) la fusion nucléaire est incontrôlée et explosive. La très haute température nécessaire à la fusion du deutérium et du tritium est obtenue par une bombe A (allumette) encapsulée dans la bombe H :

- bombe A (fission) : $^{6}_{3}\text{Li} + \,^{1}_{0}\text{n} \rightarrow \,^{4}_{2}\text{He} + \,^{3}_{1}\text{H}$
- bombe H (fusion) : $^{3}_{1}\text{H} + \,^{2}_{1}\text{H} \rightarrow \,^{4}_{2}\text{He} + \,^{1}_{0}\text{n}$

✍ Exercice d'application 9

Pour les étoiles dont la masse est inférieure ou égale à celle de notre Soleil, la température centrale est proche de 20 millions de degrés Celsius. Dans ces conditions, la fusion de deux noyaux d'hydrogène (ou protons) est possible et conduit à la formation d'un noyau de deutérium qui capture un autre proton pour former un noyau d'hélium 3. Deux noyaux d'hélium 3 formés peuvent à leur tour fusionner en un noyau d'hélium 4. L'ensemble de ces réactions constituent la première chaîne proton-proton ou chaîne p-p.

1. Donner la définition d'une fusion nucléaire.
2. En considérant la charge des noyaux en cause dans le mécanisme de fusion nucléaire, expliquer pourquoi ces réactions ne peuvent se produire qu'à très haute température.

3. Ecrire l'équation de la réaction de fusion de deux noyaux d'hydrogène en un noyau de deutérium avec émission d'une particule que l'on notera sous la forme ${}^{A}_{Z}X$. Comment s'appelle cette particule ?
4. Ecrire l'équation de la réaction de fusion d'un noyau de deutérium et d'un proton en un noyau d'hélium 3. Cette fusion s'accompagne de l'émission d'un rayonnement gamma. Comment peut-on interpréter cette émission ?
5. Ecrire l'équation de la réaction de fusion de deux noyaux d'hélium 3 en un noyau d'hélium 4. Cette fusion s'accompagne de l'émission de deux autres noyaux identiques notés ${}^{A}_{Z}X$: préciser lesquels.
6. Ecrire l'équation de la réaction bilan des trois réactions de fusion précédentes qui, à partir de noyaux d'hydrogène, permet d'obtenir un noyau d'hélium 4.

Notations utilisées pour les noyaux concernés :
hydrogène (ou proton) : ${}^{1}_{1}H$ (ou ${}^{1}_{1}p$) : deutérium : ${}^{2}_{1}H$; tritium : ${}^{3}_{1}H$;
hélium 3 : ${}^{3}_{2}He$, hélium 4 : ${}^{4}_{2}He$

Corrigé

1. Lors d'une réaction de fusion nucléaire, deux petits noyaux s'unissent pour former un noyau plus gros et plus stable.

2. Le noyau contient des protons qui portent des charges positives. Deux noyaux ont donc tendance à se repousser mutuellement sous l'effet de la force de répulsion électrostatique. La réaction de fusion devient possible à très haute température car, dans ces conditions, les noyaux possèdent assez d'énergie cinétique pour vaincre les forces de répulsion.

3. ${}^{1}_{1}H + {}^{1}_{1}H \rightarrow {}^{2}_{1}H + {}^{A}_{Z}X$

Lors d'une réaction nucléaire, les lois de Soddy doivent être respectées.
Conservation du nombre de nucléons : $1 + 1 = 2 + A$
Conservation de la charge électrique : $1 + 1 = 1 + Z$
Donc $A = 0$ et $Z = 1 \Rightarrow {}^{A}_{Z}X = {}^{0}_{1}e$: la particule émise est un positon (antiparticule associée à l'électron).

$\Rightarrow {}^{1}_{1}H + {}^{1}_{1}H \rightarrow {}^{2}_{1}H + {}^{0}_{1}e$

4. ${}^{2}_{1}H + {}^{1}_{1}H \rightarrow {}^{3}_{2}He + \gamma$

Le noyau d'hélium 3 est produit dans un état excité ${}^{3}_{2}He^{*}$. Sa désexcitation s'accompagne de l'émission d'un rayonnement électromagnétique gamma (photon) : ${}^{3}_{2}He^{*} \rightarrow {}^{3}_{2}He + \gamma$

5. ${}^{3}_{2}He + {}^{3}_{2}He \rightarrow {}^{4}_{2}He + 2\ {}^{A}_{Z}X$

Lors d'une réaction nucléaire, les lois de Soddy doivent être respectées.
Conservation du nombre de nucléons : $3 + 3 = 4 + 2 \times A$

Conservation de la charge électrique : $1 + 1 = 1 + 2 \times Z$

Donc A = 1 et Z = 1 $\Rightarrow {}^{A}_{Z}X = {}^{1}_{1}H$: les deux noyaux identiques sont des noyaux d'hydrogène.

$\Rightarrow {}^{3}_{2}He + {}^{3}_{2}He \rightarrow {}^{4}_{2}He + 2\,{}^{1}_{1}H$

6.4. Bilan d'énergie

Lors d'une réaction nucléaire de fission ou de fusion, la masse m_{finale} des **produits** formés est inférieure à la masse $m_{initiale}$ des **réactifs**.

La différence $\Delta m = m_{initiale} - m_{finale}$, appelée également **défaut de masse**, est **transformée en énergie** libérée vers le milieu extérieur :

$$E_{libérée} = \Delta m\, c^2 \text{ avec } \Delta m = m_{initiale} - m_{finale}$$

Exercice d'application 10

1. Dans le réacteur d'une centrale nucléaire, une réaction de fission possible est :

$${}^{235}_{92}U + {}^{1}_{0}n \rightarrow {}^{94}_{38}Sr + {}^{140}_{54}Xe + 2\,{}^{1}_{0}n$$

a) Calculer l'énergie libérée par la fission d'un noyau d'uranium 235.

b) Calculer l'énergie libérée par nucléon lors de cette fission.

c) Calculer en tonnes équivalent pétrole (t.e.p.) l'énergie libérée par la fission de 1,00 kg d'uranium 235 (on assimilera la masse d'un atome d'uranium 235 à celle de son noyau).

2. On sait depuis les travaux du physicien Hans Bethe (1939) que l'énergie du Soleil est issue de la fusion nucléaire de l'hydrogène. Le projet ITER, réacteur expérimental de fusion nucléaire va tenter de recréer la fusion du deutérium et du tritium, réaction de fusion la plus facile à déclencher :

$${}^{2}_{1}H + {}^{3}_{1}H \rightarrow {}^{4}_{2}He + {}^{1}_{0}n$$

a) Calculer l'énergie en joule puis en Mev libérée lors de la fusion d'un noyau de deutérium puis d'un noyau de tritium.

b) Calculer l'énergie libérée par nucléon lors de cette fusion.

c) Entre la fission et la fusion, quelle est la réaction nucléaire la plus énergétique ?

d) La masse molaire atomique du deutérium est d'environ 2,0 $g.mol^{-1}$ et il est possible d'extraire 33 mg de cet isotope de l'hydrogène par litre d'eau de mer. Calculer en joules l'énergie que peut libérer par fusion les atomes de deutérium extraits d'un mètre cube d'eau de mer.

e) Calculer la masse de pétrole qui produirait la même énergie.

Données :

$m\left({}^{235}_{92}U\right) = 234{,}9935$ u ; $m\left({}^{94}_{38}Sr\right) = 93{,}8945$ u ; $m\left({}^{140}_{54}Xe\right) = 139{,}8920$ u

$m({}^{2}_{1}H) = 2{,}01355$ u ; $m({}^{3}_{1}H) = 3{,}01550$ u ; $m({}^{4}_{2}He) = 4{,}00150$ u ;

$m({}^{1}_{0}n) = 1{,}00866$ u ; 1 u = $1{,}66054.10^{-27}$ kg

$c = 3{,}00.10^{8}$ m.s^{-1} ; 1 eV = $1{,}60.10^{-19}$ J ;
1 t.e.p. = 42 GJ ; 1 $N_A = 6{,}02.10^{23}$ mol^{-1}

Corrigé

1. a) $\boxed{E_{libérée} = \Delta m\, c^2}$ avec $\Delta m = m_{initiale} - m_{finale}$

$\Delta m = \left[m({}^{235}_{92}U) + m({}^{1}_{0}n)\right] - \left[m({}^{94}_{38}Sr) + m({}^{140}_{54}Xe) + 2\,m({}^{1}_{0}n)\right]$

$\Delta m = [234{,}9935 + 1{,}00866] - [93{,}8945 + 139{,}8920 + 2 \times 1{,}00866]$

$\Delta m = 1{,}98340.10^{-1}$ u $= 1{,}98340.10^{-1} \times 1{,}66054.10^{-27} =$ **$3{,}30315.10^{-28}$ kg**

On constate que $\Delta m > 0$ donc que $m_{initiale} > m_{finale}$: il y a perte de masse lors de la réaction de fission nucléaire. La masse perdue est convertie en énergie.

$E_{libérée} = 3{,}30315.10^{-28} \times (3{,}00.10^{8})^2 =$ **$2{,}97.10^{-11}$ J**

$E_{libérée} = \dfrac{2{,}97.10^{-11}}{1{,}60.10^{-19}} = 1{,}86.10^{8}$ eV = **$1{,}86.10^{2}$ MeV**

b) L'énergie libérée par nucléons est :

$\dfrac{E_{libérée}}{\sum A} = \dfrac{1{,}86.10^{2}}{(235+1)} =$ **$7{,}88.10^{-1}$ Mev / nucléon** avec $\sum A$, nombre des nucléons.

c) En assimilant la masse d'un atome à celui de son noyau, le nombre de noyaux d'uranium 235 contenu dans un échantillon de 1,00 kg est :

$N = \dfrac{1{,}00}{(234{,}9935 \times 1{,}66054.10^{-27})} =$ **$2{,}56268.10^{24}$**

L'énergie libérée par la fission des N noyaux d'uranium 235 est donc :

$E = N \times E_{libérée} = 2{,}56268.10^{24} \times 2{,}97.10^{-11} =$ **$7{,}61.10^{13}$ J**

$E = \dfrac{7{,}61.10^{13}}{42.10^{9}} =$ **$1{,}8.10^{3}$ t.e.p.**

La fusion d'un kilogramme d'uranium 235 libère autant d'énergie que la combustion de 1800 tonnes de pétrole.

2. a) $\boxed{E_{libérée} = \Delta m\, c^2}$ avec $\Delta m = m_{initiale} - m_{finale}$

$\Delta m = \left[m({}^{2}_{1}H) + m({}^{3}_{1}H)\right] - \left[m({}^{4}_{2}He) + m({}^{1}_{0}n)\right]$

$\Delta m = [2{,}01355 + 3{,}01550] - [4{,}00150 + 1{,}00866]$

$\Delta m = 1{,}88900.10^{-2}$ u $= 1{,}88900.10^{-2} \times 1{,}66054.10^{-27} =$ **$3{,}14594.10^{-29}$ kg**

On constate que $\Delta m > 0$ donc que $m_{initiale} > m_{finale}$: il y a perte de masse lors de la réaction de fusion nucléaire. La masse perdue est convertie en énergie.

$E_{libérée} = 3{,}14594.10^{-29} \times (3{,}00.10^{8})^2 =$ **$2{,}83.10^{-12}$ J**

$$E_{\text{libérée}} = \frac{2,83.10^{-12}}{1,60.10^{-19}} = 1,77.10^{7} \text{ eV} = \mathbf{1,77.10^{1}\ MeV}$$

b) L'énergie libérée par nucléons est :

$\dfrac{E_{\text{libérée}}}{\sum A} = \dfrac{1,77.10^{1}}{(2+3)} = \mathbf{3,54\ Mev / nucléon}$ avec $\sum A$, nombre des nucléons.

c) Comparons l'énergie libérée par nucléon lors d'une fusion (3,54 Mev / nucléon) avec celle d'une fission ($7,88.10^{-1}$ Mev / nucléon) : $\dfrac{3,54}{7,88.10^{-1}} = \mathbf{4,49}$

Par nucléon, la réaction de fusion est donc 4,5 fois plus énergétique que la réaction de fission.

d) La quantité de matière de deutérium contenu dans un litre d'eau de mer est :

$$\boxed{n = \frac{m}{M}} = \frac{33.10^{-3}}{2,0} = \mathbf{1,65.10^{-2}\ mol}$$

La quantité de matière de deutérium contenu dans 1 $m^3 = 10^3$ L d'eau de mer est donc : $n' = 10^3 \times n = 10^3 \times 1,65.10^{-2} = \mathbf{1,65.10^{1}\ mol}$

Le nombre d'atomes (ou de noyaux) de deutérium contenu dans un mètre cube d'eau de mer est donc : $\boxed{N = n' \times N_A} = 1,65.10^{1} \times 6,02.10^{23} = \mathbf{9,93.10^{24}}$

L'énergie libérée par la fusion des N noyaux de deutérium est donc :

$E = N \times E_{\text{libérée}} = 9,93.10^{24} \times 2,83 \times 10^{-12} = \mathbf{2,81.10^{13}\ J}$

$$E = \frac{2,81.10^{13}}{42.10^{9}} = \mathbf{6,7.10^{2}\ t.e.p.}$$

La fusion de tous les atomes de deutérium présents dans un mètre cube d'eau de mer libère autant d'énergie que la combustion de 670 tonnes de pétrole.

4
Champs et forces

1. NOTION DE CHAMP ET DE VECTEUR

1.1. Champs scalaires et champs vectoriels

Un **champ** est une **grandeur physique** définie en **chaque point de l'espace**. Cette grandeur physique peut être **scalaire** (exemple : température ou pression) c'est-à-dire uniquement caractérisée par sa valeur numérique ou **vectorielle** (exemple : vitesse des particules d'un fluide).
Un champ est **uniforme** lorsqu'il est identique en tout point de l'espace.

1.2. Quelques rappels sur les vecteurs

Un **vecteur** $\vec{V}$ est caractérisé par :

- **sa direction** (horizontale, verticale…) ;
- **son sens** (vers la droite, vers la gauche, vers le haut, vers le bas…) ;
- **sa norme** ou valeur $V = \|\vec{V}\|$.

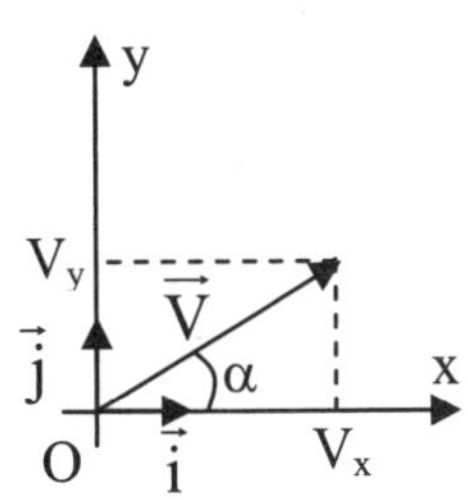

Figure 1 : composantes cartésiennes d'un vecteur

Un **vecteur** $\vec{V}$ peut être décrit dans un **repère cartésien** $(O, \vec{i}, \vec{j})$ par ses **composantes** V_x et V_y qui s'obtiennent en **projetant orthogonalement** $\vec{V}$ sur les **axes** (Ox) et (Oy) de vecteurs unitaires respectifs $\vec{i}$ et $\vec{j}$.

Dans le repère cartésien $(O, \vec{i}, \vec{j})$, on peut représenter $\vec{V}$ de deux manières différentes :

$$\boxed{\vec{V} = V_x\,\vec{i} + V_y\,\vec{j}} \qquad \text{ou} \qquad \vec{V}\left|\begin{array}{l} V_x \\ V_y \end{array}\right.$$

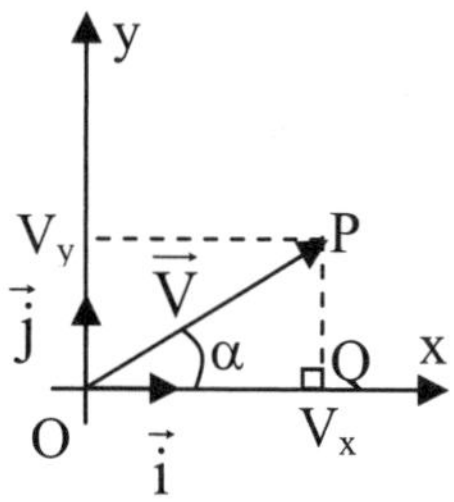

Figure 2 : relations trigonométriques utiles dans le triangle (OPQ)

Les composantes V_x et V_y peuvent être exprimées en fonction de **l'angle α** grâce aux **relations trigonométriques** du triangle (OPQ) rectangle en Q :

$$\cos\alpha = \frac{OQ}{OP} = \frac{OQ}{V} \quad \Rightarrow OQ = V\cos\alpha$$

$$\sin\alpha = \frac{PQ}{OP} = \frac{PQ}{V} \quad \Rightarrow PQ = V\sin\alpha$$

$$V_x = OQ \quad \Rightarrow \quad \boxed{V_x = V\cos\alpha}$$

$$V_y = PQ \quad \Rightarrow \quad \boxed{V_y = V\sin\alpha}$$

Dans un repère cartésien $(O, \vec{i}, \vec{j})$, le vecteur $\vec{V} = V_x\,\vec{i} + V_y\,\vec{j}$ a pour norme :

$$\boxed{V = \|\vec{V}\| = \sqrt{V_x^{\,2} + V_y^{\,2}}}$$

On obtient **graphiquement** la **somme vectorielle** $\vec{W} = \vec{U} + \vec{V}$ en joignant l'extrémité « avec flèche » d'un vecteur à l'extrémité « sans flèche » de l'autre vecteur (en déplaçant si besoin les deux vecteurs).

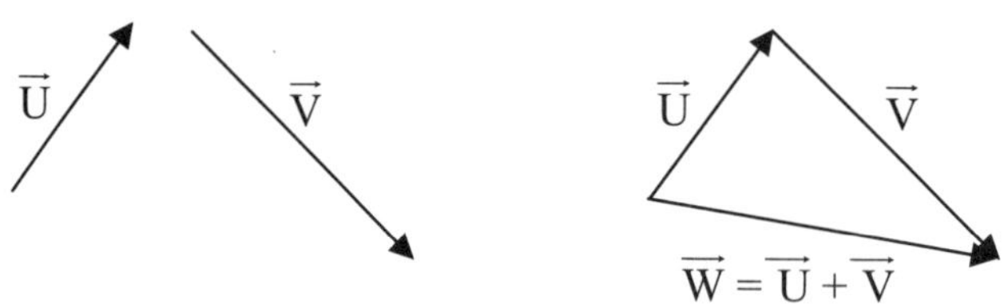

Figure 3 : addition vectorielle de deux vecteurs

Remarque

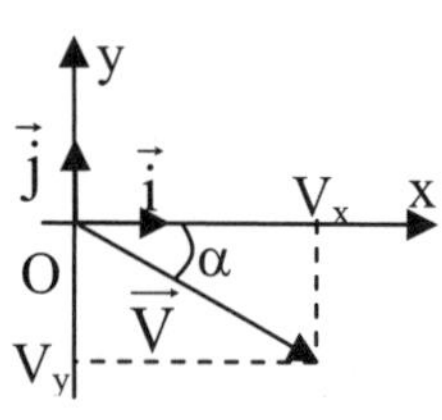

Figure 4 : V_x et V_y sont des grandeurs algébriques

Les composantes V_x et V_y sont des **grandeurs algébriques**. Ainsi la situation du schéma ci-contre conduit à :

$$\begin{cases} V_x = V\cos\alpha \\ V_y = -V\sin\alpha \end{cases}$$

2. LE CHAMP MAGNETIQUE

2.1. Détection d'un champ magnétique

L'**aiguille aimantée** d'une **boussole** permet de **détecter localement** la **direction** et le **sens** d'un **champ magnétique**. Dans une région de l'espace ne contenant ni aimant ni circuit électrique, l'**aiguille** de la **boussole** s'**oriente spontanément** selon la **direction** et le **sens** du **champ magnétique terrestre** (figure 5). Par convention, le côté de l'aiguille (généralement marqué en rouge, ici en gris) qui pointe vers le pôle nord magnétique, est appelé pôle nord.

Figure 5 : orientation de l'aiguille aimantée d'une boussole en l'absence d'aimant ou de circuit électrique

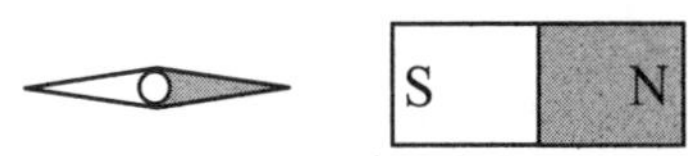

Figure 6 : modification locale des propriétés magnétiques de l'espace par un aimant

Un **aimant** ou un **fil parcouru** par un **courant électrique** sont des **sources de champ magnétique** car ils modifient localement autour d'eux les propriétés magnétiques de l'espace. Le **pôle nord** de l'**aiguille aimantée** d'une **boussole pointe** vers le **pôle sud** d'un **aimant**. En effet **deux pôles** de **même nom se repoussent** alors que **deux pôles de noms différents s'attirent**.

2.2. Vecteur champ magnétique

Un **champ magnétique** $\vec{B}$ en un point M de l'espace est une **grandeur vectorielle** caractérisée par :

$\vec{B}$

- **direction** : celle de l'aiguille aimantée placée en M ;
- **sens** : du pôle sud vers le pôle nord de l'aiguille aimantée placée en M ;
- **valeur** : B exprimée en teslas (T).

Remarques

La **valeur** d'un **champ magnétique** en un point de l'espace se mesure avec un **teslamètre**. Les valeurs caractéristiques varient de **2.10^{-5} T** pour le champ magnétique terrestre à quelques teslas pour les champs magnétiques très puissants. Le champ magnétique est un champ vectoriel.

2.3. Superposition de deux champs magnétiques

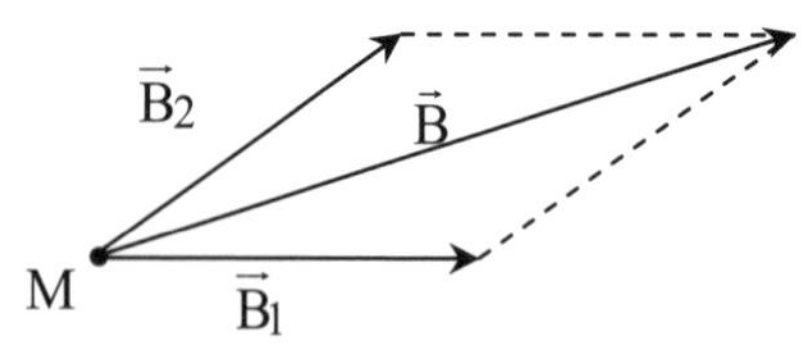

Figure 7 : superposition de deux champs magnétiques

Si deux sources produisent séparément en un point M de l'espace, des champs magnétiques $\vec{B_1}$ et $\vec{B_2}$, le **champ magnétique résultant** $\vec{B}$ en ce point est la **somme vectorielle** des deux :

$$\boxed{\vec{B} = \vec{B_1} + \vec{B_2}}$$

2.4. Lignes de champ magnétique et spectre

On matérialise les **lignes** de **champ magnétique** en utilisant de **la limaille de fer** qui se comporte comme un ensemble de petites aiguilles aimantées s'orientant dans le sens du champ magnétique. **Les lignes de champ magnétique** sont des **courbes** qui se **referment sur elles-mêmes** et sont **tangentes** au **vecteur champ magnétique** en chacun de ses points. Un **spectre magnétique** est l'**ensemble** des **lignes de champ** magnétique.

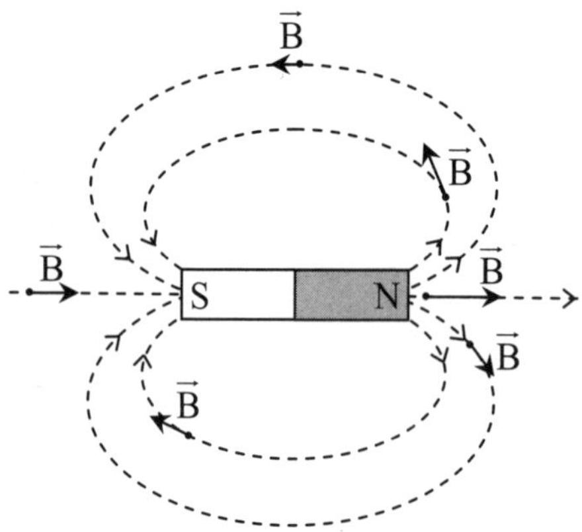

Figure 8 : quelques lignes de champ magnétique d'un aimant droit

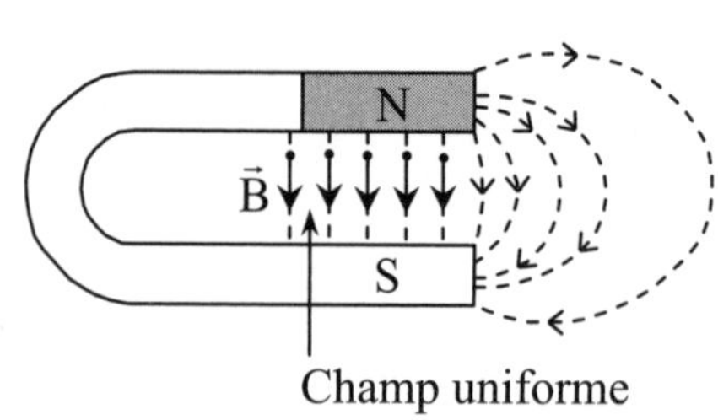

Figure 9 : champ magnétique uniforme dans l'entrefer d'un aimant en U

A l'**extérieur** d'un **aimant**, les **lignes de champ magnétique** sont **orientées** du **pôle nord vers le pôle sud** de celui-ci.
Le **champ magnétique** est **uniforme** dans une région de l'espace si le **vecteur champ magnétique** conserve **même direction**, **même sens** et **même valeur** en chacun des points de cette région : c'est quasiment le cas dans l'entrefer d'un aimant en U.

✍ Exercice d'application 1

1. A une distance d de l'une des faces d'un aimant droit on dispose en un point M une petite aiguille aimantée qui prend l'orientation indiquée sur le schéma de l'expérience 1. En déduire les pôles de l'aimant.

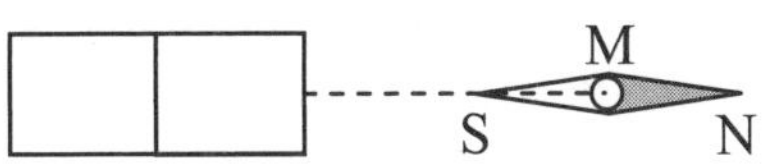

Expérience 1

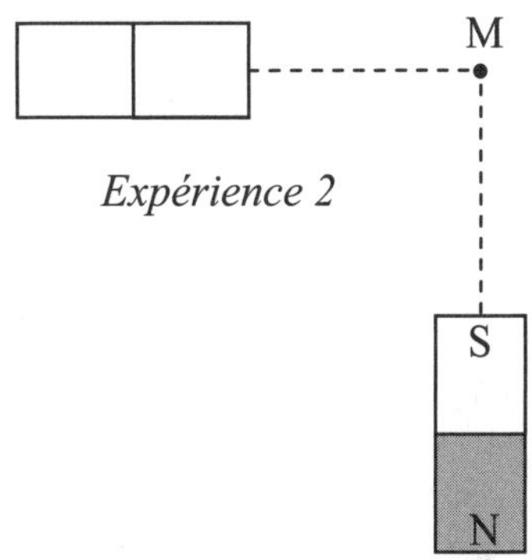

Expérience 2

2. On dispose perpendiculairement au premier aimant un deuxième aimant situé à la même distance d du point M conformément au schéma de l'expérience 2. Chaque aimant crée au point M un champ magnétique dont la valeur est 50 mT. En déduire les caractéristiques du vecteur champ magnétique au point M ainsi que l'orientation et le sens d'une petite aiguille aimantée placée en ce point.

Corrigé

1. L'aiguille aimantée se comporte comme un petit aimant placé en face de l'aimant droit. Or, pour ces deux aimants placés en vis-à-vis, deux pôles de même nom se repoussent alors que deux pôles de noms différents s'attirent. On en déduit donc que c'est le pôle sud de l'aiguille aimantée qui fait face au pôle nord de l'aimant conformément au schéma de l'expérience 1.

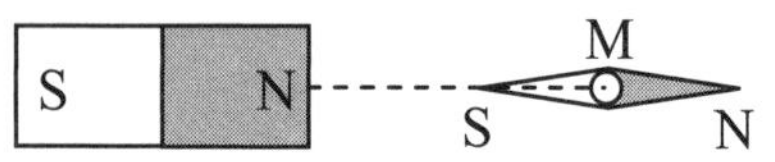

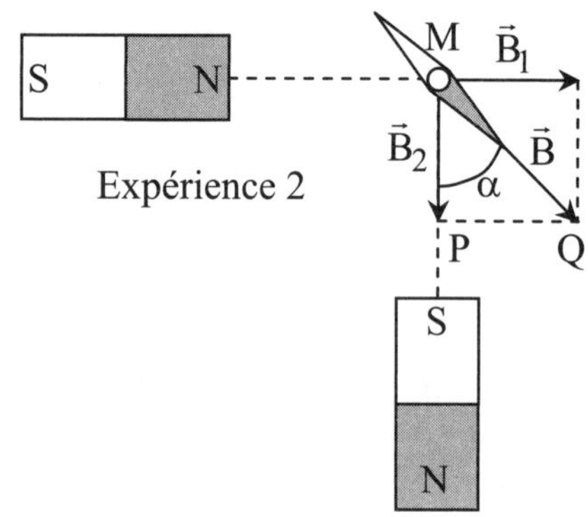

2. A l'extérieur d'un aimant, les lignes de champ magnétique sont orientées du pôle nord vers le pôle sud de celui-ci. Les deux aimants créent donc en M deux champs magnétiques $\vec{B}_1$ et $\vec{B}_2$ de même valeur mais orthogonaux entre eux conformément au schéma de l'expérience 2. Le champ magnétique $\vec{B}$ résultant est la somme vectorielle des champs $\vec{B}_1$ et $\vec{B}_2$ créés séparément par les deux aimants :
$\vec{B} = \vec{B}_1 + \vec{B}_2$.

Déterminons la valeur B du champ magnétique $\vec{B}$ et celle de l'angle α.
Dans le triangle (MPQ) rectangle en P, d'après le théorème de Pythagore on a :

$$\|\vec{B}\|^2 = \|\vec{B}_2\|^2 + \|\vec{B}_1\|^2 \Leftrightarrow B^2 = B_2^2 + B_1^2 \Rightarrow \boxed{B = \sqrt{B_1^2 + B_2^2}}.$$

A.N. : $B = \sqrt{\left(50.10^{-3}\right)^2 + \left(50.10^{-3}\right)^2}$ soit $B \approx 7{,}1.10^{-2}$ T soit **B = 71 mT**

De plus, $\tan\alpha = \dfrac{\|\vec{B}_1\|}{\|\vec{B}_2\|}$ soit $\boxed{\tan\alpha = \dfrac{B_1}{B_2}}$. A.N. : $\tan\alpha = \dfrac{B_1}{B_2} = \dfrac{50}{50} = 1{,}0 \Rightarrow$ **α = 45°**.

Une petite aiguille aimantée placée en M s'aligne sur le champ magnétique résultant $\vec{B}$ suivant le sens sud-nord de ses pôles.

2.5. Le champ magnétique terrestre

Le **champ magnétique terrestre** résulte des mouvements du noyau métallique liquide des couches profondes de la Terre. Il peut être assimilé, en première approximation, à celui d'un **aimant droit** placé au centre de la Terre (figure 10).
Le pôle nord de l'aiguille aimantée d'une boussole s'oriente vers le **nord magnétique terrestre** (N_m) qui est en réalité un **pôle de magnétisme sud**. Le **pôle nord magnétique** (N_m) ne coïncide pas avec le **pôle nord géographique** (N_g).

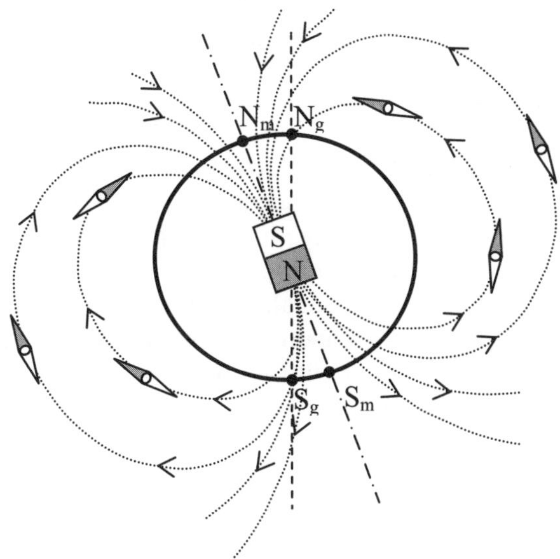

Figure 10 : champ magnétique terrestre assimilable à celui d'un aimant droit

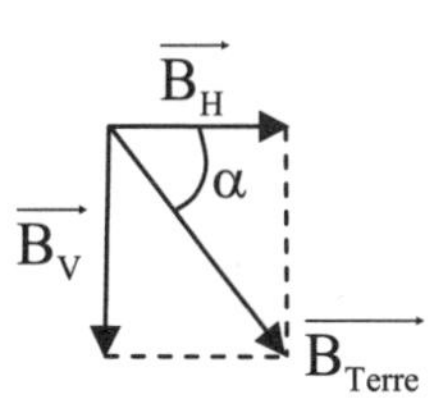

Figure 11 : composantes du champ magnétique terrestre

En un point donné de la surface terrestre, le champ magnétique terrestre $\overrightarrow{B_{Terre}}$ possède une **composante verticale** $\overrightarrow{B_V}$ dirigée vers le centre de la Terre et une **composante horizontale** $\overrightarrow{B_H}$ (orthogonale à $\overrightarrow{B_V}$). L'**angle** α formé par $\overrightarrow{B_{Terre}}$ et $\overrightarrow{B_H}$ est appelé l'**inclinaison** : il augmente lorsque l'on se rapproche des pôles magnétiques pour atteindre la valeur $\alpha = 90°$ (la composante horizontale du champ magnétique terrestre est alors nulle).

Au voisinage de la surface de la Terre, la composante horizontale $\overrightarrow{B_H}$ du champ magnétique terrestre est celle indiquée par l'aiguille aimantée d'une boussole. Les caractéristiques de $\overrightarrow{B_H}$ sont rappelées ci-après.

$\overrightarrow{B_H}$

- **direction** : horizontale ;
- **sens** : du pôle sud magnétique terrestre vers le pôle nord magnétique terrestre ;
- **valeur** (ou intensité) : variable d'un point à l'autre du globe ; $B_H \simeq 2.10^{-5}$ T en France.

2.6. Champ magnétique créé par un courant continu

Cas d'un fil électrique rectiligne

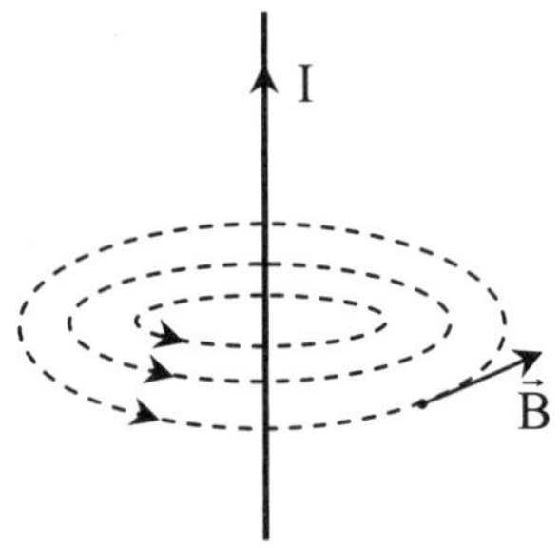

Figure 12 : lignes de champ magnétique

Un **fil électrique** rectiligne **parcouru** par un courant électrique d'**intensité I** crée en son voisinage un **champ magnétique** dont les **lignes de champ** sont **circulaires**, **concentriques**, orthogonales au fil et centrées sur ce dernier.
La **valeur du champ magnétique** est **proportionnelle** à l'**intensité** du courant traversant le fil :

$$\boxed{B = k\,I}$$

La constante k s'exprime en $T.A^{-1}$.

D'une manière plus générale, la **valeur B** du champ magnétique **dépend** de la **géométrie** du **courant**, de son **intensité** ainsi que du **point de mesure**.
Le **sens** du champ magnétique est donné par l'une des **trois règles** usuelles suivantes.

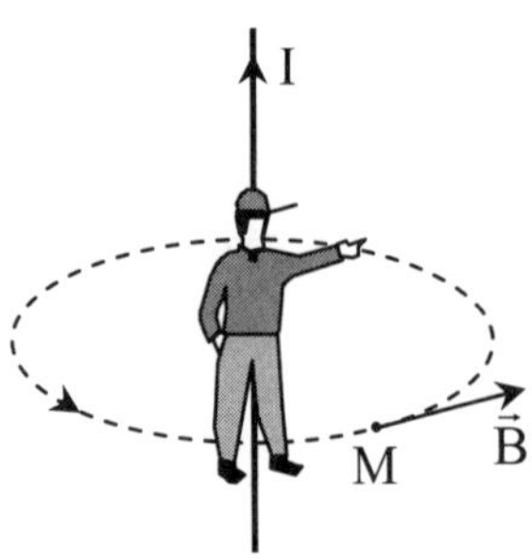

Figure 13 : règle du bonhomme d'Ampère

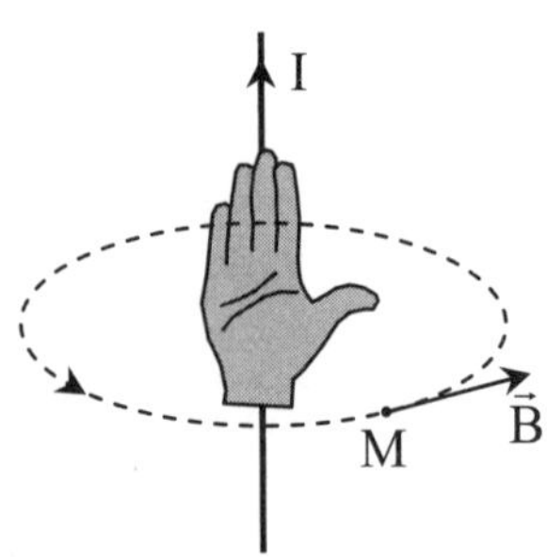

Figure 14 : règle de la main droite

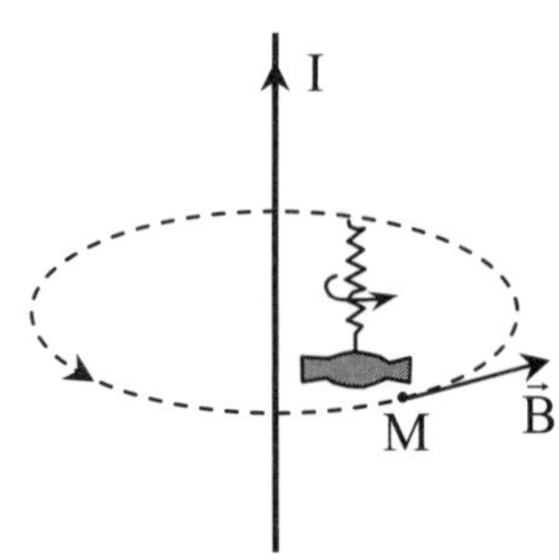

Figure 15 : règle du tire-bouchon de Maxwell

Règle du bonhomme d'Ampère
Le **bonhomme d'Ampère** est **posé** sur **le fil** électrique de telle manière que le **courant entre par ses pieds** tandis qu'il **regarde le point M** où est **produit le champ magnétique** $\vec{B}$. Son **bras gauche tendu** indique **le sens** de $\vec{B}$.

Règle de la main droite
La **main droite** est **posée** contre **le fil**, **paume face au point M**, de telle sorte que le **courant entre par le poignet**. Le **pouce tendu** indique le **sens** de $\vec{B}$.

Règle du tire-bouchon de Maxwell
On **tourne le tire-bouchon** afin qu'il se **déplace dans le sens du courant**. Son **sens de rotation** fournit le **sens** de $\vec{B}$.

Cas d'un solénoïde

Un **solénoïde** est constitué par un **fil de cuivre enroulé en hélice** sur un support cylindrique dont le rayon est beaucoup plus petit que la longueur.
A l'**intérieur** et **loin** des **extrémités** d'un solénoïde parcouru par un courant d'intensité I, le **champ magnétique** créé est **uniforme** et sa **direction** est celle de l'**axe du solénoïde**. La **valeur** du **champ magnétique** est en outre **proportionnelle** à l'**intensité** I du courant qui le parcourt, et au **nombre** n **de spires par unité de longueur**.

$B = \mu_0 n I$	B : valeur du champ magnétique en teslas (T) n : nombre de spires par unité de longueur (m^{-1}) I : intensité du courant en ampères (A) μ_0 est une constante appelée perméabilité magnétique du vide dont la valeur est $\mu_0 = 4\pi.10^{-7}$ T.m.A^{-1}.

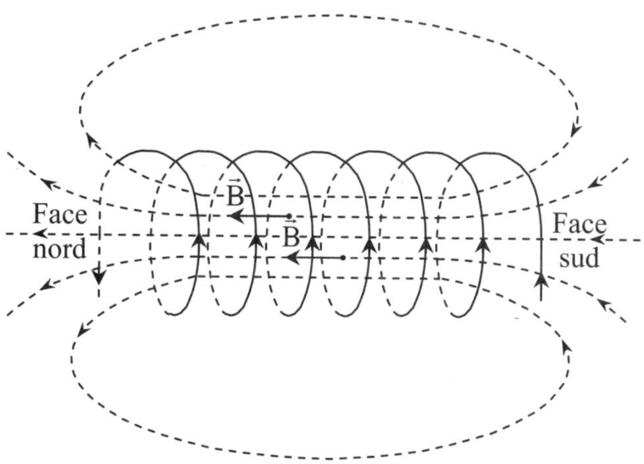

Figure 16 : champ magnétique créé par un solénoïde

A l'**extérieur** d'un **solénoïde** les **lignes de champ** ressemblent à celles d'un **aimant droit**.

Le sens du champ magnétique peut être déterminé en utilisant l'une des trois règles énoncées au paragraphe précédent.

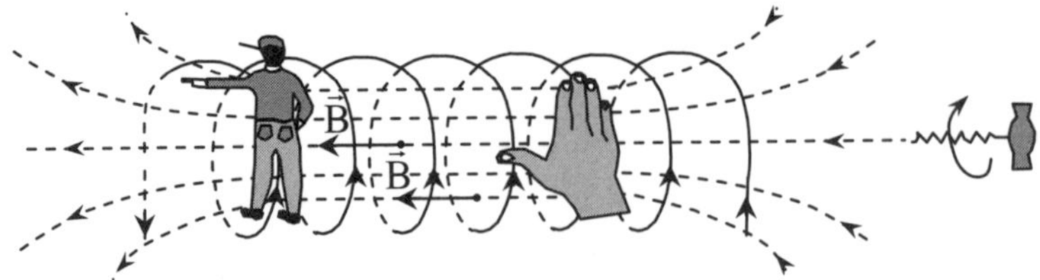

Figure 17 : détermination du sens du champ magnétique

Exercice d'application 2

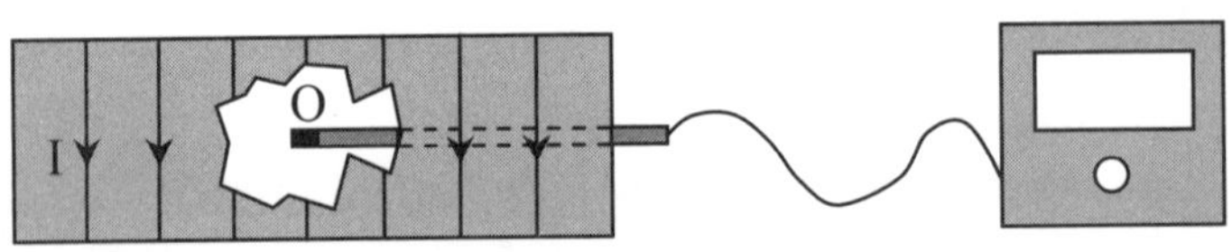

La sonde à effet Hall d'un teslamètre est placée au centre O d'un solénoïde de longueur L = 40 cm. Les valeurs B_0 du champ magnétique, mesurées en fonction de l'intensité I du courant, sont regroupées dans le tableau suivant :

I (A)	0,5	1,0	1,5	2,0	2,5	3,0	3,5	4,0
B_0 (mT)	0,6	1,2	1,9	2,5	3,1	3,8	4,4	5,0

1. Sachant que la valeur de la composante horizontale du champ magnétique terrestre vaut environ 20 µT, pourquoi est-il légitime de la négliger dans cette expérience ?
2. Caractériser le champ magnétique $\vec{B}_0$ au point O pour I = 2,0 A.
3. Tracer la représentation graphique $B_0 = f(I)$.
4. Quelle est l'allure de la courbe obtenue ? Quelle conclusion peut-on en tirer ?
5. En expliquant votre méthode, établir l'équation de la courbe.
6. Donner l'expression théorique du champ magnétique au centre O du solénoïde. En déduire le nombre N de spires du solénoïde étudié.
7. Pour une intensité I fixée, les valeurs du champ magnétique B, mesurées à l'intérieur du solénoïde pour différentes abscisses conduisent à la courbe ci-après :

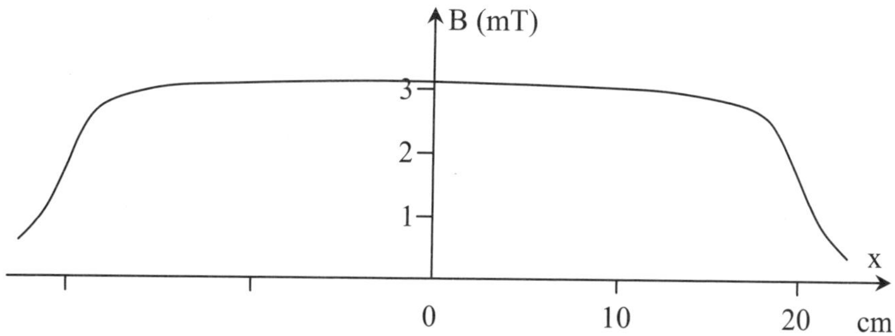

a) Pour quelle valeur de l'intensité cette courbe a-t-elle été obtenue ?
b) Interpréter la courbe.

8. Tracer sur le même graphique qu'à la question 3, la représentation graphique $B_0 = f(I)$ pour un solénoïde de même longueur mais comportant 200 spires.

Corrigé

1. La plus petite valeur du champ magnétique créé en son centre par le solénoïde est d'après le tableau de mesures B_0 = 0,6 mT = 600 μT. Or la valeur de la composante horizontale du champ magnétique terrestre est B_H = 20 μT. On remarque que $B_0 >> B_H$: la valeur du champ magnétique terrestre est négligeable devant celle du champ magnétique produit par le solénoïde.

2.

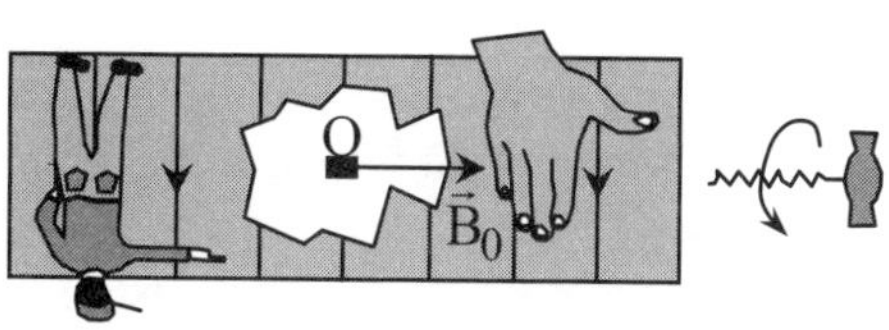

Le sens du champ magnétique est donné par l'une des trois règles du cours (bonhomme d'Ampère, règle de la main droite ou tire-bouchon de Maxwell).

En O et pour I = 2,0 A, la valeur du champ magnétique est 2,5 mT et sa direction est colinéaire à l'axe du solénoïde.

3. La représentation graphique $B_0 = f(I)$ est donnée ci-dessous :

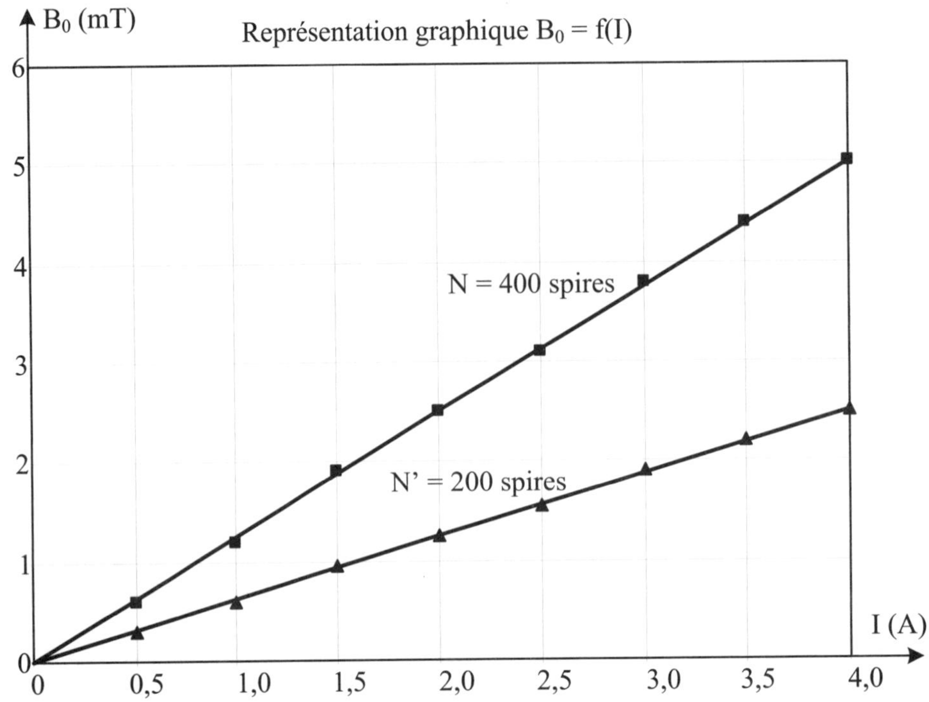

4. La courbe obtenue est une droite croissante passant par l'origine (fonction linéaire). Les grandeurs B_0 et I sont donc proportionnelles : $\boxed{B_0 = k \times I}$.

5. La constante k est le coefficient directeur de la droite que l'on peut obtenir dans le cas d'une fonction linéaire grâce à un point appartenant à la droite.

A(I = 4,0 A ; B_0 = 5,0 mT) $\Rightarrow k = \frac{B_0}{I} = \frac{5{,}0.10^{-3}}{4{,}0}$ soit $\mathbf{k = 1{,}3.10^{-3}\ T.A^{-1}}$.

L'équation numérique de la droite est donc : $\boxed{B_0 = 1{,}3.10^{-3} \times I}$.

6. En O, la valeur du champ magnétique créé par le solénoïde est donné par :

$B_0 = \mu_0 n I$ avec $n = \frac{N}{L}$ nombre de spires par unité de longueur.

En identifiant cette expression avec celle de la question précédente on en déduit que $k = \mu_0 n$ soit $k = \mu_0 \frac{N}{L}$ d'où $\boxed{N = \frac{L \times k}{\mu_0}}$.

A.N. : $N = \frac{40.10^{-2} \times 1{,}3.10^{-3}}{4\pi.10^{-7}}$ soit $\mathbf{N = 4{,}1.10^{2}}$ **spires** (proche de 400 spires).

7. a) Pour x = 0 cm, c'est-à-dire lorsque la sonde est au centre du solénoïde, $B_0 = 3,1$ mT ce qui correspond à une intensité I = 2,5 A.
b) On remarque que la valeur du champ magnétique est quasi constante à l'intérieur du solénoïde sauf à ses extrémités. On peut donc en déduire qu'à l'intérieur d'un solénoïde et loin de ses extrémités, le champ magnétique est uniforme car il possède en tout point, même sens, même direction et même valeur.

8. Si N' = 200 spires alors $N' = \frac{N}{2}$: le coefficient directeur de la droite est donc divisé par deux.

3. LE CHAMP ELECTROSTATIQUE

3.1. Définition

Une **charge électrique ponctuelle** Q, au repos, crée en un point M de l'espace un **champ vectoriel électrique** $\vec{E}$, si en ce point, une particule test q > 0 au repos subit une force électrostatique de Coulomb $\vec{F} = q\vec{E}$. Le **champ électrique** en ce point est défini comme la **force électrostatique** de Coulomb **par unité de charge** :

$$\boxed{\vec{E} = \frac{\vec{F}}{q}}$$

L'**unité** de **champ électrique** est le **newton par coulomb** ($N.C^{-1}$).
A une distance r d'une charge ponctuelle Q, la valeur du champ électrique est donnée par la **loi de Coulomb** :

$$F = k\frac{q|Q|}{r^2} \Rightarrow E = \frac{F}{q} = k\frac{|Q|}{r^2}$$

Le **champ électrique** tout comme la force électrostatique de Coulomb est **radial**, il s'**éloigne** de la charge Q si cette dernière est **positive**, et se **dirige** vers celle-ci si elle est **négative**. En effet, la particule ponctuelle de test q > 0 est repoussée si Q > 0 et attirée si Q < 0.

Figure 18 : champ électrostatique créé par une charge ponctuelle

Remarque

Il existe un champ électrique $\vec{E}$ autour de la charge ponctuelle Q, même en l'absence de la particule test q > 0 qui sert à le mettre en évidence.

3.2. Champ électrostatique dans un condensateur

Un **condensateur plan** est constitué de **deux armatures métalliques parallèles** séparées par un **isolant électrique** appelé **diélectrique**.

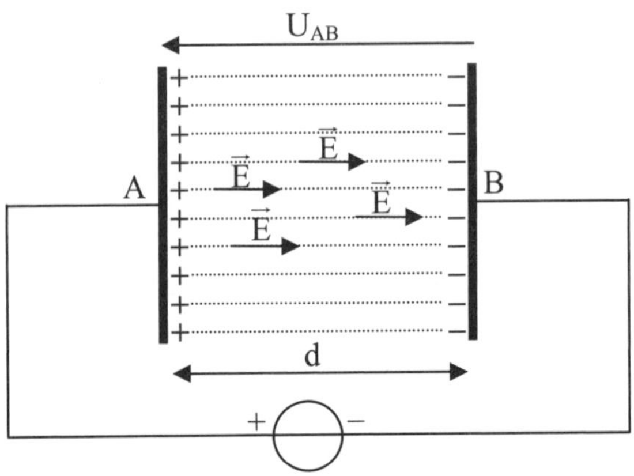

Figure 19 : champ électrique à l'intérieur d'un condensateur plan

Lorsqu'un condensateur est relié à un **générateur de tenson continue**, ce dernier se comporte comme une **pompe à électrons**. Les électrons sont arrachés de la plaque A : comme ils ne peuvent pas traverser le diélectrique, ils s'accumulent sur la plaque B. Ainsi ; il apparaît un **déficit électronique** sur la plaque A et un **excédant électronique** sur la plaque B. Cette **dissymétrie** de **charges électriques** engendre entre les armatures du condensateur un **champ électrique** $\vec{E}$ dont les caractéristiques loin de ses bords sont les suivantes :

$\vec{E}$
- **direction** : perpendiculaire aux armatures ;
- **sens** : de l'armature A positive vers l'armature B négative ;
- **valeur** (ou intensité) : $E = \frac{U_{AB}}{d}$ (en $V.m^{-1}$).

Exercice d'application 3

Les deux armatures d'un condensateur plan sont reliées aux bornes d'un générateur de tension délivrant une tension continue. On réalise différentes expériences afin d'établir les caractéristiques du champ électrique régnant entre les armatures métalliques.

1. Expérience 1

Le dispositif expérimental, vu de dessus, est le suivant :

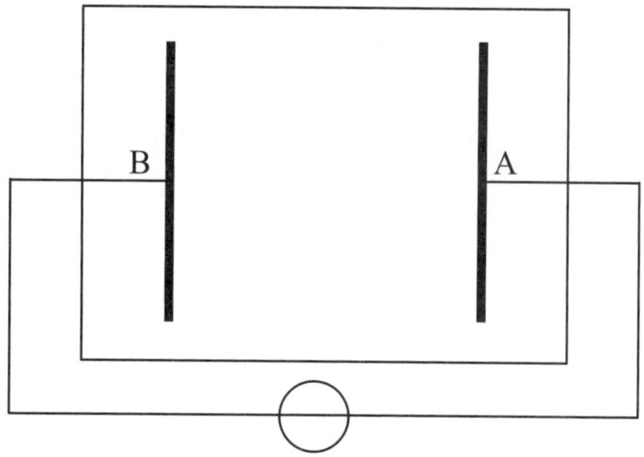

Les armatures A et B sont deux plaques métalliques verticales. Les bases de A et de B baignent dans de l'huile de ricin. On saupoudre des graines de gazon entre A et B. Les graines se répartissent à la surface de l'huile en matérialisant les lignes de champ électrique de la manière suivante :

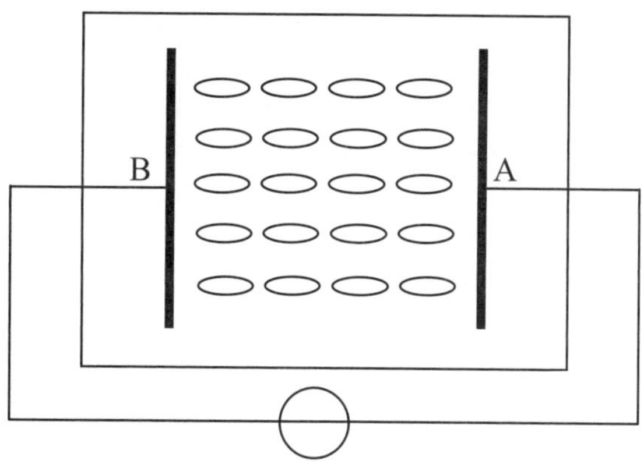

Quelle(s) caractéristique(s) du vecteur champ électrique est (sont) mise(s) en évidence dans cette expérience ?

2. Expérience 2

Les plaques A et B sont toujours verticales et reliées à un générateur de tension continue. On place entre les armatures une petite sphère ponctuelle, de masse m, chargée positivement, suspendue à un fil. On constate que la bille est attirée par la plaque B.

Peut-on conclure sur la direction du champ électrique ? Sur son sens ? Si oui, donnez sa direction et / ou son sens.

3. Expérience 3

Les deux plaques A et B, distantes de d = 12,0 cm, sont immergées dans une cuve horizontale remplie d'une solution aqueuse de sulfate de cuivre II. Le générateur délivre une tension continue $U_{AB} = 6,0$ V.

Un multimètre muni de pointes-stylet permet de mesurer la tension $U_{SB} = V_S - V_B$ c'est-à-dire la différence de potentiel entre différents points S de l'espace compris entre les deux armatures et la plaque B. On choisit par convention $V_B = 0$ V.

a) Donner l'expression de la valeur du champ électrique E en fonction de U_{AB} et d.

b) Calculer la valeur de E.

4. Soit le repère cartésien (Oxy) lié au condensateur défini comme suit :

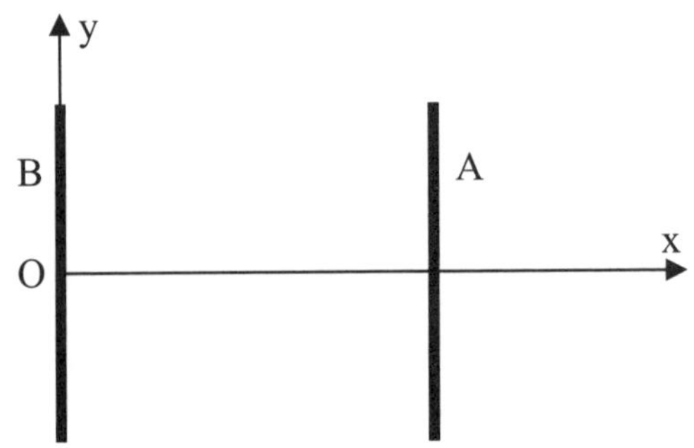

Afin de repérer la position du stylet S entre les plaques A et B, on place sous la cuve un papier millimétré. Les coordonnées du stylet S sont x_S et y_S dans le repère (Oxy).

a) On déplace le stylet de B vers A. Comment la tension U_{SB} évolue-t-elle ?

b) Pour différentes positions du stylet, on obtient les valeurs en volts suivantes :

y_S (cm) / x_S (cm)	4,0	2,0	0,0	–2,0	–4,0
2,0	1,2	1,0	0,8	1,0	1,2
4,0	2,1	2,0	2,0	2,0	2,1
6,0	3,0	2,9	3,0	2,9	3,0
8,0	3,9	3,9	4,0	3,9	3,9
10,0	4,9	4,9	4,9	4,9	4,9

Quelles sont les observations que l'on peut faire à la lecture de ce tableau ?

c) On étudie maintenant la variation du potentiel le long de la droite y = 0 cm. Tracer le graphe de la fonction $U_{SB} = f(x_S)$. En déduire une relation entre U_{SB} et x_S. Faire l'application numérique.

d) En utilisant ce graphique pour $x_S \in [0 \text{ cm} ; 12 \text{ cm}]$, déterminer la valeur de U_{SB} pour x = 12,0 cm et établir pour une position quelconque de S la relation liant U_{SB}, x_S, x_B et E.

5. On place le stylet au point S de coordonnées ($x_S = 4,0$ cm ; $y_S = 0,0$ cm) dans le repère ci-dessus. La plaque B reste fixe. On déplace la plaque A jusqu'à ce que $x_A = 24,0$ cm. Quelle sera la valeur de la tension U_{AB} entre les plaques ?

Quelle sera la valeur E du champ électrique entre les plaques ? Quelle sera la tension U_{SB} mesurée ?

Corrigé

1. Le champ électrique étant colinéaire aux lignes de champ, l'expérience 1 nous indique que la direction de $\vec{E}$ est perpendiculaire aux plaques.

2. Cette seule expérience 2 ne nous permet pas de conclure quant à la direction du champ électrique. D'après l'expérience 1, le champ a une direction perpendiculaire aux plaques et la force électrostatique de Coulomb est dirigée vers la plaque B. Or $\vec{F} = q\vec{E}$ avec $q > 0$ donc le sens de $\vec{E}$ est de A vers B.

3. a) Par définition $\boxed{E = \dfrac{U_{AB}}{d}}$

b) **A.N.** $E = \dfrac{6,0}{12,0.10^{-2}} = \mathbf{50\ V.m^{-1}}$

4. a) La tension U_{SB} croît d'une valeur nulle à 6,0 V quand le stylet est en A (tension aux bornes du générateur).

b) Pour une valeur de x fixée, la valeur de U_{SB} est quasiment constante, quelle que soit y. Pour une valeur de y donnée et pour x croissant la tension U_{SB} augmente.

c) La représentation graphique $U_{SB} = f(x_S)$ est une droite croissante passant par l'origine (fonction linéaire).

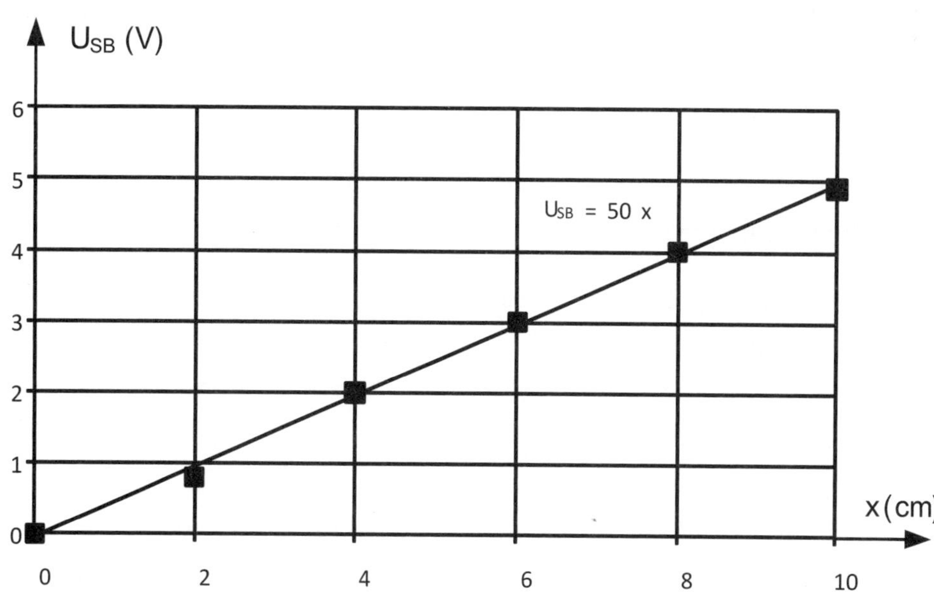

Représentation graphique $U_{SB} = f(x_S)$ pour y = 0 cm

Afin de déterminer l'équation de la droite, procédons à une analogie entre les connaissances de mathématiques et la situation physique étudiée.

Mathématiques	**Physique**
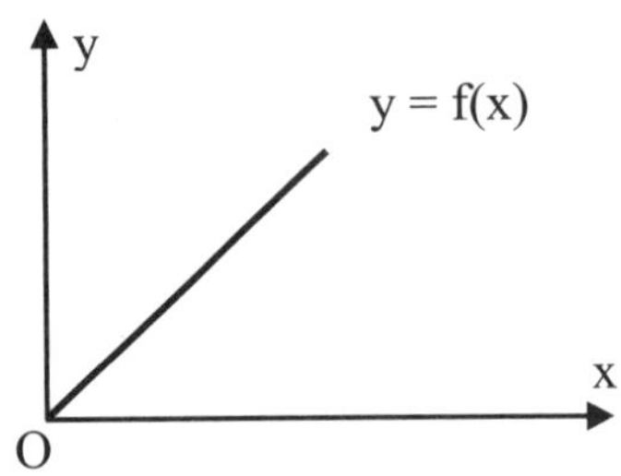	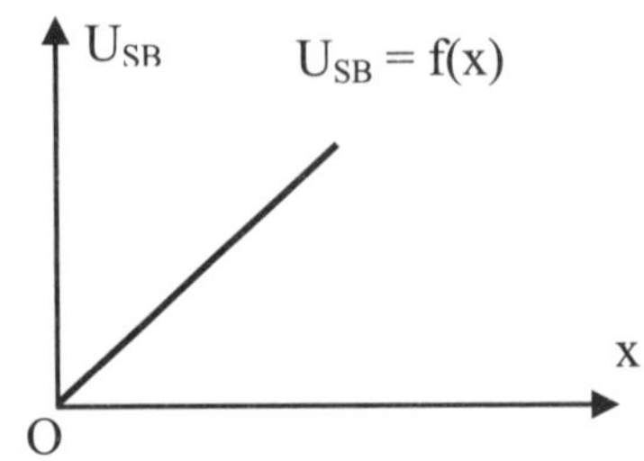
x	U_{SB}
y	x
Fonction linéaire d'équation : $y = a\,x$	Fonction linéaire d'équation : $U_{SB} = a\,x$

Calculons le coefficient directeur noté a. Pour cela, prenons deux points A (x_A ; y_A) et B (x_B ; y_B) appartenant à la droite. Par définition :

$$\boxed{a = \frac{y_B - y_A}{x_B - x_A}}$$

Contrairement aux mathématiques le coefficient directeur possède souvent des unités en physique. Ici $y_B - y_A$ s'exprime en V alors que $x_B - x_A$ s'exprime en m.
L'unité du coefficient directeur est donc $V.m^{-1}$.
A.N. : A (0 m ; 0 V) ; B ($6{,}0.10^{-2}$ m ; 3,0 V).

$$a = \frac{3{,}0 - 0}{6{,}0.10^{-2} - 0} \text{ d'où } \mathbf{a = 5{,}0.10^{1}\ V.m^{-1}}$$

L'équation numérique de la droite est donc $\mathbf{U_{SB} = 50\ x}$ avec U_{SB} en volts en x en mètres.
d) Pour x = 12,0 cm = $12{,}0.10^{-2}$ m la tension est $U_{SB} = 50 \times 12{,}0.10^{-2} = 6{,}0$ V.

D'après la question 3. a) : $E = \dfrac{U_{AB}}{d}$

D'après la question 4. c) : $a = \dfrac{U_{SB}}{x}$

Pour $x_S = d$, $U_{SB} = U_{AB} = 6{,}0$ V donc a = E et $\boxed{U_{SB} = E\,x_S}$

5. d' = 2 × d et $U_{AB} = 6{,}0$ V est imposée par le générateur donc non modifiée.

$$E' = \frac{U_{AB}}{d'} = \frac{U_{AB}}{2d} = \frac{E}{2}$$

$$U_{SB} = E'\,x \Rightarrow \boxed{U_{SB} = \frac{E}{2}x}$$

4. LA GRAVITATION

4.1. Le poids

L'**action mécanique à distance** qu'exerce la **Terre** sur un **objet** est répartie dans **tout son volume**. Elle est modélisée par une force notée $\vec{P}$ appelée **poids**.

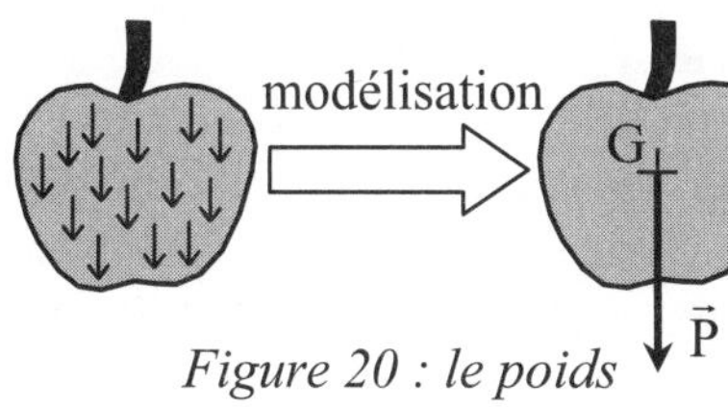

Figure 20 : le poids

$\vec{P}$

- Point d'application : centre de gravité G
- Direction : verticale
- Sens : vers le sol
- Valeur : $\boxed{P = m\,g}$

avec P en N, m en kg et $g = 9{,}80\ N.kg^{-1}$.

4.2. Le champ de pesanteur local

Au voisinage de la surface d'un astre tel que la Terre, un point matériel M, de masse m, est soumis à un **champ de pesanteur** $\vec{g}$ qui est à l'origine de son poids $\vec{P}$. Le champ de pesanteur $\vec{g}$ est défini comme le **poids par unité de masse** :

$$\boxed{\vec{g} = \frac{\vec{P}}{m}}$$

Il est caractérisé localement par :

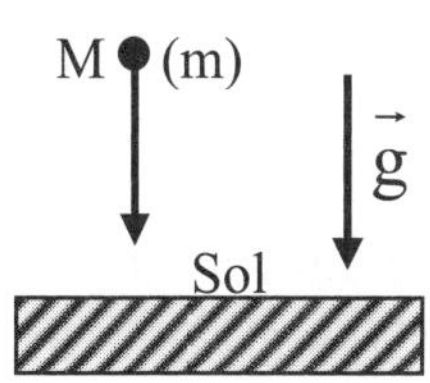

Figure 21 : le champ de pesanteur

$\vec{g}$

- Direction : verticale (passant par le centre de la Terre)
- Sens : vers le sol
- Valeur (ou intensité) : elle dépend du lieu géographique

à l'équateur .... $g = 9{,}78\ N.kg^{-1}$
aux pôles .... $g = 9{,}83\ N.kg^{-1}$
en moyenne sur Terre ..... $g = 9{,}80\ N.kg^{-1}$

Remarque

Dans l'expression du poids $\vec{P}$ la masse m du corps est indépendante de l'endroit ou celui-ci se trouve ; seul $\vec{g}$ en dépend.

4.3. Le champ de gravitation

Un objet ponctuel de masse M, crée, en un point S de l'espace, un **champ vectoriel de gravitation** $\vec{\mathcal{G}}$, si en ce point, un petit objet test, ponctuel, de masse m, subit **une force d'attraction gravitationnelle** $\vec{F} = m\vec{\mathcal{G}}$. Le champ de gravitation en ce point est défini comme la **force gravitationnelle par unité de masse** :

$$\boxed{\vec{\mathcal{G}} = \frac{\vec{F}}{m}}$$

L'**unité** de champ de gravitation est le **newton par kilogramme** ($N.kg^{-1}$).

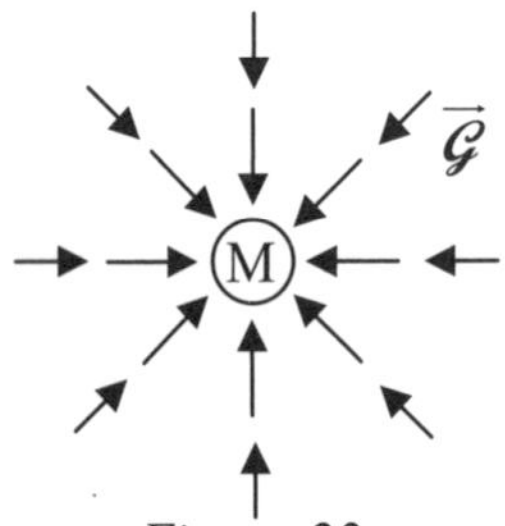

Figure 22 : champ de gravitation

A une distance r d'une masse ponctuelle M, la valeur du champ de gravitation est donnée par la **loi de Newton** :

$$F = G\frac{m\,M}{r^2} \Rightarrow \mathcal{G} = \frac{F}{m} = G\frac{M}{r^2}$$

Le **champ de gravitation** tout comme la force gravitationnelle est **radial** et est dirigé vers la masse M qui l'engendre.

A la surface de la Terre, de rayon moyen R_T et de masse M_T, un objet ponctuel de masse m est soumis à son poids $\vec{P} = m\vec{g}$ qui, en première approximation, s'identifie quasiment à la force de gravitation $\vec{F} = m\vec{\mathcal{G}}$ qu'exerce la planète sur lui.

$$\vec{P} = \vec{F} \Rightarrow mg = G\frac{m\,M_T}{{R_T}^2} \Rightarrow g = G\frac{M_T}{{R_T}^2}$$

avec $G = 6{,}67.10^{-11}\ N.m^2.kg^{-2}$ (**constante de gravitation universelle**).

Remarque

Un corps sphérique homogène de masse M (par exemple un astre) produit, en un point extérieur à lui-même, un champ de gravitation identique à celui produit par une masse M ponctuelle placée en son centre.

✍ Exercice d'application 4

Dans l'un de ses célèbres romans intitulé *De la Terre à la Lune*, Jules Verne (1828-1905) relate les aventures de trois héros ayant pris place à l'intérieur d'un énorme projectile qu'un gigantesque canon, baptisé Colombiad, propulse en direction de la Lune. Lors de ce périple Jules Verne fait allusion à un point neutre situé à

350 000 km du centre de la Terre où les forces gravitationnelles exercées par la Terre et la Lune sur le projectile se compensent exactement. On admettra que le voyage s'effectue en ligne droite.

Données : distance moyenne Terre Lune (centre à centre) $d_{TL} = 384\,000$ km
masse et rayon de la Terre $M_T = 5{,}98.10^{24}$ kg, $R_T = 6\,380$ km
masse et rayon de la Lune $M_L = 7{,}35.10^{22}$ kg, $R_L = 1737$ km
masse du projectile : $M_P = 9\,625$ kg
constante de gravitation universelle : $G = 6{,}67.10^{-11}$ $N.m^2.kg^{-2}$.

1. Calculer les valeurs des forces d'attraction gravitationnelle qu'exercent respectivement la Terre et la Lune sur le projectile avant son lancement.
2. Comparer les valeurs de ces deux forces. Quelle conclusion peut-on en tirer ?
3. En déduire la valeur de l'intensité de la pesanteur terrestre g à l'endroit du lancement.
4. Montrer que le point neutre auquel fait allusion Jules Verne est nécessairement situé ente la Terre et la Lune sur la droite joignant les centres de ces deux astres.
5. Retrouver la valeur de la distance séparant le centre de la Terre du point neutre annoncé par Jules Verne.
6. Au point neutre, quelle est la particularité des champs de gravitation terrestre et lunaire ?
7. On considère que le projectile est arrivé sur la surface de la Lune. Calculer le champ de pesanteur lunaire et le comparer à celui de la Terre.

Corrigé

1. A la surface terrestre, la valeur de la force d'attraction gravitationnelle qu'exerce la Terre sur le projectile est :

$$\boxed{F_{T/P} = G\,\frac{M_T\;M_P}{R_T^2}}$$

$$\text{A.N. : } F_{T/P} = 6{,}67.10^{-11} \times \frac{\left(5{,}98.10^{24} \times 9\,625\right)}{\left(6\,380.10^{3}\right)^2} = \mathbf{9{,}43.10^4\ N}$$

A la surface terrestre, la valeur de la force d'attraction gravitationnelle qu'exerce la Lune sur le projectile est :

$$\boxed{F_{L/P} = G\,\frac{M_L\;M_P}{d^2} \text{ avec } d = d_{TL} - R_T}$$

$$\text{A.N. : } F_{L/P} = 6{,}67.10^{-11} \times \frac{\left(7{,}35.10^{22} \times 9\,625\right)}{\left(384\,000.10^{3} - 6\,380.10^{3}\right)^{2}} = \mathbf{3{,}31.10^{-1}\ N}$$

2. Comparons les valeurs de ces deux forces : $\dfrac{F_{T/P}}{F_{L/P}} = \dfrac{9{,}43.10^{4}}{3{,}31.10^{-1}} = \mathbf{2{,}85.10^{5}}$

La valeur de la force d'attraction gravitationnelle qu'exerce la Terre sur un objet à sa surface est environ 285 000 fois plus grande que celle qu'exerce la Lune sur ce dernier.

3. Un objet situé au voisinage de la surface terrestre est soumis uniquement à la force d'attraction gravitationnelle que la Terre exerce sur lui (l'influence des autres astres tels que la Lune ou le Soleil étant négligeable). La valeur de la force d'attraction gravitationnelle exercée par la Terre sur le projectile s'identifie donc à la valeur de son poids ce qui se traduit par :

$F_{T/P} = P$ soit $F_{T/P} = M_P\, g$ d'où $\boxed{g = \dfrac{F_{T/P}}{M_P}}$

$$\text{A.N. : } g = \frac{9{,}43.10^{4}}{9\,625} = \mathbf{9{,}80\ N.kg^{-1}}$$

4. D'après la définition du point neutre noté N, les deux forces gravitationnelles exercées sur le projectile en ce point, doivent être opposées (même direction, même valeur et sens contraires).

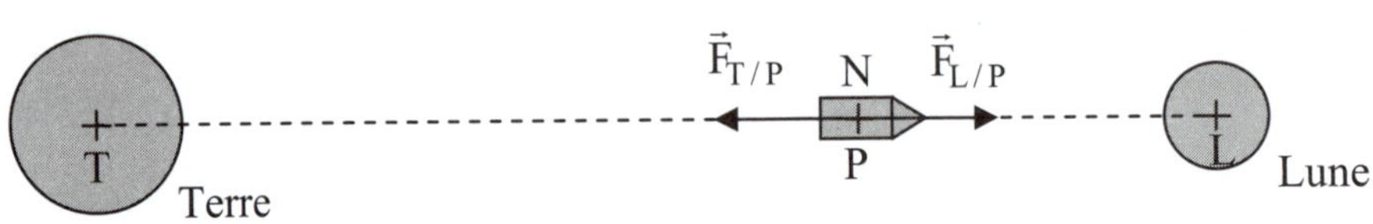

Les trois points T, L et N doivent être alignés, et N doit être situé entre T et L.

5. Au point neutre N on doit avoir :

$$F_{T/P} = F_{L/P} \text{ soit } G\,\frac{M_T\ M_P}{TN^2} = G\,\frac{M_L\ M_P}{LN^2} \text{ avec } LN = d_{TL} - d$$

Recherchons la distance d = TN à laquelle le point neutre N se trouve de la Terre. D'après l'égalité précédente on a :

$$\frac{M_T}{d^2} = \frac{M_L}{(d_{TL} - d)^2} \Rightarrow \frac{(d_{TL} - d)^2}{d^2} = \frac{M_L}{M_T} \Rightarrow \frac{(d_{TL} - d)}{d} = \sqrt{\frac{M_L}{M_T}}$$

$$\Rightarrow \frac{d_{TL}}{d} - 1 = \sqrt{\frac{M_L}{M_T}} \Rightarrow \frac{d_{TL}}{d} = \sqrt{\frac{M_L}{M_T}} + 1 \Rightarrow \frac{d}{d_{TL}} = \frac{1}{\left(\sqrt{\frac{M_L}{M_T}} + 1\right)}$$

D'où finalement :
$$\boxed{d = \frac{d_{TL}}{\left(\sqrt{\frac{M_L}{M_T}} + 1\right)}}$$

A.N. : $d = \frac{384\,000.10^3}{\left(\sqrt{\frac{7{,}35.10^{22}}{5{,}98.10^{24}}} + 1\right)} = 3{,}46.10^8 \text{ m} \approx \mathbf{3{,}5.10^5 \text{ km}}$

Le point neutre est donc situé à environ 350 000 km du centre de la Terre comme annoncé par Jules Verne.

6. Au point neutre, les deux forces de gravitation se compensent ; elles ont donc la même valeur : $F_{T/P} = F_{L/P} \Leftrightarrow m\,\mathcal{G}_T = m\,\mathcal{G}_L \Rightarrow \mathcal{G}_T = \mathcal{G}_L$

En ce point, le champ de gravitation terrestre et lunaire ont la même valeur mais des sens opposés : $\vec{\mathcal{G}}_T + \vec{\mathcal{G}}_L = \vec{0}$

7. A la surface de la Lune, le poids $\vec{P}$ du projectile et la force d'attraction gravitationnelle $\vec{F}_{L/\text{projectile}}$ qu'exerce la Lune sur lui sont identiques :

$\vec{P} = \vec{F}_{L/\text{projectile}}$.

$$\Rightarrow M_P\, g_L = G\,\frac{M_P\, M_L}{R_L^2} \Rightarrow \boxed{g_L = G\,\frac{M_L}{R_L^2}}$$

A.N. : $gL = 6{,}67.10^{-11} \times \frac{7{,}35.10^{22}}{\left(1737.10^3\right)^2}$ soit $\mathbf{g_L = 1{,}62\ N.kg^{-1}}$

A la surface terrestre, le champ de pesanteur vaut en moyenne $g = 9{,}80\ N.kg^{-1}$.

On constate que $\frac{g}{g_L} = \frac{9{,}80}{1{,}62} \simeq \mathbf{6}$.

Le champ de pesanteur lunaire est six fois plus faible que le champ de pesanteur terrestre. Le poids d'un objet est donc six fois plus faible sur la Lune que sur la Terre. En revanche, la masse de l'objet est invariante.

5
Formes et principes de conservation de l'énergie

1. MOUVEMENT D'UN POINT MOBILE : RAPPELS ET COMPLEMENTS

1.1. Mouvement, trajectoire et référentiel

Le **mouvement** d'un point d'un objet mobile doit être étudié par rapport à un **référentiel** qui est un **solide de référence** muni d'un **repère d'espace** et de **temps**.

Figure 1 : trajectoire de la valve d'une roue de bicyclette

La **trajectoire** d'un point mobile est l'**ensemble des positions** occupées par ce point **au cours du temps**. Ainsi dans la situation ci-dessus, la trajectoire de la valve de la roue avant de la bicyclette décrit une trajectoire curviligne complexe par rapport au sapin qui constitue un référentiel terrestre. Dans le référentiel du vélo, la trajectoire de la valve est par contre circulaire. La **trajectoire** d'un point mobile **dépend** donc du **référentiel d'étude** choisi : on parle de **relativité** du mouvement par changement de référentiel.

1.2. Les techniques d'étude d'un mouvement

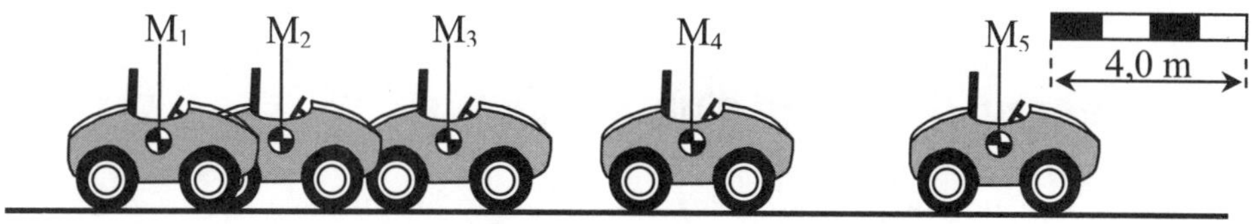

Figure 2 : chronophotographie du mouvement d'une voiture : Δt = 500 ms

On peut étudier le mouvement de l'un des points d'un solide sur une **chronophotographie** ou un **clip vidéo**. Pour chacune de ces techniques, deux positions consécutives occupées par le point mobile, noté M, sont séparées par le même intervalle de temps noté Δt. La connaissance de l'échelle spatiale de ces documents permet de calculer la vitesse du point mobile étudié.

1.3. Vitesse moyenne d'un point mobile

Si le point mobile étudié occupe la position A, à une date t_A, et la position B, à une date t_B, la **valeur** de la **vitesse moyenne** entre A et B a pour expression :

$v_{moy} = \dfrac{AB}{t_B - t_A}$	AB distance parcourue en m $t_B - t_A$ durée du parcours en s v_{moy} valeur de la vitesse moyenne en $m.s^{-1}$

Remarque

Il est souvent utile de convertir les $m.s^{-1}$ en $km.h^{-1}$: $1\ m.s^{-1} = 3,6\ km.h^{-1}$.

1.4. Vitesse instantanée d'un point mobile

La **valeur** de la **vitesse instantanée** d'un point mobile à une date t_i peut être considérée comme étant la valeur de la vitesse moyenne entre les deux dates encadrant t_i.

$v(t_i) = \dfrac{M_{i-1}M_{i+1}}{t_{i+1} - t_{i-1}}$	$M_{i-1}M_{i+1}$ distance parcourue en m $t_{i+1} - t_{i-1}$ durée du parcours en s $v(t_i)$ valeur de la vitesse instantanée en $m.s^{-1}$

Remarque

La vitesse instantanée est la vitesse indiquée par le compteur d'une voiture.

1.5. Centre d'inertie d'un solide

Un **solide** est un **corps indéformable** tel que la distance qui sépare deux quelconques de ses points demeure constante au cours du temps. Lorsqu'un solide est en mouvement on remarque qu'un seul de ses points décrit une trajectoire simple : il s'agit de son **centre d'inertie** noté G.

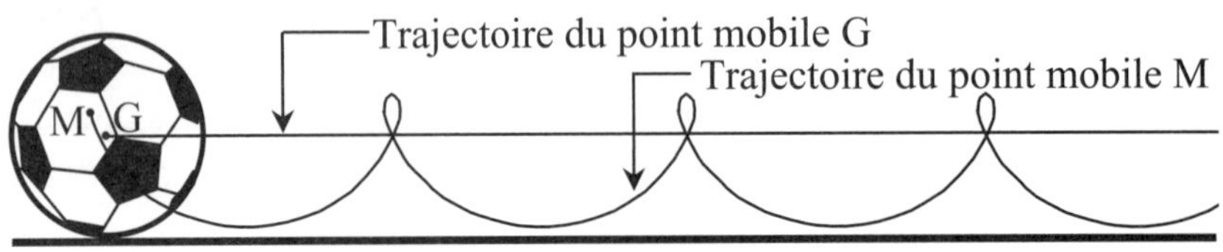

Figure 3 : seul le point G du ballon est animé d'une trajectoire simple

On admettra que le **centre d'inertie** G d'un solide homogène est confondu avec son **centre de gravité**.

✍ Exercice d'application 1

On se propose dans cet exercice d'étudier la chronophotographie ci-dessous représentant le mouvement d'une voiture initialement à l'arrêt dans le référentiel terrestre. L'intervalle de temps entre deux positions successives de la voiture est $\Delta t = 500$ ms.

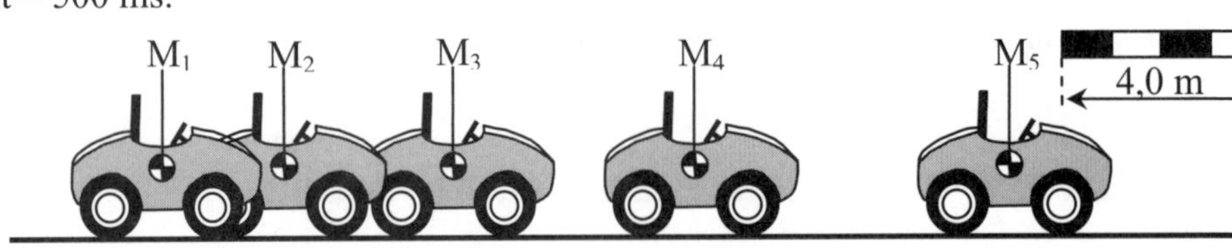

1. Déterminer l'échelle spatiale du document.
2. Calculer la vitesse moyenne d'un point mobile M de la voiture entre les dates t_1 et t_5. Exprimer le résultat en $m.s^{-1}$ puis en $km.h^{-1}$.
3. Calculer les vitesses instantanées $v(t_2)$, $v(t_3)$, $v(t_4)$ en $m.s^{-1}$.

4. Quel est l'intérêt de connaître la valeur de la vitesse instantanée par rapport à celle de la vitesse moyenne ?

5. Comment peut-on qualifier le mouvement du point mobile étudié par rapport au référentiel terrestre ?

Corrigé

1. Pour déterminer l'échelle spatiale de la chronophotographie, il faut mesurer à l'aide d'une règle graduée la longueur d'un objet qui y figure et dont la longueur est connue dans la réalité. On complète ensuite un tableau de proportionnalité :

Document (en cm)	Réalité (en m)
2,0	4,0
1,0	x

La traduction mathématique de la relation de proportionnalité permet d'écrire :

$2{,}0 \times x = 1{,}0 \times 4{,}0$ soit $x = \dfrac{1{,}0 \times 4{,}0}{2{,}0}$ d'où $\mathbf{x = 2{,}0\ m}$.

Conclusion : 1 cm sur la chronophotographie représente 2,0 m dans la réalité. Il suffira donc de multiplier par 2,0 les mesures de longueurs réalisées sur le document afin de les convertir en longueurs réelles en mètres.

2. Par définition, la vitesse moyenne du point mobile M entre les dates t_1 et t_5 est le quotient de la distance parcourue M_1M_5 par la durée $\Delta t = t_5 - t_1$ du parcours :

$$\boxed{v_{moy} = \frac{M_1M_5}{t_5 - t_1}}$$

Dans la mesure où, sur une chronophotographie deux positions successives sont toujours séparées par le même intervalle de temps Δt on a : $t_5 - t_1 = 4 \times \Delta t$, d'où :

$$\boxed{v_{moy} = \frac{M_1M_5}{4 \times \Delta t}}$$

Dans la formule précédente M_1M_5 désigne la distance réelle parcourue par le point M entre les dates t_1 et t_5. Ainsi M_1M_5 (réelle) = M_1M_5 (mesurée) $\times$ échelle

A.N. : M_1M_5 (réelle) = M_1M_5 (mesurée) $\times 2{,}0 = 8{,}5 \times 2{,}0$ et $\Delta t = 500.10^{-3}$s

$$\Rightarrow v_{moy}(M_1M_5) = \frac{8{,}5 \times 2{,}0}{4 \times 500.10^{-3}} \text{ soit } \mathbf{v_{moy}(M_1M_5) = 8{,}5\ m.s^{-1}}$$

Comme $1\ m.s^{-1} = 3{,}6\ km.h^{-1}$ alors $\mathbf{v_{moy}(M_1M_5) = 31\ km.h^{-1}}$.

3. Par définition, la valeur de la vitesse instantanée d'un point mobile à une date t_i peut être considérée comme étant la valeur de la vitesse moyenne entre les deux dates encadrant t_i :

$$\boxed{v(t_i) = \frac{M_{i-1}M_{i+1}}{t_{i+1} - t_{i-1}}}$$

Dans la mesure où, sur une chronophotographie deux positions successives sont toujours séparées par le même intervalle de temps Δt on a : $t_{i+1} - t_{i-1} = 2 \times \Delta t$, d'où :

$$\boxed{v(t_i) = \frac{M_{i-1}M_{i+1}}{2 \times \Delta t}}$$

Dans la formule précédente $M_{i-1}M_{i+1}$ désigne la distance réelle parcourue par le point M entre les dates t_{i-1} et t_{i+1}, d'où :

$$M_{i-1}M_{i+1} \text{ (réelle)} = M_{i-1}M_{i+1} \text{ (mesurée)} \times \text{échelle}$$

$\boxed{v(t_2) = \frac{M_1M_3}{2 \times \Delta t}}$ A.N. : $v(t_2) = \frac{2,9 \times 2,0}{2 \times 500.10^{-3}}$ d'où $\mathbf{v(t_2) = 5,8\ m.s^{-1}}$

$\boxed{v(t_3) = \frac{M_2M_4}{2 \times \Delta t}}$ A.N. : $v(t_3) = \frac{4,1 \times 2,0}{2 \times 500.10^{-3}}$ d'où $\mathbf{v(t_3) = 8,0\ m.s^{-1}}$

$\boxed{v(t_4) = \frac{M_3M_5}{2 \times \Delta t}}$ A.N. : $v(t_4) = \frac{5,6 \times 2,0}{2 \times 500.10^{-3}}$ d'où $\mathbf{v(t_4) = 11\ m.s^{-1}}$

4. La vitesse moyenne ne donne aucun renseignement sur l'évolution temporelle de la valeur de la vitesse du point mobile étudié alors que c'est le cas de la vitesse instantanée.

5. La trajectoire du point étudié du véhicule est rectiligne. La vitesse instantanée de ce point mobile augmente au cours du temps. On peut donc qualifier le mouvement de ce point de rectiligne accéléré.

2. ACTIONS MECANIQUES : RAPPELS ET COMPLEMENTS

2.1. Diagramme objet-interactions (D.O.I.)

Tout objet est en interaction avec son environnement. On utilise un **diagramme objets-interactions** (D.O.I.) afin d'inventorier les **interactions** présentes entre les objets de la situation étudiée.

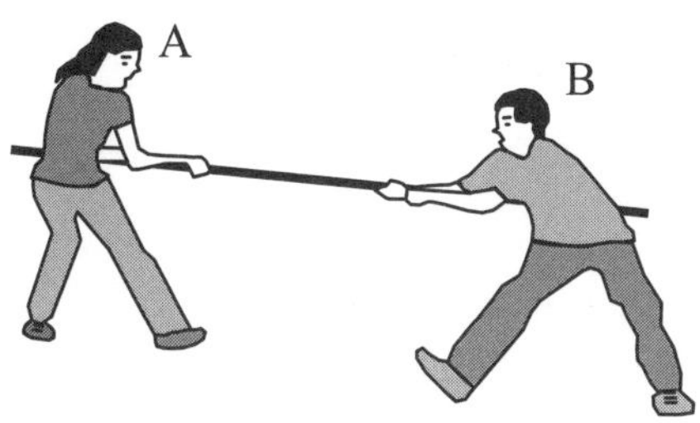

Figure 4 : situation étudiée

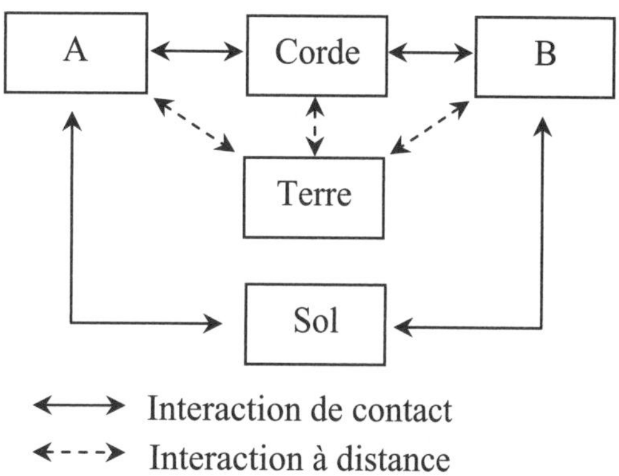

Figure 5 : D.O.I. associé

Remarque

La Terre est responsable de la pesanteur (interaction à distance) alors que le sol est responsable des appuis sur lesquels les objets sont posés (interactions de contact).

2.2. Actions mécaniques et forces

Lorsque l'on désire étudier un objet en particulier, celui-ci est qualifié de **système**. Les autres objets en interaction avec le système constituent le **milieu extérieur**. Le système subit alors de la part du milieu extérieur des **actions mécaniques** modélisées par des **forces** que l'on peut représenter sur un diagramme des **actions mécaniques** (D.A.M.).

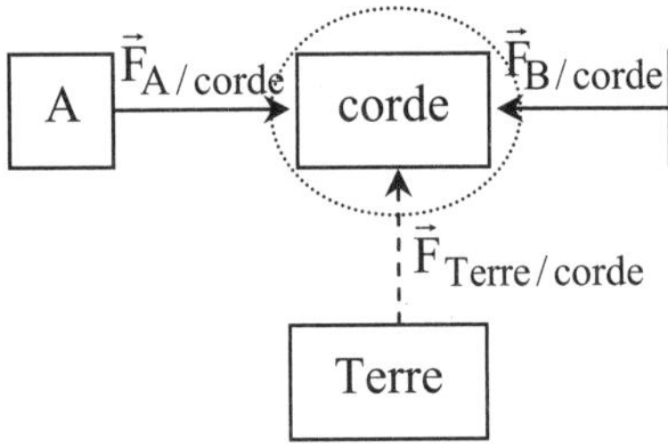

Figure 6 :
D.A.M. pour le système "corde"

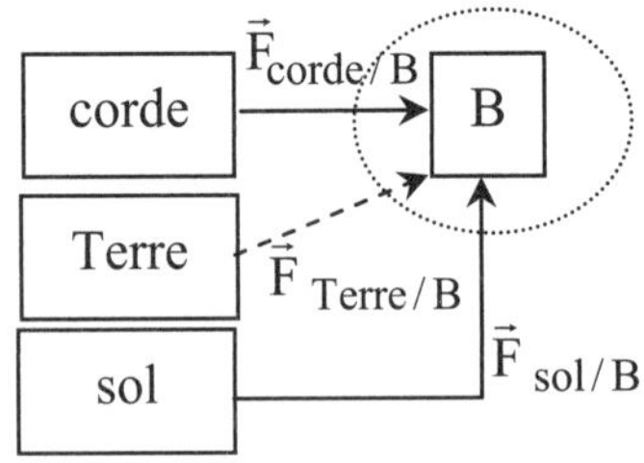

Figure 7 :
D.A.M. pour le système "B"

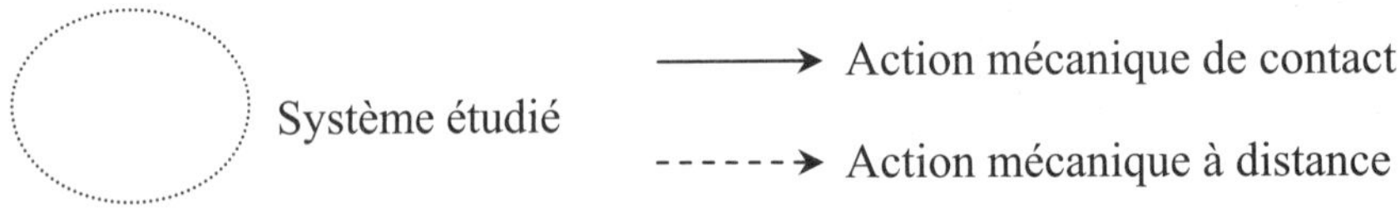

2.3. Les effets d'une force sur un objet

La déformation

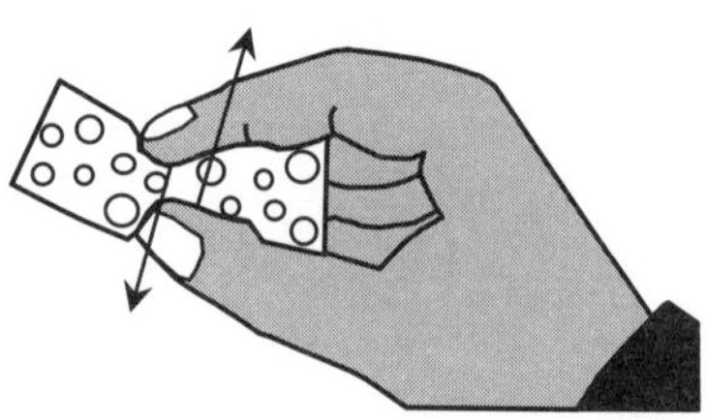

Figure 8 : déformation réversible d'une éponge

Une **force** peut **déformer** un objet. Si la déformation est réversible elle est qualifiée d'élastique (cas d'une éponge ou d'un ressort). Si tel n'est pas le cas on parle de déformation plastique.

La modification de la trajectoire et / ou de la vitesse

Une **force** s'exerçant sur un objet peut soit le **mettre en mouvement** s'il est initialement immobile, soit en **modifier le mouvement** (trajectoire et / ou vitesse). Cette modification dépend de la masse de l'objet.

Figure 9 : mise en mouvement du ballon lors d'un penalty

Figure 10 : modification du mouvement de la balle de tennis

2.4. Le principe de l'inertie (ou 1re loi de Newton)

Dans un référentiel galiléen, si le centre d'inertie d'un solide est au **repos**, ou animé d'un **mouvement rectiligne uniforme**, alors la **somme vectorielle** des **forces extérieures** qui s'exercent sur lui est **nulle** $\left(\sum \vec{F}_{ext} = \vec{0}\right)$ et réciproquement.

✍ Exercice d'application 2

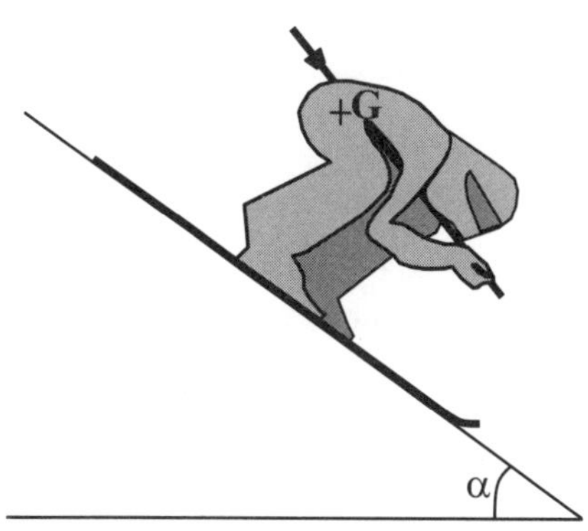

Le ski de vitesse ou kilomètre lancé (KL), consiste à descendre à skis une piste rectiligne, spécifiquement damée et sécurisée. L'objectif est d'atteindre la plus grande vitesse possible en partant d'une hauteur augmentant au fur et à mesure du déroulement de la compétition.

A l'endroit le plus rapide de la piste, le skieur coupe le faisceau entre 2 cellules photoélectriques espacées de 100 m. Le temps réalisé est converti en $km.h^{-1}$.

Le record du monde actuel est de 251,40 $km.h^{-1}$. Il a été établi par l'Italien Simone Origone, sur la piste des Arcs en avril 2006. La masse du skieur et de son équipement vaut m = 100 kg. On suppose que sur les cent mètres chronométrés la vitesse est constante et que l'angle de la piste à cet endroit est $\alpha = 47\ °$.

1. Quelle durée est nécessaire au skieur pour franchir les cent mètres de la zone de chronométrage ?
2. Dresser le diagramme des actions mécaniques pour le système {skieur + équipement}. On négligera la poussée d'Archimède.
3. Représenter sur un schéma, sans souci d'échelle, les forces extérieures au système. On désignera par $\vec{F}$ l'ensemble des forces de frottements s'exerçant sur le système {skieur + équipement}.
4. Quelle relation est vérifiée par les vecteurs forces dans la zone de chronométrage.
5. Calculer la valeur de la réaction normale et de l'ensemble des forces de frottements.

Corrigé

1. $v = \dfrac{d}{\Delta t}$ d'où $\Delta t = \dfrac{d}{v}$ A.N. : $\Delta t = \dfrac{100}{\dfrac{251{,}40}{3{,}6}}$ soit $\mathbf{\Delta t = 1{,}43\ s}$

2. Le système est soumis à son poids $\vec{P}$, les réactions du sol $\vec{R}_N$ et $\vec{R}_T$ respectivement normale et tangentielle, à la force de frottement de l'air $\vec{f}$. Le diagramme des actions mécaniques agissant sur le système {skieur + équipement} est donc :

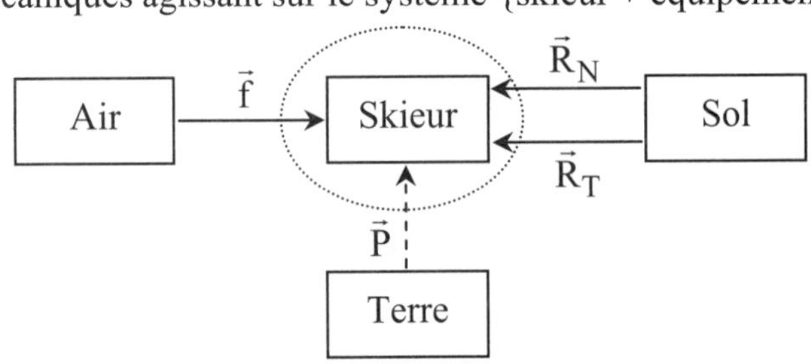

3. En posant $\vec{F} = \vec{f} + \vec{R}_T$ on peut schématiser les forces qui agissent sur le système, avec comme origine le point G, de la manière suivante :

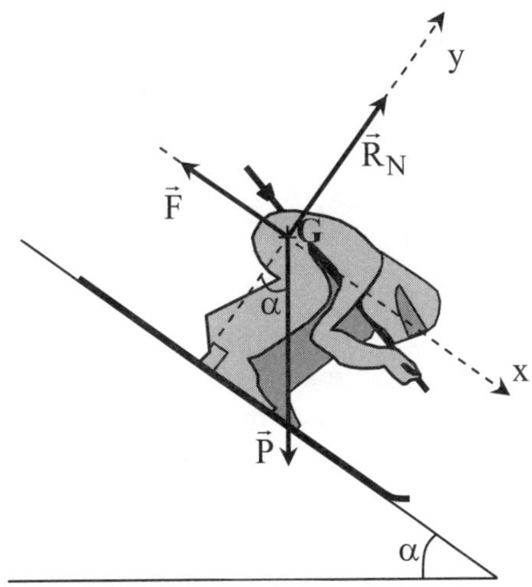

4. Dans la zone de chronométrage, on suppose que la vitesse du centre d'inertie du système est constante : son mouvement est rectiligne uniforme. En vertu du principe de l'inertie (1re loi de Newton), la somme vectorielle des forces qui agissent sur lui est donc nulle :

$$\boxed{\sum \vec{F}_{ext} = \vec{P} + \vec{F} + \vec{R}_N = \vec{0}}$$

5. Afin de pouvoir exploiter l'égalité vectorielle précédente, il convient de la projeter sur un système d'axes adapté. Pour ce faire on choisit un repère cartésien orthonormé dont les demi-axes Gx et Gy coïncident avec le maximum de forces mises en jeu (voir schéma).

$$\vec{R}_N \left| \begin{array}{l} 0 \\ R_N \end{array} \right. \qquad \vec{F} \left| \begin{array}{l} -F \\ 0 \end{array} \right. \qquad \vec{P} \left| \begin{array}{l} P \sin\alpha \\ -P\cos\alpha \end{array} \right.$$

La condition d'équilibre de la question 4. s'exprime donc sur les demi-axes Gx et Gy de la manière suivante :

$0 - F + P\sin\alpha = 0$ $\quad F = P\sin\alpha$

$R_N + 0 - P\cos\alpha = 0$ $\quad R_N = P\cos\alpha$

$$\boxed{\begin{array}{l} F = m\,g\sin\alpha \\ R_N = m\,g\cos\alpha \end{array}}$$

A.N. : $F = 100 \times 9{,}80 \times \sin(47) \Rightarrow$ $\mathbf{F = 7{,}2.10^2\ N}$

$R_N = 100 \times 9{,}80 \times \cos(47) \Rightarrow$ $\mathbf{R_N = 6{,}7.10^2\ N}$

3. CONSERVATION DE L'ENERGIE

3.1. Différentes formes d'énergie

Notion d'énergie

L'**énergie** caractérise l'état d'un système et exprime la potentialité à modifier l'état d'un autre système avec lequel il est en interaction. L'énergie peut se présenter sous différentes formes parmi lesquelles l'**énergie cinétique** et l'**énergie potentielle de pesanteur**.

L'énergie cinétique E_C

L'**énergie cinétique** est une **énergie de mouvement** par rapport à un référentiel. Dans un référentiel donné, l'énergie cinétique E_C d'un solide de masse m, dont le centre d'inertie G est animé d'un mouvement de translation à la vitesse $\vec{v}_G$, a pour expression :

$E_C = \frac{1}{2} m\, v_G^2$	E_C : énergie cinétique en joules (J) m : masse en kilogrammes (kg) v : vitesse en mètres par seconde ($m.s^{-1}$)

L'énergie potentielle de pesanteur E_{PP}

L'**énergie potentielle de pesanteur** est une **énergie de position** par rapport à la surface terrestre.
L'énergie potentielle de pesanteur d'un solide de masse m, en interaction avec la Terre, dont le centre d'inertie G est situé à une altitude z_G, a pour expression au voisinage de la Terre :

$E_{PP} = m\, g\, z_G + cste$	E_{PP} : énergie potentielle de pesanteur en joules (J) m : masse en kilogrammes (kg) z_G : altitude en mètres (m) cste : constante arbitraire

Si on choisit de prendre l'origine de l'énergie potentielle de pesanteur au niveau du sol (z = 0) alors $E_{PP}(z = 0) = cste = 0$ d'où $E_{PP} = mgz$.

3.2. Conservation de l'énergie d'un système isolé

Notion de système

Définir un **système**, c'est identifier l'ensemble des éléments (objets) qui font partie de l'étude. Cela correspond en quelque sorte à tracer une frontière virtuelle entre cet ensemble d'éléments (le **système**) et le reste du monde (le **milieu extérieur**). Lors d'une étude énergétique d'un système, on pourra observer des **transferts** (des flux) d'énergie entre le système et le milieu extérieur, dans un sens ou dans l'autre.

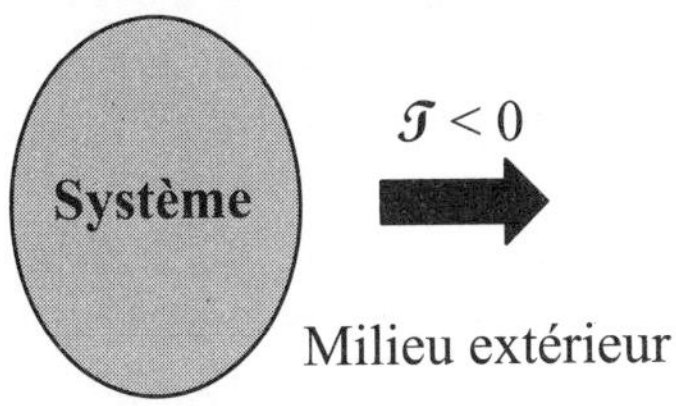

Figure 11 : le système perd de l'énergie

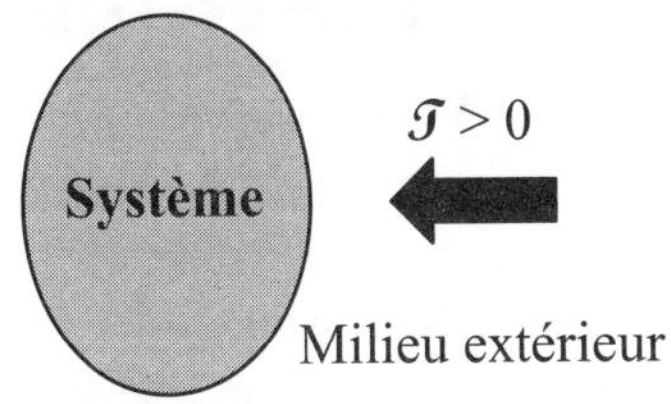

Figure 12 : le système gagne de l'énergie

On **algébrise** les transferts d'énergie notés $\mathcal{T}$ en suivant la convention du « porte-monnaie » : si le transfert d'énergie se fait du **système vers le milieu extérieur**, la quantité transférée sera **négative**, si le transfert se fait du **milieu extérieur vers le système**, la quantité transférée sera **positive**.

Principe de conservation

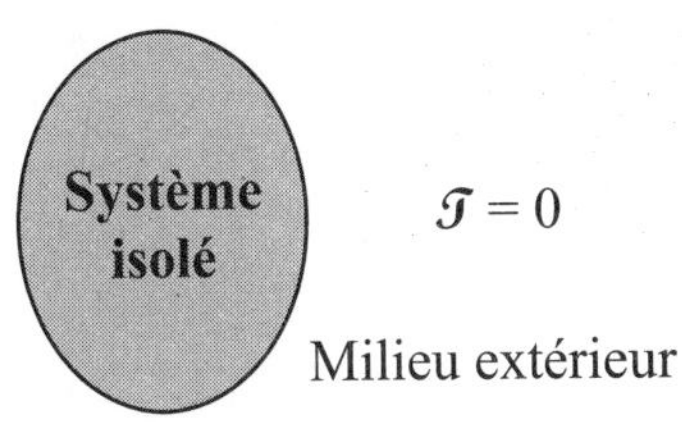

Figure 13 : un système isolé n'échange pas d'énergie avec le milieu extérieur

Un **système isolé** est rigoureusement un système qui n'échange ni **matière**, ni **énergie** avec le milieu extérieur ($\mathcal{T}$ = 0). L'**énergie mécanique** totale E_m d'un système isolé est donc **constante** :

$$\boxed{E_m = E_C + E_{PP} = \text{constante}}$$

✍ Exercice d'application 3

Dans une attraction de fête foraine appelée « montagne russe », un chariot démarre avec ses passagers sans vitesse initiale au sommet A, puis roule sur des rails dont le profil est donné ci-dessous.

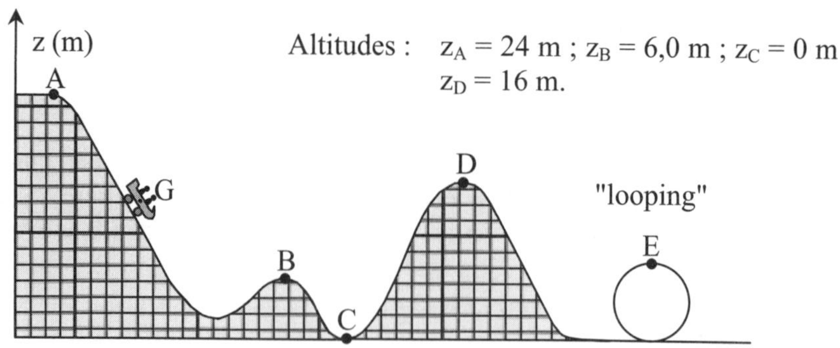

Un dispositif de sécurité assure le contact permanent entre les roues du chariot et les rails en tout point de l'attraction.
Le système constitué par le chariot et ses passagers a pour masse m = 600 kg et pour centre d'inertie le point G. On se place dans le cas idéal où les forces de frottements dues à l'air et aux rails sont considérées comme négligeables.

1. Quelle est la particularité de l'énergie mécanique du chariot lors de son mouvement sur la « montagne russe » ?
2. L'un des sommets B, D ou E peut-il être plus haut que le point de départ A de l'attraction foraine ?
3. Représenter sur un diagramme d'énergie les transferts d'énergie du système entre les positions A et B. Commenter.
4. Calculer les vitesses du chariot lorsqu'il atteint les positions B, C et D.
5. Quelle est l'altitude du point E sachant que la vitesse du système en ce point est $v(E) = 17{,}7\ m.s^{-1}$.
6. Dans la réalité, faut-il s'attendre à mesurer des vitesses égales, inférieures ou supérieures à celles calculées ? Dresser le diagramme d'énergie modélisant les transferts d'énergie réels.

Corrigé

1. Le wagon est uniquement soumis à son poids $\vec{P}$ car on néglige les forces de frottements liées à l'air et aux rails. Le wagon est donc un système isolé d'un point de vue énergétique : il n'échange pas d'énergie avec le milieu extérieur. Son énergie mécanique est constante : $E_m = E_{PP} + E_C = \text{cste}$.
2. Au point de départ A : $E_m(A) = E_{PP}(A) + E_C(A) = E_{PP}(A) = mgz_A$ car $E_C(A) = 0$ (vitesse nulle en A). En ce point, l'énergie mécanique est donc uniquement constituée d'énergie potentielle de pesanteur : la hauteur z_A est donc maximale. Si en B, D ou E la hauteur est maximale, l'énergie mécanique en ces points est donc uniquement sous forme d'énergie potentielle de pesanteur :

$$E_m(B) = mgz_B,\ E_m(D) = mgz_D,\ E_m(E) = mgz_E.$$

En vertu du principe de conservation de l'énergie mécanique on doit avoir :

$$E_m(A) = E_m(B) = E_m(D) = E_m(E) \Leftrightarrow mgz_A = mgz_B = mgz_D = mgz_E$$

$\Rightarrow z_A = z_B = z_D = z_E$

Les points B, D ou E ne peuvent donc pas être situés au dessus du point de départ A.

3. Dressons le diagramme d'énergie traduisant les échanges d'énergie entre les positions A et B :

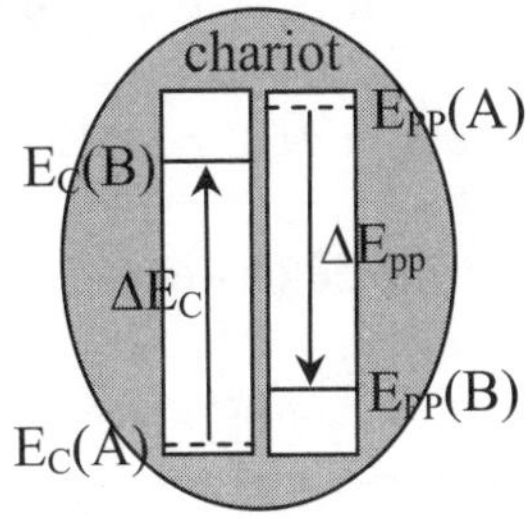

En l'absence de forces de frottements, on assiste à un transfert total d'énergie potentielle de pesanteur en énergie cinétique. En effet :

$E_m(A) = E_m(B)$

$\Leftrightarrow E_{PP}(A) + E_C(A) = E_{PP}(B) + E_C(B)$

$\Leftrightarrow E_C(B) - E_C(A) = E_{PP}(A) - E_{PP}(B)$

$\Leftrightarrow E_C(B) - E_C(A) = -(E_{PP}(B) - E_{PP}(A))$

$\Leftrightarrow \Delta E_C = -\Delta E_{pp}$

La variation d'énergie cinétique $\Delta E_C = E_C(\text{finale}) - E_C(\text{initiale})$, entre les points A et B, est égale à l'opposée de la variation d'énergie potentielle de pesanteur $\Delta E_{PP} = E_{PP}(\text{finale}) - E_{PP}(\text{initiale})$ entre ces mêmes points.

4. Appliquons la conservation de l'énergie mécanique entre A et B :

$$E_C(A) + Epp(A) = E_C(B) + Epp(B) \Leftrightarrow \frac{1}{2}mv^2(A) + mgz_A = \frac{1}{2}mv^2(B) + mgz_B$$

$$\Rightarrow v^2(B) = v^2(A) + 2g(z_A - z_B) \Rightarrow v^2(B) = 2g(z_A - z_B) \text{ car } v(A) = 0 \text{ m.s}^{-1}$$

$$\Rightarrow \boxed{v(B) = \sqrt{2g(z_A - z_B)}} \text{ A.N. : } v(B) = \sqrt{2 \times 9{,}8(24 - 6{,}0)} \text{ soit } \mathbf{v(B) = 19\ m.s^{-1}}.$$

Appliquons la conservation de l'énergie mécanique entre A et C :

D'une manière identique on démontre que $v^2(C) = v^2(A) + 2g(z_A - z_C)$

$$\Rightarrow \boxed{v(C) = \sqrt{2g(z_A - z_C)}} \text{ A.N. : } v(C) = \sqrt{2 \times 9{,}8(24 - 0)} \text{ soit } \mathbf{v(C) = 22\ m.s^{-1}}.$$

Appliquons la conservation de l'énergie mécanique entre A et D :

De même $v^2(D) = v^2(A) + 2g(z_A - z_D)$

$$\Rightarrow \boxed{v(D) = \sqrt{2g(z_A - z_D)}} \text{ A.N. : } v(D) = \sqrt{2 \times 9{,}8(24 - 16)} \text{ soit } \mathbf{v(D) = 13\ m.s^{-1}}.$$

On remarque que toutes les vitesses sont indépendantes de la masse du système. Elles dépendent uniquement de la dénivellation entre les deux positions étudiées.

5. Appliquons la conservation de l'énergie mécanique entre A et E :

$$E_C(A) + Epp(A) = E_C(E) + Epp(E) \Leftrightarrow \frac{1}{2}mv^2(A) + mgz_A = \frac{1}{2}mv^2(E) + mgz_E$$

$$\Rightarrow z_E = z_A + \frac{1}{2g}\left(v^2(A) - v^2(E)\right) \Rightarrow \boxed{z_E = z_A - \frac{v^2(E)}{2g}} \text{ car } v(A) = 0 \text{ m.s}^{-1}.$$

A.N. : $z_E = 24 - \frac{(17,7)^2}{2 \times 9,8}$ soit $\mathbf{z_E = 8,0}$ **m**.

6.

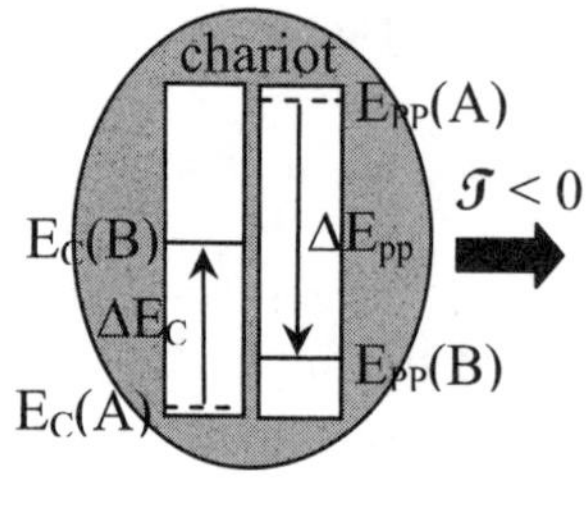

Dans la réalité il faut s'attendre à obtenir des vitesses moins élevées que celles calculées en raison de l'existence des forces de frottements. Il n'y a plus conservation de l'énergie mécanique du système qui n'est plus isolé énergétiquement :
$E_m = E_C + E_{PP} \neq$ cste et $\Delta E_C \neq -\Delta Epp$.

Une partie de l'énergie mécanique est dégradée sous forme de chaleur.

3.3. Chute verticale d'un solide sans frottements

Dans le référentiel terrestre supposé galiléen, une petite bille métallique de masse m est lâchée dans l'air, verticalement, sans vitesse initiale, depuis une hauteur h_0 par rapport au sol.
Au moment de son lâché, sans vitesse initiale, la bille possède une **énergie potentielle de pesanteur** E_{PP} **maximale** tandis que $E_C = 0$ car sa **vitesse** est **nulle**.
Au cours de la chute, l'**énergie potentielle de pesanteur** E_{PP} **diminue** car l'altitude de la bille par rapport au sol diminue, tandis que l'**énergie cinétique** E_C **augmente** car la vitesse de la bille augmente.
A l' instant où la bille percute le sol, l'**énergie potentielle** $E_{PP} = 0$ tandis que l'**énergie cinétique** E_C est **maximale**.

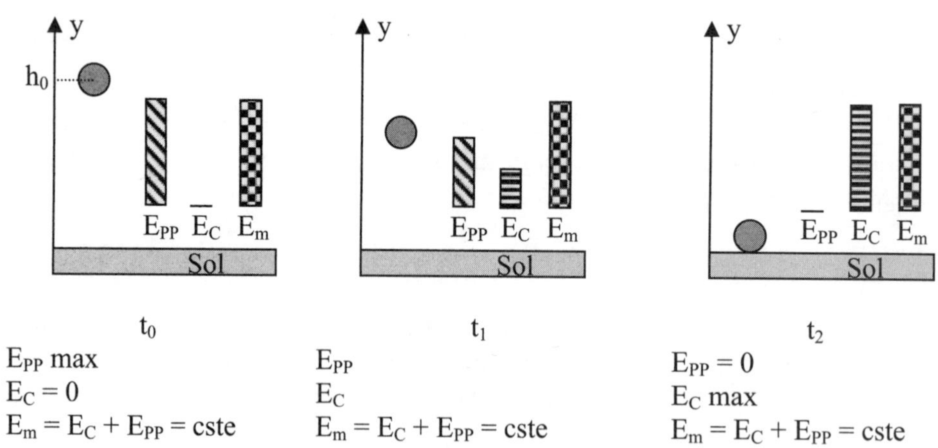

Figure 14 : jauges d'énergie illustrant le transfert d'énergie potentielle de pesanteur en énergie cinétique et la conservation de l'énergie mécanique totale

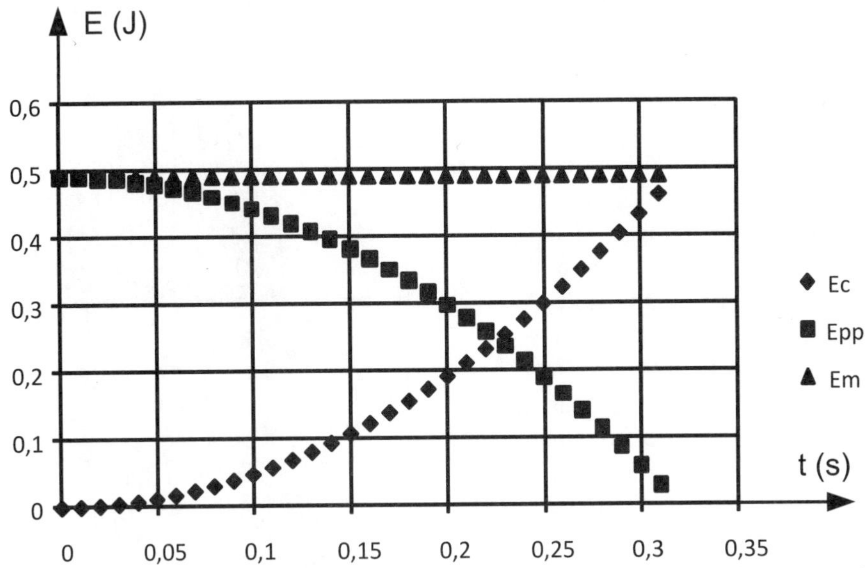

Figure 15 : évolution temporelle des énergies (chute sans frottements)

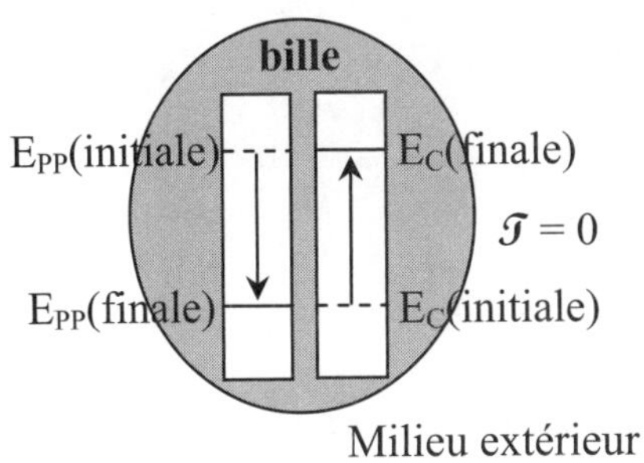

Figure 16 : transferts d'énergie pour un système isolé

Lors d'une **chute libre**, c'est-à-dire en l'**absence** de **frottements**, l'**énergie potentielle de pesanteur** se transforme intégralement en **énergie cinétique**, **sans pertes**. En l'**absence de frottements** dus à l'air (chute libre), la bille métallique est un **système isolé**. Son énergie mécanique est telle que :

$$\boxed{E_m = E_{PP} + E_C = \text{cste}}\,.$$

$$\Rightarrow \boxed{\Delta Ec = E_C(\text{finale}) - E_C(\text{initiale}) = -\,\Delta E_{PP} = -\,[E_{PP}(\text{finale}) - E_{PP}(\text{initiale})]}$$

✍ Exercice d'application 4

Le document ci-contre présente la chronophotographie de la chute d'un boulet, en hommage à l'expérience historique de Galilée (1564-1642). Ce boulet de masse m = 1,0 kg, est lâché sans vitesse initiale à la date t = 0 du dernier étage de la tour de Pise. L'intervalle de temps noté Δt séparant deux positions consécutives du boulet vaut Δt = 0,50 s.

Lorsque le boulet chute dans l'air, il est soumis à une force de frottement f = kv proportionnelle à sa vitesse.

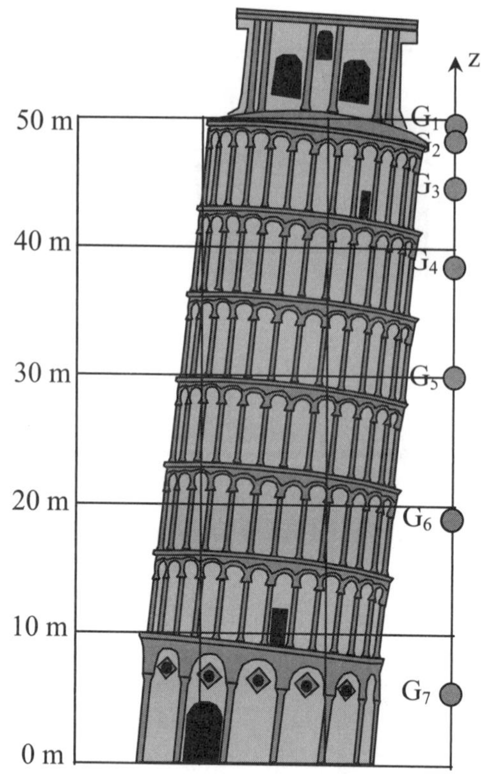

1. Dans quel référentiel est étudié le mouvement du boulet ?
2. Dresser le diagramme objet-interaction (D.O.I.) appliqué à l'étude du mouvement du système {boulet}.
3. En négligeant la poussée d'Archimède due à l'air, dresser le diagramme des actions mécaniques (D.A.M.) pour le système {boulet}.
   Représenter ces forces sur un schéma sans souci d'échelle.
4. Déterminer l'échelle spatiale du document.
5. Calculer les valeurs $v(t_i)$ de la vitesse instantanée du boulet aux instants de date t_2, t_3, t_4, t_5 et t_6. Quelle conclusion peut-on en tirer concernant la somme vectorielle des forces agissant sur le boulet ?
6. a) Tracer la représentation graphique $v(t_i) = f(t_i)$.
   Echelle : 1 cm ⇔ 0,1 s   1 cm ⇔ 2 m.s^{-1}.
   b) Déterminer l'équation de la courbe obtenue en expliquant votre méthode.
   c) En déduire la vitesse du boulet à l'instant de date t_7.
7. Calculer l'énergie potentielle de pesanteur, l'énergie cinétique et l'énergie mécanique du boulet pour les instants compris entre t_1 et t_7. Compléter le tableau suivant :

t (s)	0	0,5	1,0	1,5	2,0	2,5	3,0
z (m)	50	48,2	44,7	38,2	30	18,7	5,2
E_{PP} (J)							
E_C (J)							
E_m (J)							

Donnée : $g = 10\ N.kg^{-1}$

8. D'un point de vue énergétique, comment peut-on qualifier le système constitué du boulet ? Quelle conclusion peut-on en tirer ?

9. En vous servant de la question précédente, dresser le nouveau diagramme des actions mécaniques (D.A.M.) pour le système {boulet} lors de sa chute libre. Caractériser la ou les forces s'appliquant sur le boulet.

10. Lorsque la hauteur de chute est beaucoup plus importante, l'allure de la courbe donnant l'évolution de la vitesse instantanée du boulet en fonction du temps est donnée ci-contre.

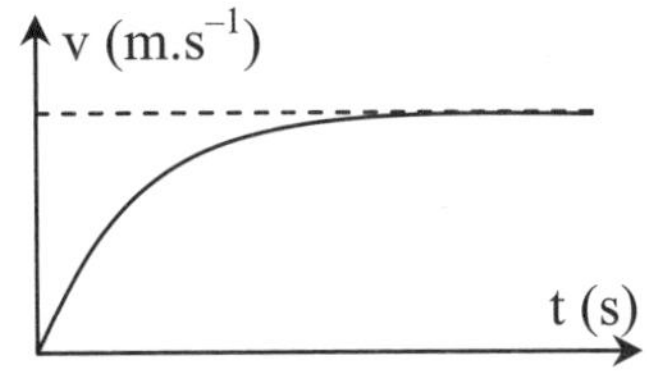

a) La vitesse du boulet augmente-t-elle indéfiniment comme le laissait penser la courbe obtenue à la question **4.** ?

b) Quelle est la force responsable de ce phénomène ?

c) Quelle est la particularité de la somme vectorielle des forces appliquées au boulet lorsque la vitesse atteint un palier ?

d) Le système {boulet} est-il encore isolé énergétiquement dans ce cas ?

Corrigé

1. Le mouvement du boulet est étudié dans le référentiel terrestre supposé galiléen.

2. Le D.O.I. de la situation étudiée est :

3. Le D.A.M. pour le système {boulet} est :

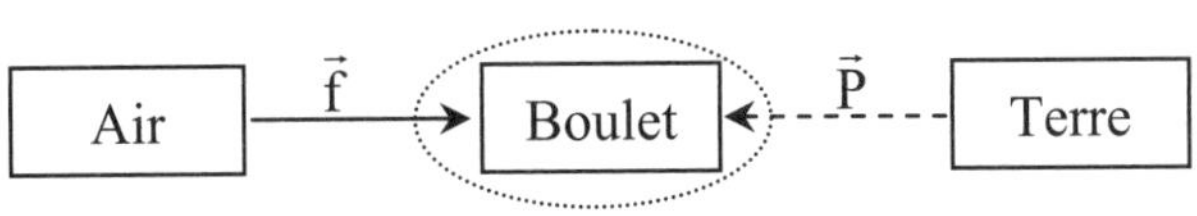

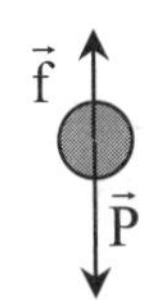

L'action mécanique de l'air sur le boulet se réduit à la force de frottement $\vec{f}$ opposée au mouvement dont la valeur $f = kv$ est proportionnelle à la vitesse.

4. Pour déterminer l'échelle spatiale de la chronophotographie, il faut mesurer à l'aide d'une règle graduée la longueur des graduations de l'axe vertical. On complète ensuite un tableau de proportionnalité :

Document (en cm)	Réalité (en m)
8,5	50,0
1,0	x

La traduction mathématique de la relation de proportionnalité permet d'écrire :

$8{,}5 \times x = 1{,}0 \times 50{,}0$ soit $x = \dfrac{1{,}0 \times 50{,}0}{8{,}5}$ d'où $\mathbf{x = 5{,}9\ m}$.

Conclusion : 1 cm sur la chronophotographie représente 5,9 m dans la réalité.
Il suffira donc de multiplier par 5,9 les mesures des distances en cm sur le document afin de les convertir en longueurs réelles exprimées en m.

5. La valeur de la vitesse instantanée du centre d'inertie du boulet à une date t_i a pour expression :

$$\boxed{v(t_i) = \frac{G_{i-1}G_{i+1}}{t_{i+1} - t_{i-1}}}$$

Dans la mesure où sur une chronophotographie deux positions successives sont toujours séparées par le même intervalle de temps $\Delta t = t_{i+1} - t_{i-1} = 2 \times \Delta t$, d'où :

$$\boxed{v(t_i) = \frac{G_{i-1}G_{i+1}}{2 \times \Delta t}}$$

Dans la formule précédente $G_{i-1}G_{i+1}$ désigne la distance réelle parcourue par le point G entre les dates t_{i-1} et t_{i+1}, d'où :

$$G_{i-1}G_{i+1}\text{ (réelle)} = G_{i-1}G_{i+1}\text{ (mesurée)} \times \text{échelle}$$

$\boxed{v(t_2) = \dfrac{G_1G_3}{2 \times \Delta t}}$ A.N. : $v(t_2) = \dfrac{0{,}8 \times 5{,}9}{2 \times 0{,}50}$ d'où $\mathbf{v(t_2) = 4{,}8\ m.s^{-1}}$

$\boxed{v(t_3) = \dfrac{G_2G_4}{2 \times \Delta t}}$ A.N. : $v(t_3) = \dfrac{1{,}7 \times 5{,}9}{2 \times 0{,}50}$ d'où $\mathbf{v(t_3) = 10\ m.s^{-1}}$

$\boxed{v(t_4) = \dfrac{G_3G_5}{2 \times \Delta t}}$ A.N. : $v(t_4) = \dfrac{2{,}5 \times 5{,}9}{2 \times 0{,}50}$ d'où $\mathbf{v(t_4) = 15\ m.s^{-1}}$

$\boxed{v(t_5) = \dfrac{G_4G_6}{2 \times \Delta t}}$ A.N. : $v(t_5) = \dfrac{3{,}2 \times 5{,}9}{2 \times 0{,}50}$ d'où $\mathbf{v(t_5) = 19\ m.s^{-1}}$

$\boxed{v(t_6) = \dfrac{G_5G_7}{2 \times \Delta t}}$ A.N. : $v(t_6) = \dfrac{4{,}2 \times 5{,}9}{2 \times 0{,}50}$ d'où $\mathbf{v(t_6) = 25\ m.s^{-1}}$

On remarque que la vitesse du centre d'inertie du boulet n'est pas constante alors que sa trajectoire est rectiligne. En vertu du principe de l'inertie (1re loi de Newton), le boulet n'étant pas au repos ou animé d'un mouvement rectiligne uniforme (vitesse constante), la somme vectorielle des forces agissant sur lui n'est pas nulle : la force de frottement de l'air $\vec{f}$ ne compense pas le poids $\vec{P}$.

On a donc $\sum \vec{F}_{ext} = \vec{P} + \vec{f} \neq \vec{0}$.

6. a) En choisissant l'instant t_1 comme origine des dates, l'évolution temporelle de la vitesse instantanée du centre d'inertie du boulet est donnée dans le tableau suivant :

t_i (s)	0	0,5	1,0	1,5	2,0	2,5
$v(t_i)$ ($m.s^{-1}$)	0	4,7	10	15	19	25

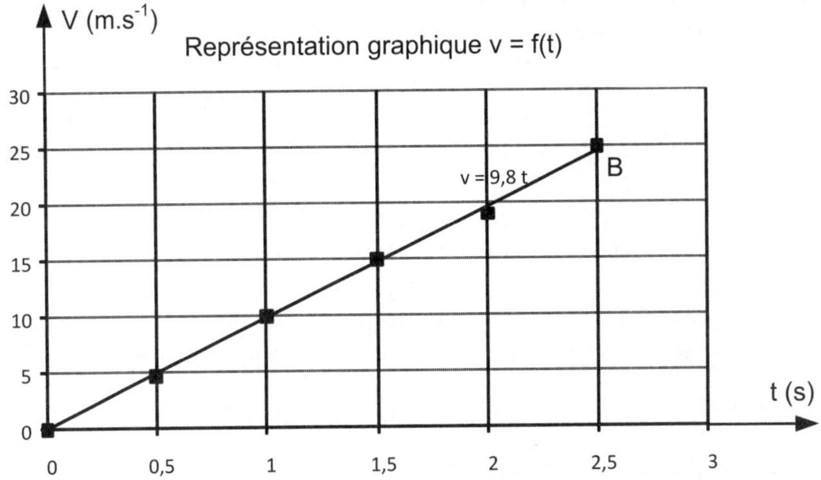

On constate qu'aux erreurs de mesures près, les points expérimentaux sont quasiment tous alignés. On trace à la règle une droite moyenne passant par le maximum de ces points.

b) Afin de déterminer l'équation de la droite, procédons à une analogie entre les connaissances de mathématiques et la situation physique étudiée.

Mathématiques	**Physique**
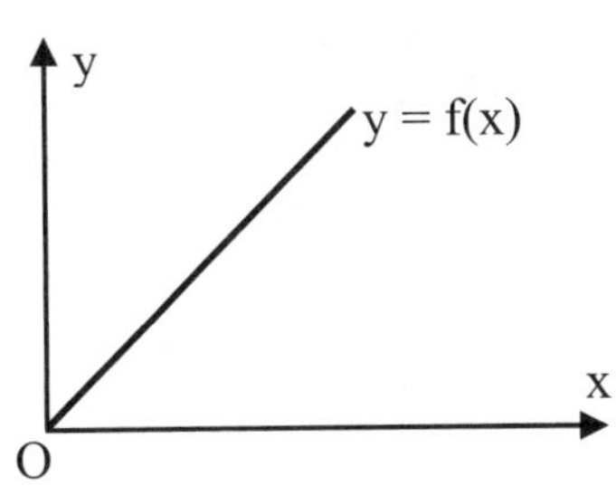	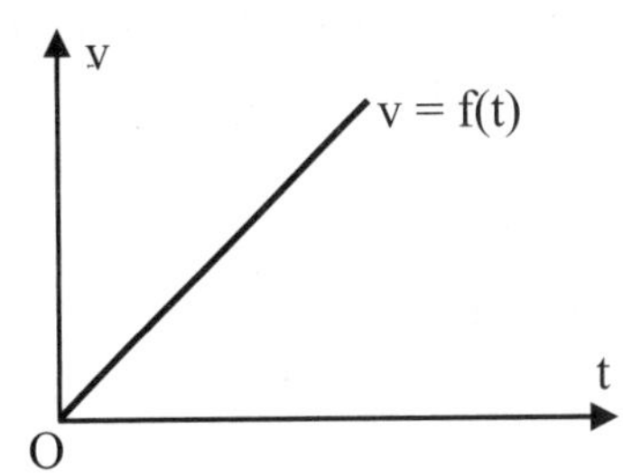
x	t
y	v
Fonction linéaire d'équation : $y = a\,x$	Fonction linéaire d'équation : $v = a\,t$

Calculons le coefficient directeur noté a. Pour cela, prenons deux points A (x_A ; y_A) et B (x_B ; y_B) appartenant à la droite. Par définition :

$$\boxed{a = \frac{y_B - y_A}{x_B - x_A}}$$

Contrairement aux mathématiques le coefficient directeur possède souvent des unités en physique. Ici $y_B - y_A$ s'exprime en $m.s^{-1}$ alors que $x_B - x_A$ s'exprime en s. Les unités du coefficient directeur sont donc les $m.s^{-2}$.
A.N. : le point A (0 ; 0) est confondu avec l'origine ; B (2,5 ; 25).

$$a = \frac{25-0}{2,5-0} \text{ d'où } \mathbf{a = 10\ m.s^{-2}}$$

L'équation de la droite v = f(t) est donc : $\boxed{v = a\,t}$ donc $\boxed{v = 10\,t}$

c) Appliquons la formule précédente lorsque $t_7 = 3,0$ s :

$$v(t_7) = 10 \times 3,0 \text{ d'où } \mathbf{v(t_7) = 30\ m.s^{-1}}$$

7. Energie potentielle de pesanteur : $E_{PP} = mgz + cste$.
Si on choisit de prendre l'origine de l'énergie potentielle de pesanteur au sol (z = 0) alors $E_{PP}(z = 0) = cste = 0$ d'où $\boxed{E_{PP} = mgz}$ avec m en kg, g = 10 $N.kg^{-1}$, z en m.

Energie cinétique : $\boxed{E_C = \frac{1}{2}mv^2}$ avec m en kg et v en $m.s^{-1}$.

Les formules précédentes permettent de compléter le tableau des énergies.

t (s)	0	0,5	1,0	1,5	2,0	2,5	3,0
z (m)	50	48,2	44,7	38,2	30	18,7	5,2
E_{PP} (J)	$5,0.10^2$	$4,8.10^2$	$4,5.10^2$	$3,8.10^2$	$3,0.10^2$	$1,9.10^2$	$5,2.10^1$
E_C (J)	0	$1,1.10^1$	$5,0.10^1$	$1,2.10^2$	$1,8.10^2$	$3,1.10^2$	$4,5.10^2$
E_m (J)	$5,0.10^2$	$4,9.10^2$	$5,0.10^2$	$5,0.10^2$	$4,8.10^2$	$5,0.10^2$	$5,0.10^2$

8. On constate, d'après le tableau, qu'aux imprécisions de mesures près, l'énergie mécanique demeure constante au cours du temps : $E_m = cste = 5,0.10^2$ J.

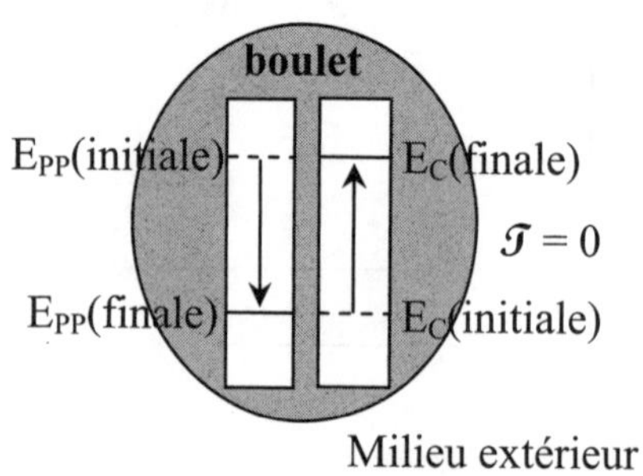

Le boulet est donc un système isolé : il n'échange pas d'énergie avec le milieu extérieur. L'énergie potentielle de pesanteur se transforme intégralement en énergie cinétique sans dissipation d'énergie sous forme thermique.
$E_m = E_{PP} + E_C = cste \Rightarrow \Delta Ec = -\Delta E_{PP}$.

9. La question précédente a mis en évidence le fait que le système {boulet} était isolé énergétiquement : les frottements dus à l'air sont donc négligeables pour la hauteur de chute considérée (la vitesse du boulet n'est pas assez grande). Le D.A.M. de la question 3 se simplifie donc de la manière suivante :

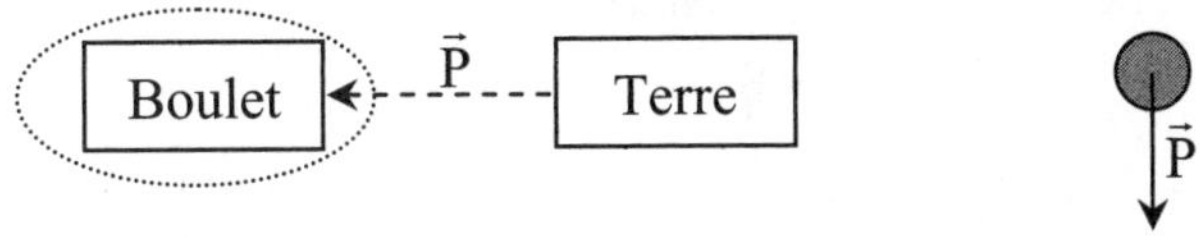

La seule force agissant sur le boulet est donc le poids $\vec{P}$ dont les caractéristiques sont les suivantes :

$\vec{P}$

- Point d'application : centre de gravité G du boulet
- Direction : verticale
- Sens : vers le sol
- Valeur : $P = m\,g = 1{,}0 \times 10 = 10$ N.

10. a) D'après la fonction linéaire croissante obtenue à la question **6.**, on pourrait penser que plus la hauteur de chute est grande plus la vitesse du boulet augmente. On constate expérimentalement qu'il n'en est rien et que le boulet atteint, au bout d'un certain laps de temps, une vitesse limite.
b) Lorsque la hauteur de chute est importante et que la valeur de la vitesse du système devient grande, on est obligé de tenir compte des frottements dus à l'air. On retrouve le D.A.M. de la question **3.**
c) Lorsque la vitesse limite est atteinte, le mouvement du centre d'inertie du boulet est rectiligne uniforme. En vertu du principe de l'inertie (1re loi de Newton), on peut donc conclure que la somme vectorielle des forces qui agissent sur lui est nulle. On a alors $\sum \vec{F}_{ext} = \vec{P} + \vec{f} = \vec{0}$. On peut donc résumer les deux phases du mouvement sur le schéma suivant :

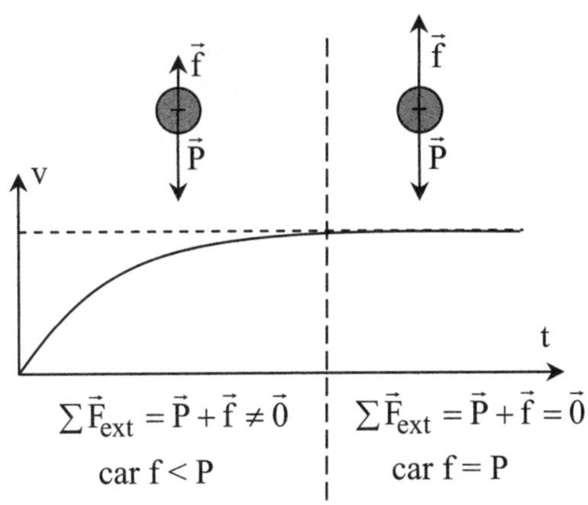

La valeur de la force de frottement de l'air $f = kv$ augmente avec la vitesse pour atteindre celle du poids lorsque la vitesse limite est atteinte.

d)

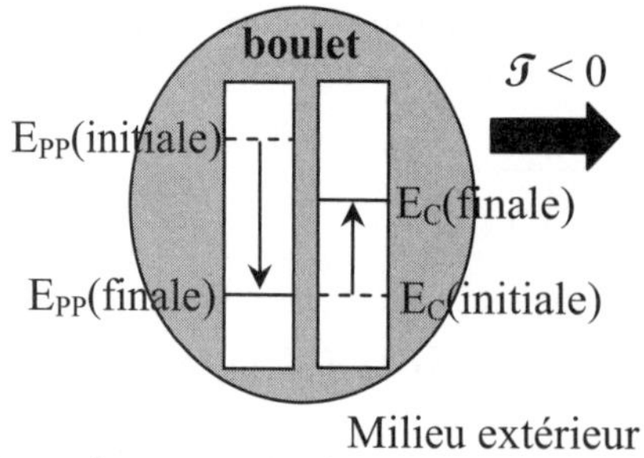

Lorsque que l'on tient compte des frottements dus à l'air, le boulet cède lors de sa chute une partie de son énergie au milieu extérieur sous forme thermique. L'énergie potentielle de pesanteur ne se transforme plus intégralement en énergie cinétique : on assiste à une dégradation de l'énergie mécanique du système en chaleur.

3.4. Chute parabolique d'un solide sans frottements

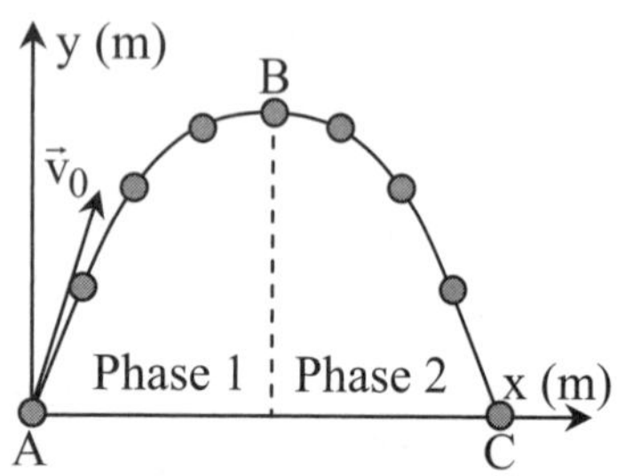

Figure 17 : trajectoire parabolique d'une balle

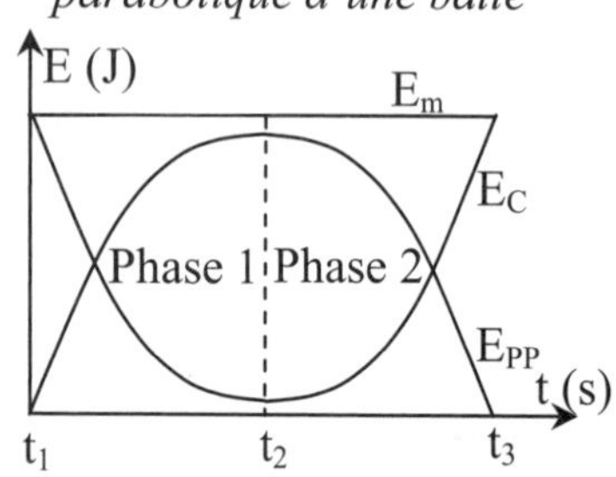

Figure 18 : évolution temporelle des énergies

Un solide est lancé au voisinage de la surface terrestre avec une vitesse initiale $\vec{v}_0$ dont la direction fait un angle quelconque avec l'horizontale. En négligeant les interactions liées à l'air, le solide est uniquement soumis à son poids : on dit qu'il est en chute libre. Sa **trajectoire** est **parabolique**. On distingue deux phases lors du mouvement :

- une phase ascendante (phase 1)
- une phase descendante (phase 2).

Lors de la **chute libre** du solide, de **l'énergie cinétique** se convertit en **énergie potentielle** de pesanteur lorsque l'altitude du solide augmente (phase 1) et réciproquement de l'énergie potentielle de pesanteur se convertit en énergie cinétique lorsque l'altitude du solide diminue (phase 2). Dans un cas comme dans l'autre, il y a **conservation de l'énergie mécanique** $E_m = E_C + E_{PP}$ du solide.

Les transferts d'énergie correspondant à chacune des deux phases sont donnés ci-dessous :

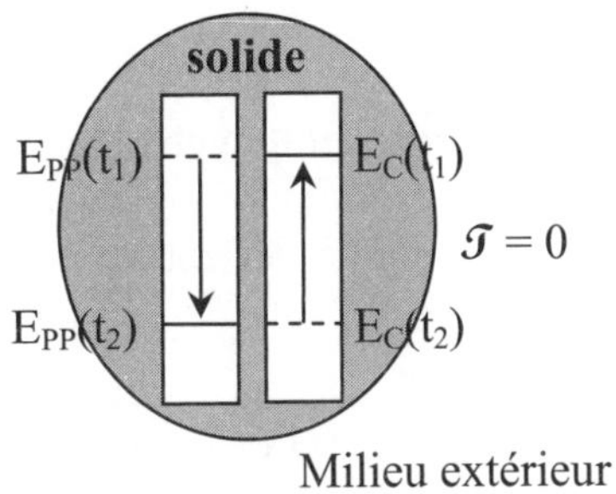

Figure 19 : diagramme d'énergie pour la phase 1

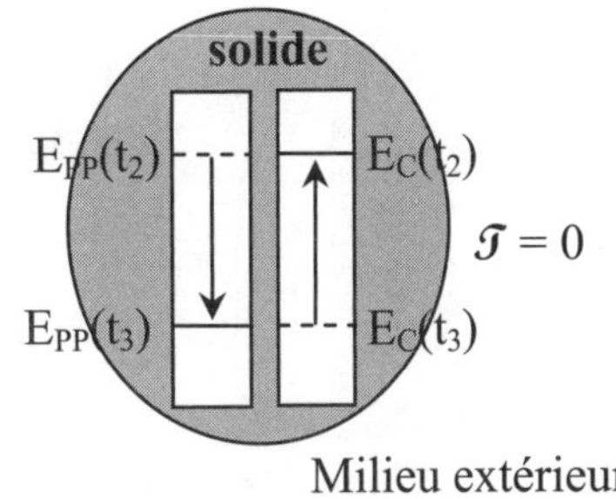

Figure 20 : diagramme d'énergie pour la phase 2

Dans un cas comme dans l'autre, la variation d'énergie cinétique est opposée à la variation d'énergie potentielle de pesanteur : $\Delta E_C = - \Delta E_{PP}$.

3.5. Chute verticale d'un solide avec frottements

Dans le référentiel terrestre supposé galiléen, une balle de masse m est lâchée dans l'air verticalement sans vitesse initiale depuis une hauteur h_0 par rapport au sol. On observe que l'**énergie mécanique** de la balle ne se conserve pas au cours du temps.

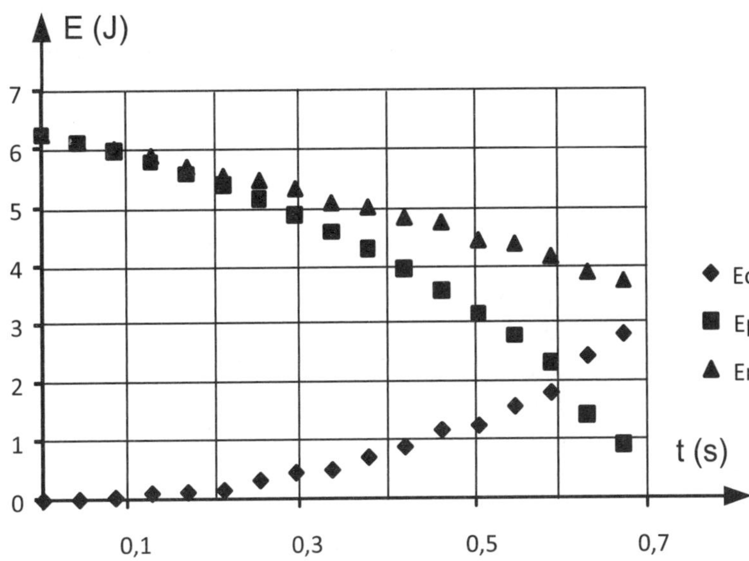

Figure 21 : évolution temporelle des énergies (chute avec frottements)

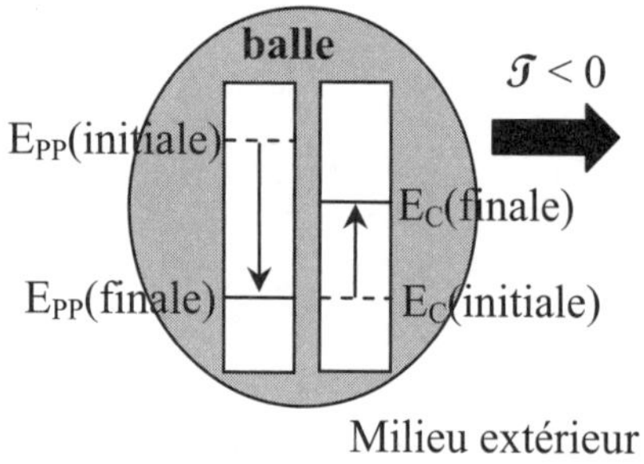

Figure 22 : transferts d'énergie pour un système non isolé

En présence des frottements de l'air, la balle est un système non isolé. Son énergie mécanique décroit au cours du temps :

$$\boxed{E_m = E_P + E_C \neq \text{cste}}.$$

$$\boxed{\Delta Ec = E_C(\text{finale}) - E_C(\text{initiale}) \neq -\Delta E_{PP} = -[E_{PP}(\text{finale}) - E_{PP}(\text{initiale})]}$$

La **perte d'énergie** se fait sous forme de **transfert thermique** vers le milieu extérieur : une partie de l'énergie du système est dégradée en **chaleur**. C'est pour cette raison que l'énergie potentielle de pesanteur ne se transforme plus intégralement en énergie cinétique.

Remarque

Les frottements de l'air sur un système peuvent être modélisés par une force opposée au sens de son mouvement et dont la valeur est proportionnelle à sa vitesse : $f = kv$. La constante k dépend en outre de la surface du système et de la viscosité du fluide dans lequel celui-ci se déplace.

✍ Exercice d'application 5

La viscosité désigne l'aptitude d'un fluide à s'écouler. Elle dépend fortement de la température. Pour mesurer expérimentalement la viscosité d'un liquide, on utilise un dispositif appelé viscosimètre. Il se compose d'un long tube de verre vertical, rempli du liquide étudié, dans lequel on laisse tomber une bille sphérique en acier de diamètre connu.

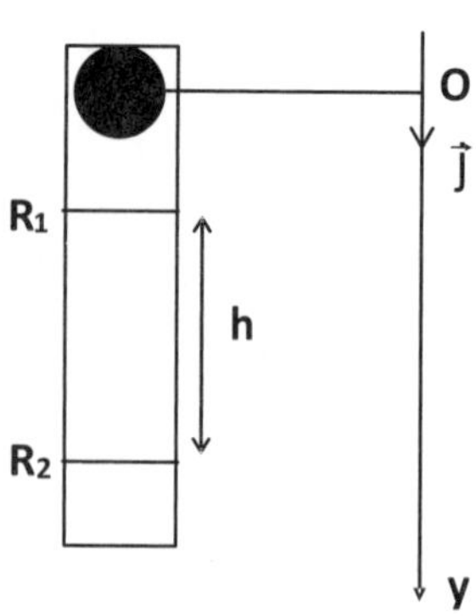

On filme à l'aide d'une webcam le mouvement de la bille. Après avoir étalonnée le clip vidéo grâce à un repère d'espace (h = 40,0 cm), un logiciel de pointage permet de déterminer l'évolution temporelle de la vitesse de la bille dans la glycérine. La courbe obtenue est donnée ci-après :

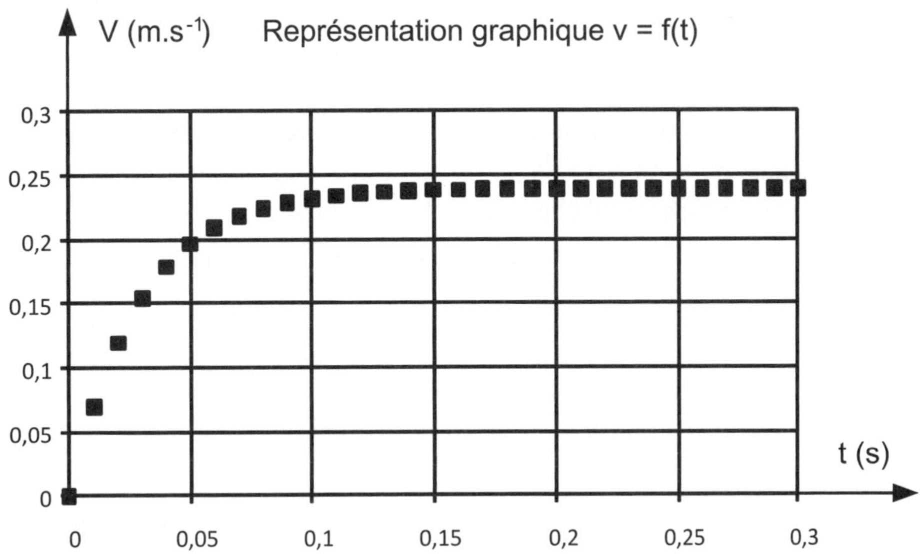

Données :
Rayon de la bille : r = 5,00 mm
Masse volumique de la bille : $\rho = 7{,}80.10^3$ kg.m^{-3}
Masse volumique de la glycérine : $\rho_0 = 1.26.10^3$ kg.m^{-3}
Intensité de la pesanteur : g = 9,81 m.s^{-2}
Volume d'une sphère : $V = \frac{4}{3}\pi r^3$.

Le mouvement de la bille est étudié dans le référentiel terrestre supposé galiléen muni d'un repère d'espace $(O, \vec{j})$ où O est l'origine du repère et $\vec{j}$ un vecteur unitaire vertical orienté vers le bas. La bille, totalement immergée dans le liquide (glycérine), est abandonnée du point O sans vitesse initiale.

1. Représenter sur un schéma, sans souci d'échelle, les forces appliquées à la bille en mouvement dans le liquide : son poids $\vec{P}$, la poussée d'Archimède $\vec{P}_A$ (de sens opposé a celui du poids) et la force de frottement fluide $\vec{f}$.
2. Exprimer littéralement la valeur P du poids de la bille en fonction de ρ, V et g. Effectuer le calcul.

3. La valeur de la poussée d'Archimède s'identifie à celle du poids du volume de glycérine déplacé par la bille. Exprimer la valeur P_A de la poussée d'Archimède en fonction de ρ_o, V et g. Effectuer le calcul.

4. Lors de sa chute, la bille atteint rapidement sa vitesse limite v_{lim} avant son passage au niveau du repère R_1.

a) Quel est le mouvement de la bille entre les deux repères R_1 et R_2? Justifiez votre réponse.

b) Quelle est alors la relation vectorielle liant les forces appliquées à la bille ? Justifiez votre réponse.

5. Dans le cas du fluide étudié, la force de frottement est proportionnelle à la vitesse de chute de la bille : $\vec{f} = -6\pi\eta r\vec{v}$ où η est la viscosité de la glycérine.

En projetant la relation vectorielle établie dans la question 4. b) suivant le repère $(O, \vec{j})$, montrer que la viscosité η du fluide étudié s'exprime par la relation :

$$\eta = \frac{2r^2g(\rho - \rho_0)}{9v_{lim}}$$

6. Déterminer graphiquement la valeur de la vitesse limite notée v_{lim}.

7. En déduire la valeur expérimentale de la viscosité η de la glycérine à la température d'étude.

8. La valeur théorique de la viscosité de la glycérine à cette température est $\eta_{théo} = 1{,}49$ SI. En effectuant un calcul d'écart relatif, comparer la valeur trouvée expérimentalement de la viscosité η de la glycérine à sa valeur théorique.

9. La bille est-elle un système isolé énergétiquement ? Justifier.

Corrigé

1. Voir schéma ci-contre.

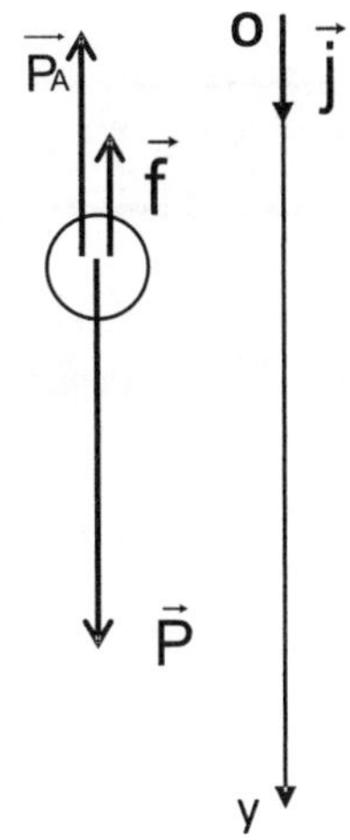

2. Poids de la bille : $P = m_{bille}.g$. or $\rho = \dfrac{m_{bille}}{V}$

donc $\boxed{P = \rho.V.g}$

A.N. : $P = 7{,}80.10^3 \times \dfrac{4}{3}\pi\ (5{,}00.10^{-3})^3 \times 9{,}81$

$\mathbf{P = 4{,}00.10^{-2}\ N}$

3. Poussée d'Archimède : $P_A = m_{gly}.g$. où m_{gly} est la masse du volume de glycérine déplacé par la bille, donc : $\boxed{P_A = \rho_0.V.g}$

A.N. : $P_A = 1{,}26.10^3 \times \dfrac{4}{3}\pi\ (5{,}00.10^{-3})^3 \times 9{,}81$

$\mathbf{P_A = 6{,}47.10^{-3}\ N}$

4. a) La vitesse limite est atteinte avant le passage au niveau de R_1. Entre les deux repères R_1 et R_2 , le vecteur vitesse $\vec{v}$ de la bille est constant. La bille a un mouvement rectiligne et uniforme.

b) D'après la question précédente, en vertu du principe de l'inertie la somme des forces appliquées à la bille doit vérifier :

$$\Sigma\vec{F}_{ext} = \vec{0} \quad \boxed{+ \vec{P}_A + \vec{f} = \vec{0}}$$

5. $\vec{P} + \vec{P}_A + \vec{f} = \vec{0} \Leftrightarrow \rho.V.g\,\vec{j} - \rho_0.V.g\,\vec{j} - 6\pi.\eta.r.v_{lim}\,\vec{j} = \vec{0}$

En projection sur l'axe (Oy) on a :

$\rho.V.g - \rho_0.V.g - 6\pi.\eta.r.v_{lim} = 0 \Leftrightarrow V.g.(\rho - \rho_0) = 6\pi.\eta.r.v_{lim}$

$\Leftrightarrow \eta = \dfrac{V.g}{6\pi.r.v_{lim}}.(\rho - \rho_0)$

Or $V = \dfrac{4}{3}\pi r^3$ donc en reportant : $\eta = \dfrac{4}{3}\pi r^3.\dfrac{g}{6\pi.r.v_{lim}}.(\rho - \rho_0)$

Finalement : $\boxed{\eta = \dfrac{2r^2.g.(\rho - \rho_0)}{9v_{lim}}}$

6. Graphiquement, la valeur de la vitesse limite est : $\mathbf{v_{lim} = 0{,}24\ m.s^{-1}}$.

7. $\eta = \dfrac{2 \times \left(5{,}00 \times 10^{-3}\right)^2 \times 9{,}81 \times \left(7{,}80 \times 10^3 - 1{,}26 \times 10^3\right)}{9 \times 0{,}24}$ soit $\mathbf{\eta = 1{,}48\ S.I.}$

8. $\eta_{théo} = 1{,}49$ SI.

Ecart relatif : $E(\%) = 100 \times \dfrac{|\eta_{théo} - \eta|}{\eta_{théo}} = 100 \times \dfrac{|1{,}49 - 1{,}48|}{1{,}49}$ **soit E = 0,7 %.**

9. L'existence d'une force de frottement fluide liée à la viscosité importante de la glycérine engendre une perte d'énergie mécanique du système sous forme thermique. L'énergie mécanique du système n'est donc pas constante et celui-ci n'est donc pas isolé.

4. NATURE DES TRANSFERTS D'ENERGIE

4.1. Transfert d'énergie par travail

Le **travail** d'une force appliquée sur un objet est l'énergie fournie par cette force lorsque son **point d'application se déplace**. Le travail d'une force appliquée sur un objet permet entre autres de modifier :
- son énergie cinétique c'est-à-dire sa vitesse ;
- son énergie potentielle de pesanteur, c'est-à-dire son altitude.

4.2. Transfert thermique

Un **transfert thermique** survient lorsque deux corps de **températures différentes** sont mis en contact : on observe alors un transfert thermique du corps le plus chaud vers le corps le plus froid, jusqu'à ce que les deux corps soient à la même température.

4.3. Transfert par rayonnement

Le **rayonnement** est un type de transfert d'énergie qui ne nécessite pas de contact contrairement au transfert thermique : il peut même avoir lieu dans le vide. Ce mode de transfert d'énergie s'effectue grâce à la propagation des ondes électromagnétiques.

5. LA DECOUVERTE DU NEUTRINO

Les équations de désintégration nucléaire de type β notées (1) et (2) respectent les lois de conservation de la charge et de la matière.

Désintégration β^- : $^{A}_{Z}X \rightarrow {}^{A}_{Z+1}Y + {}^{0}_{-1}e$

Désintégration β^+ : $^{A}_{Z}X \rightarrow {}^{A}_{Z-1}Y + {}^{0}_{+1}e$

En revanche, elles ne respectent pas la **loi de conservation de l'énergie**. En effet l'énergie après désintégration est inférieure à celle avant désintégration. En 1931, Wolfgang Pauli postule que l'énergie manquante lors d'une désintégration β^+ est emportée par une particule non encore découverte appelée **neutrino**, notée ν. Il fallut attendre 1956 pour les premières observations expérimentales de neutrinos. **L'anti-neutrino** noté $\bar{\nu}$, anti-particule associée au neutrino, intervient quant à lui dans la désintégration de type β^-.

Il convient donc d'écrire les désintégrations β de la manière suivante afin de rendre compte de la conservation de l'énergie :

- désintégration β^- : $^{A}_{Z}X \rightarrow {}^{A}_{Z+1}Y + {}^{0}_{-1}e + \bar{\nu}$

- désintégration β^+ : $^{A}_{Z}X \rightarrow {}^{A}_{Z-1}Y + {}^{0}_{+1}e + \nu$

6
Energie électrique

1. RESSOURCES ENERGETIQUES

1.1. Sources d'énergies renouvelables ou non

Une **énergie renouvelable** est une **énergie exploitée par l'Homme**, dont les **réserves ne s'épuisent pas**. En d'autres termes, sa vitesse de formation est plus grande que sa vitesse de consommation. Ainsi, le vent, le Soleil, le bois de chauffage, l'eau d'un barrage, sont des sources d'énergies renouvelables.

En revanche, le charbon, le pétrole, le gaz naturel, le combustible nucléaire sont des sources d'énergie non renouvelables car ces ressources sont consommées à une vitesse bien supérieure à la vitesse à laquelle elles se sont naturellement créées.

1.2. Des ressources épuisables

La disponibilité des réserves d'énergie non renouvelables est une importante source de préoccupations. Au rythme actuel de consommation, le pétrole sera la première énergie fossile appelée à disparaître. Selon les projections, et en l'état actuel des gisements exploités, il resterait entre quarante et soixante ans de réserves de pétrole conventionnel. Le gaz naturel pourrait, quant à lui, être exploité pendant encore soixante-dix ans. Pour le charbon, il y aurait deux siècles de réserves. Concernant l'énergie nucléaire, les réserves actuelles d'uranium couvriraient le fonctionnement du nombre de réacteurs actuels pendant environ cinquante ans.

2. L'ENERGIE ELECTRIQUE

2.1. Principe de l'alternateur

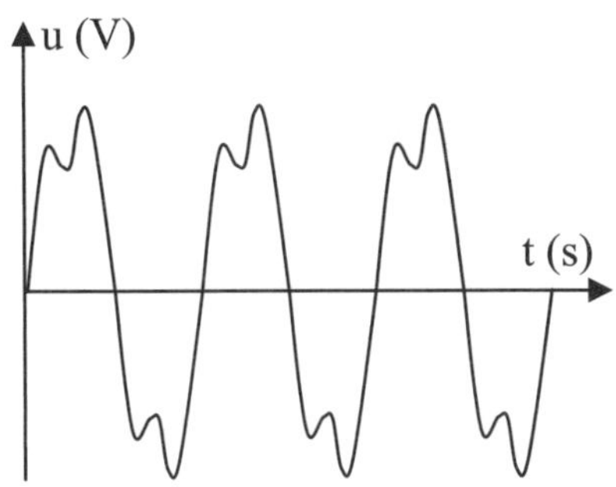

Figure 1 : tension périodique alternative produite par un alternateur

Lorsqu'un **aimant** est en **rotation uniforme** à proximité d'une **bobine**, il apparaît aux bornes de cette dernière une **tension périodique alternative**. L'ensemble {aimant + bobine} constitue un **alternateur**.

Dans les centrales électriques, la partie tournante de l'alternateur est le **rotor** et la partie fixe aux bornes de laquelle apparaît la tension électrique est le **stator**.

La fréquence de la tension délivrée par EDF est f = 50 Hz.

2.2. Production d'énergie électrique

L'électricité représente environ un tiers de l'énergie consommée dans le monde. Dans une centrale électrique, la production d'électricité est assurée par un **alternateur** mis en rotation par une **turbine**. Il existe **deux types** de **centrales thermiques** :

- **les centrales thermiques à flamme** utilisent l'énergie fournie par la combustion d'un combustible fossile (charbon, fioul, gaz naturel) ;

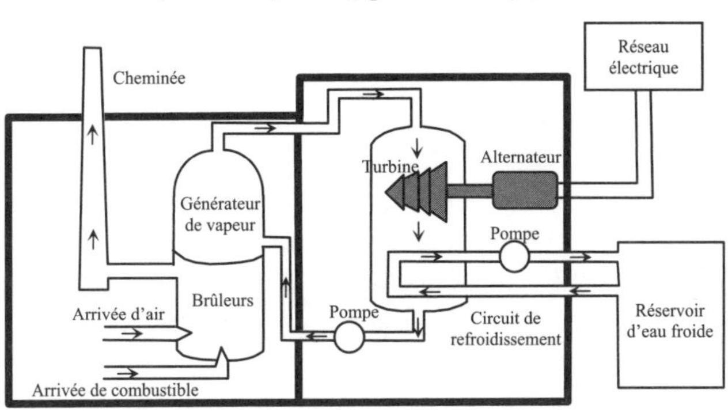

Figure 2 : schéma de principe d'une centrale thermique à flamme

- **les centrales thermiques nucléaires** utilisent l'énergie fournie par la fission de l'uranium 235 ou du plutonium 239.

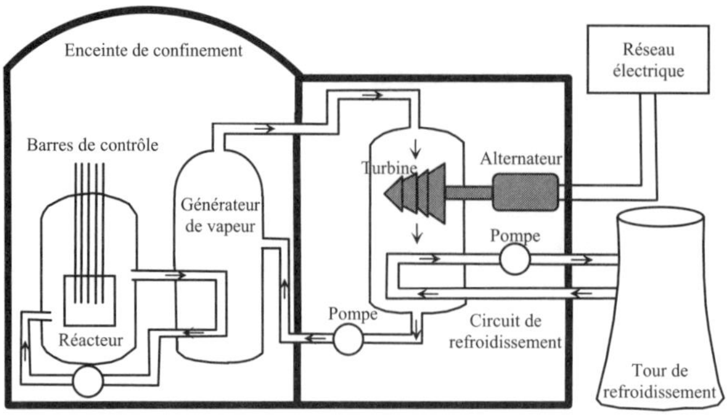

Figure 3 : schéma de principe d'une centrale thermique nucléaire

Dans un cas comme dans l'autre, les réactions de combustion ou de fission libèrent une grande quantité de chaleur utilisée pour chauffer de l'eau contenue dans un **générateur de vapeur**. La vapeur d'eau sous pression produite fait tourner à grande vitesse une **turbine** qui entraîne elle-même un **alternateur** produisant une **tension alternative sinusoïdale**. A la sortie de la turbine, la vapeur est refroidie pour se transformer en eau, puis renvoyée dans le générateur de vapeur.

Les centrales thermiques à flamme en service en France ont des puissances variant de 100 MW à 700 MW. Les centrales nucléaires ont, quant à elles, des puissances comprises entre 900 MW et 1450 MW.

Le rendement de conversion mécanique-électrique est d'environ 98%. L'essentiel des pertes se fait au niveau de la conversion thermique-mécanique.

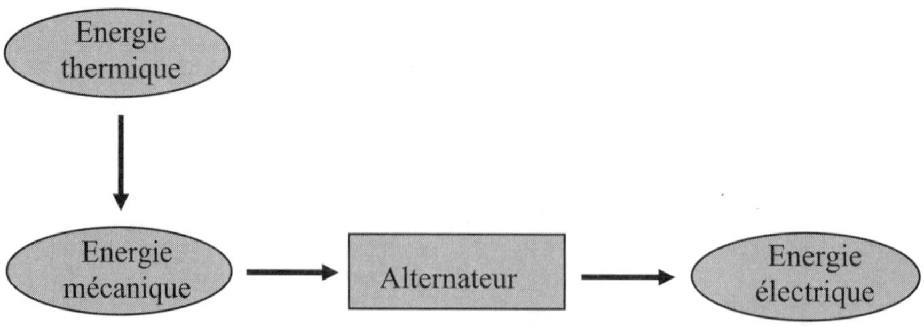

Figure 4 : transferts d'énergie dans une centrale électrique thermique

2.3. Transport et stockage de l'énergie électrique

Il est seulement possible, à l'heure actuelle, de stocker l'électricité à petite échelle au moyen de **batteries** d'**accumulateurs** ou de **condensateurs**.
A grande échelle, il est nécessaire d'équilibrer en permanence la production et la consommation électrique. En France, les centrales thermiques au gaz, au pétrole ou au charbon, sont généralement mises en service en complément du parc des centrales nucléaires pour répondre à des pics de consommation.
Alors que dans sa maison le consommateur a besoin de courant à **basse tension**, moins dangereux à utiliser, il est plus économique de transporter le courant sur de longues distances en utilisant une **très haute tension**. En effet, à puissance ($P = UI$) constante, si l'on augmente la tension, on réduit l'intensité du courant et donc, les pertes par **effet Joule** ou pertes thermiques ($P_{th} = RI^2$).
Pour y parvenir, on utilise donc des **transformateurs** élévateurs de tension, afin de réduire l'intensité du courant pour le transport, et des transformateurs abaisseurs de tension pour la distribution (en basse tension) aux usagers.

3. RAPPELS SUR LES CIRCUITS ELECTRIQUES

3.1. Notion de circuit électrique

Un **circuit électrique** est un ensemble plus ou moins complexe de conducteurs et de composants électriques ou électroniques parcourus par un courant électrique. La plupart des composants électriques sont des **dipôles** car ils possèdent **deux bornes**.

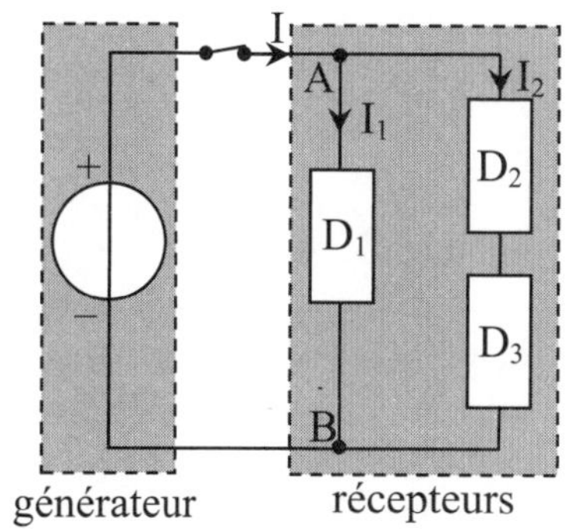

Figure 5 : exemple de circuit électrique

Un **nœud** est un point de convergence d'au moins trois fils conducteurs. Ainsi A et B sont les nœuds du circuit ci-contre.

Les portions du circuit électrique placées entre deux nœuds consécutifs sont appelées des **branches**. Le circuit électrique ci-contre comporte donc trois branches : la première contient le générateur, la deuxième le dipôle D_1 et la troisième les dipôles D_2 et D_3.

Tous les dipôles d'une même branche sont en **série**. Deux branches sont en **parallèle** (ou en **dérivation**) si elles sont reliées aux mêmes nœuds. Ainsi les dipôles D_2 et D_3 sont en série alors que le générateur, le dipôle D_1 et l'association série de D_2 et D_3 sont en dérivation.

Les **symboles normalisés** des dipôles les plus couramment rencontrés dans les circuits électriques en 1re S sont :

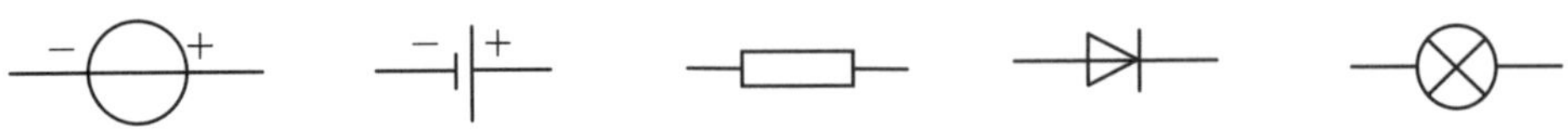

Générateur de tension — Pile — Conducteur ohmique — Diode — Lampe

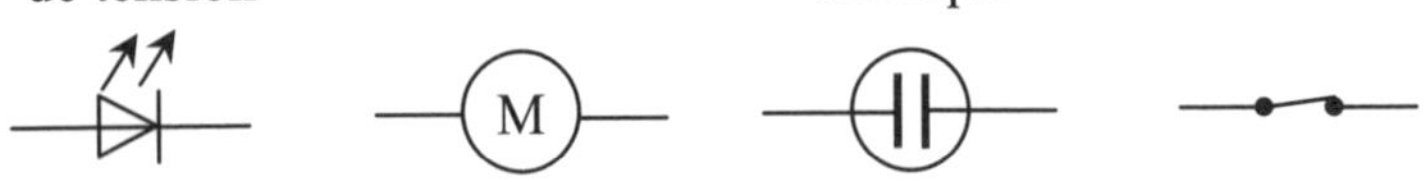

DEL — Moteur — Electrolyseur — Interrupteur

3.2. La tension électrique

Notion de tension

La **tension** U_{AB} entre deux points A et B d'un circuit électrique s'exprime en **volts** (V) et se mesure avec un **voltmètre branché en dérivation**. Elle rend compte de la **différence d'états électriques** ou **différence de potentiel** (d.d.p.) qui existe entre deux points quelconques d'un circuit électrique : $U_{AB} = V_A - V_B$.
La tension est une **grandeur algébrique** ($U_{AB} = -U_{BA}$) qui se représente par une **flèche** sur les schémas des circuits électriques.

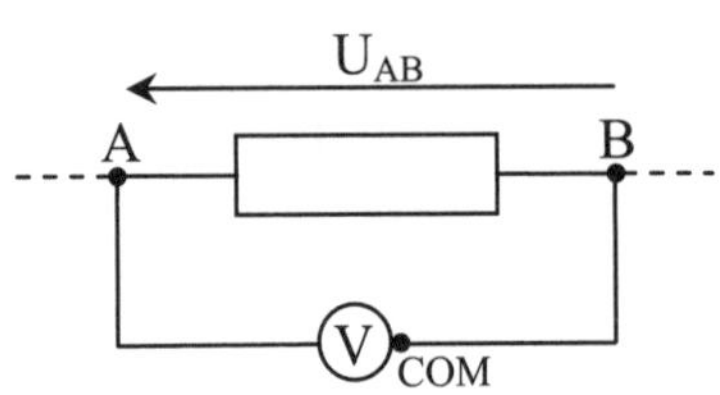

Figure 6 : mesure de la tension U_{AB}

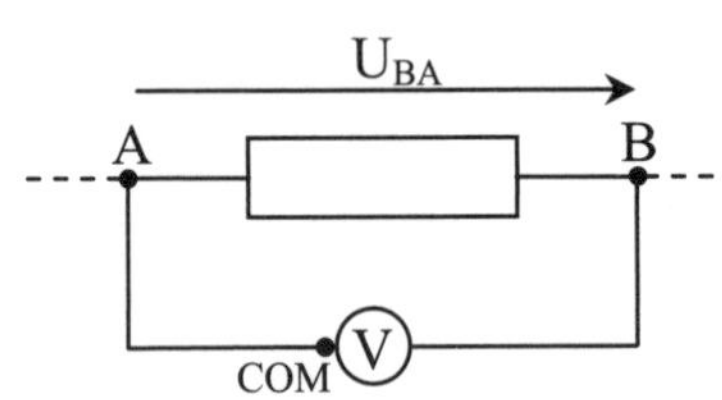

Figure 7 : mesure de la tension U_{BA}

Lois vérifiées par la tension

La tension électrique vérifie deux lois qui dépendent du type d'associations des dipôles dans le circuit électrique.

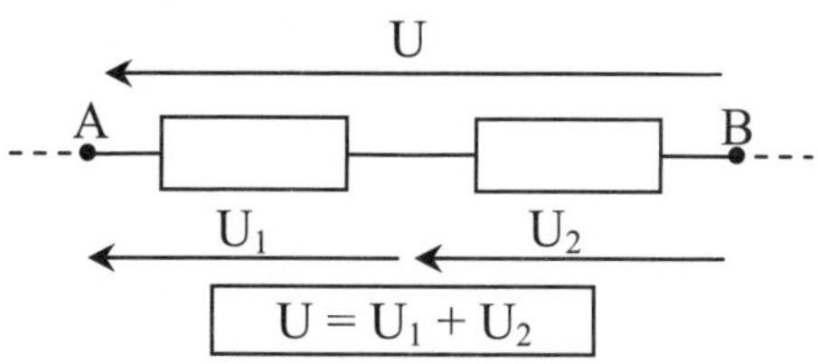

Figure 8 : loi d'additivité des tensions (dipôles en série)

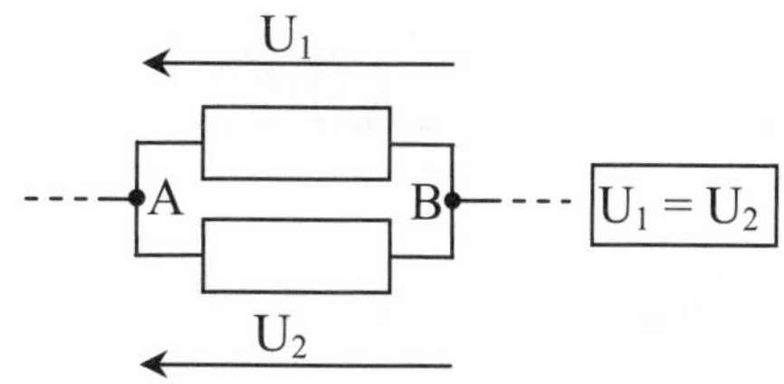

Figure 9 : loi d'unicité des tensions (dipôles en dérivation)

3.3. L'intensité du courant électrique

Notion d'intensité

Dans les conducteurs métalliques, le **courant électrique** est dû au **déplacement** des **électrons**. L'**intensité** du courant électrique en un point du circuit caractérise le **débit** d'**électrons** en ce point.

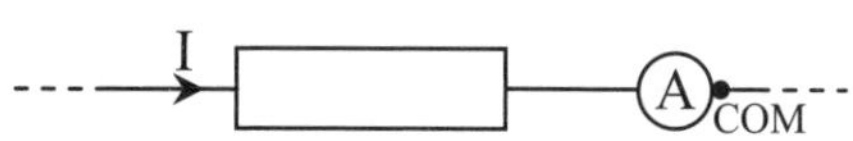

Figure 10 : mesure de l'intensité I

L'**intensité** I du courant électrique, circulant dans un circuit fermé comportant un générateur, s'exprime en **ampères** (A) et se mesure avec un ampèremètre branché en série.

Sur le schéma d'un circuit électrique, le sens conventionnel du courant est représenté par une flèche sortant de la borne positive du générateur.

Lois vérifiées par l'intensité du courant

L'intensité du courant électrique vérifie deux lois qui dépendent du type d'associations des dipôles dans le circuit électrique.

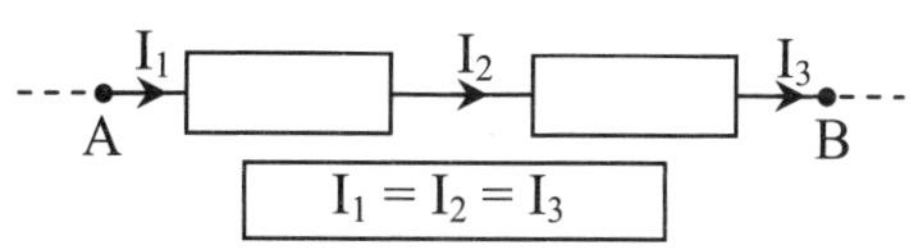

Figure 11 : loi d'unicité des intensités (dipôles en série)

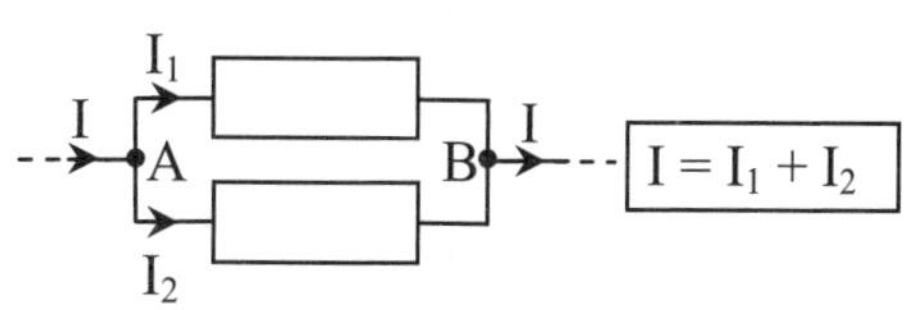

Figure 12 : loi d'additivité des intensités ou loi des nœuds (dipôles en dérivation)

4. ETUDE ENERGETIQUE D'UN RECEPTEUR

4.1. La convention récepteur

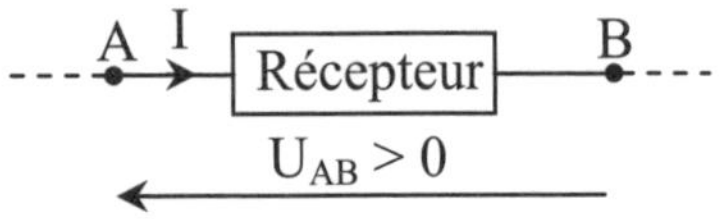

Figure 13 : convention récepteur

Un **récepteur** est un dipôle électrique qui reçoit de l'énergie électrique pour la convertir en d'autres formes d'énergie. Une tension U_{AB} positive apparaît à ses bornes lorsqu'il est parcouru par un courant allant de A vers B.

La **convention récepteur** impose de représenter les flèches symbolisant la tension et le courant en sens opposés. Toutes les lois concernant les récepteurs se feront dans le cadre de cette convention.

4.2. Energie électrique reçue

L'**énergie électrique** $W_{reçue}$ **reçue** par un récepteur parcouru par un courant électrique d'intensité I, circulant de A vers B, pendant une durée Δt a pour expression :

$$\boxed{W_{reçue} = U_{AB}\, I\, \Delta t}$$

$W_{reçue}$: énergie électrique en joules (J)
U_{AB} : tension électrique en volts (V)
I : intensité du courant en ampères (A)
Δt : durée en secondes (s)

4.3. Puissance électrique reçue

Si pendant une durée Δt l'énergie électrique reçue par un récepteur est $W_{reçue}$ alors la **puissance électrique** $P_{reçue}$ du **transfert d'énergie** a pour expression :

$$\boxed{P_{reçue} = \frac{W_{reçue}}{\Delta t} \Leftrightarrow P_{reçue} = U_{AB}\, I}$$

$P_{reçue}$: puissance reçue en watts (W)
U_{AB} : tension électrique en volts (V)
I : intensité du courant en ampères (A)

4.4. L'effet Joule

Tous les dipôles qui possèdent une résistance électrique engendrent, lorsqu'ils sont parcourus par un courant électrique, un **transfert thermique** vers le milieu extérieur appelé **effet Joule**.

Loi d'Ohm

Pour un **conducteur ohmique** de résistance R, traversé par un courant d'intensité I circulant de A vers B, l'expression liant U_{AB} à I est :

$$\boxed{U_{AB} = R\,I}$$

U_{AB} : tension électrique en volts (V)
R : résistance en ohms (Ω)
I : intensité du courant en ampères (A)

Loi de Joule

Un **conducteur ohmique** de résistance R traversé par un courant électrique d'intensité I pendant une durée Δt, transfère par **effet Joule**, sous forme thermique et par rayonnement, la totalité de l'énergie électrique reçue.

$$\boxed{W_{Joule} = R\,I^2\,\Delta t}$$

W_{Joule} : énergie thermique transférée en joules (J)
R : résistance en ohms (Ω)
I : intensité du courant en ampères (A)

La puissance du transfert thermique lié à l'effet Joule est $P_{Joule} = R\,I^2$ en watts (W).

Applications

Dans certains cas, l'effet Joule est recherché, par exemple pour un chauffage électrique. Dans d'autres, c'est un effet indésirable que l'on cherche à minimiser au maximum car il correspond à une perte d'énergie qui diminue les performances des systèmes. C'est le cas des lampes à incandescence dont le filament parcouru par un courant électrique émet de la lumière mais également de la chaleur qui affecte leur rendement. Dans le domaine des microprocesseurs, l'échauffement des composants électroniques limite la vitesse d'exécution des tâches informatiques.

4.5. Bilan énergétique d'un récepteur

Un **récepteur** reçoit une énergie électrique $U_{AB}\,I\,\Delta t$ de la part du circuit électrique, en « dissipe » une partie $R\,I^2\,\Delta t$ (effet Joule) et convertit le reste W_{utile} sous une autre forme (mécanique, chimique…) :

$$U_{AB}\, I\, \Delta t = W_{utile} + R\, I^2\, \Delta t \Leftrightarrow W_{reçue} = W_{utile} + W_{Joule}$$

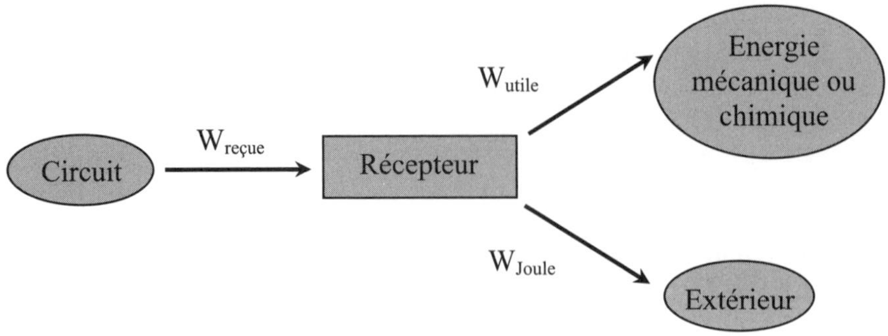

Figure 14 : transferts d'énergie

✍ Exercice d'application 1

Le moteur d'une perceuse visseuse-dévisseuse sans fil est alimenté par une batterie d'accumulateurs sous une tension continue de 14,4 V. La puissance maximale du transfert d'énergie de la batterie d'accumulateurs au moteur est égale à 21,6 W. Le rendement du moteur atteint 75 %.

1. Calculer la puissance utilisable par le moteur de cet outil.
2. On utilise cette perceuse en visseuse pour insérer une vis dans une plaque de bois. L'opération nécessite 4,0 secondes et l'intensité moyenne parcourant le moteur de l'outil mesure 1,5 A.
   Faire un schéma énergétique visualisant les transferts d'énergie entre le moteur et son environnement lors de cette opération en calculant chacun d'entre eux.

Corrigé

1. Par définition, le rendement du moteur est le quotient de puissance utile par la puissance reçue : $\eta = \dfrac{P_{utile}}{P_{reçue}}$. On en déduit donc que $\boxed{P_{utile} = \eta \times P_{reçue}}$.

A.N. : $P_{utile} = \dfrac{75}{100} \times 21{,}6$ soit $\mathbf{P_{utile} = 16\ W}$.

2.

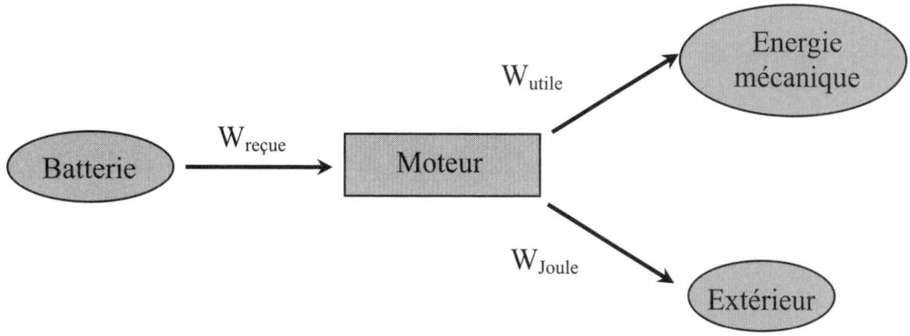

Calculons pendant la durée $\Delta t = 4{,}0$ s du vissage les énergies en jeu.
L'énergie reçue par le moteur est $\boxed{W_{reçue} = P_{reçue} \times \Delta t}$.
$\Rightarrow W_{reçue} = 21{,}6 \times 4{,}0$ soit $\mathbf{W_{reçue} \simeq 86\ J}$
L'énergie utilisée pour le vissage de la vis vaut $\boxed{W_{utile} = P_{utile} \times \Delta t}$.
$\Rightarrow W_{utile} = 16{,}2 \times 4{,}0$ soit $\mathbf{W_{reçue} \simeq 64\ J}$
L'énergie dissipée par effet Joule s'obtient en appliquant la conservation de l'énergie $W_{reçue} = W_{utile} + W_{Joule}$ d'où $\boxed{W_{Joule} = W_{reçue} - W_{utile}}$.
$\Rightarrow W_{Joule} = 86 - 64$ soit $\mathbf{W_{Joule} \simeq 22\ J}$
C'est l'effet Joule dans le bobinage du moteur qui est responsable du dégagement de chaleur observé au niveau de l'outil lorsque celui-ci fonctionne.

5. ETUDE ENERGETIQUE D'UN GENERATEUR

5.1. La convention générateur

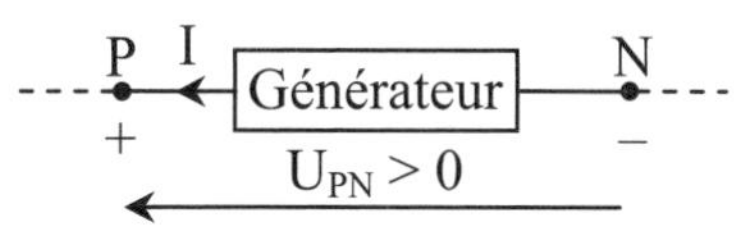

Figure 15 : convention générateur

Un **générateur** est un dipôle assurant la conversion de l'énergie chimique, mécanique ou d'une autre nature en énergie électrique fournie à un circuit récepteur. La tension U_{PN} entre ses bornes est positive lorsqu'il est traversé par un courant sortant par la borne positive P.

La **convention générateur** impose de représenter les flèches symbolisant la tension U_{PN} et le courant I dans le même sens. Toutes les lois concernant les générateurs se feront dans le cadre de cette convention.

5.2. Energie électrique fournie

L'**énergie électrique** $W_{fournie}$ **fournie** au reste du circuit, par un générateur parcouru par un courant électrique d'intensité I, circulant de P vers N à l'extérieur du générateur pendant une durée Δt, a pour expression :

$$W_{fournie} = U_{PN}\, I\, \Delta t$$

$W_{fournie}$: énergie électrique fournie en joules (J)
U_{PN} : tension électrique en volts (V)
I : intensité du courant en ampères (A)
Δt : durée en secondes (s)

5.3. Puissance électrique fournie

Si pendant une durée Δt l'énergie électrique fournie par un générateur est $W_{fournie}$ alors la **puissance électrique** P du **transfert d'énergie** a pour expression :

$$P_{fournie} = \frac{W_{fournie}}{\Delta t} \Leftrightarrow P_{fournie} = U_{PN}\, I$$

$P_{fournie}$: puissance en watts (W)
U_{PN} : tension électrique en volts (V)
I : intensité du courant en ampères (A)

5.4. Relation courant-tension

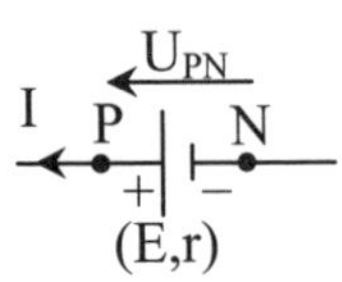

Un **générateur électrique** est caractérisé par sa **force électromotrice** (f.é.m.) E en volts (V) et par sa **résistance interne** r en ohms (Ω) : c'est le cas d'une **pile**. La **relation courant-tension** ou **caractéristique** d'un générateur a pour expression :

$$U_{PN} = E - r\, I$$

U_{PN} : tension aux bornes du générateur en volts (V)
r : résistance interne en ohms (Ω)
I : intensité du courant en ampères (A)

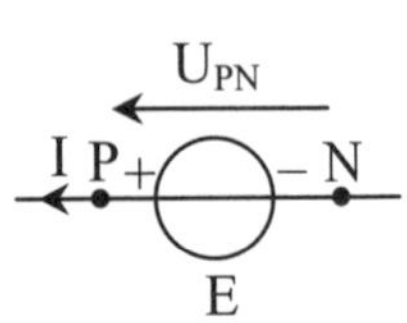

La tension U_{PN} aux bornes d'un générateur dépend donc, dans la plupart des cas, de l'intensité I du courant débité dans le circuit électrique. Cependant, certains générateurs sont dépourvus de résistance interne et sont dits « **stabilisés** ». La tension à leurs bornes est alors **constante** : U_{PN} = E. Leur symbole normalisé est donné ci-contre.

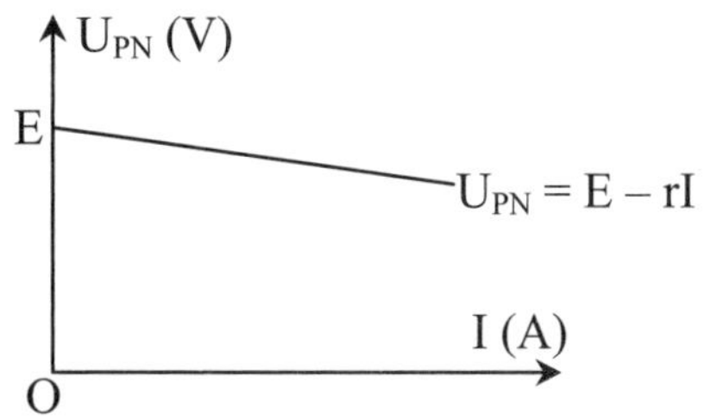

Figure 16 : caractéristique tension-intensité d'une pile

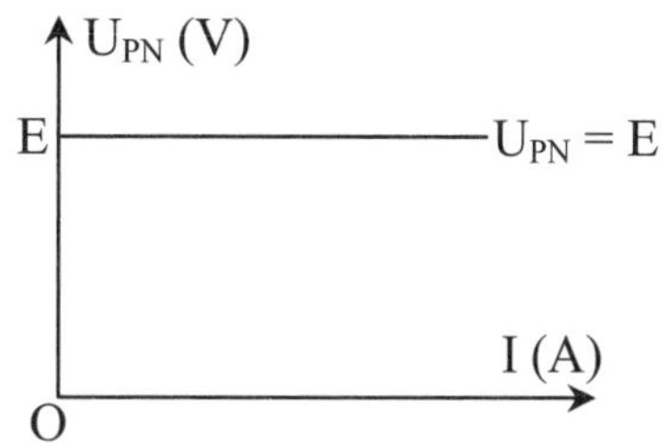

Figure 17 : caractéristique tension-intensité d'un générateur stabilisé

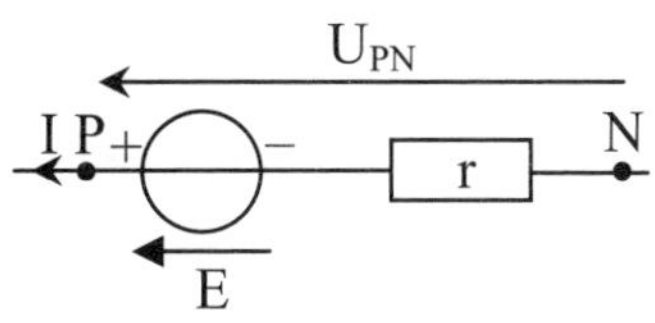

Le schéma équivalent à un générateur de tension de f.é.m. E et de résistance interne r est donné ci-contre.

5.5. Bilan énergétique d'un générateur

En multipliant par $I\Delta t$ les deux membres de la relation courant-tension d'une pile on obtient $U_{PN}\ I\ \Delta t = E\ I\ \Delta t - r\ I^2\ \Delta t$ que l'on peut écrire sous la forme :

$$EI\Delta t = U_{PN}\ I\ \Delta t + r\ I^2\ \Delta t \Leftrightarrow W_{transformée} = W_{fournie} + W_{Joule}$$

Un **générateur convertit** une **forme d'énergie** (mécanique, chimique …) $E\ I\ \Delta t$ en une **énergie électrique disponible** pour le circuit électrique $U_{PN}\ I\ \Delta t$ et **dissipe le reste** $r\ I^2\ \Delta t$ **sous forme thermique** (effet Joule).

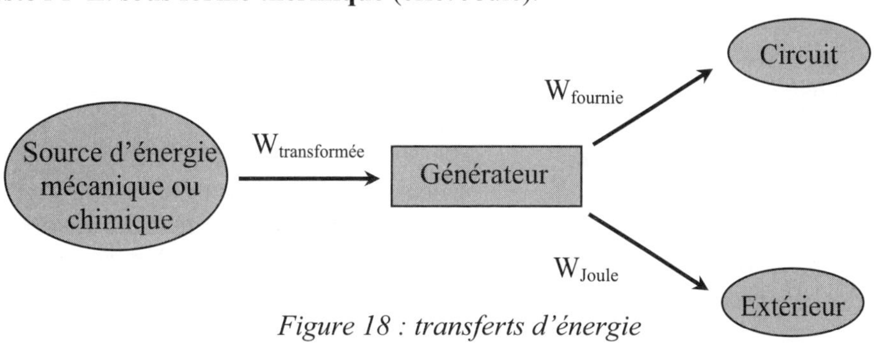

Figure 18 : transferts d'énergie

En divisant par Δt chaque membre du bilan d'énergie, on obtient un bilan de puissance :

$$E\ I = U_{PN}\ I + r\ I^2 \Leftrightarrow P_{transformée} = P_{fournie} + P_{Joule}$$

Exercice d'application 2

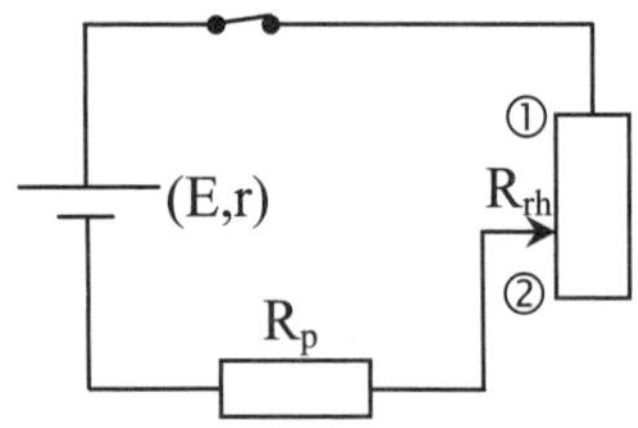

Lors d'une séance de TP, un groupe de lycéens étudie une pile plate de 4,5 V afin de déterminer expérimentalement sa f.é.m. E et sa résistance interne r.
Ils réalisent le montage ci-contre.
L'intensité du courant est contrôlée par un rhéostat (0-100 Ω ; 2 A max).
Une résistance de protection R_P (12 Ω ; 2 W) est présente dans le circuit. Ils disposent en outre de deux multimètres.

1. Reproduire le schéma en faisant apparaître le sens du courant et la tension aux bornes des différents dipôles. Schématiser les multimètres permettant de mesurer l'intensité du courant débitée par la pile et la tension aux bornes de celle-ci.
2. Quel est le rôle de la résistance de protection R_P ?
3. Les résultats obtenus sont regroupés dans le tableau suivant :

I (mA)	0	50	100	150	200	250	300
U_{PN} (V)	4,5	4,4	4,3	4,2	4,1	4,0	3,9

a) Tracer la caractéristique $U_{PN} = f(I)$ de la pile.
b) En expliquant votre méthode, en déduire la f.é.m. et la résistance interne de la pile.

4. Les lycéens introduisent la pile étudiée précédemment dans une lampe de poche dont l'ampoule à incandescence porte sur son culot les indications suivantes : (4,0 V ; 0,4 W). Lorsque la lampe de poche fonctionne, la pile débite un courant d'intensité I = 100 mA.

a) Donner le nom et la signification des deux indications portées par le culot de l'ampoule.
b) Pourquoi peut-on considérer que l'ampoule fonctionne dans des conditions convenables ?
c) Calculer la valeur de la résistance du filament de l'ampoule.
d) Faire un schéma énergétique visualisant les transferts d'énergie entre la pile et son environnement et calculer la puissance de chacun d'entre eux.
e) Faire un schéma énergétique visualisant les transferts d'énergie entre l'ampoule et son environnement et calculer la puissance de chacun d'entre eux. On supposera que le rendement de l'ampoule à incandescence est de 5 %.

Corrigé

1.

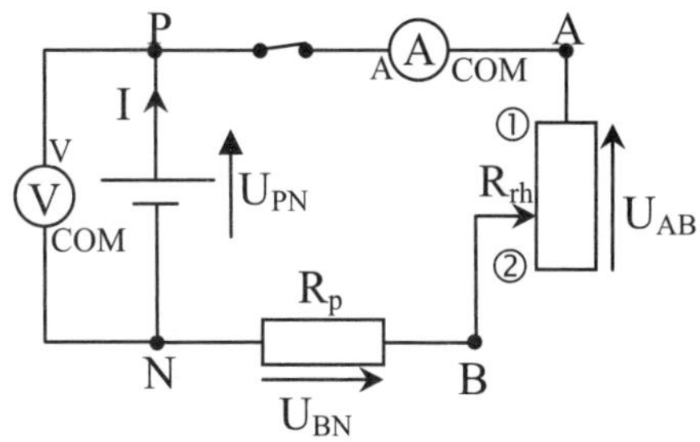

Le sens conventionnel du courant est tel que celui-ci doit sortir par la borne positive du générateur. Les tensions aux bornes des différents dipôles sont représentées par des flèches dont le sens est déterminé par des conventions :

– la convention générateur pour la pile (tension et intensité de même sens)
– la convention récepteur pour le rhéostat et la résistance de protection (tension et intensité de sens opposés).

Le voltmètre se branche en dérivation aux bornes de la pile alors que l'ampèremètre se branche en série dans le circuit.

2. Lorsque le curseur du rhéostat est en position ① $R_{rh} = 0\ \Omega$ alors que lorsqu'il est en position ② $R_{th} = 100\ \Omega$. La résistance de protection permet donc de limiter l'intensité du courant si le curseur du rhéostat est en position ① préservant ainsi la pile de tout risque de détérioration.

3. a) La caractéristique de la pile $U_{PN} = f(I)$ est une fonction affine décroissante.

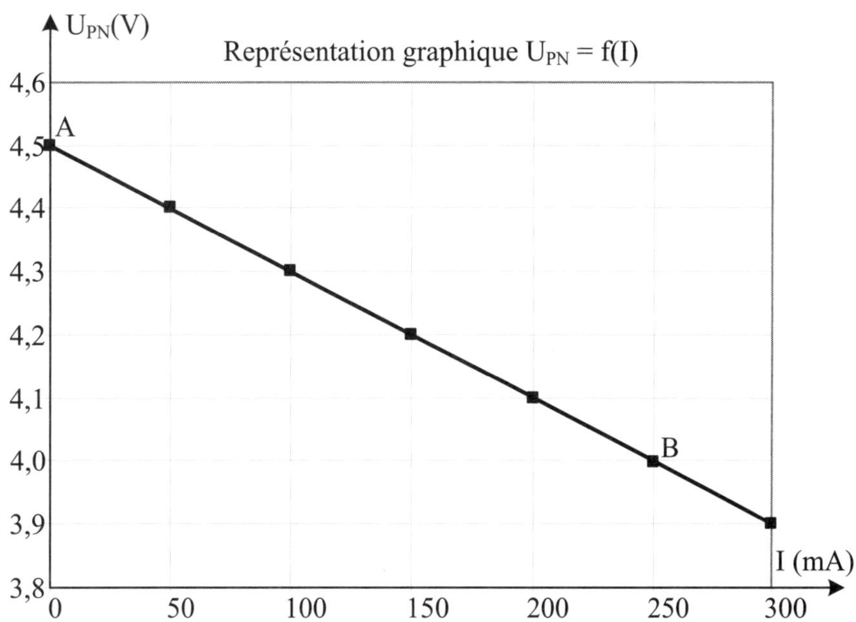

b) Afin de déterminer l'équation de la droite, procédons à une analogie entre les connaissances de mathématiques et la situation physique étudiée.

Mathématiques	**Physique**
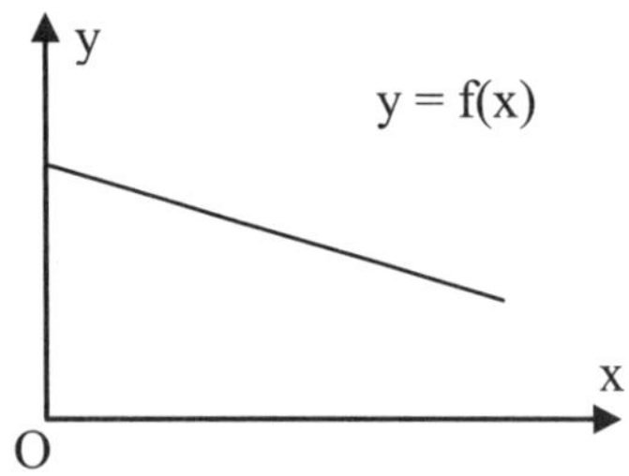	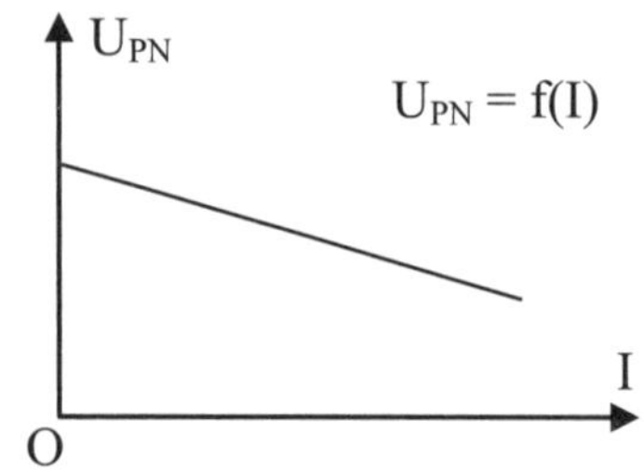
x	I
y	U_{PN}
Fonction affine d'équation : $y = a\,x + b$	Fonction affine d'équation : $U_{PN} = a\,I + b$

Calculons le coefficient directeur noté a. Pour cela, prenons deux points A (x_A ; y_A) et B (x_B ; y_B) appartenant à la droite. Par définition :

$$\boxed{a = \frac{y_B - y_A}{x_B - x_A}}$$

Contrairement aux mathématiques le coefficient directeur possède souvent des unités en physique. Ici $y_B - y_A$ s'exprime en V alors que $x_B - x_A$ s'exprime en A (ne pas oublier de convertir les milliampères en ampères).
Les unités du coefficient directeur sont donc les $V.A^{-1}$.
A.N. : A (0 A ; 4,5 V) ; B (250.10^{-3} A ; 4,0 V).

$$a = \frac{4{,}0 - 4{,}5}{250.10^{-3} - 0} \text{ d'où } \mathbf{a = -\,2{,}0\ V.A^{-1}}.$$

L'ordonnée à l'origine b correspond à l'intersection de la droite avec l'axe des ordonnées : graphiquement **b = 4,5 V**.
L'équation de la fonction $U_{PN} = f(I)$ est $\boxed{U_{PN} = a\,I + b}$ soit $\boxed{U_{PN} = -2{,}0\,I + 4{,}5}$
Comme $\boxed{U_{PN} = E - r\,I}$ l'identification des deux expressions conduit à :
$E = b = 4{,}5$ V et $r = -a = 2{,}0\ \Omega$ (il y a équivalence entre $V.A^{-1}$ et Ω).

La f.é.m. de la pile étudiée est donc **E = 4,5 V** et sa résistance interne **r = 2,0 Ω**. On constate que la pile délivre une tension entre ses bornes qui dépend de la valeur de l'intensité circulant dans le circuit.

4. a) Les indications portées sur le culot de l'ampoule sont respectivement sa tension nominale (4,0 V) et sa puissance nominale (0,4 W). La tension nominale est la tension que l'on doit appliquer à l'ampoule pour qu'elle fonctionne normalement. La puissance nominale est la puissance électrique reçue par l'ampoule lorsqu'elle est soumise à sa tension nominale.

b) Lorsque I = 100 mA, la tension aux bornes de la pile est $U_{PN} = 4{,}3$ V d'après la caractéristique $U_{PN} = f(I)$. Cette valeur est proche de la tension nominale de l'ampoule : cette dernière fonctionnera donc correctement.

c)

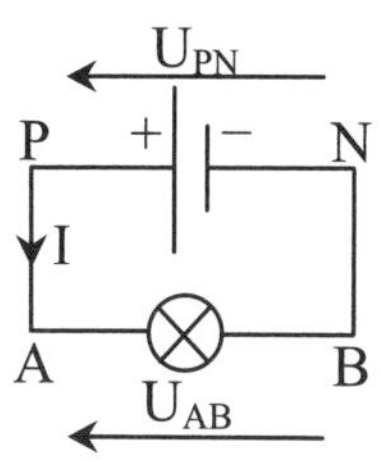

La schématisation du circuit électrique de la lampe de poche est donnée ci-contre. D'après ce schéma on a : $U_{PN} = U_{AB}$.
Or $U_{PN} = E - rI$ et $U_{AB} = RI$ en considérant le filament de l'ampoule à incandescence comme un conducteur ohmique de résistance R.

$$\Rightarrow E - rI = RI \Rightarrow \boxed{R = \frac{E}{I} - r}$$

A.N. : $R = \dfrac{4{,}5}{100.10^{-3}} - 2$ soit $\mathbf{R = 43\ \Omega}$.

d)

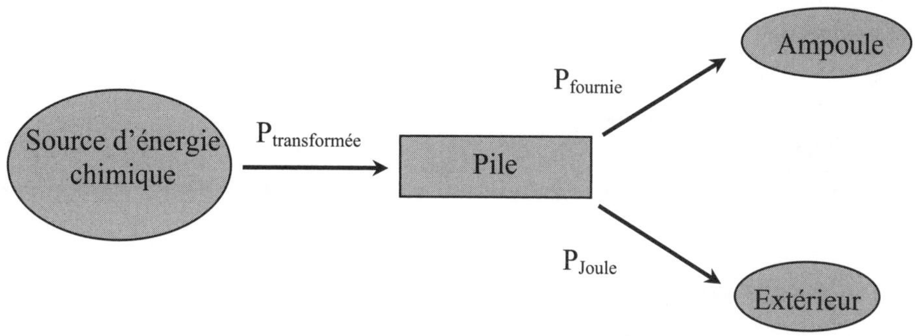

La pile transforme en son sein une énergie chimique en énergie électrique.
La puissance associée à cette transformation est $\boxed{P_{transformée} = E\,I}$
A.N. : $P_{transformée} = 4{,}5 \times 100.10^{-3}$ d'où $\mathbf{P_{transformée} = 0{,}45\ W}$.
La puissance électrique fournie par la pile à l'ampoule est $\boxed{P_{fournie} = U_{PN}\,I}$
A.N. : $P_{fournie} = 4{,}3 \times 100.10^{-3}$ d'où $\mathbf{P_{fournie} = 0{,}43\ W}$.
La puissance dissipée par la pile par effet Joule est $\boxed{P_{Joule} = r\,I^2}$
A.N. : $P_{Joule} = 2{,}0 \times (100.10^{-3})^2$ soit $\mathbf{P_{Joule} = 0{,}020\ W}$.
On vérifie bien que $P_{transformée} = P_{fournie} + P_{Joule}$.

e)

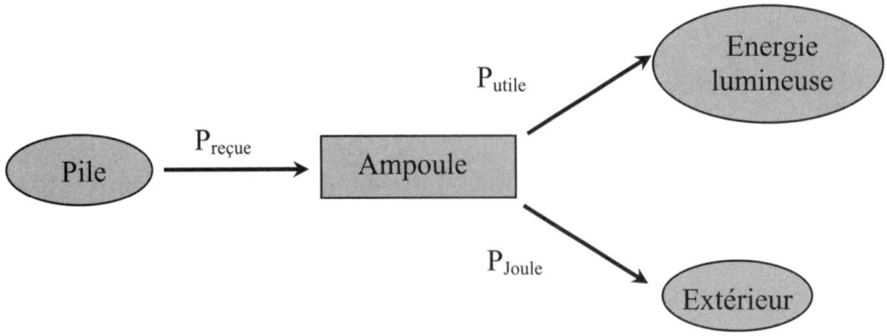

La puissance électrique reçue par l'ampoule est celle fournie par la pile ce qui se traduit par $\boxed{P_{reçue} = P_{fournie}}$ soit **$P_{reçue}$ = 0,43 W**.

Le rendement η de l'ampoule est le quotient de la puissance utile par la puissance reçue : $\eta = \frac{P_{utile}}{P_{reçue}}$ d'où $\boxed{P_{utile} = \eta \times P_{reçue}}$.

A.N. : $P_{utile} = \frac{5}{100} \times 0,43$ soit **P_{utile} = 0,02 W**

La conservation de l'énergie implique que $P_{reçue} = P_{utile} + P_{Joule}$ d'où :

$\boxed{P_{Joule} = P_{reçue} - P_{utile}}$ A.N. : $P_{Joule} = 0,43 - 0,02$ soit **P_{Joule} = 0,41 W**.

Le rendement d'une ampoule à incandescence est extrêmement faible car la grande majorité de l'énergie qu'elle reçoit est dissipée sous forme de chaleur dans le milieu extérieur.

6. COMPORTEMENT GLOBAL D'UN CIRCUIT

6.1. Conservation de l'énergie

Définition

L'**énergie électrique** $W_{fournie}$ **fournie** par un **générateur** au circuit électrique est égale à la **somme des énergies électriques reçues** par les différents **récepteurs** présents dans le circuit :

$$\boxed{W_{fournie} = \sum W_{reçue}}$$

✍ Exercice d'application 3

En appliquant la conservation de l'énergie, retrouver la loi d'additivité des tensions pour le circuit 1 et la loi des nœuds pour le circuit 2.

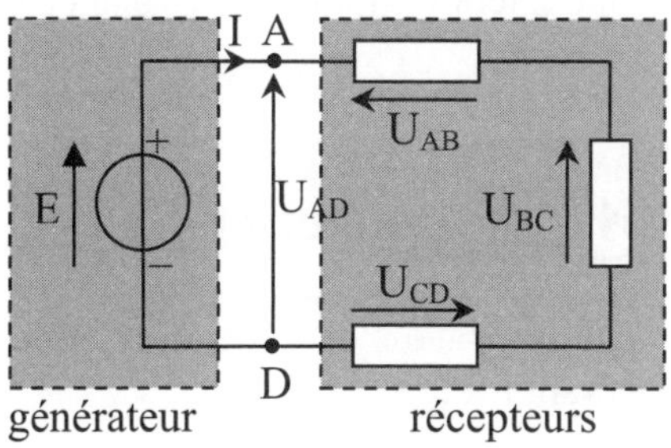

Circuit 1

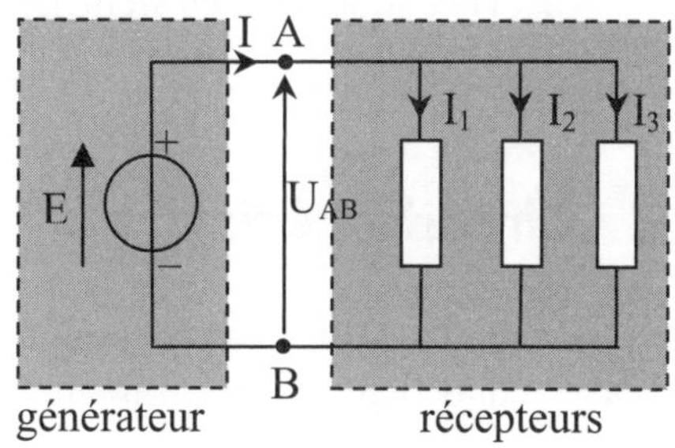

Circuit 2

Corrigé

Appliquons la conservation de l'énergie $W_{fournie} = \sum W_{reçue}$ au circuit 1 :

$W_{fournie} = U_{AD}\, I\, \Delta t$ et $\sum W_{reçue} = U_{AB}\, I\, \Delta t + U_{BC}\, I\, \Delta t + U_{CD}\, I\, \Delta t$

$\Rightarrow U_{AD}\, I\, \Delta t = U_{AB}\, I\, \Delta t + U_{BC}\, I\, \Delta t + U_{CD}\, I\, \Delta t \;\Rightarrow\; \boxed{U_{AD} = U_{AB} + U_{BC} + U_{CD}}$

Appliquons la conservation de l'énergie $W_{fournie} = \sum W_{reçue}$ au circuit 2 :

$W_{fournie} = U_{AB}\, I\, \Delta t$ et $\sum W_{reçue} = U_{AB}\, I_1\, \Delta t + U_{AB}\, I_2\, \Delta t + U_{AB}\, I_3\, \Delta t$

$\Rightarrow U_{AB}\, I\, \Delta t = U_{AB}\, I_1\, \Delta t + U_{AB}\, I_2\, \Delta t + U_{AB}\, I_3\, \Delta t \Rightarrow \boxed{I = I_1 + I_2 + I_3}$

6.2. Circuits résistifs : résistance équivalente

Un circuit résistif est un circuit comprenant un générateur et plusieurs conducteurs ohmiques. Afin de simplifier l'étude du circuit électrique, on peut remplacer l'ensemble des résistances des conducteurs ohmiques par un **conducteur ohmique unique** dont la résistance notée $R_{éq}$ est appelée **résistance équivalente**.

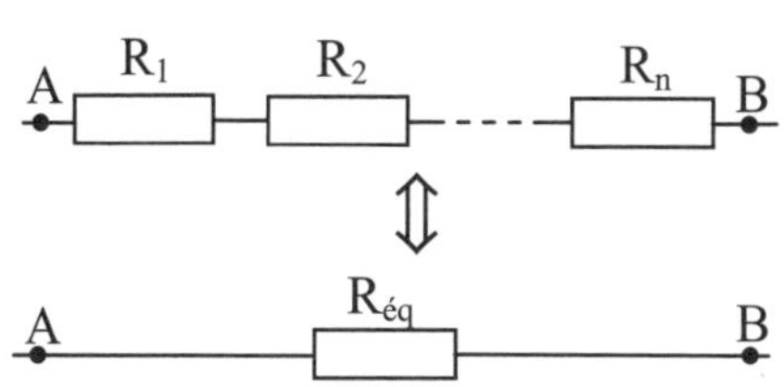

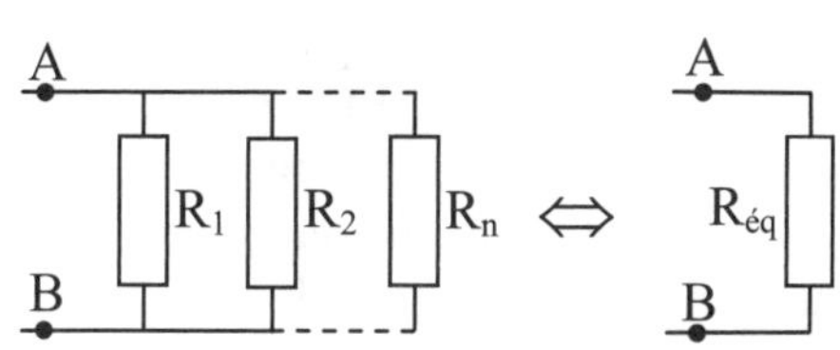

$$R_{éq} = \sum_{i=1}^{n} R_i = R_1 + R_2 + \ldots + R_n$$

Figure 19 : association en série

$$G_{éq} = \frac{1}{R_{éq}} = \sum_{i=1}^{n} G_i = G_1 + G_2 + \ldots + G_n$$

Figure 20 : association en dérivation

$G_i = \dfrac{1}{R_i}$ est la conductance en siemens (S) du conducteur ohmique de résistance R_i.

6.3. Circuits résistifs : intensité du courant

Dans un circuit résistif ne comportant qu'un seul générateur de f.e.m. E et dont la résistance équivalente est $R_{éq}$, l'intensité I du courant est :

$$I = \frac{E}{R_{éq}}$$

I : intensité du courant en ampères (A)
E : f.e.m. en volts (V)
$R_{éq}$: résistance équivalente en ohms (Ω)

Exercice d'application 4

Une alimentation stabilisée en tension, de f.é.m. E = 5,0 V et de résistance interne nulle est utilisée pour alimenter deux conducteurs ohmiques de résistances respectives $R_1 = 100\ \Omega$ et $R_2 = 470\ \Omega$.

1. Les deux conducteurs ohmiques sont branchés en série entre les bornes du générateur.

a) Faire un schéma du montage.
b) Calculer la résistance équivalente du montage.
c) En appliquant la loi d'Ohm à la résistance équivalente, calculer l'intensité du courant débité par la pile.
d) Calculer la tension aux bornes des conducteurs ohmiques.
e) Que devient l'intensité du courant débité par le générateur si on ajoute un troisième conducteur ohmique de résistance $R_3 = 1{,}0\ k\Omega$ en série ?

2. Les deux conducteurs ohmiques sont branchés en dérivation entre les bornes du générateur.

a) Faire un schéma du montage.
b) Calculer la résistance équivalente du montage.
c) En appliquant la loi d'Ohm à la résistance équivalente, calculer l'intensité du courant débité par le générateur.
d) Calculer l'intensité du courant traversant chaque conducteur ohmique.
e) Que devient l'intensité du courant débité par le générateur si on ajoute un troisième conducteur ohmique de résistance $R_3 = 1{,}0\ k\Omega$ en dérivation ?

3. Associer à chaque montage l'affirmation correspondante :

Affirmation 1 : « La résistance équivalente est toujours plus petite que la plus petite des résistances du circuit »
Affirmation 2 : « La résistance équivalente est toujours plus grande que la plus grande des résistances du circuit »

Corrigé

1.
a)

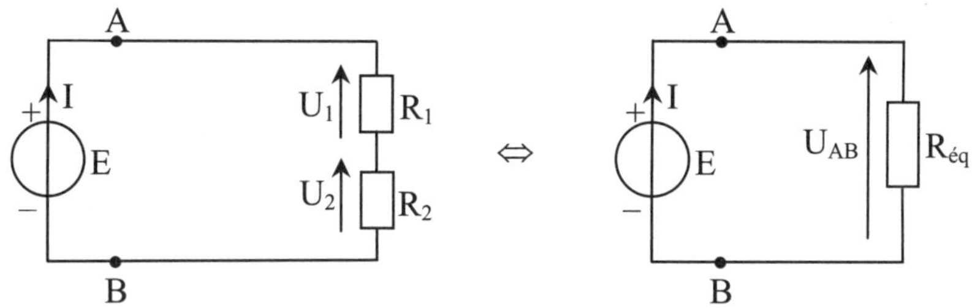

b) Les conducteurs ohmiques étant en série, la résistance équivalente a pour expression $R_{éq}=\sum_{i=1}^{n} R_i$ soit $\boxed{R_{éq}=R_1+R_2} \Rightarrow R_{éq}=100+470$ soit : $\mathbf{R_{éq}=570\ \Omega}$.

c) Appliquons la loi d'Ohm à la résistance équivalente $R_{éq}$: $U_{AB}=R_{éq}\,I$

Or $U_{AB}=E$ d'où $E=R_{éq}\,I$ et finalement $\boxed{I=\dfrac{E}{R_{éq}}}$

A.N. : $I=\dfrac{5{,}0}{570}$ soit : $\mathbf{I=8{,}8.10^{-3}\ A=8{,}8\ mA}$.

d) Appliquons la loi d'Ohm aux bornes de chaque conducteur ohmique :
$U_1=R_1I \Rightarrow U_1=100\times 8{,}8.10^{-3}=\mathbf{0{,}88\ V}$
$U_2=R_2I \Rightarrow U_2=470\times 8{,}8.10^{-3}=\mathbf{4{,}1\ V}$
On vérifie que $U_{AB}=E=U_1+U_2=(R_1+R_2)I$ (loi d'additivité des tensions pour des dipôles en série).

e) Si on ajoute un conducteur ohmique de résistance R_3 en série avec ceux déjà existants, la résistance équivalente devient : $\boxed{R_{éq}=R_1+R_2+R_3}$

A.N. : $\mathbf{R_{éq}=1{,}6.10^{3}\ \Omega}$, la résistance équivalente augmente par ajout d'une résistance en série. L'intensité débitée par le générateur $I=\dfrac{E}{R_{éq}}$ diminue donc.

A.N. : $I=\dfrac{5{,}0}{1{,}6.10^{3}}$ soit $\mathbf{I=3{,}1.10^{-3}\ A=3{,}1\ mA}$.

2.

a)

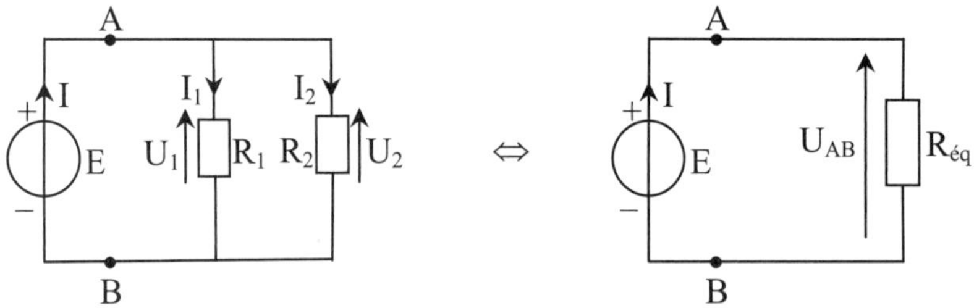

b) Les conducteurs ohmiques étant en dérivation, la résistance équivalente a pour expression : $R_{éq} = \frac{1}{G_{éq}} = \frac{1}{\sum_{i=1}^{n} G_i}$ soit $R_{éq} = \frac{1}{G_1 + G_2}$ d'où $\boxed{R_{éq} = \frac{1}{\frac{1}{R_1} + \frac{1}{R_2}}}$

A.N. : $R_{éq} = \frac{1}{\frac{1}{100} + \frac{1}{470}}$ soit $\mathbf{R_{éq} = 82,5\ \Omega}$.

c) Appliquons la loi d'Ohm à la résistance équivalente $R_{éq}$: $U_{AB} = R_{éq}\, I$

Or $U_{AB} = E$ d'où $E = R_{éq}\, I$ et finalement $\boxed{I = \frac{E}{R_{éq}}}$

A.N. : $I = \frac{5,0}{82,5}$ soit $\mathbf{I = 6,1.10^{-2}\ A = 61\ mA}$

d) La loi d'unicité des tensions aux bornes de dipôles en dérivation permet d'écrire $U_{AB} = E = U_1 = U_2$. Appliquons la loi d'Ohm aux bornes de chaque conducteur ohmique :

$U_1 = R_1 I_1 \Rightarrow E = R_1 I_1 \Rightarrow I_1 = \frac{E}{R_1}$ A.N. : $I_1 = \frac{5,0}{100}$ soit $\mathbf{I_1 = 5,0.10^{-2}\ A = 50\ mA}$.

$U_2 = R_2 I_2 \Rightarrow E = R_2 I_2 \Rightarrow I_2 = \frac{E}{R_2}$ A.N. : $I_2 = \frac{5,0}{470}$ soit $\mathbf{I_2 = 1,1.10^{-2}\ A = 11\ mA}$

On vérifie que $I = I_1 + I_2$ (loi des noeuds).

e) Si on ajoute un conducteur ohmique de résistance R_3 en dérivation avec ceux déjà existants, la résistance équivalente devient : $\boxed{R_{éq} = \frac{1}{\frac{1}{R_1} + \frac{1}{R_2} + \frac{1}{R_3}}}$

A.N. : $\mathbf{R_{éq} = 76\ \Omega}$, la résistance équivalente diminue par ajout d'une résistance en dérivation aux bornes de celles existantes. L'intensité I débitée par le générateur augmente donc.

A.N. : $I = \frac{5,0}{76}$ soit $\mathbf{I = 6,6.10^{-2}\ A = 66\ mA}$.

3. Dans le 1er montage où les conducteurs ohmiques sont associés en série, on constate que la résistance équivalente est toujours plus grande que la plus grande des résistances présentes dans le circuit : c'est donc l'affirmation 2 qui est associée à ce type de montage.
Dans le second montage où les conducteurs ohmiques sont associés en dérivation, on constate que la résistance équivalente est toujours plus petite que la plus petite des résistances présentes dans le circuit : c'est donc l'affirmation 1 qui est associée à ce type de montage.

6.4. Paramètres influant sur l'énergie transférée

L'**énergie électrique fournie** à un circuit résistif par un générateur de f.é.m. E et de résistance interne nulle a pour expression :

$$W_{fournie} = U_{PN}\, I\, \Delta t \text{ avec } U_{PN} = E \text{ et } I = \frac{E}{R_{éq}} \text{ d'où : } \boxed{W_{fournie} = \frac{E^2}{R_{éq}} \Delta t}$$

On constate donc que pendant une durée Δt donnée, l'énergie électrique transférée par le générateur au circuit résistif :

- augmente beaucoup lorsque la f.é.m. E augmente ;
- diminue lorsque la résistance équivalente augmente.

6.5. Puissance maximale admissible

On ne doit pas dépasser une certaine **puissance maximale admissible** définie par le constructeur sous peine de détériorer un composant électronique.

CHIMIE
Résumé de cours
et
exercices d'application

1
Réaction chimique

1. DETERMINATION DE QUANTITES DE MATIERE

La mesure de quantités de matière est primordiale en chimie. Elle permet par exemple de contrôler la qualité de l'eau du robinet, la santé d'une personne ou la qualité de l'air.

1.1. Rappels sur la quantité de matière

Le nombre d'entités élémentaires (atomes, ions ou molécules) présentes dans un échantillon étant extrêmement grand (plusieurs dizaines de milliers de milliards de milliards), les chimistes ont défini une nouvelle unité pour exprimer facilement leur nombre à l'échelle humaine. Cette unité est la **mole**.
Une mole est un « paquet » de $6{,}0.10^{23}$ entités chimiques identiques.

1 mole = $6{,}0.10^{23}$ entités chimiques identiques

$6{,}0.10^{23}$ est la **constante d'Avogadro (ou nombre d'Avogadro) notée N_A**.

$N_A = 6{,}0.10^{23}\ mol^{-1}$

La quantité de matière est le nombre de moles d'une espèce chimique présent dans un échantillon.

symbole : n *unité* : mol

1.2. Détermination d'une quantité de matière par la mesure d'une masse

Connaissant la masse m d'un échantillon, il est aisé de calculer la quantité de matière n d'un solide ou d'un liquide en utilisant la formule suivante :

$$n = \frac{m}{M}$$

n s'exprime en mol ;
m en g ;
M en g/mol.

M est la *masse molaire* de l'espèce chimique considérée.

✍ Exercice d'application 1

Compléter les cases grisées du tableau suivant :

Composé	Masse (g)	Masse molaire (g/mol)	Quantité de matière (mol)
$NaCl_{(s)}$ (sel de table)	10,0	58,5	
$Hg_{(l)}$ (mercure)		200,6	0,20
$CO_{2(g)}$ (dioxyde de carbone)	6,6		0,15

Corrigé

Cas du chlorure de sodium : $n_{NaCl} = \frac{m}{M_{NaCl}} = \frac{10,0}{58,5} = \mathbf{0,171\ mol.}$

Cas du mercure : $m_{Hg} = n \times M_{Hg} = 0,20 \times 200,6 = \mathbf{40\ g.}$

Cas du dioxyde de carbone : $M_{CO_2} = \frac{m_{CO_2}}{n} = \frac{6,6}{0,15} = \mathbf{44\ g/mol.}$

Remarque

Par convention, le résultat d'un calcul sera écrit avec le même nombre de chiffres significatifs que la donnée qui en comporte le moins.

1.3. Détermination d'une quantité de matière par la mesure d'un volume

Pour un liquide, il est en général plus facile de prélever un certain volume plutôt qu'une masse ; c'est pourquoi nous utiliserons une formule reliant la quantité de matière n au volume V de l'échantillon.

Masse volumique ρ d'une espèce chimique : elle est égale au quotient de la masse m d'un échantillon de cette espèce par le volume V qu'il occupe :

$$\rho = \frac{m}{V}$$

m s'exprime en g ;
V en L ;
ρ en g/L.

On en déduit donc une nouvelle formule permettant de déterminer une quantité de matière :

$$n = \frac{m}{M} = \frac{\rho.V}{M}$$

Parfois, plutôt que d'indiquer la masse volumique de l'échantillon, les tables de données font figurer la **densité**, grandeur permettant de savoir si un corps est « plus lourd » (coule) ou « plus léger » (flotte) que l'eau.
La densité d est définie comme le quotient de la masse volumique du corps considéré par la masse volumique de l'eau :

$$d = \frac{\rho}{\rho_{eau}}$$

ρ et ρ_{eau} s'expriment dans les mêmes unités ;
d est sans unité.

On en déduit une nouvelle formule permettant d'accéder à une quantité de matière :

$$n = \frac{d.\rho_{eau}.V}{M}$$

Exercice d'application 2

On considère un volume $V_1 = 100$ mL d'eau pure de masse volumique $\rho_{eau} = 1\,000$ g/L à une température de 4 °C et à pression atmosphérique.

1. Donner la formule chimique de l'eau.
2. Calculer la masse molaire de l'eau.
3. Quel est l'état physique de l'eau à 4 °C ?
4. Calculer la quantité de matière n d'eau dans cet échantillon.
5. On refroidit cet échantillon jusqu'à une température de –1 °C, le volume V_2 de l'échantillon est maintenant de 109 mL.
   Quel est l'état physique de l'eau à –1 °C ?
6. Calculer la masse volumique de l'eau solide ρ_{glace}.
7. Un glaçon coule-t-il ou flotte-t-il dans de l'eau pure ? Justifier.

Données : masse molaire de l'hydrogène $M_H = 1{,}00$ g/mol
masse molaire de l'oxygène $M_O = 16{,}0$ g/mol.

Corrigé

1. Formule chimique de l'eau : $\mathbf{H_2O}$.

2. Masse molaire de l'eau :

$$M_{H_2O} = 2 \times M_H + M_O = 2 \times 1{,}00 + 16{,}0 = \mathbf{18{,}0\ g/mol.}$$

3. L'eau est sous forme de **liquide** car la température est supérieure à 0 °C.

4. Quantité de matière n d'eau dans cet échantillon :

$$n = \frac{m}{M} = \frac{\rho_{eau} \times V_1}{M} = \frac{1000 \times 100.10^{-3}}{18{,}0} = \mathbf{5{,}56\ mol}$$

car 100 mL = 100.10^{-3} L.

5. L'eau est maintenant sous forme de **solide** car la température est inférieure à 0 °C.

6. Masse volumique de l'eau solide

La quantité de matière et la masse de l'échantillon n'ont pas changé lors du refroidissement :

$$\rho_{glace} = \frac{m}{V_2} = \frac{n \times M}{V_2} = \frac{5{,}56 \times 18{,}0}{109.10^{-3}} = \mathbf{918\ g/L}$$

La masse est exprimée en g et le volume en L.

7. Il faut comparer la densité de la glace à celle de l'eau liquide :

$$d_{glace} = \frac{\rho_{glace}}{\rho_{eau}} = \frac{918}{1000} = \mathbf{0{,}918}$$

0,918 < 1 : **la glace flotte** donc dans de l'eau pure.

1.4. Détermination d'une quantité de matière d'une molécule en solution

Une solution est obtenue par dissolution d'une espèce chimique, appelée soluté, dans un liquide, appelé solvant.
Le constituant majoritaire d'une solution porte le nom de **solvant** et le constituant minoritaire est le **soluté**. Si le solvant est l'eau, la solution porte le nom de **solution aqueuse**.

Solution = solvant + soluté

Exemple de la dissolution d'un solide dans de l'eau :

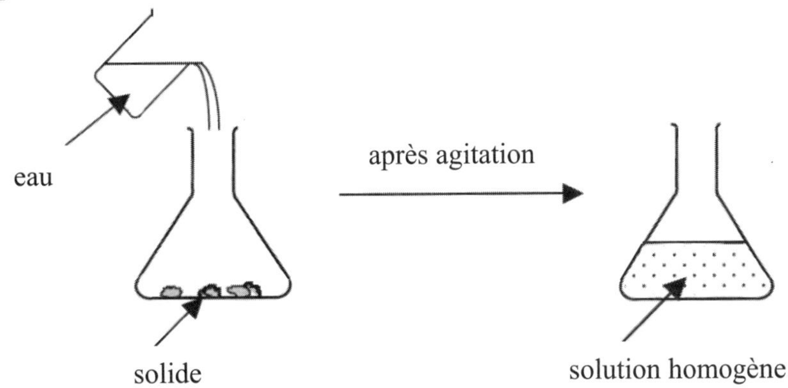

Le soluté est caractérisé par sa **concentration molaire C**, exprimée en mol/L (ou $mol.L^{-1}$). On peut déterminer la quantité de matière n d'un soluté moléculaire dissous dans un volume V de solvant en utilisant la formule suivante :

$$n = C \times V$$

n s'exprime en mol ;
C en mol/L ;
V en L.

Autre notation pour la concentration molaire d'un corps A : **[A]**.

✍ Exercice d'application 3

On dissout dans un bécher de volume V = 150 mL, une masse m = 2,5 g de glucose de formule chimique $C_6H_{12}O_6$.

Calculer la concentration molaire C en glucose dans la solution.

Données :
Masses molaires : $M_C = 12{,}0$ g/mol ; $M_H = 1{,}00$ g/mol ; $M_O = 16{,}0$ g/mol.

Corrigé

La concentration d'une espèce chimique est égale au rapport de la quantité de matière sur le volume de la solution :

$$\left.\begin{array}{l} C = \dfrac{n}{V} \\ \text{Or, } n = \dfrac{m}{M} \end{array}\right\} \quad C = \frac{m}{M \times V} = \frac{2,5}{180 \times 150.10^{-3}} = \mathbf{9,3.10^{-2}\ mol/L}$$

$M = 6 \times 12,0 + 12 \times 1,00 + 6 \times 16,0 = 180$ g/mol.

Exercice d'application 4

A la suite d'un accident de voiture, le conducteur de la voiture doit subir un test sanguin afin de déterminer son taux d'alcool dans le sang.

Les résultats de la prise de sang sont les suivants : la quantité de matière n d'éthanol dans V = 100 mL de sang est de 17.10^{-4} mol.

1. Calculer la concentration molaire C en alcool dans le sang du conducteur.

Un individu commet une infraction lorsqu'il conduit un véhicule avec une concentration massique C_m en éthanol dans le sang supérieure à 0,5 g/L.

2. En vous servant de l'unité de la concentration massique, donner sa signification.

3. En déduire l'expression de la concentration massique en fonction de la masse d'éthanol dissoute dans le sang et du volume V.

4. Exprimer alors la concentration massique en éthanol en fonction de la concentration molaire C et de la masse molaire M.

5. Calculer la concentration massique C_m exprimée en g/L en éthanol dans le sang du conducteur. Conclure.

Données :

L'alcool présent dans les boissons alcoolisées se nomme éthanol, de formule brute C_2H_6O.

Masses molaires : $M_C = 12,0$ g/mol ; $M_H = 1,00$ g/mol ; $M_O = 16,0$ g/mol.

Corrigé

1. Concentration molaire C en alcool dans le sang du conducteur :

$$C = \frac{n}{V} = \frac{17.10^{-4}}{100.10^{-3}} = \mathbf{17.10^{-3}\ mol/L.}$$

2. Signification de la concentration massique
D'après l'unité (en g/L), la concentration massique en éthanol représente le nombre de gramme d'éthanol contenu dans un litre de sang.
3. Expression de C_m en fonction de m et du volume V :

d'après la question 2, $\mathbf{C_m = \frac{m}{V}}$.

4. Expression de C_m en fonction de C et M :

$$\left.\begin{array}{l} C_m = \dfrac{m}{V} \\ \text{et } m = n \times M \end{array}\right\} \quad \mathbf{C_m} = \frac{n \times M}{V} = \mathbf{C \times M} \text{ car } C = \frac{n}{V}.$$

5. Concentration massique en éthanol dans le sang du conducteur :

$$C_m = C \times M = 17.10^{-3} \times 46{,}0 = \mathbf{0{,}78\ g/L}$$

$M = M(C_2H_6O) = 2 \times 12{,}0 + 6 \times 1{,}00 + 1 \times 16{,}0 = 46{,}0$ g/mol.
0,78 g/L > 0,5 g/L : le conducteur est donc en infraction, il n'aurait pas dû prendre le volant.

1.5. Détermination d'une quantité de matière à partir du volume molaire

Equation d'état des gaz parfaits

Caractéristiques d'un gaz :
- un gaz occupe tout le volume qui lui est offert contrairement aux solides et aux liquides ;
- un gaz est constitué de molécules ou d'atomes très éloignés les uns des autres (99 % de vide à pression atmosphérique) ;
- les molécules ou les atomes sont en mouvement permanent ;
- les molécules ou les atomes s'entrechoquent et se cognent contre les parois du récipient dans lequel ils sont contenus.

Les grandeurs macroscopiques permettant de décrire un gaz sont la pression **P**, le volume **V**, la quantité de matière **n** et la température **T**.
Ces grandeurs sont reliées par l'**équation d'état des gaz parfaits** :

$$\boxed{P \times V = n \times R \times T}$$

P s'exprime en Pa ; V en m^3 ;
n en mol ;
T en K (Kelvin).

R est la *constante molaire des gaz parfaits* : $R = 8{,}31\ Pa.m^3.mol^{-1}.K^{-1}$.

A partir de l'équation d'état des gaz parfaits, on peut facilement calculer une quantité de matière : $\boxed{n = \dfrac{PV}{RT}}$.

L'échelle de température utilisée est, non pas l'échelle Celsius (°C), mais l'échelle Kelvin (K), appelée également échelle des températures absolues.
La relation entre la température T en Kelvins et la température θ en degrés Celsius est :

$$\boxed{T = \theta + 273}$$

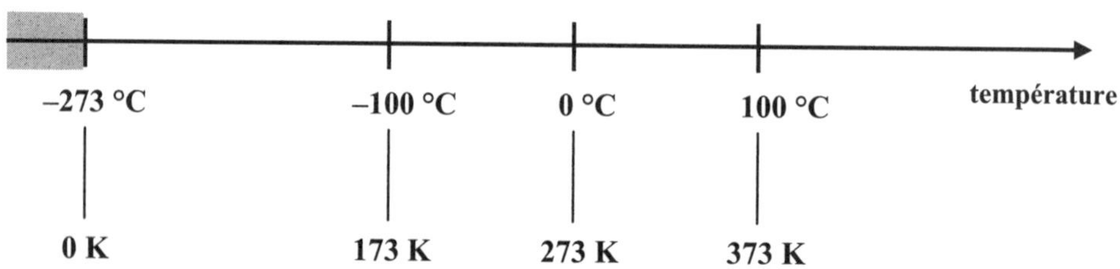

Correspondance échelle Celsius / échelle des températures absolues

0 K est appelé le zéro absolu car on ne peut pas descendre en dessous de cette température.
Il n'existe pas de températures négatives dans l'échelle des températures absolues.

Détermination d'une quantité de matière à partir du volume molaire

Le volume molaire V_m d'un gaz est le volume occupé par 1 mole de gaz :

$$\boxed{V_m = \frac{V}{n}}$$

V en L ; n en mol ;
V_m en L/mol.

Loi d'Avogadro-Ampère : Le volume molaire V_m d'un gaz dépend de sa pression et de sa température mais pas de sa nature.

Valeurs à pression atmosphérique

Température (°C)	Volume molaire (L/mol) Dihydrogène $H_{2(g)}$	Volume molaire (L/mol) Dioxyde de carbone $CO_{2(g)}$
0	22,4	22,4
20	**24,0**	**24,0**
100	30,6	30,6
500	63,4	63,4

On peut accéder à une quantité de matière à partir du volume molaire : $\mathbf{n} = \dfrac{\mathbf{V}}{\mathbf{V_m}}$.

Exercice d'application 5

On considère une bouteille de plongée de volume $V_1 = 4{,}0$ L contenant une masse m = 957 g d'air comprimé à une température θ de 20,0 °C.

1. Calculer la pression P de l'air contenu dans la bouteille.
2. Expliquer l'intérêt de comprimer fortement l'air. On calculera le volume V_2 qu'occuperait l'air à la pression atmosphérique.
3. Calculer le volume molaire V_{m1} de l'air à 20,0 °C et à 200.10^5 Pa. En déduire l'évolution du volume molaire avec la pression.
4. Déterminer alors la masse volumique de l'air ρ_{air} exprimée en g/L puis en kg/m^3 à 20,0 °C et à 200.10^5 Pa.

Données : Masse molaire de l'air : M = 29 g/mol

Constante molaire des gaz parfaits : $R = 8{,}31\ Pa.m^3.mol^{-1}.K^{-1}$

Pression atmosphérique : $P_{atm} = 1{,}0.10^5$ Pa

$V_{m2} = 24{,}0$ L/mol à 20,0 °C et à la pression atmosphérique.

Corrigé

1. Pression P de l'air contenu dans la bouteille

Equation d'état des gaz parfaits : $P.V_1 = n.R.T$ d'où $P = \dfrac{n.R.T}{V_1}$ (1)

Calculons alors la quantité de matière : $n = \dfrac{m}{M} = \dfrac{957}{29} = 33$ mol

Exprimons la température en Kelvin : $T = \theta + 273 = 20{,}0 + 273 = 293$ K

Exprimons le volume en m^3 : $V_1 = 4{,}0\ L = 4{,}0.10^{-3}\ m^3$

$$(1)\ P = \frac{33 \times 8,31 \times 293}{4,0.10^{-3}} = \mathbf{2,0.10^7\ Pa}.$$

2. Volume qu'occuperait l'air à pression atmosphérique
Equation d'état des gaz parfaits :

$$V_2 = \frac{n.R.T}{P_{atm}} = \frac{33 \times 8,31 \times 293}{1,0.10^5} = \mathbf{0,80\ m^3 = 800\ L}$$

Si on ne comprimait pas le gaz, le plongeur aurait une bouteille de 800 L sur le dos soit l'équivalent de 530 bouteilles de 1,5 L !

3. Volume molaire de l'air à 20,0 °C et à 200.10^5 Pa

A la pression de 200.10^5 Pa, le volume de l'air est $V_1 = 4,0$ L.

$$V_{m1} = \frac{V_1}{n} = \frac{4,0}{33} = \mathbf{0,12\ L/mol} \text{ à } 200.10^5 \text{ Pa}$$

$$V_{m2} = \mathbf{24,0\ L/mol} \text{ à } 1,0.10^5 \text{ Pa}$$

$V_{m1} < V_{m2}$: plus la pression est élevée et plus le volume molaire est petit.

4. Masse volumique de l'air à 20 °C et à 200.10^5 Pa

$$\rho_{air} = \frac{m}{V_1} = \frac{957}{4,0} = \mathbf{2,4.10^2\ g/L}$$

$$\rho_{air} = 2,4.10^{-1}\ kg/L = \mathbf{2,4.10^2\ kg/m^3}$$

1 kg = 1 000 g ; 1 m^3 = 1 000 L.

✍ Exercice d'application 6

On considère un plongeur, de capacité pulmonaire V de 5,0 L (volume maximal d'air pouvant être contenu dans les poumons), à une profondeur de 30 m où règnent une pression P de 4,0 bars et une température θ de 15,0 °C.

1. Calculer la quantité de matière n d'air que contiennent les poumons si on considère que le plongeur a inspiré la quantité maximale d'air qu'il peut.
2. Calculer la masse molaire M de l'air sachant qu'il est composé à 80 % de diazote N_2 et à 20 % de dioxygène O_2.
3. En déduire la masse d'air m contenue dans la bouteille.
4. Le plongeur remonte sans expulser d'air. Calculer le volume V' que représente cette quantité de matière en surface. Quel conseil donneriez-vous à un plongeur qui remonte à la surface ?

Données : constante molaire des gaz parfaits : $R = 8,31\ Pa.m^3.mol^{-1}.K^{-1}$

V_m = 23,5 L/mol à 15,0 °C et à la pression atmosphérique

1 bar = 10^5 Pa

Pression atmosphérique : $P_{atm} = 1{,}0.10^5$ Pa

Masses molaires : $M_N = 14{,}0$ g/mol ; $M_O = 16{,}0$ g/mol.

Corrigé

1. Quantité de matière n d'air

On utilise l'équation d'état des gaz parfaits : $P \times V = n \times R \times T$

$$n = \frac{P.V}{R.T}$$

$P = 4{,}0 \text{ bar} = 4{,}0.10^5 \text{ Pa } (1 \text{ bar} = 10^5 \text{ Pa})$

$T = \theta + 273 = 15{,}0 + 273 = 288 \text{ K}$

$V = 5{,}0 \text{ L} = 5{,}0.10^{-3} \text{ m}^3$

$$n = \frac{4{,}0.10^5 \times 5{,}0.10^{-3}}{8{,}31 \times 288} = \mathbf{0{,}84\ mol}.$$

2. Masse molaire de l'air

$M = 0{,}80 \times M_{N_2} + 0{,}20 \times M_{O_2}$

$$M = 0{,}80 \times (2 \times 14{,}0) + 0{,}20 \times (2 \times 16{,}0) = \mathbf{29\ g/mol}.$$

3. Masse m d'air correspondant à cette quantité de matière :

$$m = n \times M = 0{,}84 \times 29 = \mathbf{24\ g}.$$

4. *1re méthode*

Le volume molaire est de 23,5 L/mol à pression atmosphérique et à 15,0 °C.

$$V' = n \times V_m = 0{,}84 \times 23{,}5 = \mathbf{20\ L}.$$

Si on bloque sa respiration pendant la remontée, l'air contenu dans les poumons va les distendre (20 L correspondent à 4 fois le volume maximal pouvant être contenu dans les poumons) jusqu'au point de rupture des tissus. Cet accident peut être évité facilement : il ne faut jamais bloquer sa respiration lors de la remontée.

2e méthode

On utilise l'équation d'état des gaz parfaits (en surface $P = P_{atm}$) :

$$V' = \frac{n.R.T}{P_{atm}} = \frac{0{,}84 \times 8{,}31 \times 288}{1{,}0.10^5} = \mathbf{20.10^{-3}\ m^3 = 20\ L}.$$

2. TRANSFORMATION CHIMIQUE

Lorsque l'on met en contact deux espèces chimiques, il se produit parfois une transformation chimique aboutissant à la formation de nouvelles espèces. Les quantités de matière des différentes entités vont donc évoluer, d'où l'intérêt de pouvoir prévoir en quelle quantité celles-ci se forment et disparaissent.

2.1. Etat initial - Etat final

L'ensemble des espèces chimiques présentes constitue le système chimique.
Pour décrire l'état d'un système, il faut préciser la formule, la quantité de matière n des espèces présentes, leur état physique, la température T, et la pression P.
L'**état initial** (**EI**) est l'état du système avant toute transformation chimique.
Le système chimique évolue d'un état initial vers un état final.
L'**état final** (**EF**) est atteint lorsque la transformation chimique est terminée, c'est-à-dire lorsque plus aucune espèce chimique ne se forme.
Le passage du système de son état initial à son état final est la **transformation chimique**.

ETAT INITIAL		**ETAT FINAL**
– espèces chimiques introduites (formule + état physique + quantité de matière) – T, P	**Transformation chimique** →	– espèces chimiques produites et restantes (formule + état physique + quantité de matière) – T, P

2.2. Equation chimique

Plusieurs règles à respecter pour l'écriture d'une équation chimique
On représente les espèces chimiques participant à la réaction par leurs symboles chimiques en précisant, en bas à droite, leur état physique (solide, liquide, gazeux ou aqueux pour les ions en solution aqueuse).
On écrit les réactifs à gauche d'une flèche, orientée de gauche à droite, et les produits à droite de cette flèche.
Les symboles de chaque élément chimique doivent apparaître en même quantité dans les deux membres de l'équation : pour cela, on utilise des nombres stœchiométriques.
Chaque membre de l'équation doit comporter la même charge électrique.

Exemple : $$\underbrace{\mathbf{2}\ Ag^{+}_{(aq)} + \mathbf{1}\ Cu_{(s)}}_{\text{réactifs}} \longrightarrow \underbrace{\mathbf{2}\ Ag_{(s)} + \mathbf{1}\ Cu^{2+}_{(aq)}}_{\text{produits}}$$

Les nombres stœchiométriques sont en gras.

✍ Exercice d'application 7

Ajuster les nombres stœchiométriques des équations chimiques suivantes :

$$\ldots CH_{4(g)} + \ldots O_{2(g)} \longrightarrow \ldots CO_{2(g)} + \ldots H_2O$$

$$\ldots C_2H_{6(g)} + \ldots O_{2(g)} \longrightarrow \ldots CO_{2(g)} + \ldots H_2O$$

$$\ldots MnO^-_{4(aq)} + \ldots Fe^{2+}_{(aq)} + \ldots H^+_{(aq)} \longrightarrow \ldots Mn^{2+}_{(aq)} + \ldots Fe^{3+}_{(aq)} + \ldots H_2O$$

$$\ldots Al_2O_{3(s)} + \ldots C_{(s)} \longrightarrow \ldots CO_{(g)} + \ldots Al_4C_{3(s)}$$

Corrigé

$$CH_{4(g)} + \mathbf{2}\ O_{2(g)} \longrightarrow CO_{2(g)} + \mathbf{2}\ H_2O$$

$$\mathbf{2}\ C_2H_{6(g)} + \mathbf{7}\ O_{2(g)} \longrightarrow \mathbf{4}CO_{2(g)} + \mathbf{6}\ H_2O$$

Remarque

On peut également écrire l'équation de cette façon :

$$C_2H_{6(g)} + \frac{7}{2}\ O_{2(g)} \longrightarrow 2\ CO_{2(g)} + 3\ H_2O$$

On préfère utiliser des nombres entiers pour ajuster la stœchiométrie d'une équation.

$$MnO^-_{4(aq)} + \mathbf{5}\ Fe^{2+}_{(aq)} + \mathbf{8}\ H^+_{(aq)} \longrightarrow Mn^{2+}_{(aq)} + \mathbf{5}\ Fe^{3+}_{(aq)} + \mathbf{4}\ H_2O$$

Faisons le bilan des charges électriques à droite et à gauche de la flèche :

à gauche : $1\times(-1) + 5\times(+2) + 8\times(+1) = +17$
à droite : $1\times(+2) + 5\times(+3) + 4\times(0) = +17$
} autant de charges électriques à droite qu'à gauche

$$\mathbf{2}\ Al_2O_{3(s)} + \mathbf{9}\ C_{(s)} \longrightarrow \mathbf{6}\ CO_{(g)} + Al_4C_{3(s)}$$

3. AVANCEMENT ET BILAN DE MATIERE

Lors d'une transformation chimique, **les réactifs disparaissent** (flèche noire) ; **les produits apparaissent** (flèche blanche) :

$$2\ Ag^{+}_{(aq)} + 1\ Cu_{(s)} \longrightarrow 2\ Ag_{(s)} + 1\ Cu^{2+}_{(aq)}$$

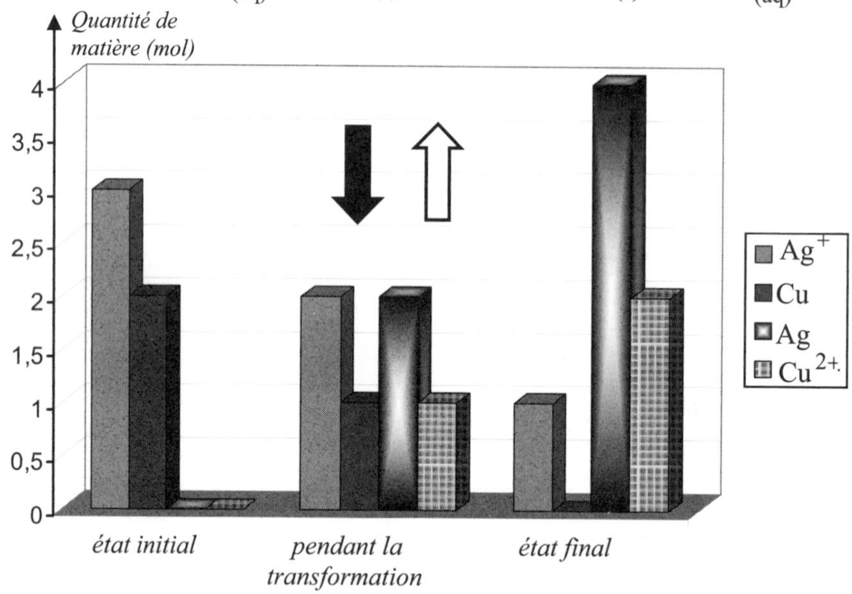

3.1. Avancement d'une réaction chimique

L'**avancement**, noté **x**, permet de déterminer les quantités de matière des différentes espèces chimiques présentes pendant et après la transformation chimique.

Unité : mol ; $x \geq 0$ car c'est une quantité de matière.

3.2. Signification des nombres stœchiométriques

On considère la transformation chimique suivante :

$$\mathbf{a}\ A + \boxed{\mathbf{b}}\ B \longrightarrow \underline{\mathbf{c}}\ C + \boxed{\mathbf{d}}\ D$$

a, b, c et d sont des nombres stœchiométriques ;
A, B, C et D sont des espèces chimiques.

Cas particulier	Cas général
Si on utilise **a** mole de A : – **b** mole de B va disparaître ; – **c** mole de C va apparaître ; – **d** mole de D va apparaître.	Si on utilise **a**.x mole de A : – **b**.x mole de B va disparaître ; – **c**.x mole de C va apparaître ; – **d**.x mole de D va apparaître.

Au cours de la transformation, l'avancement x augmente jusqu'à une valeur maximale appelée **avancement maximal** et notée x_{max}.
Si $x = x_{max}$ alors l'état final est atteint : au moins un des réactifs a disparu.

3.3. Tableau d'avancement

On construit un **tableau d'avancement** afin de décrire l'état du système chimique avant, pendant et après la transformation.

Equation	**a** A +	**b** B ⟶	**c** C +	**d** D
Etat initial (mol)	n_A^i	n_B^i	0	0
Au cours de la transformation (mol)	n_A^i – **a**.x	n_B^i – **b**.x	+ **c**.x	+ **d**.x
Etat final (mol)	n_A^i – **a**.x_{max}	n_B^i – **b**.x_{max}	+ **c**.x_{max}	+ **d**.x_{max}

n_A^i ; n_B^i : quantités de matière des réactifs dans l'état initial.
Signe – car les réactifs disparaissent. Signe + car les produits apparaissent.
Réactif limitant : réactif qui a disparu dans l'état final, sa quantité de matière est donc nulle dans l'état final.
Réactif en excès : réactif dont la quantité de matière est différente de zéro dans l'état final.

3.4. Détermination de l'avancement maximal

X_{max} est la plus petite valeur de x pour laquelle la quantité de matière de l'un des réactifs est nulle.
X_{max} permet de déterminer les quantités de matière une fois la transformation chimique terminée, c'est-à-dire d'effectuer un **bilan de matière**.

Exercice d'application 8

Equation	$C_{(s)}$ +	$2\ CuO_{(s)}$ ⟶	$2\ Cu_{(s)}$ +	$CO_{2(g)}$
Etat initial (mol)	2	1	0	0
Au cours de la transformation (mol)				
Etat final (mol)				

1. Compléter le tableau descriptif de l'évolution du système à l'aide de l'avancement de la réaction x.
2. Déterminer l'avancement maximal x_{max} de la réaction.

Corrigé

1. Complétons le tableau d'avancement :

Equation	$C_{(s)}$ +	$2\ CuO_{(s)}$ ⟶	$2\ Cu_{(s)}$ +	$CO_{2(g)}$
E.I.(mol)	2	1	0	0
En cours de transfo (mol)	$2 - x$	$1 - 2\ x$	$2\ x$	$1\ x$
E.F. (mol)	$2 - x_{max}$	$1 - 2\ x_{max}$	$2\ x_{max}$	$1\ x_{max}$

2. Déterminons l'avancement maximal de la réaction.

Hypothèse 1

Le carbone $C_{(s)}$ est le réactif limitant : sa quantité de matière dans l'état final n_C^{EF} est donc nulle :

$n_C^{EF} = 2 - x_{max} = 0$

Il s'ensuit que : $x_{max} = 2$ mol.

Vérification de l'hypothèse

Calculons la quantité de matière d'oxyde de cuivre dans l'état final n_{CuO}^{EF} avec cette valeur de x_{max} :

$n_{CuO}^{EF} = 1 - 2\ x_{max} = 1 - 2\times2 = 1 - 4 = -3\ \text{mol} < 0$

Ce qui est impossible (une quantité de matière est toujours positive) : l'hypothèse est donc fausse.

Hypothèse 2

L'oxyde de cuivre $CuO_{(s)}$ est le réactif limitant :

$n_{CuO}^{EF} = 1 - 2\,x_{max} = 0$

$2\,x_{max} = 1 \Rightarrow \mathbf{x_{max} = 0,5\ mol}$

L'avancement maximal est donc de 0,5 mol.

Exercice d'application 9

Afin de synthétiser de l'ammoniac, espèce chimique de formule $NH_{3(g)}$ servant à fabriquer essentiellement des engrais, on fait réagir 2,0 moles de diazote $N_{2(g)}$ avec 3,0 moles de dihydrogène $H_{2(g)}$.

Il se produit une réaction chimique d'équation :

$$N_{2(g)} + 3\,H_{2(g)} \longrightarrow 2\,NH_{3(g)}$$

1. Etablir le tableau d'avancement du système chimique à l'aide de l'avancement de la réaction x.
2. Déterminer l'avancement maximal x_{max} de la réaction.
3. Quel est le réactif limitant ? Le réactif en excès ?
4. Donner la composition de l'état final et compléter le tableau d'avancement.
5. Donner la composition chimique du système pour un avancement égal à 0,50 mol.

Corrigé

1. Etablissons le tableau d'avancement :

Equation	$N_{2(g)}$ +	$3\,H_{2(g)}$ $\longrightarrow$	$2\,NH_{3(g)}$
Etat initial (mol)	2,0	3,0	0
Au cours de la transformation (mol)	2,0 – x	3,0 – 3 x	2 x
Etat final (mol)	$2,0 - x_{max} = 1,0$	$3,0 - 3\,x_{max} = 0$	$2\,x_{max} = 2,0$

2. Déterminons l'avancement maximal de la réaction.
Hypothèse 1
Le diazote $N_{2(g)}$ est le réactif limitant : sa quantité de matière est donc nulle dans l'état final : $n_{N_2}^{EF} = 2,0 - x_{max} = 0$

Il s'ensuit que : $x_{max} = 2,0$ mol.
Vérification de l'hypothèse
Calculons la quantité de matière de dihydrogène dans l'état final avec cette valeur de x_M : $n_{H_2}^{EF} = 3,0 - 3\ x_{max} = 3,0 - 3\times2,0 = 3,0 - 6,0 = -3,0 \text{ mol} < 0$

Ce qui est impossible : l'hypothèse est donc fausse.
Hypothèse 2
Le dihydrogène $H_{2(g)}$ est le réactif limitant : $n_{H_2}^{EF} = 3,0 - 3\ x_{max} = 0$

$3\ x_{max} = 3,0$

$$\mathbf{x_{max} = 1,0\ mol}$$

L'avancement maximal est donc de 1,0 mol.
3. Le réactif limitant est donc le **dihydrogène** car sa quantité de matière est nulle dans l'état final. Le réactif en excès est par conséquent le **diazote**.
4. Composition de l'état final.
Nous allons déterminer les quantités de matière des différentes espèces chimiques dans l'état final, caractérisé par $x_M = 1,0$ mol :

quantité de matière de $N_{2(g)}$: $n_{N_2}^{EF} = 2,0 - x_{max} = 2,0 - 1,0 =$ **1,0 mol**

quantité de matière de $H_{2(g)}$: $n_{H_2}^{EF} = 3,0 - 3\ x_{max} = 3,0 - 3\times1,0 =$ **0 mol**

quantité de matière de $NH_{3(g)}$: $n_{NH_3}^{EF} = 2\ x_{max} = 2\times1,0 =$ **2,0 mol.**

5. Composition chimique du système pour un avancement de 0,50 mol :
quantité de matière de $N_{2(g)}$: $n_{N_2} = 2,0 - x = 2 - 0,50 =$ **1,5 mol**

quantité de matière de $H_{2(g)}$: $n_{H_2} = 3,0 - 3x = 3,0 - 3\times0,50 =$ **1,5 mol**

quantité de matière de $NH_{3(g)}$: $n_{NH_3} = 2x = 2\times0,50 =$ **1,0 mol.**

4. PROPORTIONS STŒCHIOMETRIQUES

Les réactifs ont été introduits dans les **proportions stœchiométriques** lorsque les quantités de matière des réactifs sont toutes nulles dans l'état final.
On se trouve dans les proportions stœchiométriques si :

$$\frac{n_A^i}{a} = \frac{n_B^i}{b}$$

Exercice d'application 10

On considère la transformation chimique d'équation suivante :

$$I_{2(s)} + 2\ S_2O_{3(aq)}^{2-} \longrightarrow 2\ I_{(aq)}^{-} + S_4O_{6(aq)}^{2-}$$

1. Quelle quantité de matière de thiosulfate $S_2O_{3(aq)}^{2-}$ faut-il ajouter à 0,80 mol de diiode $I_{2(s)}$ pour être dans les proportions stœchiométriques ?

2. Quelles sont alors les quantités de matière de diiode et de thiosulfate dans l'état final.

Corrigé

1. Proportion stœchiométrique :

On utilise la formule du cours : $\dfrac{n^{i}_{I_2}}{1} = \dfrac{n^{i}_{S_2O_3^{2-}}}{2}$

Par conséquent : $n^{i}_{S_2O_3^{2-}} = 2 \times n^{i}_{I_2} = 2 \times 0{,}80 =$ **1,6 mol.**

2. Les quantités de matière des réactifs **sont nulles** dans l'état final car on se trouve dans les proportions stœchiométriques.

Exercice d'application 11

On appelle x l'avancement de la réaction chimique.
L'évolution des quantités de matière des différentes espèces chimiques participant à la transformation chimique en fonction de l'avancement x est représentée ci-dessous :

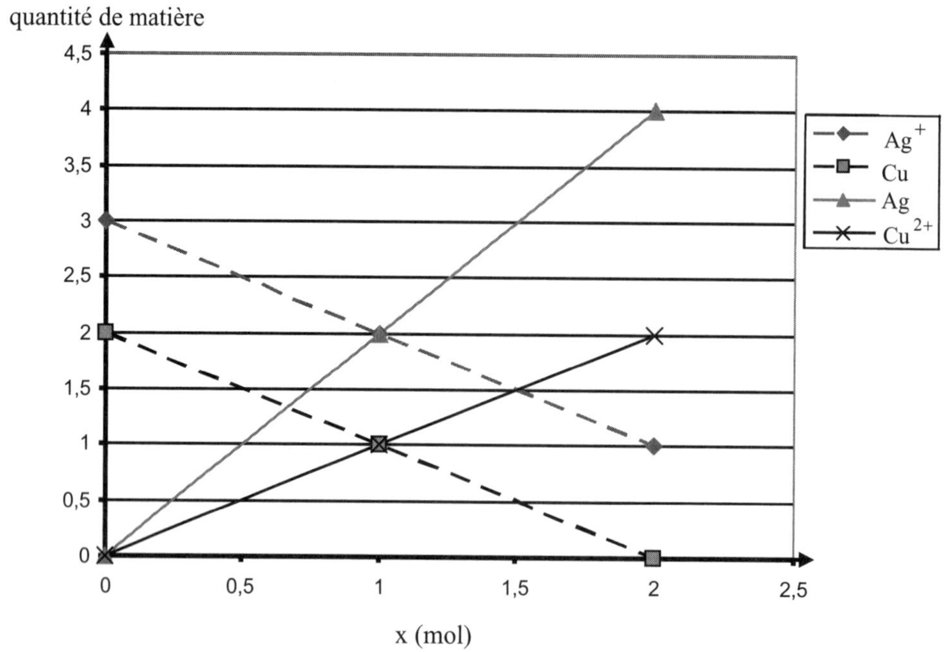

Toutes les réponses doivent être justifiées grâce au graphique.

1. Identifier les réactifs et les produits.
2. En déduire l'équation chimique relative à la transformation chimique.
3. Que vaut l'avancement maximal x_{max} de la réaction ?
4. Quel est le réactif limitant ? Le réactif en excès ?
5. Pourquoi la transformation chimique s'arrête-t-elle ?
6. Donner la composition de l'état final.
7. Le mélange initial est-il stœchiométrique ?

Corrigé

1. Identifions les réactifs et les produits

Dans l'état initial caractérisé par un avancement nul (x = 0), les quantités de matière des réactifs sont différentes de zéro. Nous pouvons donc aisément identifier les réactifs : $\mathbf{Cu_{(s)}}$ et $\mathbf{Ag^{+}_{(aq)}}$.

Dans l'état initial, les quantités de matière des produits sont nulles. Les produits sont donc : $\mathbf{Ag_{(s)}}$ et $\mathbf{Cu^{2+}_{(aq)}}$.

2. Equation chimique relative à la transformation :

Les réactifs se placent à gauche de la flèche, les produits à droite :

$$\mathbf{Cu_{(s)} + 2\ Ag^{+}_{(aq)} \longrightarrow Cu^{2+}_{(aq)} + 2\ Ag_{(s)}}$$

Attention, il faut ajuster les charges électriques.

3. Avancement maximal

x_{max} est la valeur de x pour laquelle la transformation chimique est terminée. C'est la valeur maximale de l'avancement x : $\mathbf{x_{max} = 2{,}0}$ **mol**.

4. Réactif limitant - Réactif en excès

Le **réactif limitant** est le réactif dont la quantité de matière est nulle dans l'état final caractérisé par $x = x_{max}$.

Quand x = 2,0 mol, le réactif dont la quantité de matière est nulle est le cuivre $\mathbf{Cu_{(s)}}$ d'après le graphique.

Le **réactif en excès** est le réactif dont la quantité de matière est non nulle dans l'état final.

Quand x = 2,0 mol, le réactif dont la quantité de matière est non nulle est l'ion argent $\mathbf{Ag^{+}_{(aq)}}$ d'après le graphique.

5. La transformation chimique s'arrête car **un des réactifs disparaît** : quand x = 2,0 mol, le $Cu_{(s)}$ a totalement disparu.

6. Composition de l'état final

Nous déterminons les quantités de matière des différentes espèces chimiques dans l'état final (EF) par simple lecture graphique :

$\mathbf{n^{EF}_{Cu}} = 0$ mol $\quad \mathbf{n^{EF}_{Ag^+}} = 1{,}0$ mol $\quad \mathbf{n^{EF}_{Cu^{2+}}} = 2{,}0$ mol $\quad \mathbf{n^{EF}_{Ag}} = 4{,}0$ mol.

7. Le mélange initial n'est pas stœchiométrique car la quantité de matière d'un des réactifs ($Ag^{+}_{(aq)}$) n'est pas nulle dans l'état final.

✍ Exercice d'application 12

On verse un volume V = 50 mL d'acide chlorhydrique ($H^{+}_{(aq)} + Cl^{-}_{(aq)}$) de concentration en ions $H^{+}_{(aq)}$ égale à C = 2,0 mol/L sur de la poudre de fer $Fe_{(s)}$:

- un dégagement de dihydrogène $H_{2(g)}$ se produit ;
- de la poudre de fer disparaît ;
- il reste de la poudre de fer quand la transformation est terminée ;
- il se forme des ions fer (II) de formule $Fe^{2+}_{(aq)}$.

1. Ecrire l'équation chimique relative à la transformation qui se produit.
2. Etablir le tableau d'avancement du système chimique à l'aide de l'avancement de la réaction x.
3. Quelle est la masse de poudre de fer qui a disparu lors de la transformation ?

Donnée : Masse molaire du fer $M_{Fe} = 56{,}0$ g/mol.

Corrigé

1. Equation chimique de la transformation

Réactifs

Le fer $Fe_{(s)}$ est un réactif car il disparaît au cours de la transformation chimique.

L'ion $H^+_{(aq)}$ est également un réactif car c'est à partir de lui que se forme le dihydrogène (conservation des éléments chimiques au cours d'une transformation).

Produits

L'ion $Fe^{2+}_{(aq)}$ est un produit car il se forme au cours de la transformation.

Le dihydrogène $H_{2(g)}$ est un produit pour la même raison.

L'équation chimique est donc :

$$\mathbf{Fe_{(s)} + 2\ H^+_{(aq)} \longrightarrow Fe^{2+}_{(aq)} + H_{2(g)}}$$

Attention, il faut autant de charges électriques à droite qu'à gauche de la flèche.

2. Etablissons le tableau d'avancement

Equation	$Fe_{(s)}$ +	$2\ H^+_{(aq)} \longrightarrow$	$Fe^{2+}_{(aq)}$ +	$H_{2(g)}$
Etat initial (mol)	n_{Fe}	n_{H^+}	0	0
Au cours de la transformation (mol)	$n_{Fe} - x$	$n_{H^+} - 2\ x$	x	x
Etat final (mol)	$n_{Fe} - x_{max}$	$n_{H^+} - 2\ x_{max}$	x_{max}	x_{max}

3. Masse de poudre de fer qui a disparu lors de la transformation

La quantité de matière de fer disparue lors de la transformation chimique est égale à x_{max}. En effet, la quantité de matière de fer passe de n_{Fe} dans l'état initial à ($n_{Fe} - x_M$) dans l'état final (voir tableau d'avancement).

Afin de remonter à la masse de fer disparue, il faut donc déterminer l'avancement maximal.

Etant donné qu'il reste de la poudre de fer en fin de transformation, le réactif limitant est l'ion $H^+_{(aq)}$. Sa quantité de matière est donc nulle dans l'état final :

$n_{H^+}^{EF} = 0 = n_{H^+} - 2\,x_{max}$

d'où $x_{max} = \dfrac{n_{H^+}}{2}$ (1)

Or, $n_{H^+} = C \times V$.

(1) Il s'ensuit que : $x_{max} = \dfrac{CV}{2} = \dfrac{2{,}0 \times 50.10^{-3}}{2} = 50.10^{-3}$ mol.

La quantité de matière de fer disparue est donc de 50.10^{-3} mol.

Calculons maintenant la masse m de fer disparue, c'est-à-dire la masse correspondant à la quantité de matière de fer disparue (x_M) :

$$m = x_{max} \times M_{Fe}$$

$$m = 50.10^{-3} \times 56{,}0$$

$$\mathbf{m = 2{,}8\ g}$$

2
Spectrophotométrie et molécules organiques colorées

1. SPECTROPHOTOMETRIE

La spectrophotométrie est une technique d'analyse quantitative qui permet de mesurer l'absorbance (ou densité optique) d'une espèce chimique colorée en solution. La loi de Beer-Lambert montre que plus la concentration de l'espèce colorée est grande, plus l'absorbance de l'échantillon est importante.

1.1. Couleur d'une espèce chimique en solution

Certaines espèces chimiques sont naturellement colorées en solutions aqueuses. On peut citer par exemple :

– l'ion cuivre II $Cu^{2+}_{(aq)}$ .... bleu
– l'ion chrome III $Cr^{3+}_{(aq)}$ .... vert
– l'ion permanganate $MnO^{-}_{(aq)}$ .... violet
– le diiode $I_{2\,(aq)}$ .... orange-brun
– l'ion dichromate $Cr_2O^{2-}_{7\,(aq)}$ .... orange.

Une **solution est colorée** si elle contient une **espèce chimique** qui **absorbe une partie des longueurs d'onde de la lumière blanche**. La **couleur de la solution** est la **couleur complémentaire** de la **couleur absorbée** par l'espèce chimique dissoute (couleur diamétralement opposée sur l'étoile des couleurs ci-après).

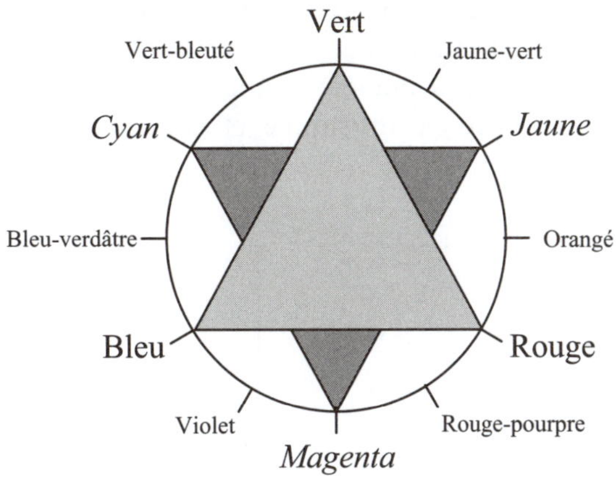

Figure 1 : étoile des couleurs

Ainsi une solution aqueuse de sulfate de cuivre est bleue car les ions cuivre II Cu^{2+} absorbent le jaune.

1.2. Absorbance d'une espèce chimique colorée

L'absorbance d'une espèce colorée est une grandeur physique, sans unité (on dit également sans dimension), **notée A**, qui caractérise l'aptitude de cette substance à absorber une partie du spectre de la lumière blanche. On la mesure à l'aide d'un appareil appelé **spectrophotomètre**.

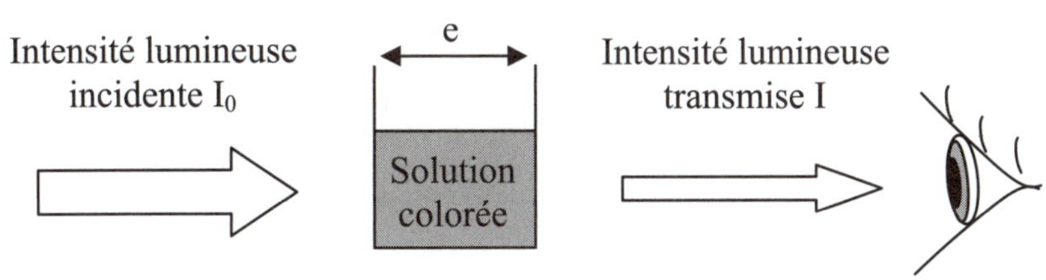

Figure 2 : illustration de l'absorbance d'une solution colorée

L'absorbance A d'une solution contenant une espèce chimique colorée dépend en général :

– de **sa concentration C** dans la solution,
– de **la longueur d'onde λ** du rayonnement incident : A = f(λ),
– de **l'épaisseur e de solution traversée** (plus e est grand, plus A est grand et vice-versa),
– de **la nature de l'espèce chimique colorée**.

La courbe A = f(λ) est appelée spectre d'absorption de l'espèce chimique colorée : elle donne la répartition de la lumière absorbée en fonction des différentes longueurs d'onde de la lumière incidente. Elle permet de **déterminer qualitativement la couleur de la substance** et constitue en quelque sorte sa « **signature** ».

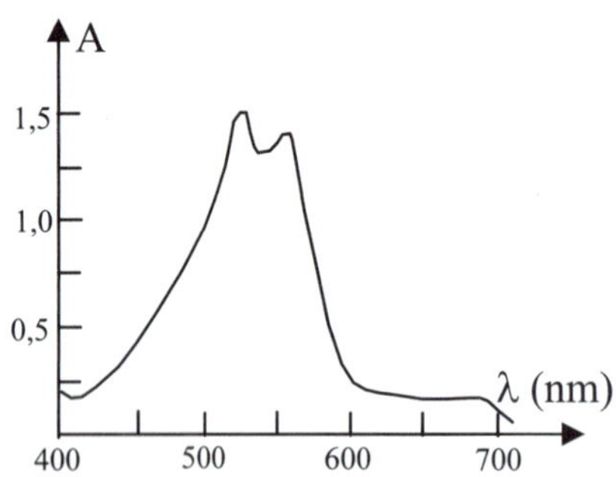

Figure 3 : spectre d'absorption des ions $MnO^{-}_{(aq)}$

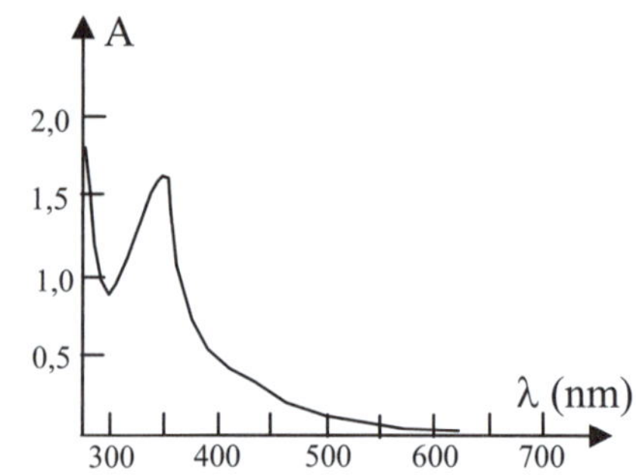

Figure 4 : spectre d'absorption de $I_{2\,(aq)}$

Par exemple, pour l'ion $MnO^{-}_{(aq)}$ la bande d'absorption se situe dans la gamme [500 nm ; 580 nm]. Le vert et le jaune sont donc fortement absorbés. La couleur de la solution de permanganate de potassium résulte de la superposition du magenta et du bleu, couleurs complémentaires du vert et du jaune. Or magenta + bleu = violet, couleur de la solution observée.

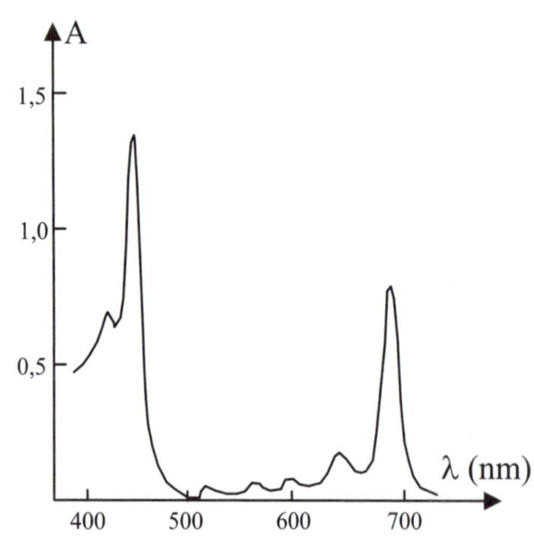

Figure 5 : spectre d'absorption de la chlorophylle

Une solution de chlorophylle absorbe fortement le rouge et le bleu. La couleur de la solution de chlorophylle résulte de la superposition du cyan et du jaune, couleurs complémentaires du rouge et du bleu.
Or cyan + jaune = vert, couleur de la solution observée.

1.3. Le spectrophotomètre

Un **spectrophotomètre** est un appareil capable de **mesurer l'absorbance A** d'une espèce chimique colorée en solution **pour une longueur d'onde donnée λ_0**. Il est constitué :

– **d'une source de lumière polychromatique blanche**,

– **d'un monochromateur**, système dispersif (réseau ou prisme) muni d'une fente capable de sélectionner **une lumière monochromatique incidente** tombant sur une cuve porte-échantillon transparente pouvant contenir :

- **une solution** contenant l'**espèce chimique colorée (soluté)** à étudier,
- **le solvant incolore** dans lequel l'espèce colorée a été dissoute,

– d'un système optoélectronique permettant de calculer la valeur de A à l'aide de mesures d'intensités lumineuses.

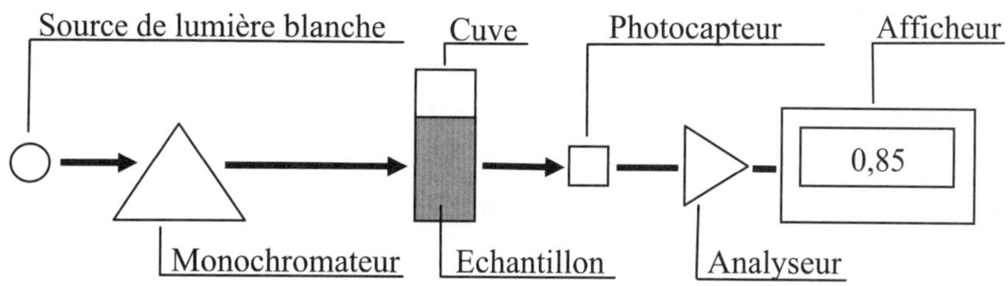

Figure 6 : schéma de principe d'un spectrophotomètre

1.4. Mesure de l'absorbance d'une solution colorée

Pour mesurer l'absorbance A d'une substance colorée (soluté) en solution aqueuse **pour une longueur d'onde λ_0** :

– on place, dans le spectrophotomètre, une cuve contenant **la solution de référence** (solvant),

– on sélectionne **la longueur d'onde λ_0** généralement choisie telle que **A soit maximale** (précision optimale de mesure de A),

– **on fait le « blanc » (zéro optique** du spectrophotomètre) de telle manière que A (solvant + cuve) = 0 ;

– on place, dans le spectrophotomètre, une cuve contenant **la solution de l'espèce chimique colorée** à analyser.

– on lit la valeur de A.

Remarque

Le zéro optique doit être refait si on modifie la longueur d'onde de la lumière incidente. En effet l'absorbance du solvant varie en fonction de la longueur d'onde.

1.4. Loi de Beer-Lambert

Pour une solution d'une **espèce chimique X colorée** « suffisamment diluée », **l'absorbance A** de cette espèce est **proportionnelle à [X]**, concentration de l'espèce colorée, **pour une longueur d'onde donnée λ_0** et **pour une épaisseur e donnée de solution traversée**:

$A = k\,[X]$	A : absorbance sans unité k : constante de proportionnalité en $L.mol^{-1}$ [X], concentration de l'espèce colorée en $mol.L^{-1}$

Remarque

La constante de proportionnalité k dépend à la fois de la longueur d'onde λ_0 et de la nature de l'espèce chimique colorée.

✍ Exercice d'application 1

1. Une solution d'ions chrome III est colorée en jaune car elle :
   - ☐ absorbe le jaune,
   - ☐ n'absorbe pas le bleu,
   - ☐ absorbe le bleu.
2. Une solution est incolore car elle :
   - ☐ absorbe toutes les couleurs de l'arc-en-ciel,
   - ☐ laisse passer toutes les couleurs de l'arc-en-ciel,
   - ☐ absorbe le noir.
3. Une solution aqueuse diluée contenant une unique espèce chimique colorée est placée dans une cuve transparente de largeur e. L'absorbance A de la solution :
   - ☐ dépend de la longueur d'onde λ de l'onde incidente,
   - ☐ ne dépend pas de la largeur e de la cuve,
   - ☐ dépend de la concentration C de l'espèce chimique colorée.
4. Lorsque l'on utilise un spectrophotomètre, « faire le blanc » signifie :
   - ☐ mesurer l'absorbance d'une solution blanche,
   - ☐ envoyer de la lumière blanche sur une solution colorée,
   - ☐ mesurer l'absorbance d'une solution dépourvue d'espèce colorée.

Corrigé

1. Une solution d'ions chrome III est colorée en jaune car elle *absorbe le bleu.*
En effet la couleur d'une solution est la couleur complémentaire de la couleur qu'elle absorbe. D'après l'étoile des couleurs, la couleur complémentaire du jaune est le bleu.
2. Une solution est incolore car elle *laisse passer toutes les couleurs de l'arc-en-ciel.*
En effet, une substance incolore n'absorbe aucune des couleurs se trouvant dans le spectre de la lumière blanche.
3. Une solution aqueuse diluée contenant une unique espèce chimique colorée est placée dans une cuve transparente de largeur e. L'absorbance A de la solution *dépend de la longueur d'onde λ de l'onde incidente* et *dépend de la concentration C de l'espèce chimique colorée.*
En effet d'après la loi de Beer-Lambert $A = k\ C$: l'absorbance A est donc proportionnelle à la concentration C de l'espèce colorée. De plus la constante k dépend de la largeur e de la solution traversée.
4. Lorsque l'on utilise un spectrophotomètre, « faire le blanc » signifie *mesurer l'absorbance d'une solution dépourvue d'espèce colorée.*
En effet pour une longueur d'onde λ donnée il est nécessaire d'annuler l'absorbance du solvant dans lequel le soluté a été dissous avant de mesurer l'absorbance de l'espèce chimique colorée.

1.5. Application : dosage par étalonnage d'une espèce chimique colorée en solution aqueuse

Le dosage spectrophotométrique par étalonnage d'une espèce colorée unique en solution aqueuse, **revient à déterminer la concentration C_0** de celle-ci en utilisant une courbe expérimentale dite **courbe d'étalonnage** obtenue à partir de mesures d'absorbance. C'est une **technique non destructive** d'analyse d'un échantillon.

Méthode

• On trace, pour la longueur d'onde λ_0 correspondant à **l'absorbance maximale** (**optimisation de la précision** sur la mesure de A) de l'espèce chimique colorée, le graphique **A = f(C),** appelé **courbe d'étalonnage** (qui est une droite passant par l'origine pour des solutions diluées), obtenue en mesurant l'absorbance A de plusieurs solutions de l'espèce colorée X de concentrations connues C, appelées **solutions étalon.**
• On **mesure**, pour la longueur d'onde λ, l'**absorbance A_0** de la solution de **concentration inconnue C_0**.
• On en déduit la valeur de C_0 :

– soit graphiquement à partir **de la droite expérimentale A = f(C)** (voir construction graphique ci-après),
– soit de la modélisation numérique A = k.C où **k est le coefficient directeur de la droite**.

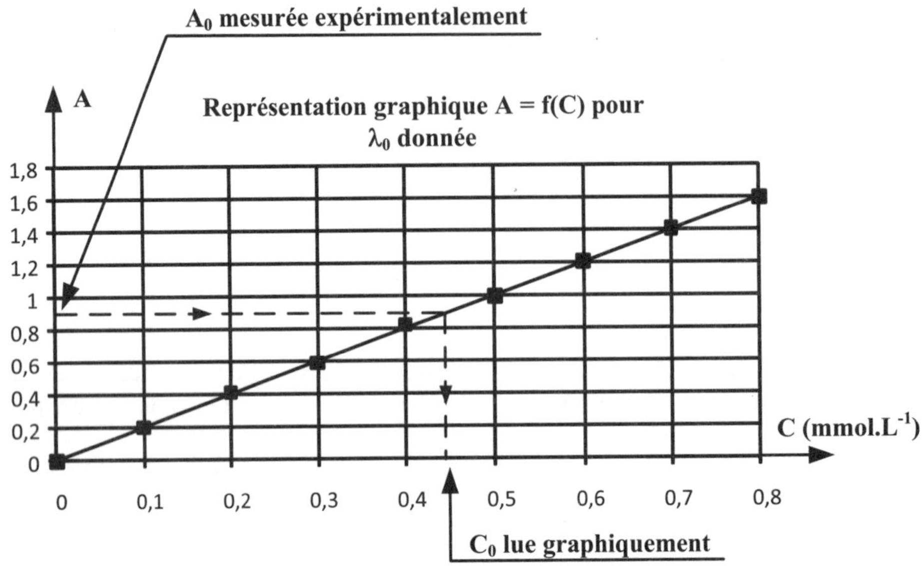

Figure 7 : détermination graphique de la concentration d'une solution colorée à partir d'une mesure d'absorbance et d'une courbe d'étalonnage

✍ Exercice d'application 2

La pièce de 10 centimes d'euro est constituée d'un alliage de cuivre, aluminium, zinc et étain appelé alliage nordique. On se propose dans cet exercice de vérifier expérimentalement, par spectrophotométrie, le pourcentage massique en cuivre dans un échantillon servant à fabriquer une pièce de 10 centimes d'euro.
Sous une hotte, dans un bécher, on place l'échantillon et on ajoute de l'acide nitrique concentré en excès. On observe au cours de cette transformation totale l'apparition d'une teinte bleu foncé dans la solution révélant la présence d'ions cuivre (II) Cu^{2+} et un dégagement gazeux toxique qui devient roux au contact de l'air. L'équation modélisant la transformation chimique est :

$$2\ NO_3^-(aq) + 3\ Cu\ (s) + 8\ H_3O^+\ (aq) \rightarrow 2\ NO\ (g) + 3\ Cu^{2+}\ (aq) + 12\ H_2O\ (\ell)$$

Une fois le dégagement gazeux achevé, on verse le contenu du bécher dans une fiole jaugée de 1,0 L et on complète jusqu'au trait de jauge avec de l'eau distillée en homogénéisant le mélange afin de réaliser la solution S.
Données :

$M(Cu) = 63,5\ g.mol^{-1}$; $M(CuSO_4, 5\ H_2O) = 249,6\ g.mol^{-1}$.

1. Dosage spectrophotométrique des ions Cu^{2+} présents dans la solution (S)

Afin de réaliser une échelle de teintes, on prépare un volume $V_0 = 100$ mL d'une solution aqueuse « mère » S_0, de sulfate de cuivre, de concentration molaire $C_0 = 1,0 \times 10^{-1}$ mol.L^{-1}.

La solution S_0 permet de préparer par dilution une échelle de teintes constituée des cinq solutions « fille » de volume V = 25,0 mL chacune. On mesure l'absorbance A à la longueur d'onde $\lambda = 810$ nm.

À cette longueur d'onde seul l'ion Cu^{2+}(aq) est responsable du phénomène d'absorption lumineuse.

Solution	S_0	S_1	S_2	S_3	S_4
Concentration C (mol.L^{-1})	$1,0 \times 10^{-1}$	$8,0 \times 10^{-2}$	$6,0 \times 10^{-2}$	$4,0 \times 10^{-2}$	$2,0 \times 10^{-2}$
A	1,26	1,02	0,76	0,52	0,24

a) Calculer la masse de sulfate de cuivre pentahydraté à peser pour préparer la solution mère S_0 par dissolution.

b) Calculer le volume, noté $V_{mère}$ de solution « mère » S_0, à prélever pour préparer la solution « fille » S_3. Justifier.

c) À l'aide du spectre d'absorption, d'une solution de sulfate de cuivre, représenté à la fin de l'exercice, justifier le choix de la longueur d'onde retenue pour cette étude expérimentale.

d) Tracer la représentation graphique A = f(C) et déterminer son équation.

e) L'absorbance d'un échantillon de la solution S, mesurée dans les mêmes conditions que précédemment à la longueur d'onde $\lambda_0 = 810$ nm, vaut $A_s = 0,70$. En déduire la concentration molaire volumique C_s de la solution S.

2. Pourcentage massique de cuivre dans la pièce

Toutes les pièces d'euros contiennent du cuivre métallique dans des proportions particulières. Ainsi, les pièces de 10, 20 et 50 centimes sont formées d'un alliage appelé « or nordique » dont la composition massique est la suivante :
89 % de cuivre, 5% d'aluminium, 5% de zinc, 1 % d'étain.

a) En utilisant le résultat de la question 1. e), calculer la valeur de la masse m(Cu) de cuivre contenue dans l'échantillon étudié précédemment.

b) Sachant que la masse de l'échantillon est m = 4,1 g, en déduire le pourcentage massique du cuivre dans l'échantillon.

c) Comparer ce résultat à la valeur fournie dans l'énoncé en calculant l'écart relatif.

Représentation graphique A = f(λ)

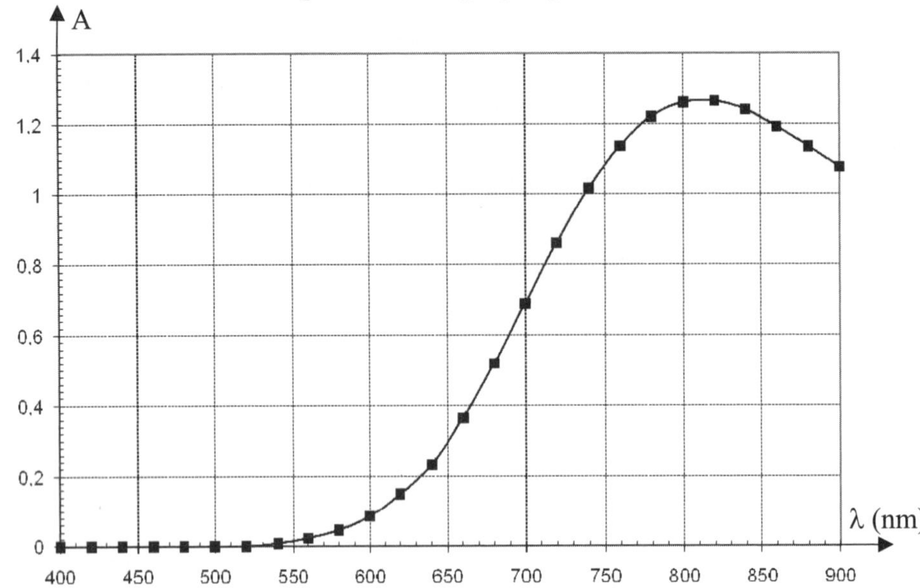

Corrigé

1. a) m = n .M et n = $C_0.V_0$ d'où $\boxed{m = C_0.V_0.M}$

A.N. : m = $1{,}0.10^{-1} \times 100.10^{-3} \times 250$ = **2,5 g**

b) Lors d'une dilution, il y a conservation de la quantité de matière de la solution mère prélevée.

D'où n = $C_0 \times V_{mère} = C_3 \times V_3$ soit $\boxed{V_{mère} = \dfrac{C_3 \times V_3}{C_0}}$

A.N. : $V_{mère} = \dfrac{4{,}0.10^{-2} \times 25}{1{,}0.10^{-1}}$ = **10 mL**

c) On remarque graphiquement que l'absorbance de la solution de sulfate de cuivre est maximale pour λ_0 = 810 nm : le spectrophotomètre fonctionnera au maximum de sa sensibilité pour cette longueur d'onde.

d) La représentation graphique est une droite croissante passant par l'origine (voir graphique ci-après). Les grandeurs A et C sont donc proportionnelles.

D'après la loi de Beer-Lambert, son équation est de la forme : $\boxed{A = k \times C}$.

Pour déterminer le coefficient directeur on prend deux points $A(x_A\ ;\ y_A)$ et $B(x_B\ ;\ y_B)$ appartenant à la droite.

Par définition : $\boxed{k = \dfrac{(y_B - y_A)}{(x_B - x_A)}}$

A.N. : A(0 mol.L^{-1} ; 0), B(0,10 mo.L^{-1} ; 1,27)

$$k = \frac{(1,27-0)}{(0,10-0)} = 1,27.10^1 = \mathbf{1,3.10^1}.$$

Représentation graphique A = f(C) pour λ_0 = 810 nm

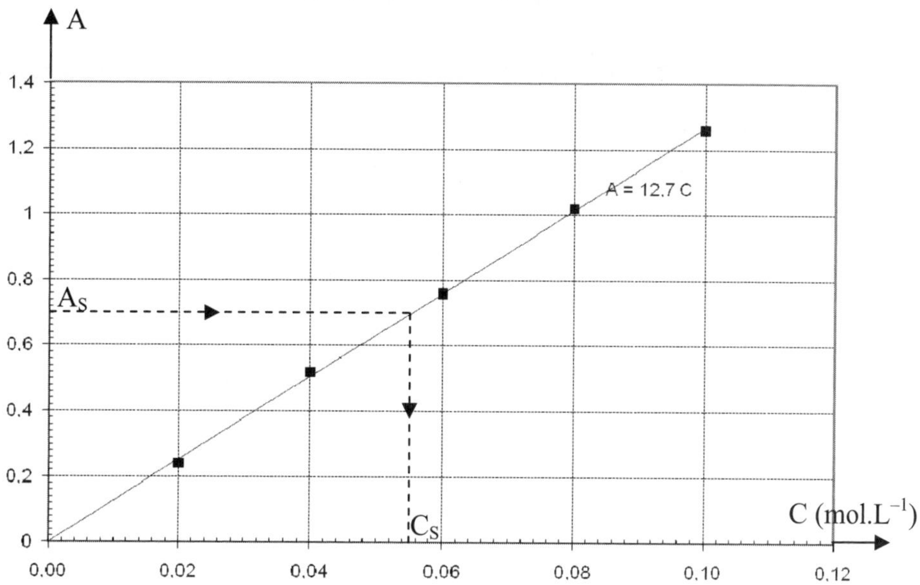

e) Méthode graphique (voir ci-dessus) : on trace la droite A_s = 0,70 qui coupe le graphe A = f(C) en un point dont l'abscisse donne la concentration de la solution S en sulfate de cuivre soit C_S = **5,5.10^{-2} mol.L^{-1}**

Méthode numérique : A = k × C ⇒ $\boxed{C_S = \frac{A_S}{k}}$

A.N. : $C_S = \frac{0,70}{1,3.10^1} = \mathbf{5,4.10^{-2}\ mol.L^{-1}}$

2. a) Masse m(Cu) de cuivre contenue dans l'échantillon étudié :

$\boxed{m(Cu) = n(Cu) . M(Cu) = C_S . V_{fiole} . M(Cu)}$

m(Cu) = 5,4 ×10^{-2} × 1,0 × 63,5 = 3,429 g = **3,4 g**

b) Le pourcentage massique du cuivre dans l'échantillon est :

$\boxed{P(Cu) = 100 \times \frac{m(Cu)}{m_{pièce}}}$ A.N. : $P(Cu) = 100 \times \frac{3,429}{4,1} = 83,6\% = \mathbf{84\ \%}$

c) Ecart relatif : $\boxed{E(\%) = \frac{|P(Cu)_{théo} - P(Cu)_{exp}|}{P(Cu)_{théo}} \times 100}$ A.N. : $E(\%) = \frac{89-84}{89} = \mathbf{6,0\ \%}$.

Exercice d'application 3

Le Lugol et l'eau oxygénée sont deux antiseptiques très répandus. Les indications portées sur deux flacons de solutions commerciales contenant chacun un de ces antiseptiques sont résumées dans le tableau ci-dessous.

Lugol (solution S_0)	**Eau oxygénée (solution S_1)**
Composition : eau iodée.	Composition : eau oxygénée stabilisée. Concentration : $C_1 = 0{,}90$ mol.L^{-1}. Solution pour application locale. Usage externe.

On se propose dans cet exercice de tracer une courbe d'étalonnage à l'aide d'un spectrophotomètre afin d'utiliser cet appareil pour :
– déterminer la concentration de la solution S_0 de Lugol ;
– étudier l'évolution temporelle de l'avancement x d'une transformation chimique mettant en jeu l'eau oxygénée.

1. Courbe d'étalonnage du spectrophotomètre

On dispose de six solutions aqueuses de diiode I_2 de concentrations molaires apportées différentes. La mesure de l'absorbance A de chaque solution a été réalisée avec un spectrophotomètre réglé à la longueur d'onde $\lambda_0 = 500$ nm.

Le spectrophotomètre utilisé admet une gamme de mesures pour l'absorbance de $A_0 = 0$ à $A_{max} = 2{,}00$.

Parmi les espèces chimiques présentes le diiode est la seule qui absorbe à $\lambda_0 = 500$ nm. Les résultats obtenus permettent de tracer la courbe d'étalonnage suivante :

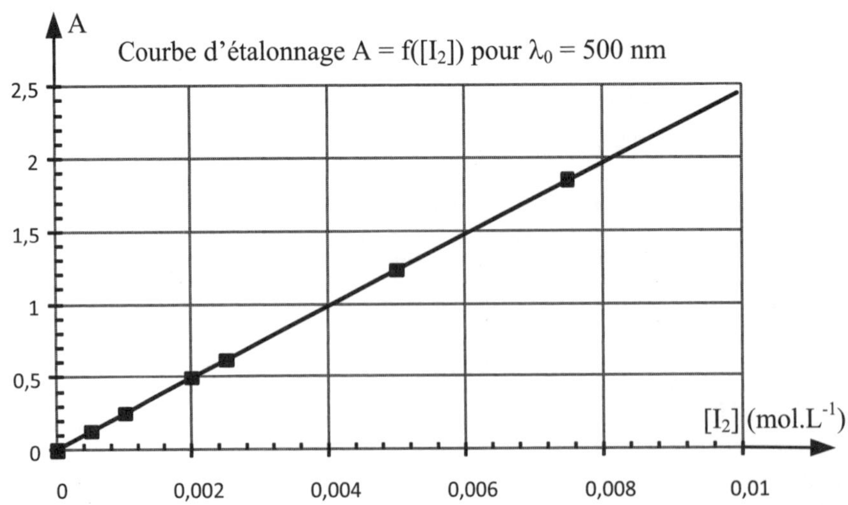

a) La courbe d'étalonnage vérifie-t-elle la loi de Beer-Lambert ? Justifier.
b) Déterminer l'équation numérique de la courbe d'étalonnage.
c) On note $[I_2]_{max}$ la concentration molaire apportée en diiode au-delà de laquelle l'absorbance d'une solution de diiode n'est pas mesurable par le spectrophotomètre utilisé lors de cette expérience. Déterminer graphiquement la valeur de $[I_2]_{max}$ en faisant clairement apparaître la méthode utilisée sur la courbe d'étalonnage.

2. Concentration du Lugol

Pour déterminer la concentration en diiode du Lugol, il est ici nécessaire de diluer dix fois la solution commerciale S_0. La solution obtenue est notée S_0'.
Le matériel mis à disposition est le suivant :
– béchers 50 mL, 100 mL, 250 mL ;
– pipettes jaugées 5,0 mL, 10,0 mL, 20,0 mL ;
– éprouvettes graduées 10 mL, 20 mL, 100 mL ;
– fioles jaugées 100,0 mL, 250,0 mL, 500,0 mL.

a) Choisir, sans justification, le matériel nécessaire pour préparer S_0'.
b) Sans modifier les réglages du spectrophotomètre, on mesure l'absorbance de la solution S_0' : A(S_0') = 1,00.
Déterminer graphiquement sur la courbe d'étalonnage la concentration molaire apportée en diiode de la solution S_0'.
c) En déduire la concentration molaire apportée C_L en diiode du Lugol (solution commerciale S_0).
d) Pourquoi a-t-il été nécessaire de diluer le Lugol (solution commerciale S_0) ?

3. Étude de l'évolution temporelle d'une transformation chimique mettant en jeu l'eau oxygénée et libérant du diiode

La transformation qui a lieu dans l'étude proposée est modélisée par la réaction dont l'équation s'écrit :

$$H_2O_2\,(aq) + 2I^-\,(aq) + 2H_3O^+\,(aq) = I_2\,(aq) + 4H_2O\,(\ell)$$

La mesure de l'absorbance du diiode présent dans le milieu réactionnel, à longueur d'onde λ_0 = 500 nm, permet de suivre l'évolution temporelle de la quantité de diiode formé et de réaliser ainsi un suivi cinétique.

Afin de réaliser ce suivi cinétique :
– on prépare une solution S_2 (concentration C_2) 10 fois moins concentrée que la solution S_1 (concentration $C_1 = 0{,}90$ mol.L^{-1}) d'eau oxygénée commerciale ;
– on mélange dans un bécher, V = 5,0 mL d'acide sulfurique et V_3 = 9,0 mL d'une solution aqueuse d'iodure de potassium, $K^+(aq) + I^-(aq)$;
– à l'instant de date t_0 = 0 s, on introduit rapidement, dans ce bécher, un volume V_2 = 1,0 mL de la solution S_2 d'eau oxygénée H_2O_2 (aq).

Un échantillon du milieu réactionnel est versé dans une cuve que l'on introduit dans le spectrophotomètre.
La courbe A = f(t) est donnée ci-après

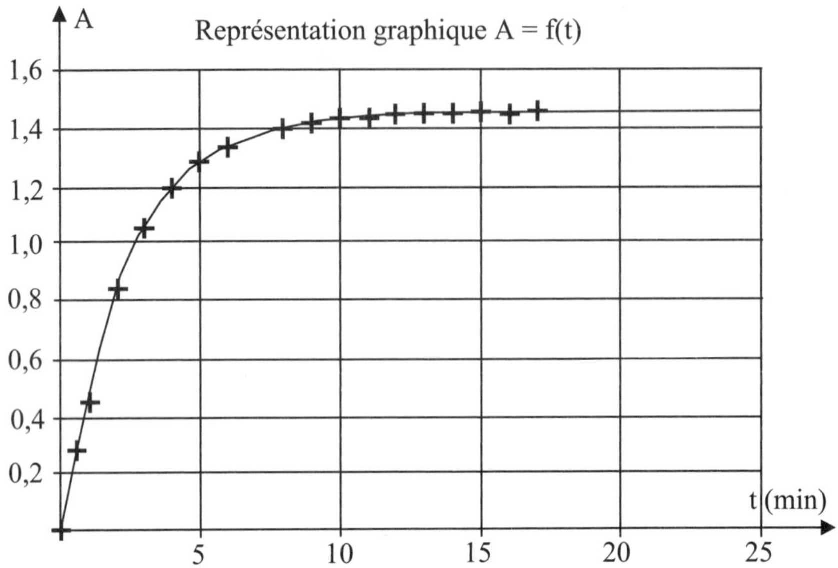

Dans les conditions de l'expérience, les ions iodure I^-(aq) et les ions oxonium H_3O^+(aq) sont introduits en excès par rapport à l'eau oxygénée.

a) Interpréter l'évolution temporelle de l'absorbance de l'échantillon.
b) Qu'indique la présence du palier sur la courbe A = f(t) ?
c) Montrer que la loi de Beer-Lambert permet de relier l'absorbance A de la solution à la concentration $[I_2]$ du diiode à chaque date t selon l'expression numérique :

$$[I_2] = 4{,}0.10^{-3} \times A \text{ (en mol.L}^{-1}\text{)}$$

d) Calculer la concentration en diiode à la date t = 5 min.
e) Compléter littéralement, en utilisant les notations de l'énoncé, le tableau descriptif de l'évolution du système suivant :

Relation stœchiométrique		$H_2O_2\,(aq)$ +	$2\,I^-(aq)$ +	$2\,H_3O^+(aq)$ =	$I_2\,(aq)$ +	$4\,H_2O\,(\ell)$
état du système	***avancement***	***bilan de matière en mol***				
état initial	*0*		*excès*	*excès*		*solvant*
au cours de la transformation	*x*		*excès*	*excès*		*solvant*
état final	x_f		*excès*	*excès*		*solvant*
état final si la transformation est totale	x_{max}		*excès*	*excès*		*solvant*

f) À l'aide du tableau d'avancement, établir l'expression de l'avancement x(t) de la réaction en fonction de $[I_2](t)$, la concentration molaire en diiode présent dans le milieu réactionnel et de V_{tot} volume du mélange.
g) En déduire l'expression liant l'avancement x(t) à l'absorbance A(t) pour une date t quelconque.
h) Calculer l'avancement final x_f.
i) Comparer x_f à x_{max}, avancement final lorsque la réaction est totale. Quelle conclusion peut-on en tirer ?

Corrigé

1. a) La loi de Beer-Lambert indique que pour des solutions suffisamment diluées, l'absorbance A est proportionnelle à la concentration de l'espèce chimique colorée. L'unique espèce colorée étant ici le diiode I_2, la loi de Beer-Lambert s'écrit sous la forme $\boxed{A = k \times [I_2]}$: il s'agit de l'équation d'une fonction linéaire où k représente le coefficient directeur. Ceci est compatible avec la courbe expérimentale observée.
b) Pour déterminer la valeur du coefficient directeur k, on prend deux points $A(x_A ; y_A)$ et $B(x_B ; y_B)$ appartenant à la droite.

Par définition $\boxed{k = \frac{(y_B - y_A)}{(x_B - x_A)}}$

A.N. : A(0 $mol.L^{-1}$; 0) et B(0,004 $mol.L^{-1}$; 1,0)

$$\Rightarrow k = \frac{(1{,}0 - 0)}{(0{,}004 - 0)} = \mathbf{2{,}5.10^2\ L.mol^{-1}}$$

L'équation numérique de la courbe d'étalonnage est donc :

$\boxed{A = 2{,}5.10^2 \times [I_2]}$ (en $mol.L^{-1}$)

c) $A_{max} = 2{,}0$: l'abscisse du point d'ordonnée correspondante nous donne la valeur de $[I_2]_{max}$ (voir construction graphique ①).

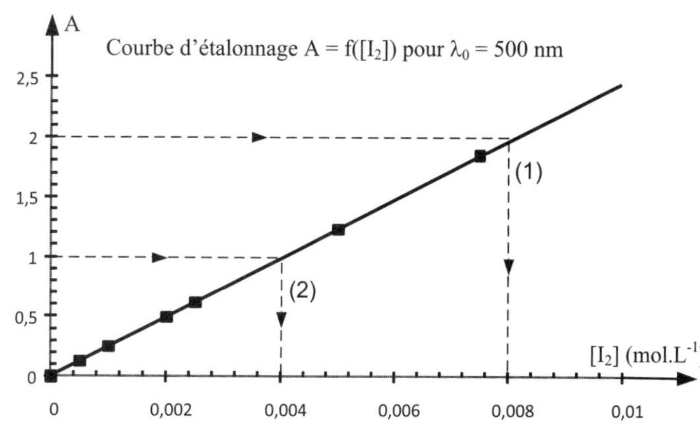

2. a) Pour réaliser une dilution au dixième, il est nécessaire de prendre un couple {pipette jaugée + fiole jaugée} dont le rapport des volumes est de 10. On peut donc utiliser une pipette jaugée de 10,0 mL et une fiole jaugée de 100,0 mL.
b) On prend l'abscisse du point d'ordonnée $A(S_0') = 1,00$ (voir construction graphique ② ci-dessus), soit $[I_2]_{S0'}$ **= 4,0.10⁻³ mol.L⁻¹**.
c) $C_L = 10 \times [I_2]_{S0'} = \mathbf{4,0.10^{-2}\ mol.L^{-1}}$
d) Si on ne diluait pas la solution commerciale, l'absorbance serait non mesurable car $C_L > [I_2]_{max}$.
3. a) La seule espèce colorée est l'un des produits de la réaction chimique à savoir I_2 (toutes les autres espèces chimique sont incolores). Au fur et à mesure que I_2 se forme, la couleur de l'échantillon passe progressivement de l'incolore au jaune-orangé de plus en plus foncé, d'où, dans un premier temps, l'augmentation de l'absorbance au cours du temps.
b) La présence du palier sur la courbe A = f(t) indique que la transformation chimique est achevée (il ne se forme plus de diiode).

c) D'après la loi de Beer-Lambert : $A = k \times [I_2]$ d'où $\boxed{[I_2] = \frac{1}{k} \times A}$

A.N. : $[I_2] = \frac{1}{2,5.10^2} \times A$ soit $\boxed{[I_2] = 4,0.10^{-3} \times A}$ (en $mol.L^{-1}$)

Il est ainsi possible de connaître la concentration en diiode pour n'importe quelle date t en mesurant l'absorbance A de la solution.
d) A t = 5 min, d'après le graphique A = 1,3.
$[I_2]_{t = 5\ min} = 4,0.10^{-3} \times 1,3 = \mathbf{5,2.10^{-3}\ mol.L^{-1} = 5,2\ mmol.L^{-1}}$.
e) Tableau d'avancement :

Relation stœchiométrique		$H_2O_2\ (aq)$ +	$2\ I^-\ (aq)$ +	$2\ H_3O^+(aq)$ =	$I_2\ (aq)$ +	$4\ H_2O\ (\ell)$
état du système	**avancement**	**bilan de matière en mol**				
état initial	*0*	C_2V_2	*excès*	*excès*	*0*	*solvant*
au cours de la transformation	*x*	$C_2V_2 - x$	*excès*	*excès*	*x*	*solvant*
état final	x_f	$C_2V_2 - x_f$	*excès*	*excès*	x_f	*solvant*
état final si la transformation est totale	x_{max}	$C_2V_2 - x_{max}$	*excès*	*excès*	x_{max}	*solvant*

f) $[I_2](t) = \frac{n_{I2}(t)}{V_{tot}}$, or d'après le tableau d'avancement $n_{I2}(t) = x(t)$.

$\Rightarrow [I_2](t) = \frac{x(t)}{V_{tot}}$ soit $\boxed{x(t) = [I_2](t) \times V_{tot}}$

g) $[I_2] = 4,0.10^{-3} \times A(t)$ question 2.b)
$x(t) = [I_2](t) \times V_{tot}$ question 2.f)
$V_{tot} = V + V_2 + V_3 = 9,0 + 5,0 + 1,0 = 15,0\ mL = 15,0.10^{-3}\ L = 1,50.10^{-2}\ L$

$\Rightarrow x(t) = 4{,}0.10^{-3} \times A(t) \times V_{tot}$ d'où $\boxed{x(t) = 6{,}0.10^{-5} \times A(t)}$ (en mol)

La mesure de l'absorbance A permet de calculer l'avancement de la réaction à n'importe quelle date t.

h) L'avancement final x_f est atteint lorsque l'absorbance présente un palier c'est-à-dire pour $A_f = 1{,}5$. A.N. : $x_f = 6{,}0.10^{-5} \times 1{,}5 = \mathbf{9{,}0.10^{-5}\ mol}$

i) Si la réaction était totale, il y aurait disparition du réactif limitant, c'est-à-dire de H_2O_2. D'après le tableau d'avancement cela conduirait à $C_2V_2 - x_{max} = 0$.

D'où $\boxed{x_{max} = C_2V_2} \Leftrightarrow \boxed{x_{max} = \left(\dfrac{C_1}{10}\right) \times V_2}$

A.N. : $x_{max} = \left(\dfrac{0{,}90}{10}\right) \times 1{,}0.10^{-3} = \mathbf{9{,}0.10^{-5}\ mol} \Rightarrow x_f = x_{max}$: la réaction est totale.

2. MOLECULES ORGANIQUES COLOREES

2.1. Structure électronique d'un atome

Un **atome** est constitué d'un **noyau** autour duquel gravitent des **électrons**. L'**atome** étant **électriquement neutre**, il possède autant d'**électrons** dans son **nuage électronique** que de **protons** dans son **noyau**. Ainsi un atome dont le noyau est symbolisé par ${}^{A}_{Z}X$ comportera **Z protons** dans son noyau et donc **Z électrons** dans son nuage électronique, comme illustré dans le tableau ci-dessous :

Nom de l'atome	Symbole du noyau	Nombre de protons	Nombre d'électrons
hydrogène	${}^{1}_{1}H$	1	1
carbone	${}^{12}_{6}C$	6	6
oxygène	${}^{16}_{8}O$	8	8

Dans un atome, les électrons se répartissent sur des **couches électroniques** concentriques successives (**K**, **L**, **M**…) de plus en plus éloignées du noyau. Chacune de ces couches électroniques peut contenir un **nombre maximum d'électrons** :

Couche électronique	K	L	M
Nombre maximum d'électrons	2	8	18

Les électrons peuplent d'abord la couche K puis, lorsque celle-ci est totalement remplie (on dit alors qu'elle est **saturée**), ils se positionnent sur la couche L et ainsi de suite.

Pour représenter la **structure électronique** (ou **formule électronique**) d'un atome, on écrit entre parenthèses la lettre qui correspond à chaque couche et on indique en exposant, en haut à droite, le nombre d'électrons présents dans la couche :

Atome	H	C	O
Structure électronique	$(K)^1$	$(K)^2(L)^4$	$(K)^2(L)^6$

La couche électronique la plus éloignée du noyau est appelée la couche externe : elle contient les électrons de valence c'est-à-dire ceux susceptibles de participer aux liaisons chimiques. Les autres couches sont qualifiées d'internes : elles contiennent les électrons de cœur qui n'interviennent pas dans le mécanisme de formation des liaisons chimiques.

Exemple : Al (Z = 13) $\underbrace{(K)^2(L)^8}_{\text{électrons de cœur}}(M)^3$ —— électrons de valence

2.2. Formation des molécules : liaison covalente

Une **molécule** est un **assemblage électriquement neutre**, plus ou moins complexe, d'**atomes** liés par des **liaisons covalentes**.
Lorsque des atomes s'assemblent pour former une molécule, chacun d'entre eux met en commun un ou plusieurs électrons de valence avec les autres. La **mise en commun** de **deux électrons de valence** est appelée **liaison covalente** ou encore **doublet liant**. Les **autres électrons externes**, qui ne participent pas à la formation des liaisons covalentes, s'associent par paires pour former des **doublets non liants**.

Exemple : principe de la formation d'une liaison covalente entre un atome d'hydrogène H et un atome de fluor F au sein de la molécule de fluorure d'hydrogène HF.

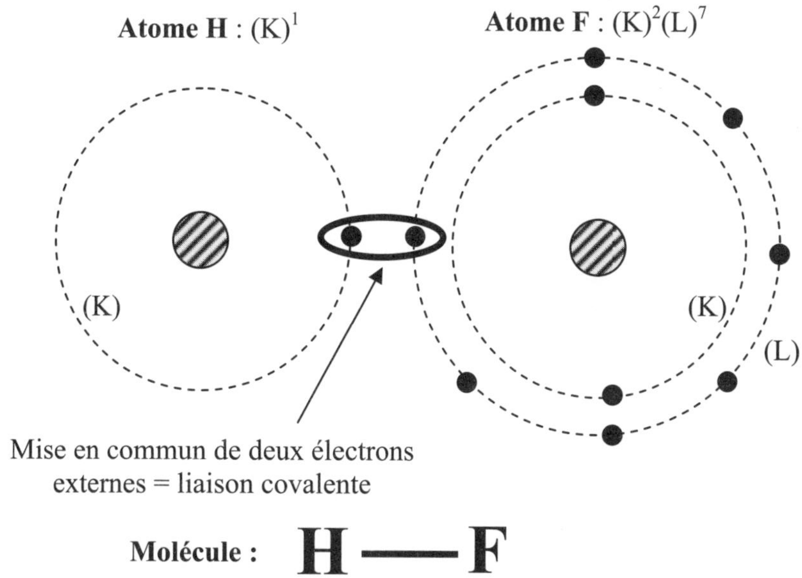

Figure 8 : formation d'une liaison covalente (doublet liant) entre deux atomes

En formant des liaisons covalentes, chaque atome acquiert au sein de la molécule une **structure électronique externe stable** en **duet** (pour l'atome d'hydrogène) ou en **octet** (pour tous les autres atomes).

Remarques

• Les **gaz nobles** tels que He $(K)^2$, Ne $(K)^2(L)^8$ et Ar $(K)^2(L)^8(M)^8$, possèdent une **couche électronique externe saturée** à deux électrons (**duet**) ou huit électrons (**octet**) : cela leur confère une grande stabilité chimique que les autres atomes tentent d'acquérir en formant des liaisons chimiques ou des ions.
• Le nombre de liaisons covalentes, que peut former un atome, correspond au nombre d'électrons qui lui manque sur sa couche externe pour respecter la règle du duet (pour l'hydrogène) ou la règle de l'octet (pour tous les autres atomes). Ainsi :

Atome	Z	Structure électronique	Nombre de liaisons covalentes possibles	Covalence
H	1	$(K)^1$	$2 - 1 = 1$	monovalent
C	6	$(K)^2(L)^4$	$8 - 4 = 4$	tétravalent
N	7	$(K)^2(L)^5$	$8 - 5 = 3$	trivalent
O	8	$(K)^2(L)^6$	$8 - 6 = 2$	divalent

• Liaisons covalentes possibles autour du carbone :

- *Liaisons carbone-carbone :*

Liaison simple : 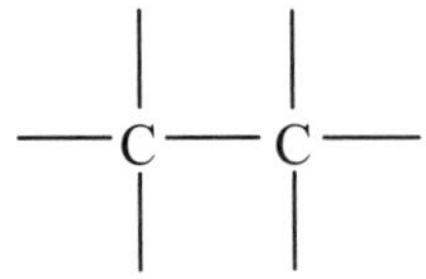 Liaison double : 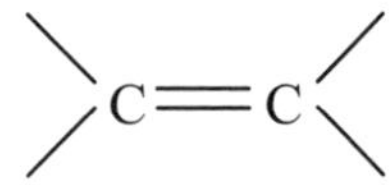

Liaison triple : 

- *Liaison carbone-hydrogène :*

Liaison simple : 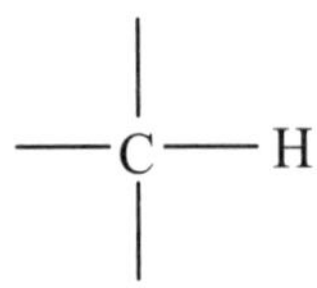

- *Liaisons carbone-oxygène :*

Liaison simple : 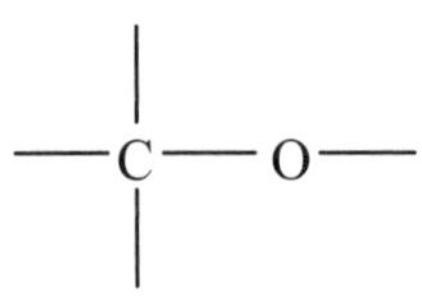 Liaison double : 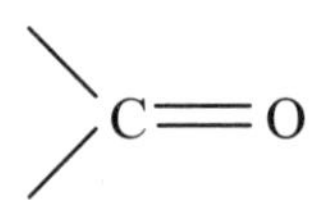

- *Liaisons carbone-azote :*

Liaison simple : 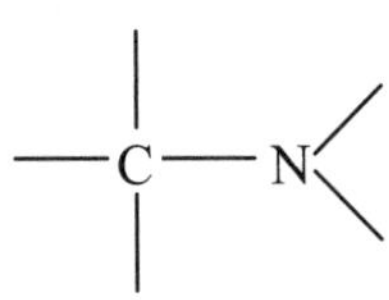 Liaison double : 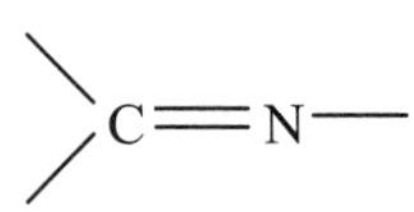

Liaison triple : 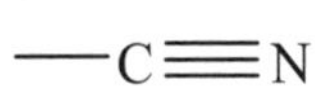

Exercice d'application 4

Quelles sont, parmi les formules semi-développées suivantes, les molécules correctement écrites du point de vue de la covalence ? Justifier.

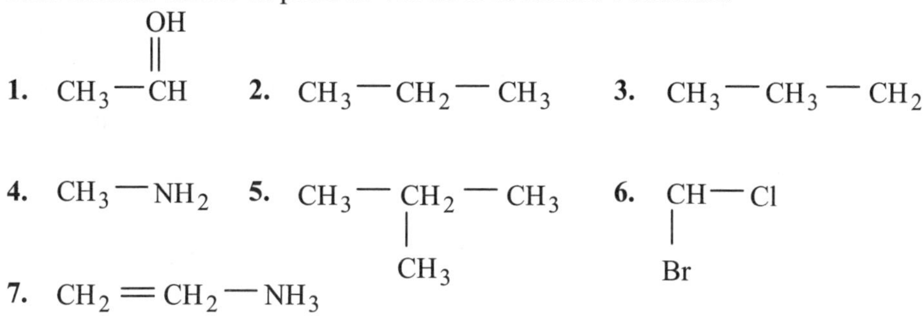

Corrigé

Il faut respecter la covalence de chaque atome à savoir 4 liaisons autour du carbone, 1 autour de l'hydrogène, du chlore et du brome (le brome étant dans la même colonne que le chlore, il formera également 1 liaison autour de lui), 3 autour de l'azote et 2 autour de l'oxygène.

La **première** molécule n'est **pas correctement écrite** car l'oxygène est entouré de 3 liaisons : 1 double liaison carbone–oxygène et 1 liaison oxygène–hydrogène.

La **deuxième** et la **quatrième** molécules sont **correctement écrites** car chaque atome de carbone est entouré de 4 liaisons, chaque hydrogène de 1 et chaque atome d'azote de 3.

La **troisième** molécule n'est **pas correctement écrite** car le carbone du milieu est entouré de 5 liaisons : 3 liaisons carbone–hydrogène et 2 liaisons carbone–carbone. De plus, le carbone le plus à droite n'est entouré que de 3 liaisons : 2 carbone–hydrogène et 1 carbone–carbone.

La **cinquième** molécule n'est **pas correctement** écrite car le carbone du milieu est entouré de 5 liaisons : 2 liaisons carbone–hydrogène et 3 liaisons carbone–carbone.

La **sixième** molécule n'est **pas correctement** écrite car le carbone n'est entouré que de 3 liaisons : 1 liaison carbone–hydrogène, 1 liaison carbone–brome et 1 liaison carbone–chlore.

La **septième** molécule n'est **pas correctement** écrite car d'une part le carbone du milieu est entouré de 5 liaisons (2 liaisons carbone–hydrogène, 1 liaison carbone–

azote et 1 double liaison carbone–carbone) et d'autre part l'azote est entouré de 4 liaisons (1 liaison carbone–azote et 3 liaisons azote–hydrogène).

✍ Exercice d'application 5

Indiquer pour chaque molécule, à la place des petits cercles, le nombre d'hydrogènes nécessaires sans changer le nombre de liaisons autour des différents éléments.

1. $CH_{\circ} - CH_{\circ} - CH_{\circ} - OH$ **2.** $CH_{\circ} - CH_{\circ} = CH_{\circ} - Cl$

3. $CH_{\circ} - CH_{\circ} - \overset{\overset{\displaystyle O}{\|}}{CH_{\circ}}$ **4.** $CH_{\circ} = CH_{\circ} - CH_{\circ} - CH_{\circ}$

Corrigé

Il faut respecter la covalence de chaque atome à savoir 4 liaisons autour du carbone, 1 autour de l'hydrogène et du chlore et 2 autour de l'oxygène.

1. $CH_3 - CH_2 - CH_2 - OH$ **2.** $CH_3 - CH = CH - Cl$

3. $CH_3 - CH_2 - \overset{\overset{\displaystyle O}{\|}}{CH}$ **4.** $CH_2 = CH - CH_2 - CH_3$

2.3. Différentes représentations des molécules

Formule brute

Une formule brute est de la forme $\mathbf{C_xH_yO_z}$ (il peut y avoir d'autres éléments chimiques).
On écrit côte à côte les symboles des atomes présents dans la molécule, et si un même atome est présent plusieurs fois, on le précise en indice en bas à droite du symbole de l'élément chimique correspondant.

Exemple : $C_6H_{12}O_6$ contient 6 atomes de carbone, 12 d'hydrogène et 6 d'oxygène.

Formule développée

Il s'agit de l'écriture de la molécule dans laquelle sont représentées **toutes les liaisons covalentes** entre les atomes. Cette écriture est peu commode lorsque les molécules sont complexes, c'est-à-dire présentant un très grand nombre d'atomes.

Exemple : 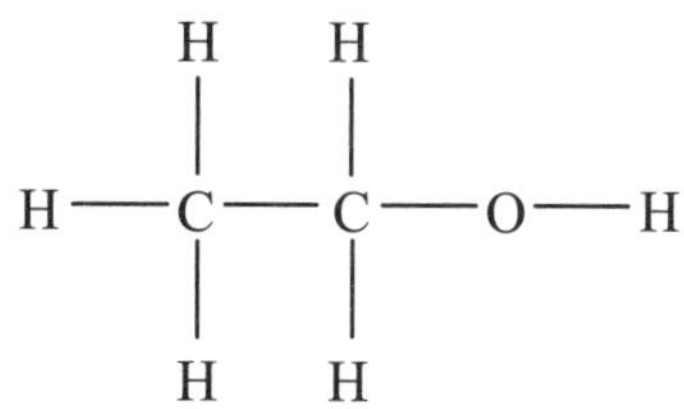

Formule semi-développée

Il s'agit de l'écriture de la molécule dans laquelle **toutes les liaisons covalentes** sont représentées, **sauf celles avec l'hydrogène**. Cette écriture est plus condensée que celle de la formule développée.

Exemple : $CH_3 — CH_2 — OH$

Formule topologique

Lorsque les molécules organiques deviennent complexes, on les représente par leur **formule topologique** en utilisant les conventions suivantes :

- les liaisons carbone–carbone sont représentées par des *segments de droite*, disposés en *zigzag* ;
- par convention, les extrémités de chaque segment représentent 1 atome de carbone ;
- on ne représente pas les atomes d'hydrogène nécessaires aux atomes de carbone pour satisfaire la règle de l'octet ;
- les atomes, autres que carbone et hydrogène, sont représentés par leur symbole, ainsi que les atomes d'hydrogène qu'ils portent.

Exemple de la molécule d'éthanol :

$CH_3 — CH_2 — OH$

formule semi–développée

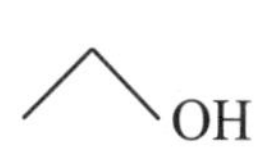

écriture topologique

✍ Exercice d'application 6

Ecrire la formule semi-développée des molécules suivantes :

1. 

2. 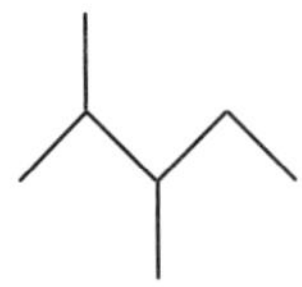

3. 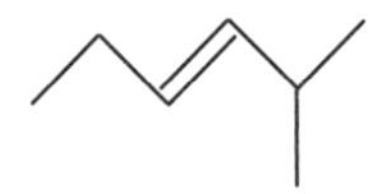

4. 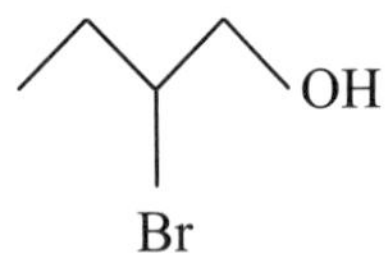

5. 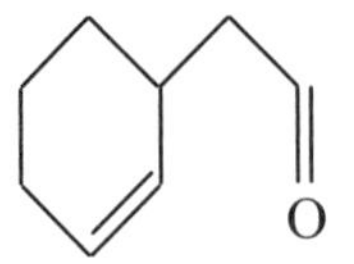

Corrigé

Ecriture topologique	Formule semi-développée
	$CH_3-CH_2-CH_2-CH_2-CH_3$
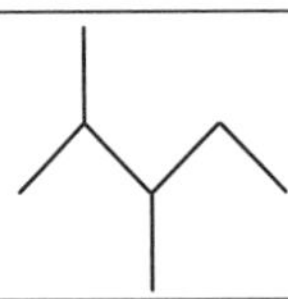	$CH_3-\underset{\underset{CH_3}{\vert}}{CH}-\underset{\underset{CH_3}{\vert}}{CH}-CH_2-CH_3$
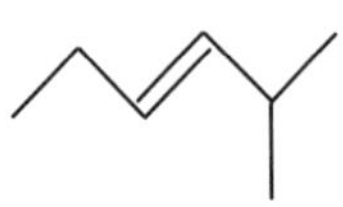	$CH_3-CH_2-CH=CH-\underset{\underset{CH_3}{\vert}}{CH}-CH_3$
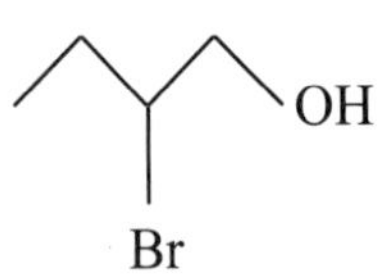	$CH_3-CH_2-\underset{\underset{Br}{\vert}}{CH}-CH_2-OH$
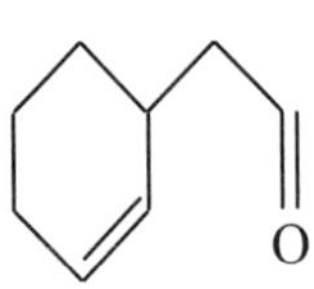	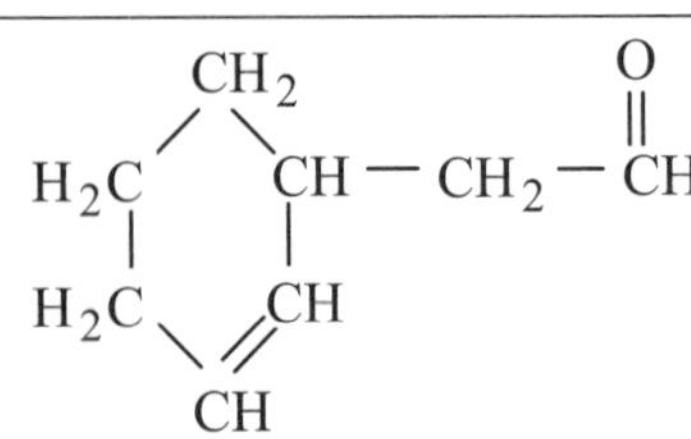

2.4. Formule de Lewis d'une molécule

La **formule de Lewis** d'une molécule modélise l'enchaînement des atomes qui la composent et la répartition des doublets liants et non liants sur la couche électronique externe de chacun d'entre eux.
Les **doublets** (ou paires) d'électrons sont représentés par un **tiret**. Si le doublet est liant, le tiret est situé entre les symboles des atomes et s'il est non liant, le tiret est disposé autour du symbole de l'atome auquel il appartient.

Exemple : formule de Lewis de la molécule de fluorure d'hydrogène

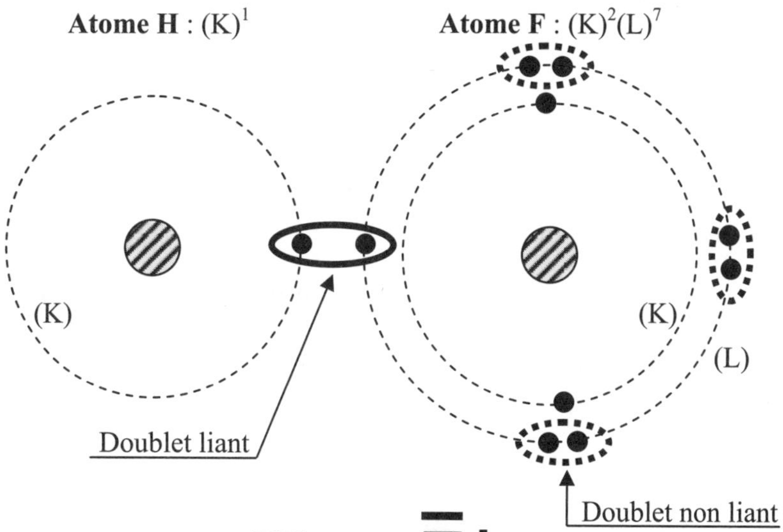

Formule de Lewis : 

Figure 9 : la formule de Lewis d'une molécule rend compte de la répartition des doublets liants et non liants sur la couche électronique externe de chaque atome

Il existe une méthode rapide permettant de déterminer la formule de Lewis d'une molécule :

① Écrire la formule brute de la molécule.
② En fonction du nombre d'électrons externes présents sur chaque atome, en déduire le nombre de liaisons covalentes que chacun d'entre eux peut former.
③ Placer en position centrale l'atome pouvant former le plus de liaisons covalentes.
④ Disposer autour les autres atomes, en formant le nombre de liaisons covalentes compatible entre chacun d'entre eux.

⑤ Disposer si nécessaire, autour des atomes différents de H, des doublets non liants afin que la règle de l'octet soit respectée.

Exemple : recherchons la formule de Lewis de la molécule d'eau en mettant en œuvre les différentes étapes de la méthode précédemment exposée.

① H_2O
② H (Z = 1) a pour formule électronique $(K)^1 \Rightarrow 2 - 1 = 1$ liaison covalente
O (Z = 8) a pour formule électronique $(K)^2(L)^6 \Rightarrow 8 - 6 = 2$ liaisons covalentes
③ L'atome d'oxygène est placé en position centrale car c'est lui qui est susceptible de former le plus de liaisons covalentes :

$$\text{H} \quad \text{O} \quad \text{H}$$

④ On dispose le nombre de liaisons covalentes compatible avec chaque atome :

$$\text{H} - \text{O} - \text{H}$$

⑤ L'atome d'oxygène O forme deux liaisons covalentes (doublets liants) contenant chacune $2e^-$. Il est donc entouré par $4e^-$. Afin que cet atome respecte la règle de l'octet on doit donc ajouter sur lui deux doublets non liants :

$$\text{H} - \overline{\underline{\text{O}}} - \text{H}$$

✍ Exercice d'application 7

On considère les formules semi-développées des molécules suivantes :

a) $Cl - CH - CH_2 - OH$ b) $CH_3 - OH$ c) $CH_3 - C \equiv CH$

d) $CH_3 - CH_2 - NH_2$

e)
$$\begin{array}{l} \qquad\qquad\quad \text{O} \\ \qquad\qquad\quad \| \\ CH_3 - CH - C - OH \\ \qquad\quad | \\ \qquad\quad CH_3 \end{array}$$

f) $CH_3 - O - CH_3$ g) $CH_3 - CH_2 - CH_2 - CH_3$

h) $CH_3 - CH = CH - CH_3$

1. Ecrire la formule brute de chaque molécule.
2. Ecrire leur formule développée.
3. Donner leur représentation de Lewis.
4. Donner leur écriture topologique.

Corrigé

Formule brute	Formule développée	Représentation de Lewis	Ecriture topologique
a) C_2H_5OCl	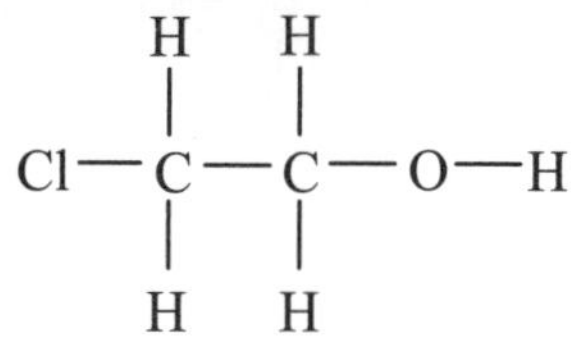	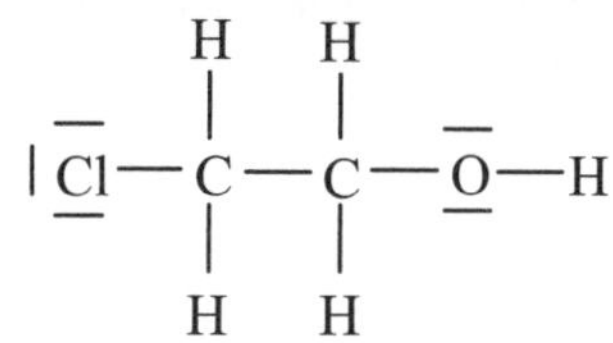	
b) CH_4O	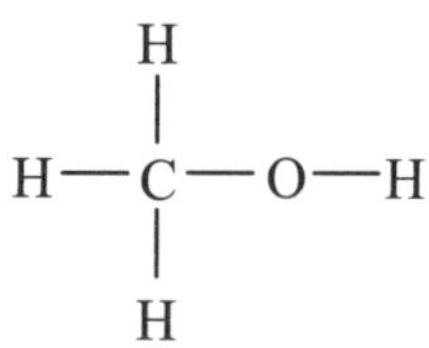	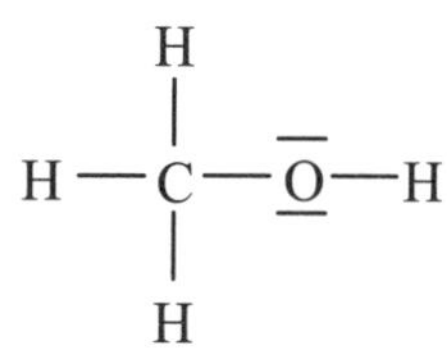	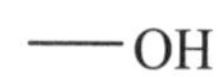
c) C_3H_4	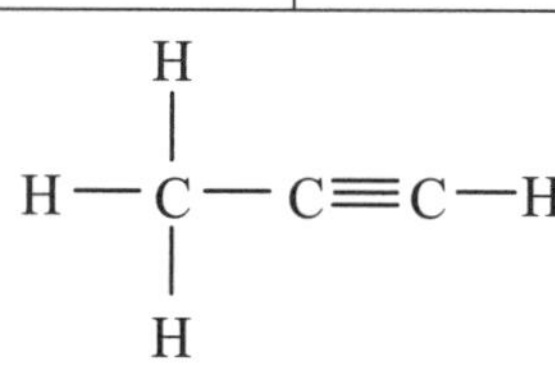		
d) C_2H_7N	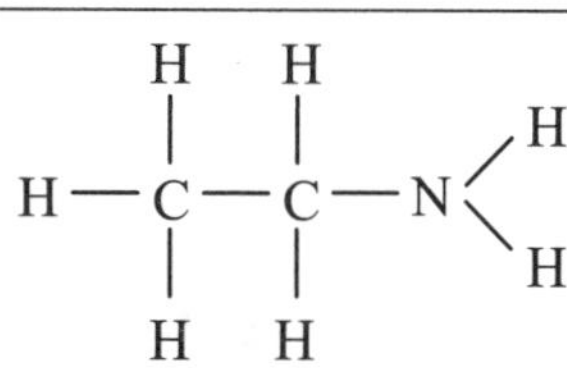	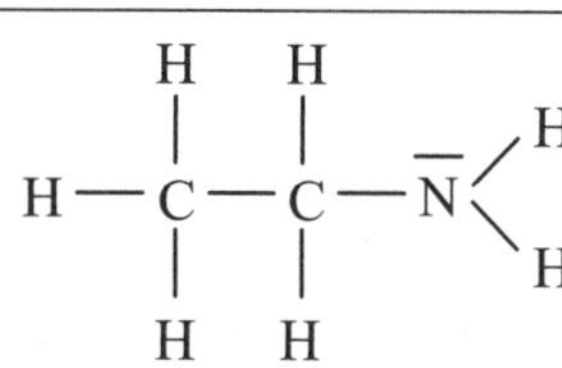	

Formule brute	Formule développée	Représentation de Lewis	Ecriture topologique
e) $C_4H_8O_2$	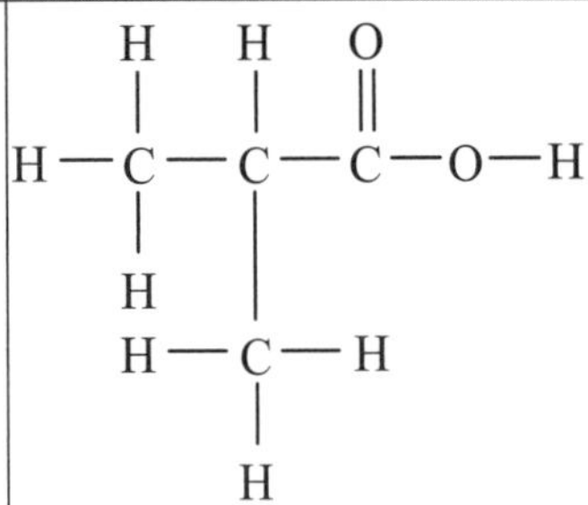	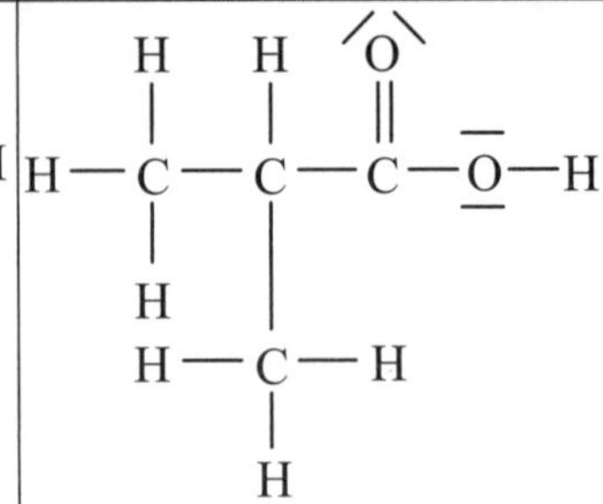	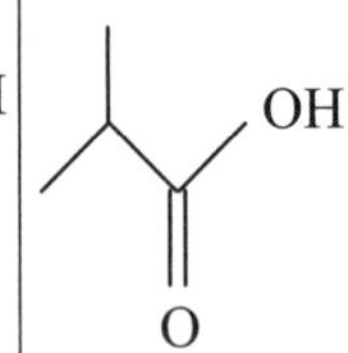
f) C_2H_6O	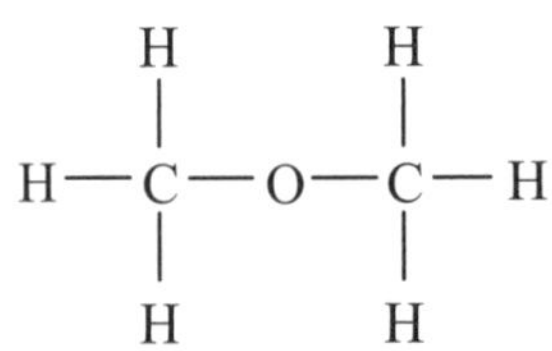	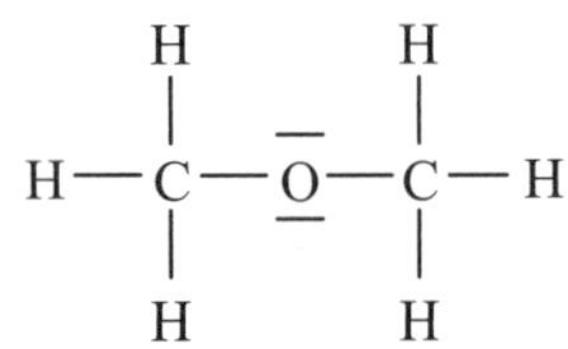	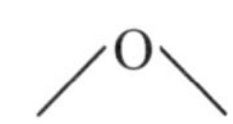
g) C_4H_{10}	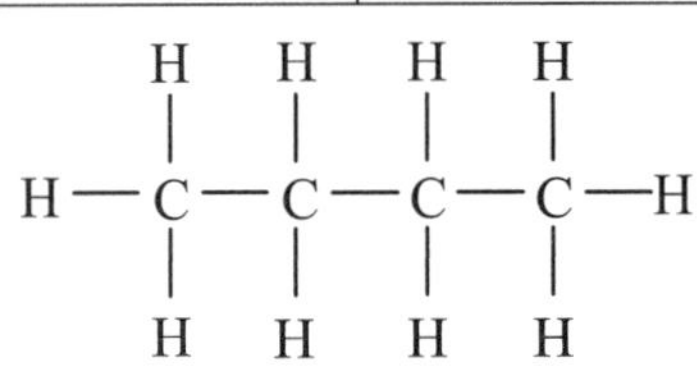		
h) C_4H_8	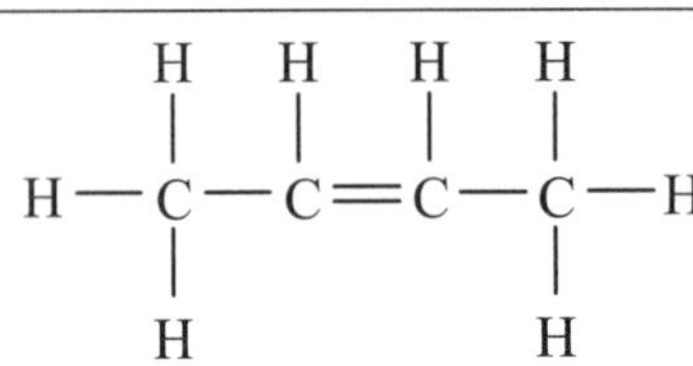		

2.5. Géométrie de quelques molécules simples

De nombreuses molécules sont constituées d'un atome central lié aux autres atomes par des liaisons covalentes. Les **doublets liants** et **non liants** de l'atome central **se repoussent** alors mutuellement à cause des **répulsions électrostatiques** (un doublet est composé de deux électrons et est donc chargé négativement). La géométrie de la molécule correspond à la disposition spatiale qui éloigne au maximum les doublets mutuellement deux à deux afin de minimiser les répulsions électrostatiques.

Ainsi, si un atome central A est entouré de n liaisons covalentes et de m doublets non liants, il est noté AX_nE_m. La disposition spatiale des liaisons covalentes dépend alors du nombre de doublets total n + m qui entourent l'atome central (et qui se repoussent).

n + m = 2	**n + m = 3**
Type AX_2	**Type AX_3**
Dioxyde de carbone : CO_2	Méthanal : CH_2O
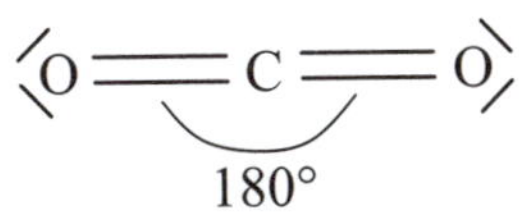	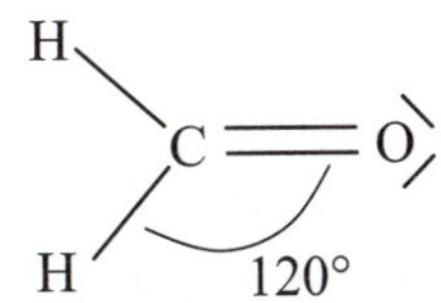
Géométrie linéaire	Géométrie triangulaire plane

n + m = 4		
Type AX_4	**Type AX_3E_1**	**Type AX_2E_2**
Méthane : CH_4	Ammoniac : NH_3	Eau : H_2O
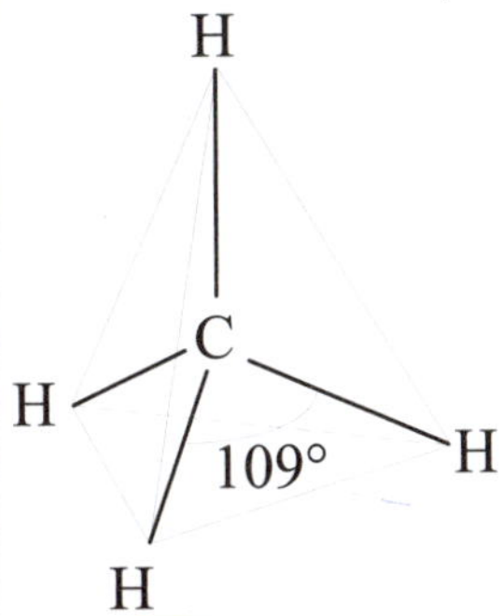	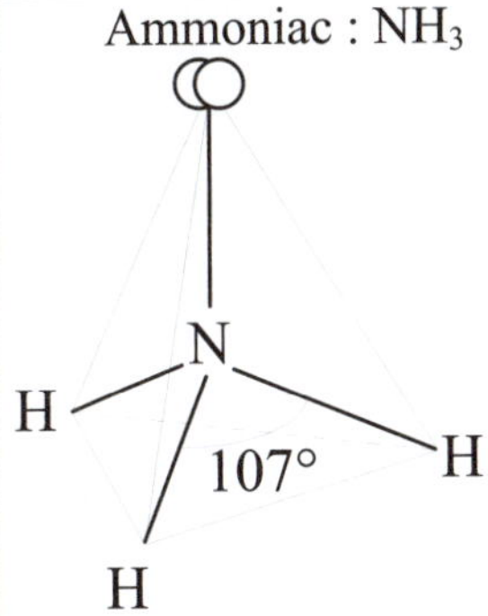	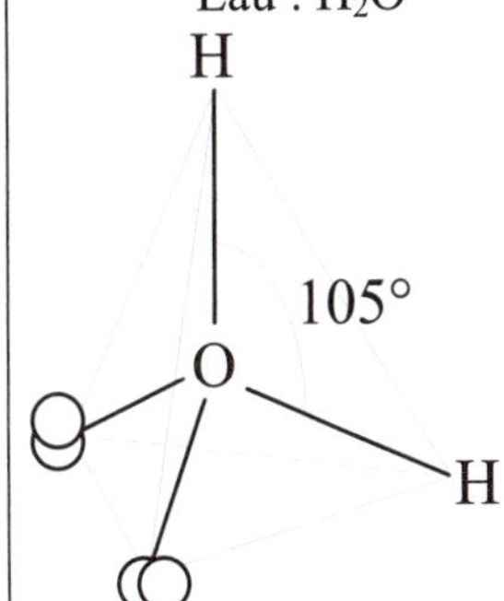
Géométrie tétraédrique	Géométrie pyramidale	Géométrie coudée plane

Remarque

Les doublets non liants sont plus répulsifs que les liaisons covalentes ce qui engendre un resserrement des liaisons (diminution de l'angle α en allant de CH_4 à H_2O).

La **représentation de Cram** permet de rendre compte de la **géométrie spatiale** des molécules dans le cas où celle-ci n'est pas plane (géométrie tétraédrique ou pyramidale). Elle utilise les conventions d'écriture suivantes :

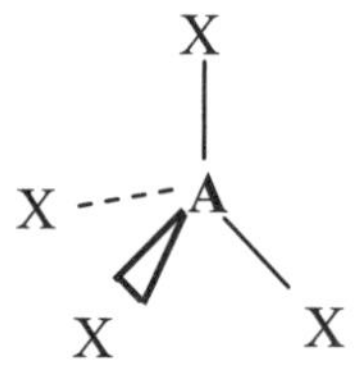

liaison dans le plan de la feuille

liaison **en avant** du plan de la feuille

liaison **en arrière** du plan de la feuille

A : atome central

Ainsi, les représentations de Cram du méthane CH_4 et de l'ammoniac NH_3 sont :

Représentation de Cram du méthane CH_4	**Représentation de Cram de l'ammoniac NH_3**
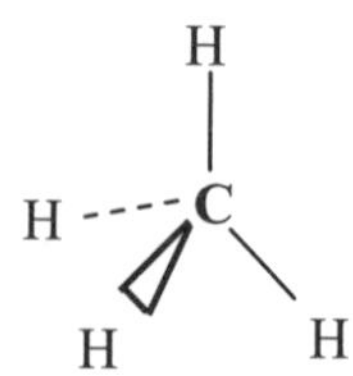	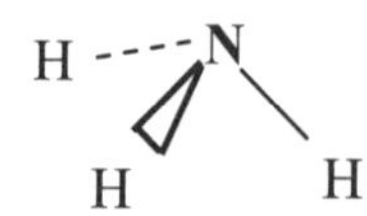

La forme des molécules organiques est donnée par l'enchaînement des atomes de carbone appelé **squelette carboné** ou **chaîne carbonée**.

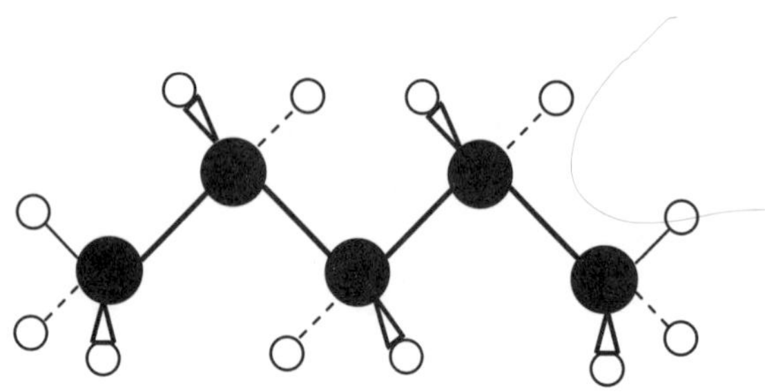

atome de carbone

atome d'hydrogène

La forme de la molécule de pentane, de formule C_5H_{12} représentée ci-dessus, est donnée par l'enchaînement des 5 atomes de carbone

Remarque

Une molécule organique est une molécule comportant du **carbone** et de l'**hydrogène**. On peut citer par exemple le méthane CH_4 et l'éthanol C_2H_6O.

Exercice d'application 8

Donner la représentation de Cram des molécules suivantes :

1. 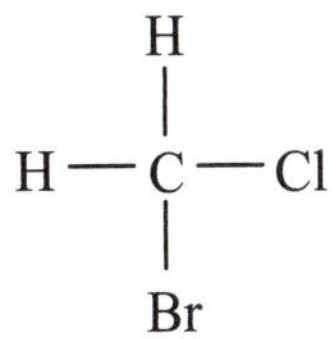

2. 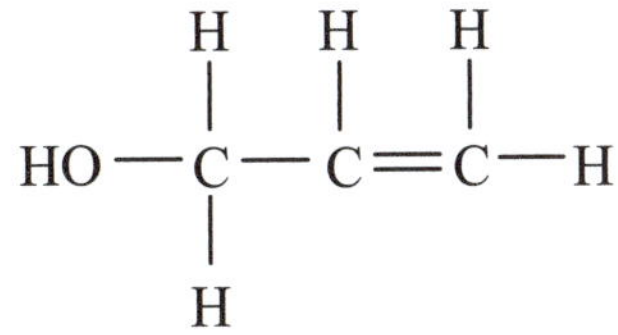

Corrigé

1. La géométrie autour du carbone est **tétraédrique** car il possède 4 liaisons simples autour de lui :

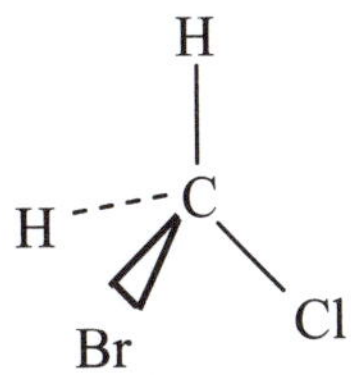

liaison dans le plan de la feuille

liaison en avant du plan de la feuille

liaison en arrière du plan de la feuille

Les atomes ou groupes d'atomes sur les différentes liaisons d'un carbone tétraédrique peuvent être permutés (les 4 liaisons sont équivalentes).

2. La géométrie autour du carbone possédant 4 liaisons simples est **tétraédrique**. Les 4 liaisons autour des autres atomes carbone sont dans un même **plan** (le plan de la feuille par exemple), l'angle entre les différentes liaisons est de **120°** :

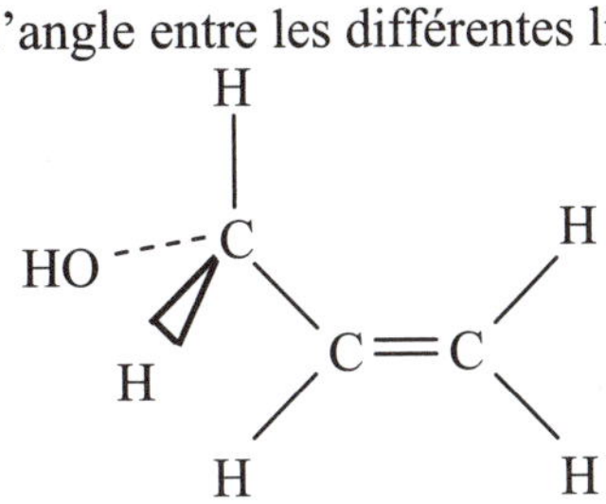

2.6. Double liaison en chimie organique

Isomérie Z / E

Deux molécules sont **isomères** si elles possèdent la **même formule brute** mais des **formules développées** ou **semi-développées différentes**. Elles possèdent des propriétés chimiques et physiques différentes.
Par exemple, les deux molécules suivantes sont différentes mais ont la même formule brute C_2H_6O :

L'absence de libre rotation autour de l'axe de la double-liaison C = C rend isomères les deux molécules ci-dessous, de même formule brute C_4H_8 :

Cette isomérie particulière liée à l'absence de libre rotation autour de l'axe des doubles-liaisons est appelée **isomérie Z / E**.
Pour qu'une double-liaison donne lieu à une telle isomérie, il faut que chaque atome de carbone de la double-liaison soit lié à deux groupes d'atomes R et R' différents :

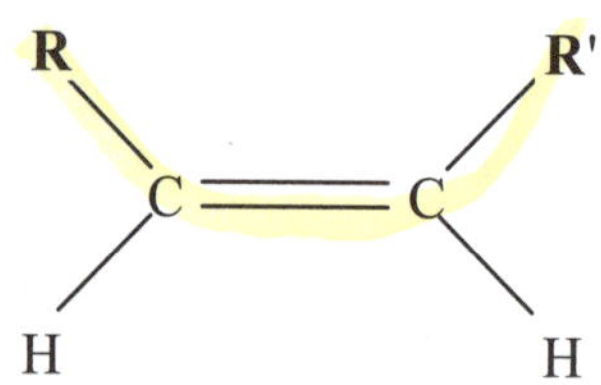

isomère Z

R et R' sont du **même côté** de l'axe C = C

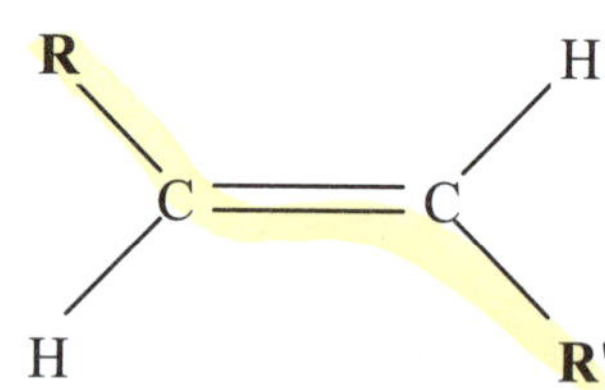

isomère E

R et R' sont de **part et d'autre** de l'axe C = C

✍ Exercice d'application 9

Les alcènes sont des hydrocarbures ayant pour formule générale C_nH_{2n}, où n est un entier supérieur ou égal à 2 qui représente le nombre d'atomes de carbone.

1. Déterminer la formule brute des alcènes de masse molaire moléculaire $M = 56\ g.mol^{-1}$.
2. Représenter les formules de Lewis des différents isomères Z / E ayant la formule brute précédente.

Corrigé

1. La masse molaire moléculaire d'un alcène de formule brute C_nH_{2n} est :
$M(C_nH_{2n}) = n \times 12 + 2\,n \times 1 = 14\,n \Rightarrow 14\,n = 56$ d'où $n = 4$
L'alcène a pour formule brute C_4H_8.
2. Un alcène peut présenter une isomérie Z / E à condition que chaque atome de la double liaison C=C soit lié à un groupe différent.

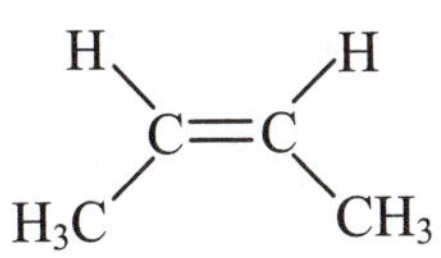

isomère Z

isomère de

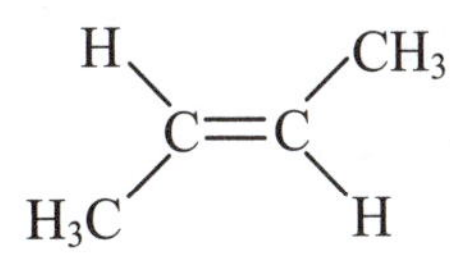

isomère E

Doubles liaisons conjuguées

Deux **doubles-liaisons** sont **conjuguées** si elles peuvent participer à des **transferts électroniques** laissant les différents atomes respecter la règle de l'**octet** ou la règle du **duet**.
Ces transferts d'électrons se traduisent par la destruction de certaines doubles liaisons et la formation d'autres liaisons.

Exemple :

Les **flèches courbées** matérialisent les **déplacements électroniques** intramoléculaires ; quant à la double flèche, elle indique que les deux formes se correspondent mutuellement : on dit que ce sont des **mésomères**.

La recherche des formes **mésomères** d'une molécule utilise la **représentation de Lewis** de celle-ci. Les mésomères possibles sont ceux pour lesquels tous les atomes respectent la règle de l'octet, l'hydrogène devant respecter, quant à lui, la règle du duet.

Exemples :

Les deux formes mésomères suivantes sont envisageables car les atomes différents de l'hydrogène respectent la règle de l'octet :

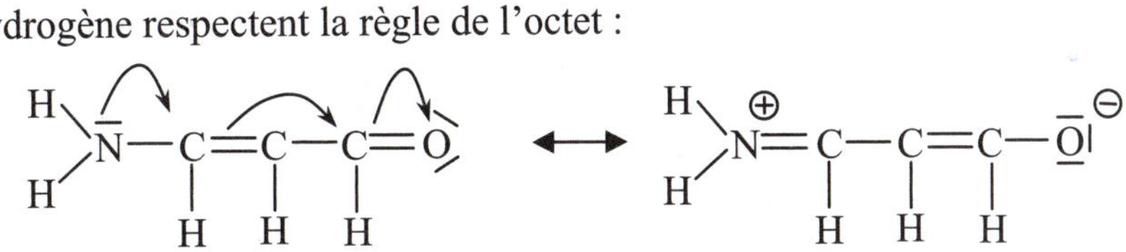

En revanche le transfert électronique suivant conduirait à la formation d'un ion O^+ ne vérifiant pas la règle de l'octet.

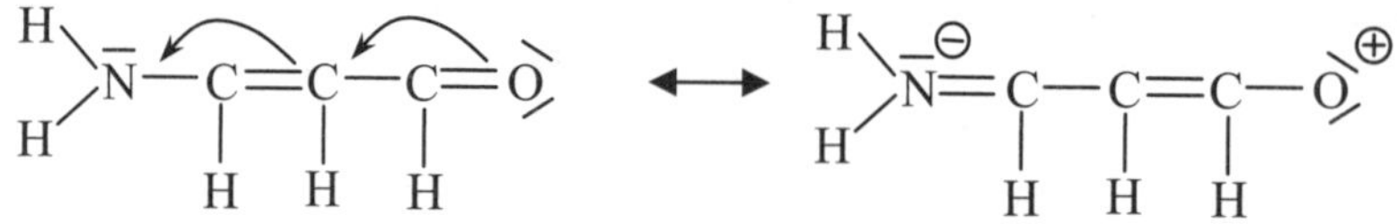

Remarque

Lors des déplacements électroniques entre doubles liaisons conjuguées, des sites positifs ou négatifs peuvent se former au sein de la molécule. Les caractéristiques de quelques-uns d'entre eux, compatibles avec la règle de l'octet, sont données dans le tableau ci-dessous :

	Formule	Formule électronique	Liaisons	Doublets non liants	Formule de Lewis
Oxygène ($_8O$)	O	$(K)^2(L)^6$	8 – 6 = 2	2	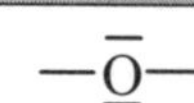
	O^+	$(K)^2(L)^5$	8 – 5 = 3	1	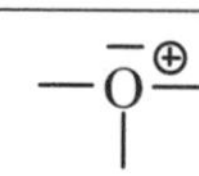
	O^-	$(K)^2(L)^7$	8 – 7 = 1	3	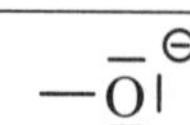

	Formule	Formule électronique	Liaisons	Doublets non liants	Formule de Lewis
Azote ($_7N$)	N	$(K)^2(L)^5$	8 – 5 = 3	1	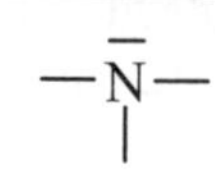
	N^+	$(K)^2(L)^4$	8 – 4 = 4	0	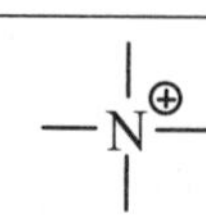
	N^-	$(K)^2(L)^6$	8 – 6 = 2	2	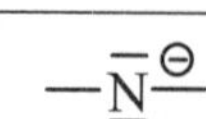

2.7. Doubles liaisons conjuguées et molécules organiques colorées

Plus une molécule organique possède de liaisons conjuguées, plus elle absorbe facilement les photons correspondant à la lumière visible, ce qui lui confère une couleur : c'est le cas des **colorants** et des **indicateurs colorés**.

Cycle benzénique

De nombreuses molécules organiques colorées comprennent un **cycle benzénique**. Toutes les doubles liaisons du benzène C_6H_6 sont conjuguées :

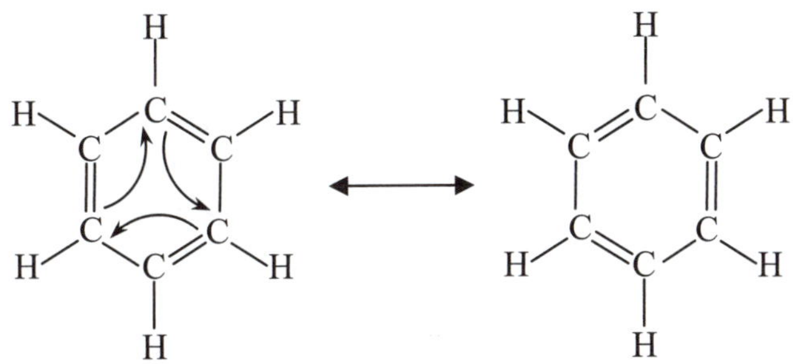

En utilisant les formules topologiques, les deux formes mésomères précédentes s'écrivent de la manière suivante :

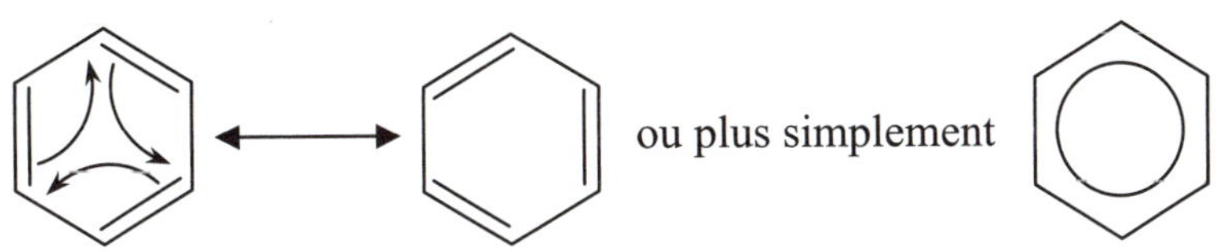

Le cercle, à l'intérieur de l'hexagone, symbolise les transferts électroniques s'opérant entre les doubles liaisons conjuguées.

Chromophores et auxochromes

Dans une molécule de colorant ou d'indicateur coloré, certains groupes d'atomes permettent une importante absorption de lumière dans le visible ou le proche UV : on les appelle **chromophores**.

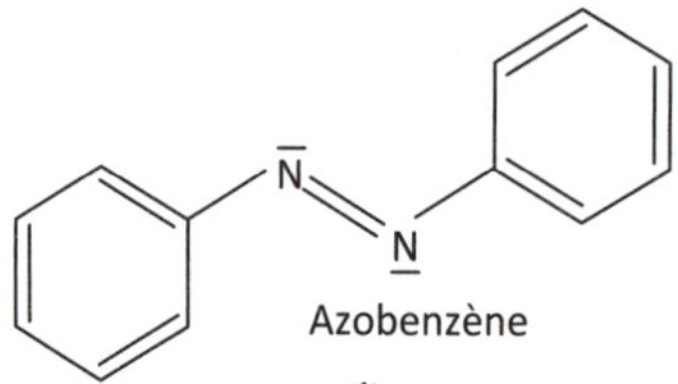

Azobenzène

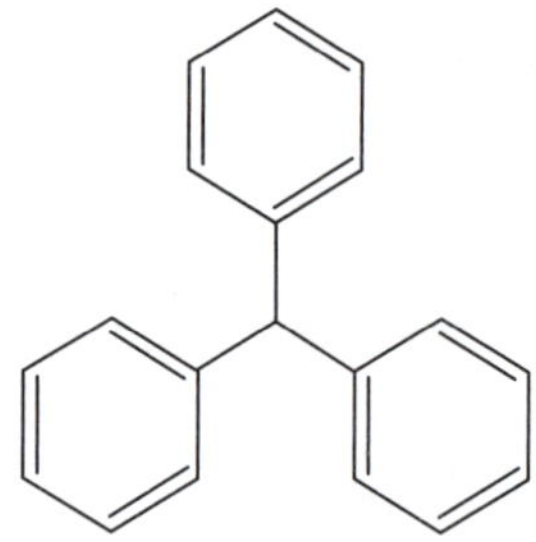

Triphénylméthane

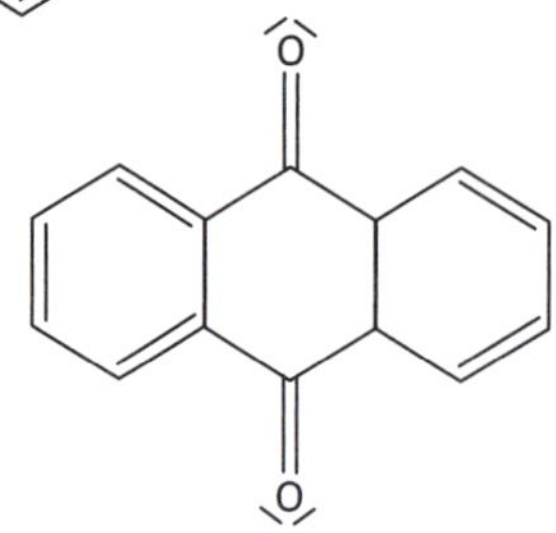

Anthraquinone

La plupart des chromophores absorbent dans l'UV et sont donc incolores. Le déplacement de l'absorption vers le domaine visible est dû à des groupements dits **auxochromes** fixés au chromophore : hydroxyle (–OH), acétyl (–O–R), amine (–NH_2), sulfoxyde (–SO_3H), acide carboxylique (–COOH)…

• Hélianthine : indicateur coloré acido-basique

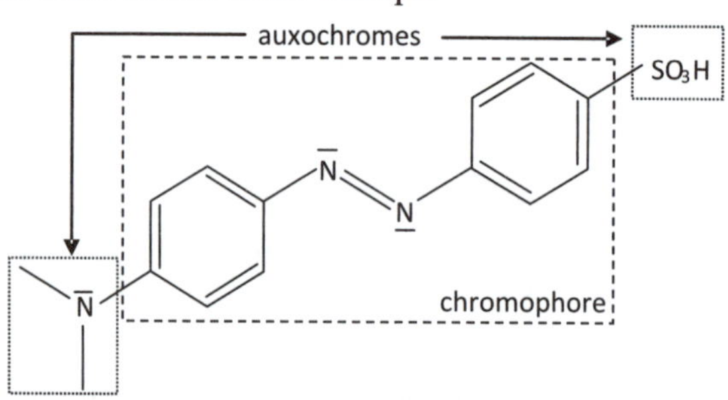

• Alizarine : colorant rouge (extrait de la garance)

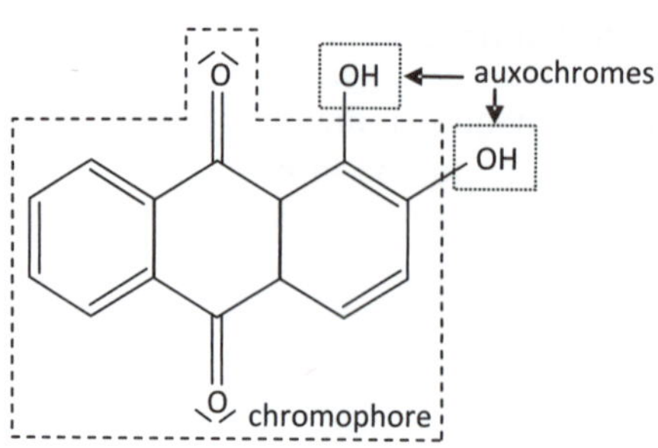

Indicateurs colorés

Les indicateurs colorés sont des molécules organiques ayant des couleurs différentes selon le milieu dans lequel ils se trouvent. Par exemple, le jaune de méthyle est :

- jaune en milieu basique

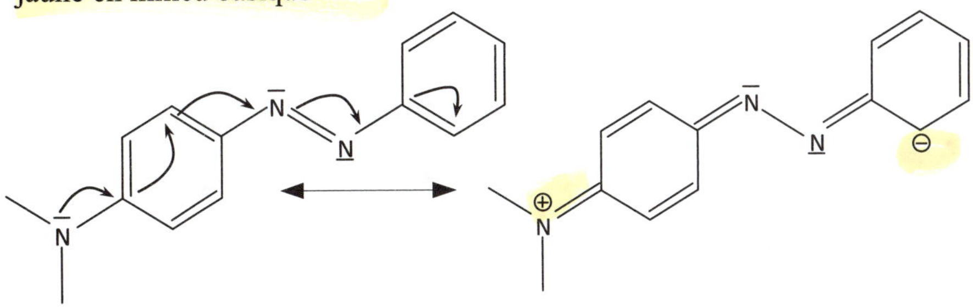

- rouge en milieu acide

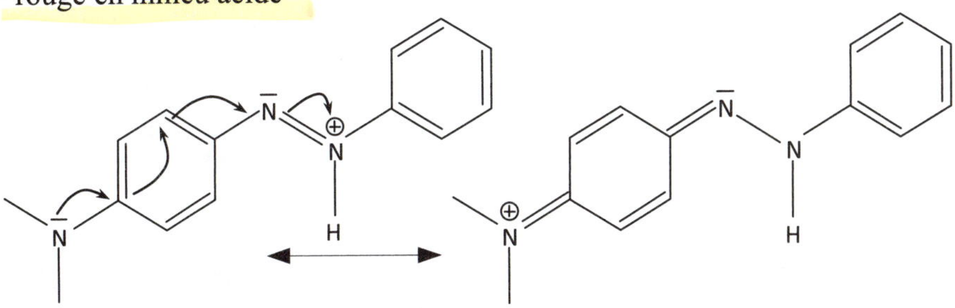

La transition entre ces deux formes de la molécule est réalisée par un ion $H^+_{(aq)}$ qui caractérise les milieux acides :

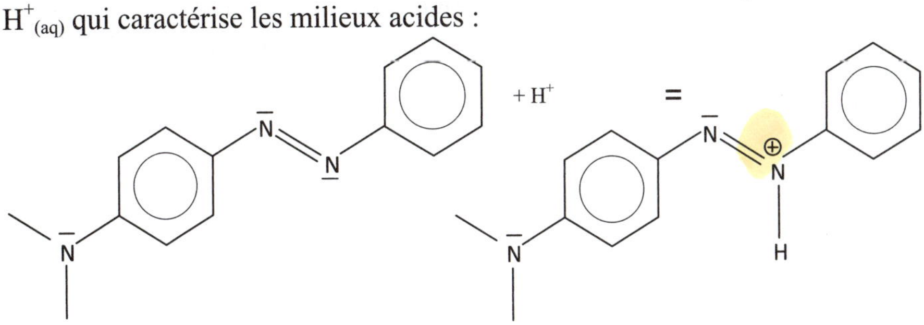

jaune rouge

Exercice d'application 10

1. L'indigo est l'un des plus anciens colorants connus (il a été identifié sur des bandelettes de momies), il s'extrait des feuilles de l'indigotier, petit arbuste cultivé en Asie. Il sert, entre autre, à colorer les jeans. Sa formule topologique est :

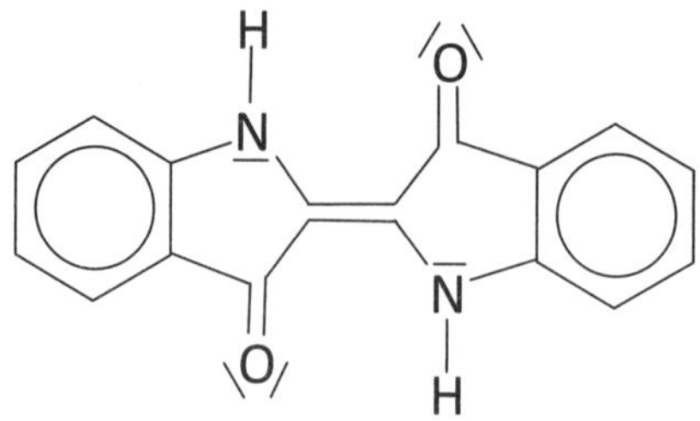

a) Chacune des doubles liaisons C=O peut-elle être conjuguée avec d'autres liaisons ?

b) On observe sur le spectre d'absorption de la molécule d'indigo deux pics d'absorption aux longueurs d'onde $\lambda_1 = 580$ nm et $\lambda_2 = 620$ nm.
L'indigo est-il coloré ? Si oui, quelle est sa couleur ?

2. L'indigo ($C_{16}H_{10}N_2O_2$) peut être synthétisé en faisant réagir du 2-nitrobenzaldéhyde ($C_7H_5NO_3$) avec de l'acétone (C_3H_6O) en milieu basique selon l'équation chimique :

$$2\ C_7H_5NO_3(s) + 2\ C_3H_6O(\ell) + 2\ HO^-(aq) \rightarrow C_{16}H_{10}N_2O_2(s) + 2\ CH_3CO_2^-(aq) + 4\ H_2O(\ell)$$

Dans un erlenmeyer contenant 20 mL d'acétone (de masse volumique 0,79 g/cm^3) et 30 mL d'eau distillée, on dissout, sous agitation magnétique, 1,00 g de 2-nitrobenzaldéhyde. Puis, on ajoute lentement 5,0 mL de solution de soude à 2,0 mol.L^{-1}. Après filtration, rinçage et séchage, on recueille 0,38 g d'indigo.

a) Calculer les quantités de matière initiales des réactifs mis en jeu.

b) Quel est l'avancement maximal x_{max} de la réaction de synthèse ? Quel est le réactif limitant ?

c) En déduire la masse d'indigo attendue.

d) Calculer le rendement de la synthèse.

Données :

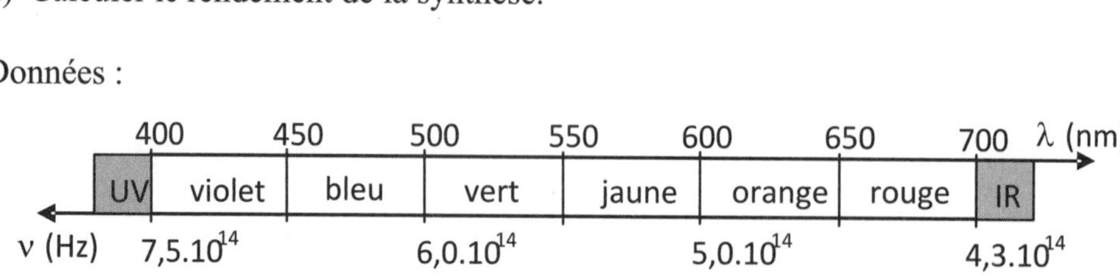

M(H) = 1,00 g/mol ; M(C) = 12,0 g/mol ; M(N) = 14,0 g/mol ; M(O) = 16,0 g/mol

Corrigé

1. a) Compte tenu des structures compatibles avec la rège de l'octet, chaque liaison C=O peut être conjuguée :

- avec des doubles liaisons du cycle benzénique :

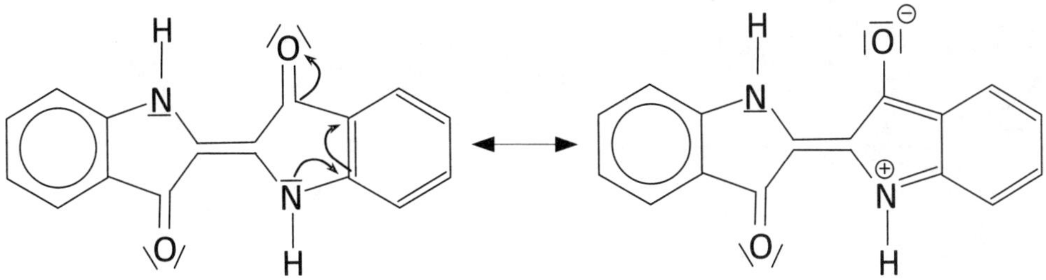

- avec la double liaison disposée au centre de la molécule :

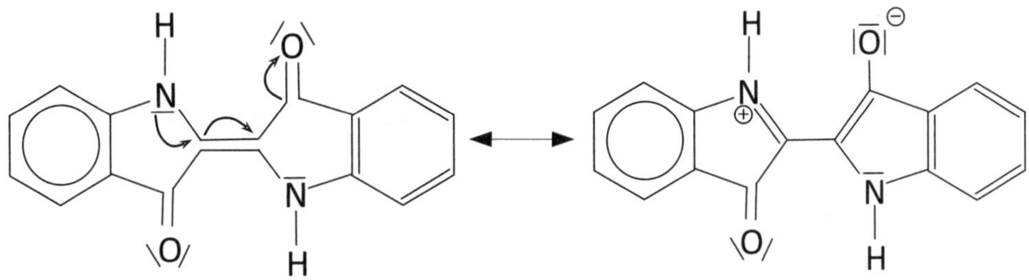

Il existe également les transferts électroniques associés à l'autre double liaison C=O.

b) La question précédente a permis de mettre en évidence l'existence de nombreuses doubles liaisons conjuguées. C'est pour cette raison que la molécule d'indigo est colorée : elle absorbe les radiations du domaine du visible aux longueurs d'onde $\lambda_1 = 580$ nm (jaune) et $\lambda_2 = 620$ nm (orange). La superposition des couleurs complémentaires associées aux précédentes, soit respectivement le bleu et le bleu-verdâtre, confirme la couleur bleu de l'indigo.

2. a) $\boxed{n(C_7H_5NO_3)_i = n_1 = \dfrac{m(C_7H_5NO_3)}{M(C_7H_5NO_3)}}$

A.N. : $n(C_7H_5NO_3)_i = n_1 = \dfrac{1{,}00}{(7\times12+5\times1+14+3\times16)} = \mathbf{6{,}6.10^{-3}\ mol}$

$n(C_3H_6O)_i = \dfrac{m(C_3H_6O)}{M(C_3H_6O)}$ or $\rho = \dfrac{m(C_3H_6O)}{V(C_3H_6O)} \Rightarrow m(C_3H_6O) = \rho\, V(C_3H_6O)$

Donc $\boxed{n(C_3H_6O)_i = n_2 = \dfrac{\rho\, V(C_3H_6O)}{M(C_3H_6O)}}$

A.N. : $n(C_3H_6O)_i = n_2 = \dfrac{(0{,}79\times 20)}{(3\times 12+6\times 1+16)} = \mathbf{2{,}8.10^{-1}\ mol}$

$\boxed{n(HO^-)_i = n_3 = C\ V}$ A.N. $n(HO^-)_i = n_3 = 2{,}0 \times 5{,}0.10^{-3} = \mathbf{1{,}0.10^{-2}\ mol}$

b) Tableau d'avancement :

Equation chimique		$2\ C_7H_5NO_3(s) + 2\ C_3H_6O(\ell) + 2\ HO^-(aq) \rightarrow C_{16}H_{10}N_2O_2(s) + 2\ CH_3CO_2^-(aq) + 4\ H_2O(\ell)$					
État du système	Avancement	Bilan de matière en mol					
Etat initial	0	n_1	n_2	n_3	0	0	Excès
Au cours de la transfo	x	$n_1 - 2\ x$	$n_2 - 2\ x$	$n_3 - 2\ x$	x	2 x	Excès
État final	x_f	$n_1 - 2\ xf$	$n_2 - 2\ x_f$	$n_3 - 2\ x_f$	x_f	$2\ x_f$	Excès
État final si la transfo est totale	x_{max}	$n_1 - 2\ x_{max}$	$n_2 - 2\ x_{max}$	$n_3 - 2\ x_{max}$	x_{max}	$2\ x_{max}$	Excès

Les quantités de matière des réactifs sont toujours positives ou nulles. D'après le tableau d'avancement cela implique que l'on doit avoir simultanément :

$$\begin{cases} n_1 - 2\,x \geq 0 \\ n_2 - 2\,x \geq 0 \\ n_3 - 2\,x \geq 0 \end{cases} \qquad \begin{cases} x \leq \dfrac{n_1}{2} \\ x \leq \dfrac{n_2}{2} \\ x \leq \dfrac{n_3}{2} \end{cases} \qquad \begin{cases} x \leq 3{,}3.10^{-3}\ \text{mol} \\ x \leq 1{,}4.10^{-1}\ \text{mol} \\ x \leq 5{,}0.10^{-3}\ \text{mol} \end{cases}$$

L'ensemble des valeurs de x compatibles avec les trois inégalités précédentes est : S = [0 mol ; 3,3. 10^{-3} mol] soit 0 mol $\leq x \leq 3{,}3.10^{-3}$ mol.

La valeur maximale de l'avancement est donc $x_{max} = \mathbf{3{,}3.10^{-3}\ mol}$.

Le réactif limitant est donc le 2-nitrobenzaldéhyde car $n_1 - 2\ x_{max} = 0$ mol.

c) D'après le tableau d'avancement, si la réaction est totale alors :

$n(C_{16}H_{10}N_2O_2)_f = x_{max} = \mathbf{3{,}3.10^{-3}\ mol}$

$\boxed{m(C_{16}H_{10}N_2O_2)_f = n(C_{16}H_{10}N_2O_2)_f\ M(C_{16}H_{10}N_2O_2)_f}$

A.N. : $m(C_{16}H_{10}N_2O_2)_f = 3{,}3.10^{-3} \times (16\times 12 + 10\times 1 + 2\times 15 + 2\times 16) = \mathbf{8{,}7.10^{-1}\ g}$

d) Le rendement de la synthèse est le quotient de la masse d'indigo réellement obtenue par la masse attendue (en supposant la réaction totale).

$\boxed{R(\%) = \dfrac{m(\text{indigo})_{\text{obtenue}}}{m(\text{indigo})_{\text{attendue}}} \times 100}$ A.N. : $R = \dfrac{0{,}38}{0{,}87} \times 100 = \mathbf{44\ \%}$.

3
Solutés et solutions

1. LES SOLIDES IONIQUES

1.1. Structure des cristaux ioniques

Rappels

Ion : **atome** ayant **gagné** ou **perdu** un ou plusieurs **électrons**

Cation : **ion** chargé **positivement** (Na^+)

Anion : **ion** chargé **négativement** (Cl^-).

Un **cristal ionique** (ou solide ionique) est une espèce chimique **électriquement neutre** composée d'**anions** et de **cations** disposés de façon **ordonnée** dans l'espace sur les **nœuds** d'une **maille**.

Exemples de cristaux ioniques :

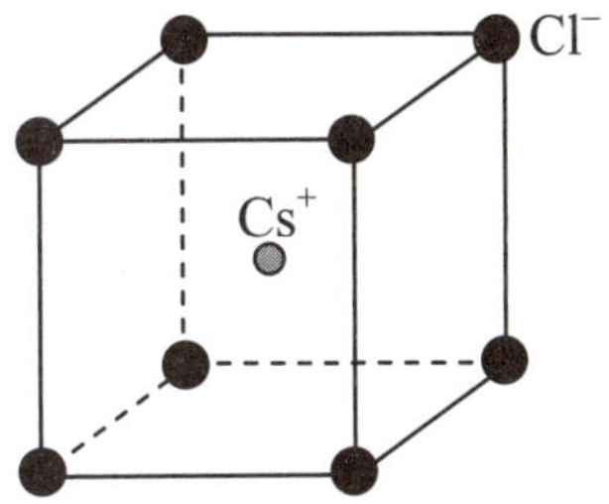

Cristal ionique
de chlorure de césium

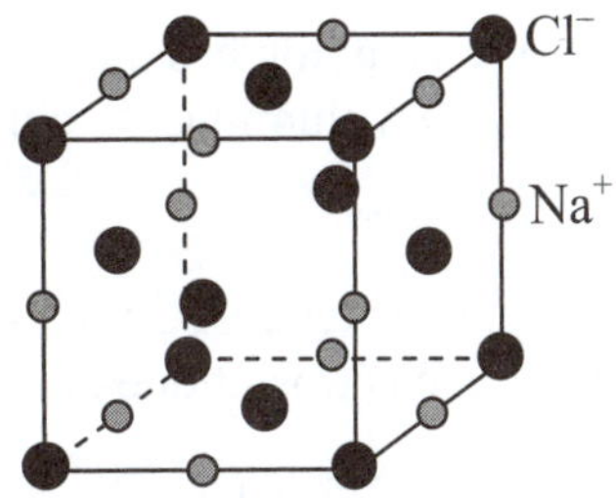

Cristal ionique
de chlorure de sodium

Les plus proches voisins des cations sont les anions et *vice versa* (voir schémas).

Remarques

Une maille est le plus petit volume qui permet par translation d'obtenir l'intégralité d'un cristal. Dans un cristal ionique, les anions et les cations sont localisés sur les nœuds, points remarquables d'une maille. Par exemple, les nœuds d'une maille cubique sont les sommets S du cube, son centre C, le centre F de ses faces et les milieux M de ses côtés. Certains nœuds sont communs à plusieurs mailles.

Le nombre N des différents types de nœuds est donné dans le tableau suivant :

noeud	N	commun à
centre C	1	1 maille
centre F	6	2 mailles
sommet S	8	8 mailles
milieu M	12	4 mailles

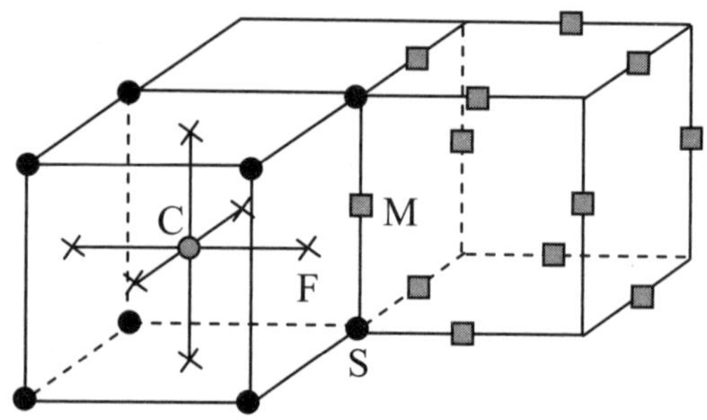

✍ Exercice d'application 1

La maille d'un cristal ionique de chlorure de césium CsCl(s) peut être représentée en plaçant des ions Cl^- aux sommets d'un cube d'arrête a = 0,212 nm, dont le centre est occupé par un ion Cs^+.

1. Combien y-a-t-il d'ions Cs^+ et Cl^- dans cette maille ? Quelle conclusion peut-on en tirer ?
2. Montrer que la distance minimale entre un ion chlorure et un ion césium est donnée par : $d = \frac{a\sqrt{3}}{2}$. Calculer la valeur de d.
3. Calculer la valeur de la force électrostatique entre :

a) deux ions chlorure ;

b) un ion chlorure et un ion césium.

4. Calculer la masse volumique du chlorure de césium.

Données :

- charge électrique élémentaire : $e = 1{,}6.10^{-19}$ C ;
- valeur de la force électrostatique entre deux charges électrique q_1 et q_2 :

$$F = k \times \frac{|q_1| \times |q_2|}{r^2} \text{ avec } k = 9.10^9 \text{ S.I.}$$

- nombre d'Avogadro : $N_A = 6{,}02.10^{23}$ mol^{-1}
- masses molaires ioniques : $M(Cl^-) = 35{,}45$ g.mol^{-}1, $M(Cs^+) = 132.90$ g.mol^{-1} .

Corrigé

1.

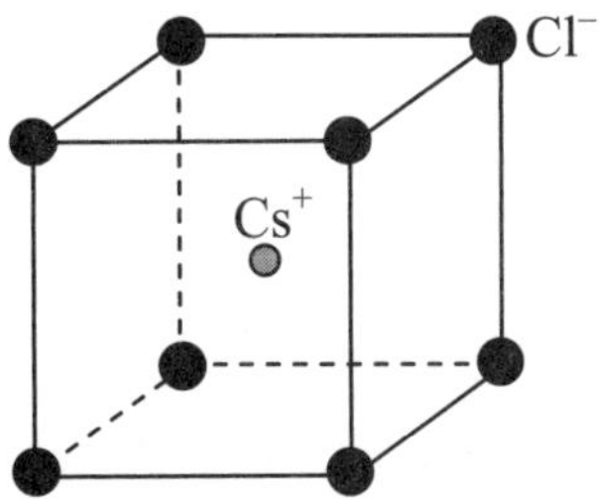

Le cristal ionique de chlorure de césium $CsCl_{(s)}$ est composé :

- d'ions Cl^- disposés aux 8 sommets d'une maille cubique. Dans la mesure où chacun de ces sommets est commun à 8 mailles, chaque maille contient : $N(Cl^-) = 8 \times \frac{1}{8} = 1$ ion Cl^-.
- d'un ion Cs^+ au centre de la maille cubique qui n'est commun a aucune autre maille. Cette maille contient donc : $N(Cs^+) = 1$ ion Cs^+.

Puisque la maille contient autant de charge positive (un ion Cs^+) que de charge négative (un ion Cl^-), elle est globalement neutre électriquement.

2. Soient A, B, C, D et E des sommets où sont situés des anions Cl^- et soit O le centre de la maille, où se trouve le cation Cs^+.

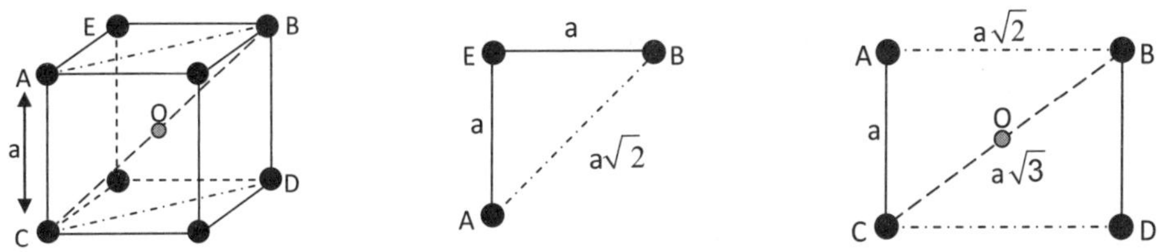

Dans le triangle (AEB) rectangle en E, le théorème de Pythagore permet d'écrire l'égalité suivante : $AB^2 = AE^2 + EB^2 \Rightarrow AB^2 = a^2 + a^2 \Rightarrow AB^2 = 2a^2 \Rightarrow AB = a\sqrt{2}$.

Dans le triangle (ABC) rectangle en A, le théorème de Pythagore permet d'écrire l'égalité suivante : $BC^2 = BA^2 + AC^2 \Rightarrow BC^2 = 2a^2 + a^2 \Rightarrow BC^2 = 3a^2 \Rightarrow BC = a\sqrt{3}$.

Donc $d = OC = OB = a\frac{\sqrt{3}}{2}$. A.N. : $d = 0{,}212 \times \frac{\sqrt{3}}{2} = \mathbf{0{,}184\ nm}$

3. a) Entre deux ions Cl^- voisins, de charge électrique $q(Cl^-) = -e$, et séparés d'une distance $a = 0{,}212$ nm $= 0{,}212.10^{-9}$ m, s'exerce une force électrostatique dont la valeur est donnée par :

$$F(Cl^-/Cl^-) = k \times \frac{|-e| \times |-e|}{a^2} \Rightarrow \boxed{F(Cl^-/Cl^-) = k \times \frac{e^2}{a^2}}$$

$$\text{A.N. : } F(Cl^-/Cl^-) = 9.10^9 \times \frac{\left(1{,}6.10^{-19}\right)^2}{\left(0{,}212.10^{-9}\right)^2} = \mathbf{5{,}1.10^{-9}\ N}$$

b) Un ion Cl^- de charge $q(Cl^-) = -e$ et un ion Cs^+ voisin, de charge $q(Cs^+) = +e$, séparés par une distance $d = 0{,}184$ nm $= 0{,}184.10^{-9}$ m, exercent mutuellement l'un sur l'autre une force électrostatique dont la valeur est donnée par :

$$F(Cs^+/Cl^-) = k \times \frac{|e| \times |-e|}{d^2} \Rightarrow \boxed{F(Cs^+/Cl^-) = k \times \frac{e^2}{a^2}}$$

$$\text{A.N. : } F(Cs^+/Cl^-) = 9.10^9 \times \frac{(1{,}6.10^{-19})^2}{(0{,}184.10^{-9})^2} = \mathbf{6{,}8.10^{-9}\ N}$$

1.2. Formule des cristaux ioniques

On écrit côte à côte les **éléments chimiques** constituant le cristal **sans faire apparaître les charges électriques, en commençant par le cation**, en indiquant la **proportion des ions** assurant la **neutralité électrique** de la structure et en précisant l'état physique (solide).

Exemples

- Le chlorure de sodium (sel de cuisine) de formule $NaCl_{(s)}$.
- Le fluorure de calcium de formule $CaF_{2(s)}$.

Exercice d'application 2

Ecrire les formules des cristaux ioniques constitués des ions suivants :

1. Li^+ et F^- **2.** Br^- et Cu^{2+} **3.** Fe^{3+} et SO_4^{2-}

Corrigé

Il faut s'arranger, grâce aux nombres stœchiométriques, pour que les cristaux ioniques soient neutres électriquement.

1. $LiF_{(s)}$.

2. Il faut 2 Br^- pour compenser la double charge positive de l'ion Cu^{2+}. De plus, on écrit en premier le cation : $CuBr_{2(s)}$.

3. Le plus petit commun multiple aux valeurs absolues des charges (3 et 2) portées par les espèces ioniques est 6 : il faut donc 2 ions Fe^{3+} et 3 ions SO_4^{2-} d'où $Fe_2(SO_4)_{3(s)}$.

Exercice d'application 3

Ecrire la formule des cristaux ioniques suivants :
1. Chlorure de magnésium. **2.** Fluorure de sodium. **3.** Oxyde d'aluminium.

Données : symboles des éléments : ${}^{16}_{8}O$; ${}^{19}_{9}F$; ${}^{23}_{11}Na$; ${}^{24}_{12}Mg$; ${}^{27}_{13}Al$; ${}^{35}_{17}Cl$.
Numéros atomiques des gaz rares : Z(He) = 2 ; Z(Ne) = 10 ; Z(Ar) = 18.

Corrigé

Dans un premier temps, il faut déterminer la formule de l'ion stable des deux éléments constituant le cristal ionique.

Règle de l'octet et du duet
Au cours de leurs transformations chimiques, les atomes évoluent de manière à acquérir la structure électronique du gaz noble le plus proche dans la classification périodique : ils acquièrent soit un octet d'électrons sur leur couche externe pour les atomes ayant un numéro atomique Z strictement supérieur à 5, soit un duet d'électrons pour les atomes ayant un numéro atomique inférieur ou égal à 5.

1. Chlorure de magnésium
Ion stable du magnésium
Structure électronique du magnésium : Z = 12 d'où $(K)^2(L)^8(M)^2$.
Le gaz noble le plus proche dans la classification périodique est le néon (Z = 10) de structure électronique $(K)^2(L)^8$: le magnésium doit donc perdre 2 électrons afin d'acquérir la structure électronique du néon. L'ion stable du magnésium est donc Mg^{2+}.
Ion stable du chlore
Structure électronique du chlore : Z = 17 d'où $(K)^2(L)^8(M)^7$.
Le gaz noble le plus proche dans la classification périodique est l'argon (Z = 18) de structure électronique $(K)^2(L)^8(M)^8$: le chlore doit donc gagner 1 électron afin d'acquérir la structure électronique de l'argon.
L'ion stable du chlore est donc Cl^-.

La formule du chlorure de magnésium est donc $\mathbf{MgCl_{2(s)}}$: il faut 2 ions chlorure afin de compenser la double charge positive de l'ion magnésium.

2. Fluorure de sodium
En appliquant la même méthode :

- l'ion stable du fluor est : F^- ;
- l'ion stable du sodium est : Na^+.

La formule du fluorure de sodium est donc $\mathbf{NaF_{(s)}}$.

3. Oxyde d'aluminium
En appliquant la même méthode :

- l'ion stable de l'oxygène est : O^{2-} ;
- l'ion stable de l'aluminium est : Al^{3+}.

La formule de l'oxyde d'aluminium est donc $\mathbf{Al_2O_{3(s)}}$: il faut autant de charges négatives que de charges positives.

1.3. Cohésion des cristaux ioniques

La **cohésion des cristaux ioniques** résulte des **forces électrostatiques** qui s'exercent entre les différents **ions**.
Les **plus proches voisins** des **cations** étant les **anions** et *vice versa*, les **interactions attractives** l'emportent sur les **interactions répulsives** entre deux ions de même signe. **Anions** et **cations** ont donc tendance à **rester côte à côte**, d'où la **solidité** (cohésion) des cristaux ioniques.

Remarque

La force électrostatique est inversement proportionnelle au carré de la distance r :
$F = k \times \frac{|q_1| \times |q_2|}{r^2}$ la force est d'autant plus grande que la distance r entre les 2 charges est petite (voir cours de physique).

2. LES SOLIDES MOLECULAIRES

2.1. Notion d'électronégativité

Rappels : une **molécule** est un **assemblage électriquement neutre** d'**atomes** liés par des **liaisons covalentes**.
Une **liaison covalente** entre deux atomes résulte de la **mise en commun** de **deux électrons périphériques**, chacun apportant le sien.

En général, l'**un des atomes** de la liaison covalente **attire plus fortement** à lui que l'autre les **électrons** de la liaison : on dit qu'il est plus **électronégatif**.
On attribue une **charge partielle négative** $(-\delta)$ à l'**atome** le **plus électronégatif** et une **charge partielle positive** $(+\delta)$ à l'**atome** le **moins électronégatif**.

Exemple : $\overset{-\delta}{A} — \overset{+\delta}{B}$ (l'atome A est plus électronégatif que l'atome B)

Evolution de l'électronégativité dans le tableau périodique : elle augmente de bas en haut et de gauche à droite.
Le **fluor** est donc l'**élément** le **plus électronégatif**, le césium le moins (on ne prend pas en compte les gaz rares situés dans la dernière colonne) :

H																	He
Li	Be											B	C	N	O	**F**	Ne
Na	Mg											Al	Si	P	S	Cl	Ar
K	Ca	Sc	Ti	V	Cr	Mn	Fe	Co	Ni	Cu	Zn	Ga	Ge	As	Se	Br	Kr
Rb	Sr	Y	Zr	Nb	Mo	Tc	Ru	Rh	Pd	Ag	Cd	In	Sn	Sb	Te	I	Xe
Cs	Ba	La	Hf	Ta	W	Re	Os	Ir	Pt	Au	Hg	Tl	Pb	Bi	Po	At	Rn

2.2. Molécules polaires - Molécules apolaires

Une molécule est **polaire** si le **barycentre** des charges négatives G^- est différent de celui des charges positives G^+, sinon elle est dite **apolaire**.

Représentation d'une molécule polaire : (− +)

Exemples de molécules polaires :

- la molécule d'ammoniac dans laquelle l'azote est plus électronégatif que l'hydrogène :

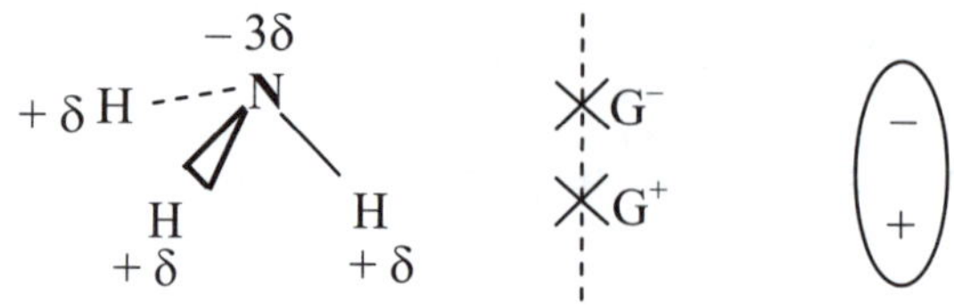

- la molécule d'eau dans laquelle l'oxygène est plus électronégatif que l'hydrogène :

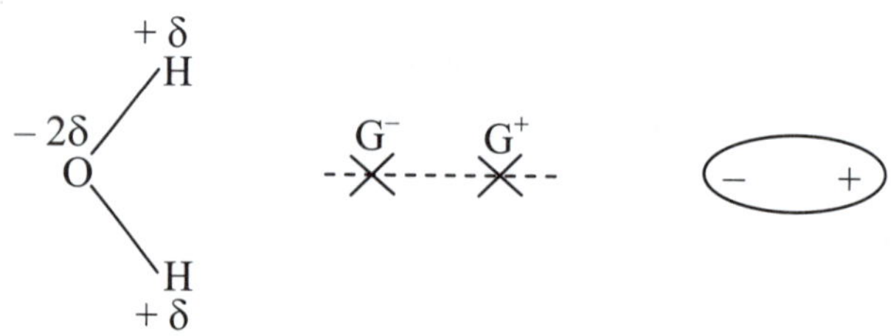

Remarques

Une molécule polaire constitue ce que l'on appelle un dipôle électrique.
Expérimentalement, pour déterminer si une molécule composant un liquide est polaire, il suffit de faire couler un filet de ce liquide au voisinage d'une règle électrisée ; si la molécule est polaire, le filet est attiré par la règle.

✍ Exercice d'application 4

On considère les 3 molécules suivantes : CO_2, $SnCl_2$ et BF_3 dont les géométries figurent ci-après :

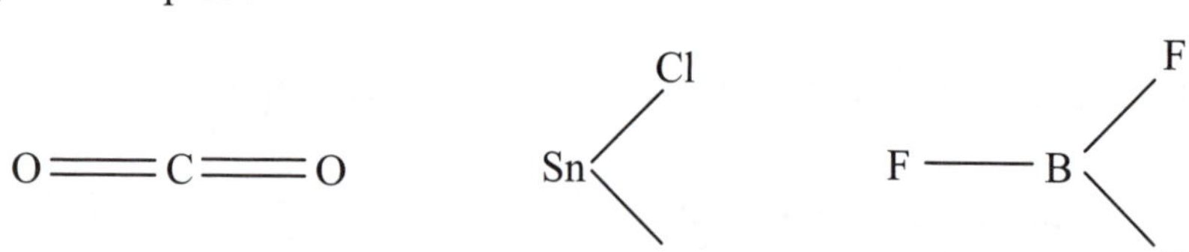

1. Attribuer les charges partielles (– δ) et (+ δ) aux différents éléments de chaque molécule proposée.

2. Rechercher les positions du barycentre des charges positives G^+ et celui des charges négatives G^-.
3. En déduire si ces molécules sont polaires.
4. Déterminer si ces molécules sont *a priori* solubles dans l'eau.
Données : ordre d'électronégativité croissante : Sn, B, C, Cl, O, F.

Corrigé

Molécule de dioxyde de carbone

1. Attribuons les charges partielles aux différents éléments.
Les atomes d'oxygène étant plus électronégatifs que l'atome de carbone, ils porteront chacun une charge partielle négative (–δ). Le carbone portera une double charge partielle positive (+2δ) afin de respecter la neutralité de la molécule.

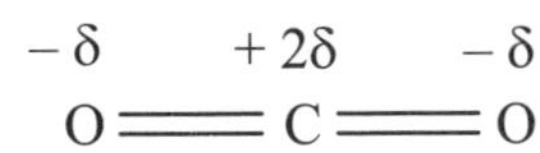

2. Positions des barycentres
Le barycentre des charges positives est sur le carbone.
Celui des charges négatives est au milieu des 2 oxygènes, c'est-à-dire également sur le carbone.

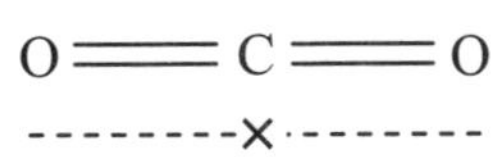

G^+ et **G^-**

3. Comme les 2 barycentres sont confondus, la molécule de dioxyde de carbone n'est pas polaire.

4. Cette molécule ne sera pas ou très peu soluble dans l'eau.

Molécule de chlorure d'étain

1. Attribuons les charges partielles aux différents éléments :

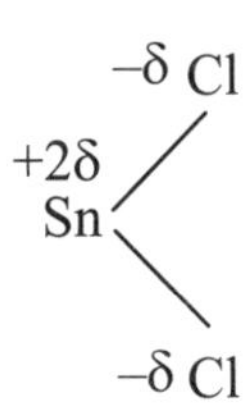

Les atomes de chlore étant plus électronégatifs que l'atome d'étain, ils porteront chacun une charge partielle négative (–δ). Pour compenser ces 2 charges partielles (–δ), l'étain portera une double charge partielle positive (+2δ) car une molécule est neutre élecrtriquement.

2. Position des barycentres

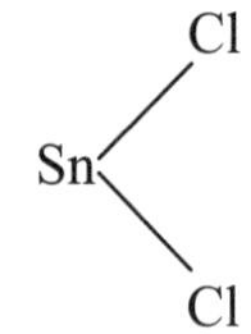

Le barycentre des charges positives se situe sur l'atome d'étain.
Le barycentre des charges négatives se situe entre les 2 atomes de chlore.
3. La molécule de chlorure d'étain est polaire car les 2 barycentres ne sont pas confondus.

4. Cette molécule sera donc *a priori* soluble dans l'eau.

Molécule de trifluorure de bore

1. Attribuons les charges partielles aux différents éléments.

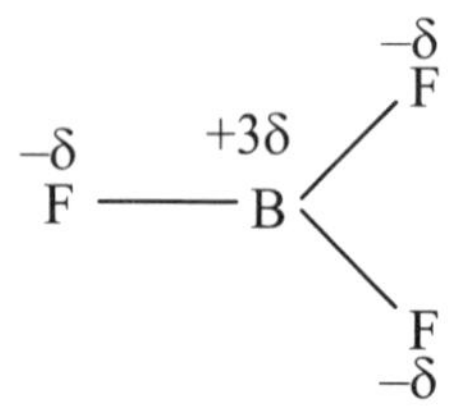

Les atomes de fluor étant plus électronégatifs que l'atome de bore, ils porteront chacun une charge partielle négative (–δ). Pour compenser ces 3 charges partielles (–δ), le bore portera une triple charge partielle positive (+3δ) (une molécule est neutre).

2. Position des barycentres
Le barycentre des charges positives se situe sur l'atome de bore.
Le barycentre des charges négatives se situe également sur l'atome de bore.

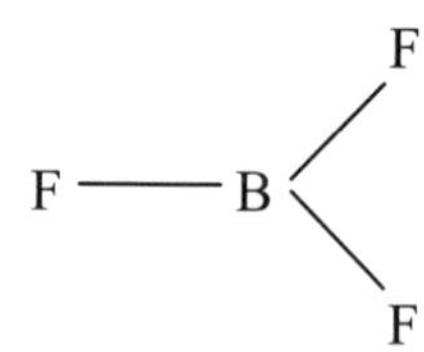

3. Comme les 2 barycentres sont confondus, la molécule de trifluorure de bore n'est pas polaire.

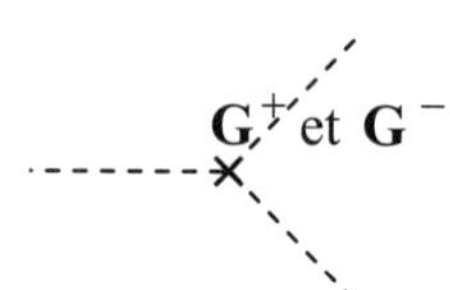

4. Cette molécule ne sera pas ou sera très peu soluble dans l'eau.

2.3. La liaison hydrogène

La **liaison hydrogène** est une **interaction** de type **électrostatique**. Elle s'établit entre l'atome d'**hydrogène** d'une **liaison polaire** $\left(\overset{+\delta}{-\mathrm{H}}\right)$ et un **atome électronégatif** (azote, oxygène…). Ainsi la cohésion de l'eau solide et de l'eau liquide s'explique par l'existence de liaisons hydrogène intermoléculaires.

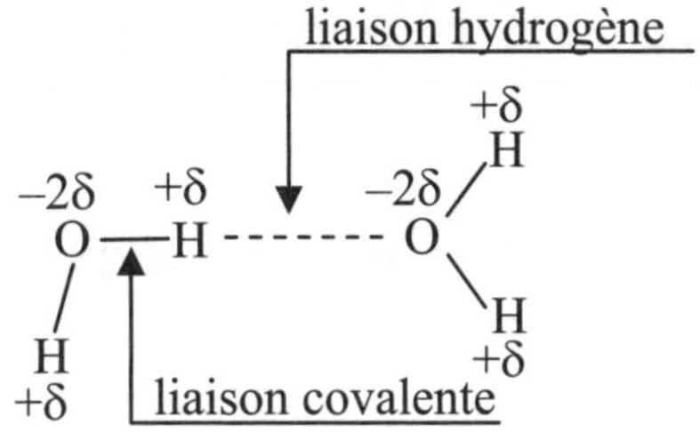

Remarque

Les liaisons hydrogène sont plus faibles que les liaisons covalentes (il suffit souvent de chauffer un corps pour les rompre) et elles sont souvent plus longues.

2.4. L'interaction de Van der Waals

Dans une molécule même apolaire, le barycentre G^- des charges négatives peut s'écarter d'une manière éphémère du barycentre G^+ des charges positives sous l'influence électrostatique d'une molécule polaire par exemple : un dipôle induit est créé.

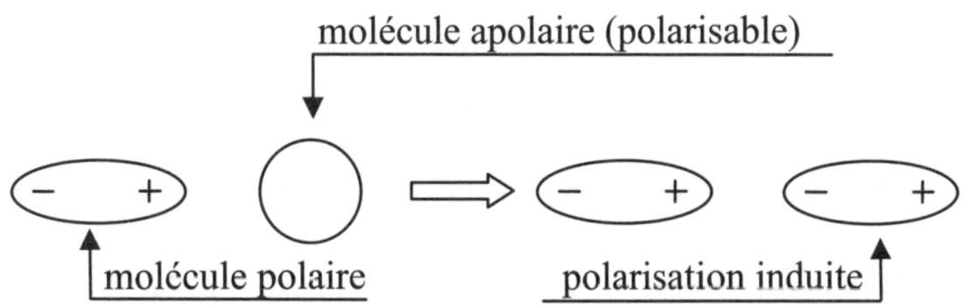

Ce dipôle peut alors interagir avec d'autres dipôles voisins et assurer la cohésion d'un cristal moléculaire. L'interaction électrostatique de Van der Waals est cependant moins forte que la liaison hydrogène.

L'interaction de Van der Waals est, par exemple, à l'origine de l'existence du cristal moléculaire de neige carbonique. Les molécules de dioxyde de carbone CO_2 y occupent les nœuds (sommets) d'une maille cubique et le centre de chacune de ses faces.

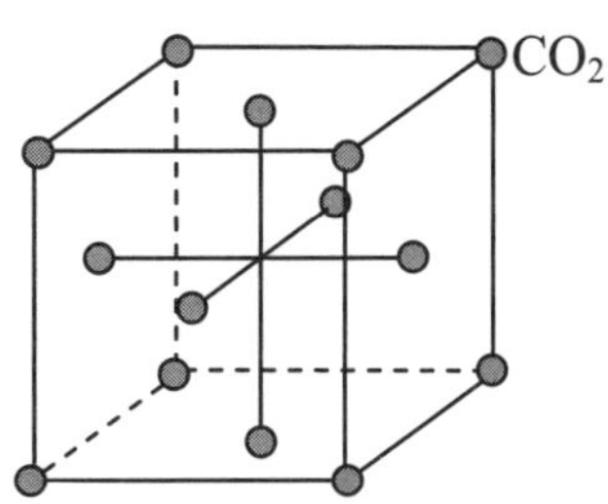

3. LES SOLUTIONS ELECTROLYTIQUES

3.1. Interaction dipôle-charge électrique et dipôle-dipôle

Les **interactions** entre une **molécule polaire** et une charge électrique telle un **ion** (*interaction dipôle-charge électrique*) **sont toujours attractives** quel que soit le signe de la charge.
Les **interactions** entre **deux molécules polaires** (*interactions dipôle-dipôle*) sont toujours **attractives**.

3.2. Définition

Une solution contenant des ions s'appelle une **solution électrolytique** ou ionique.
Les **solutés** qui permettent d'obtenir une telle solution sont appelés **électrolytes**.
On peut obtenir une solution électrolytique à partir d'électrolytes solides, liquides ou gazeux : $NaCl_{(s)}$; $H_2SO_{4(l)}$; $HCl_{(g)}$.

Exemple de solution électrolytique : eau salée (contient des ions Na^+ et Cl^-).

3.3. Dissolution d'un électrolyte dans l'eau

Dissociation (1) : l'eau (dipôle) dissocie le soluté en anions et cations grâce à l'interaction attractive dipôle-ion (si le soluté est un cristal ionique) ou dipôle-dipôle (si le soluté est un dipôle) entre l'eau et le soluté.
Solvatation (2) : les ions s'entourent d'une cage de molécules d'eau qui les empêche de se rapprocher les uns des autres et de reformer ainsi le soluté.

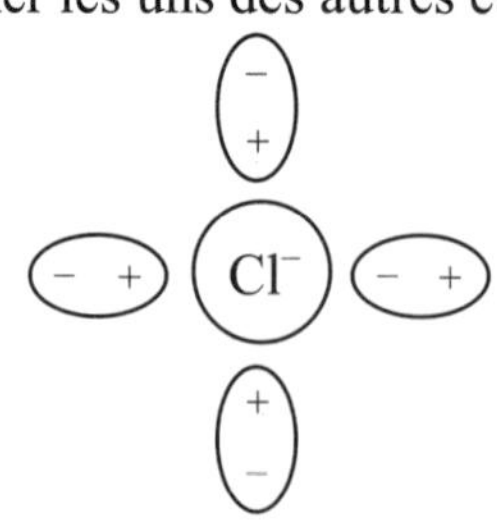

ion chlorure hydraté

Remarques

Quand le **solvant** est l'**eau**, la **solvatation** est appelée **hydratation**.
Les **ions hydratés** sont notés avec le qualificatif **aqueux** noté (aq) : l'ion chlorure solvaté s'écrit $Cl^-_{(aq)}$.

Diffusion (3) : phénomène par lequel les ions hydratés se dispersent dans la solution jusqu'à l'obtention d'une solution homogène.

Schéma de la dissolution du chlorure de sodium dans le solvant eau (étapes 1 et 2)

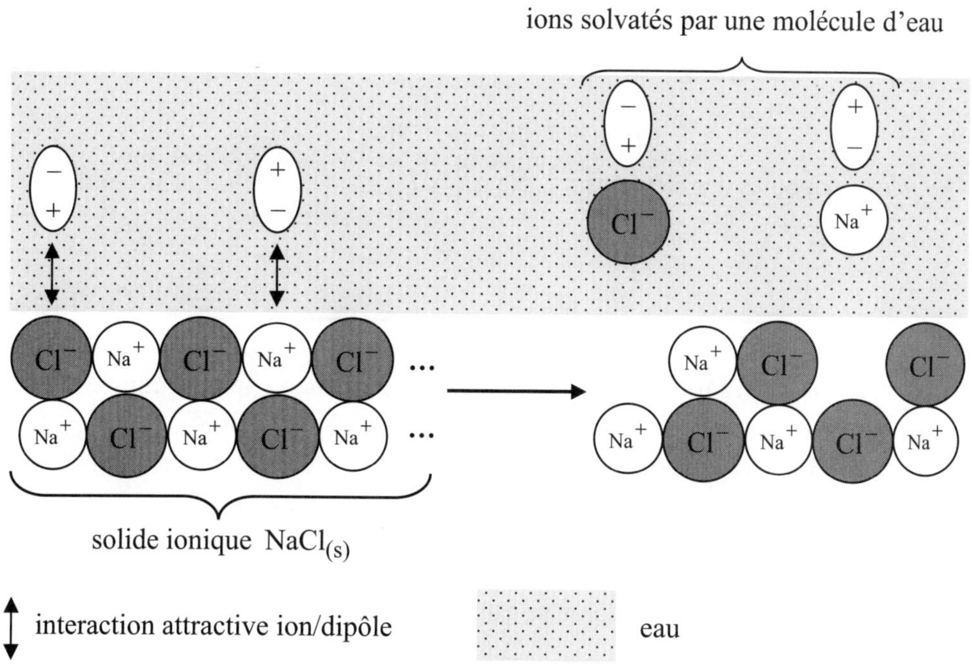

Remarque : Les molécules polaires sont en général **solubles** dans l'eau tandis que les molécules apolaires ne le sont pas ou très peu.

3.4. Equation chimique d'une dissolution

$$A_aB_b \longrightarrow a\,A^{p+}_{(aq)} + b\,B^{q-}_{(aq)} \qquad \text{avec : } a\times p + b\times(-q) = 0$$

La flèche signifie dans ce cas « par action de l'eau ».

Notation d'une solution électrolytique : $(a\,A^{p+}_{(aq)} + b\,B^{q-}_{(aq)})$.

✍ Exercice d'application 5

Compléter les équations suivantes des réactions de dissolution dans l'eau :

1. $HBr_{(g)} \longrightarrow \ldots\ldots + \ldots\ldots$

2. $\ldots\ldots_{(s)} \longrightarrow 3\ K^+_{(aq)} + PO^{3-}_{4(aq)}$

3. $NaOH_{(s)} \longrightarrow \ldots\ldots + \ldots\ldots$

4. $\ldots\ldots_{(l)} \longrightarrow 2\ H^+_{(aq)} + SO^{2-}_{4(aq)}$

5. $BaCl_{2(s)} \longrightarrow \ldots\ldots + \ldots\ldots$

6. $HNO_{3(l)} \longrightarrow \ldots\ldots + \ldots\ldots$

Données : symboles des éléments : ${}^{23}_{11}Na$; ${}^{35}_{17}Cl$.

Corrigé

1. L'ion stable du brome est Br^- car il fait partie de la même famille chimique que le chlore (halogène) qui a pour ion stable Cl^- : les éléments d'une même famille forment des ions de même charge. L'élément hydrogène se retrouvera donc sous forme d'ions H^+ pour compenser la charge négative de l'ion Br^-.

$$HBr_{(g)} \longrightarrow H^+_{(aq)} + Br^-_{(aq)}$$

Remarque : l'élément hydrogène se trouve en solution aqueuse sous forme d'ion $H^+_{(aq)}$ et non pas d'ion $H^-_{(aq)}$.

2. $$K_3PO_{4(s)} \longrightarrow 3\ K^+_{(aq)} + PO^{3-}_{4(aq)}$$

3. Dans un premier temps, nous allons déterminer l'ion stable du sodium en utilisant la règle de l'octet.
Structure électronique du sodium : Z = 11, d'où $(K)^2(L)^8(M)^1$.

Le gaz noble le plus proche dans la classification périodique est le néon, de structure électronique $(K)^2(L)^8$: le sodium doit donc perdre 1 électron afin d'acquérir la structure électronique du néon. L'ion stable du sodium est donc Na^+.

$$NaOH_{(s)} \longrightarrow Na^+_{(aq)} + OH^-_{(aq)}$$

4. $$H_2SO_{4(l)} \longrightarrow 2\ H^+_{(aq)} + SO^{2-}_{4(aq)}$$

5. L'ion stable du chlore est Cl^-. Il y a un nombre stœchiométrique de 2 devant l'ion Cl^- dans le membre de droite de l'équation car il y a 2 éléments chlore dans le membre de gauche. Par conservation de la charge électrique, l'ion stable du baryum est forcément Ba^{2+}.

$$BaCl_{2(s)} \longrightarrow Ba^{2+}_{(aq)} + \mathbf{2}\ Cl^-_{(aq)}$$

6.

$$HNO_{3(l)} \longrightarrow H^+_{(aq)} + NO^-_{3(aq)}$$

L'élément hydrogène se trouve en solution aqueuse sous forme d'ion $H^+_{(aq)}$, la formule de l'ion nitrate est par conséquent $NO^-_{3(aq)}$.

4. CONCENTRATION MOLAIRE

4.1. Concentration molaire en soluté apporté

La concentration molaire C en soluté apporté d'une solution est égale au rapport de la quantité de matière n de soluté par le volume V de solution.

$$C = \frac{n}{V}$$

n en mol ;
V en L ;
C en mol/L.

4.2. Concentration molaire effective des ions en solution

On considère l'équation de dissolution dans l'eau de la molécule A_aB_b :

$$A_aB_b \longrightarrow a\,A^{p+}_{(aq)} + b\,B^{q-}_{(aq)}$$

Les concentrations molaires effectives des ions en solution sont les suivantes :

$$[A^{p+}_{(aq)}] = a \times C\ ;\ [B^{q-}_{(aq)}] = b \times C$$

Exercice d'application 6

Pour préparer une solution aqueuse de sulfate de fer (III), on dissout une masse m de 4,0 g de $Fe_2(SO_4)_{3(s)}$ dans V = 250 mL d'eau.

1. Déterminer la concentration molaire en soluté apporté C.
2. Ecrire l'équation chimique traduisant la dissolution du sulfate ferrique dans l'eau. L'ion sulfate a pour formule SO_4^{2-}.
3. Etablir le tableau d'avancement relatif à la transformation chimique.
4. En déduire la concentration molaire effective en ions $Fe^{3+}_{(aq)}$ et $SO^{2-}_{4(aq)}$.

Données : masses molaires en g/mol : $M_O = 16,0$; $M_S = 32,1$; $M_{Fe} = 55,8$.

Corrigé

1. Déterminons la concentration molaire en soluté apporté C.
Masse molaire du sulfate de fer (III) :
$M = 2\times M_{Fe} + 3\times M_S + 12\times M_O = 400$ g/mol.

$$\left.\begin{aligned} C &= \frac{n}{V} \\ \text{Or, } n &= \frac{m}{M} \end{aligned}\right\} \quad C = \frac{m}{M\times V} = \frac{4,0}{400\times 250.10^{-3}} = \mathbf{4,0.10^{-2}\ mol/L}.$$

2. Equation traduisant la dissolution du sulfate ferrique dans l'eau :

$$\mathbf{Fe_2(SO_4)_{3(s)} \longrightarrow 2\ Fe^{3+}_{(aq)} + 3\ SO^{2-}_{4(aq)}}$$

Il faut respecter la conservation de la charge électrique.

3. Etablissons le tableau d'avancement relatif à la transformation chimique :

Equation	$Fe_2(SO_4)_{3(s)}$ $\longrightarrow$	$2\ Fe^{3+}_{(aq)}$ +	$3\ SO^{2-}_{4(aq)}$
Etat initial (mol)	$C\times V$	0	0
Au cours de la transformation (mol)	$C\times V - x$	$2\,x$	$3\,x$
Etat final (mol)	$C\times V - x_{max}$	$2\,x_{max}$	$3\,x_{max}$

4. Concentration molaire effective des différents ions :

$$[Fe^{3+}_{(aq)}] = \frac{n^{EF}_{Fe^{3+}}}{V} = \frac{2x_{max}}{V} = \frac{2 \times C \times V}{V} = 2 \times C = 2 \times 4{,}0.10^{-2} = \mathbf{8{,}0.10^{-2}\ mol/L}$$

$$[SO^{2-}_{4(aq)}] = \frac{n^{EF}_{SO_4^{2-}}}{V} = \frac{3x_{max}}{V} = \frac{3 \times C \times V}{V} = 3 \times C = 3 \times 4{,}0.10^{-2} = \mathbf{12.10^{-2}\ mol/L}.$$

Calcul de l'avancement maximal

Le réactif limitant est forcément le sulfate de fer (III) car c'est le seul réactif : sa quantité de matière est donc nulle dans l'état final.

$n^{EF}_{Fe_2(SO_4)_3} = 0 = C \times V - x_{max}$

D'où $x_{max} = C \times V$.

Exercice d'application 7

On mélange un volume $V_1 = 100$ mL d'une solution de sulfate de sodium $(2\,Na^+_{(aq)} + SO^{2-}_{4(aq)})$ de concentration molaire en soluté apporté $C_1 = 0{,}050$ mol/L avec un volume $V_2 = 50$ mL d'une solution de sulfate ferreux $(Fe^{2+}_{(aq)} + SO^{2-}_{4(aq)})$ de concentration molaire en soluté apporté $C_2 = 0{,}075$ mol/L.

1. Sachant qu'il n'y a pas de transformation chimique, déterminer la quantité de matière de chacun des ions présents en solution après mélange.
2. En déduire la concentration molaire effective de tous les ions présents en solution.

Corrigé

1. Les ions présents en solution sont les ions sodium $Na^+_{(aq)}$, les ions sulfate $SO^{2-}_{4(aq)}$ et les ions ferreux $Fe^{2+}_{(aq)}$.

L'ion sodium et l'ion ferreux proviennent chacun d'une seule solution, respectivement la solution (1) et la solution (2), alors que l'ion sulfate provient des deux solutions. Le fait de mélanger deux solutions ne modifie en rien les quantités de matière, présentes initialement dans chaque solution (une quantité de matière représente un nombre d'atomes ou de molécules ou d'ions).

Schéma de l'expérience :

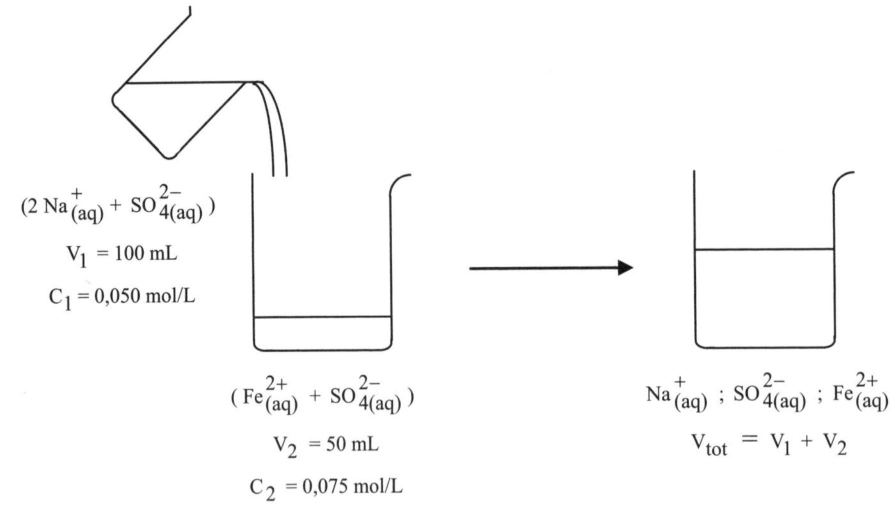

- Ion $Na^+_{(aq)}$

Dans la solution (1) :

$[Na^+_{(aq)}]_1 = 2\times C_1$ car il y a un nombre stœchiométrique de 2 devant l'ion $Na^+_{(aq)}$.

$$n_{Na^+_{(aq)}} = [Na^+_{(aq)}]_1 \times V_1 = 2\times C_1 \times V_1$$

$$n_{Na^+_{(aq)}} = 2\times 0,050\times 100.10^{-3} = \mathbf{1,0.10^{-2}\ mol}.$$

- Ion $Fe^{2+}_{(aq)}$

Dans la solution (2) :

$[Fe^{2+}_{(aq)}]_2 = C_2$ car il y a un nombre stœchiométrique de 1 devant l'ion $Fe^{2+}_{(aq)}$.

$$n_{Fe^{2+}_{(aq)}} = [Fe^{2+}_{(aq)}]_2 \times V_2 = C_2 \times V_2$$

$$n_{Fe^{2+}_{(aq)}} = 0,075\times 50.10^{-3} = \mathbf{3,8.10^{-3}\ mol}.$$

- Ion $SO^{2-}_{4(aq)}$

L'ion sulfate provient des 2 solutions :

$$n_{SO^{2-}_{4(aq)}} = n^1_{SO^{2-}_{4(aq)}} + n^2_{SO^{2-}_{4(aq)}}$$

Dans la solution (1) : $[SO^{2-}_{4(aq)}]_1 = C_1$

$$n^{1}_{SO^{2-}_{4(aq)}} = [SO^{2-}_{4(aq)}]_1 \times V_1 = C_1 \times V_1$$

Dans la solution (2) : $[SO^{2-}_{4(aq)}]_2 = C_2$

$$n^{2}_{SO^{2-}_{4(aq)}} = [SO^{2-}_{4(aq)}]_2 \times V_2 = C_2 \times V_2$$

d'où : $n_{SO^{2-}_{4(aq)}} = C_1 \times V_1 + C_2 \times V_2$

$$n_{SO^{2-}_{4(aq)}} = 0{,}050 \times 100.10^{-3} + 0{,}075 \times 50.10^{-3} = \mathbf{8{,}8.10^{-3}\ mol}.$$

2. Calculons la Concentration molaire effective de tous les ions après mélange.
Il suffit de diviser les quantités de matière précédentes par le volume total de la solution ($V_1 + V_2$) :

$$[Na^{+}_{(aq)}] = \frac{n_{Na^{+}_{(aq)}}}{V_1 + V_2} = \frac{2 \times C_1 \times V_1}{V_1 + V_2} = \frac{2 \times 0{,}050 \times 100.10^{-3}}{100.10^{-3} + 50.10^{-3}} = \mathbf{6{,}7.10^{-2}\ mol/L}$$

$$[Fe^{2+}_{(aq)}] = \frac{n_{Fe^{2+}_{(aq)}}}{V_1 + V_2} = \frac{C_2 \times V_2}{V_1 + V_2} = \frac{0{,}075 \times 50.10^{-3}}{100.10^{-3} + 50.10^{-3}} = \mathbf{2{,}5.10^{-2}\ mol/L}$$

$$[SO^{2-}_{4(aq)}] = \frac{C_1 \times V_1 + C_2 \times V_2}{V_1 + V_2} = \frac{0{,}050 \times 100.10^{-3} + 0{,}075 \times 50.10^{-3}}{100.10^{-3} + 50.10^{-3}}$$

$$[SO^{2-}_{4(aq)}] = \mathbf{5{,}9.10^{-2}\ mol/L}.$$

4
Transferts thermiques, alcanes et alcools

1. ETATS PHYSIQUES

1.1. Les trois états de la matière

La matière existe sous trois états physiques : **solide**, **liquide** et **gaz**.

● atome ou molécule	**Gaz**	**Liquide**	**Solide**
Distance entre les molécules	Très éloignées les unes des autres.	Proches les unes des autres.	Très proches les unes des autres.
Mouvement des molécules	Mouvement incessant et aléatoire.	Les molécules bougent les unes par rapport aux autres mais restent proches les unes des autres.	Les molécules sont pratiquement figées et sont rangées les unes à côté des autres.
Ordre	Désordonné.	Désordonné.	Ordonné.
Etat	Non condensé.	Condensé.	Condensé.
Densité	Faible.	Elevée.	Elevée.
Schématisation	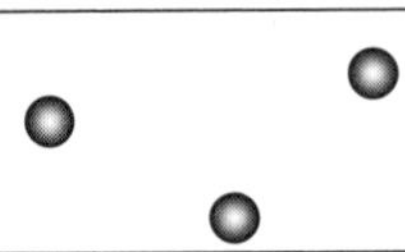	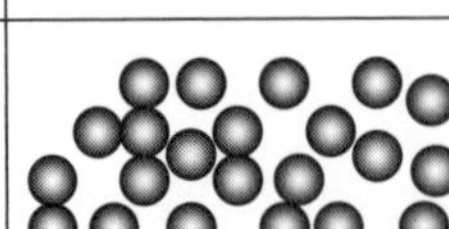	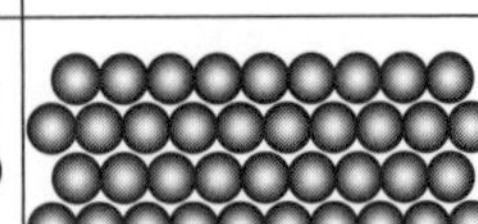

1.2. Les changements d'état

Un **changement d'état** est une **transformation physique** qui permet à un corps de passer d'un état physique à un autre. Chaque transformation porte un nom, caractéristique de l'état initial et de l'état final du corps.

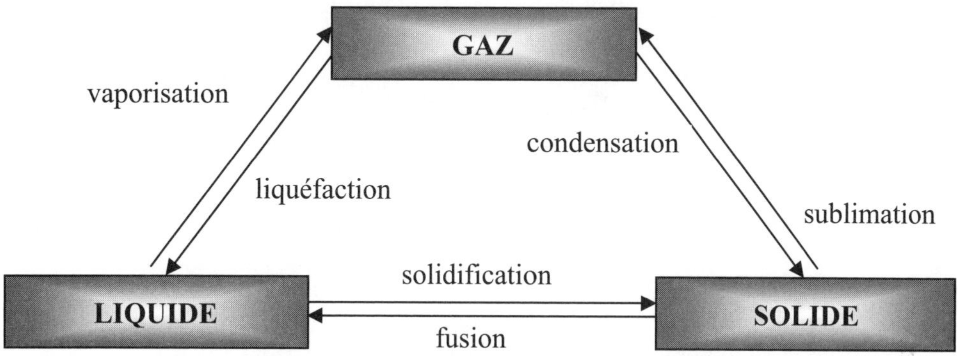

1.3. Les températures de changement d'état

Les **températures** de **changement d'état** sont **caractéristiques** de **l'espèce chimique**. Lors du changement d'état, la **température** reste **constante** tant que les deux états de la matière sont simultanément présents :

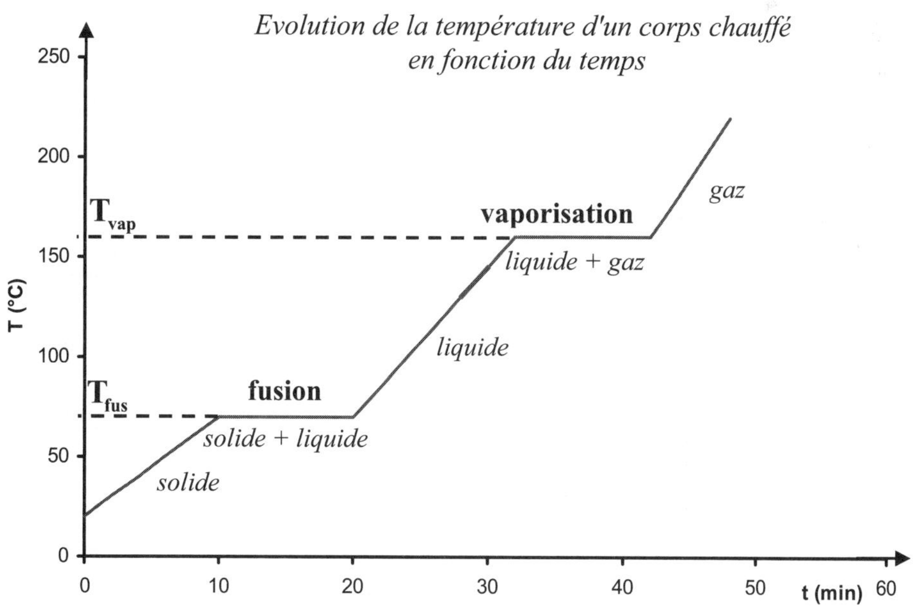

Exemple : pour l'eau pure, à la pression ordinaire de $1{,}013.10^5$ Pa, $T_{fus} = 0$ °C et $T_{vap} = 100$ °C.

Remarque

Lors d'un changement d'état, l'énergie gagnée ou perdue par le corps correspond à une modification de l'intensité des interactions intermoléculaires attractives (liaisons hydrogène ou liaisons de Van der Waals) entre les particules. En particulier, plus les interactions entre les particules sont fortes, plus les températures de changement d'état sont élevées.

✍ Exercice d'application 1

1. La transformation de l'état liquide à l'état gazeux d'un corps pur est une :
☐ sublimation ☐ ébullition ☐ vaporisation

2. Lors d'un changement d'état d'un corps pur, la température :
☐ diminue ☐ est constante ☐ augmente

3. Lors d'un changement d'état il y a modification de l'intensité des interactions :
☐ intermoléculaires ☐ intramoléculaires

4. La température de fusion du menthol est de 38 °C. A température ambiante (20 °C) le menthol est à l'état :
☐ solide ☐ liquide ☐ gazeux

5. Un changement d'état est :
☐ irréversible ☐ réversible

Corrigé

1. La transformation de l'état liquide à l'état gazeux d'un corps pur est une *vaporisation*.

2. Lors d'un changement d'état d'un corps pur, la température est *constante* (en revanche si le corps n'est pas pur, elle ne l'est pas).

3. Lors d'un changement d'état il y a modification de l'intensité des interactions *intermoléculaires* (liaisons hydrogène et / ou de Van der Waals)

4. La température de fusion du menthol est de 38 °C. A température ambiante (20 °C) le menthol est à l'état *solide* ($T < T_{fusion}$).

5. Un changement d'état est *réversible*.

2. TRANSFERTS THERMIQUES

2.1. Convention de signe

Par convention :

- L'énergie d'un système **augmente** s'il **reçoit** de l'énergie de l'extérieur : sa variation d'énergie ΔE est **positive** (**$\Delta E > 0$**).
- L'énergie d'un système **diminue** s'il **fournit** de l'énergie à l'extérieur : sa variation d'énergie ΔE est **négative** (**$\Delta E < 0$**).

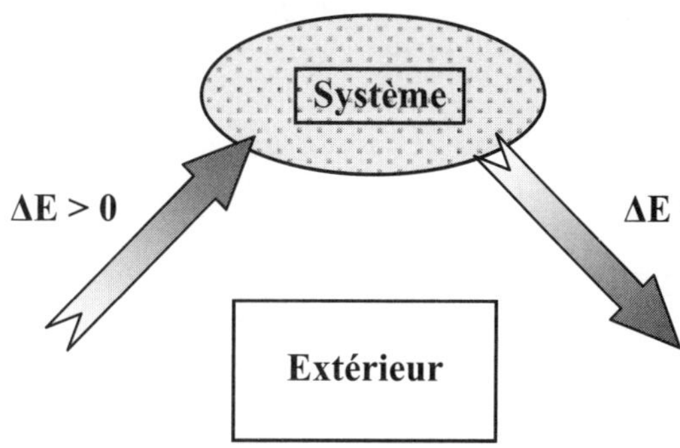

2.2. Chaleur latente de changement d'état

Les changements d'état s'accompagnent d'un **transfert d'énergie thermique** $\Delta E = Q$, appelé **chaleur**, entre le **système** et le **milieu extérieur**.

La **chaleur** échangée par un corps avec le milieu extérieur lors de la modification de son état physique sert à **rompre** ou à **former** des **liaisons intermoléculaires** (liaison hydrogène ou de Van der Waals) qui assurent sa cohésion.

Lors d'un changement d'état, d'une masse m d'un corps pur, celui-ci échange une énergie thermique ou chaleur Q (en joules) proportionnelle à m (en kilogrammes) :

$$\boxed{Q = m\,L}$$

où L désigne la **chaleur latente massique de changement d'état** du corps pur (en $J.kg^{-1}$).

D'une manière analogue, lors d'un changement d'état, d'une quantité de matière n (en moles) d'un corps pur, celui-ci échange une énergie thermique ou chaleur Q (en joules) proportionnelle à n :

$$\boxed{Q = n\,L}$$

où L désigne la **chaleur latente molaire de changement d'état** du corps pur (en $J.mol^{-1}$).

Remarques

• Il ne faut pas confondre **chaleur** et **température** : la première est une forme d'énergie (exprimée en joules) et la deuxième un paramètre d'état (exprimé en degrés Celsius ou en Kelvins).
• Les chaleurs latentes de fusion, vaporisation et sublimation sont toujours positives : $L_{fusion} > 0$; $L_{vaporisation} > 0$; $L_{sublimation} > 0$
Cela implique que les **chaleurs** échangées par le système lors de ces changements d'état sont toujours **positives** ($Q_{fusion} > 0$; $Q_{vaporisation} > 0$; $Q_{sublimation} > 0$) : le **système reçoit** de l'énergie du milieu extérieur (**transformations endothermiques**).
• Les chaleurs latentes des transformations opposées sont également opposées :

$$\begin{cases} L_{solidification} = -\,L_{fusion} \\ L_{liquéfaction} = -\,L_{vaporisation} \\ L_{condensation} = -\,L_{sublimation} \end{cases}$$

Cela implique que les **chaleurs** échangées par le système lors d'une solidification, d'une liquéfaction ou d'une condensation sont toujours **négatives** ($Q_{solidification} < 0$; $Q_{liquéfaction} < 0$; $Q_{condensation} < 0$) : le **système libère** de l'énergie vers le milieu extérieur (**transformations exothermiques**).

2.3. Modification de la température d'un système

Chaleur échangée

• En l'absence de changement d'état, lorsqu'un corps échange de l'énergie thermique Q (en joules) avec le milieu extérieur, sa température peut varier de T_i à T_f (respectivement en °C ou en kelvins) selon la loi :

$$\boxed{Q = C\,(T_f - T_i)}$$

où C désigne la **capacité thermique** du corps (en $J.°C^{-1}$ ou $J.K^{-1}$)

La **capacité thermique massique** C_m d'un corps de masse m et de capacité thermique C est le rapport :

$$C_m = \frac{C}{m} \Rightarrow C = m \times C_m$$

C_m s'exprime en $J.°C^{-1}.kg^{-1}$ ou en $J.K^{-1}.kg^{-1}$

L'**énergie thermique** échangée en l'absence de changement d'état peut donc également s'écrire sous la forme :

$$Q = m\, C_m\, (T_f - T_i)$$

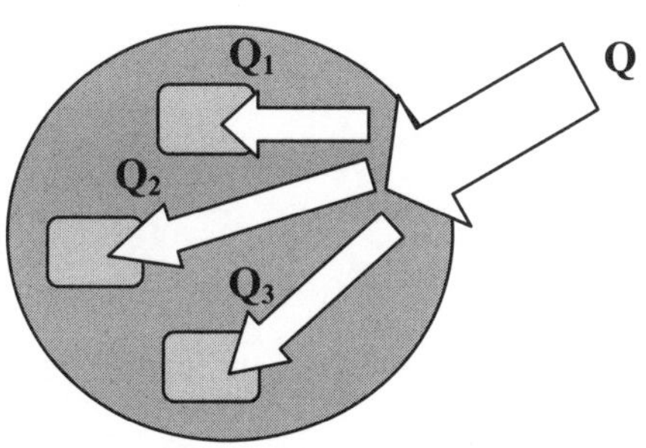

Lorsqu'un système est composé de n corps, qui reçoivent les énergies thermiques Q_1, Q_2, …, Q_n, l'énergie thermique totale reçue par le système est :

$$Q = Q_1 + Q_2 + \ldots + Q_n$$

Calorimètre

Un **calorimètre** est une enceinte adiabatique : ses **parois calorifugées** interdisent tout transfert thermique entre l'intérieur et l'extérieur de l'enceinte.

Lorsque n corps sont disposés à l'intérieur d'un calorimètre et reçoivent les énergies thermiques Q_1, Q_2, …, Q_n :

- si le calorimètre est parfait (sa capacité thermique est alors négligeable), la quantité de chaleur Q qui traverse ses parois est nulle et on pourra écrire :

$$Q = Q_1 + Q_2 + \ldots + Q_n = 0$$

- en revanche, si le calorimètre n'est pas parfait (sa capacité thermique C n'est pas négligeable), il faudra tenir compte de l'énergie thermique qu'il reçoit lorsque sa température varie de T_i à T_f :

$$Q = Q_1 + Q_2 + \ldots + Q_n + Q_{calo} = 0 \text{ avec } Q_{calo} = C_{calo}\,(T_f - T_i)$$

Remarque

Lorsqu'un corps, placé dans un calorimètre, change de température puis change d'état, il convient de prendre en compte les différentes transformations subies par ce corps.
Par exemple, si une masse m de glace, à la température initiale T_i fond totalement pour donner de l'eau à la température T_f on a alors :

$$\begin{array}{ccccccc} H_2O_{(sol)} & \rightarrow & H_2O_{(sol)} & \rightarrow & H_2O_{(liq)} & \rightarrow & H_2O_{(liq)} \\ T_i & & T_0 = 0°C & & T_0 = 0°C & & T_f \end{array}$$

Lorsque la température de la glace passe de T_i à $T_0 = 0°C$ (température de fusion de la glace), la masse m de glace reçoit la quantité de chaleur :

$$Q_1 = m\, C_{glace}\, (T_0 - T_i)$$

Lors de sa fusion, la glace reçoit la quantité de chaleur :

$$Q_2 = m\, L_{fusion}$$

où L_{fusion} est la chaleur latente de fusion de la glace.

Enfin pour passer de la température T_0 à la température T_f, l'eau formée reçoit l'énergie thermique :

$$Q_3 = m\, C_{eau}\, (T_f - T_0)$$

Finalement, au cours de cette transformation, la glace reçoit la quantité d'énergie :

$$Q = Q_1 + Q_2 + Q_3 = m\, C_{glace}\, (T_0 - T_i) + m\, L_{fusion} + m\, C_{eau}\, (T_f - T_0)$$

✍ Exercice d'application 2

Dans un calorimètre contenant initialement une masse d'eau m_{eau} = 200 g à la température T_i = 20 °C, on ajoute un glaçon de masse m = 20,0 g dont la température est T_0 = 0 °C. On suppose que la capacité thermique du calorimètre est négligeable et on fait l'hypothèse que toute la glace fond. Calculer la valeur T_f de la température finale atteinte par l'eau emprisonnée dans le calorimètre.
Données : chaleur latente massique de fusion de la glace : $L_{fusion} = 332\ kJ.kg^{-1}$.
Capacité thermique massique de l'eau liquide : $C_m = 4{,}18\ kJ.kg^{-1}.°C^{-1}$.

Corrigé

Lors de l'expérience, l'eau liquide initialement à la température $T_i = 20$ °C va se refroidir jusqu'à la température T_f en transférant de l'énergie thermique au glaçon pour, dans un premier temps, le faire fondre, puis élever la température de l'eau de fonte de $T_0 = 0$ °C à T_f.

La quantité de chaleur cédée par l'eau liquide qui se refroidit en passant de la température T_i à la température $T_f < T_i$ est :
$Q_1 = m_{eau}\, C_m\, (T_f - T_i) < 0$

La quantité de chaleur reçue par le glaçon pour le faire fondre est :
$Q_2 = m\, L_{fusion} > 0$

La quantité de chaleur reçue par l'eau de fonte du glaçon pour passer de la température T_0 à la température $T_f > T_0$ est :
$Q_3 = m\, C_m\, (T_f - T_0) > 0$

Le calorimètre étant parfait on a : $Q = Q_1 + Q_2 + Q_3 = 0$.
$m_{eau}\, C_m\, (T_f - T_i) + m\, L_{fusion} + m\, C_m\, (T_f - T_0) = 0$

$$\text{D'où : } T_f = \boxed{\frac{\left(m_{eau}\, C_m\, T - m\, L_{fusion} - m\, C_m\, T_0\right)}{C_m\left(m_{eau} + m\right)}}$$

$$\text{A.N. : } T_f = \frac{\left(200.10^{-3} \times 4{,}18.10^{3} \times 20 - 20{,}0.10^{-3} \times 322.10^{3}\right)}{4{,}18.10^{3}\left(200.10^{-3} + 20{,}0.10^{-3}\right)} = \mathbf{11\ °C}$$

Exercice d'application 3

Un bloc de plomb de masse $m_1 = 280$ g préalablement porté à la température $T_1 = 98$ °C dans une étuve est plongé dans un calorimètre de capacité calorifique $C = 209\ J.K^{-1}$ contenant une masse $m_2 = 350$ g d'eau. L'ensemble est initialement à la température $T_2 = 16$ °C. On mesure la température d'équilibre thermique $T_f = 17{,}7$ °C.

Déterminer la chaleur massique du plomb.

Corrigé

La quantité de chaleur Q_1 cédée par le bloc de plomb est :
$Q_1 = m_1\, C_{m,\, plomb}\, (T_f - T_1)$

La quantité de chaleur reçue par l'eau et le calorimètre est :
$Q_2 = m_2\, C_{m,\,eau}\,(T_f - T_2) + C\,(T_f - T_2)$

Le système {eau + calorimètre + plomb} étant isolé : $Q = Q_1 + Q_2 = 0$
$\Rightarrow m_1\, C_{m,\,plomb}\,(T_f - T_1) + m_2\, C_{m,\,eau}\,(T_f - T_2) + C\,(T_f - T_2) = 0$
$m_1\, C_{m,\,plomb}\,(T_f - T_1) = -\,(m_2\, C_{m,\,eau} + C)\,(T_f - T_2)$

$$C_{m,\,plomb} = \frac{-\left(m_2\, C_{m,\,eau} + C\right)\left(T_f - T_2\right)}{m_1\left(T_f - T_1\right)}$$

$$\boxed{C_{m,\,plomb} = \frac{\left(m_2\, C_{m,\,eau} + C\right)\left(T_2 - T_f\right)}{m_1\left(T_f - T_1\right)}}$$

$$\text{A.N. : } C_{m,\,plomb} = \frac{\left(350.10^{-3}\times 4{,}18.10^{3} + 209\right)\left(17{,}7 - 16\right)}{280.10^{-3}\left(98 - 17{,}7\right)} = \mathbf{1{,}26.10^{2}\ J.kg^{-1}.K^{-1}}$$

3. LES ALCANES

Un **hydrocarbure** est dit **saturé** s'il ne comprend que des **liaisons covalentes** carbone–carbone **simples**.

Exemple : 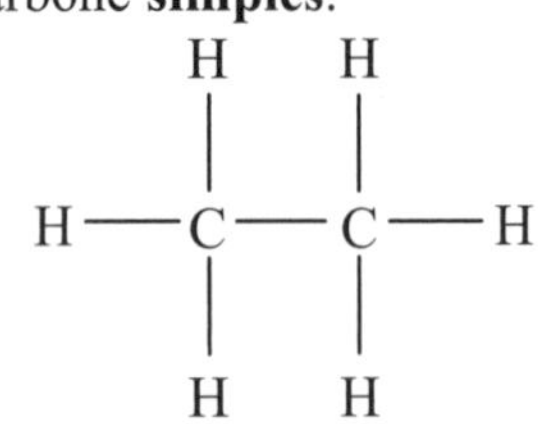

3.1. Formules brutes

Les **alcanes** sont des **hydrocarbures saturés** qui ont pour formule brute :
- $\mathbf{C_nH_{2n+2}}$ pour les **alcanes linéaires** ou **ramifiés** non cycliques,
- $\mathbf{C_nH_{2n}}$ pour les **alcanes cycliques** (molécules refermées sur elles-mêmes),

n étant un nombre entier supérieur ou égal à 1.

Exemples :
- alcanes linéaires ou ramifiés non cycliques : $n = 1 \Rightarrow CH_4$; $n = 2 \Rightarrow C_2H_6$
- alcanes cycliques : $n = 6 \Rightarrow C_6H_{12}$.

3.2. Alcanes linéaires

La formule semi-développée d'un **alcane linéaire** peut s'écrire en ligne droite :

Exemples : $CH_3 — CH_2 — CH_3$; $CH_3 — CH_2 — CH_2 — CH_3$.

3.3. Alcanes ramifiés

La formule semi-développée d'un **alcane ramifié** ne peut pas s'écrire en ligne droite :

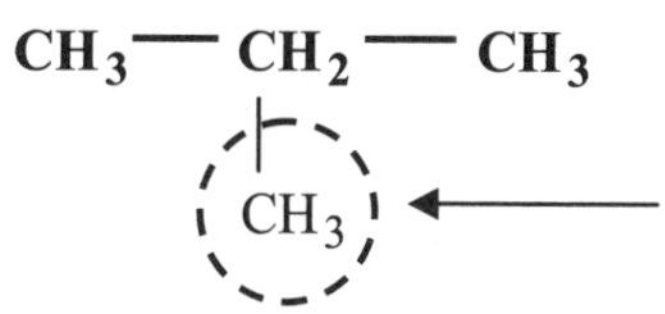

ramification ou **substituant** ou **groupe alkyle**

Un alcane ramifié est constitué d'une **chaîne carbonée principale** *en gras* (chaîne carbonée la plus longue) sur laquelle sont greffés un ou plusieurs **substituants**.

3.4. Alcanes cycliques

Un **alcane cyclique** est une molécule **refermée** sur elle-même.
Par exemple, les formules semi-développées et topologiques du cyclohexane (C_6H_{12}) s'écrivent :

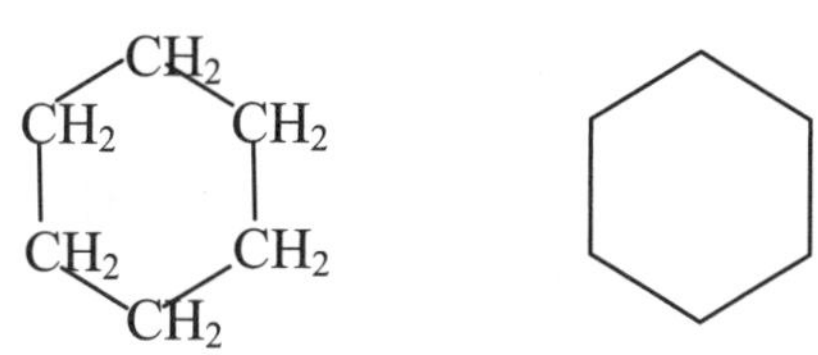

3.5. Nomenclature des alcanes

Alcanes linéaires

Le **nom** des **alcanes linéaires** est constitué de 2 parties :
- un **radical** qui dépend de la longueur de la chaîne carbonée (voir tableau) ;
- un **suffixe** « ane » qui indique qu'il s'agit d'un alcane.

Nombre de carbone	Nom du radical
1	méth
2	éth
3	prop
4	but
5	pent
6	hex

Exemple : C_2H_6 se nomme l'éthane.

Alcanes ramifiés

Pour nommer les **alcanes ramifiés**, il faut suivre dans l'ordre ces quelques règles :

- on identifie la **chaîne carbonée principale** : on lui affecte le nom de l'alcane ayant le même nombre de carbone ;
- on identifie les **substituants** : leur nom dépend du nombre de carbone (voir tableau) :

Substituant	Nom du substituant
$CH_3—$	méthyle
$CH_3—CH_2—$	éthyle
$CH_3—CH_2—CH_2—$	propyle
$CH_3—CH_2—CH_2—CH_2—$	butyle

- on numérote la chaîne carbonée principale de façon à ce que la somme des numéros portés par les différents substituants soit la plus petite possible.

Le nom de l'alcane est constitué du nom de la **chaîne carbonée principale** précédé par le **numéro** et le **nom** des **substituants**.

Remarques

Le numéro et le nom du substituant, écrit sans le « e » final (méthyl, éthyl), sont séparés par un tiret.
Les substituants sont classés par ordre alphabétique (éthyl avant méthyl).
Si la molécule comporte plusieurs substituants identiques, leur nombre est indiqué par les préfixes di, tri, tétra.

Exemple :

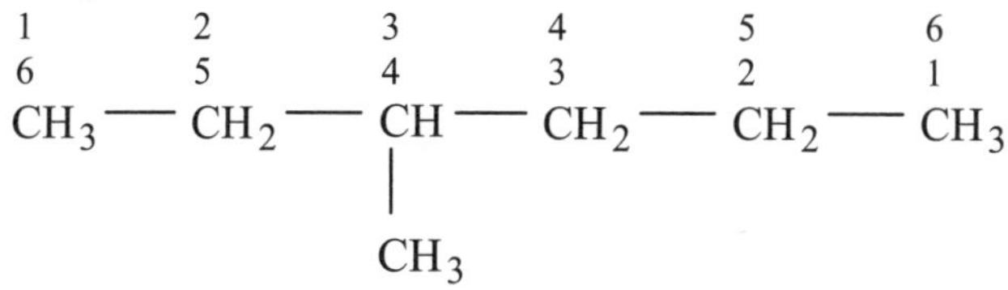

3–méthylhexane

✍ Exercice d'application 4

1. Nommer les alcanes suivants en précisant s'ils sont linéaires ou ramifiés.

a) $CH_3—CH_2—CH_2—CH_3$

b) 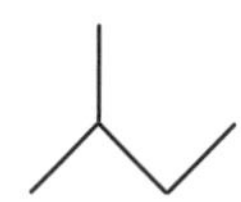

c) 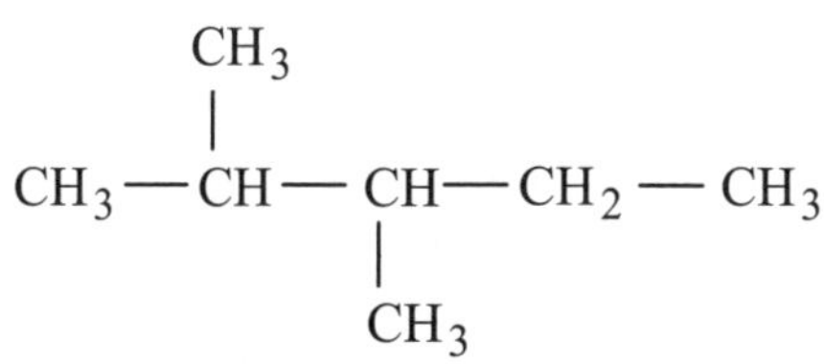

d) 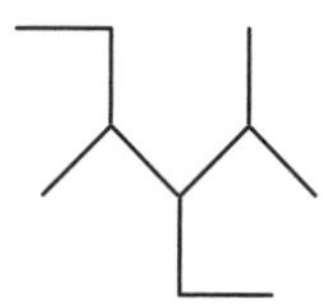

2. Ecrire la formule semi-développée des alcanes suivants :
a) 2,3-diméthylbutane.
b) 3-éthyl-2,5-diméthylhexane.
c) cyclopropane.
d) cyclopentane.

3. Ecrire et nommer les formules topologiques de tous les isomères possibles d'un alcane de formule brute C_6H_{14}.

Corrigé

1. Un alcane est linéaire s'il ne possède pas de ramifications.
a) La chaîne carbonée linéaire comporte 4 carbones : c'est le **butane**.
b) La chaîne carbonée principale comporte 4 carbones (en gras) et 1 substituant méthyle en position 2 : cet alcane est ramifié.

Le nom de la molécule est donc : **2–méthylbutane**.
c) La chaîne carbonée principale comporte 5 carbones (en gras) et 2 substituants méthyles en position 2 et 3 : cet alcane est ramifié.

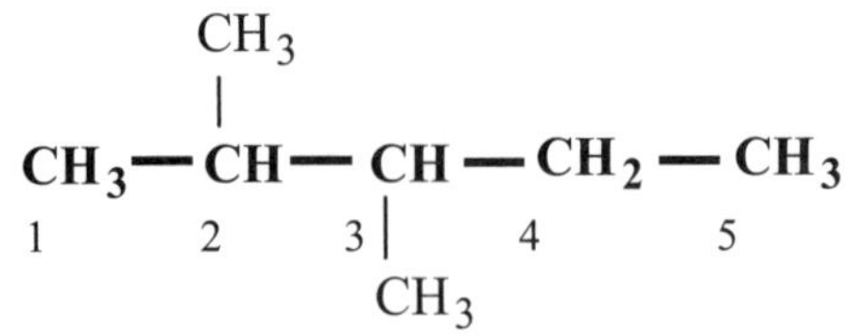

Le nom de la molécule est donc : **2,3–diméthylpentane**.

d) La chaîne carbonée principale comporte 6 carbones (en gras), 2 substituants méthyles en position 2 et 4 et 1 substituant éthyle en position 3 : cet alcane est ramifié.

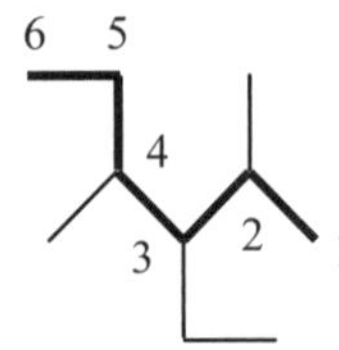

Le nom de la molécule est donc : **3–éthyl–2,4–diméthylhexane.**

2. a) La chaîne carbonée principale (butane) est composée de 4 atomes de carbone. Sur cette chaîne principale viennent se greffer 2 substituants méthyles en position 2 et 3.

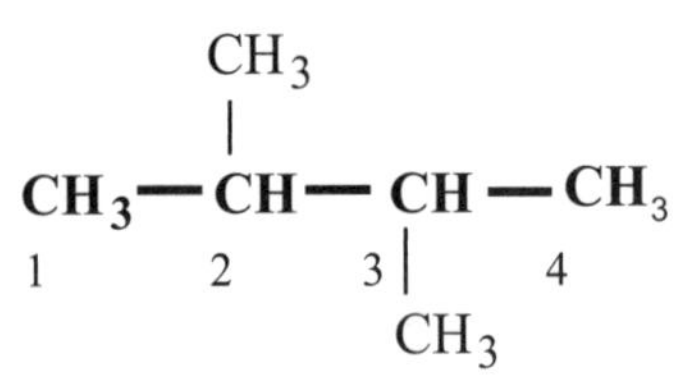

b) La chaîne carbonée principale (hexane) est composée de 6 atomes de carbone. Sur cette chaîne principale viennent se greffer 2 substituants méthyles en position 2 et 5 ainsi qu'un substituant éthyle en position 3.

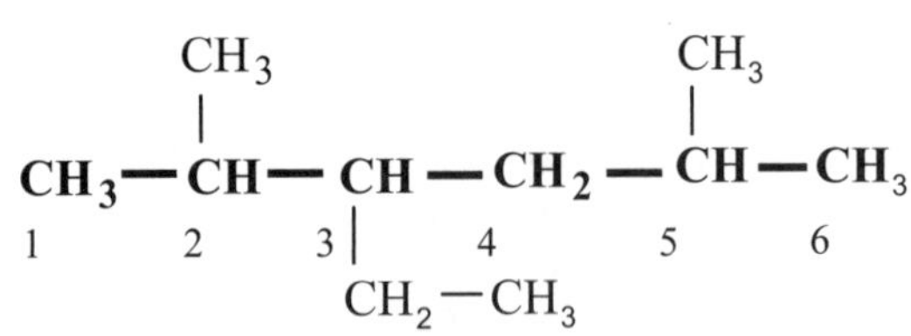

c) La chaîne carbonée principale (propane) est composée de 3 atomes de carbone et est cyclique.

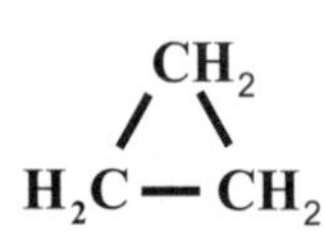

d) La chaîne carbonée principale (pentane) est composée de 5 atomes de carbone et est cyclique.

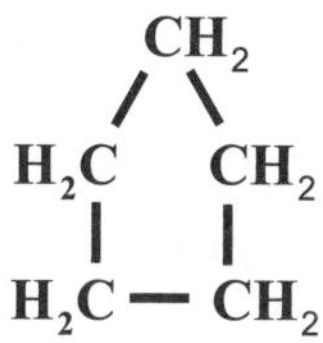

3. La formule brute des isomères est du type C_nH_{2n+2} avec n = 6 : il s'agit d'alcanes linéaires ou ramifiés. Des isomères sont des molécules ayant la même formule brute mais des formules développées ou semi-développées différentes. Les formules topologiques des isomères de formule brute C_5H_{12} sont :

6 atomes de C dans la chaîne principale	5 atomes de C dans la chaîne principale et 1 substituant méthyle	
	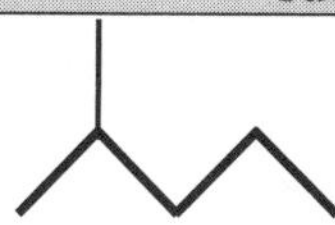	
hexane	2-méthylpentane	3-méthylpentane
4 atomes de C dans la chaîne principale et 2 substituants méthyles		
	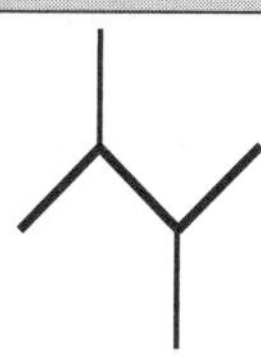	
2,2-diméthylbutane	2,3-diméthylbutane	

4. LES ALCOOLS

4.1. Notion de groupe caractéristique

Toute liaison autre qu'une liaison carbone–carbone simple ou une liaison carbone–hydrogène constitue un **groupe caractéristique** ou **fonction**.

Les composés comportant le même groupe caractéristique appartiennent à une même **famille** car ils ont des propriétés chimiques analogues.

Exemple :

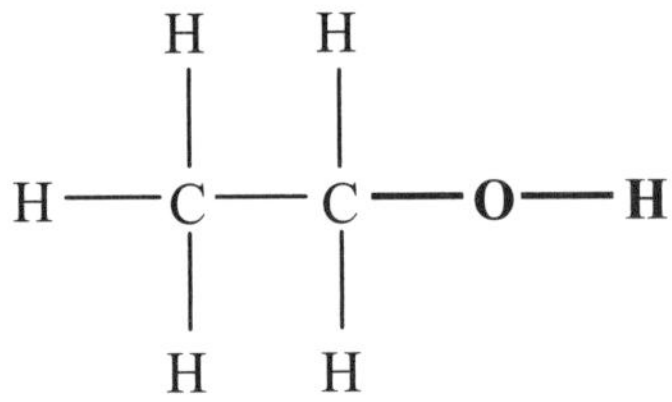

Cette molécule comporte le groupe caractéristique **—O—H** : c'est le groupe caractéristique des alcools. Elle fait partie de la famille des alcools.

4.2. Définition et formule

Un alcool possède le groupe caractéristique **— OH** appelé **groupe hydroxyle**.
La formule générale d'un alcool s'écrit **R—OH** , R étant une chaîne carbonée.

Exemple :

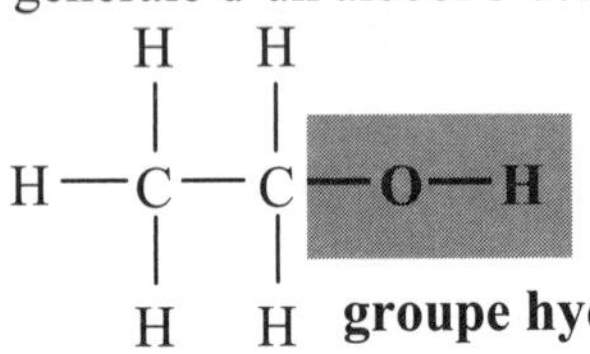

groupe hydroxyle

4.3. Nomenclature

La nomenclature des alcools dérive de celle des alcanes comportant le même squelette carboné. Le « e » final de l'alcane est remplacé par la terminaison « **ol** » précédée de l'indice de position (le plus petit possible) du groupe hydroxyle placé entre 2 tirets.

Exemple : $CH_3—CH_2—CH_2—OH$ propan–1–ol

4.4. Les trois classes d'alcool

Les alcools primaires :

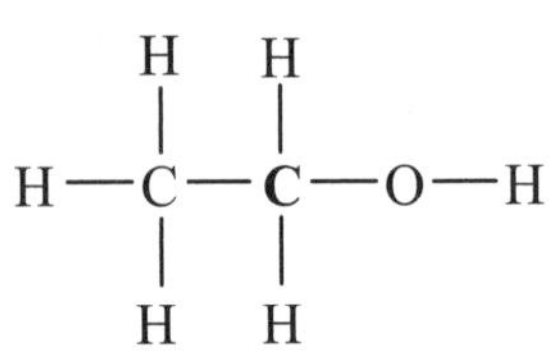

Le carbone portant le groupe hydroxyle appelé **carbone fonctionnel** (en gras) est lié à **0 ou 1** atome de carbone.

Formule générale : $\mathbf{R—CH_2—OH}$ R = H ou une chaîne carbonée.

Les alcools secondaires :

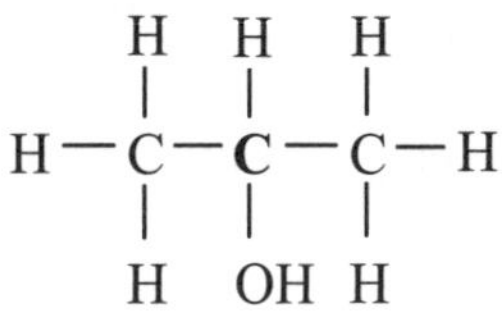

Le carbone portant le groupe hydroxyle est lié à **2** atomes de carbone.

Formule générale : 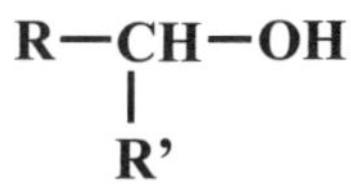

R et R' sont des chaînes carbonées.

Les alcools tertiaires :

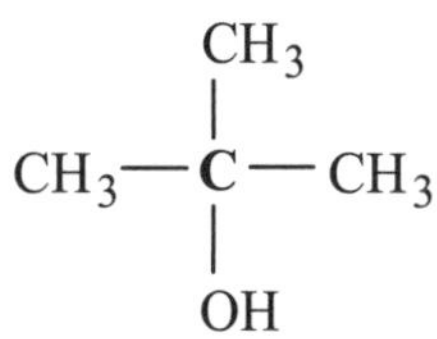

Le carbone portant le groupe hydroxyle est lié à **3** atomes de carbone.

Formule générale : 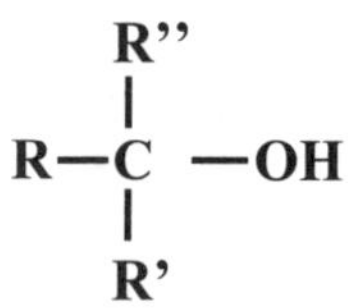

R, R' et R'' sont des chaînes carbonées.

4.5. Test d'identification

Test à la **solution acidifiée de permanganate de potassium** (solution violette) :

- positif avec les alcools primaires et secondaires : on observe une décoloration de la solution ;
- négatif avec les alcools tertiaires.

✍ Exercice d'application 5

1. Nommer les alcools suivants :

a) 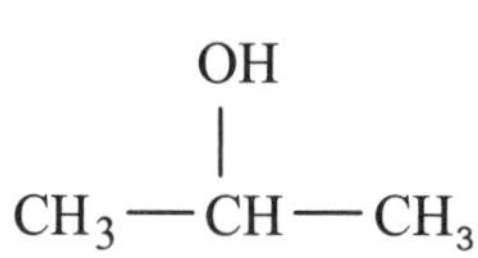

b) 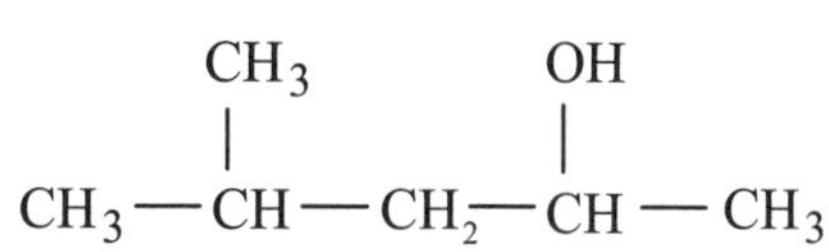

2. Ecrire les formules topologiques des alcools suivants :

a) butan-2-ol b) 3-éthylpentan-2-ol c) 3-méthylhexan-2-ol

Corrigé

1. a) La chaîne carbonée principale comporte 3 carbones (en gras) et le groupe hydroxyle est en position 2 : **propan-2-ol**.

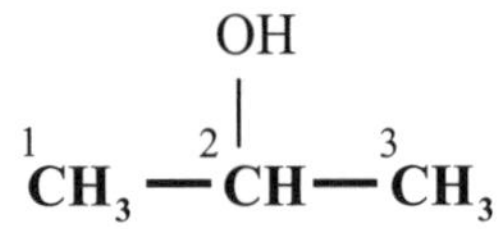

b) La chaîne carbonée principale comporte 5 carbones (en gras), le groupe hydroxyle est en position 2 et un substituant méthyle en position 4 :
4-méthylpentan-2-ol.

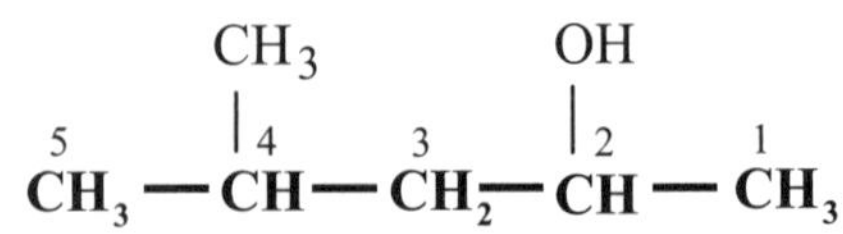

2) a) butan-2-ol : la chaîne carbonée principale comporte 4 carbones (en gras) et le groupe hydroxyle est en position 2.

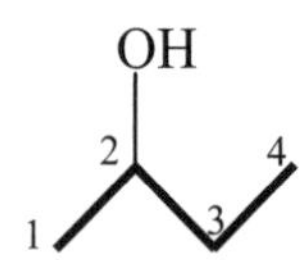

b) 3-éthylpentan-2-ol : la chaîne carbonée principale comporte 5 carbones (en gras), le groupe hydroxyle est en position 2 et un substituant éthyle en position 3.

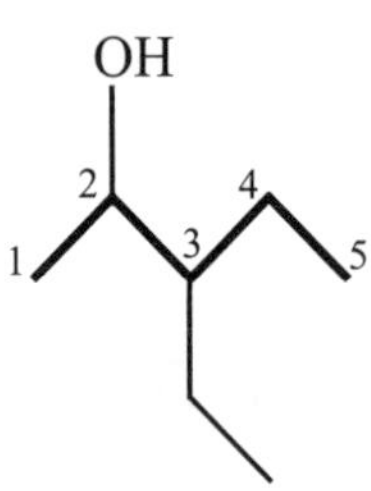

c) 3-méthylhexan-2-ol : la chaîne carbonée principale comporte 6 carbones (en gras), le groupe hydroxyle est en position 2 et un substituant méthyle en position 3.

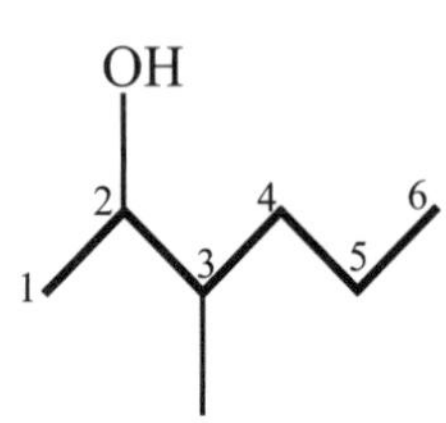

5. TEMPERATURES, MISCIBILITE

5.1. Températures de changements d'état

Pour les alcanes et les alcools

Pour les **alcanes** et les **alcools**, les **températures de changements d'état** :
- **augmentent** avec la **longueur** de la **chaîne carbonée** principale ;
- **diminuent**, pour un même nombre d'atomes de carbone, quand le **nombre** de **substituants augmente**.

Exemples :

Pentane : $H_3C-CH_2-CH_2-CH_2-CH_3$ $T_{vaporisation} = 36°C$

2-méthylbutane : 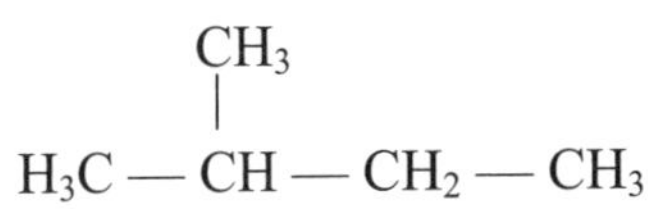 $T_{vaporisation} = 28°C$

2,2-diméthylpropane : 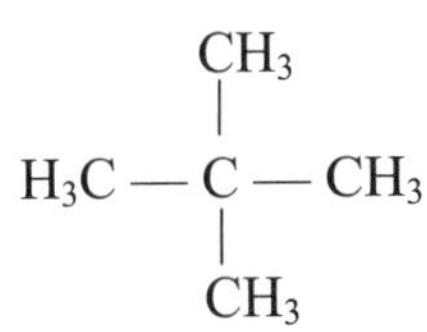 $T_{vaporisation} = 9,5°C$

Remarques

Plus la chaîne carbonée principale est longue, plus les interactions de Van der Waals sont intenses.
Plus la chaîne carbonée principale est ramifiée, moins les molécules peuvent se rapprocher les unes des autres : l'intensité des forces de Van der Waals diminue.

Pour une **même chaîne carbonée principale**, les **alcools** ont des **températures de changements d'état supérieures** à celles des **alcanes**.

Exemples :

ALCANES			ALCOOLS		
Nom	Formule	$T_{vaporisation}$	Nom	Formule	$T_{vaporisation}$
méthane	CH_3–H	– 161°C	méthanol	CH_3–OH	64,7°C
éthane	C_2H_5–H	– 88°C	éthanol	C_2H_5–OH	78,3°C
propane	C_3H_7–H	–42°C	propan-1-ol	C_3H_7–OH	97,2°C

Cette propriété des alcools est due au fait qu'il existe, en plus des interactions de Van der Waals, des liaisons hydrogène. En effet dans les alcools, l'oxygène présent dans le groupe hydroxyle est plus électronégatif que le carbone et l'hydrogène auxquels il est lié. Cela explique la cohésion plus importante des alcools par rapport aux alcanes.

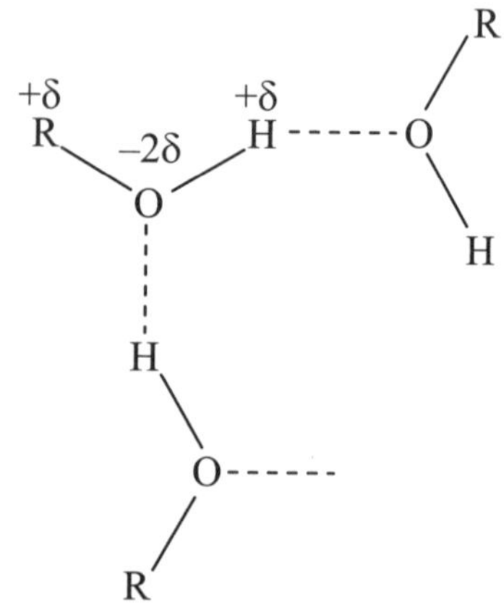

Application à la distillation du pétrole

La **distillation fractionnée** est une **technique** de **séparation** de **liquides miscibles** ayant des **températures de vaporisation différentes**. Elle est en particulier employée pour séparer les différents constituants du pétrole, qui sont essentiellement des alcanes.

A l'issue de la distillation, on récupère différentes coupes composées chacune d'hydrocarbures ayant des propriétés physiques similaires.

On récupère en premier les espèces chimiques les plus volatiles, c'est-à-dire celles qui ont la température de vaporisation la plus basse.

Schéma du montage d'une distillation fractionnée

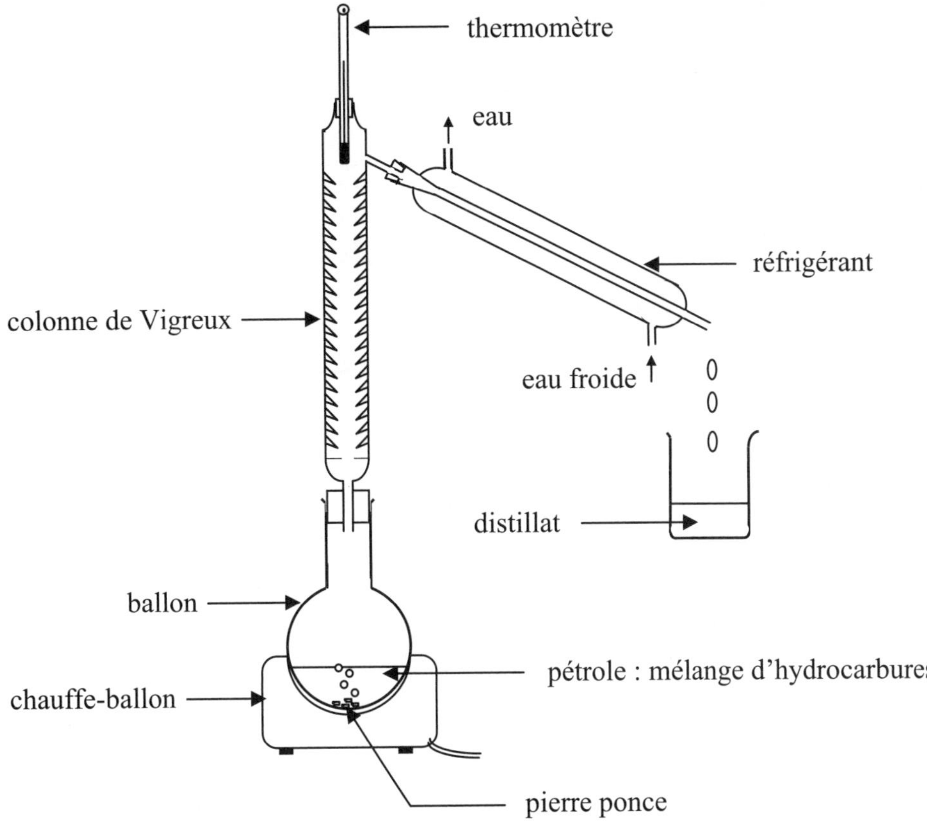

Remarque

Deux composés peuvent être séparés si la différence de leurs températures de vaporisation est supérieure à 10 °C.

✍ Exercice d'application 6

On considère un mélange d'hydrocarbures constitué de 5 alcanes linéaires dont les températures de vaporisation sont les suivantes : 36 °C ; 69 °C ; 98 °C ; 126 °C ; 151 °C.

1. Rappeler la définition de la température d'ébullition d'un corps.
2. Indiquer une méthode permettant de récupérer séparément ces 5 alcanes.
3. Décrire brièvement le principe de fonctionnement de cette technique. Vous indiquerez le composé récupéré en premier.
4. Attribuer, en justifiant votre réponse, les températures d'ébullition précédentes aux alcanes linéaires du tableau ci-après. Vous indiquerez les noms manquants.

alcanes	nom	$T_{éb}$
C_5H_{12}	....	....
C_8H_{18}	octane	....
C_7H_{16}	heptane	....
C_9H_{20}	nonane	....
C_6H_{14}	....	....

Corrigé

1. La température de vaporisation d'un corps est la température à laquelle ce corps passe de l'état liquide à l'état gazeux.

2. Afin de récupérer séparément ces 5 alcanes, il faut procéder à une **distillation fractionnée** du mélange.

3. Principe de la distillation
Une distillation consiste à séparer plusieurs corps dont les températures de vaporisation sont différentes.

On chauffe le mélange d'hydrocarbures jusqu'à ébullition. Des vapeurs du corps le plus volatil (celui qui a la température de vaporisation la plus basse) montent progressivement le long de la colonne à distiller jusqu'au moment où elles atteignent le haut de la colonne et le réfrigérant. Le thermomètre indique alors la température de vaporisation du corps le plus volatil.
Les vapeurs se retransforment en liquide, au contact des parois froides du réfrigérant, qui tombe dans le récipient situé sous le réfrigérant car ce dernier est incliné vers le bas.
Une fois qu'il ne reste plus du corps le plus volatil, il se passe exactement la même chose pour le deuxième corps le plus volatil, à la seule différence qu'il faut chauffer plus fort.
Pour séparer les 5 alcanes, il suffit de changer le récipient dans lequel on récupère le distillat à chaque fois que la température indiquée par le thermomètre en haut de la colonne se stabilise à nouveau.

4. Les températures de vaporisation augmentent lorsque la longueur de la chaîne carbonée augmente.
On attribue donc la température de vaporisation la plus basse (36 °C) à l'alcane possédant la chaîne carbonée la plus courte, c'est-à-dire le pentane C_5H_{12} (5 carbones).

Ensuite viennent l'hexane (6 carbones, 69 °C), l'heptane (7 carbones, 98 °C), puis l'octane (8 carbones, 126 °C) et enfin le nonane (9 carbones, 151 °C).

alcanes	nom	$T_{éb}$
C_5H_{12}	**pentane**	**36 °C**
C_8H_{18}	octane	**126 °C**
C_7H_{16}	heptane	**98 °C**
C_9H_{20}	nonane	**151 °C**
C_6H_{14}	**hexane**	**69 °C**

5.2. Miscibilité des alcools avec l'eau

Les alcools, contrairement aux alcanes, sont très solubles dans l'eau. Cette grande solubilité provient des liaisons hydrogène que le groupe hydroxyle –OH des alcools peut établir avec les molécules d'eau H_2O. Néanmoins, la miscibilité des alcools avec l'eau diminue lorsque la longueur de la chaîne carbonée principale augmente.

6. COMBUSTION DES ALCANES ET DES ALCOOLS

6.1. Réaction de combustion

Lors de la combustion complète d'un alcane ou d'un alcool, le composé organique réagit avec le dioxygène de l'air pour former du dioxyde de carbone $CO_{2\,(g)}$ et de l'eau $H_2O_{(g)}$. Cette réaction est exothermique : elle libère de la chaleur.

Equation de combustion complète des alcanes

$$C_nH_{2n+2\,(g)} + \frac{(3n+1)}{2}O_{2\,(g)} \rightarrow n\,CO_{2\,(g)} + (n+1)\,H_2O_{(g)}$$

Equation de combustion complète des alcools

$$C_nH_{2n+2}O_{(g)} + \frac{3n}{2} O_{2\,(g)} \rightarrow n\,CO_{2\,(g)} + (n+1)\,H_2O_{(g)}$$

Remarque

Si la quantité de dioxygène dans l'air est insuffisante, la combustion est incomplète : il peut se former du monoxyde de carbone $CO_{(g)}$ (gaz inodore, incolore, extrêmement toxique) et du carbone $C_{(s)}$.

Exercice d'application 7

La combustion complète, dans le dioxygène de l'air, de 13,2 g d'un alcane non cyclique, produit 7,2 L de dioxyde de carbone et 6,3 g d'eau.

1. Ecrire l'équation de combustion complète d'un alcane non cyclique comportant n atomes de carbone.
2. Calculer les quantités de matière de dioxyde de carbone et d'eau formées à l'état final.
3. En utilisant un tableau d'avancement, en déduire la formule brute de l'alcane non cyclique.

Données : $M(H) = 1{,}0\ g.mol^{-1}$; $M(C) = 12{,}0\ g.mol^{-1}$; $M(O) = 16{,}0\ g.mol^{-1}$
$V_m = 24{,}0\ L.mol^{-1}$

Corrigé

1. $$C_nH_{2n+2\,(g)} + \frac{(3n+1)}{2} O_{2\,(g)} \rightarrow n\,CO_{2\,(g)} + (n+1)\,H_2O_{(g)}$$

2. $$\boxed{n(CO_2)_f = \frac{V(CO_2)}{V_m}} \qquad \text{A.N. : } n(CO_2)_f = \frac{7{,}2}{24{,}0} = \mathbf{3{,}0.10^{-1}\ mol}$$

$$\boxed{n(H_2O)_f = \frac{m(H_2O)}{M(H_2O)}} \qquad \text{A.N. : } n(H_2O)_f = \frac{6{,}3}{(2\times 1{,}0+16{,}0)} = \mathbf{3{,}5.10^{-1}\ mol}$$

3. En notant respectivement n_0 et n_1 les quantités de matière initiales en alcane et en dioxygène, le tableau d'avancement de la réaction s'écrit :

Equation	$C_nH_{2n+2\ (g)}$	$+ \quad \frac{(3n+1)}{2} O_{2\ (g)}$	$\rightarrow \quad n\ CO_{2\ (g)}$	$+ \quad (n+1)\ H_2O_{\ (g)}$
E.I. (mol)	n_0	n_1	0	0
E.F. (mol)	$n_0 - x_f$	$n_1 - \frac{(3n+1)}{2} x_f$	$n\ x_f$	$(n+1)\ x_f$

D'après le tableau d'avancement : $n(CO_2)_f = n\ x_f$

$n(H_2O)_f = (n+1)\ x_f$

$$\Rightarrow \frac{n(H_2O)_f}{n(CO_2)_f} = \frac{(n+1)}{n} \Leftrightarrow \frac{n(H_2O)_f}{n(CO_2)_f} = 1 + \frac{1}{n} \Rightarrow \frac{1}{n} = \frac{n(H_2O)_f}{n(CO_2)_f} - 1 \text{ d'où :}$$

$$\boxed{n = \frac{n(CO_2)_f}{\left(n(H_2O)_f - n(CO_2)_f\right)}} \qquad \text{A.N. : } n = \frac{3{,}0.10^{-1}}{\left(3{,}5.10^{-1} - 3{,}0.10^{-1}\right)} = \mathbf{6}$$

La formule brute de l'alcane non cyclique est donc C_6H_{14}.

✍ Exercice d'application 8

La combustion complète dans le dioxygène de l'air de 20,4 g d'un alcool inconnu produit 44,0 g de dioxyde de carbone et 21,6 g d'eau.

1. Ecrire l'équation de combustion complète d'un alcool comportant n atomes de carbone.
2. Calculer les quantités de matière de dioxyde de carbone et d'eau formées à l'état final.
3. En utilisant un tableau d'avancement, en déduire la formule brute de l'alcool.
4. Ecrire les formules topologiques, puis nommer tous les alcools qui correspondent à cette formule brute et pour lesquels le groupe hydroxyle –OH se situe au bout de la chaîne carbonée principale.
5. La température de vaporisation de l'alcool inconnu est la plus faible des températures de vaporisation de tous les isomères possibles. En déduire le nom de l'alcool inconnu.
6. La température de vaporisation du 2,2-diméthylpropane serait-elle plus petite ou plus grande que celle de l'alcool de la question précédente. Justifier.

Données : $M(H) = 1{,}0\ g.mol^{-1}$; $M(C) = 12{,}0\ g.mol^{-1}$; $M(O) = 16{,}0\ g.mol^{-1}$

Corrigé

1. $C_nH_{2n+2}O_{\ (g)} + \frac{3n}{2} O_{2\ (g)} \rightarrow n\ CO_{2\ (g)} + (n+1)\ H_2O_{\ (g)}$

2. $$\boxed{n(CO_2)_f = \frac{m(CO_2)}{M(CO_2)}}$$ A.N. : $n(CO_2)_f = \frac{44{,}0}{(1\times12+2\times16)} = \mathbf{1{,}0\ mol}$

$$\boxed{n(H_2O)_f = \frac{m(H_2O)}{M(H_2O)}}$$ A.N. : $n(H_2O)_f = \frac{21{,}6}{(2\times1{,}0+16{,}0)} = \mathbf{1{,}2\ mol}$

3. En notant respectivement n_0 et n_1 les quantités de matière initiales en alcool et en dioxygène, le tableau d'avancement de la réaction s'écrit :

Equation	$C_nH_{2n+2}O_{(g)}$ +	$\frac{3n}{2}O_{2(g)}$ →	$n\,CO_{2(g)}$ +	$(n+1)\,H_2O_{(g)}$
E.I. (mol)	n_0	n_1	0	0
E.F. (mol)	$n_0 - x_f$	$n_1 - \frac{3n}{2}x_f$	$n\,x_f$	$(n+1)\,x_f$

D'après le tableau d'avancement : $n(CO_2)_f = n\,x_f$
$n(H_2O)_f = (n+1)\,x_f$

$$\Rightarrow \frac{n(H_2O)_f}{n(CO_2)_f} = \frac{(n+1)}{n} \Leftrightarrow \frac{n(H_2O)_f}{n(CO_2)_f} = 1 + \frac{1}{n} \Rightarrow \frac{1}{n} = \frac{n(H_2O)_f}{n(CO_2)_f} - 1 \text{ d'où :}$$

$$\boxed{n = \frac{n(CO_2)_f}{\left(n(H_2O)_f - n(CO_2)_f\right)}}$$ A.N. : $n = \frac{1{,}0}{(1{,}2-1{,}0)} = \mathbf{5}$

La formule brute de l'alcool est donc $\mathbf{C_5H_{12}O}$.

4. Les formules topologiques des alcools isomères ayant pour formule brute $C_5H_{12}O$ et possédant le groupe hydroxyle en bout de chaîne principale sont :

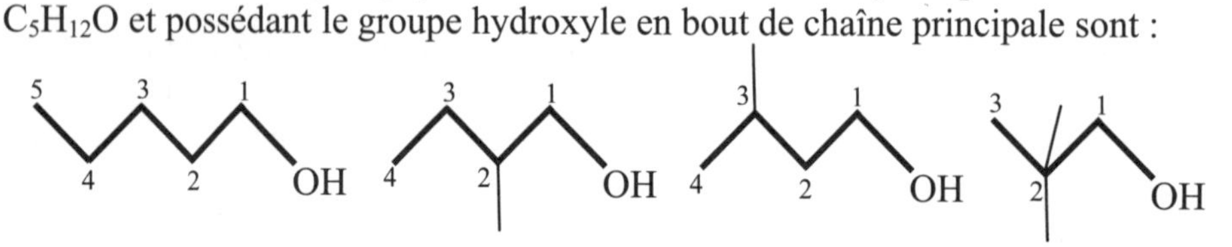

pentan-1-ol 2-méthylbutan-1-ol 3-méthylbutan-1-ol 2,2-diméthylpropan-1-ol

5. La température de vaporisation d'un alcool est d'autant plus faible que la longueur de la chaîne carbonée principale est petite. L'alcool inconnu est donc le **2,2-diméthylpropan-1-ol**.

6. Pour une même chaîne carbonée principale, les alcools ont des températures de changement d'état supérieures à celles des alcanes. Or le 2,2-diméthylpropane (alcane) et le 2,2-diméthylpropan-1-ol (alcool) sont constitués par une chaîne carbonée principale de 3 carbones. Le 2,2-diméthylpropane aura donc une température de vaporisation plus faible que celle du 2,2-diméthylpropan-1-ol. En effet l'existence de liaisons hydrogène entre les molécules d'alcool explique leur cohésion supérieure à celle des alcanes qui en sont dépourvues.

6.2. Bilan énergétique

Energie de liaison

L'énergie de liaison E_{A-B} d'une molécule diatomique A — B est l'énergie qu'il faut fournir pour rompre la liaison covalente entre les atomes A et B d'une mole de cette molécule prise à l'état gazeux, et obtenir des atomes isolés à l'état gazeux selon la réaction :

$$A-B_{(g)} \longrightarrow A_{(g)} + B_{(g)}$$

L'énergie de liaison s'exprime en **J/mol** ou en kJ/mol.

Energies de quelques liaisons courantes :

Liaisons	E_{A-B} (kJ/mol)
C—H	425
C—C	345
C=C	615
C≡C	812
C—O	356
C=O	705
O—H	463

Les énergies de liaison sont toujours positives : $E_{A-B} > 0$.

Chaleur de combustion

La chaleur de combustion d'un alcane ou d'un alcool est l'énergie $Q_{combustion}$ qu'il faut fournir à une mole d'alcane ou d'alcool pour effectuer sa transformation complète en $CO_{2\,(g)}$ et $H_2O_{\,(g)}$.

Pour calculer $Q_{combustion}$ lorsque tous les produits et réactifs sont gazeux, il faut :

- écrire l'équation chimique équilibrée de la réaction de combustion, dans laquelle le coefficient stœchiométrique de l'alcane ou de l'alcool vaut 1. Par exemple, pour la combustion du méthane :

$$CH_{4\,(g)} \quad + \quad 2\,O_{2\,(g)} \quad \rightarrow \quad CO_{2\,(g)} \quad + \quad 2\,H_2O_{\,(g)}$$

- écrire les formules développées des produits et réactifs afin de comptabiliser les liaisons qui se rompent et celles qui se forment. Par exemple :

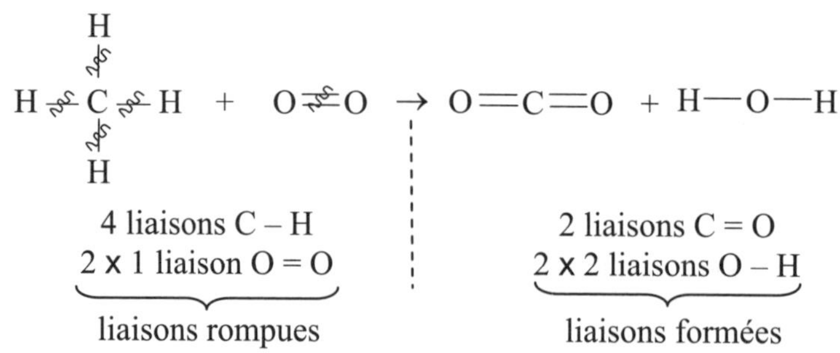

- appliquer la relation : $\boxed{Q_{combustion} = \sum E_{liaisons\ rompues} - \sum E_{liaisons\ formées}}$

Par exemple : $Q_{combustion}(CH_4) = (4\ E_{C-H} + 2\ E_{O=O}) - (2\ E_{C=O} + 4\ E_{O-H})$

Les réactions de combustions étant exothermiques $Q_{combustion} < 0$.

Energie libérée

La variation d'énergie (en joules) qui accompagne la combustion d'un alcool ou d'un alcane pour un avancement x (en moles) de la réaction est :

$$\boxed{\Delta E = x\ Q_{combustion} < 0}$$

L'énergie libérée correspondante vaut donc : $\boxed{E_{libérée} = |\Delta E| = |x\ Q_{combustion}|}$

✍ Exercice d'application 9

Le butane est un alcane utilisé dans de très nombreux dispositifs de chauffage.

1. Écrire l'équation chimique de la combustion complète du butane dans le dioxygène de l'air.
2. En supposant dans un premier temps que les réactifs et les produits sont tous gazeux, calculer la chaleur de combustion $Q_{combustion}$.
3. La bouteille neuve d'un réchaud à gaz de camping contient 250 g de butane. Calculer l'énergie que peut libérer sous forme thermique cette bouteille de butane.

Données :

- énergies de liaison : $E_{C-H} = 410\ kJ.mol^{-1}$; $E_{C=O} = 795\ kJ.mol^{-1}$
  $E_{O=O} = 494\ kJ.mol^{-1}$; $E_{C-C} = 348\ kJ.mol^{-1}$
  $E_{O-H} = 460\ kJ.mol^{-1}$
- masses molaires atomiques : $M(H) = 1{,}0\ g.mol^{-1}$; $M(C) = 12{,}0\ g.mol^{-1}$;
  $M(O) = 16{,}0\ g.mol^{-1}$

Corrigé

1. $C_4H_{10\,(g)} + \frac{13}{2} O_{2\,(g)} \rightarrow 4\,CO_{2\,(g)} + 5\,H_2O_{(g)}$

2. Lorsque les réactifs et les produits sont tous gazeux, la chaleur de combustion $Q_{combustion}$ est celle qui correspond à la réaction précédente. Elle se détermine en comptabilisant les liaisons rompues et les liaisons formées :

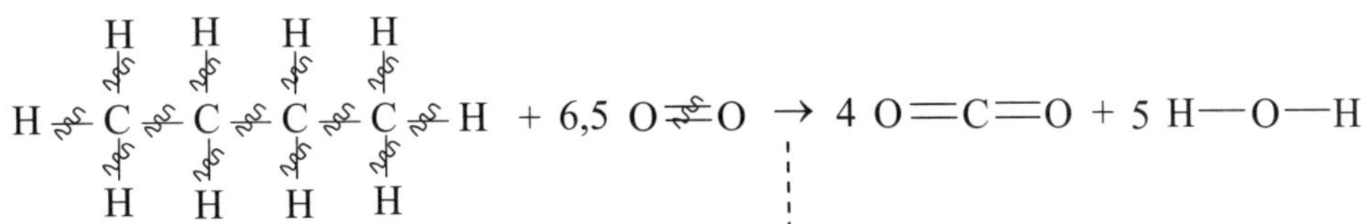

3 x 1 liaison C – C
10 x 1 liaison C – H
6,5 x 1 liaison O = O
liaisons rompues

4 x 2 liaisons C = O
5 x 2 liaisons O – H
liaisons formées

La chaleur de combustion s'exprime donc en fonction des énergies de liaison de la manière suivante :

$$\begin{aligned} Q_{combustion} &= \sum E_{\text{liaisons rompues}} - \sum E_{\text{liaisons formées}} \\ &= (3\,E_{C-C} + 10\,E_{C-H} + 6{,}5\,E_{O=O}) - (8\,E_{C=O} + 10\,E_{O-H}) \\ &= (3 \times 348 + 10 \times 410 + 6{,}5 \times 494) - (8 \times 795 + 10 \times 460) \\ &= -2{,}61.10^3\ \text{kJ.mol}^{-1} \end{aligned}$$

Comme $Q_{combustion} < 0$, la réaction est exothermique : elle libère de l'énergie sous forme thermique vers le milieu extérieur.

3. Par définition la variation d'énergie du système chimique lors de la combustion de la totalité du butane emprisonné dans la bouteille est : $\boxed{\Delta E = x_{max}\, Q_{combustion}}$.

Déterminons l'avancement maximal x_{max} de la réaction chimique en considérant que le dioxygène de l'air est en excès :

Equation	$C_4H_{10\,(g)}$ +	$6{,}5\,O_{2\,(g)}$ →	$4\,CO_{2\,(g)}$ +	$5\,H_2O_{(g)}$
E.I. (mol)	n_0	excès	0	0
E.F. (mol)	$n_0 - x_f$	excès	$4\,x_f$	$5\,x_f$

Le réactif limitant est le butane : la réaction s'arrête lorsque $x_f = x_{max}$ c'est à dire lorsque $n(C_4H_{10})_f = n_0 - x_{max} = 0 \Rightarrow x_{max} = n_0$ avec $n_0 = \frac{m(C_4H_{10})}{M(C_4H_{10})}$

$\Rightarrow \boxed{x_{max} = \frac{m(C_4H_{10})}{M(C_4H_{10})}}$ A.N. : $x_{max} = \frac{250}{(4\times12 + 10\times1)} = \mathbf{4{,}3\ mol}$

$\Delta E = 4{,}3 \times (-2{,}61.10^3) = -1{,}1.10^4\ \text{kJ} = \mathbf{-1{,}1.10^7\ J}$ $\boxed{E_{libérée} = |\Delta E|} = \mathbf{1{,}1.10^7\ J}$

5
Piles et oxydoréduction

1. LES REACTIONS D'OXYDOREDUCTION

1.1. Que se passe-t-il au cours d'une réaction d'oxydoréduction ?

Une réaction d'oxydoréduction fait intervenir un **oxydant** et un **réducteur** :

$$\underset{\text{oxydant}}{Cu^{2+}_{(aq)}} + \underset{\text{réducteur}}{Fe_{(s)}} \longrightarrow Cu_{(s)} + Fe^{2+}_{(aq)}$$

Lors d'une réaction d'oxydoréduction, il y a **transfert de un ou plusieurs électrons** (espèce chargée négativement notée e^-) entre un oxydant et un réducteur.

1.2. Oxydant et réducteur

Le réactif qui **gagne** un ou plusieurs électrons s'appelle l'**oxydant** : on dit qu'il est **réduit** ou que l'oxydant subit une réduction.

L'ion $Cu^{2+}_{(aq)}$ est un oxydant car il gagne 2 électrons et se transforme en atome de cuivre $Cu_{(s)}$.

Le réactif qui **perd** un ou plusieurs électrons s'appelle le **réducteur** : on dit qu'il s'**oxyde** ou que le réducteur subit une oxydation.

Le $Fe_{(s)}$ est un réducteur car il perd 2 électrons et se transforme en ion $Fe^{2+}_{(aq)}$.

Schématiquement :

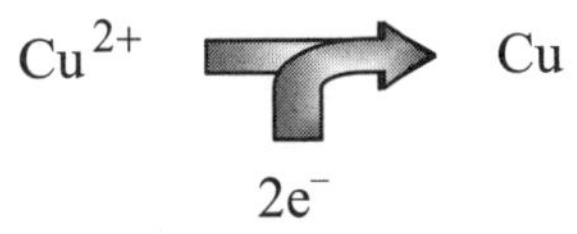

réduction

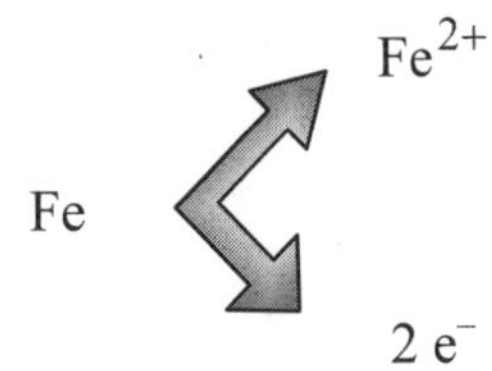

oxydation

Une **oxydation** correspond à une **perte** d'**électrons** alors qu'une **réduction** correspond à un **gain** d'**électrons**.

2. COUPLES OXYDANT/REDUCTEUR

2.1. Définition

A tout oxydant correspond un réducteur conjugué.
Un **couple oxydant/réducteur**, noté **Ox/Red**, est l'ensemble d'un oxydant et d'un réducteur conjugués.
Exemples : Cu^{2+} / Cu et Fe^{2+} / Fe.

Remarques

L'oxydant du couple se place toujours à gauche du slash et le réducteur à droite.
Il n'est pas nécessaire d'indiquer les états physiques dans l'écriture d'un couple.
Un couple oxydant/réducteur est également appelé couple rédox.

2.2. Demi-équation électronique

Le passage d'une espèce à l'autre du **couple rédox** peut être représenté par une **demi-équation électronique** :

$Ox + ne^- = Red$

où n représente le nombre d'électrons échangés entre l'oxydant et le réducteur.

Exemple : $Cu^{2+} + 2\ e^- = Cu$.

Remarques

L'oxydant est forcément du même côté dans la demi-équation que les électrons.

Dans l'écriture d'une demi-équation électronique, le **signe égal** est employé, et non la flèche, pour signifier que les deux transformations inverses sont possibles.

✍ Exercice d'application 1

On considère les demi-équations d'oxydoréduction suivantes :

1. $HAsO_2 + 3H^+ + 3e^- = As + 2\ H_2O$.
2. $2H^+ + 2e^- = H_2$.
3. $CO_2 + 2H^+ + 2e^- = HCOOH$.
4. $2HClO + 2H^+ + 2e^- = Cl_2 + 2H_2O$.

   Identifier dans chacun des cas ci-dessus le réducteur et l'oxydant. En déduire les couples oxydant/réducteur.

Corrigé

Une demi-équation d'oxydoréduction s'écrit de la façon suivante : Ox + ne^- = Red. L'espèce chimique se situant du même côté que les électrons est donc l'oxydant. L'oxydant se place à gauche du « slash », le réducteur à droite.

Remarque

L'ion H^+ ne sert qu'à ajuster la stœchiométrie des demi-équations électroniques sauf quand il intervient dans le couple H^+/H_2.

Equation	Oxydant	Réducteur	Couple rédox
1	$HAsO_2$	As	$HAsO_2$/ As
2	H^+	H_2	H^+/H_2
3	CO_2	HCOOH	CO_2/ HCOOH
4	HClO	Cl_2	HClO/ Cl_2

✍ Exercice d'application 2

On considère les 2 équations chimiques suivantes :

1. $S_2O_{8(aq)}^{2-} + 2\ I_{(aq)}^{-} \longrightarrow 2\ SO_{4(aq)}^{2-} + I_{2(aq)}$

2. $2\ AgO_{(s)} + HNO_{2(aq)} \longrightarrow Ag_2O_{(s)} + NO_{3(aq)}^{-} + H_{(aq)}^{+}$

a) Identifier, parmi les réactifs, l'oxydant et le réducteur. Justifier.
b) En déduire les couples oxydant/réducteur.
c) Identifier les espèces chimiques réduites et oxydées.

Corrigé

1. $S_2O_{8(aq)}^{2-} + 2\ I_{(aq)}^{-} \longrightarrow 2\ SO_{4(aq)}^{2-} + I_{2(aq)}$

a) Afin de déterminer l'oxydant et le réducteur, il faut écrire les demi-équations électroniques sans se soucier du sens. L'oxydant est l'espèce chimique qui est du même côté que les électrons, car une demi-équation électronique s'écrit de la façon suivante dans le cas général : Ox + ne⁻ = Red.

$S_2O_8^{2-} + 2e^- = 2\ SO_4^{2-}$: l'**oxydant** est donc l'ion peroxodisulfate $\mathbf{S_2O_{8(aq)}^{2-}}$.

$2\ I^- = I_2 + 2e^-$: le **réducteur** est donc l'ion iodure $\mathbf{I_{(aq)}^{-}}$.

Remarque : La dernière demi-équation électronique est écrite dans le mauvais sens.

b) Couples oxydant/réducteur
Comme on vient de le voir, l'ion peroxodisulfate joue le rôle d'oxydant, il sera donc à gauche du slash dans le couple : $\mathbf{S_2O_8^{2-}/SO_4^{2-}}$.
L'ion iodure joue le rôle du réducteur, il sera donc à droite du slash dans le couple : $\mathbf{I_2/I^-}$.

c) Identifions les espèces réduites et oxydées.
Lors d'une réaction rédox, le réducteur est oxydé, l'oxydant est réduit.

L'**espèce oxydée** est donc l'ion iodure $\mathbf{I_{(aq)}^{-}}$.

L'**espèce réduite** est donc $\mathbf{S_2O_{8(aq)}^{2-}}$.

2. $2\ AgO_{(s)} + HNO_{2(aq)} \longrightarrow Ag_2O_{(s)} + NO_{3(aq)}^{-} + H_{(aq)}^{+}$

On procède exactement de la même façon pour cette seconde réaction.
a) Ecrivons les 2 demi-équations électroniques.

$2\,AgO + 2\,H^+ + 2\,e^- = Ag_2O + H_2O$: l'**oxydant** est donc $\mathbf{AgO_{(s)}}$.

$HNO_2 + H_2O = NO_3^- + 3\,H^+ + 2\,e^-$: le **réducteur** est donc l'acide nitreux $\mathbf{HNO_{2(aq)}}$.

b) Couples oxydant/réducteur : $\mathbf{AgO / Ag_2O}$ et $\mathbf{NO_3^- / HNO_2}$.

c) Identifions les espèces réduites et oxydées.
L'**espèce oxydée** est donc l'acide nitreux $\mathbf{HNO_{2(aq)}}$.

L'**espèce réduite** est donc $\mathbf{AgO_{(s)}}$.

2.3. Stœchiométrie d'une demi-équation rédox

Demi-équation électronique relative au couple $HClO/Cl_2$ en **milieu acide** :

1re étape
On place l'oxydant à gauche du signe égal et le réducteur à droite.

$$HClO \qquad = Cl_2$$

2e étape
On assure la conservation des éléments autres que l'hydrogène H et l'oxygène O.

$$2\,HClO \qquad = Cl_2$$

3e étape
On assure la conservation de l'élément oxygène O en ajoutant autant de molécules d'eau H_2O que nécessaire.

$$2\,HClO \qquad = Cl_2 + 2\,H_2O$$

4e étape
On assure la conservation de l'élément hydrogène H en ajoutant autant d'ions H^+ que nécessaire.

$$2\,HClO + 2\,H^+ \qquad = Cl_2 + 2\,H_2O$$

5e étape
On assure la conservation de la charge électrique en ajoutant autant d'électrons que nécessaire.

$$2\,HClO + 2\,H^+ + 2\,e^- = Cl_2 + 2\,H_2O.$$

Cette méthode doit être appliquée dans l'ordre indiqué.

Demi-équation électronique relative au couple $HClO/Cl_2$ en **milieu basique** :

il faut ajouter les étapes 6 et 7 :

6e étape

On ajoute autant d'ions hydroxydes HO^- qu'il y a d'ions H^+ de part et d'autre du signe égal.

$$2\,HClO + 2\,H^+ + 2\,HO^- + 2\,e^- = Cl_2 + 2\,H_2O + 2\,HO^-$$

7e étape

Les ions hydroxydes HO^- « réagissent » avec les ions H^+ pour former des molécules d'eau H_2O.

$$2\,HClO + 2\,H_2O + 2\,e^- = Cl_2 + 2\,H_2O + 2\,HO^-$$

Soit après simplification :

$$2\,HClO + 2\,e^- = Cl_2 + 2\,HO^-.$$

Exercice d'application 3

Ecrire les demi-équations électroniques relatives aux couples suivants en milieu acide :

a) MnO_4^-/Mn^{2+} b) Ni^{2+}/Ni c) BrO_3^-/Br_2 d) I_2/I^-

Corrigé

a) MnO_4^-/Mn^{2+}

1re étape

On place l'oxydant à gauche du signe égal et le réducteur à droite :

$$MnO_4^- \qquad\qquad = Mn^{2+}$$

2e étape

On assure la conservation des éléments autres que l'hydrogène H et l'oxygène O : on ne change rien car il y a 1 manganèse de part et d'autre du signe égal.

$$MnO_4^- \qquad\qquad = Mn^{2+}$$

3e étape

On assure la conservation de l'élément oxygène O en ajoutant autant de molécules d'eau H_2O que nécessaire : on en ajoute 4 à droite du signe égal afin d'avoir 4 oxygènes de part et d'autre du signe égal.

$$MnO_4^- \qquad = Mn^{2+} + 4H_2O$$

4e étape

On assure la conservation de l'élément hydrogène H en ajoutant autant d'ions H^+ que nécessaire : on en ajoute 8 à gauche du signe égal car il y a 8 hydrogènes à droite.

$$MnO_4^- + 8\ H^+ \qquad = Mn^{2+} + 4\ H_2O$$

5e étape

On assure la conservation de la charge électrique en ajoutant autant d'électrons que nécessaire : on en ajoute 5 à gauche afin d'avoir 2 charges positives de part et d'autre du signe égal.

$$\mathbf{MnO_4^- + 8H^+ + 5e^- = Mn^{2+} + 4H_2O.}$$

Pour les autres couples, il faut utiliser la même méthode en respectant l'ordre des différentes étapes.

b) Ni^{2+}/Ni : $\mathbf{Ni^{2+} + 2\ e^- = Ni}$.

c) BrO_3^-/Br_2 : $\mathbf{2\ BrO_3^- + 12H^+ + 10\ e^- = Br_2 + 6H_2O}$.

d) I_2/I^- : $\mathbf{I_2 + 2\ e^- = 2I^-}$.

Exercice d'application 4

Ecrire la demi-équation électronique relative au couple c) de l'exercice 3 en milieu basique.

Corrigé

Couple BrO_3^-/Br_2

On reprend la demi-équation électronique ajustée en milieu acide et on ajoute 2 étapes :

6e étape

On ajoute autant d'ions hydroxydes HO^- qu'il y a d'ions H^+ de part et d'autre du signe égal.

$$2\ BrO_3^- + 12\ H^+ + 12\ HO^- + 10\ e^- = Br_2 + 6\ H_2O + 12\ HO^-$$

7e étape

Les ions hydroxydes HO^- « réagissent » avec les ions H^+ pour former des molécules d'eau H_2O.

$$2\ BrO_3^- + 12\ H_2O + 10\ e^- = Br_2 + 6\ H_2O + 12\ HO^-$$

Soit après simplification :

$$\mathbf{2\ BrO_3^- + 6\ H_2O + 10\ e^- = Br_2 + 12\ HO^-}$$

3. ECRITURE D'UNE REACTION D'OXYDOREDUCTION

Dans une réaction d'oxydoréduction, **deux couples rédox** sont mis en jeu :

couple (1) : Ox_1/Red_1 ; couple (2) : Ox_2/Red_2

L'équation de la réaction s'obtient en combinant les deux demi-équations des deux couples de façon à éliminer les électrons.

Exemple de l'oxydant Ox_1 mis en présence du réducteur Red_2 :

$Ox_1 + n_1 e^- = Red_1$ $\quad(\times\ n_2)\quad$ 1re demi-équation

$Red_2 = Ox_2 + n_2\ e^-$ $\quad(\times\ n_1)\quad$ 2de demi-équation

$n_2\ Ox_1 + n_1\ Red_2 \longrightarrow n_2\ Red_1 + n_1\ Ox_2$ **équation de la réaction**

Il y a un échange d'électrons entre le réducteur d'un couple (Red_2) qui cède des électrons et l'oxydant d'un autre couple (Ox_1) qui les accepte.

Exercice d'application 5

A partir des demi-équations de l'exercice 3, écrire l'équation de la réaction entre les ions permanganates MnO_4^- et le nickel Ni.

Corrigé

Pour écrire l'équation d'une réaction d'oxydoréduction, il suffit d'additionner les 2 demi-équations électroniques, mais disposées de manière à ce que les 2 réactifs soient placés à gauche du signe égal et en veillant à ce que le nombre d'électrons cédés par le réducteur soit égal au nombre d'électrons captés par l'oxydant :

$$MnO_4^- + 8\,H^+ + 5\,e^- = Mn^{2+} + 4\,H_2O \qquad \times\, \mathbf{2}$$

$$Ni = Ni^{2+} + 2\,e^- \qquad \times\, \mathbf{5}$$

$$\mathbf{2\ MnO^-_{4(aq)} + 16\ H^+_{(aq)} + 5\ Ni_{(s)} \longrightarrow 2\ Mn^{2+}_{(aq)} + 8\ H_2O + 5\ Ni^{2+}_{(aq)}}.$$

✍ Exercice d'application 6

Questionnaire à choix multiples (QCM) : choisissez la ou les bonne(s) réponse(s).

1. Lors d'une réaction d'oxydoréduction, il y a un échange entre 2 espèces chimiques de un ou plusieurs :

☐ proton(s) ;

☐ électron(s) ;

☐ neutron(s).

2. Un oxydant est une espèce qui :

☐ perd un ou plusieurs électrons ;

☐ perd un ou plusieurs protons ;

☐ gagne un ou plusieurs électrons ;

☐ gagne un ou plusieurs protons.

3. On considère l'équation chimique suivante :

$$Cu^{2+}_{(aq)} + Zn_{(s)} \longrightarrow Cu_{(s)} + Zn^{2+}_{(aq)}$$

☐ l'ion cuivrique Cu^{2+} gagne 2 électrons ;

☐ l'ion cuivrique Cu^{2+} perd 2 électrons ;

☐ le zinc gagne 2 électrons ;

☐ le zinc perd 2 électrons.

4. On considère l'équation chimique suivante :

$$2\ Al_{(s)} + 3\ Cu^{2+}_{(aq)} \longrightarrow 2\ Al^{3+}_{(aq)} + 3\ Cu_{(s)}$$

□ l'aluminium joue le rôle de l'oxydant ;

□ l'aluminium joue le rôle du réducteur ;

□ l'ion cuivrique Cu^{2+} joue le rôle de l'oxydant ;

□ l'ion cuivrique Cu^{2+} joue le rôle du réducteur.

5. On considère l'équation chimique suivante :

$$2\ Ag^{+}_{(aq)} + Cu_{(s)} \longrightarrow 2\ Ag_{(s)} + Cu^{2+}_{(aq)}$$

□ l'ion argent est oxydé ;

□ l'ion argent est réduit ;

□ l'atome de cuivre est oxydé ;

□ l'atome de cuivre est réduit.

6. Quelle est la bonne écriture de la demi-équation électronique associée au couple O_2/H_2O_2 ?

□ $O_2 + 2\ H^+ + 2\ e^- \longrightarrow H_2O_2$;

□ $O_2 + 2\ H^+ + 2\ e^- = H_2O_2$;

□ $H_2O_2 = O_2 + 2\ H^+ + 2\ e^-$.

7. Indiquer quels sont les couples d'oxydoréduction parmi ceux proposés :

□ Zn^{2+}/Zn ;

□ HSO_4^-/SO_4^{2-} ;

□ H^+/H_2 ;

□ Fe^{3+}/Fe^{2+} ;

□ $CH_3CO_2H/CH_3CO_2^-$.

Corrigé

1. ■ électron(s).

2. ■ gagne un ou plusieurs électrons.
Moyen mnémotechnique : oxyd**a**nt – g**a**gner.

3. ■ l'ion cuivrique Cu^{2+} gagne 2 électrons ;

■ le zinc perd 2 électrons.

Les électrons sont des espèces chargées négativement.

4. ■ l'aluminium joue le rôle du réducteur ;

■ l'ion cuivrique Cu^{2+} joue le rôle de l'oxydant.

L'aluminium $Al_{(s)}$ joue le rôle du réduct<u>e</u>ur car il p<u>e</u>rd 3 électrons pour se transformer en ion $Al^{3+}_{(aq)}$.

L' ion $Cu^{2+}_{(aq)}$ joue le rôle de l'oxyd**<u>a</u>**nt car il g**<u>a</u>**gne 2 électrons.

5. ■ l'ion argent est réduit ;

■ l'atome de cuivre est oxydé.

L'ion argent $Ag^{+}_{(aq)}$ joue le rôle de l'oxyd**<u>a</u>**nt car il g**<u>a</u>**gne 1 électron pour se transformer en atome d'argent $Ag_{(s)}$. L'ion argent est donc réduit car lors d'une réaction d'oxydoréduction, l'oxydant est réduit.

Si l'ion argent est réduit, l'atome de cuivre est forcément oxydé.

6. ■ $O_2 + 2\ H^+ + 2\ e^- = H_2O_2$.

Une demi-équation s'écrit avec un signe égal, l'oxydant et les électrons à gauche du signe égal et le réducteur à droite : Ox + n e^- = Red.

7. ■ Zn^{2+}/Zn ;

■ H^+/H_2 ;

■ Fe^{3+}/Fe^{2+}.

Zn^{2+}/Zn est un couple d'oxydoréduction car on peut passer d'une espèce à l'autre du couple par gain ou perte de 2 électrons.

HSO_4^-/SO_4^{2-} et $CH_3CO_2H/CH_3CO_2^-$ sont des couples acide/base et non pas d'oxydoréduction car on peut passer d'une espèce à l'autre du couple par gain ou perte d'un proton H^+ (voir chapitre 5).

H^+/H_2 est un couple d'oxydoréduction car on ne peut pas passer d'une espèce à une autre du couple par perte ou gain d'un proton H^+.

Fe^{3+}/Fe^{2+} est un couple d'oxydoréduction car on peut passer d'une espèce à l'autre par gain ou perte d'un électron.

Exercice d'application 7

Dans cet exercice, nous allons voir qu'il ne faut jamais utiliser l'eau de Javel avec des détartrants contenant des espèces chimiques acides, comme le vinaigre ou l'acide chlorhydrique.

L'eau de Javel est une solution aqueuse d'hypochlorite de sodium de formule : $(Na^+_{(aq)} + ClO^-_{(aq)})$.

1. Rappeler la formule d'une solution aqueuse d'acide chlorhydrique.
2. Ecrire les demi-équations électroniques des 2 couples suivants : ClO^-/Cl_2 et Cl_2/Cl^-.
3. Ecrire l'équation de la réaction entre les ions chlorure et hypochlorite.
4. Préciser le nom et la formule du gaz toxique qui se dégage.
5. En déduire pourquoi il ne faut jamais utiliser d'eau de Javel avec une solution d'acide chlorhydrique.
6. Par inadvertance, la totalité d'un berlingot de 250 mL d'eau de Javel contenant une quantité de matière d'ions hypochlorites n_{ClO^-} égale à 0,41 mol a été mélangée avec un détartrant à base d'acide chlorhydrique dans un local de volume $V_{local} = 3{,}5\ m^3$.
   Etablir le tableau d'avancement relatif à la transformation chimique précédente. On considérera que les ions $H^+_{(aq)}$ et $Cl^-_{(aq)}$ ont été introduits en excès.
7. Calculer la quantité de matière n de gaz toxique produite.
8. En déduire le volume V de gaz toxique dégagé à 20 °C et à pression atmosphérique.
9. Quelle est alors la concentration C exprimée en ppm en gaz toxique dans le local ? Conclure.

Données : volume molaire à 20 °C et à pression atmosphérique $V_m = 24{,}0$ L/mol.
« ppm » (parties par million) : nombre de mL d'une espèce chimique dans un volume de $1\ m^3$.

Effets du gaz toxique en fonction de la concentration exprimée en ppm :

Concentrations en ppm	Effets
0,08	limite de détection olfactive
1-3	irritation des membranes muqueuses après 1 heure d'exposition
5-15	irritation modérée des voies respiratoires supérieures
10	danger immédiat pour la vie et la santé après 10 minutes d'exposition
30	douleurs immédiates à la poitrine, vomissements, toux
40-60	œdème pulmonaire et mort possible
> 1000	mort par suffocation en quelques minutes

Corrigé

1. Formule d'une solution aqueuse d'acide chlorhydrique : $(\mathbf{H^+_{(aq)} + Cl^-_{(aq)}})$.

2. Demi-équations électroniques :

Couple ClO^-/Cl_2 : $\mathbf{2\,ClO^- + 4\,H^+ + 2\,e^- = Cl_2 + 2\,H_2O}$.

Couple Cl_2/Cl^- : $\mathbf{Cl_2 + 2\,e^- = 2\,Cl^-}$.

3. Equation de la réaction entre les ions chlorure et hypochlorite.
Pour écrire l'équation d'une réaction d'oxydoréduction, il suffit d'additionner les 2 demi-équations électroniques, mais disposées de manière à ce que les 2 réactifs soient placés à gauche du signe égal et en veillant à ce que le nombre d'électrons cédés par le réducteur soit égal au nombre d'électrons captés par l'oxydant :

$$2\ ClO^- + 4\ H^+ + 2\,e^- = Cl_2 + 2\ H_2O \qquad \times 1$$

$$2\ Cl^- = Cl_2 + 2\,e^- \qquad \times 1$$

$$2\ ClO^- + 4\ H^+ + 2\ Cl^- \longrightarrow Cl_2 + 2\ H_2O + Cl_2$$

Après simplification :

$$\mathbf{2\ ClO^-_{(aq)} + 4\ H^+_{(aq)} + 2\ Cl^-_{(aq)} \longrightarrow 2\ Cl_{2(g)} + 2\ H_2O}.$$

4. Le gaz toxique qui se dégage est le dichlore de formule $\mathbf{Cl_2}$.

5. Il ne faut jamais utiliser d'eau de Javel avec une solution d'acide chlorhydrique car du dichlore, gaz très toxique, se dégage à la suite de la réaction entre les ions hypochlorite $ClO^-_{(aq)}$ et les ions chlorure en milieu acide (présence d'ions $H^+_{(aq)}$ dans le membre des réactifs de l'équation).

6. Tableau d'avancement relatif à la transformation précédente :

Equation	$2\ ClO^-_{(aq)}$	$+\ 4\ H^+_{(aq)}$	$+\ 2\ Cl^-_{(aq)}$	$\longrightarrow 2\ Cl_{2(g)}$	$+\ 2\ H_2O$
Etat initial (mol)	n_{ClO^-}	excès	excès	0	excès
Au cours de la transformation (mol)	$n_{ClO^-} - 2\ x$	excès	excès	2 x	excès
Etat final (mol)	$n_{ClO^-} - 2\ x_{max}$	excès	excès	$2\ x_{max}$	excès

7. Calculons la quantité de matière de gaz toxique produite.
D'après le tableau d'avancement : $n = 2\ x_{max}$. (1)
L'ion hypochlorite étant le réactif limitant, sa quantité de matière dans l'état final est nulle : $n^{EF}_{ClO^-} = n_{ClO^-} - 2\ x_{max} = 0$.

Il s'ensuit que : $2\ x_{max} = n_{ClO^-} = 0{,}41$ mol.

(1) La quantité de matière de dichlore produite est donc égale à : n = 0,41 mol.

8. Volume de gaz toxique dégagé à 20 °C et à pression atmosphérique.
On utilise la formule suivante : $V = n \times V_m$
$V = 0{,}41 \times 24{,}0$
V = 9,2 L.

9. Concentration, en ppm, en dichlore dans le local.
D'après les données, la concentration en ppm est le nombre de mL de dichlore par m^3 d'air.

Exprimons le volume V en mL : $V = 9{,}2\ L = 9{,}2.10^3$ mL.

Il y a donc $9{,}2.10^3$ mL de dichlore dégagé dans le local de 3,5 m^3.

La concentration en ppm est donc : $C = \dfrac{V}{V_{local}}$

$C = \dfrac{9{,}2.10^3}{3{,}5} = \mathbf{2{,}6.10^3}$ **ppm.**

Un individu ainsi exposé court donc un risque mortel car la concentration est supérieure à 1 000 ppm.

4. LES PILES ELECTROCHIMIQUES

4.1. Exemple : la pile zinc-cuivre

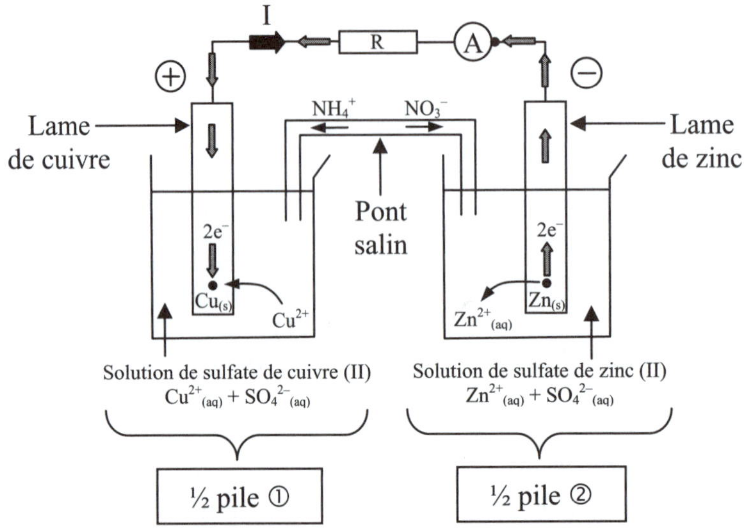

La pile zinc-cuivre est constituée de deux demi-piles reliées par un pont salin.
1/2 pile ① : une lame de cuivre Cu trempe dans une solution aqueuse contenant des ions Cu^{2+}.
1/2 pile ② : une lame de zinc Zn trempe dans une solution aqueuse contenant des ions Zn^{2+}.
Un circuit électrique extérieur composé ici de fils métalliques et d'un conducteur ohmique de résistance R permet aux électrons de circuler de la lame de zinc vers la lame de cuivre.

4.2. Transfert indirect d'électrons

Une **pile** est le siège d'une **réaction** d'**oxydoréduction** entre deux **couples rédox**. C'est un **générateur électrochimique** car elle convertit de l'**énergie chimique** en **énergie électrique**.

Le transfert d'électrons, entre les réactifs de la réaction d'oxydoréduction, ne se fait pas directement au sein du système chimique mais par l'intermédiaire d'un système électrique extérieur (fils conducteurs, conducteur ohmique de résistance R…) où prend naissance un courant d'intensité I.

4.3. Demi-pile et continuité électrique

Une **pile** est composée de **deux demi-piles** reliées par un **pont salin** dans lequel une solution ionique gélifiée est emprisonnée dans un tube de verre en « U ».

Une demi-pile est constituée d'une **lame conductrice** (métal ou graphite) appelée **électrode**, plongeant dans une solution aqueuse ionique appelée **électrolyte**. Dans le cas ou la lame est métallique, l'électrolyte contient l'ion associé à l'élément chimique métallique.

Le **courant électrique** qui circule dans le circuit résulte du **déplacement** de **porteurs de charges** qui sont de deux types :
– **ions** dans les solutions aqueuses et le pont salin ;
– **électrons** dans les électrodes et fils conducteurs.

Le **pont salin** assure la **continuité électrique** et l'**électroneutralité** des solutions aqueuses ioniques.

Remarque

Lorsque la pile zinc-cuivre fonctionne, la concentration des ions Cu^{2+} diminue dans la ½ pile ① alors que celle en ions Zn^{2+} augmente dans la ½ pile ② (la concentration en ions SO_4^{2-} demeurant constante, par ailleurs, dans les deux demi-piles). Le pont salin permet de compenser à chaque instant :
– la disparition des ions Cu^{2+} dans la 1re demi-pile en y libérant des ions NH_4^+ (un ion Cu^{2+} étant remplacé par deux ions NH_4^+) ;
– l'apparition des ions Zn^{2+} dans la 2ème demi-pile en y libérant des ions NO_3^- (lorsqu'un ion Zn^{2+} apparaît, un ion NO_3^- également).
Ainsi, la neutralité électrique des deux solutions est à chaque instant assurée par l'action du pont salin.

4.4. Polarité et réactions aux électrodes

Détermination expérimentale de la polarité d'une pile

On détermine expérimentalement la polarité d'une pile en branchant :

– un ampèremètre en série dans le circuit électrique (si on mesure une intensité $I > 0$ alors le courant entre par la borne A et sort par la borne COM) ; le courant circule alors de l'électrode positive vers l'électrode négative ;

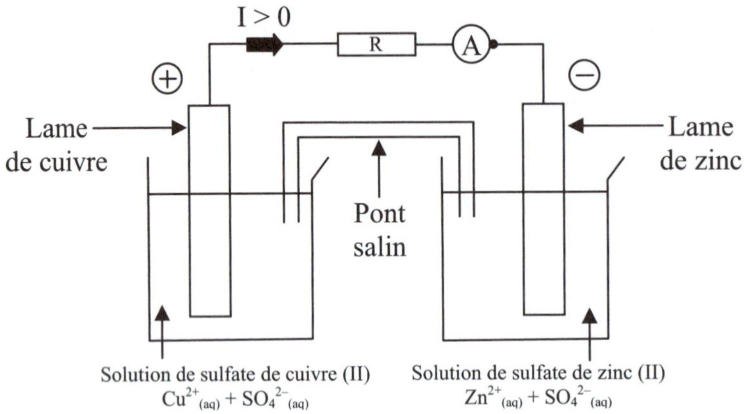

– un voltmètre en dérivation directement aux électrodes de la pile, si on mesure $U > 0$ alors la borne (+) est celle reliée à la borne V et la borne (–) celle connectée à la borne COM. La tension « à vide » ainsi mesurée est appelée force électromotrice (f.é.m) : c'est cette indication que l'on trouve sur l'emballage des piles.

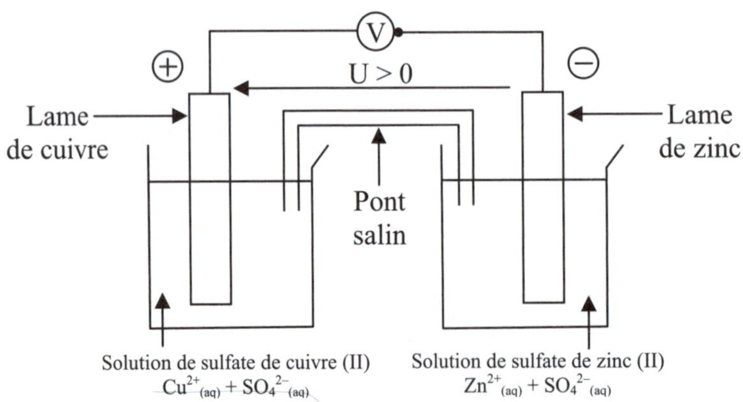

Réactions aux électrodes

Des électrons sont libérés à l'électrode associée au pôle négatif de la pile : cette électrode est le siège d'une oxydation et est appelée **anode**.
Des électrons sont captés à l'électrode associée au pôle positif de la pile : cette électrode est le siège d'une réduction et est appelée **cathode**.

Exemple de la pile zinc-cuivre :

A la borne – (oxydation anodique) : $Zn_{(s)} = Zn^{2+}_{(aq)} + 2\ e^-$

A la borne + (réduction cathodique) : $Cu^{2+}_{(aq)} + 2\ e^- = Cu_{(s)}$

4.5. Equation globale de fonctionnement

Une pile qui débite un courant électrique est le siège d'une réaction d'oxydoréduction, associée à un transfert indirect d'électrons, dont l'équation est appelée équation globale de fonctionnement.

Exemple : l'équation globale de fonctionnement de la pile zinc-cuivre est

$$Zn_{(s)} = Zn^{2+}_{(aq)} + 2\ e^- \qquad \times 1$$
$$Cu^{2+}_{(aq)} + 2\ e^- = Cu_{(s)} \qquad \times 1$$

$$Zn_{(s)} + Cu^{2+}_{(aq)} \rightarrow Zn^{2+}_{(aq)} + Cu_{(s)}$$

La pile cesse de fonctionner lorsque le réactif limitant est entièrement consommé.

✍ Exercice d'application 8

Lors du fonctionnement d'une pile zinc-nickel, on observe progressivement un dépôt de nickel à la surface de l'électrode de nickel et la « consommation » de l'électrode de zinc. Chaque solution utilisée dans les demi-piles possède pour volume V = 100 mL et pour concentration $c = 5{,}00.10^{-2}\ mol.L^{-1}$.

Avant que la pile fonctionne, chaque électrode avait une masse m = 50,0 g.

Le pont salin est une solution gélifiée de nitrate de potassium $NO_3^-{}_{(aq)} + NH_4^+{}_{(aq)}$

Données : Ni^{2+} / Ni ; Zn^{2+} / Zn

$M(Zn) = 65{,}4\ g.mol^{-1}$ $\quad M(Ni) = 58{,}7\ g.mol^{-1}$

Pont salin : solution gélifiée de nitrate de potassium :

1. Schématiser la pile avec un conducteur ohmique branché entre ses électrodes.
2. En utilisant l'énoncé, écrire les demi-équations électroniques aux électrodes. Préciser dans chaque cas s'il s'agit d'une oxydation ou d'une réduction.
3. Ecrire l'équation de fonctionnement de la pile.
4. Sur le schéma préciser le sens du courant et celui du déplacement des électrons dans le circuit extérieur.
5. Préciser le rôle du pont salin.
6. Pour quelle raison la pile s'arrêtera-t-elle de fonctionner ?
7. A l'aide d'un tableau d'avancement, déterminer l'avancement maximal de la réaction. En déduire le réactif limitant.

8. En déduire la variation de masse de chacune des électrodes au cours de la réaction.

Corrigé

1. On peut schématiser une pile zinc-nickel de la manière suivante :

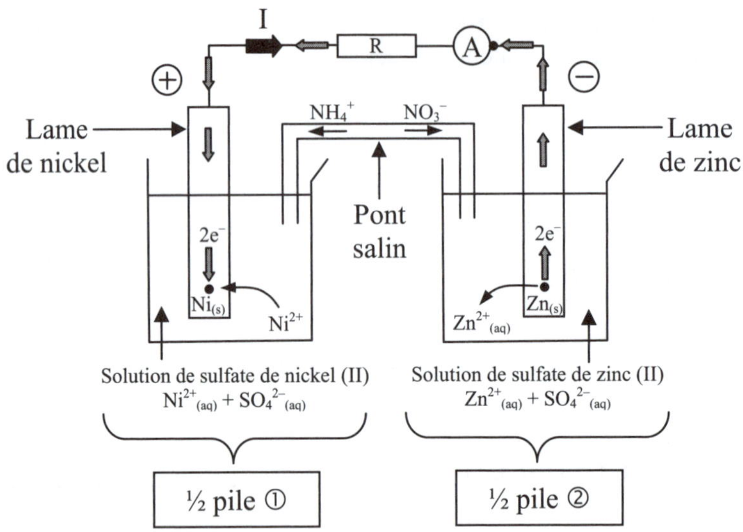

2. Electrode de zinc (consommation de $Zn_{(s)}$) :

$$Zn_{(s)} = Zn^{2+}_{(aq)} + 2\,e^- \text{ (oxydation)}$$

Electrode de nickel (apparition de $Cu_{(s)}$) :

$$Ni^{2+}_{(aq)} + 2\,e^- = Ni_{(s)} \quad \text{(réduction)}$$

3. Equation de fonctionnement de la pile :

$$Zn_{(s)} = Zn^{2+}_{(aq)} + 2\,e^- \quad \times 1$$
$$Ni^{2+}_{(aq)} + 2\,e^- = Ni_{(s)} \quad \times 1$$

$$Zn_{(s)} + Ni^{2+}_{(aq)} \rightarrow Zn^{2+}_{(aq)} + Ni_{(s)}$$

4. Les demi-équations électroniques montrent que les électrons quittent l'électrode de zinc pour aller vers l'électrode de nickel. Le sens du courant électrique étant opposé au sens de circulation des électrons, on en déduit la polarité de la pile. En effet, à l'extérieur de la pile, le courant électrique circule de l'électrode positive vers l'électrode négative (voir schéma de la question 1.).

5. Le pont salin assure la continuité électrique et l'électroneutralité des solutions ioniques de chaque demi-pile.

6. La pile s'arrête de fonctionner lorsque le réactif limitant a été intégralement consommé.

7. Tableau d'avancement :

Equation	$Zn_{(s)}$ +	$Ni^{2+}_{(aq)}$ →	$Zn^{2+}_{(aq)}$ +	$Ni_{(s)}$
E.I. (mol)	n_1	n_2	n_3	n_4
E.t. (mol)	$n_1 - x$	$n_2 - x$	$n_3 + x$	$n_4 + x$
E.F. (mol)	$n_1 - x_{max}$	$n_2 - x_{max}$	$n_3 + x_{max}$	$n_4 + x_{max}$

Les quantités de matière des réactifs étant toujours positives ou nulles ainsi que l'avancement x, le tableau d'avancement conduit à ce que les inégalités suivantes soient simultanément vérifiées :

$$\begin{cases} n_1 - x \geq 0 \\ n_2 - x \geq 0 \\ x \geq 0 \end{cases} \qquad \begin{cases} x \leq n_1 \\ x \leq n_2 \\ x \geq 0 \end{cases} \qquad \begin{cases} x \leq \dfrac{m(Zn)}{M(Zn)} \\ x \leq c.V \\ x \geq 0 \end{cases}$$

$$\begin{cases} x \leq \dfrac{50,0}{65,4} = 7,65.10^{-1} \text{ mol} \\ x \leq 5,00.10^{-2} \times 100.10^{-3} = 5,00.10^{-3} \\ x \geq 0 \text{ mol} \end{cases}$$

L'ensemble des solutions de ce système d'inégalités est :
$S = [0 \text{ mol} ; 5,00.10^{-3} \text{ mol}]$
On en déduit donc $x_{max} = \mathbf{5,00.10^{-3}\ mol}$.
Le réactif limitant est l'ion Ni^{2+} car à l'état final : $n(Ni^{2+})_f = n_2 - x_{max} = 0$ mol
L'électrode de zinc est en excès.
8. A l'état final, d'après le tableau d'avancement :
$n(Zn)_f = n_1 - x_{max} = 7,65.10^{-1} - 5,00.10^{-3} = \mathbf{7,60.10^{-1}\ mol}$
$\Rightarrow m(Zn)_f = n(Zn)_f\ M(Zn)_f = 7,60.10^{-1} \times 65,4 = \mathbf{4,97.10^{1}\ g}$
La variation de masse de l'électrode de zinc est donc :
$\Delta m = m(Zn)_f - m(Zn)_i = 49,7 - 50,0 = \mathbf{-\ 3,00.10^{-1}\ g}$.

$$n(Ni)_f = n_4 + x_{max} = \frac{m(Ni)}{M(Ni)} - 5,00.10^{-3} = \frac{50,0}{58,7} + 5,00.10^{-3} = \mathbf{8,57.10^{-1}\ mol}$$

$\Rightarrow m(Ni)_f = n(Ni)_f\ M(Ni)_f = 8,57.10^{-1} \times 58,7 = \mathbf{5,03.10^{1}\ g}$
La variation de masse de l'électrode de nickel est donc :
$\Delta m = m(Ni)_f - m(Ni)_i = 50,3 - 50,0 = \mathbf{+\ 3,00.10^{-1}\ g}$.

6
Chimie de synthèse et nouveaux matériaux

1. LES ALDEHYDES

1.1. Formule

Formule générale : $\mathbf{R-\overset{\overset{\displaystyle O}{\|}}{C}-H}$ R = H ou une chaîne carbonée.

Exemple : $CH_3-CH_2-\overset{\overset{\displaystyle O}{\|}}{C}-H$

groupe carbonyle

1.2. Nomenclature

Pour nommer les aldéhydes, on remplace le « e » final des alcanes possédant le même squelette carboné par la terminaison « **al** ». Le carbone du groupe fonctionnel possède toujours la position 1 dans la numérotation.

La molécule donnée dans l'exemple précédent se nomme **propanal**.

Remarque

La fonction aldéhyde est toujours au début ou en fin de chaîne.

1.3. Tests d'identification des aldéhydes

Test à la **liqueur de Fehling** positif : formation d'un précipité rouge brique.
Test au **réactif de Tollens** positif : formation d'un miroir d'argent.
Test à la **2,4–DNPH** (2,4–dinitrophénylhydrazine) positif : formation d'un précipité jaune-orange.

2. LES CETONES

2.1. Formule

Formule générale :  R, R' : chaînes carbonées.

Exemple : 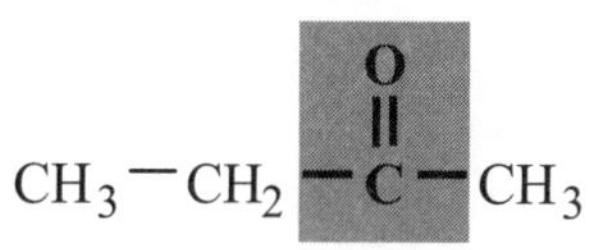

groupe carbonyle

2.2. Nomenclature

Le nom d'une cétone dérive de celui de l'alcane ayant le même squelette carboné en remplaçant le « e » final par la terminaison « **one** » précédée d'un numéro (le plus petit possible), placé entre 2 tirets, indiquant la position du groupe carbonyle sur la chaîne carbonée principale.

La molécule donnée dans l'exemple précédent se nomme **butan–2–one**.

2.3. Tests d'identification des cétones

Test à la **2,4–DNPH** positif.
Test à la **liqueur de Fehling** négatif.
Test au **réactif de Tollens** négatif.

Remarques

Le test à la 2,4–DNPH est donc caractéristique du groupe carbonyle.

Pour différencier un aldéhyde d'une cétone, on effectue le test à la liqueur de Fehling ou celui au réactif de Tollens.

3. LES ACIDES CARBOXYLIQUES

3.1. Définition et formule

Un acide carboxylique possède le groupe caractéristique **carboxyle** : $-\overset{\displaystyle O}{\overset{\|}{C}}-OH$.

Formule générale : $R-\overset{\displaystyle O}{\overset{\|}{C}}-OH$ R = H ou une chaîne carbonée.

Exemple : $CH_3-CH_2-\underset{\displaystyle CH_3}{\underset{|}{CH}}-\overset{\displaystyle O}{\overset{\|}{C}}-OH$ **groupe carboxyle**

Remarque : la fonction carboxyle est toujours au début ou en fin de chaîne.

3.2. Nomenclature

Le nom d'un acide carboxylique dérive de celui de l'alcane ayant le même squelette carboné en remplaçant le « e » final par la terminaison « **oïque** », l'ensemble étant précédé du mot **acide**. Le carbone du groupe carboxyle possède toujours la position 1 dans la numérotation.

La molécule donnée dans l'exemple précédent se nomme :
acide–2–méthylbutanoïque.

3.3. Couple acide/base

Les acides carboxyliques sont, comme leur nom l'indique, des acides, et sont donc susceptibles de céder un proton selon la demi-équation acido-basique suivante :

$$R-\overset{\displaystyle O}{\overset{\|}{C}}-OH \;=\; R-\overset{\displaystyle O}{\overset{\|}{C}}-O^- + H^+$$

Ils font partie du couple acide/base suivant : RCO_2H/RCO_2^-.

Remarque

Les molécules d'acide carboxylique, dont la chaîne carbonée possède moins de 6 atomes de carbone, sont très solubles dans l'eau.

3.4. Tests d'identification

Test au **papier pH** : le papier pH prend une teinte acide.
Test au **bleu de bromothymol** (BBT) : le BBT prend une teinte jaune.

✍ Exercice d'application 1

1. Indiquer la nature des groupes caractéristiques présents dans les molécules ci-après.
2. En déduire la famille à laquelle appartient chacune de ces molécules.
3. Donner le nom en utilisant la nomenclature officielle de ces molécules.
4. Lorsqu'il s'agit d'un alcool, vous indiquerez sa classe.

a)
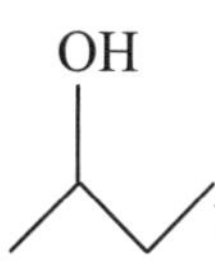

b)
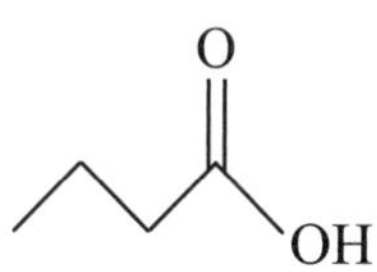

c)
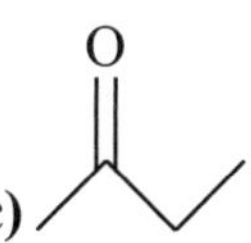

d)
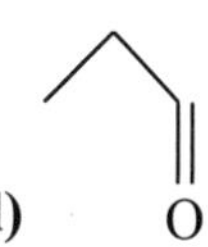

e)
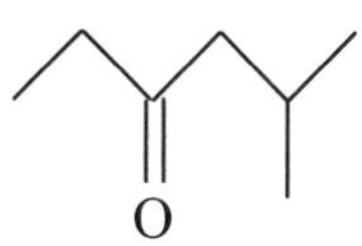

f)
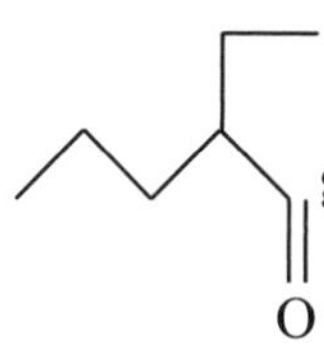

g)
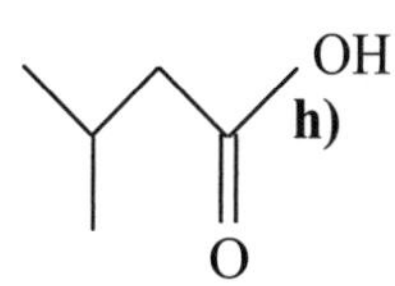

h)

Corrigé

	Groupe caractéristique	Famille	Nom
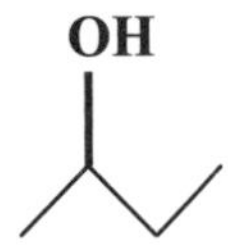	Hydroxyle	Alcool	Butan–2–ol (alcool secondaire)
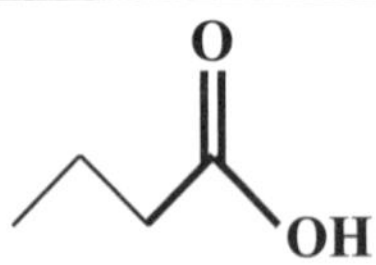	Carboxyle	Acide carboxylique	Acide butanoïque
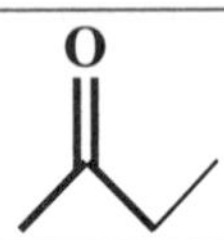	Carbonyle	Cétone	Butan–2–one
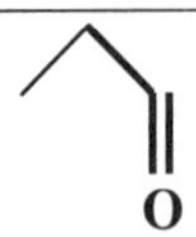	Carbonyle	Aldéhyde	Propanal
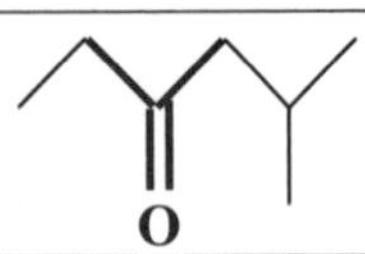	Carbonyle	Cétone	5–méthylhexan–3–one
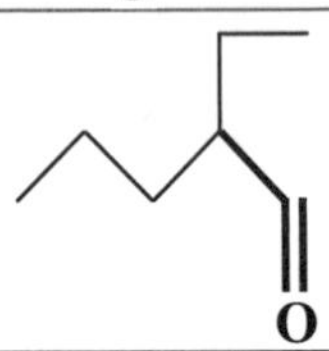	Carbonyle	Aldéhyde	2–éthylpentanal
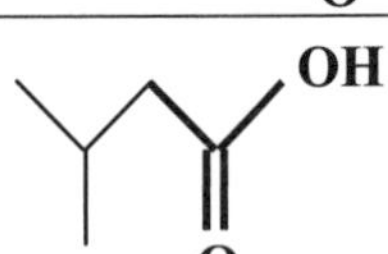	Carboxyle	Acide carboxylique	Acide–3–méthylbutanoïque
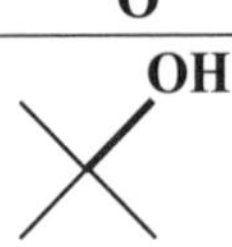	Hydroxyle	Alcool	2–méthylpropan–2–ol (alcool tertiaire)

✍ Exercice d'application 2

Donner la formule semi-développée des molécules dont les noms suivent :
a) pentan–3–ol   b) acide–2–méthylbutanoïque   c) 2–éthylbutanal
d) propanone   e) pentan–3–one

Corrigé

a) Le pentan–3–ol fait partie de la famille des alcools, la chaîne carbonée principale comporte 5 carbones :

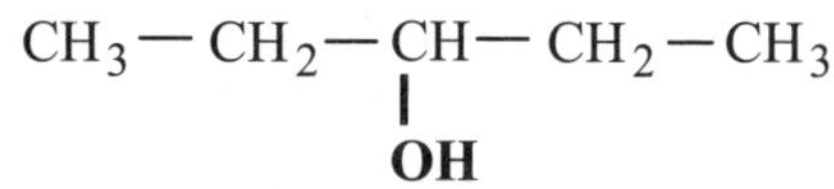

b) L'acide–2–méthylbutanoïque fait partie de la famille des acides carboxyliques, la chaîne carbonée principale comporte 4 carbones :

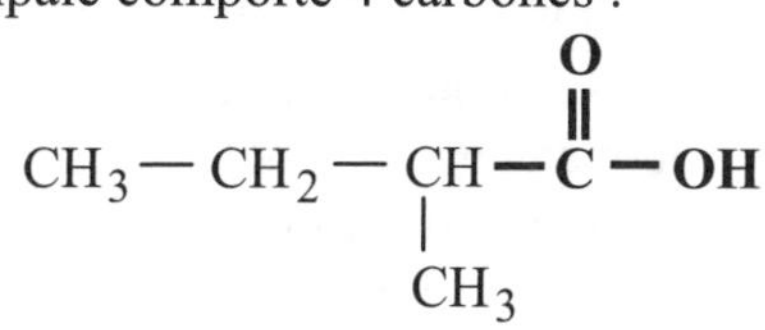

c) Le 2–éthylbutanal fait partie de la famille des aldéhydes, la chaîne carbonée principale comporte 4 carbones :

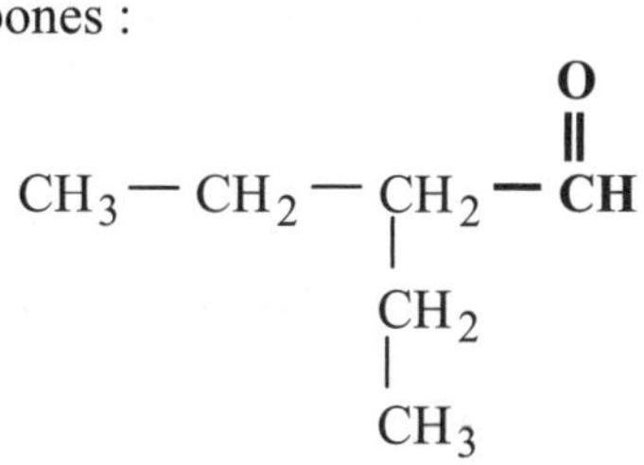

d) La propanone fait partie de la famille des cétones, la chaîne carbonée principale comporte 3 carbones :

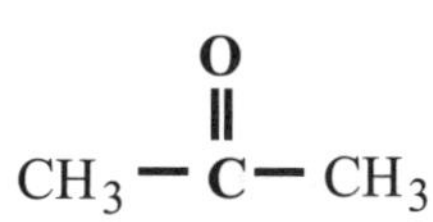

e) La pentan–3–one fait également partie de la famille des cétones, la chaîne carbonée principale comporte 5 carbones :

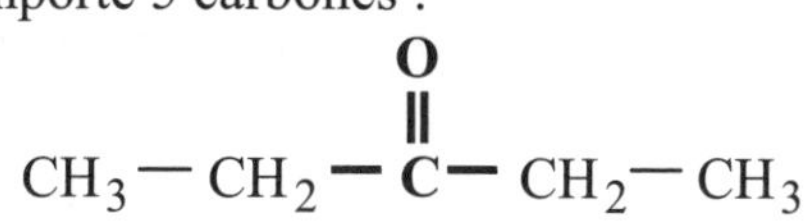

Exercice d'application 3

On dispose, au laboratoire de sciences physiques du lycée, de 5 flacons contenant chacun une espèce chimique dont les étiquettes ont été mélangées.
Les espèces chimiques contenues dans les flacons sont : le propan–1–ol ; le 2–méthylbutan–2–ol ; la propanone ; le butanal et l'acide éthanoïque. Afin d'attribuer la bonne étiquette au bon flacon, on procède à une série de tests chimiques dont les résultats sont consignés dans le tableau ci-dessous :

Numéro du flacon	Test	Résultats
1	Papier pH	pH < 7
2	2,4–DNPH	positif
2	Liqueur de Fehling	positif
3	2,4–DNPH	positif
3	Liqueur de Fehling	négatif
4	Solution acidifiée de permanganate de potassium	positif
5	Solution acidifiée de permanganate de potassium	négatif

1. A quelle famille appartient chaque molécule ?
2. Identifier l'espèce chimique présente dans chaque flacon.

Corrigé

1. Famille des différentes molécules :
On identifie la famille des différentes molécules grâce à son nom.
Le propan–1–ol et le 2–méthylbutan–2–ol sont des **alcools**.
La propanone est une **cétone**.
Le butanal est un **aldéhyde**.
L'acide éthanoïque est un **acide carboxylique**.

2. Identification des espèces chimiques présentes dans les flacons.
Le flacon 1 contient un acide carboxylique, l'**acide éthanoïque**, car le test au papier pH révèle la présence d'une espèce chimique acide.

Les flacons 2 et 3 contiennent une espèce chimique comportant le groupe caractéristique carbonyle (aldéhyde ou cétone) car le test à la 2,4–DNPH est positif.

Le test positif à la liqueur de Fehling révèle la présence d'un aldéhyde, le **butanal**, dans le flacon 2. En revanche, ce même test étant négatif pour l'espèce chimique du flacon 3, ce dernier contient une cétone, la **propanone**.

D'après les résultats précédents, les flacons 4 et 5 contiennent des alcools : le 5 renferme un alcool tertiaire car le test à la solution acidifiée de permanganate de potassium est négatif.
Ecrivons les écritures topologiques des 2 alcools afin d'identifier l'alcool tertiaire :

propan–1–ol
alcool primaire

2–méthylbutan–2–ol
alcool tertiaire

Le **2–méthylbutan–2–ol** se trouve donc dans le flacon 5 et le **propan–1–ol**, dans le 4.

4. OXYDATION MENAGEE DES ALCOOLS

Une **oxydation ménagée** modifie uniquement le groupe caractéristique de la molécule ; le squelette carboné est inchangé.
L'oxydant utilisé est en général une **solution aqueuse de permanganate de potassium acidifiée**.

Réactivité des alcools en fonction des conditions expérimentales :

Réactif	Conditions expérimentales	Produit obtenu
Alcool primaire	Oxydant en défaut →	Aldéhyde
Alcool primaire	Oxydant en excès →	Acide carboxylique
Alcool secondaire	Oxydant →	Cétone
Alcool tertiaire	Oxydant →	Aucune réaction

Remarque

On utilise le sigle suivant pour symboliser une oxydation : [o].

✍ Exercice d'application 4

Compléter les équations chimiques suivantes :

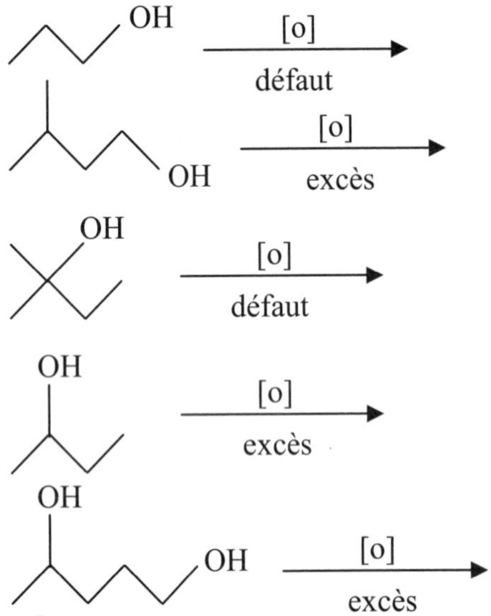

Vous donnerez l'écriture topologique ainsi que la famille chimique des produits obtenus.

Corrigé

Lorsque l'oxydant est en défaut, un alcool primaire s'oxyde en aldéhyde :

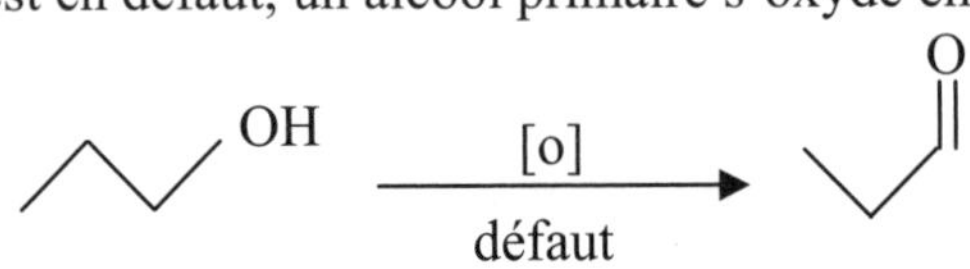

Lorsque l'oxydant est en excès, un alcool primaire s'oxyde en acide carboxylique :

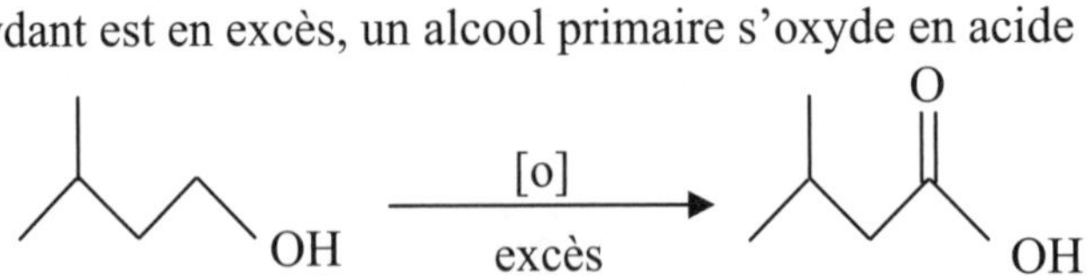

Un alcool tertiaire ne s'oxyde pas de façon ménagée :

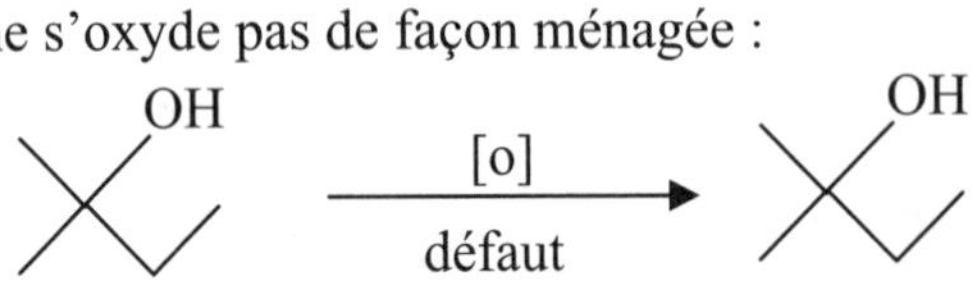

Un alcool secondaire s'oxyde en cétone quelles que soient les conditions expérimentales :

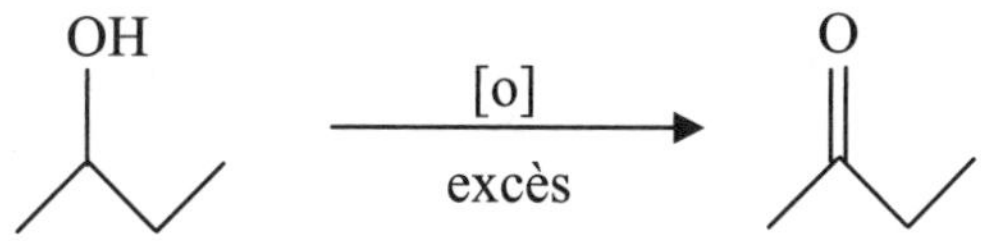

L'alcool secondaire s'oxyde en cétone et l'alcool primaire en acide carboxylique :

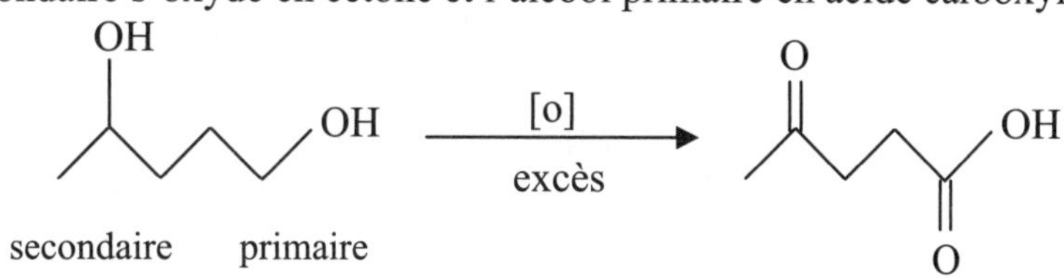

✍ Exercice d'application 5

Donner la formule semi-développée ainsi que la classe des alcools permettant d'obtenir les produits suivants par oxydation ménagée :

1. $H-C(=O)-OH$ **2.** $CH_3-C(=O)-CH_3$ **3.** $CH_3-CH(=O)$

4. $HO-C(=O)-CH_2-C(=O)-CH_2-CH(=O)$

Corrigé

Alcool primaire
Le carbone portant le groupe hydroxyle est lié à 1 atome de carbone.

Alcool secondaire
Le carbone portant le groupe hydroxyle est lié à 2 atomes de carbone.

Alcool tertiaire
Le carbone portant le groupe hydroxyle est lié à 3 atomes de carbone.

Produit issu de l'oxydation	Alcool	Classe
$H-C(=O)-OH$	CH_3-OH	Primaire
$CH_3-C(=O)-CH_3$	$CH_3-CH(OH)-CH_3$	Secondaire
$CH_3-CH(=O)$	CH_3-CH_2-OH	Primaire

Dans le dernier cas, 3 groupes hydroxyles ont été oxydés séparément :

$$HO-CH_2-CH_2-CH(OH)-CH_2-CH_2-OH$$

primaire secondaire primaire

5. SYNTHESE DE MOLECULES COMPLEXES

5.1. Montage de chauffage à reflux

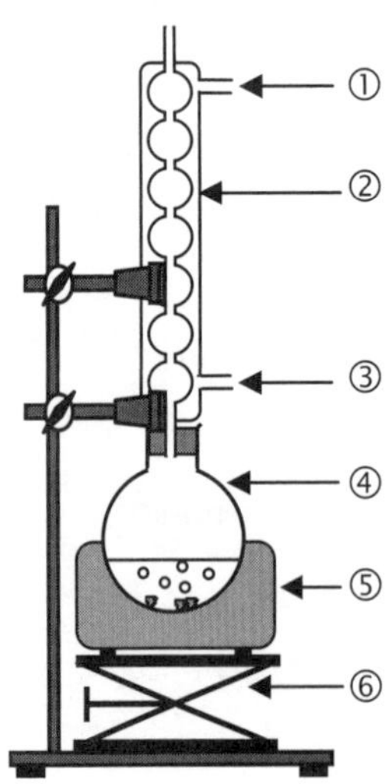

Certaines synthèses sont lentes à température ambiante. Il est possible de les accélérer en chauffant le mélange réactionnel de manière à le porter à ébullition grâce à un dispositif de **chauffage à reflux**. Un **réfrigérant vertical** à eau **refroidit** et **liquéfie** les **vapeurs** formées évitant ainsi la **perte** des réactifs et des produits par **vaporisation**.

① Sortie d'eau
② Réfrigérant vertical à eau
③ Entrée d'eau
④ Ballon à fond rond
⑤ Chauffe-ballon électrique
⑥ Support élévateur

Les grains de pierre ponce ajoutés dans le milieu réactionnel permettent d'homogénéiser l'ébullition.

5.2. Rendement d'une synthèse

Lors d'une synthèse, les **pertes** qui se produisent au cours des différentes étapes ou le **caractère non total** de la transformation chimique expliquent que la quantité de matière du produit synthétisé est généralement inférieure à celle que l'on pourrait théoriquement obtenir. Le **rendement** d'une synthèse est le rapport de la quantité de matière de l'espèce chimique synthétisée réellement obtenue sur la quantité de matière maximale de cette espèce que l'on peut théoriquement obtenir en considérant la réaction comme totale.

$$R\,(\%) = \frac{n(\text{réelle})}{n(\text{théorique})} \times 100$$

5.3. Pictogrammes de sécurité

Corrosif	**Gaz pressurisé**	**Toxicité**

Explosif	**Inflammable**	**Danger pour le milieu aquatique**

Comburant	**CMR, dangereux par inhalation ou exposition des organes**	**Toxicité aigüe.**

Remarque

CMR : Cancérogènes et/ou Mutagènes pour la Reproduction

5.4. Chromatographie sur couche mince (C.C.M.)

La **chromatographie** sur couche mince (**C.C.M.**) est une technique utilisée pour **séparer** et **identifier** les espèces chimiques contenues dans un mélange.

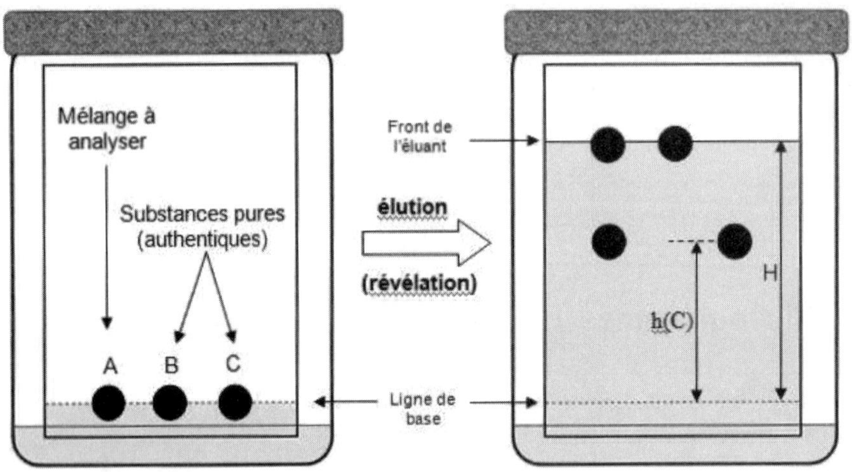

Etape 1 : Préparation de la phase fixe
On trace au crayon à papier une **ligne de dépôt** (ou ligne de base) horizontale sur un **support poreux (papier buvard** ou **gel de silice déposé** sur une plaque de verre) à environ 2 cm du bord inférieur. On dépose sur cette ligne une petite goutte du mélange à analyser ainsi qu'une petite goutte de chacune des **espèces pures**, appelées **authentiques**, dont on veut tester la présence dans le mélange.

Etape 2 : Elution
Le **support poreux** (**phase fixe**) est plongé verticalement dans un **solvant** approprié appelé **éluant** (**phase mobile**) de telle façon que la ligne de dépôt se trouve au-dessus du niveau de ce dernier. Par **capillarité**, l'éluant va monter verticalement le long du support poreux. Lors de son passage, il entraîne plus ou moins avec lui les différentes espèces chimiques du mélange et les sépare les unes des autres sous forme de taches: plus une espèce chimique est **soluble** dans l'**éluant**, plus elle montera haut. Lorsque l'éluant arrive près du sommet, on retire le support et on le sèche.

Etape 3 : Révélation (si nécessaire)

Les taches sur le support peuvent être invisibles. On peut alors les **révéler** par différentes méthodes (dites de révélation) :

- **photochimique** (exposition aux rayons U.V.) ;
- **chimique** (réaction avec une solution de permanganate de potassium ou avec de la vapeur de diode).

Etape 4 : Analyse du chromatogramme

On procède au calcul du **rapport frontal** R_f et / ou à l'identification par comparaison des espèces chimiques. Deux espèces chimiques identiques auront les centres de leur tache situés à la même hauteur : elles possèderont donc le même rapport frontal.

Le rapport frontal est le quotient de la hauteur h atteinte par le centre de la tache de substance considérée par la hauteur H atteinte par le front de l'éluant :

$$R_f = \frac{h}{H}$$

Les hauteurs h et H se mesurent sur le support à l'aide d'une règle graduée.

Exercice d'application 6

L'aspirine est le nom commercial d'un célèbre médicament synthétisé, pour la première fois en 1897, par le chimiste allemand Felix Hoffmann. Il s'agit de l'acide acétylsalicylique, obtenu à partir d'acide salicylique et d'anhydride éthanoïque. L'équation chimique de cette réaction de synthèse est la suivante :

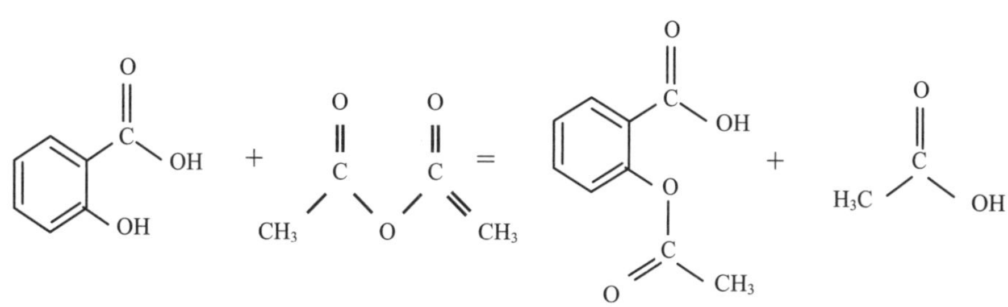

acide salicylique anhydride éthanoïque aspirine acide éthanoïque

Un groupe d'élèves réalise au laboratoire la synthèse de l'aspirine selon le protocole expérimental suivant :

Introduire dans un ballon 5,0 g d'acide salicylique, 10 mL d'anhydride éthanoïque à 10 mol.L^{-1}, et quelques gouttes d'acide sulfurique (catalyseur).
Réaliser un montage de chauffage à reflux et chauffer pendant une vingtaine de minutes.
Ajouter à la fin de la synthèse, de l'eau froide dans le milieu réactionnel.
Filtrer, sur un dispositif de filtration sous vide (büchner), le mélange obtenu et récupérer les cristaux d'aspirine.
Les cristaux récupérés sont impurs. Les purifier par recristallisation. Filtrer de nouveau sur büchner et peser les cristaux récupérés.

1. Sur la bouteille d'anhydride éthanoïque, on trouve les pictogrammes de sécurité suivants :

a) Rappeler la signification de ces pictogrammes de sécurité.
b) Que faut-il porter afin de garantir sa sécurité ?
2. Identifier et nommer les groupes caractéristiques de la molécule d'acide salicylique.
3. Quel est le rôle de l'acide sulfurique ?
4. Vérifier que l'anhydride éthanoïque est en excès au début de la transformation chimique et compléter le tableau d'avancement suivant :

Equation chimique		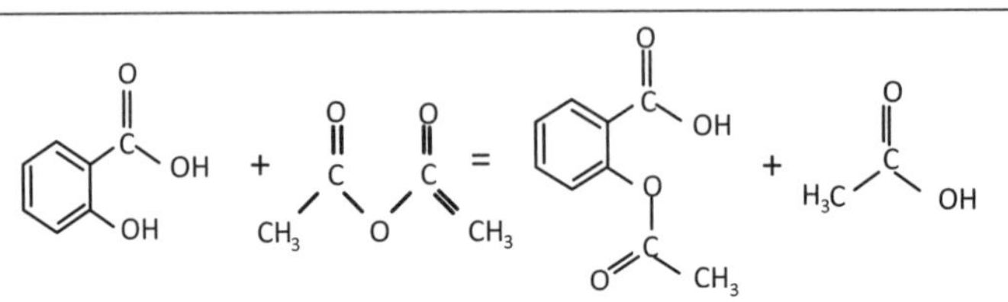			
Etat	Avancement	Quantités de matière			
initial	0				
intermédiaire	x				
final	x_f				

5. La masse de cristaux d'aspirine obtenue est de 6,0 g. Quel est le rendement de la synthèse ?

Données : M(H) = 1,00 g.mol^{-1} ; M(C) = 12,0 g.mol^{-1} ; M(O) = 16,0 g.mol^{-1}.

Corrigé

1. a) Le 1er pictogramme signifie « inflammable » et le second « corrosif ».
b) Il faut porter des lunettes, une blouse en coton et des gants.

2.

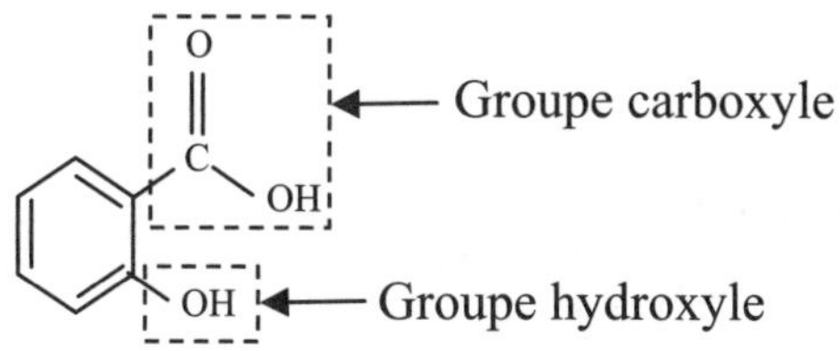

3. L'acide sulfurique est un catalyseur : il permet d'accélérer la vitesse de la transformation chimique sans intervenir dans son équation.

4. Notons « a.s. » l'acide salicylique et « a.e. » l'anhydride éthanoïque.
Calculons les quantités de matière initiales des réactifs.

$$\boxed{n(a.s.)_i = \frac{m(a.s.)}{M(a.s.)}} \quad \text{et} \quad \boxed{n(a.e.)_i = C\,V}$$

A.N. : $M(a.s.) = M(C_7H_6O_3) = 7 \times 12{,}0 + 6 \times 1{,}0 + 3 \times 16{,}0 = 138{,}0\ g.mol^{-1}$

$$n(a.s.)_i = \frac{5{,}0}{138{,}0} = \mathbf{3{,}6.10^{-2}\ mol}$$

$$n(a.e.)_i = 10 \times 10.10^{-3} = \mathbf{1{,}0.10^{-1}\ mol}$$

Equation chimique		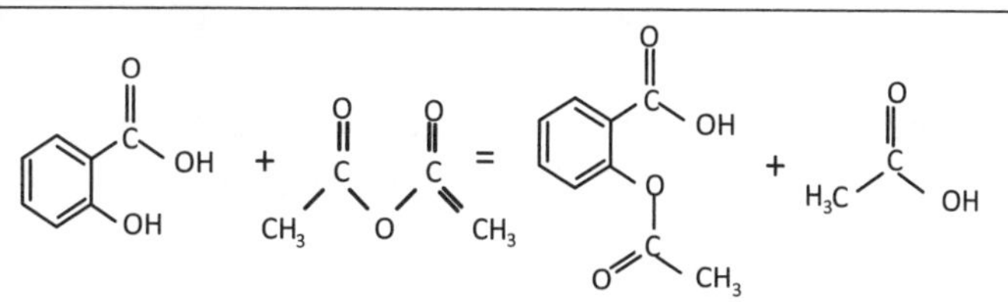			
Etat	Avancement	Quantités de matière			
initial	0	$n(a.s.)_i$	$n(a.e.)_i$	0	0
intermédiaire	x	$n(a.s.)_i - x$	$n(a.e.)_i - x$	x	x
final	x_f	$n(a.e.)_i - x_f$	$n(a.e.)_i - x_f$	x_f	x_f

Les quantités de matières des réactifs sont toujours positives ou nulles et $x \geq 0$:

$$\begin{cases} n(a.s.)_i - x \geq 0 \\ n(a.e.)_i - x \geq 0 \\ x \geq 0 \end{cases} \quad \begin{cases} x \leq n(a.s.)_i \\ x \leq n(a.e.)_i \\ x \geq 0 \end{cases} \quad \begin{cases} x \leq 3{,}6.10^{-2}\ mol \\ x \leq 1{,}0.10^{-1}\ mol \\ x \geq 0\ mol \end{cases}$$

L'ensemble des solutions est : $S = [0\ mol\ ;\ 3{,}6.10^{-2}\ mol]$

$\Rightarrow x_{max} = 3{,}6.10^{-2}$ mol

Si la réaction était totale alors $x_f = x_{max}$ et il y aurait disparition totale du réactif limitant. D'après le tableau d'avancement :

$n(a.s.)_f = n(a.s.)_i - x_{max} = 3{,}6.10^{-2} - 3{,}6.10^{-2} = 0$ mol

$n(a.e.)_f = n(a.e.)_i - x_{max} = 1{,}0.10^{-1} - 3{,}6.10^{-2} = 6{,}4.10^{-2}$ mol

Le réactif limitant est donc l'acide salicylique et l'anhydride éthanoïque est en excès.

5. Le rendement de la réaction est donné par :

$$\boxed{R\,(\%) = \frac{n(\text{aspirine})_{\text{réelle}}}{n(\text{aspirine})_{\text{théorique}}} \times 100}$$

A.N. : $n(\text{aspirine})_{\text{réelle}} = \dfrac{m(\text{aspirine})_{\text{réelle}}}{M(\text{aspirine})} = \dfrac{m(\text{aspirine})_{\text{réelle}}}{M(C_9H_8O_4)} = \dfrac{6{,}0}{180{,}0} = \mathbf{3{,}3.10^{-2}\ mol}$

$n(\text{aspirine})_{\text{théorique}} = x_{max} = \mathbf{3{,}6.10^{-2}\ mol}$

$R(\%) = \dfrac{3{,}3.10^{-2}}{3{,}6.10^{-2}} = \mathbf{92\ \%}$

6. LES NOUVEAUX MATERIAUX

6.1. Les polymères (matières plastiques)

Une polyaddition permet de synthétiser des grosses molécules (masse molaire supérieure à 10 000 g/mol), appelées **polymères** ou **macromolécules,** à partir de petites, appelées **monomères**.

Ecriture d'une réaction de polyaddition :

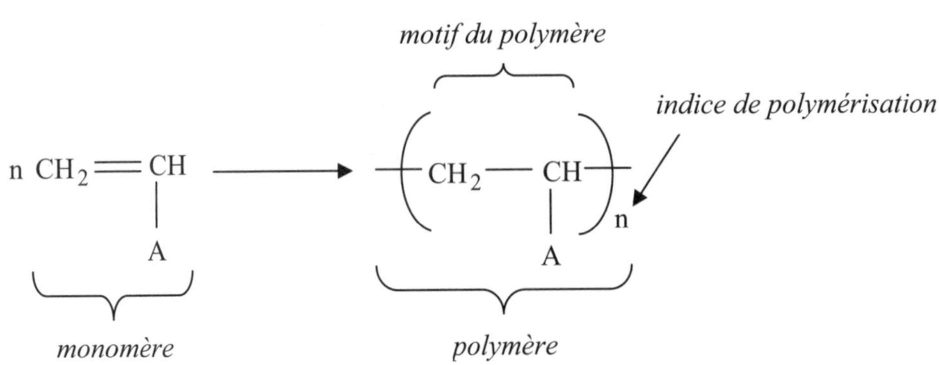

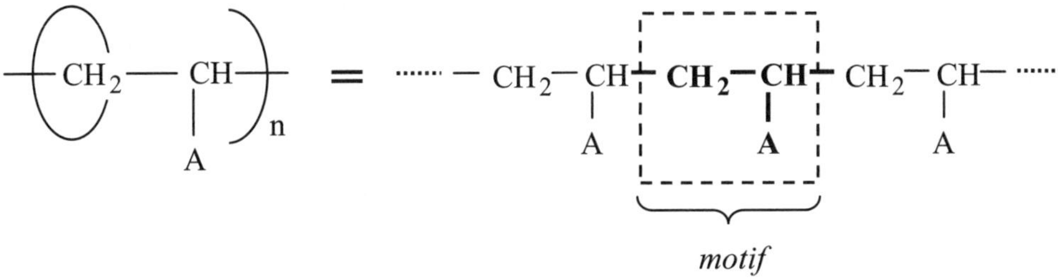

✍ Exercice d'application 7

Ecrire l'équation chimique associée à la polymérisation des molécules suivantes :

1. $CH_2=CH_2$

2. 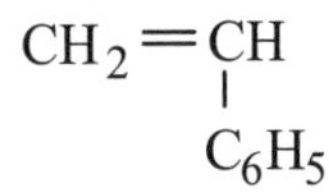

3. Ecrire la formule des monomères permettant de synthétiser les polymères suivants :

a) 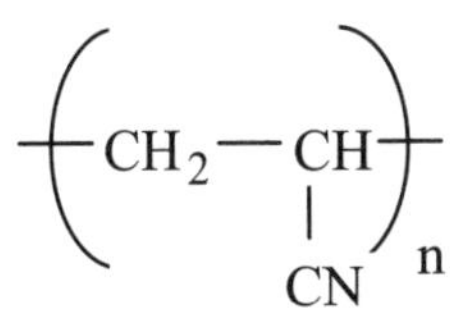

polyacrylonitrile

b) 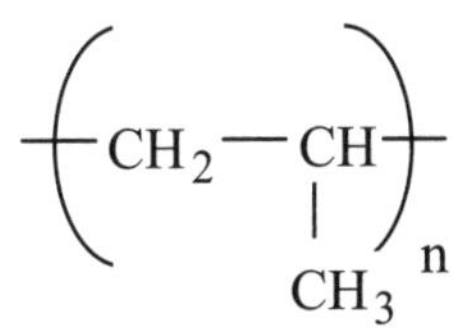

polypropylène

Corrigé

1. 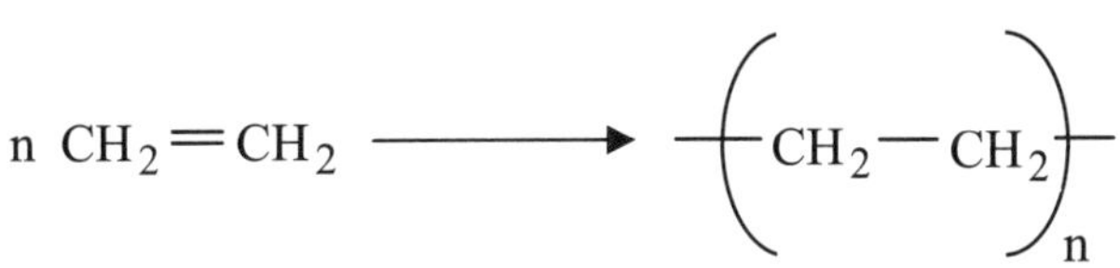

éthylène — polyéthylène

2. 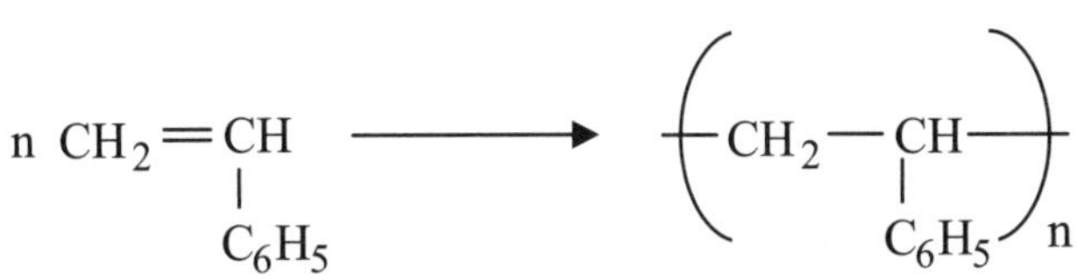

styrène — polystyrène

3. Le monomère s'obtient en remplaçant la liaison simple carbone–carbone du motif en gras par une double liaison et en enlevant les liaisons simples reliant les motifs les uns aux autres :

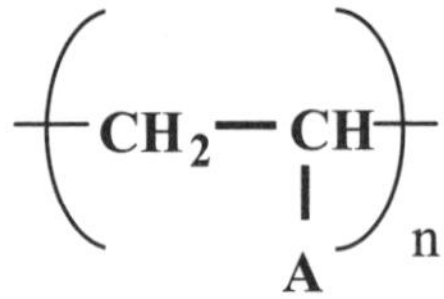 monomère correspondant : 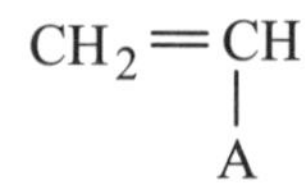

a) Le monomère permettant de synthétiser le polyacrylonitrile est donc :

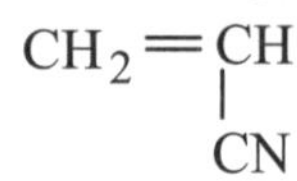

b) Le monomère permettant de synthétiser le polypropylène est donc :

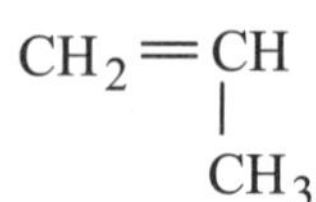

6.2. Matériaux amorphes et cristallins

Un **matériau cristallin** présente un **agencement régulier** des entités élémentaires qui le compose et possède une **température de fusion** fixe lorsqu'il passe de l'état solide à l'état liquide. Les métaux et les minéraux sont des exemples de matériaux cristallins.

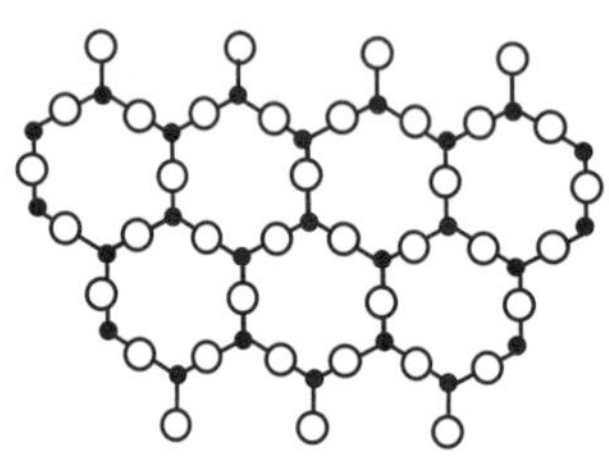

Silice à l'état cristallin

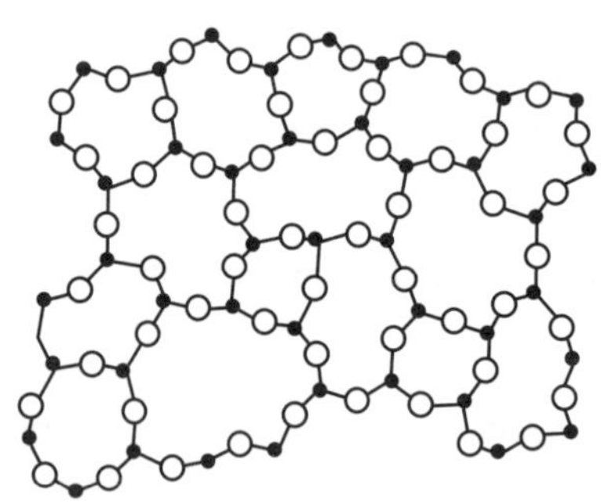

Silice à l'état amorphe

Un **matériau amorphe** est figé, comme un solide, mais ses entités élémentaires constitutives, réparties de façon **irrégulière**, conduisent à une **structure microscopique désordonnée**, comme celle des liquides. Il présente une **température de transition vitreuse** au-delà de laquelle ils sont déformables.
Les verres sont par exemple des matériaux amorphes : on dit deux qu'ils sont des « liquides qui ne coulent pas ».

6.3. La nanochimie

Les **nanoparticules** issues des **nanotechnologies** sont des particules dont l'une des dimensions est **inférieure ou égale** à **100 nm** (1 nm = 10^{-9} m). A cette échelle, les propriétés de la matière changent : il en résulte de nouvelles applications dans de très nombreux domaines (textiles, cosmétiques, médicaments…).

Par exemple, les « **nanovecteurs** » tels que les **liposomes** sont des « **nanomédicaments** » qui protègent le principe actif et le transportent directement jusqu'aux cellules cibles. Cela permet de limiter les effets secondaires indésirables puisque le principe actif est délivré d'une manière ciblée à plus petite dose.

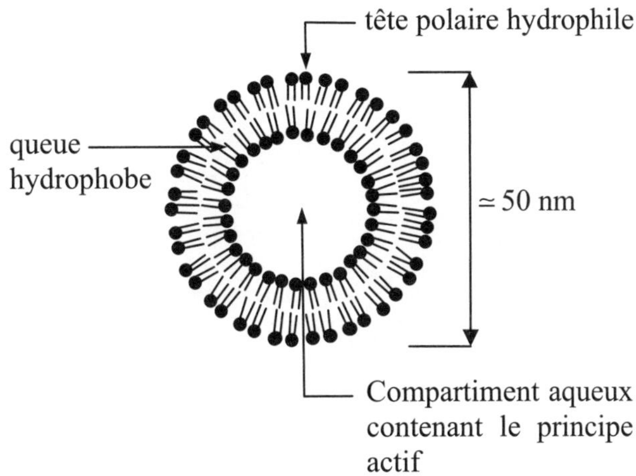

Devoirs surveillés de physique

Devoir 1

Notions utiles : Physique
Chapitre 1 : Couleurs, vision et images

Exercice 1

30 min / 5 points

Lors d'une séance de travaux pratiques, un groupe de lycéens désire déterminer expérimentalement, avec précision, la distance focale d'une lentille convergente de centre optique O. Sur un banc d'optique, les lycéens placent un objet lumineux AB, une lentille convergente (L), et un écran (E). L'objet AB étant fixe, ils déplacent la lentille puis l'écran afin d'observer une image A'B' nette sur celui-ci. Les positions de A et A' par rapport à O sont reportées dans le tableau de mesures suivant :

$\overline{OA}$ (cm)	– 50,0	– 40,0	– 30,0	– 25,0	– 20,0	– 15,0	– 13,0
$\overline{OA'}$ (cm)	12,5	13,6	14,9	16,5	20,1	29,9	43,0
$\frac{1}{\overline{OA}}$ (m^{-1})							
$\frac{1}{\overline{OA'}}$ (m^{-1})							

1. Schématiser, sans souci d'échelle, l'expérience pour une distance objet-lentille supérieure à la distance focale de la lentille. Préciser les points caractéristiques de la lentille.
2. Tracer la représentation graphique de $\frac{1}{\overline{OA'}}$ en fonction de $\frac{1}{\overline{OA}}$.
3. Montrer que la courbe obtenue est en accord avec la relation de conjugaison vérifiée par une lentille convergente.
4. En expliquant votre méthode, déduire du graphique la distance focale de la lentille.
5. Quelle est la vergence de la lentille ?

6. Pourquoi n'a-t-on pas placé dans le tableau de mesures des valeurs de $\overline{OA}$ telles que – 8 cm ou – 5 cm ? Justifier par une construction graphique.
7. Si on éloigne l'objet à l'infini, où se forme son image ?

Exercice 2 — 30 min / 5 points

Un projecteur de diapositives permet d'obtenir sur un écran une image agrandie d'une diapositive. On assimile l'objectif de cet appareil à une lentille convergente de vergence 10,0 δ. La diapositive de format 24 mm × 36 mm constitue l'objet lumineux AB centré sur l'axe optique de la lentille et perpendiculaire à celui-ci. Une bague de réglage permet d'effectuer la mise au point en faisant varier la distance diapositive-objectif afin d'obtenir une image nette de la diapositive sur l'écran.

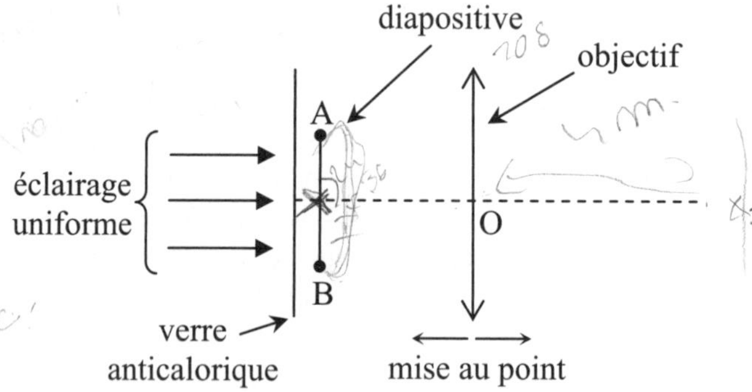

1. Quelle est la distance focale de la lentille du projecteur de diapositive ?
2. Après avoir effectué la mise au point, on obtient une image nette de la diapositive sur un écran placé à 4,00 m de l'objectif.

a) Déterminer la position de la diapositive par rapport au centre optique O de la lentille de l'objectif.

b) Calculer le grandissement γ de l'objectif. Que peut-on en déduire quant à la disposition d'une diapositive dans l'appareil pour que son image soit exploitable ?

c) En déduire les dimensions de l'image de la diapositive sur l'écran.

3. On rapproche l'écran de l'appareil.

a) Indiquer s'il faut rapprocher ou éloigner l'objectif de la diapositive ? Justifier par une construction graphique, sans souci d'échelle.

b) Quelle est la distance dont on a déplacé l'objectif lors de la mise au point, lorsque l'on obtient l'image nette de la diapositive sur un écran distant de 2,00 m ?

c) Calculer le grandissement γ' correspondant. Commenter l'influence du déplacement de l'écran sur la taille de l'image.

Exercice 3 — 10 min / 5 points

QCM

Indiquer dans chaque cas, la (ou les) bonne(s) réponse(s).

1. La couleur d'un objet correspond à la lumière qu'il :
a) absorbe ; b) transmet ; c) reçoit ; d) diffuse ;

2. Un objet blanc :
a) ne diffuse aucune radiation lumineuse ;
b) absorbe toutes les radiations lumineuses de la lumière incidente ;
c) diffuse toutes les radiations lumineuses ;

3. Un objet cyan en lumière blanche apparaît :
a) cyan en lumière verte b) cyan en lumière rouge
c) vert en lumière verte d) noir en lumière rouge

4. Un objet rouge en lumière blanche apparaît également rouge en lumière :
a) magenta b) jaune c) cyan

5. Un filtre magenta apparaît noir sous un éclairage :
a) vert b) jaune c) bleu d) cyan e) rouge

Exercice 4 — 20 min / 5 points

1. Recopier le schéma ci-dessous en y faisant figurer les légendes suivantes :
Lumière incidente – lumière diffusée –source lumineuse – lumière transmise.

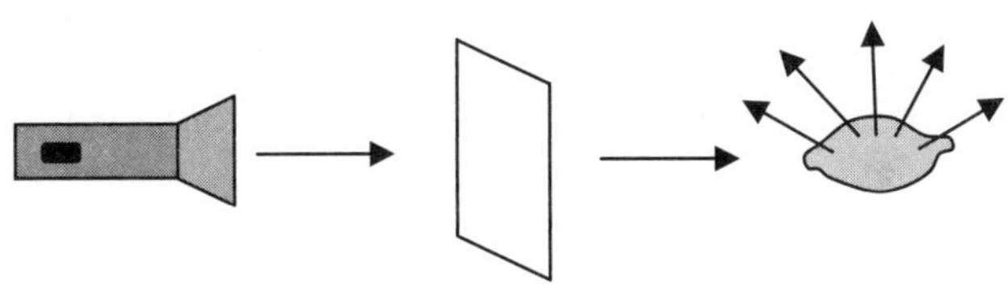

2. Quel élément est soumis simultanément à des phénomènes de diffusion, d'absorption et de transmission de la lumière ?

3. La lampe torche produit une lumière blanche. A quel mélange de lumières colorées peut-on assimiler sa composition ?

4. Pourquoi le citron est-il jaune en lumière blanche ? Justifier.

5. On utilise une source de lumière blanche, un filtre coloré cyan et un citron jaune en lumière blanche. Quelle est la couleur du citron perçue par l'observateur ? Justifier.

6. Quel filtre coloré faudrait-il ajouter au filtre cyan pour que le citron apparaisse noir ?

Devoir 2

Notions utiles : Physique
Chapitre 2 : Sources de lumières colorées

Exercice 1

30 min / 10 points

« Alors que l'on croyait, au moment de l'introduction fiduciaire de l'euro, que les billets de banque de la nouvelle monnaie européenne seraient infalsifiables, le contraire est rapidement apparu poussant ainsi la banque européenne à trouver de nouvelles méthodes pour garantir le caractère infalsifiable des billets. Une de ces méthodes pourrait constituer à incorporer des nanoparticules dans les couleurs d'impression.

L'entreprise hanséatique Nanosolutions GmbH a mis au point des nanopigments qui ne peuvent être excités par fluorescence que de façon sélective : les pigments ne prennent une couleur rouge ou verte qu'avec l'aide d'une source d'ultraviolets bien définie : une lampe à vapeur de mercure. Les caissiers et les caissières munis d'une lampe à vapeur de mercure miniature pourraient ainsi rapidement déceler les faux billets. »

www.futura-sciences.com

Une lampe à vapeur de mercure est constituée d'un cylindre de verre contenant le gaz mercure monoatomique à basse pression. Lorsque le tube est mis sous tension, une décharge électrique se produit : des électrons circulent dans le gaz entre deux électrodes ; ces électrons bombardent les atomes du gaz et leur cèdent de l'énergie.

Données :

- Constante de Planck : $h = 6{,}62 \times 10^{-34}$ J.s
- Célérité de la lumière dans le vide : $c = 3{,}00 \times 10^{8}$ m.s^{-1}
- Charge élémentaire : $e = 1{,}60 \times 10^{-19}$ C
- Spectre simplifié d'une lampe à vapeur de mercure :

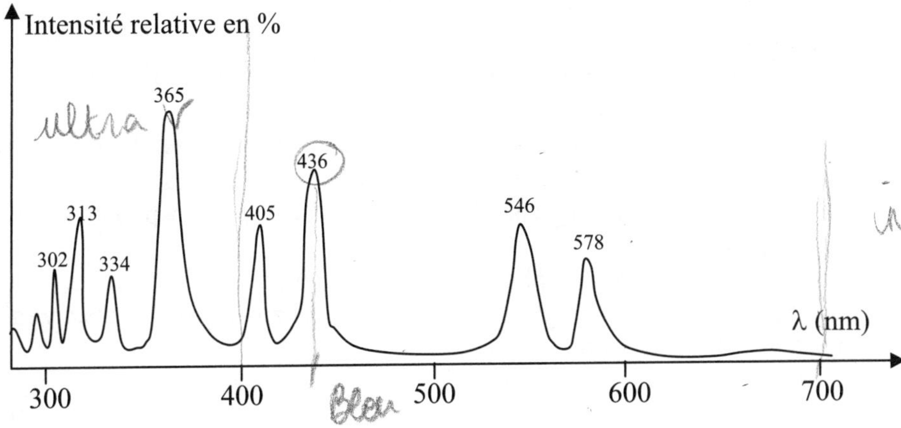

1. Spectre de l'atome de mercure

a) Quel type de spectre obtient-on à partir d'une lampe à vapeur de mercure ?

b) Sur un axe gradué en longueur d'onde exprimé en nanomètres, donner les limites du domaine du visible dans le vide, puis situer le domaine des ultraviolets et celui des infrarouges.

c) Quelle est la couleur dominante de la lumière produite par une lampe à vapeur de mercure ?

d) Pourquoi peut-on utiliser une lampe à vapeur de mercure pour la détection des faux billets ?

e) Un atome de mercure émet dans le vide, un photon de longueur d'onde $\lambda = 253{,}6$ nm, valeur également admise dans l'air. Calculer le quantum d'énergie en joule puis en électronvolts de ce photon.

2. Diagramme énergétique de l'atome de mercure

Le diagramme suivant représente, sans souci d'échelle, certains niveaux d'énergie de l'atome de mercure :

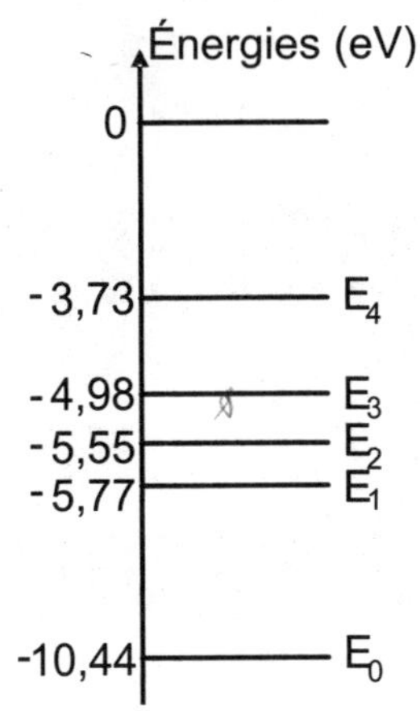

a) Que représentent :
   - le niveau $E_0 = -10{,}44$ eV
   - les niveaux E_1, E_2, E_3, E_4 ?

b) Quelle énergie faut-il communiquer à un atome de mercure dans son état fondamental pour l'ioniser ?

c) À l'aide du diagramme ci-dessus et la réponse à la question 1. d), expliquer l'émission d'un photon dans le vide de longueur d'onde $\lambda = 253{,}6$ nm.

d) Un atome de mercure, dans son état fondamental, reçoit un photon d'énergie 4,89 eV. Que se passe-t-il ?

e) Même question s'il reçoit un photon d'énergie 5,66 eV.

f) Interpréter qualitativement, d'un point de vue énergétique, le spectre d'une lampe à vapeur de mercure.

Exercice 2

30 min / 10 points

Le diagramme le plus connu en astronomie est celui dit d'Hertzsprung-Russell (H.R.). Ce diagramme est un tracé de la luminosité des étoiles (par rapport à celle du Soleil) en fonction de leur température T. Ce type de diagramme a permis d'étudier les populations d'étoiles et d'établir la théorie de l'évolution stellaire.
On remarque que de nombreuses étoiles sont presque alignées dans une séquence principale.

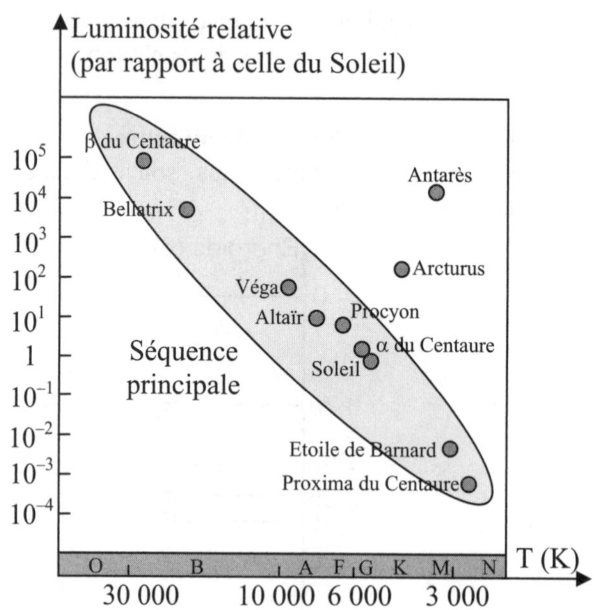

Les étoiles sont réparties en différents classes spectrales selon la température de leur surface : O (bleu), B (blanc-bleu), A (blanc), F (jaune-blanc), G (jaune), K (orange), M et N (rouge).

1. Loi de Wien

La lumière produite par les étoiles obéit en première approximation à la loi de déplacement de Wien du corps noir dont une représentation graphique est donnée ci-dessous (λ_m désignant la longueur d'onde pour laquelle l'intensité lumineuse est maximale à la température T) :

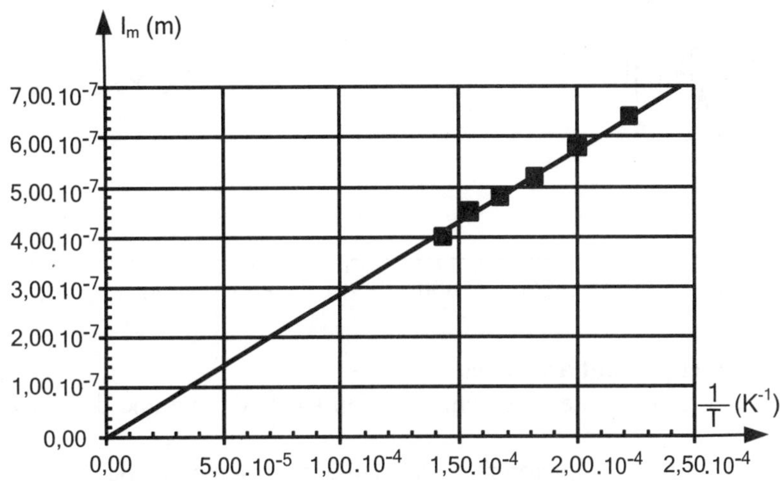

a) Quelle est la nature de la fonction $\lambda_m = f\left(\frac{1}{T}\right)$?

b) Déterminer l'expression numérique de la courbe.

c) Montrer que l'expression trouvée à la question précédente est compatible avec la loi du déplacement de Wien : $\lambda_m \times T = 2{,}898.10^{-3}$ m.K.

2. Profil spectral d'une étoile bien connue

Le profil spectral d'une étoile, donné ci-après, peut être assimilé en première approximation à celui d'un corps noir idéal (en pointillé).

a) Faire apparaître sur le spectre de l'étoile les domaines respectifs de la lumière visible, de l'infrarouge et de l'ultraviolet.

b) Calculer la température de l'étoile, assimilée à un corps noir vérifiant la loi du déplacement de Wien.

c) A quoi sont dus les minimas relatifs qui parsèment le spectre de l'étoile ?

d) En vous aidant du diagramme d'Hertzsprung-Russell identifier la classe spectrale de l'étoile et en déduire sa couleur.

e) Identifier l'étoile, dont on a étudié le spectre, sachant qu'elle appartient à la séquence principale du diagramme d'Hertzsprung-Russell.

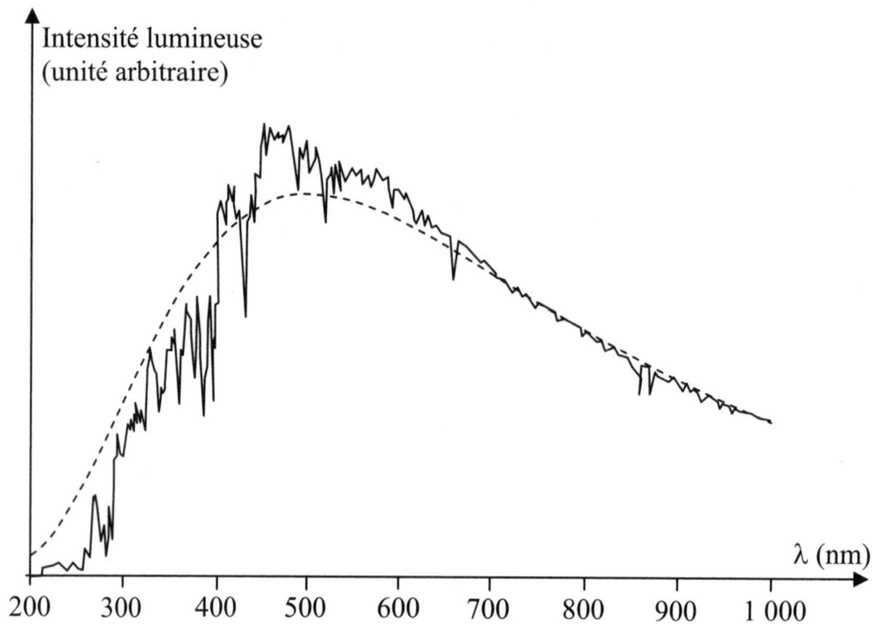

3. Etude de quelques autres étoiles

a) Commenter la loi du déplacement de Wien sur le diagramme de Hertzsprung-Russel.

b) L'étoile REGULUS appartient à la séquence principale. Sa luminosité est environ 500 fois plus élevée que celle du Soleil. Donner une valeur approchée de sa température et sa couleur.

c) ANTARÈS est une étoile qui n'appartient pas à la séquence principale du diagramme d'Hertzsprung-Russell. Comment peut-on la désigner : géante rouge ou naine blanche ?

d) On trouve dans la littérature le type spectral de l'étoile SIRIUS ALPHA : type A. Sachant qu'elle appartient à la séquence principale, quelles doivent être sa température, sa couleur et la luminosité ?

Devoir 3

Notions utiles : Physique
Chapitre 3 : Particules élémentaires et réactions nucléaires

Exercice 1

30 min / 10 points

La découverte du noyau atomique

En 1909, le physicien anglais Ernest Rutherford (1871–1937) réalise une expérience décisive pour la connaissance de la structure de l'atome. Quelques années auparavant, son compatriote Joseph John Thomson (1856–1940) a proposé un modèle atomique de type « pudding », dans lequel il assimile l'atome à une boule sphérique de matière, de charge électrique positive, parsemée d'électrons. En bombardant, sous vide, une feuille d'or de très faible épaisseur (0,6 μm) avec des particules α (noyau d'hélium) émises par une source radioactive de radium, Rutherford observa que la plupart des particules traversaient le métal en étant à peine déviées : seulement 1 sur 100 000 environ subissait une déviation notable.
Après une réflexion de deux ans, Rutherford propose en 1911 un nouveau modèle atomique de type planétaire, dans lequel l'atome est constitué d'un très petit noyau chargé positivement autour duquel des électrons, chargés négativement, sont en mouvement et restent confinés à l'intérieur d'une sphère dont le volume est celui de l'atome.

Données :

- Charge électrique élémentaire $e = 1{,}60.10^{-19}$ C.
- Masse d'un nucléon : $m_n = 1{,}67.10^{-27}$ kg.
- Masse d'un électron $m_e = 9{,}11.10^{-31}$ kg.
- Constante de gravitation universelle : $G = 6{,}67.10^{-11}$ N.m^2.kg^{-2}.
- Constante électrostatique : $k = 9{,}0.10^9$ N.C^{-2}.m^2.

	Atome d'or	Noyau de l'atome d'or
Masse (kg)	$3{,}299 \times 10^{-25}$	$3{,}298 \times 10^{-25}$
Rayon (pm)	$1{,}5 \times 10^{2}$	7×10^{-3}

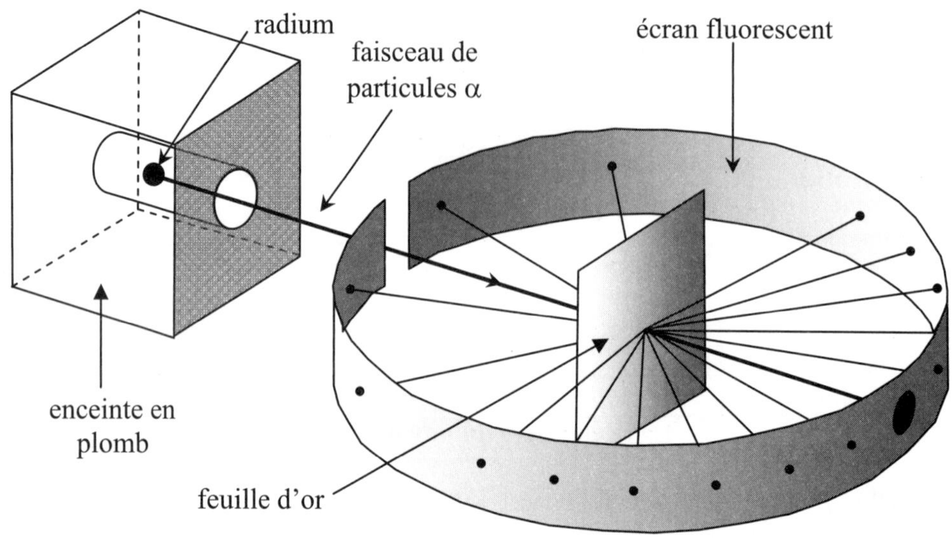

1. Une particule α est un noyau d'hélium, composé de deux neutrons et deux protons.

a) Donner le symbole d'une particule α.

b) Calculer la masse d'une particule α.

c) Calculer la charge électrique d'une particule α.

2. Le symbole des noyaux d'or est ${}^{197}_{79}Au$.

a) Déterminer la structure d'un atome d'or.

b) Calculer le nombre de couches d'atomes d'or, empilées les unes sur les autres, nécessaires pour obtenir une feuille de ce métal épaisse de 0,6 μm.

c) Comparer les rayons respectifs d'un atome d'or et de son noyau.

d) Si les atomes d'or étaient conformes au modèle formulé par Thomson, est-il probable que la grande majorité des particules α traversent la feuille d'or sans être déviées ?

3. Pourquoi la structure proposée par Rutherford permet-elle d'expliquer le résultat de son expérience ?

4.

a) Calculer la valeur F_1 de la force électrostatique qu'exerce le noyau d'un atome d'or sur une particule α distante de d = $0{,}75.10^{2}$ pm en précisant la nature de l'interaction.

b) Calculer la valeur F_2 de la force gravitationnelle qu'exerce le noyau d'un atome d'or sur une particule α distante de d = $0{,}75.10^2$ pm en précisant la nature de l'interaction.
c) Comparer F_1 et F_2. Quelle conclusion peut-on en tirer ?
d) Quelques uns des atomes conformes au modèle de Rutherford composant la feuille d'or de l'expérience sont schématisés ci- contre.
Placer sur le schéma ci-contre les différentes trajectoires possibles des particules α. Justifier

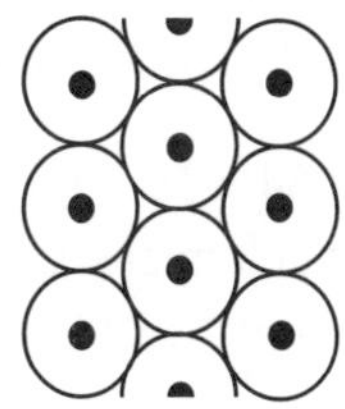

Exercice 2

30 min / 10 points

D'où peut bien provenir l'énergie du Soleil ?

C'est seulement en 1920 que l'énigme est résolue par les Britanniques Francis William ASTON et Arthur EDDINGTON : les noyaux d'atomes d'hydrogène, le principal constituant solaire, se transforment en hélium en fusionnant. Une réaction qui libère une énergie fantastique.
L'objectif du projet ITER (International Thermonuclear Experimental Reactor) est de démontrer la faisabilité scientifique et technologique de la production d'énergie par la fusion des atomes.
La fusion contrôlée représente un défi scientifique et technologique majeur qui pourrait répondre au problème crucial de disposer, à plus ou moins long terme, de nouvelles ressources énergétiques. A côté de l'énergie de fission, l'énergie de fusion représente l'espoir d'avoir une source d'énergie propre et abondante au cours du XXIe siècle. A l'heure où la raréfaction des énergies fossiles est prévue d'ici 50 ans, il est d'une importance vitale d'explorer le potentiel de toutes les autres sources d'énergie.

1. Etude de la réaction de fusion

*Le concept solaire de production d'énergie est basé sur une réaction dont la probabilité de se réaliser est extrêmement faible sur notre planète. Mais l'idée reste bonne ! Il "suffit" de remplacer l'hydrogène par des noyaux qui ont un maximum de chance de fusionner sur Terre, en l'occurrence, ceux de **deutérium** et de **tritium,** deux isotopes de l'hydrogène [...] en les chauffant à des températures très élevées, de l'ordre de 100 millions de degrés. »*
C'est donc sur cette réaction que se concentrent les recherches concernant la fusion contrôlée.

$$^{2}_{1}H + ^{3}_{1}H \rightarrow ^{4}_{2}He + ^{1}_{0}n$$

Données :

	deutérium	tritium	hélium	neutron
Symbole	${}_{1}^{2}H$	${}_{1}^{3}H$	${}_{2}^{4}He$	${}_{0}^{1}n$
Masse du noyau en u	2,01355	3,01550	4,00150	1,00866

$1u = 1{,}66054 \times 10^{-27}$ kg ; 1 MeV=$1{,}602 \times 10^{-13}$J.
célérité de la lumière dans le vide : $c = 2{,}998 \times 10^{8}$ m.s^{-1}.
$N_A = 6{,}023 \times 10^{23}$ mol^{-1}.

a) Calculer la variation de masse au cours de la réaction de fusion d'un noyau de deutérium et d'un noyau de tritium. Donner sa valeur en kilogramme. Quelle conclusion peut-on en tirer ?
b) Déterminer l'énergie libérée par cette réaction de fusion en donnant le résultat en MeV.
c) Vérifier que le nombre de noyaux présents dans 1,0 g de noyaux de deutérium est $3{,}0 \times 10^{23}$ noyaux.
d) Vérifier qu'il en est de même dans 1,5 g de noyaux de tritium.
e) En déduire l'énergie, en MeV puis en joule, que l'on pourrait espérer obtenir si on réalisait la réaction de fusion de 1,0 g de noyaux de deutérium avec 1,5 g de noyaux de tritium dans le réacteur ITER.
f) *La tonne d'équivalent pétrole (tep) est une unité d'énergie utilisée dans l'industrie et en économie. Elle sert à comparer les énergies obtenues à partir de sources différentes. 1 tep représente $4{,}2 \times 10^{10}$J, c'est-à-dire l'énergie libérée en moyenne par la combustion d'une tonne de pétrole.*
Calculer, en tep, l'énergie libérée par la fusion de 1,0 g de deutérium et de 1,5 g de tritium.
g) Sachant que dans une centrale nucléaire classique, la fission d'1,0 g d'uranium libère une énergie de 1,8 tep, expliquer en quoi ITER est un progrès et un espoir pour la production d'énergie.

2. Quelques précisions sur le tritium

Le deutérium est naturellement présent sur Terre alors que le tritium lui, est très rare. Il est donc obtenu à partir du lithium ${}_{3}^{6}Li$ très abondant dans la croûte terrestre et les océans.

Pour ce faire, un échantillon de lithium ${}_{3}^{6}Li$ est bombardé par des neutrons, il se forme de l'hélium ${}_{2}^{4}He$ et du tritium ${}_{1}^{3}H$.

a) Écrire l'équation de cette réaction nucléaire.
b) Le tritium est radioactif β^{-}.
Écrire l'équation de la désintégration envisagée sachant qu'il se forme un isotope de l'hélium.

c) L'évolution temporelle d'une population de noyaux de tritium est représentée graphiquement ci-dessous :

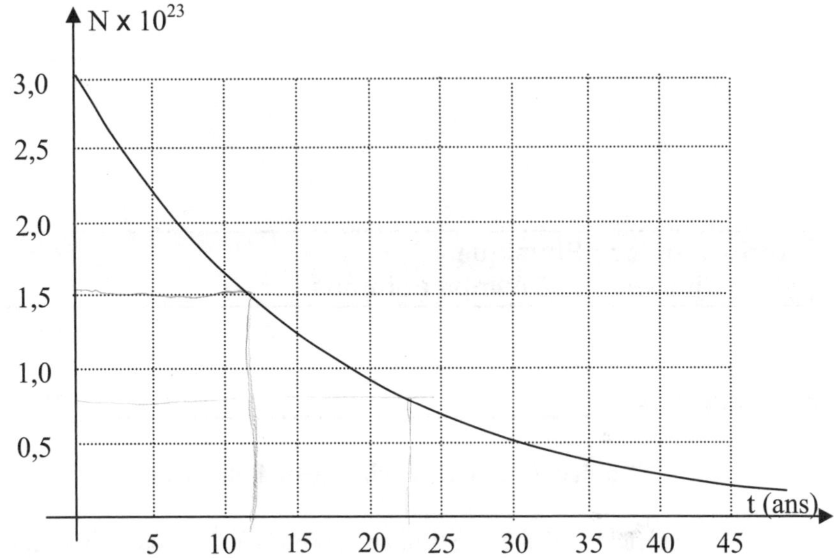

Définir et déterminer le temps de demi-vie du tritium.

d) Quel sera le nombre de noyaux de tritium encore présents à la date $t = 2\ t_{1/2}$?

e) La constante radioactive λ du tritium est liée à sa demi-vie par la relation : $t_{1/2} = \dfrac{\ln 2}{\lambda}$. Calculer λ.

f) Définir l'activité de la source de tritium. Quel est son unité ?

g) L'activité A(t) du tritium à une date t est proportionnelle au nombre de noyaux de tritium N(t) encore présents à cet instant : A(t) = λ□N(t).
En déduire l'activité initiale de la source de tritium.

h) Quelle sera l'activité de la source de tritium au bout d'une durée de 30 ans ?

Devoir 4

Notions utiles : Physique
Chapitre 4 : Champs et forces

Exercice 1

30 min / 10 points

La découverte de la charge de l'électron

Le physicien américain Robert Millikan (1868–1953) détermina expérimentalement, lors de l'année 1911, la charge électrique de l'électron, après avoir remarqué que des gouttelettes d'huile pulvérisées acquièrent une légère charge électrique négative lors de la pulvérisation (électrisation par frottement).
Au cours de l'une de ses expériences, Millikan parvient à maintenir une gouttelette d'huile, chargée négativement, en équilibre entre deux plaques métalliques horizontales parallèles A et B, entre lesquelles est appliquée une tension électrique U_{AB}. Dans un tel dispositif, on admet que la force électrique s'exerçant sur une gouttelette d'huile, portant la charge électrique q, a pour valeur $F = |q|\dfrac{U_{AB}}{d}$.

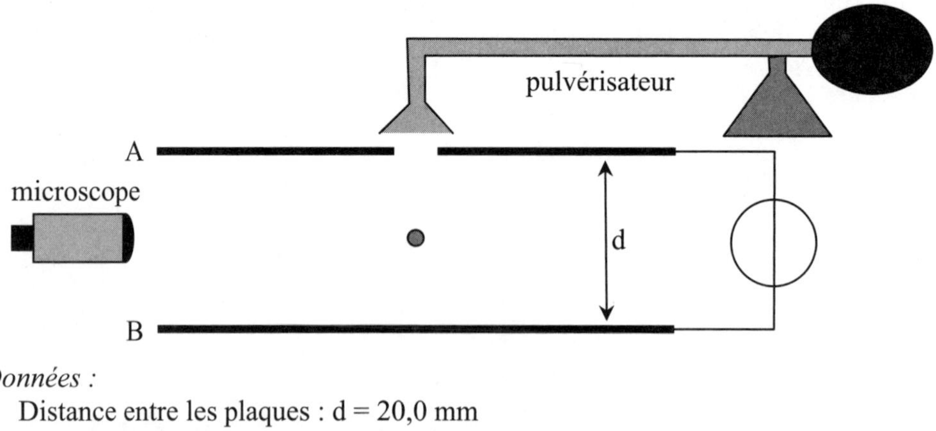

Données :

- Distance entre les plaques : d = 20,0 mm
- Tension d'équilibre de la gouttelette $U_{AB} = 3{,}84$ kV
- Rayon d'une gouttelette d'huile : $R = 1{,}64.10^{-3}$ mm
- Masse volumique de l'huile : $\mu = 851$ kg.m^{-3}

- Volume d'une gouttelette d'huile sphérique de rayon R : $V = \frac{4}{3}\pi R^3$
- Intensité du champ de pesanteur terrestre : $g = 9{,}8\ N.kg^{-1}$
- Charge électrique élémentaire $e = 1{,}60.10^{-19}$ C.

1. Calculer la masse d'une gouttelette d'huile supposée sphérique.
2. Lorsque la gouttelette est maintenue à l'équilibre :
a) Quelles sont les forces qui s'exercent sur elle ? On négligera la poussée d'Archimède.
b) Quelle est la relation vectorielle reliant ces forces ?
c) Compléter le schéma de l'expérience de Millikan en précisant le sens et la direction des forces appliquées à la gouttelette d'huile ainsi que les charges des plaques A et B.
d) En déduire la polarité du générateur.
3. Compléter le schéma précédent en faisant figurer les lignes de champ électrique et le vecteur champ électrique.
4. Calculer la valeur du champ électrique régnant entre les plaques du dispositif.
5. Justifier l'expression de la valeur de la force électrique s'appliquant sur la gouttelette d'huile donnée dans l'énoncé.
6. Calculer la charge électrique portée par une gouttelette d'huile..
7. Comparer la charge électrique de la gouttelette d'huile avec la charge électrique élémentaire.

Exercice 2

30 min / 10 points

La boussole des tangentes est un dispositif composé d'une bobine plate formée de N spires de rayon R, au centre de laquelle est disposée une petite aiguille aimantée sur un support horizontal gradué. Un rhéostat permet de faire varier l'intensité I du courant électrique débité par le générateur traversant la bobine. Le schéma de principe de ce dispositif est donné ci-dessous :

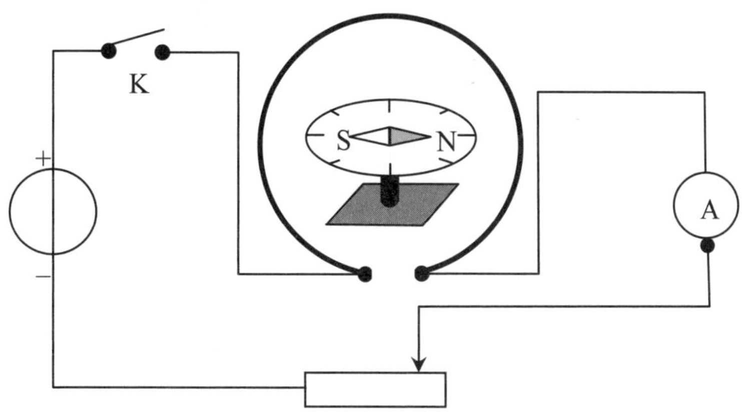

Lorsque l'interrupteur est ouvert, la direction (SN) de la petite aiguille aimantée s'oriente selon la composante horizontale $\vec{B}_H$ du champ magnétique terrestre. En l'absence de courant, la bobine est orientée de telle sorte que son plan contienne la direction (SN) de la petite aiguille aimantée.
Lorsque l'on ferme l'interrupteur K, la bobine crée en son centre un champ magnétique $\vec{B}_0$ dont la valeur est $B_0 = \dfrac{\mu_0 N I}{2R}$.
Données : R = 160 mm ; N = 10 spires ; $\mu_0 = 4\pi.10^{-7}$ T.m.A^{-1}

1. Lorsqu'un courant d'intensité I quelconque traverse la bobine, représenter la boussole vue du dessus. Montrer que $B_0 = B_H \tan \alpha$.

2. Pour différentes valeurs de l'intensité, on mesure la déviation α de la petite aiguille aimantée. Les résultats expérimentaux sont regroupés dans le tableau suivant :

I (A)	0	0,20	0,40	0,60	0,80	1,0
α (°)	0	22	39	50	57	63
tan α						
B_0 (µT)						

a) Compléter les deux dernières lignes du tableau.
b) Tracer la représentation graphique $B_0 = f(\tan \alpha)$.
c) Quelle est la nature de la courbe obtenue ?
Que peut-on dire des grandeurs B_0 et tan α ?

3. En expliquant votre méthode, déterminer l'équation de la courbe obtenue.

4. En déduire la valeur B_H de la composante horizontale du champ magnétique terrestre.

Devoir 5

Notions utiles : Physique
🗁 Chapitre 5 : Formes et principe de conservation de l'énergie

Exercice 1

30 min / 10 points

Rebonds d'une balle de tennis

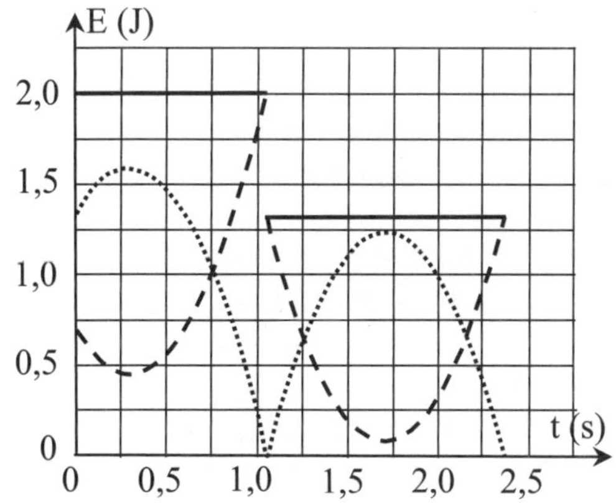

Le mouvement d'une balle de tennis de masse m = 60 g lancée vers le haut, selon une direction quelconque, est filmé avec un caméscope. Un logiciel de traitement des images vidéo permet de pointer les différentes positions prises par le centre d'inertie G de la balle de tennis au cours du temps. Un traitement informatisé des données a permis de tracer l'évolution des courbes énergétiques.

Lors de l'enregistrement du film, la balle de tennis a effectué des rebonds sur le sol. On définit un axe vertical z orienté vers le haut dont l'origine coïncide avec le sol. L'énergie potentielle de pesanteur est telle que Epp(z = 0) = 0 ; g = 9,81 N/kg.

1.

a) Donner l'expression de l'énergie cinétique E_c et de l'énergie potentielle de pesanteur E_{pp} de la balle de tennis.

b) Qu'est-ce que l'énergie mécanique E_m ?

c) Identifier les différentes courbes énergétiques. Justifier.

2. Quelle est la vitesse maximale atteinte par la balle lors de son mouvement ? A quelle date cela correspond-il ?

3. Quelle est l'altitude maximale atteinte par la balle lors de son mouvement ? A quelle date cela correspond-il ?

4. A quelles dates se sont produits les rebonds ?
5. Pourquoi peut-on dire qu'en dehors des rebonds, la balle de tennis est en chute libre ?
6. Dresser le diagramme des actions mécaniques (D.A.M.) pour la balle de tennis lors de son mouvement. Deux cas seront à envisager.
7. Quelle est la particularité de l'énergie mécanique lorsqu'un rebond se produit ? Donner une interprétation.

Exercice 2

30 min / 10 points

Etude du mouvement d'une balle de golf

Le golf est un sport permettant de mettre en mouvement, grâce à un « club », une balle (de masse m = 46,0 g) avec des performances impressionnantes. Les professionnels, tels que le célèbre joueur américain Tiger Woods, peuvent communiquer à la balle lors d'un « drive » des vitesses de 275 $km.h^{-1}$, avec des distances de tir de l'ordre de 300 m.
Donnée : $g = 9{,}81\ N.kg^{-1}$.

Partie A : le « drive »

1. L'objet d'étude est la balle de golf, schématisée page suivante, au cours des trois phases d'un « drive ». Représenter le diagramme des actions mécaniques (D.A.M.) modélisant chacune de ces phases. On négligera l'interaction entre la balle de golf et l'air.
2. Après avoir calculé la valeur P du poids de la balle, représenter et caractériser les forces qui s'exercent sur la balle de golf pour chaque phase. On représentera sans souci d'échelle la force exercée par le club sur la balle de golf.
   Echelle de représentation : 1 cm pour 0,2 N.
3. Quel est l'effet de la force $\vec{F}$ exercée par le club sur la balle de golf ?
4. Dans quelle phase peut-on considérer la balle de golf en chute libre ?
5. L'une des approches du trou n° 4 est effectuée à l'aide d'un « drive ». On a réalisé un enregistrement chronophotographique du mouvement de la balle. L'intervalle de temps, séparant deux positions consécutives, est $\Delta t = 300$ ms et la valeur de la vitesse initialement communiquée à la balle est $v_0 = 12\ m.s^{-1}$.
   On négligera l'action de l'air sur la balle.

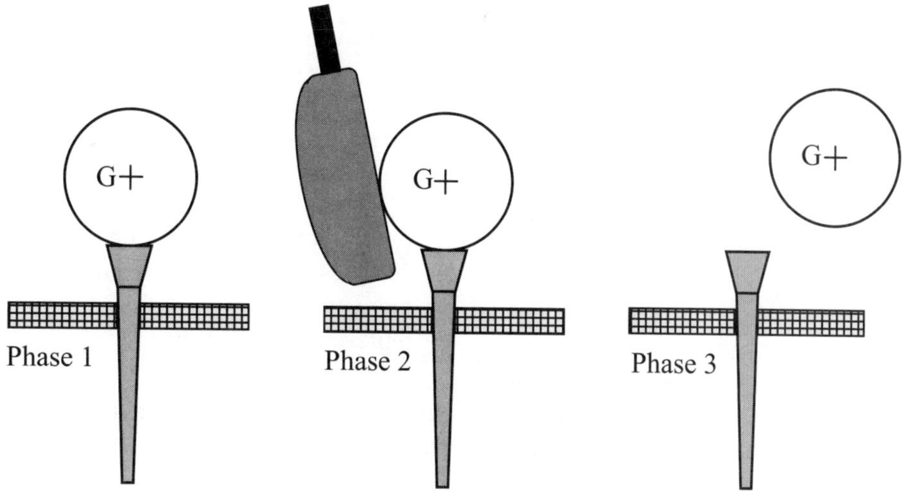

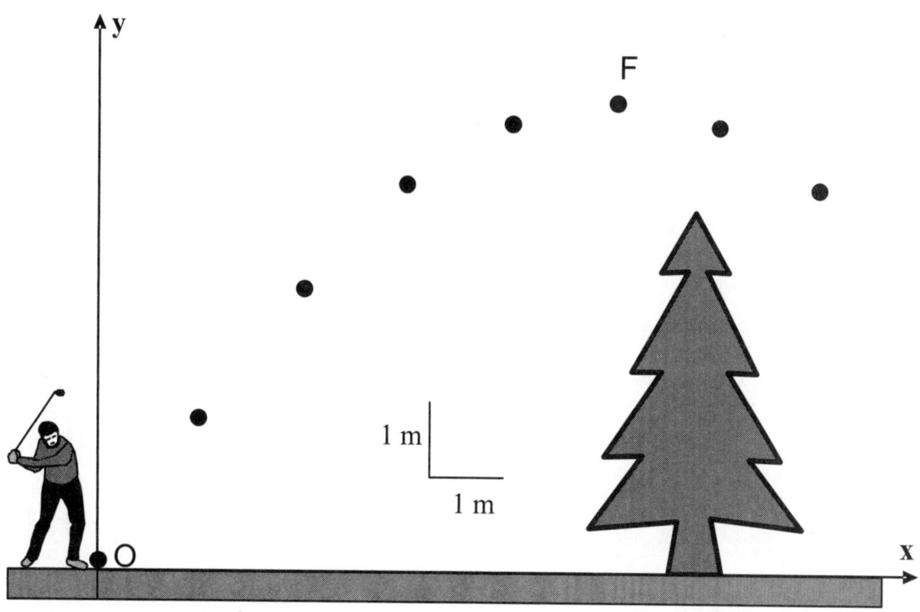

a) Dans quel référentiel étudie-t-on le mouvement de la balle de golf ?

b) Exprimer la valeur v_0 de la vitesse initiale communiquée à la balle en $km.h^{-1}$ lors du « drive ».

c) A quelle date la balle atteint-elle la « flèche » notée F de sa trajectoire c'est-à-dire sa hauteur maximale ? L'origine des dates coïncide avec la frappe de la balle de golf par le club du joueur au point O.

d) Quelles sont les coordonnées de la flèche de la trajectoire de la balle de golf ?

e) Projeter orthogonalement le mouvement de la balle de golf sur les axes Ox et Oy, lors de la phase ascendante, puis commenter l'affirmation suivante :

« Quelles que soient les conditions initiales de lancement d'un projectile en chute libre dans le référentiel terrestre, le mouvement horizontal est uniforme et le mouvement vertical est varié. »

f) Exprimer l'énergie mécanique de la balle de golf aux point O et F.
g) En déduire la valeur v_F de la vitesse de la balle de golf au point F.

6.

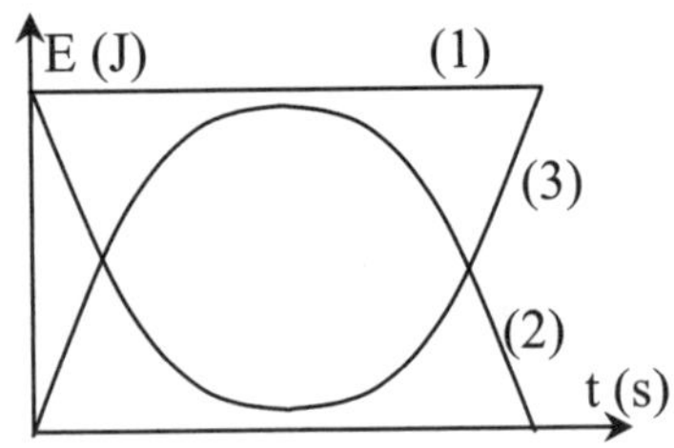

L'allure des courbes représentant l'évolution temporelle des différentes énergies mises en jeu lors du mouvement de la balle de golf est représentée ci-contre.

a) Identifier chacune des courbes énergétiques en justifiant brièvement.
b) Faire apparaître clairement sur le graphique les deux phases du mouvement de la balle de golf.
c) Dresser le diagramme d'énergie correspondant à chacune de ces phases.

Partie B : le « putt »

7. L'approche est réussie. Il ne reste plus qu'à faire un « putt » sur le « green » pour atteindre le trou signalé par un drapeau. On donne ci-après l'enregistrement chronophotographique de cette dernière étape (la durée séparant deux positions consécutives de la balle de golf est $\Delta t = 500$ ms).

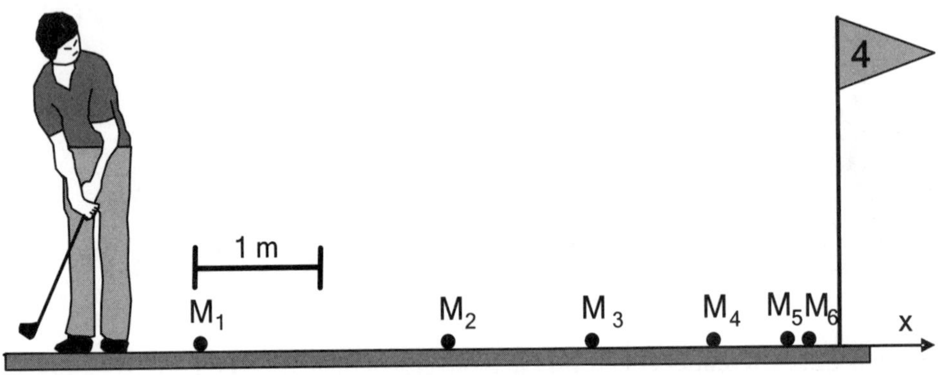

a) Déterminer l'échelle spatiale du document.
b) Calculer la vitesse moyenne de la balle, notée v_{moy}, entre les dates t_1 et t_6 en $km.h^{-1}$.
c) Calculer, en $m.s^{-1}$, les vitesses instantanées de la balle $v(t_2)$, $v(t_3)$, $v(t_4)$, $v(t_5)$.
d) Quelle est la nature du mouvement de la balle de golf ?
e) Construire le diagramme des actions mécaniques pour la balle de golf.
f) Représenter les forces qui s'exercent sur la balle de golf lors de son mouvement, sans souci d'échelle (on précisera le sens du mouvement).

Devoir 6

Notions utiles : Physique
Chapitre 6 : Energie électrique

Exercice 1

30 min / 10 points

Etude d'un électrolyseur

La pile à hydrogène est une pile à combustible utilisant le dioxygène et le dihydrogène. Ce dernier peut être obtenu par électrolyse d'une solution aqueuse d'hydroxyde de sodium. Le schéma du montage permettant d'étudier au laboratoire le comportement électrique de l'électrolyse d'une solution aqueuse d'hydroxyde de sodium, à 0,1 $mol.L^{-1}$, est donné ci-dessous :

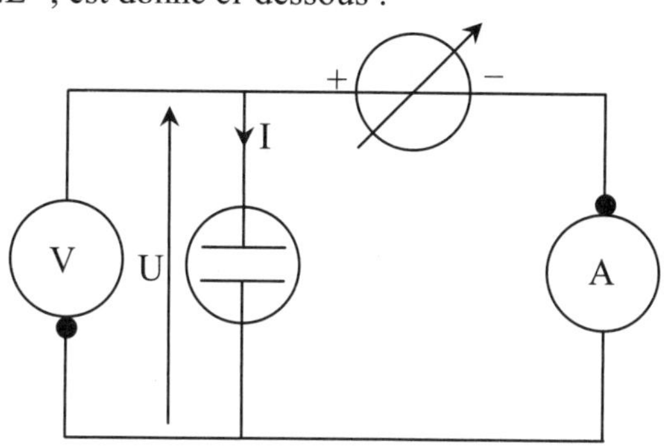

Les résultats expérimentaux obtenus sont regroupés dans le tableau de mesures suivant :

I (A)	0,02	0,04	0,06	0,08	0,1	0,12
U (V)	3,7	5,5	7,2	8,9	10,6	12,3

1. Tracer la représentation graphique de l'évolution de la tension aux bornes de l'électrolyseur en fonction de l'intensité I du courant le traversant.
2. En expliquant votre méthode, déterminer l'équation de la courbe obtenue.

3. La loi de fonctionnement d'un électrolyseur est U = E + r I où E est sa force contre-électromotrice (f.c.é.m) et r sa résistance interne. Déduire de la question précédente les valeurs de E et r.
4. On alimente l'électrolyseur par une tension continue de 6,0 V. Calculer la puissance électrique :
a) reçue par l'électrolyseur ;
b) perdue par effet Joule ;
c) transférée sous forme chimique.
5. Représenter sur un schéma les transferts d'énergie qui se produisent dans l'électrolyseur.
6. Définir et calculer le rendement de l'électrolyseur.
7. Pour une durée de fonctionnement de 10 minutes :
a) Quelle est l'énergie totale consommée par l'électrolyseur alimenté sous une tension de 6,0 V ?
b) Déterminer la quantité d'énergie dissipée par effet Joule et celle réellement utilisée pour réaliser l'électrolyse de la solution d'hydroxyde de sodium.

Exercice 2

30 min / 10 points

1. On considère deux conducteurs ohmiques $R_1 = 50\ \Omega$ et $R_2 = 100\ \Omega$.
a) Calculer la résistance équivalente $R_{éq1}$ à leur association en série.
b) Calculer la résistance équivalente $R_{éq2}$ à leur association en dérivation.
2. On réalise le circuit électrique suivant pour lequel $U_{PN} = 5{,}0$ V, $R_1 = 50\ \Omega$ et $R_2 = 100\ \Omega$.

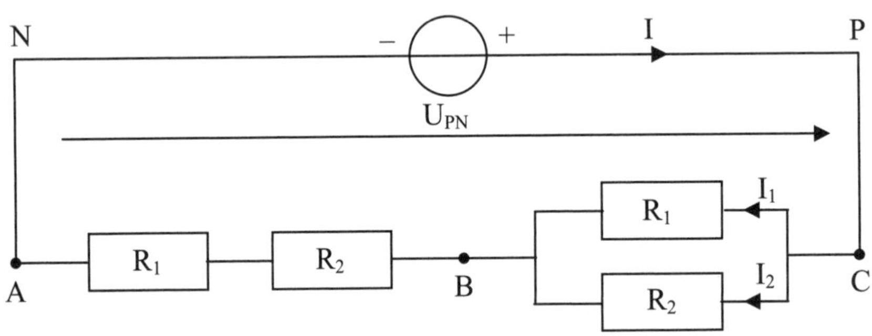

a) En utilisant les résultats de la question précédente, calculer l'intensité I débitée par le générateur.
b) Calculer la puissance électrique fournie par le générateur au circuit.
c) Calculer l'énergie transférée au circuit par le générateur pendant 5 minutes.
d) Calculer la tension U_{BA}.
e) Calculer la tension U_{CB}.
f) Calculer les intensités I_1 et I_2.

Devoirs surveillés de chimie

Devoir 1

Notions utiles : Chimie
Chapitre 1 : Réaction chimique

Exercice 1

10 min / 4 points

La vitamine C

L'acide ascorbique $C_6H_8O_6$, *encore appelé vitamine C, intervient dans de nombreux processus métaboliques. Cette molécule est indiquée chez l'adulte dans le traitement de la carence en vitamine C (scorbut) et dans les états de fatigue passagers. En pharmacie, on trouve des comprimés effervescents contenant chacun 500 mg de vitamine C.*

1. Quelle est la masse molaire moléculaire de la vitamine C ?
2. Quelle est la quantité de matière contenue dans un comprimé ?
3. Combien de molécules de vitamine C contient un comprimé ?
4. Quelle est la concentration en vitamine C dans un verre contenant 200 mL d'eau après avoir immergé un comprimé et avoir attendu sa dissolution compète ?

Données : masses molaires atomiques
$M(H) = 1{,}00\ g.mol^{-1}$; $M(C) = 12{,}0\ g.mol^{-1}$; $M(O) = 16{,}0\ g.mol^{-1}$
Nombre d'Avogadro : $N_A = 6{,}02.10^{23}\ mol^{-1}$.

Exercice 2

20 min / 6 points

Préparation d'une solution aqueuse d'hydroxyde de sodium

L'hydroxyde de sodium, encore appelé soude, se présente sous la forme de petites pastilles blanches solides dont la formule est NaOH (s). Ces pastilles, par dissolution, permettent de réaliser des solutions aqueuses basiques qui peuvent être corrosives si elles sont concentrées. Elles sont à la base de la fabrication des produits domestiques permettant de déboucher les canalisations.

1. On veut réaliser 500 mL d'une solution aqueuse S_0 d'hydroxyde de sodium de concentration $C_0 = 1{,}0.10^{-1}$ mol.L^{-1} par dissolution de pastilles de soude dans l'eau.

a) Quel est le solvant ? Quel est le soluté ?
b) Quelle est la masse molaire moléculaire M de l'hydroxyde de sodium ?
c) Quelle masse m d'hydroxyde de sodium doit-on dissoudre ?
d) Décrire brièvement les étapes permettant de réaliser cette solution.
e) A l'aide d'un schéma légendé, illustrer comment bien ajuster le volume du liquide, dans une fiole jaugée.

2. On désire réaliser une solution S_1 d'hydroxyde de sodium de concentration molaire volumique $C_1 = 1{,}0.10^{-2}$ mol.L^{-1} et de volume $V_1 = 50$ mL, à partir de la solution S_0.

a) Comment s'appelle cette opération ?
b) Quels noms donnent-t-on respectivement aux solutions S_0 et S_1 ?
c) Calculer le volume V_0 de solution S_0 à prélever pour réaliser la solution S_1.
d) Décrire le mode opératoire.

Données : masses molaires atomiques
M(H) = 1,00 g.mol^{-1} ; M(C) = 12,0 g.mol^{-1} ; M(O) = 16,0 g.mol^{-1}.
M(Na) = 23,0 g.mol^{-1}.

Exercice 3 — 30 min / 10 points

Apparu sur le marché automobile à la fin des années 80, l'airbag est un équipement de sécurité d'un véhicule, composé d'un coussin qui se gonfle en cas de choc afin de protéger les passagers.

A. Gonflage de l'airbag grâce à une transformation chimique

C'est grâce à une réaction chimique se produisant dans un générateur de gaz relié au coussin gonflable que se réalise le déploiement de l'airbag.
Ce générateur de gaz contient des pastilles blanches, constituées d'azoture de sodium, espèce chimique de formule $NaN_{3(s)}$ qui se décompose très rapidement et libère ainsi une quantité suffisante de gaz pour déployer l'airbag en cas de choc.
La durée entre le choc et le gonflage du ballon n'est que de 40 millisecondes, d'où l'intérêt de ce mécanisme.

L'équation de la réaction chimique est la suivante :

$$2\ NaN_{3(s)} \longrightarrow 2\ Na_{(s)} + 3\ N_{2(g)}$$

La contenance des airbags est de $V_1 = 70$ litres pour le côté conducteur et la masse m d'azoture de sodium, contenue dans le générateur de gaz, est de 122 g.

1. Calculer la quantité de matière n, d'azoture de sodium, contenue dans le générateur de gaz.
2. Etablir le tableau descriptif de l'évolution du système.
3. Déterminer l'avancement maximal x_{max} de la réaction.
4. En déduire la quantité de matière de gaz formé n_{gaz}.
5. En considérant que la pression finale P_f, dans le coussin gonflable, est de 1,0 bar et que la température est $\theta_1 = 30{,}0$ °C, calculer le volume de gaz V_{gaz} dégagé par la transformation chimique.
6. La masse initiale d'azoture de sodium est-elle suffisante pour gonfler l'airbag ?
7. Calculer la quantité de matière n_{Na} de sodium formé.
8. En déduire la masse de sodium m_{Na} formée par la transformation chimique.

B. Gonflage de l'airbag grâce à un gaz comprimé

Plutôt que de produire le gaz grâce à une transformation chimique, on pourrait imaginer un réservoir contenant un gaz comprimé qui serait libéré , très rapidement dans l'airbag, en cas de choc.

1. Calculer la pression P à laquelle il faudrait comprimer la même quantité de matière de gaz, dans un réservoir de volume $V_2 = 300$ mL, et à une température $\theta_2 = 20{,}0$ °C.
2. Calculer le volume V_3 occupé par une masse de 122 g d'azoture de sodium.
3. En déduire pourquoi le dispositif faisant intervenir une réaction chimique est préféré au second dispositif.

Données :

Masses molaires atomiques : $M(N) = 14{,}0$ g.mol^{-1} ; $M(Na) = 23{,}0$ g.mol^{-1}.

Constante molaire des gaz parfaits : $R = 8{,}31$ Pa.m^3.mol^{-1}.K^{-1}.

1 bar = $1{,}013.10^5$ Pa.

Masse volumique de l'azoture de sodium : $\rho = 1{,}85$ g.mL^{-1}.

Devoir 2

Notions utiles : Chimie
Chapitre 2 : Spectrophotométrie et molécules organiques colorées

Exercice 1

30 min / 10 points

Teneur en CO_2 d'un vin

Le vin est obtenu par fermentation du jus de raisin.
Lors de la fermentation alcoolique, le glucose présent dans le raisin est dégradé en éthanol et en dioxyde de carbone CO_2. Lorsque la vinification est terminée, on décèle généralement dans le vin la présence de CO_2, à raison de 200 à 700 mg par litre.
Pour déterminer la concentration en CO_2 d'un vin, les laboratoires d'œnologie analysent, par spectrophotométrie, les échantillons que leur fournissent les viticulteurs.
A l'aide d'un spectrophotomètre, l'absorbance de cet échantillon est mesurée pour une gamme de longueurs d'onde données (situées de part et d'autre du maximum d'absorption dû à la présence de CO_2). Ces mesures sont ensuite reportées sur un graphe constituant le spectre d'absorption de l'échantillon pour la gamme de longueurs d'onde choisie.

Dans tout cet exercice on considèrera que dans la gamme de longueurs d'onde choisies, seul le CO_2 absorbe.

Un lycéen cherche à déterminer la concentration en CO_2 d'un échantillon de vin. Il dispose pour cela de quatre autres échantillons de vin de concentration en CO_2 connues :

Échantillon n°1	$C_1 = 4{,}5\ \text{mmol.L}^{-1}$
Échantillon n°2	$C_2 = 10{,}4\ \text{mmol.L}^{-1}$
Échantillon n°3	$C_3 = 24{,}3\ \text{mmol.L}^{-1}$
Échantillon n°4	$C_4 = 29{,}5\ \text{mmol.L}^{-1}$
Échantillon n°5	C_5 à déterminer.

Il réalise le spectre d'absorption de chacun de ces échantillons et obtient le graphe de l'absorbance A en fonction de l'inverse de la longueur d'onde (le nombre d'onde $1/\lambda$) donné ci-dessous :

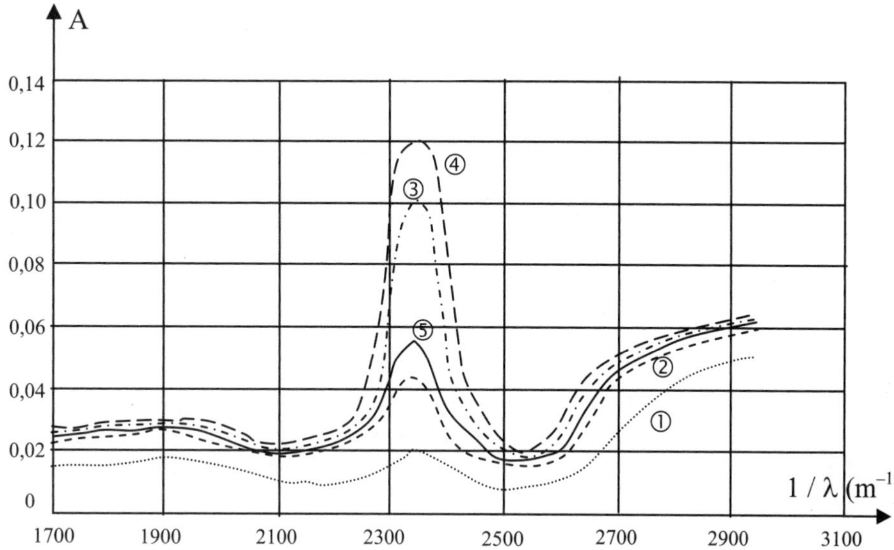

1. On se place, pour chaque échantillon, au maximum d'absorption dû au CO_2.

a) Déterminer graphiquement la valeur de l'absorbance pour le maximum d'absorption de chaque échantillon.

b) Tracer la courbe d'étalonnage A = f (C) représentant l'absorbance de la solution en fonction de la concentration en CO_2 de l'échantillon.

c) Quelle est l'allure de la courbe tracée à la question 1.b) ? Sans aucun calcul, que peut-on en déduire ?

2. La loi de Beer-Lambert, pour des solutions homogènes diluées, a pour expression $A = \varepsilon.L.C$, où C est la concentration molaire de l'espèce absorbante, L la largeur de la cuve et ε le coefficient d'extinction molaire de l'espèce absorbante à la longueur d'onde d'étude.

a) La courbe obtenue à la question 1.b) vous semble-t-elle en accord avec cette loi ?

b) Utiliser cette courbe pour déterminer la valeur du coefficient ε, en unités SI, sachant que $L = 3{,}5.10^{-3}$ m.

3.

a) A l'aide de la courbe, A = f(C), déterminer la concentration en CO_2 de l'échantillon inconnu n°5.
Expliciter clairement la démarche suivie.

b) Le vin contenu dans cet échantillon entre-t-il dans la catégorie des vins cités dans le texte (en ce qui concerne sa teneur en CO_2) ?

Données : $M(C) = 12$ g.mol^{-1} $M(O) = 16$ g.mol^{-1}.

Exercice 2 — 30 min / 10 points

Taux d'alcoolémie

Pour mesurer la quantité d'alcool dans le sang, on réalise un prélèvement puis, par un procédé non indiqué ici, on décolore le sang. On dose alors la quantité d'alcool présent dans le sang à partir de la réaction chimique suivante :

$$3\ CH_3CH_2OH_{(aq)} + 2\ Cr_2O_7^{2-}{}_{(aq)} + 16\ H^+{}_{(aq)} = 3\ CH_3COOH_{(aq)} + 4\ Cr^{3+}{}_{(aq)} + 11\ H_2O_{(l)}.$$

Cette réaction est lente, son évolution est suivie par spectrophotométrie.

Données :

- Masse molaire moléculaire de l'éthanol : 46 g.mol^{-1}.
- Couleurs des espèces chimiques en présence :

Espèces chimiques	CH_3CH_2OH	$Cr_2O_7^{2-}$	Cr^{3+}	CH_3COOH
Couleur en solution aqueuse	incolore	jaune orangé	vert	incolore

1. Choix de la méthode de suivi.

a) Expliquer pourquoi cette réaction chimique peut être suivie par spectrophotométrie.

b) Pourquoi cette méthode peut-elle être qualifiée de « non-destructive » ?

2. Suivi temporel.

On désire suivre la présence des ions dichromate $Cr_2O_7^{2-}$.

On réalise les réglages préalables de l'appareil :

– on sélectionne la longueur d'onde $\lambda = 420$ nm ;

– on réalise « le blanc » avec une solution aqueuse contenant l'ion chrome Cr^{3+}.

Les ions dichromate et chrome n'absorbent pas dans le même domaine de longueur d'onde.

À la date t = 0, on mélange 2,0 mL de sang prélevé au bras d'un conducteur avec 10,0 mL d'une solution aqueuse acidifiée de dichromate de potassium ($2K^+ + Cr_2O_7^{2-}$) de concentration molaire $c = [Cr_2O_7^{2-}] = 2{,}0.10^{-2}$ mol.L^{-1}.

Le volume total du mélange réactionnel est V = 12,0 mL.

On agite et on place rapidement un prélèvement du mélange réactionnel dans une cuve du spectrophotomètre.

Le prélèvement dans la cuve évolue de la même façon que le mélange réactionnel.

Le spectrophotomètre est connecté à un ordinateur, il mesure l'absorbance A du mélange réactionnel au cours du temps.

On obtient l'enregistrement ci-dessous :

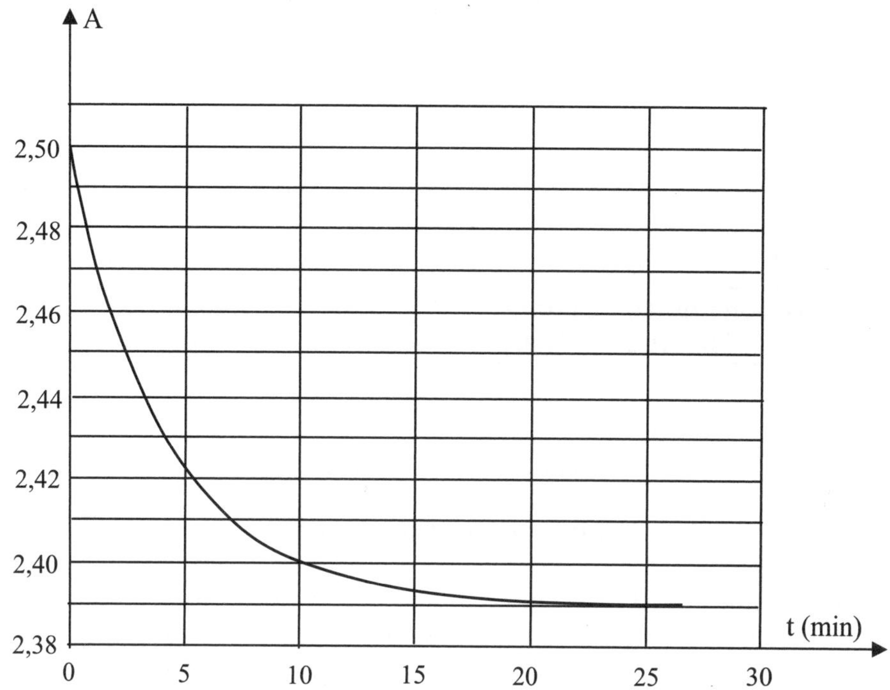

a) D'une manière générale, sur quel critère sélectionne-t-on la longueur d'onde pour effectuer un suivi spectrophotométrique ?

b) Établir le tableau d'avancement du système en désignant par n_0, la quantité de matière initiale d'alcool présent dans les 2,0 mL de sang, et par n_1, la quantité de matière initiale en ions dichromate introduite dans le mélange réactionnel.
N.B. : dans les conditions de l'expérience, l'ion H^+ est en excès. On ne renseignera donc pas la colonne relative à cet ion dans le tableau d'avancement.

c) Quelle relation existe entre l'avancement x de la réaction, la concentration en ions dichromate $[Cr_2O_7^{2-}]$ dans le mélange, le volume V du mélange réactionnel, et la quantité n_1 ?

d) L'absorbance A est liée à la concentration $[Cr_2O_7^{2-}]$ (en $mol.L^{-1}$) par la relation :
$A = 150\,[Cr_2O_7^{2-}]$ (pour $\lambda = 420$ nm)
Déduire de la relation établie en 2.3. que l'avancement x est lié à l'absorbance A par la relation : $x = (10 - 4.A).10^{-5}$ (mol).

e) La réaction peut être considérée comme totale. À l'aide du graphique A = f(t), calculer l'avancement maximal. En déduire que le réactif limitant est l'éthanol.

f) Le taux autorisé d'alcool est de 0,5 g dans 1 L de sang.
Le conducteur est-il en infraction ?

Devoir 3

Notions utiles : Chimie
🗁 **Chapitre 3 : Solutés et solutions**

✍ Exercice 1

⏱ 30 min / 10 points

Etude du chlorure d'ammonium

En dessous de 184 °C, le chlorure d'ammonium solide $NH_4Cl_{(s)}$ cristallise dans une structure de type cubique avec les caractéristiques suivantes :
– les ions chlorure Cl^- forment une maille cubique d'arête a = 387 pm, dont ils occupent chaque sommet ;
– un ion NH_4^+ se trouve au centre de chaque cube.

1. Représenter la maille de chlorure d'ammonium. Calculer le nombre d'ions NH_4^+ et Cl^- contenus dans cette maille.
2. Calculer la masse de la maille et en déduire sa masse volumique.
3. On veut préparer un volume V_1 = 250 mL d'une solution aqueuse de chlorure d'ammonium, dont la concentration en ions ammonium soit telle que $[NH_4^+] = 0,1 \text{ mol.L}^{-1}$.

a) Écrire l'équation de dissolution correspondante.
b) Quel volume V_2 de chlorure d'ammonium (en cm^3) solide faut-il dissoudre ?
c) Dans la pratique, le volume de la solution s'accroît de moins de 0,1 % au cours de cette dissolution. Interpréter.

Données :

Masses molaires atomiques : $M(H) = 1,00 \text{ g.mol}^{-1}$; $M(N) = 14,0 \text{ g.mol}^{-1}$.
$M(Cl) = 35,5 \text{ g.mol}^{-1}$.
Constante d'Avogadro : $N_A = 6,02.10^{23} \text{ mol}^{-1}$.

Exercice 2 — 30 min / 10 points

1. On électrise négativement un bâton d'ébonite en le frottant avec une peau, puis on l'approche d'un mince filet d'eau s'écoulant verticalement d'une burette graduée :

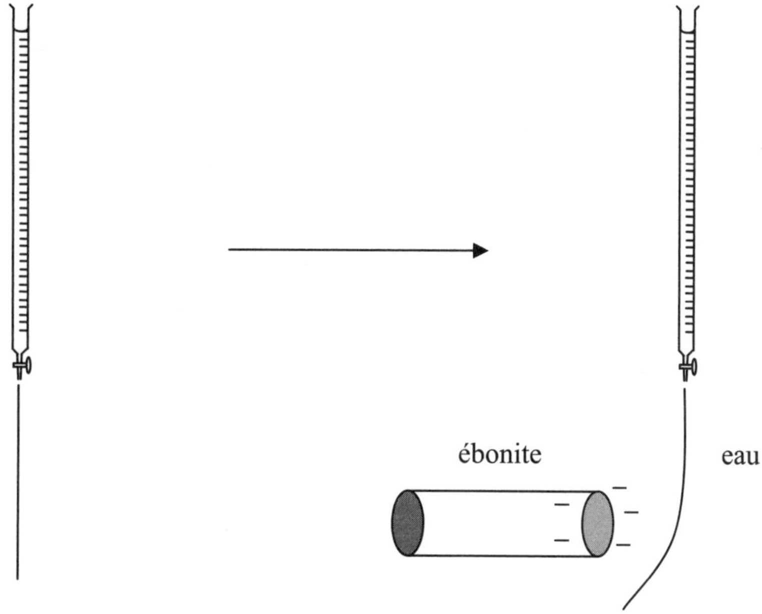

On observe que le filet d'eau est dévié vers le bâton.

a) Interpréter l'expérience décrite.
b) D'après l'expérience, la molécule d'eau est-elle polaire ou apolaire ? Justifier.
c) La géométrie de la molécule d'eau est-elle linéaire comme représentée ci-dessous ? Justifier.

H —O —H

Donnée : l'oxygène est plus électronégatif que l'hydrogène.

2. A partir d'une solution mère de chlorure de baryum de formule $BaCl_{2\,(s)}$ de concentration molaire en soluté apporté C_1 égale à $2{,}0.10^{-2}$ mol.L^{-1}, on désire préparer, par dilution, un volume $V_2 = 100$ mL d'une solution électrolytique dans laquelle la concentration molaire en soluté apporté soit telle que $C_2 = 1{,}0.10^{-3}$ mol.L^{-1}.

a) Qu'est-ce qu'une solution ?
b) Quand parle-t-on de solution électrolytique ? De solution aqueuse ?
c) Qu'appelle-t-on diluer une solution ?

d) Déterminer le volume V_1 nécessaire, de solution mère à prélever, afin d'obtenir une solution fille de chlorure de baryum de concentration $C_2 = 1{,}0.10^{-3}$ mol.L^{-1}.
e) Quel matériel (que l'on schématisera) doit-on utiliser ? Comment doit-on procéder ?

3.

a) Déterminer la quantité de matière n_2 de chlorure de baryum dans la solution ainsi préparée.
b) Quelle masse m_2 de chlorure de baryum solide cela représente-t-il ?

4.

a) Ecrire l'équation de dissolution du chlorure de baryum dans l'eau.
b) En déduire la concentration molaire effective des différents ions dans la solution diluée (on utilisera un tableau d'avancement).

Données :

Masses molaires : M(Ba) = 137,3 g.mol^{-1} ; M(Cl)= 35,5 g.mol^{-1}

Devoir 4

Notions utiles : Chimie
Chapitre 4 : Transferts thermiques

Exercice 1

30 min / 10 points

Combustion d'une molécule inconnue

On considère une molécule inconnue de formule brute générale $C_aH_bO_c$ (a, b et c sont des entiers supérieurs ou égaux à 1) et de masse molaire M = 60,0 g.mol^{-1}. Nous réalisons la combustion de m_1 = 10,0 g de cette molécule, dans un excès de dioxygène, afin de déterminer sa formule brute.
Lorsque la combustion est terminée, la quantité de matière de dioxygène a diminué de 0,752 mol et on récupère m_2 = 22,0 g de dioxyde de carbone et m_3 = 12,0 g d'eau.

1. Ajuster la stœchiométrie de l'équation de combustion ci-dessous à l'aide des entiers a, b et c.

$$C_aH_bO_c \;+\; \ldots\ldots\; O_{2(g)} \longrightarrow \ldots\ldots\; CO_{2(g)} \;+\; \ldots\ldots\; H_2O_{(g)}$$

2. Déterminer la quantité de matière initiale de la molécule inconnue.
3. Déterminer la quantité de matière de dioxyde de carbone formé.
4. Déterminer la quantité de matière d'eau formée.
5. Etablir le tableau d'avancement relatif à la combustion de la molécule inconnue.
6. Déterminer alors l'avancement maximal x_{max}.
7. En déduire les valeurs de a, b et c. Donner la formule brute de la molécule inconnue.
8. Donner toutes les formules développées et semi-développées répondant à cette formule brute.
9. Comment nommer l'ensemble de ces différentes molécules ?

Données : masses molaires en g.mol^{-1} : M_H = 1,00 ; M_C = 12,0 ; M_O = 16,0.

Exercice 2 — 30 min / 10 points

Etude de la combustion du méthane

Le méthane, constituant essentiel du gaz naturel, est utilisé comme source d'énergie afin de produire de la chaleur et de l'électricité. Le but de l'exercice est de déterminer le volume de méthane nécessaire aux besoins d'une famille.
L'équation chimique de la combustion du méthane est la suivante :

$$CH_{4(g)} + 2\ O_{2(g)} \longrightarrow CO_{2(g)} + 2\ H_2O_{(g)}$$

1. Quel est le combustible ? Quel est le comburant ?
2. Donner la formule développée de toutes les espèces chimiques intervenant dans l'équation.
3. Faire le bilan des liaisons rompues et des liaisons formées pour passer des réactifs aux produits.
4. Calculer la chaleur de combustion molaire $Q_{combustion}$ associée à la réaction étudiée. La réaction est-elle exothermique ou endothermique ?
5. Calculer la quantité de matière n contenue dans un volume V_1 égal à 1,0 m^3 de méthane, à 20 °C et à pression atmosphérique.
6. Etablir le tableau d'avancement relatif à la combustion de 1,0 m^3 de méthane (le dioxygène sera supposé en excès). Calculer l'avancement maximal x_{max}.
7. En déduire l'énergie $E_{libérée}$ produite par la combustion de 1,0 m^3 de méthane.
8. Rappeler la définition d'un kilowattheure. Donner sa valeur en joules.
9. Calculer alors l'énergie libérée E en kilowattheures.
10. Sachant que la consommation annuelle d'une famille de quatre personnes est de P = 25 000 kWh, calculer le volume V_2 en m^3 de méthane nécessaire, à 20 °C, aux besoins de la famille.

Données :
Volume molaire des gaz, à 20 °C et pression atmosphérique : $V_m = 24{,}0\ L.mol^{-1}$.
Energies de liaisons en $kJ.mol^{-1}$: $D_{C-H} = 425$; $D_{C=O} = 805$; $D_{O-H} = 460$
$D_{O=O} = 495$.

Devoir 5

Notions utiles : Chimie
Chapitre 5 : Piles et oxydoréduction

Exercice 1

30 min / 10 points

Lorsque l'on consomme du vin, de la bière..., l'alcool contenu passe presque en totalité dans le sang lors de la digestion.
L'alcool ingéré est éliminé à 90 % par voie métabolique au niveau du foie, et le restant est transporté par le sang vers les alvéoles puis évacué par les poumons. C'est cet alcool contenu dans les poumons qui est mesuré par des appareils tels que les alcootests, dont nous allons voir le principe dans cet exercice.
L'alcootest est une technique d'évaluation de l'alcoolémie.
L'alcoolémie τ est le taux d'alcool présent dans le sang : il correspond au nombre de grammes d'éthanol pur, de formule CH_3CH_2OH, contenus dans un litre de sang. Il s'exprime en $g.L^{-1}$.

A. Estimation de l'alcoolémie d'un conducteur par la formule de Widmark

Un homme de masse m = 70 kg a bu, au cours d'un repas, trois verres de 15 cL de vin blanc, de degré alcoolique égal à 12°.
L'alcoolémie atteint son maximum au bout d'une heure environ, si la boisson est prise au cours d'un repas, et se calcule à partir de la formule de Widmark :

$$\tau = \frac{m_{éth}}{m \times 0{,}70}$$

$m_{éth}$: masse d'éthanol ingéré (g) ;
m : masse de la personne (kg).

Le degré alcoolique est le volume d'éthanol pur en mL contenu dans 100 mL de vin.

1. Calculer le volume $V_{éth}$, en mL, d'éthanol ingéré par le conducteur.
2. En déduire la masse d'éthanol ingéré, $m_{éth}$, par le conducteur.
3. Calculer, à partir de la formule de Widmark, l'alcoolémie du conducteur, une heure après le repas.
4. Le conducteur est-il en état de conduire une heure après le repas ?
5. Combien de temps après le repas pourra-t-il prendre le volant ?

Principe de l'alcootest électronique
L'automobiliste souffle de l'air, par l'intermédiaire d'un embout, dans un cylindre de volume V_1 *= 55,0 mL.*

Une fois le cylindre rempli, l'air pénètre dans une ampoule de verre contenant V_2 *= 3,00 mL d'une solution de dichromate de potassium acidifiée, de concentration molaire en soluté apporté* $C_2 = 4{,}19.10^{-4}$ *mol/L.*

L'éthanol contenu dans l'air expiré réagit avec les ions dichromate et il se produit un changement de couleur qui permet de déterminer l'alcoolémie grâce à un appareil nommé colorimètre. En effet, le changement de couleur mesuré par le colorimètre est proportionnel à la quantité de matière d'ion dichromate qui a réagi.

B. Equation chimique

1. Ecrire la demi-équation électronique relative au couple $Cr_2O_7^{2-} / Cr^{3+}$.
2. Ecrire la demi-équation électronique relative au couple :
$$CH_3CO_2H / CH_3CH_2OH,$$
3. En déduire l'équation de la réaction mise en jeu dans l'ampoule de verre.
4. L'ion dichromate oxyde-t-il ou réduit-il l'éthanol ? Justifier.
5. Pourquoi doit-on acidifier la solution de dichromate de potassium ?
6. Indiquer l'évolution de la couleur observée dans l'ampoule de verre.

C. Calcul de l'alcoolémie du conducteur

1. Calculer la quantité de matière initiale d'ions dichromate $n^{i}_{Cr_2O_7^{2-}}$ présents dans l'ampoule de verre.
Après analyse des résultats, le colorimètre indique que la concentration molaire en dichromate de potassium n'est plus que de $C'_2 = 3{,}07.10^{-4}$ mol.L^{-1}.
2. Calculer la quantité de matière d'ions dichromate restant $n^{EF}_{Cr_2O_7^{2-}}$ dans l'ampoule, après transformation chimique.
3. Quel est le réactif limitant ? Le réactif en excès ?
4. En déduire la quantité de matière d'éthanol dans l'état final.
5. Etablir le tableau descriptif de l'avancement de la transformation chimique. On considérera que les ions H^+ ont été introduits en excès.
6. Calculer l'avancement maximal x_{max} de la réaction.
7. En déduire la quantité de matière d'éthanol présente dans l'échantillon d'air prélevé.

On peut montrer qu'il y a 2 100 fois plus d'alcool dans le sang que dans l'air expiré (l'air est 2 100 fois moins concentré en alcool que le sang).

8. Calculer alors l'alcoolémie du conducteur.

Données :
Masse volumique de l'éthanol : $\rho = 0{,}80$ g.mL^{-1}.
Le taux d'élimination de l'éthanol est en moyenne de 15 milligrammes par 100 millilitres de sang à l'heure (15 mg / 100 mL / heure).
En France, le taux d'éthanol, présent dans le sang, autorisé est de 0,5 g d'alcool par litre de sang.
Couples redox : CH_3CO_2H / CH_3CH_2OH et $Cr_2O_7^{2-} / Cr^{3+}$.
Formule d'une solution de dichromate de potassium : $(2\,K^+_{(aq)} + Cr_2O^{2-}_{7(aq)})$.
Couleur des ions en solution aqueuse : $Cr_2O_7^{2-}$ orange ; Cr^{3+} vert.
Masses molaires en g.mol^{-1} : $M_H = 1{,}00$; $M_C = 12{,}0$; $M_O = 16{,}0$.

Exercice 2

30 min / 10 points

Etude d'une réaction d'oxydoréduction impliquant le cuivre et l'argent

A. Etude d'une réaction d'oxydoréduction lorsque les deux réactifs sont directement en contact

1. Un bécher contient un volume $V_1 = 20$ mL d'une solution de nitrate d'argent de concentration $C_1 = 1{,}0.10^{-1}$ mol.L^{-1}.
On ajoute $V_2 = 20$ mL d'une solution de nitrate de cuivre de concentration $C_2 = 5{,}0.10^{-2}$ mol.L^{-1}.
On obtient une solution dans laquelle coexistent les ions Ag^+, Cu^{2+} et NO_3^-.
Calculer les concentrations initiales des $[Ag^+]_i$ et $[Cu^{2+}]_i$ dans le bécher.

2. On plonge ensuite dans le bécher un fil de cuivre et un fil d'argent bien décapés. Au bout d'une vingtaine de minutes on observe un dépôt gris sur la lame de cuivre et un renforcement de la coloration bleue de la solution. Ecrire l'équation de la réaction d'oxydoréduction modélisant la transformation chimique observée.

B. Etude d'une réaction d'oxydoréduction lorsque les deux réactifs ne sont pas directement en contact

On dispose du matériel suivant :
Un petit bécher contenant un volume $V_1 = 20$ mL de solution de nitrate d'argent de concentration $C_1 = 1{,}0.10^{-1}$ mol.L^{-1}.
Un petit bécher contenant un volume $V_2 = 20$ mL de solution de nitrate de cuivre de concentration $C_2 = 5{,}0.10^{-2}$ mol.L^{-1}.
Un fil de cuivre, de masse m = 1,0 g et un fil d'argent, bien décapés et équipés d'un dispositif de connexion électrique.
Un pont salin contenant une solution ionique saturée de nitrate de potassium.

1. Faire un schéma annoté de la pile qu'il est possible de constituer à partir du matériel fourni.

2. Un ampèremètre en série avec un conducteur ohmique de résistance R = 100 Ω est placé entre les bornes de la pile. Le conducteur ohmique est parcouru par un courant de très faible intensité dans le sens de l'argent vers le cuivre.

a) En déduire le sens de circulation des électrons dans le conducteur ohmique.

b) Interpréter alors le fonctionnement de la pile en écrivant les deux demi-équations aux électrodes.

c) Quel(s) rôle(s) joue le pont salin ? Indiquer sur votre schéma le mouvement des porteurs de charges dans le pont.

3. On laisse fonctionner le système pendant une durée suffisamment longue pour que la pile ne débite plus.

a) Construire le tableau d'avancement associé à la transformation chimique étudiée.

b) Quel est le réactif limitant ?

c) Quelle est la concentration en ions cuivre (II) en fin de réaction ?

d) Quelle est la masse de l'électrode de cuivre en fin de réaction ?

Données :

- Couples d'oxydoréduction : Ag^+ / Ag Cu^{2+} / Cu
- Couleur des ions en solution :

$Ag^+_{(aq)}$	incolore
$NO_3^-{}_{(aq)}$	incolore
$Cu^{2+}_{(aq)}$	bleue

- Masse molaire du cuivre : 63,5 $g.mol^{-1}$.

Devoir 6

Notions utiles : Chimie
Chapitre 6 : Chimie de synthèse et nouveaux matériaux

Exercice 1

45 min / 15 points

Des lycéens de 1re S désirent synthétiser un conservateur alimentaire, l'acide benzoïque (solide blanc) de formule C_6H_5-COOH, en oxydant de façon ménagée l'alcool benzylique de formule $C_6H_5-CH_2-OH$ par les ions permanganate MnO_4^- en milieu basique.
Les conservateurs sont des substances qui prolongent la durée de conservation des denrées alimentaires, en les protégeant des altérations, dues aux micro-organismes. La présence d'un conservateur dans les aliments et les boissons est repérée par un code (E200 à E297).
Le protocole expérimental est le suivant :

A. Synthèse de l'acide benzoïque

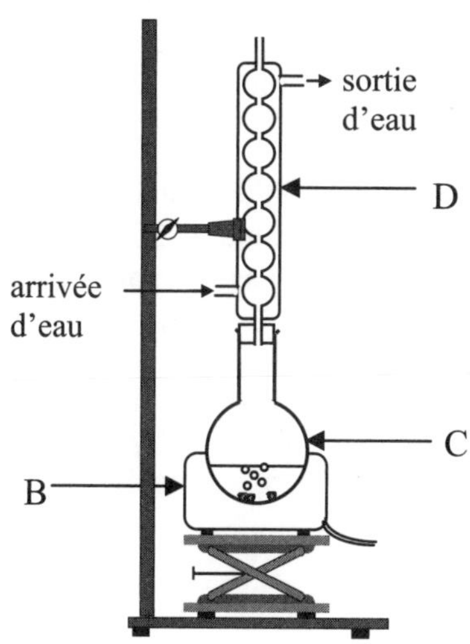

Dans un ballon de 250 mL, on introduit : $V_1 = 2{,}00$ mL d'alcool benzylique, $V_2 = 20$ mL d'une solution de soude de concentration molaire en soluté apporté $C_2 = 2{,}0$ mol/L et quelques grains de pierre ponce.
On verse ensuite $V_3 = 100$ mL d'une solution aqueuse de permanganate de potassium de concentration molaire en soluté apporté $C_3 = 0{,}25$ mol/L.
On chauffe alors le mélange à reflux (voir schéma ci-contre) pendant 30 minutes puis on refroidit le ballon sous un courant d'eau froide.
On obtient un liquide de couleur brune due à la précipitation du dioxyde de manganèse, solide de couleur marron.

1. Quel est le nom du groupe caractéristique des alcools ?
2. Donner l'écriture topologique de l'alcool benzylique.
3. Quelle est la classe de l'alcool benzylique ?
4. A quelle famille chimique l'acide benzoïque appartient-il ? Quel est le nom du groupe caractéristique associé à cette famille ? Donner l'écriture topologique de l'acide benzoïque.

Le milieu étant basique, le produit d'oxydation obtenu n'est pas l'acide benzoïque mais sa base conjuguée.

5. Donner la formule de la base conjuguée de l'acide benzoïque notée A et appelée ion benzoate.
6. Ecrire les deux demi-équations d'oxydoréduction associées aux deux couples rédox mis en jeu lors de la réaction d'oxydation ménagée : MnO_4^- / MnO_2 et $A / C_6H_5 - CH_2 - OH$.
7. En déduire l'équation de la réaction chimique associée à l'oxydation ménagée de l'alcool benzylique.
8. Calculer les quantités de matière des réactifs dans l'état initial.
9. Etablir le tableau d'avancement relatif à l'oxydation ménagée de l'alcool benzylique.
10. Montrer alors que l'alcool benzylique est en excès dans le mélange réactionnel.
11. Quelles sont les espèces chimiques présentes à la fin du chauffage ?
12. Nommer les éléments du montage de chauffage à reflux repérés par les lettres B, C et D.
13. Quel est l'intérêt de chauffer le mélange à reflux ?
14. Quel est le rôle de la pierre ponce ?

B. Extraction de l'acide benzoïque

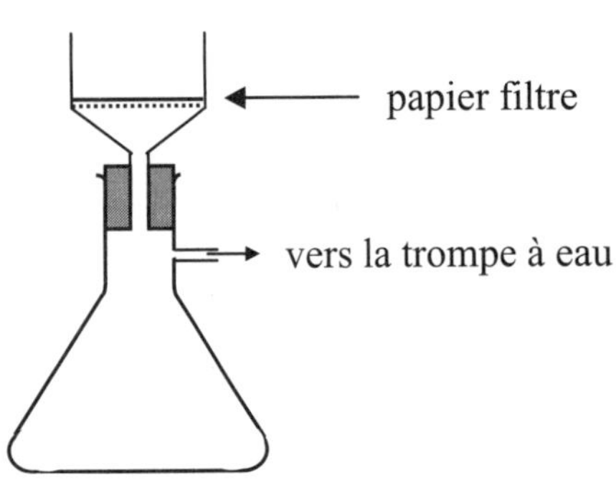

On réalise une filtration sur Büchner à l'aide du dispositif ci-contre : on récupère un filtrat limpide, incolore, et un solide marron sur le filtre.

On verse ensuite le filtrat dans une ampoule à décanter, puis on ajoute 30 mL de dichlorométhane. On agite, on laisse décanter puis on récupère la phase aqueuse dans un erlenmeyer.

Par la suite, on ajoute lentement 10 mL d'une solution d'acide chlorhydrique concentrée de formule $(H_3O^+_{(aq)} + Cl^-_{(aq)})$ dans la phase aqueuse récupérée, et on voit l'apparition d'un solide blanc.

On réalise une seconde filtration sur Büchner afin de récupérer le solide blanc et on obtient une masse $m_{recueillie}$ de 1,49 g.

1. Quel est l'avantage d'une filtration sur Büchner par rapport à une filtration simple ?
2. Quelle espèce chimique récupère-t-on sur le filtre lors de la première filtration ?
3. Quelles sont les espèces chimiques présentes dans le filtrat à l'issue de la première filtration ?
4. Dessiner l'ampoule à décanter en précisant les espèces chimiques présentes dans les différentes phases. Justifier. Quel est l'objectif de l'extraction au dichlorométhane ?
5. Identifier le solide blanc qui se forme après l'ajout de la solution d'acide chlorhydrique. Justifier.
6. A l'aide du tableau d'avancement, calculer la masse théorique m_{th} d'acide benzoïque que l'on obtiendrait si le rendement était de 100 %.
7. Déterminer alors le rendement ρ de la synthèse.

C. Chromatographie sur couche mince (CCM)

Afin de contrôler la qualité de la synthèse, on effectue une chromatographie sur couche mince : on dépose, à l'aide de trois capillaires, une goutte d'alcool benzylique pur dissous dans un solvant approprié sur la croix 1, une goutte d'acide benzoïque pur dissous dans un solvant approprié sur la croix 2 et une goutte du produit obtenu lors de la synthèse, dissous dans un solvant approprié sur la croix 3. On révèle ensuite le chromatogramme à l'aide d'une lampe UV et on obtient le résultat suivant :

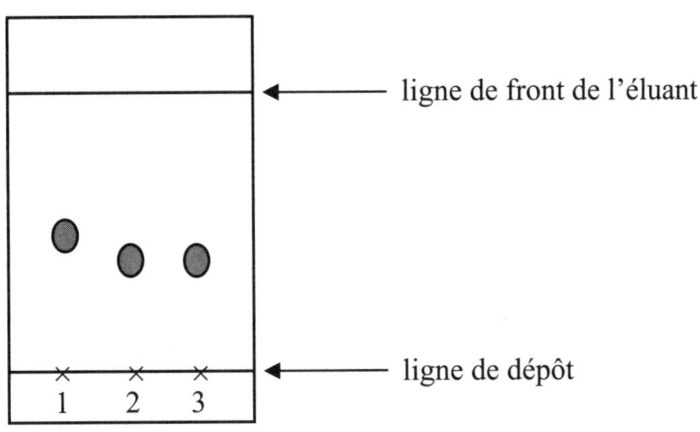

1. Interpréter le chromatogramme réalisé à la fin de la synthèse et conclure quant à la nature du solide blanc obtenu.
2. Calculer les rapports frontaux de l'alcool benzylique R_{f1} et de l'acide benzoïque R_{f2}.

Données : Masses molaires en $g.mol^{-1}$: $M_H = 1{,}00$; $M_C = 12{,}0$; $M_O = 16{,}0$.
Masse volumique de l'eau : $\rho_{eau} = 1{,}0\ g.cm^{-3} = 1{,}0\ g.mL^{-1}$.

	Température de fusion (°C)	**Solubilité dans l'eau**	**Solubilité dans le dichlorométhane**	**Densité**
Alcool benzylique	– 15	peu soluble	très soluble	1,05
Ion benzoate	–	très soluble	insoluble	–
Acide benzoïque	122	peu soluble	–	–
Dichlorométhane	– 95	non miscible		1,32
Dioxyde de manganèse	–	non soluble	–	–

Exercice 2

15 min / 5 points

On synthétise une masse m_{poly} égale à 1,0 kg du polymère suivant appelé polyméthacrylate de méthyle, plus connu sous le nom de Plexiglas©.

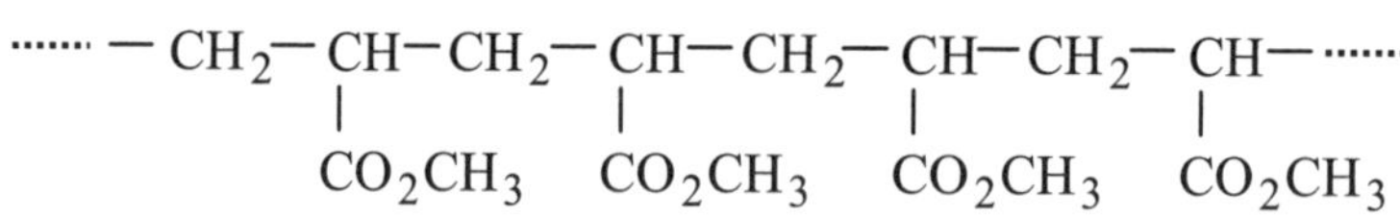

1. Identifier le motif du polymère.
2. Donner la formule du polymère correspondant.
3. Sachant que l'indice de polymérisation n est de 1000, calculer la masse molaire M_{poly} de ce polymère.
4. Ecrire l'équation chimique associée à la synthèse de ce polymère.
5. Etablir le tableau d'avancement relatif à la réaction chimique précédente.
6. En déduire la quantité de matière du monomère à introduire dans le mélange réactionnel.
7. Calculer alors la masse m_{mono} du monomère correspondante.

Données :
Masses molaires : $M_H = 1{,}00\ g.mol^{-1}$; $M_C = 12{,}0\ g.mol^{-1}$; $M_O = 16{,}0\ g.mol^{-1}$.

Corrigés de physique

Devoir 1

Exercice 1

1.

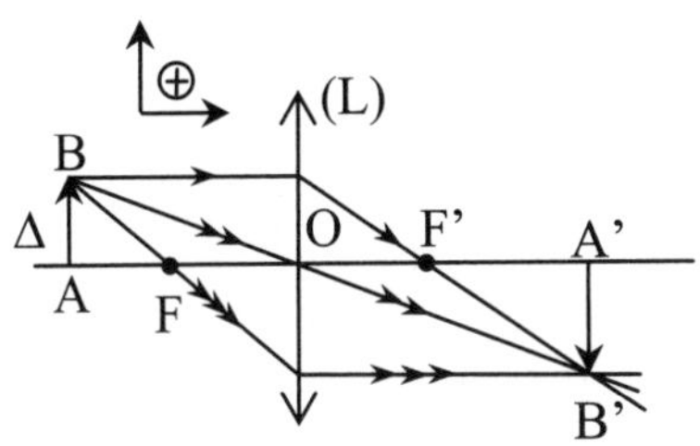

Une lentille est caractérisée par son centre optique O, son axe optique Δ, son foyer objet F et son foyer image F'. Elle donne d'un objet AB situé avant F, une image A'B' renversée.

2. Tableau de mesures

$\overline{OA}$ (cm)	– 50,0	– 40,0	– 30,0	– 25,0	– 20,0	– 15,0	– 13,0
$\overline{OA'}$ (cm)	12,5	13,6	14,9	16,5	20,1	29,9	43,0
$\frac{1}{\overline{OA}}$ (m^{-1})	– 2,00	– 2,50	– 3,33	– 4,00	– 5,00	– 6,67	– 7,69
$\frac{1}{\overline{OA'}}$ (m^{-1})	8,00	7,35	6,71	6,06	4,98	3,34	2,33

La représentation graphique est tracée à la fin de l'exercice.

3. La courbe obtenue est une droite croissante ne passant pas par l'origine (fonction affine). Son équation la plus générale peut donc se mettre sous la forme :

$$\boxed{\frac{1}{\overline{OA'}} = a\,\frac{1}{\overline{OA}} + b}$$

où a est le coefficient directeur et b l'ordonnée à l'origine.

Calculons le coefficient directeur noté a. Pour cela, prenons deux points A (x_A ; y_A) et B (x_B ; y_B) appartenant à la droite. Par définition :

$$a = \frac{y_B - y_A}{x_B - x_A}$$ A.N. : A(–6,0 m^{-1} ; 4,0 m^{-1}) ; B(–2,0 m^{-1} ; 8,0 m^{-1})

$\Rightarrow a = \frac{8{,}0 - 4{,}0}{-2{,}0 + 6{,}0}$ soit **a = 1,0**.

L'ordonnée à l'origine est l'ordonnée du point d'intersection de la droite avec l'axe des ordonnées. Graphiquement **b = 10 m^{-1}**.
L'équation numérique de la courbe expérimentale obtenue est donc :

$$\frac{1}{\overline{OA'}} = \frac{1}{\overline{OA}} + 10 \qquad (1)$$

Or la relation de conjugaison d'une lentille mince est $\frac{1}{\overline{OA'}} - \frac{1}{\overline{OA}} = \frac{1}{\overline{OF'}}$ d'où

$$\frac{1}{\overline{OA'}} = \frac{1}{\overline{OA}} + \frac{1}{\overline{OF'}} \qquad (2)$$

Les relations (1) et (2) sont donc compatibles.

4. En identifiant les relations (1) et (2) : $\frac{1}{\overline{OF'}} = 10$ d'où $\overline{OF'} = \frac{1}{10}$ soit $\overline{OF'} =$ **0,10 m**.

5. Par définition la vergence est $V = \frac{1}{\overline{OF'}}$ soit V = 10 δ.

6.

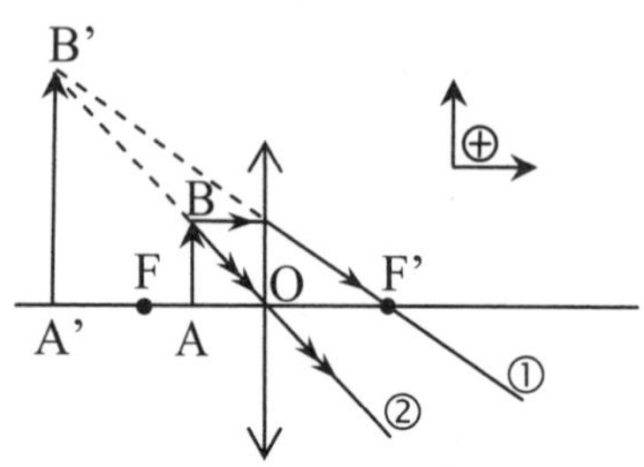

On sait que $\overline{OF} = -\overline{OF'} = -10$ cm.
Si $\overline{OA} = -8$ cm ou $\overline{OA} = -5$ cm, alors le point objet A se situe entre le foyer objet F et le centre optique O. L'image obtenue est virtuelle : elle ne peut donc pas être recueillie sur un écran puisqu'elle se forme avant la lentille.

7. Si on éloigne l'objet à l'infini, son image se forme dans le plan focal image.

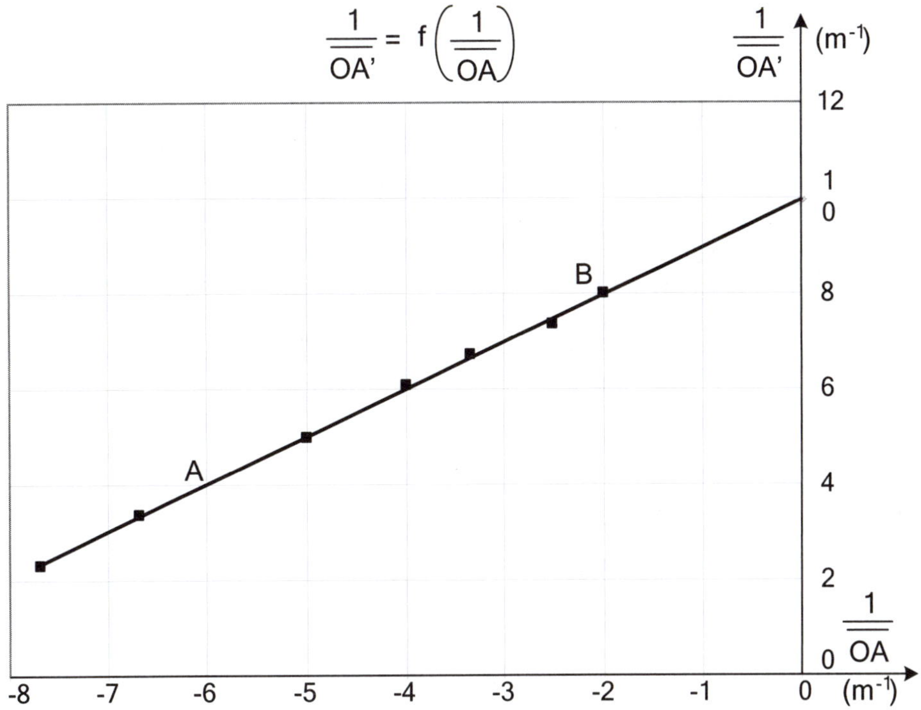

Exercice 2

1. Par définition $V = \dfrac{1}{\overline{OF'}}$ d'où $\overline{OF'} = \dfrac{1}{V}$. A.N. : $\overline{OF'} = \dfrac{1}{10,0} =$ **1,00.10⁻¹ m**.

2. a) Utilisons la relation de conjugaison afin de déterminer la position $\overline{OC}$ du centre C de la diapositive.

$$\frac{1}{\overline{OC'}} - \frac{1}{\overline{OC}} = \frac{1}{\overline{OF'}} \Rightarrow \frac{1}{\overline{OC}} = \frac{1}{\overline{OC'}} - \frac{1}{\overline{OF'}} \Rightarrow \frac{1}{\overline{OC}} = \frac{\overline{OF'} - \overline{OC'}}{\overline{OC'} \times \overline{OF'}} \Rightarrow \boxed{\overline{OC} = \frac{\overline{OC'} \times \overline{OF'}}{\overline{OF'} - \overline{OC'}}}$$

A.N. : $\overline{OC} = \dfrac{4,00 \times 0,100}{0,100 - 4,00}$ soit $\overline{OC} = \mathbf{-\,1,03.10^{-1}\ m}$.

b) Par définition $\boxed{\gamma = \dfrac{\overline{OC'}}{\overline{OC}}}$ A.N. : $\gamma = \dfrac{4,00}{-1,03.10^{-1}} = \mathbf{-\,38,8}$

L'image de la diapositive est agrandie mais renversée. Il faut donc positionner la diapositive à l'envers dans le projecteur pour pouvoir observer son image droite agrandie sur l'écran.

c) Les dimensions de l'image de la diapositive à l'écran sont :

$$24.10^{-3}\times|\gamma| = \mathbf{9{,}3.10^{-1}\ m}\ ;\ 36.10^{-3}\times|\gamma| = \mathbf{1{,}4\ m}.$$

3. a)

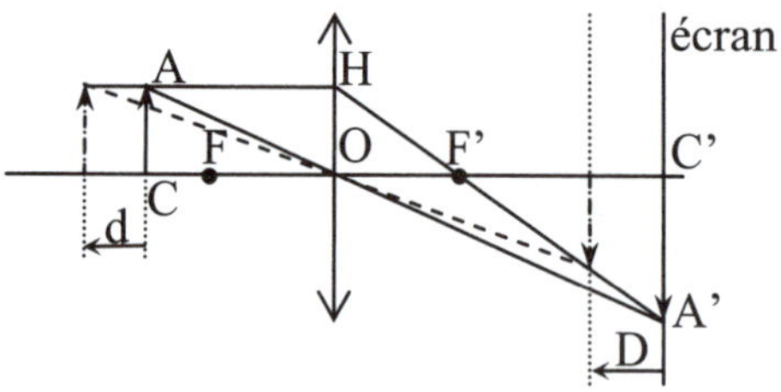

Si on rapproche l'écran d'une distance D du projecteur de diapositives, il faut éloigner l'objectif de la diapositive d'une distance d afin d'obtenir une image nette sur l'écran.
L'image du point A est toujours sur le rayon HF'.

b) Si on rapproche d'une distance D l'écran du projecteur alors $\boxed{\overline{OC'_1} = OC' - D}$.

A.N. : $\overline{OC'_1} = 4{,}00 - 2{,}00 = \mathbf{2{,}00\ m}$.

La relation de conjugaison appliquée aux nouvelles positions de l'image et de l'objet conduit à :

$$\boxed{\overline{OC_1} = \frac{\overline{OC'_1}\times\overline{OF'}}{\overline{OF'}-\overline{OC'_1}}}\ ;\ \text{A.N. : } \overline{OC_1} = \frac{2{,}00\times 0{,}100}{0{,}100-2{,}00}\ \text{soit}\ \overline{OC_1} = \mathbf{-\,1{,}05.10^{-1}\ m}.$$

Le déplacement d de l'objectif que l'on doit réaliser afin d'obtenir une image nette de la diapositive à l'écran est donc $d = |OC_1| - |OA|$.

A.N. : $d = 1{,}05.10^{-1} - 1{,}03.10^{-1} = \mathbf{2{,}0.10^{-3}\ m = 2{,}0\ mm}$.

c) $\boxed{\gamma' = \dfrac{\overline{OC'_1}}{\overline{OC_1}}}$ soit $\gamma' = \dfrac{2{,}00}{-1{,}05.10^{-1}} = \mathbf{-\ 1{,}90.10^{1}}$. On remarque que $|\gamma'| < |\gamma|$: en rapprochant l'écran du projecteur, l'image de la diapositive est plus petite.

Exercice 3

1. *La couleur d'un objet correspond à la lumière qu'il **diffuse**.*

2. *Un objet blanc **diffuse toutes les radiations lumineuses**.*

3. *Un objet cyan en lumière blanche apparaît **vert en lumière verte** et **noir en lumière rouge**.* En effet un objet cyan en lumière blanche diffuse le bleu et le vert et absorbe le rouge.

4. *Un objet rouge en lumière blanche apparaît également rouge en lumière **jaune** et **magenta**.* En effet, en lumière magenta (rouge + bleu) ou jaune (rouge + vert), il diffuse une lumière rouge.

5. *Un filtre magenta apparaît noir sous un éclairage **vert**.* En effet il absorbe les radiations lumineuses vertes.

Exercice 4

1.

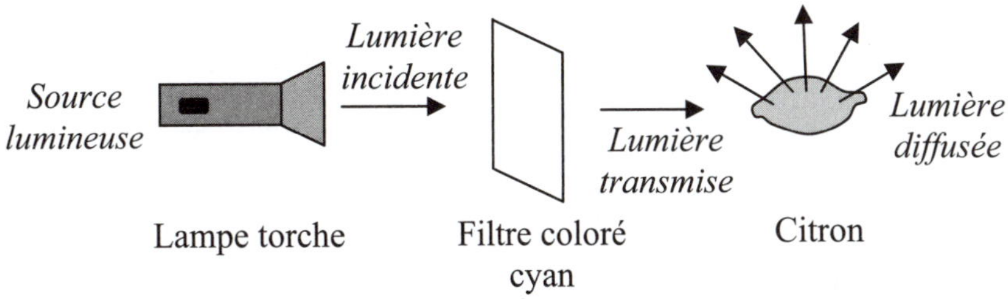

2. Le filtre coloré est soumis simultanément à des phénomènes de diffusion, d'absorption et de transmission de la lumière.
3. La lumière blanche peut être assimilée, en première approximation, à un mélange de lumières colorées rouge, verte et bleue (RVB).
4. Le citron apparaît jaune (rouge + vert) en lumière blanche car il diffuse le rouge et le vert et absorbe le bleu (voir schéma ci-dessous).

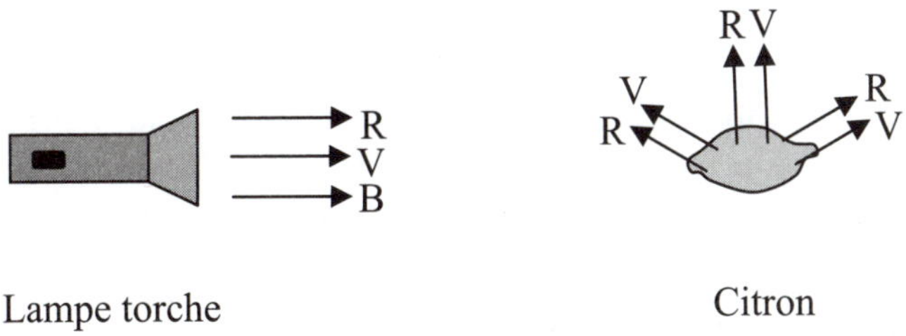

5. Le citron apparaîtra vert (voir schéma ci-dessous).

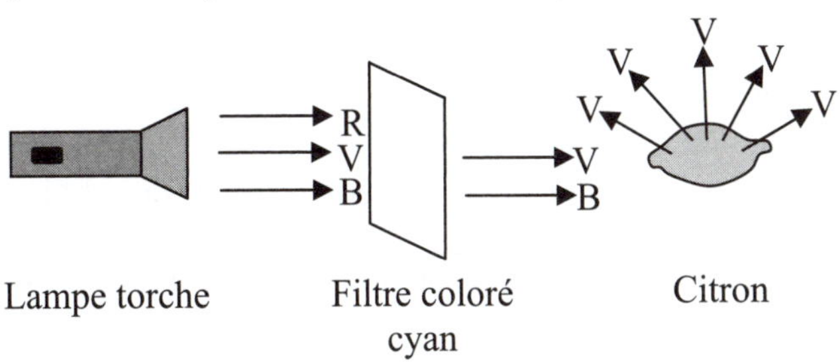

6. Le citron apparaîtra noir si on intercale, après le filtre cyan, un filtre qui absorbe le vert, seule lumière diffusée par le citron dans cette situation. Il faut donc choisir un filtre coloré magenta (couleur complémentaire du vert).

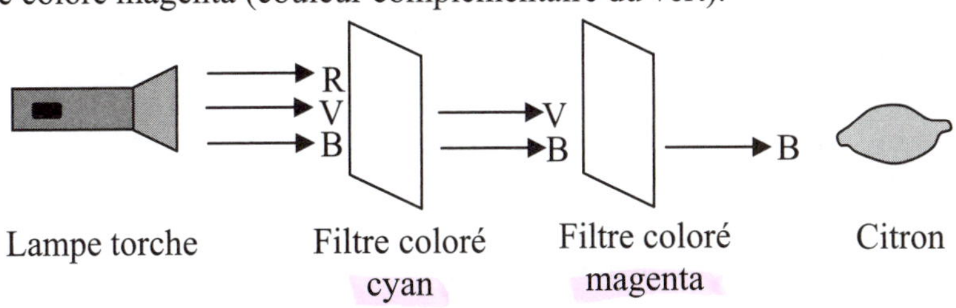

Devoir 2

Exercice 1

1. Spectre de l'atome de mercure

a) Une lampe à vapeur de mercure produit un spectre discontinu de raies d'émission.

b)

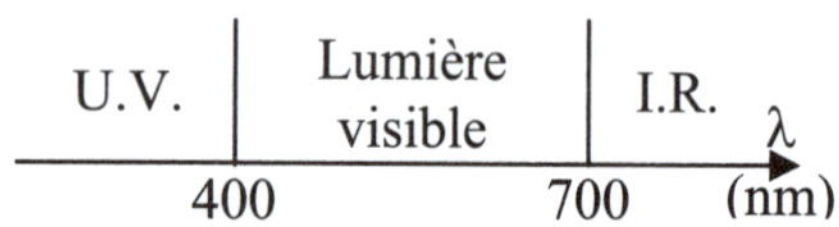

c) Le spectre de la lampe à vapeur de mercure présente 4 pics dans le domaine du visible : 405 nm et 436 nm (violet) ; 546 nm (vert) ; 578 nm (jaune). La couleur dominante d'une lampe à vapeur de mercure est donc le violet.

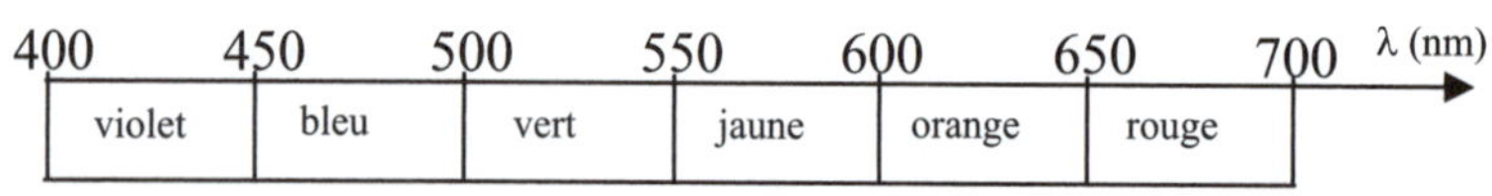

d) On remarque la présence de nombreux pics appartenant au domaine des UV ($\lambda < 400$ nm) sur le spectre de la lampe à vapeur de mercure. Ce rayonnement UV va pouvoir exciter sélectivement les nanopigments des billets qui, en se désexcitant, émettent une couleur rouge ou verte. Si le billet soumis à la lampe n'émet pas ces couleurs, le billet ne contient pas les nanopigments, c'est donc un faux billet.

e) $\varepsilon = h.\nu$ $\quad \boxed{\varepsilon = \frac{hc}{\lambda}}$ $\quad$ A.N. : $\varepsilon = \frac{6{,}62\times10^{-34}\times3{,}00\times10^{8}}{253{,}6\times10^{-9}} = \mathbf{7{,}83\times10^{-19}\ J}$.

Or $1{,}00\ \text{eV} = 1{,}60\times10^{-19}$ J $\quad$ donc $\varepsilon = \frac{7{,}83\times10^{-19}}{1{,}60\times10^{-19}} = \mathbf{4{,}89\ eV}$.

2. Diagramme énergétique de l'atome de mercure

a) Le niveau $E_0 = -10{,}44$ eV représente le **niveau fondamental**.

Les niveaux E_1, E_2, E_3, E_4 représentent des **états excités**.

b) Pour ioniser un atome de mercure à partir de son état fondamental, il faut lui fournir une énergie de **10,44 eV**.

c) 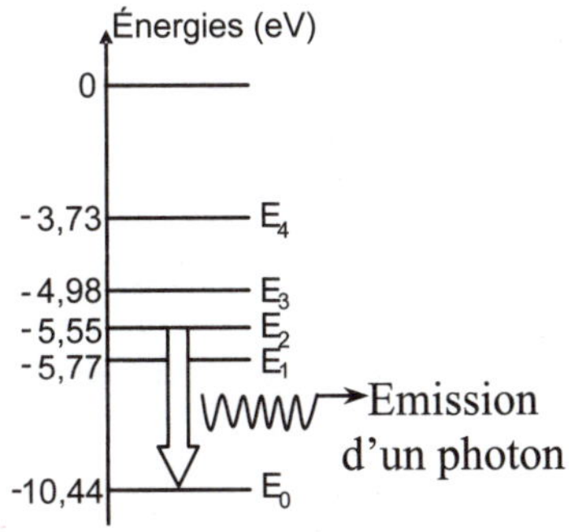

Le photon de longueur d'onde $\lambda = 253{,}6$ nm, transporte un quantum d'énergie $\varepsilon = 4{,}89$ eV. L'émission de ce photon résulte d'une transition électronique (désexcitation), au sein d'un atome de mercure, entre deux niveaux d'énergie E_P et E_0 ($E_P > E_0$) tels que :

$$\varepsilon = \Delta E = E_n - E_0$$

$\Rightarrow$ $\boxed{E_P = \varepsilon + E_0}$ A.N. : $E_P = 4{,}89 - 10{,}44 = \mathbf{-5{,}55\ eV} = E_2$.

d) L'absorption d'un photon d'énergie $\varepsilon = 4{,}89$ eV conduira à une transition électronique (excitation) entre l'état fondamental E_0 et l'état excité E_2. En effet le quantum d'énergie transporté par le photon correspond alors exactement à l'écart énergétique entre les niveaux E_0 et E_2 : $\Delta E = E_2 - E_0 = \varepsilon$.

e) Si le quantum d'énergie transporté par le photon est $\varepsilon = 5{,}66$ eV, alors il n'existe aucune transition électronique possible entre l'état fondamental E_0 et un état excité $E_P > E_0$ car $\varepsilon \neq \Delta E = E_P - E_0$. En conséquence le photon n'est pas absorbé.

f) Lors de la transition électronique du niveau d'énergie E_3 vers le niveau d'énergie E_0, l'atome de mercure libère un photon de fréquence $\nu_{3\to 0}$ tel que :

$\Delta E = E_3 - E_0 = h\nu_{3\to 0}$

Or $\lambda_{3\to 0} = \dfrac{c}{\nu_{3\to 0}}$ d'où $\nu_{3\to 0} = \dfrac{c}{\lambda_{3\to 0}}$.

$$E_p - E_0 = h\frac{c}{\lambda_{3\to 0}} \Rightarrow \boxed{\lambda_{3\to 0} = \frac{hc}{E_3 - E_0}}$$

$$\text{A.N. : } \lambda_{3\to 0} = \frac{hc}{E_3 - E_0} = \frac{6{,}62\times 10^{-34}\times 3{,}00\times 10^{8}}{(-4{,}38+10{,}44)\times 1{,}60.10^{-19}} = \mathbf{2{,}04.10^{-7}\ m = 204\ nm}.$$

Les niveaux d'énergies de l'atome de mercure sont quantifiés : ils ne peuvent prendre que des valeurs bien particulières. A chaque transition électronique d'un niveau d'énergie E_P vers E_n tel que $E_P > E_n$, il y a émission d'un photon. Cela explique que le spectre observé soit un spectre d'émission discontinu de raies.

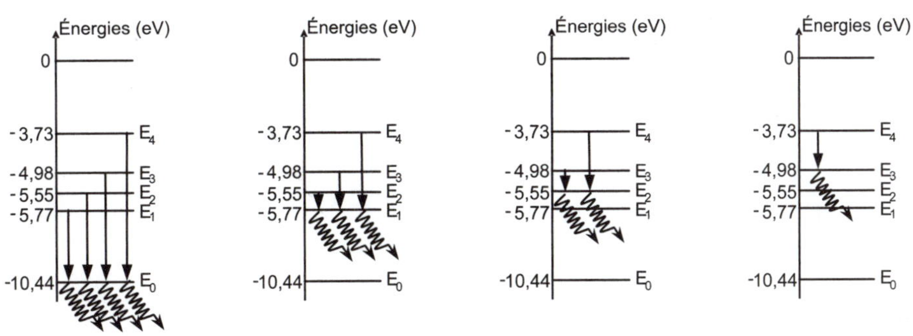

Exercice 2

1. Loi deWien

a) La fonction $\lambda_m = f(T)$ est une fonction linéaire (droite croissante passant par l'origine). Les grandeurs λ_m et $1/T$ sont donc proportionnelles.

b) L'équation de la fonction linéaire est de la forme $\boxed{\lambda_m = a \times \frac{1}{T}}$, où a désigne le coefficient directeur.

On détermine la valeur de a, en utilisant 2 points $A(x_A\ ;\ y_A)$ et $B(x_B\ ;\ y_B)$ appartenant à la droite.

Par définition $\boxed{a = \frac{(y_B - y_A)}{(x_B - x_A)}}$

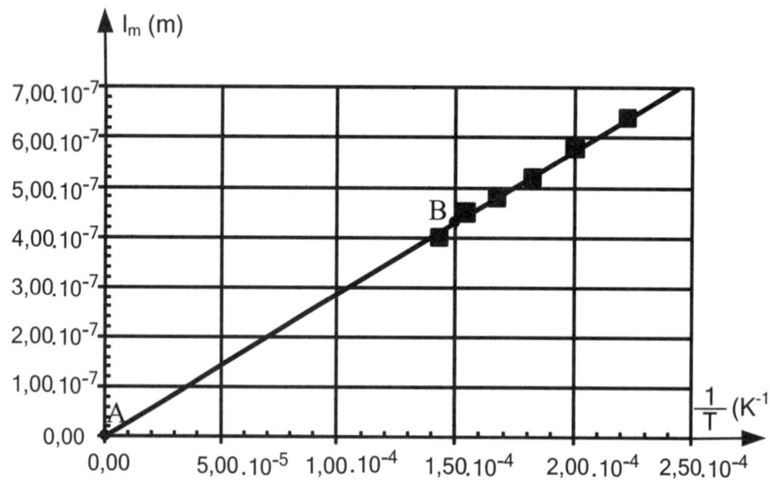

A.N. : A (0 K^{-1} ; 0 m) et B ($1{,}50.10^{-4}$ K^{-1} ; $4{,}4.10^{-7}$ m)

$$a = \frac{(4{,}4.10^{-7} - 0)}{(1{,}50.10^{-4} - 0)} = \mathbf{2{,}9.10^{-3}\ m.K} \Rightarrow \boxed{\lambda_m = 2{,}9.10^{-3} \times \frac{1}{T}}$$

c) D'après la question précédente : $\boxed{\lambda_m \times T = 2{,}9.10^{-3}\ m.K}$

Ce résultat est très proche de : $\lambda_m \times T = 2{,}898.10^{-3}$ m.K.

2. Profil spectral d'une étoile bien connue

a) Voir le graphique à la fin du corrigé.

b) D'après la graphique, λ_m = 500 nm environ.

D'après la loi du déplacement de Wien : $\boxed{T = \frac{2{,}898.10^{-3}}{\lambda_m}}$

A.N. : $T = \dfrac{2{,}898.10^{-3}}{500.10^{-9}} = \mathbf{5{,}80.10^3\ K}$

c) Les minimas relatifs observés sur le spectre de l'étoile sont dus à l'absorption des éléments chimiques (H, He…) présents dans sa chromosphère.

d) D'après la température calculée à la question 2. b), l'étoile appartient à la classe spectrale G. Il s'agit donc d'une étoile dont la couleur est jaune.

e) Les deux étoiles appartenant à la séquence principale et dont le type spectral est G sont α du Centaure et le Soleil. L'étoile bien connue est vraisemblablement le Soleil.

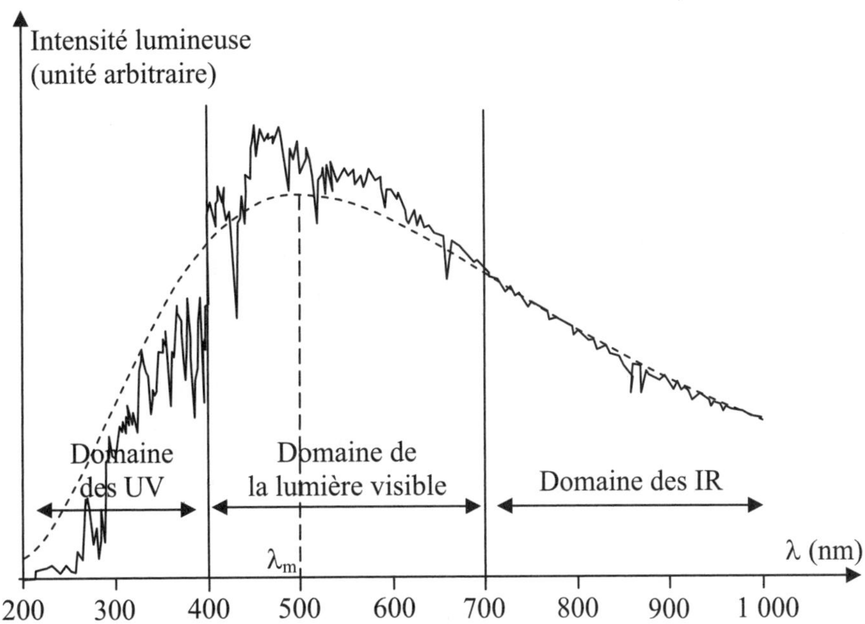

3. Etude de quelques autres étoiles

a) La loi du déplacement de Wien $\lambda_m \times T = \text{cste} \Leftrightarrow \lambda_m = \dfrac{\text{cste}}{T}$ indique que, lorsque la température diminue, la longueur d'onde λ_m augmente. Le rayonnement se déplace alors vers le rouge :

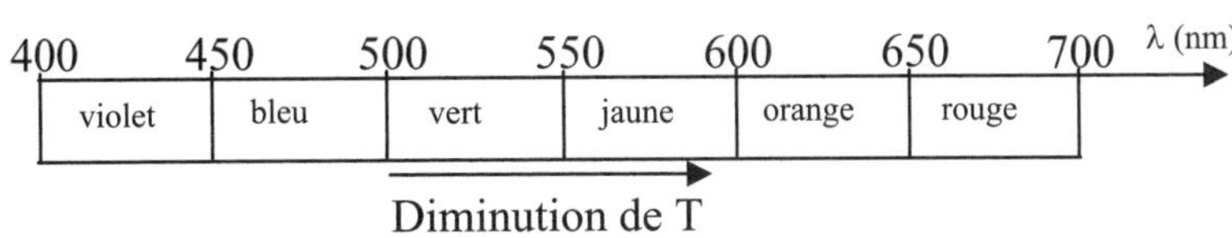

Cette tendance est aussi observée sur le diagramme d'Hertzsprung-Russell lorsque le type spectrale passe de O à N.

b) Sur le diagramme d'Herzsprung-Russel, l'étoile REGULUS qui appartient à la séquence principale et dont la luminosité vaut 500 fois celle du Soleil a une température voisine de 20 000 K. A cette température est associé le type spectral (A – B) soit une couleur blanc-bleu.

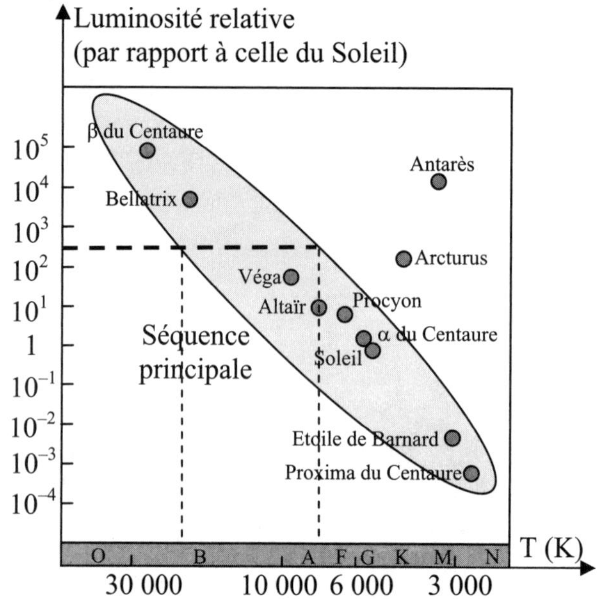

c) Le type spectral d'ANTARÈS (type M) correspond à une étoile rouge ; il s'agit d'une géante rouge.

d) Une étoile de type A, comme SYRIUS ALPHA, doit apparaître blanche, avec une température de surface de 8 500 K et une luminosité 10 fois plus importante que celle du Soleil.

Devoir 3

Exercice 1

1. a) Une particule α est un noyau d'hélium, composé de N = 2 neutrons et Z = 2 protons. Donc le nombre de nucléons est A = N + Z = 4. Le symbole d'un noyau d'hélium est de la forme ${}^{A}_{Z}He$ soit $\boxed{{}^{4}_{2}He}$.

b) $\boxed{m_\alpha = A \times m_n}$. A.N. : $m_\alpha = 4 \times 1,67.10^{-27}$ soit $\mathbf{m_\alpha = 6,68.10^{-27}}$ **kg**.

c) Le noyau d'hélium (particule α) est composé de deux neutrons neutres, électriquement, et de deux protons, chargés positivement.
$\boxed{Q_\alpha = Z \times e}$. A.N. : $Q_\alpha = 2 \times 1,60.10^{-19}$ soit $\mathbf{Q_\alpha = 3,20.\ 10^{-19}}$ **C**.

2. a) Le symbole d'un noyau d'or est ${}^{197}_{79}Au$. Il est de la forme ${}^{A}_{Z}X$. Un noyau d'or est donc composé de Z = **79 protons** et N = A – Z = **118 neutrons**.

b) Le rayon d'un atome d'or, supposé sphérique, est $R = 1,5.10^2$ pm. Son diamètre est donc $D = 2 \times R = 3,0.10^2$ pm. Le nombre N de couches d'atomes d'or nécessaire à l'obtention d'une feuille de 0,6 µm d'épaisseur est donc :

$$N = \frac{0,6.10^{-6}}{3,0.10^{2} \times 10^{-12}}$$ soit **N = 2 000 couches**.

c) Le rayon d'un atome d'or est $\frac{1,5.10^2}{7,0.10^{-3}} =$ **21 429 fois plus grand** que celui de son noyau. Dans un atome, la matière est concentrée dans le noyau. La taille du noyau est très faible devant les dimensions de l'atome.

d)

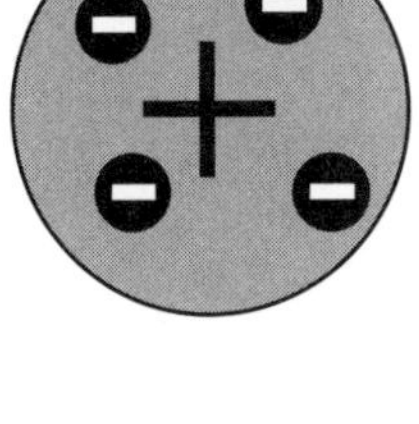

Dans le modèle du « pudding » de Thomson, un atome est une boule sphérique de matière, de charge électrique positive, parsemée d'électrons de charge électrique négative (l'ensemble étant neutre électriquement). Dans ce modèle il n'y a pas de vide entre les différentes particules entrant dans la composition de l'atome. Il est donc improbable dans ce modèle que des particules α puissent traverser la feuille d'or sans être déviées.

3. Dans le modèle « planétaire » proposé par Rutherford, l'atome est assimilé à un système solaire miniature dans lequel les électrons gravitent autour du noyau. Entre le noyau et les électrons il n'y a pas de matière mais du vide : l'atome a donc dans ce modèle une structure lacunaire. Cela permet d'expliquer le passage de certaines particules α à travers la feuille d'or.

4. a) L'expression de la valeur F_1 de la force électrostatique répulsive qu'exerce un noyau d'or de charge électrique $Q_{Au} > 0$ sur une particule α de charge électrique $Q_\alpha > 0$ séparés par une distance d est : $\boxed{F_1 = k\dfrac{Q_{Au} \times Q_\alpha}{d^2}}$ avec $Q_{Au} = Z \times e$.

A.N. : $Q_{Au} = 79 \times 1{,}60.10^{-19}$ soit $Q_{Au} = 1{,}26.10^{-17}$ C.

$$F_1 = 9{,}0.10^9 \times \frac{1{,}26.10^{-17} \times 3{,}20.10^{-19}}{\left(0{,}75.10^2 \times 10^{-12}\right)^2}$$ soit $\mathbf{F_1 = 6{,}5.10^{-6}}$ **N**.

b) L'expression de la valeur F_2 de la force d'attraction gravitationnelle qu'exerce un noyau d'or de masse m_{Au} sur une particule α de masse m_α séparés par une distance d est : $\boxed{F_2 = G\dfrac{m_{Au} \times m_\alpha}{d^2}}$

A.N. : $$F_2 = 6{,}67.10^{-11} \times \frac{3{,}298.10^{-25} \times 6{,}68.10^{-27}}{\left(0{,}75.10^2 \times 10^{-12}\right)^2}$$ soit $\mathbf{F_2 = 2{,}6.10^{-41}}$ **N**.

c) On constate que la force de répulsion électrostatique entre le noyau d'or et la particule α est beaucoup plus intense que la force d'attraction gravitationnelle. A l'échelle microscopique c'est donc la force électrostatique qui est prépondérante.

d)

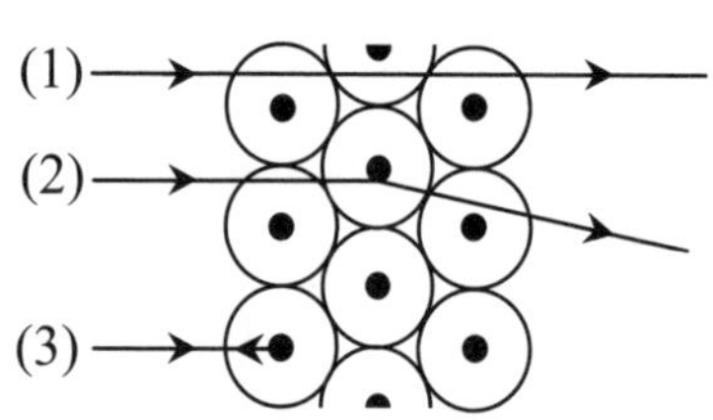

(1) : la particule α traverse la feuille d'or sans être déviée car $m_\alpha >> m_e$;
(2) : la particule α traverse la feuille d'or en étant déviée par un noyau ;
(3) : la particule α rebondit sur le noyau car $m_\alpha << m_{Au}$.

✍ Exercice 2

1. Etude de la réaction de fusion

a) Le défaut de masse lors de la réaction de fusion nucléaire est :

$$\Delta m = m_{initiale} - m_{finale} = [m({}_1^2H) + m({}_1^3H)] - [m({}_2^4He) + m({}_0^1n)]$$

A.N. : $\Delta m = [2{,}01355 + 3{,}01550] - [4{,}00150 + 1{,}00866] = \mathbf{1{,}88900.10^{-2}\ u}$

$\Delta m = 1{,}88900.10^{-2} \times 1{,}66054 \times 10^{-27} = \mathbf{3{,}14594.10^{-29}\ kg}$

$\Delta m > 0 \Rightarrow m_{initiale} - m_{finale} > 0$ soit $m_{initiale} > m_{finale}$

On remarque qu'il y a perte de masse lors de la réaction de fusion nucléaire. La masse perdue est convertie en énergie.

b) $E_{libérée} = \Delta m\, c^2$ A.N. : $E_{libérée} = 3{,}14594.10^{-29} \times (2{,}998 \times 10^8)^2 = \mathbf{2{,}828.10^{-12}\ J}$

$$E_{libérée} = \frac{2{,}828.10^{-12}}{1{,}602.10^{-19}} = 1{,}765.10^7\ eV = \mathbf{17{,}65\ Mev}$$

c) Masse d'un noyau de deutérium, notée m_D : $m_D = 2{,}01355$ u

soit $m_D = 2{,}01355 \times 1{,}66054 \times 10^{-27} = 3{,}34358 \times 10^{-27}$ kg $= 3{,}34358 \times 10^{-27} \times 10^3$ g

$m_D = 3{,}34358 \times 10^{-24}$ g

En désignant par m = 1,0 g la masse de l'échantillon de deutérium, le nombre N d'atomes qu'il renferme est :

$$N = \frac{m}{m_D} \qquad \text{A.N. : } N = \frac{1{,}0}{3{,}34358 \times 10^{-24}} = \mathbf{3{,}0 \times 10^{23}\ noyaux}$$

d) Le nombre N' de noyaux présents dans m' = 1,5 g de noyaux de tritium est :

$$N' = \frac{m'}{m_T} \qquad \text{A.N. : } N' = \frac{1{,}5}{3{,}01550 \times 1{,}66054 \times 10^{-24}} = \mathbf{3{,}0 \times 10^{23}\ noyaux}$$

e) Compte tenu des masses envisagées, la réaction de fusion aurait lieu $3{,}0 \times 10^{23}$ fois libérant une énergie totale : $E_{totale} = 17{,}65 \times 3{,}0 \times 10^{23} = 5{,}3 \times 10^{24}$ MeV.

$E_{totale} = 5{,}3 \times 10^{24} \times 1{,}602 \times 10^{-13} = \mathbf{8{,}5 \times 10^{11}\ J}$

f) $E_{totale} = \dfrac{8{,}5.10^{11}}{4{,}2.10^{10}} = \mathbf{2{,}0.10^1\ tep}$

La fusion de 1,0 g de noyaux de deutérium avec 1,5 g de noyaux de tritium pourrait libérer **20 tep**.

g) Pour comparer l'intérêt énergétique de la fusion face à celui de la fission, calculons l'énergie libérée par la fission de 2,5 g d'uranium (pour avoir la même masse de réactifs) : E = 2,5 × 1,8 = 4,5 tep. La fusion, pour une même masse de réactifs, libère entre quatre à cinq fois plus d'énergie que la fission.

2. Quelques précisions sur le tritium

a) ${}^{6}_{3}\text{Li} + {}^{1}_{0}\text{n} \rightarrow {}^{4}_{2}\text{He} + {}^{3}_{1}\text{H}$

b) ${}^{3}_{1}\text{H} \rightarrow {}^{0}_{-1}\text{e} + {}^{3}_{2}\text{He}$

c) Le temps de demi-vie du tritium est la durée au bout de laquelle la moitié des noyaux radioactifs initialement présents se sont désintégrés :

$$\boxed{N(t = t_{1/2}) = \frac{N_0}{2}}$$

Graphiquement $t_{1/2}$ = **12 ans**.

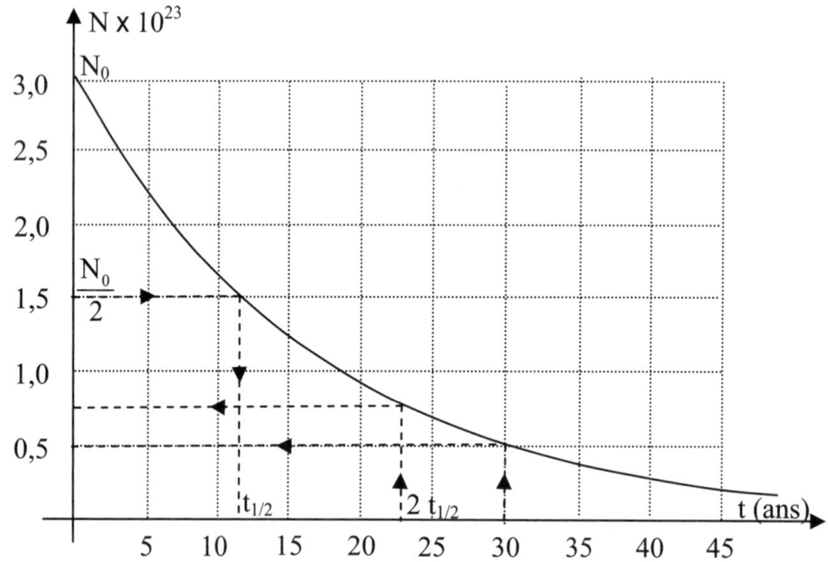

d) Graphiquement, pour $t = 2\,t_{1/2}$: $N(t = 2\,t_{1/2}) = \frac{N_0}{2^2} = \mathbf{0{,}75.10^{23}}$ **atomes**.

e) $\boxed{\lambda = \frac{\ln 2}{t_{1/2}}}$ A.N. : $\lambda = \frac{\ln 2}{12} = \mathbf{5{,}7.10^{-2}\ an^{-1}}$.

f) L'activité A d'une source radioactive représente le nombre moyen de désintégrations par seconde. Elle s'exprime en becquerels de symbole Bq.

g) $A(t) = \lambda\, N(t) \Rightarrow \boxed{A(t = 0) = A_0 = \lambda\, N_0}$

A.N : $A_0 = 5{,}7.10^{-2} \times 3{,}0.10^{23} = \mathbf{1{,}7.10^{22}\ Bq}$

h) Graphiquement $N(t = 30\text{ ans}) = 0{,}5.10^{23}$ atomes.

$A(t = 30\text{ ans}) = \lambda\, N(t = 30\text{ ans})$

A.N : $A(t = 30\text{ ans}) = 5{,}7.10^{-2} \times 0{,}5.10^{23} = \mathbf{2{,}9.10^{21}\ B}$.

Devoir 4

✍ Exercice 1

1. La masse volumique d'une gouttelette d'huile est $\mu = \frac{m}{V}$ d'où $m = \mu \times V$.

La goutte étant supposée sphérique, $V = \frac{4}{3}\pi R^3$ donc $\boxed{m = \mu \times \frac{4}{3}\pi R^3}$

A.N. : $m = 851 \times \frac{4}{3}\pi\left(1{,}64.10^{-3} \times 10^{-3}\right)^3$ soit **$m = 1{,}57.10^{-14}$ kg**.

2. a) La gouttelette d'huile est soumise à son poids $\vec{P}$ et à la force électrostatique $\vec{F}$.

b) A l'équilibre, la gouttelette d'huile est immobile : elle est au repos. Or d'après le principe de l'inertie (rappel de 2nde) : « Tout corps dont la somme vectorielle des forces agissant sur lui s'annule est soit au repos, soit animé d'un mouvement rectiligne uniforme. » En vertu du principe de l'inertie, on peut donc conclure que la somme vectorielle des forces agissant sur la gouttelette s'annule : $\boxed{\vec{P} + \vec{F} = \vec{0}}$

c) Les forces $\vec{P}$ et $\vec{F}$ doivent avoir la même direction (verticale), la même valeur mais des sens opposés.

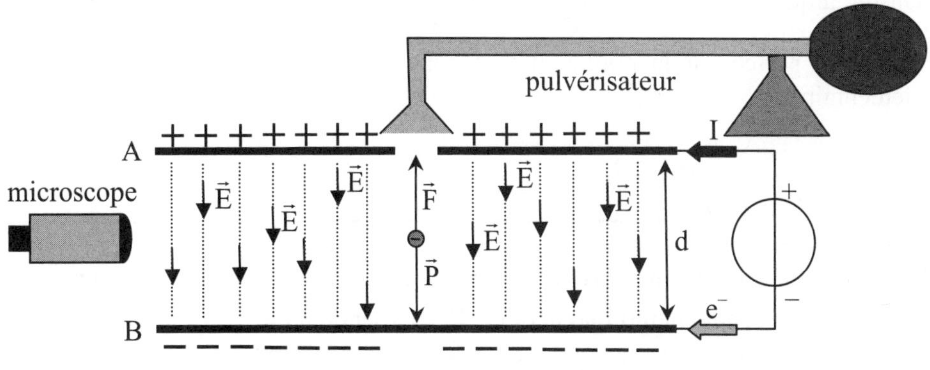

La gouttelette d'huile étant chargée négativement, elle est repoussée par la plaque négative et attirée par la plaque positive d'où la distribution des charges sur les plaques conformément au sens de la force électrostatique $\vec{F}$.

d) Le générateur agit comme une pompe à électron, arrachant les électrons de la plaque A pour les transférer et les accumuler sur la plaque B. Les électrons circulent donc dans les fils électriques de la plaque A vers la plaque B d'où le sens du courant électrique sur le schéma (opposé à celui des électrons). A l'extérieur du générateur, le courant électrique circulant de la borne + vers la borne –, on en déduit la polarité de ce dernier.

3. La direction des lignes de champ est orthogonale aux plaques du condensateur. Le champ électrique, uniforme en tout point, est orienté de la plaque positive vers la plaque négative.

4. La valeur du champ électrique est : $\boxed{E = \dfrac{U_{AB}}{d}}$

A.N. : $E = \dfrac{3{,}84.10^3}{20{,}0.10^{-3}} = \mathbf{1{,}92.10^5\ V.m^{-1}}$.

5. La valeur de la force électrique s'appliquant sur la gouttelette d'huile plongée dans un champ électrique $\vec{E}$ mesure :

$$F = |q|E \Leftrightarrow \boxed{F = |q|\frac{U_{AB}}{d}}$$

6. A l'équilibre : $\vec{P} + \vec{F} = \vec{0} \Rightarrow \boxed{F = P}$ avec $F = |q|\dfrac{U_{AB}}{d}$ et $P = mg \Rightarrow |q|\dfrac{U_{AB}}{d} = mg$

Finalement : $\boxed{|q| = \dfrac{m\,g\,d}{U_{AB}}}$.

A.N. : $|q| = \dfrac{1{,}57.10^{-14} \times 9{,}8 \times 20{,}0.10^{-3}}{3{,}84.10^3}$ soit $|q| = \mathbf{8{,}0.10^{-19}\ C}$.

7. La charge électrique portée par la gouttelette d'huile est donc $\mathbf{q = -\ 8{,}0.10^{-19}\ C}$.

On remarque que $\dfrac{|q|}{e} = \dfrac{8{,}0.10^{-19}}{1{,}60.10^{-19}}$ soit $\dfrac{|q|}{e} = 5{,}0$: la valeur absolue de la charge électrique portée par la gouttelette est donc un multiple de la charge électrique élémentaire.

Exercice 2

1. Le courant d'intensité I sort de la borne + du générateur de tension. En traversant la bobine, I crée un champ magnétique $\vec{B}_0$ perpendiculaire à la surface de celle-ci. Le sens du champ magnétique est donné par l'une des trois règles du cours (bonhomme d'Ampère, trois doigts de la main droite, tire-bouchon de Maxwell).

La composante horizontale $\vec{B}_H$ du champ magnétique terrestre est, quant à elle, orientée selon le sens SN de l'aiguille aimantée en l'absence de courant.

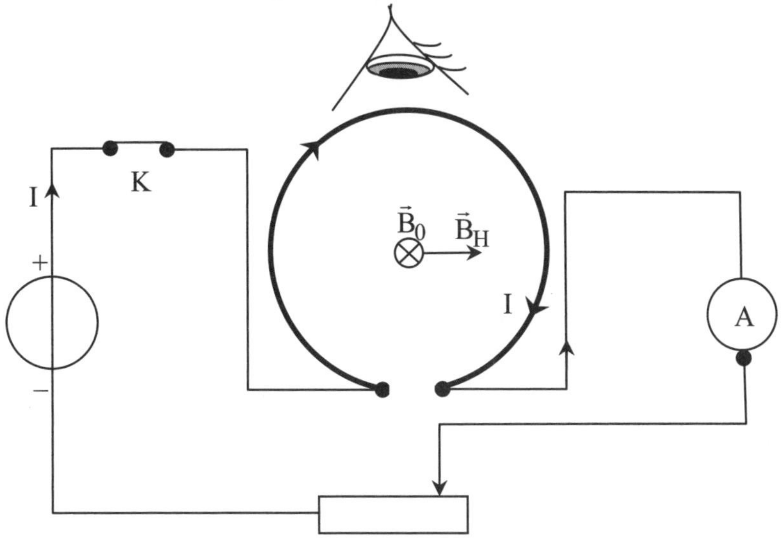

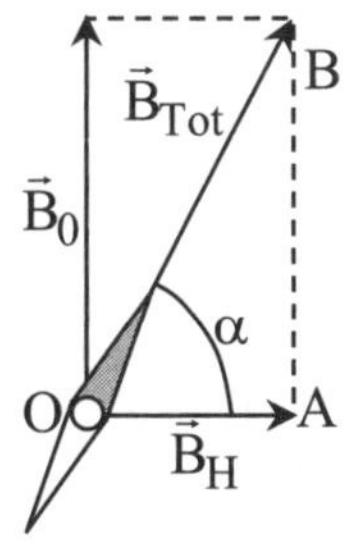

Pour un observateur situé au dessus du dispositif, l'orientation de l'aiguille aimantée sera celle ci-contre. En effet l'aiguille aimantée s'aligne sur le champ magnétique résultant qui est la somme vectorielle de $\vec{B}_H$ et $\vec{B}_0$:

$$\vec{B}_{Tot} = \vec{B}_H + \vec{B}_0$$

De plus dans le triangle rectangle (OAB) rectangle en A, on a $\tan\alpha = \dfrac{B_0}{B_H}$.

D'où $\boxed{B_0 = B_H \tan\alpha}$

2. a) Tableau de mesures

I (A)	0	0,20	0,40	0,60	0,80	1,0
α (°)	0	22	39	50	57	63
tan α	0	0,40	0,81	1,2	1,5	2,0
B_0 (μT)	0	8	16	24	31	39

b)

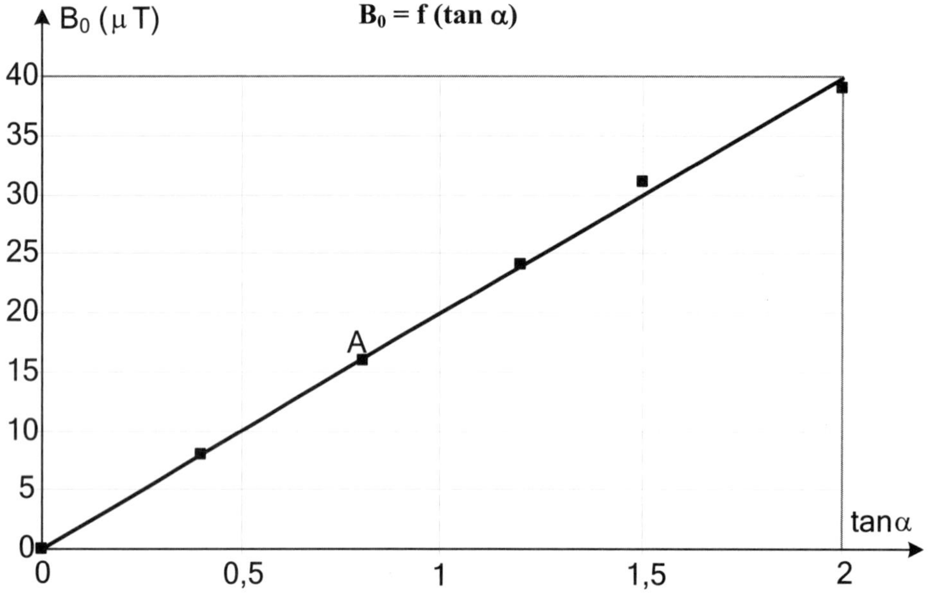

c) La courbe obtenue est une droite croissante passant par l'origine (fonction linéaire). Les grandeurs B_0 et tan α sont donc proportionnelles : $\boxed{B_0 = k \times \tan\alpha}$.

3. La constante k est le coefficient directeur de la droite que l'on peut obtenir dans le cas d'une fonction linéaire grâce à un point appartenant à la droite.

A(tan α = 0,81 ; B_0 = 16 µT) $\Rightarrow k = \dfrac{B_0}{\tan\alpha} = \dfrac{16.10^{-6}}{0,81}$ soit $\mathbf{k = 2,0.10^{-5}\ T}$.

L'équation numérique de la droite est donc : $\boxed{B_0 = 2,0.10^{-5} \times \tan\alpha}$

4. Comme $B_0 = B_H \tan\alpha$, on obtient par identification avec l'expression de la question précédente $\mathbf{B_H = 2,0.10^{-5}\ T}$ soit $\mathbf{B_H = 20\ \mu T}$.

Devoir 5

Exercice 1

1. a) Energie cinétique : $E_c = \frac{1}{2}mv^2$.

Energie potentielle de pesanteur : $E_{pp} = mgz$.

b) Energie mécanique : $E_m = E_c + E_{pp}$

c)

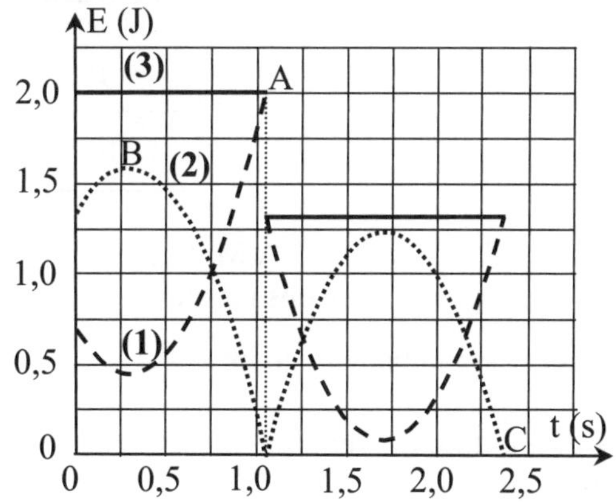

La balle est lancée vers le haut. Avant d'atteindre le sommet de sa trajectoire, sa vitesse va diminuer, tout comme E_c, et son altitude augmenter, tout comme E_{pp}. D'où :

(1) E_c

(2) E_{pp}

(3) $E_m = E_c + E_{pp}$

2. La vitesse maximale v_{max} atteinte par la balle correspond à la plus grande valeur de l'énergie cinétique (point A) soit $E_{cmax} = 2,0$ J. Or $\boxed{v_{max} = \sqrt{\frac{2E_{c\,max}}{m}}}$

A.N. : $v_{max} = \sqrt{\frac{2 \times 2,0}{60.10^{-3}}}$ soit $\mathbf{v_{max} = 8,2\ m.s^{-1}}$.

L'énergie cinétique est maximale au point A. Cela correspond à la date $t_A = 1,05$ s.

3. L'altitude z_{max} atteinte par la balle correspond à la plus grande valeur de l'énergie potentielle de pesanteur (point B) soit $E_{ppmax} = 1,6$ J.

Or $\boxed{z_{max} = \frac{E_{pp\,max}}{mg}}$.

A.N. : $z_{max} = \dfrac{1,6}{60.10^{-3} \times 9,81}$ soit $\mathbf{z_{max} = 2,7\ m}$.

4. Les rebonds se produisent lorsque la balle touche le sol, c'est-à-dire pour une altitude nulle. Les rebonds correspondent donc aux points pour lesquels l'énergie potentielle de pesanteur E_{pp}, est nulle c'est-à-dire aux dates $t_A = 1,05$ s et $t_C = 2,35$ s.

5. En dehors des rebonds on remarque que l'énergie mécanique E_m est constante. Les forces de frottement liées à l'air sont donc nulles et la balle n'est soumise qu'à son poids : elle est donc en chute libre.
Remarque : la poussée d'Archimède due à l'air est négligeable.

6. Les diagrammes des actions mécaniques pour la balle sont :

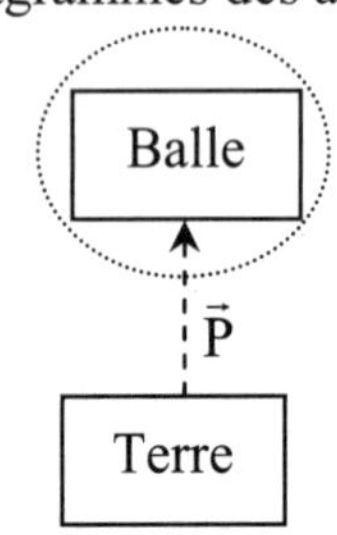

D.A.M. en dehors des rebonds

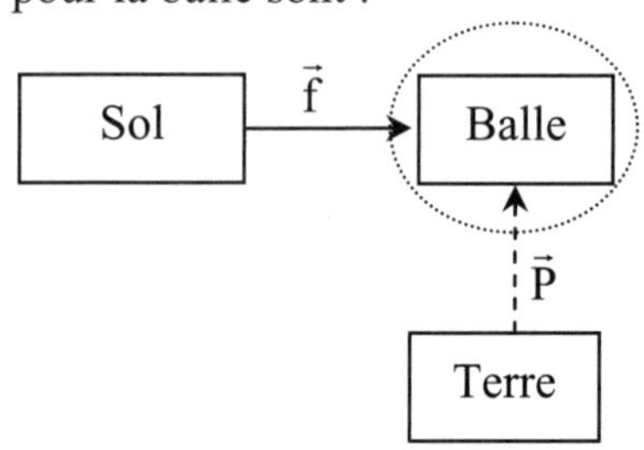

D.A.M. lors des rebonds

Lors d'un rebond le sol exerce une force $\vec{f}$ sur la balle de tennis.

7. Lors d'un rebond, on observe une diminution de l'énergie mécanique de la balle. Il y a perte d'énergie car il y a déformation de la balle lors du contact avec le sol.

✍ Exercice 2

1. Dressons le diagramme des actions mécaniques (D.A.M.) pour chacune des phases. Le système étudié est la balle de golf. Les interactions à distance sont en pointillés et les interactions de contact, en traits pleins.

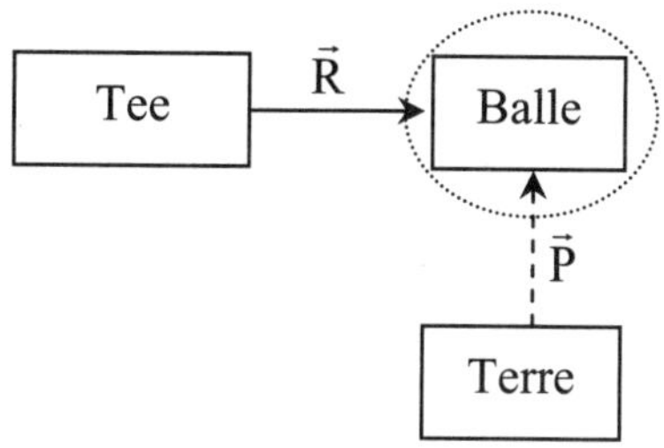

D.A.M. de la phase 1

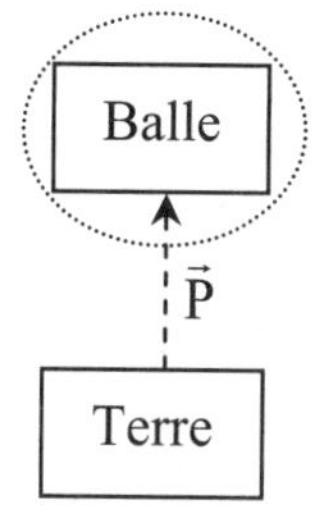

D.A.M. de la phase 3

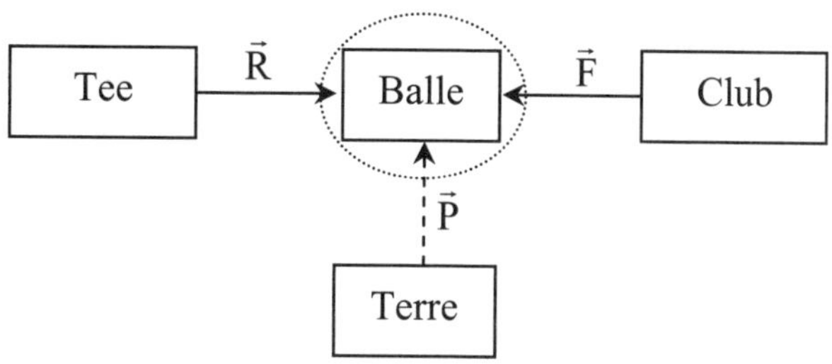

D.A.M. de la phase 2

2. Par définition $\boxed{P = mg}$ A.N. : $P = 46{,}0.10^{-3} \times 9{,}81$ soit $\mathbf{P = 4{,}51.10^{-1}\ N}$.
Dans la phase 1 la balle est immobile. En vertu du principe de l'inertie, la somme vectorielle des forces qui agissent sur elle est nulle donc $\vec{P} + \vec{R} = \vec{0} \Rightarrow \boxed{P = R}$.
Cette dernière égalité est vérifiée également lors de la phase 2.
Compte tenu de l'échelle de représentation choisie, les forces $\vec{P}$ et $\vec{R}$ sont représentées par des segments fléchés de 2,25 cm de longueur.

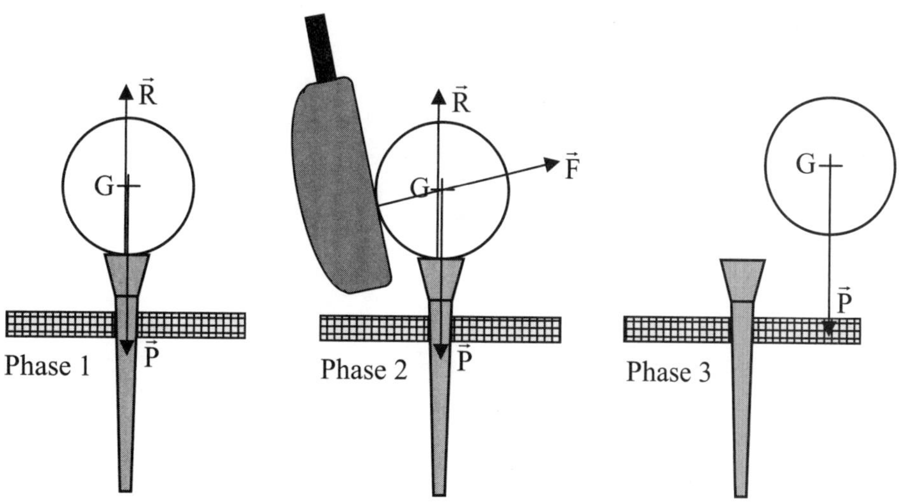

Les caractéristiques des forces rencontrées sont :

$\vec{P}$	• Point d'application : centre de gravité G • Direction : verticale • Sens : vers le bas • Valeur : $P = mg$	$\vec{R}$	• Point d'application : milieu de la surface de contact tee-balle. • Direction : verticale • Sens : vers le haut • Valeur : $R = P$
$\vec{F}$	• Point d'application : milieu de la surface de contact club-balle • Direction : perpendiculaire au club • Sens : de la gauche vers la droite • Valeur : F		

3. Lors de la phase 2, $\sum \vec{F}_{ext} = \vec{P} + \vec{R} + \vec{F} = \vec{F} \neq \vec{0}$ car $\vec{P} + \vec{R} = \vec{0}$.

La force non compensée $\vec{F}$ qu'exerce le club sur la balle de golf va donc avoir comme effet de mettre en mouvement la balle initialement immobile.

4. Lors de la phase 3, la balle de golf est en chute libre car elle est soumise uniquement à son poids $\vec{P}$.

5. a) Le mouvement de la balle de golf est étudié dans le référentiel terrestre supposé galiléen.

b) D'après le texte, $v_0 = 12\ m.s^{-1}$. Or $1\ m.s^{-1} = 3,6\ km.h^{-1}$ donc $v_0 = 12 \times 3,6$ soit $\mathbf{v_0 = 43\ km.h^{-1}}$.

c) La balle atteint le sommet de sa trajectoire à la date $\boxed{t_F = 5 \times \Delta t}$ soit $t_F = 1\ 500$ ms ou $\mathbf{t_F = 1,50\ s}$.

d) Pour déterminer l'échelle spatiale de la chronophotographie, il faut mesurer, à l'aide d'une règle graduée, la longueur d'un objet qui y figure et dont la longueur est connue dans la réalité.

Document (en cm)	Réalité (en m)
1,0	1,0

Conclusion : 1 cm, sur la chronophotographie, représente 1,0 m dans la réalité.
Les coordonnées du point F sont : $\mathbf{F(x_F = 7,0\ m\ ;\ y_F = 6,2\ m)}$.

e) Projetons orthogonalement sur chaque axe les positions de la balle lors de sa phase ascendante.

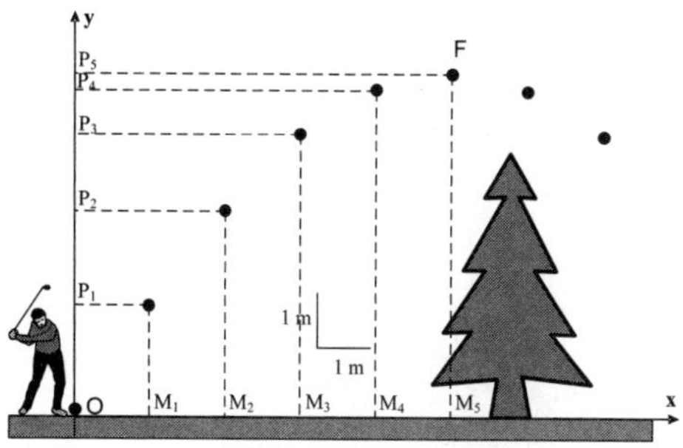

On observe que $OM_1 = M_1M_2 = M_2M_3 = M_3M_4 = M_4M_5$: la projection du mouvement de la balle de golf sur l'axe Ox est rectiligne uniforme.
On observe que $OP_1 > P_1P_2 > P_2P_3 > P_3P_4 > P_4P_5$: la projection du mouvement de la balle de golf sur l'axe Oy est rectiligne variée.

f) L'énergie mécanique de la balle de golf en un point de sa trajectoire est la somme de son énergie cinétique et de son énergie potentielle de pesanteur.

Au point O : $E_m(O) = E_c(O) + E_{pp}(O)$ avec $E_c(O) = \frac{1}{2} m\, v_0^2$

$E_{pp}(O) = 0$ (balle au sol)

$$\Rightarrow \boxed{E_m(O) = \frac{1}{2} m\, v_0^2}$$

Au point F : $E_m(F) = E_c(F) + E_{pp}(F)$ avec $E_c(F) = \frac{1}{2} m\, v_F^2$

$E_{pp}(F) = m\, g\, y_F$

$$\Rightarrow \boxed{E_m(F) = \frac{1}{2} m\, v_F^2 + m\, g\, y_F}$$

g) La balle de golf étant en chute libre, son énergie mécanique se conserve. On peut donc écrire $E_m(O) = E_m(F)$ d'où $\frac{1}{2} m\, v_0^2 = \frac{1}{2} m\, v_F^2 + m\, g\, y_F$.

$$\Rightarrow v_F^2 = v_0^2 - 2\, g\, y_F \Rightarrow \boxed{v_F = \sqrt{v_0^2 - 2 g\, y_F}}$$

A.N. : $v_F = \sqrt{(12)^2 - 2 \times 9{,}81 \times 6{,}2}$ soit $\mathbf{v_F = 4{,}7\ m.s^{-1}}$.

6.

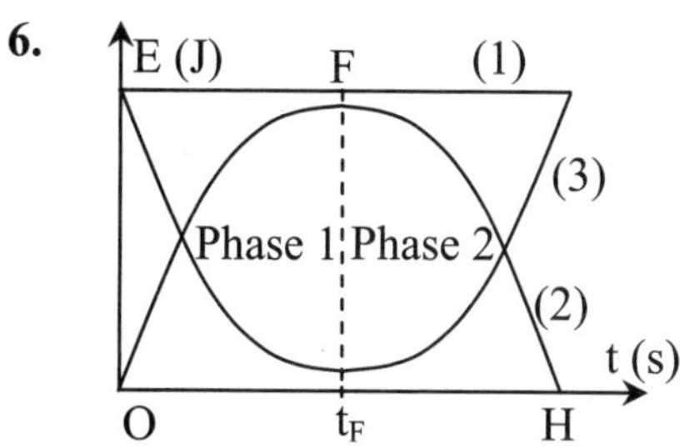

a)
(1) : énergie mécanique E_m
(2) : énergie potentielle de pesanteur E_{pp}
(3) : énergie cinétique E_c

En effet, à t = 0s, la balle est posée sur le sol ($E_{pp} = 0$ J) et sa vitesse initiale est maximale (E_{cmax}). $E_m = E_c + E_{pp}$ est une constante car la balle est animée d'un mouvement de chute libre.

b) Au point F, sommet de la trajectoire de la balle, l'énergie cinétique est minimale et l'énergie potentielle de pesanteur maximale. Le point F est atteint par la balle à la date t_F (voir graphique) : c'est la frontière entre les deux phases du mouvement. Phase 1 : phase ascendante ; phase 2 : phase descendante.

c) Diagrammes d'énergie :

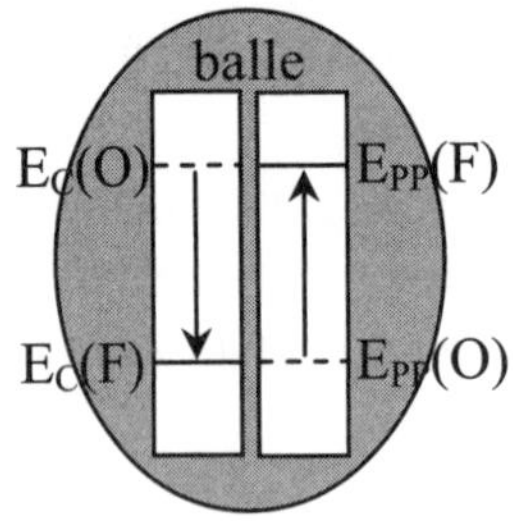

phase 1

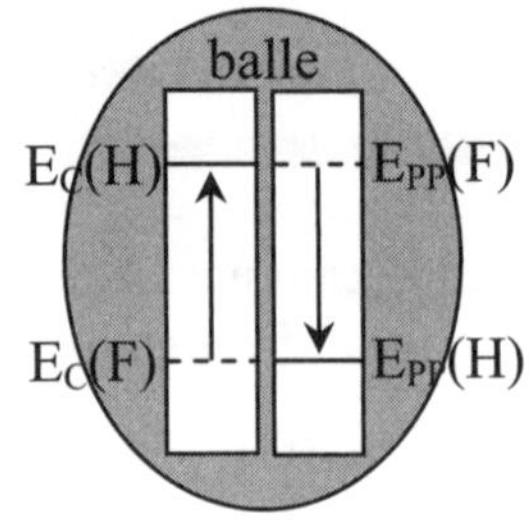

phase 2

Lors de la phase ascendante (phase 1), il y a transfert d'énergie cinétique en énergie potentielle de pesanteur. Lors de la phase descendante (phase 2), c'est le transfert d'énergie inverse qui se produit.

7. a) Déterminons l'échelle spatiale du document grâce à un tableau de proportionnalité. Pour cela mesurons sur la chronophotographie la longueur du segment.

Document (en cm)	Réalité (en m)
1,7	1,0
1,0	x

La traduction mathématique de la relation de proportionnalité permet d'écrire :

$1{,}7 \times x = 1{,}0 \times 1{,}0$ soit $x = \dfrac{1{,}0 \times 1{,}0}{1{,}7}$ d'où $\mathbf{x = 0{,}59\ m}$ soit $\mathbf{x = 5{,}9.10^{-1}\ m}$.

On peut donc en déduire que 1 cm sur la chronophotographie représente $5{,}9.10^{-1}$ m dans la réalité.

$$\boxed{v_{moy} = \frac{M_1M_6}{5 \times \Delta t}}$$

b) Dans la formule précédente M_1M_6 désigne la distance réelle parcourue par la balle entre les dates t_1 et t_6. Ainsi M_1M_6 (réelle) = M_1M_6 (mesurée) × $5{,}9.10^{-1}$.

A.N. : $M_1M_6\,(\text{réelle}) = M_1M_6\,(\text{mesurée}) \times 5{,}9.10^{-1} = 8{,}3 \times 5{,}9.10^{-1}$ et $\Delta t = 500.10^{-3}$s

$\Rightarrow v_{moy}\left(M_1M_6\right) = \dfrac{8{,}3 \times 5{,}9.10^{-1}}{5 \times 500.10^{-3}}$ soit $\mathbf{v_{moy}\,(M_1M_6) = 2{,}0\ m.s^{-1} = 7{,}2\ km.h^{-1}}$.

$$\boxed{v\left(t_i\right) = \frac{M_{i-1}M_{i+1}}{2 \times \Delta t}}$$

c) Dans la formule précédente $M_{i-1}M_{i+1}$ désigne la distance réelle parcourue par le point M entre les dates t_{i-1} et t_{i+1}, d'où :

$$M_{i-1}M_{i+1}\text{ (réelle)} = M_{i-1}M_{i+1}\text{ (mesurée)} \times 5{,}9.10^{-1}$$

$\boxed{v(t_2)=\dfrac{M_1M_3}{2\times\Delta t}}$ A.N. : $v(t_2)=\dfrac{5{,}4\times5{,}9.10^{-1}}{2\times500.10^{-3}}$ d'où $\mathbf{v(t_2) = 3{,}2\ m.s^{-1}}$.

$\boxed{v(t_3)=\dfrac{M_2M_4}{2\times\Delta t}}$ A.N. : $v(t_3)=\dfrac{3{,}6\times5{,}9.10^{-1}}{2\times500.10^{-3}}$ d'où $\mathbf{v(t_3) = 2{,}1\ m.s^{-1}}$.

$\boxed{v(t_4)=\dfrac{M_3M_5}{2\times\Delta t}}$ A.N. : $v(t_4)=\dfrac{2{,}7\times5{,}9.10^{-1}}{2\times500.10^{-3}}$ d'où $\mathbf{v(t_4) = 1{,}6\ m.s^{-1}}$.

$\boxed{v(t_5)=\dfrac{M_4M_6}{2\times\Delta t}}$ A.N. : $v(t_5)=\dfrac{1{,}3\times5{,}9.10^{-1}}{2\times500.10^{-3}}$ d'où $\mathbf{v(t_5) = 0{,}77\ m.s^{-1}}$.

d) La trajectoire de la balle de golf est rectiligne et sa vitesse décroît au cours du temps. Son mouvement est donc rectiligne retardé.

e) Le diagramme des actions mécaniques (D.A.M.) pour la balle de golf est donc :

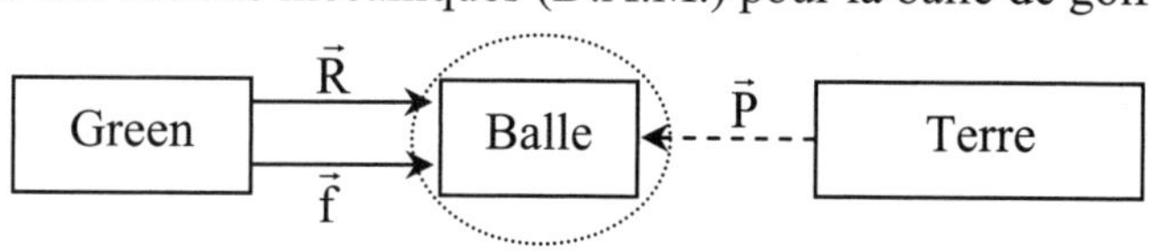

f)

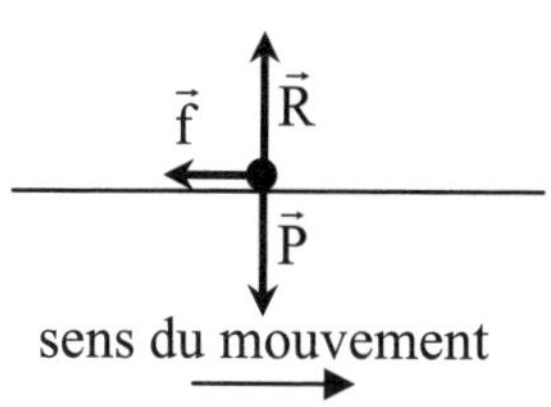

La balle de golf est soumise à son poids $\vec{P}$, la réaction normale $\vec{R}$ du sol et la force de frottement $\vec{f}$ et on a $\sum\vec{F}_{ext}=\vec{P}+\vec{R}+\vec{f}=\vec{f}$.

La force de frottement $\vec{f}$ non compensée qu'exerce le green sur la balle de golf est responsable de la diminution de sa vitesse.

Devoir 6

✍ Exercice 1

1. On constate qu'aux incertitudes de mesures près, les points expérimentaux sont quasiment tous alignés. On trace à la règle une droite moyenne passant par le maximum de ces points.

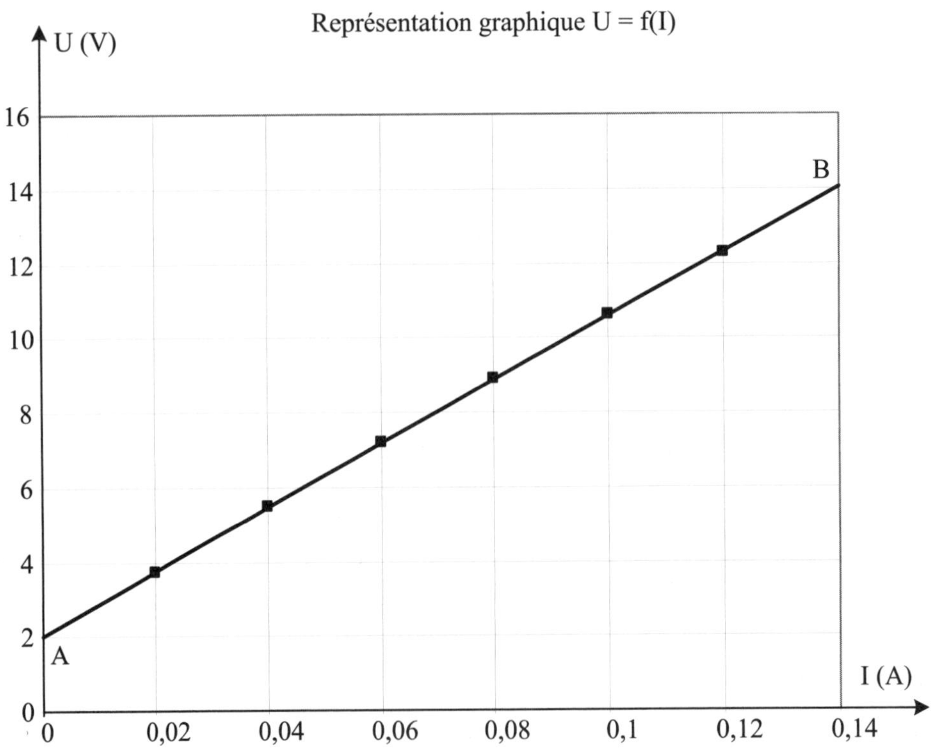

2. La représentation graphique correspond à une droite croissante ne passant pas par l'origine (fonction affine).

Afin de déterminer l'équation de la droite, procédons à une analogie entre les connaissances de mathématiques et la situation physique étudiée.

<table>
<tr><th>Mathématiques</th><th>Physique</th></tr>
<tr><td>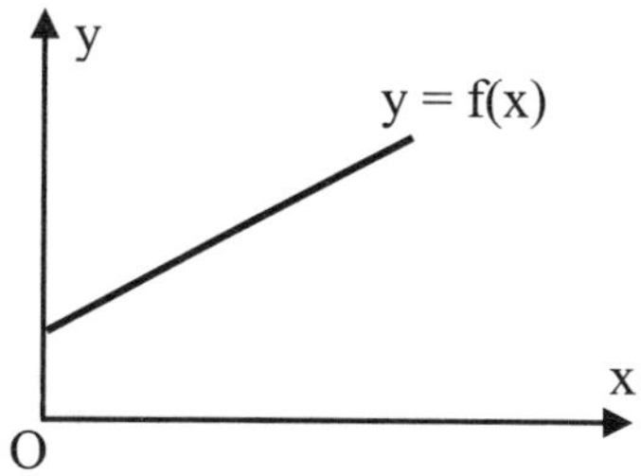
</td><td>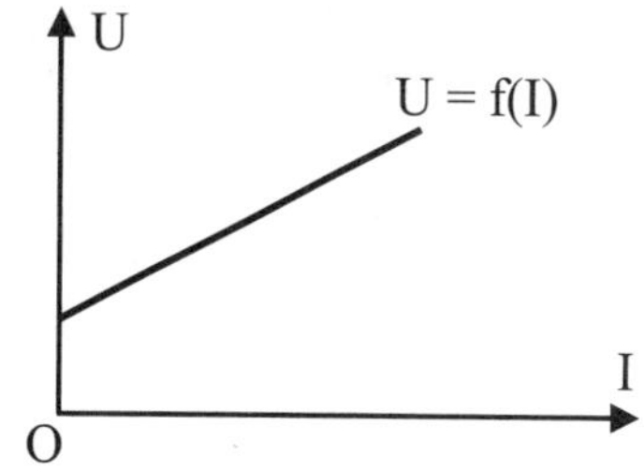
</td></tr>
<tr><td>x</td><td>I</td></tr>
<tr><td>y</td><td>U</td></tr>
<tr><td>Fonction affine : y = a x + b</td><td>Fonction affine : U = a I + b</td></tr>
</table>

Calculons le coefficient directeur noté a. Pour cela, prenons deux points A $(x_A;y_A)$ et B $(x_B;y_B)$ appartenant à la droite. Par définition :

$$\boxed{a = \frac{y_B - y_A}{x_B - x_A}}$$

Les unités du coefficient directeur sont les $V.A^{-1}$.
A.N. : A (0,0 A ; 2,0 V) ; B (0,14 A ; 14,0 V).

$$a = \frac{14,0-2,0}{0,14-0,0} \text{ d'où } \mathbf{a = 86\ V.A^{-1}}.$$

Graphiquement, l'ordonnée à l'origine est : **b = 2,0 V**.
L'équation numérique de la fonction U = f(I) est donc **U = 86 I + 2,0**.

3. En identifiant la loi de fonctionnement de l'électrolyseur U = E + r I avec l'expression obtenue à la question précédente on obtient :
E = 2,0 V et **r = 86 Ω** (où $V.A^{-1}$).

4. a) La puissance électrique reçue par l'électrolyseur est $\boxed{P_{reçue} = U\,I}$
Pour déterminer l'intensité I du courant pour une tension d'alimentation U = 6,0 V, on utilise l'équation de fonctionnement de l'électrolyseur obtenue à la question **2.** :

$$\boxed{I = \frac{U-E}{r}}$$

A.N. : si U = 6,0 V alors $I = \frac{6,0-2,0}{86} = 4,7.10^{-2}$ A $\Rightarrow P_{reçue} = 6,0 \times 4,7.10^{-2}$
On a donc $\mathbf{P_{reçue} = 2,8.10^{-1}\ W}$.

b) La puissance thermique dissipée par effet Joule est $\boxed{P_{Joule} = r\,I^2}$.
A.N : $P_{Joule} = 86 \times (4,7.10^{-2})^2$ soit $\mathbf{P_{Joule} = 1,9.10^{-1}\ W}$.

c) La puissance utile transférée sous forme chimique pour réaliser l'électrolyse est donc $\boxed{P_{utile} = P_{reçue} - P_{Joule}}$

A.N. : $P_{utile} = 2{,}8.10^{-1} - 1{,}9.10^{-1}$ soit $\mathbf{P_{utile} = 9{,}0.10^{-2}\ W}$.

5. Le schéma représentant les échanges énergétiques entre l'électrolyseur et son environnement est représenté ci-après.

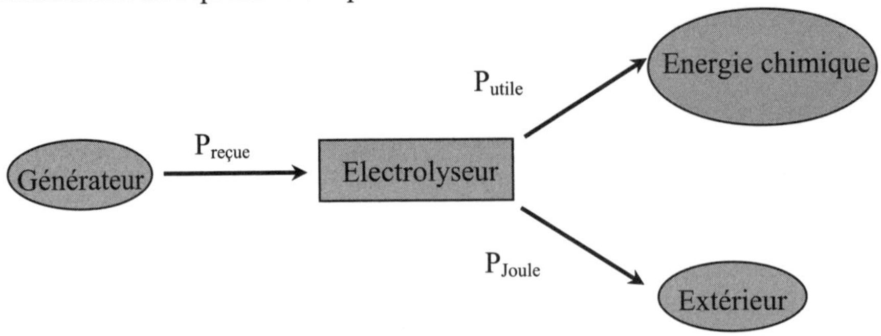

6. Le rendement η de l'électrolyseur est le quotient de la puissance utile par la puissance reçue : $\boxed{\eta = \dfrac{P_{utile}}{P_{reçue}}}$ soit $\eta = \dfrac{9{,}0.10^{-2}}{2{,}8.10^{-1}} = 3{,}2.10^{-1}$ d'où $\boldsymbol{\eta} = \mathbf{32\ \%}$.

7. a) L'énergie consommée $W_{reçue}$ par l'électrolyseur pendant une durée Δt est :

$\boxed{W_{reçue} = P_{reçue}\,\Delta t}$ A.N. : $W_{reçue} = 2{,}8.10^{-1} \times 600$ soit $\mathbf{W_{reçue} = 1{,}7.10^{2}\ J}$.

b) L'énergie W_{Joule} dissipée sous forme thermique pendant une durée Δt est :

$\boxed{W_{Joule} = P_{Joule}\,\Delta t}$ A.N. : $W_{Joule} = 1{,}9.10^{-1} \times 600$ soit $\mathbf{W_{Joule} = 1{,}1.10^{2}\ J}$.

L'énergie W_{utile} réellement utilisée à la réalisation de l'électrolyse pendant une durée Δt est :

$\boxed{W_{utile} = P_{utile}\,\Delta t}$ A.N. : $W_{utile} = 9{,}0.10^{-2} \times 600$ soit $\mathbf{W_{utile} = 54\ J}$.

Exercice 2

1. a) Les conducteurs ohmiques étant en série, la résistance équivalente a pour expression $R_{éq1} = \sum_{i=1}^{n} R_i$ soit $\boxed{R_{éq1} = R_1 + R_2} \Rightarrow R_{éq1} = 100 + 50$; $\mathbf{R_{éq1} = 1{,}5.10^{2}\ \Omega}$

b) Les conducteurs ohmiques étant en dérivation, la résistance équivalente a pour expression $G_{éq2} = \dfrac{1}{R_{éq2}} = \sum_{i=1}^{n} G_i \Rightarrow \dfrac{1}{R_{éq2}} = \dfrac{1}{R_1} + \dfrac{1}{R_2} \Rightarrow \dfrac{1}{R_{éq2}} = \dfrac{R_2 + R_1}{R_1 R_2}$ soit

$\boxed{R_{éq2} = \dfrac{R_1 R_2}{R_1 + R_2}}$ A.N. : $R_{éq2} = \dfrac{50 \times 100}{50 + 100}$ soit $\mathbf{R_{éq2} = 3{,}3.10^1\ \Omega}$.

2. a) En remplaçant, entre les points A et B, l'association en série de R_1 et R_2 par $R_{éq1}$ et, entre les points B et C, l'association en dérivation de R_1 et R_2 par $R_{éq2}$, on simplifie le circuit électrique de la manière suivante :

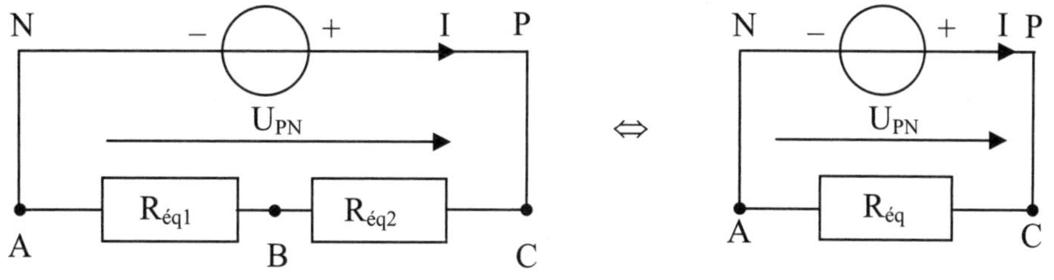

L'association en série de $R_{éq1}$ et $R_{éq2}$ est $\boxed{R_{éq} = R_{éq1} + R_{éq2}}$

A.N. : $\mathbf{R_{éq} = 1{,}8.10^2\ \Omega}$.

La loi d'Ohm appliquée à la résistance équivalente $R_{éq}$ s'écrit : $U_{PN} = R_{éq}\, I$.

D'où $\boxed{I = \dfrac{U_{PN}}{R_{éq}}}$ A.N. : $I = \dfrac{5{,}0}{1{,}8.10^2}$ soit $\mathbf{I = 2{,}8.10^{-2}\ A}$.

b) La puissance électrique fournie par le générateur au circuit est $\boxed{P_{fournie} = U_{PN}\, I}$

A.N. : $P_{fournie} = 5{,}0 \times 2{,}8.10^{-2}$ soit $\mathbf{P_{fournie} = 1{,}4.10^{-1}\ W}$.

c) L'énergie électrique transférée au système pendant une durée Δt est :

$\boxed{W_{fournie} = P_{fournie}\, \Delta t}$ A.N. : $W_{fournie} = 1{,}4.10^{-1} \times 300 = \mathbf{42\ J}$.

d)

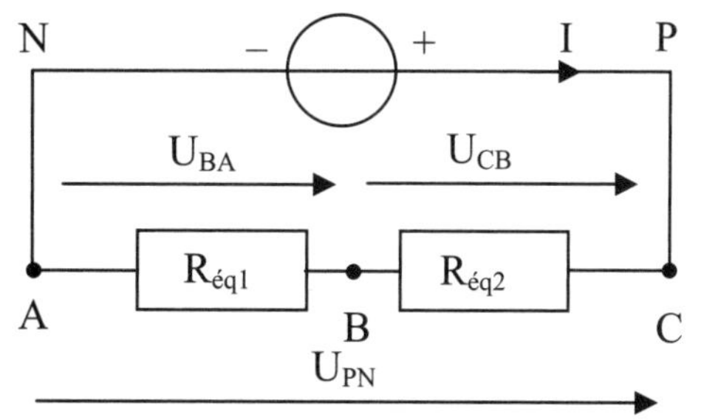

Appliquons la loi d'Ohm aux bornes de $R_{éq1}$: $\boxed{U_{BA} = R_{éq1}\, I}$

A.N. :

$U_{BA} = 1{,}5.10^2 \times 2{,}8.10^{-2}$

$\mathbf{U_{BA} = 4{,}2\ V}$.

e) Appliquons la loi d'additivité des tensions : $U_{PN} = U_{BA} + U_{CB}$ d'où :

$\boxed{U_{CB} = U_{PN} - U_{BA}}$ A.N. : $U_{CB} = 5{,}0 - 4{,}2$ soit $\mathbf{U_{CB} = 0{,}80\ V}$.

f) La tension U_{CB} est la même aux bornes des dipôles en dérivation R_1 et R_2 du schéma initial du circuit électrique (loi d'unicité des tensions pour des dipôles en dérivation).

Loi d'Ohm aux bornes de R_1 traversée par I_1 : $U_{CB} = R_1 I_1 \Rightarrow \boxed{I_1 = \frac{U_{CB}}{R_1}}$

A.N. : $I_1 = \frac{0,80}{50}$ soit $\mathbf{I_1 = 1,6.10^{-2}}$ **A.**

Loi des nœuds appliqué au nœud C : $I = I_1 + I_2$ soit $\boxed{I_2 = I - I_1}$

A.N. : $\mathbf{I_2 = 12.10^{-3}}$ **A.**

Corrigés de chimie

Devoir 1

✍ Exercice 1

1. $M(C_6H_8O_6) = 6 \times M(C) + 8 \times M(H) + 6 \times M(O) = 6 \times 12{,}0 + 8 \times 1{,}00 + 6 \times 16{,}0 = \mathbf{176\ g.mol^{-1}}$

2. $\boxed{n(C_6H_8O_6) = \dfrac{m(C_6H_8O_6)}{M(C_6H_8O_6)}}$ A.N. : $n(C_6H_8O_6) = \dfrac{500.10^{-3}}{176} = \mathbf{2{,}84.10^{-3}\ mol}$.

3. Le nombre $N(C_6H_8O_6)$ de molécules de vitamine C dans le comprimé est :
$\boxed{N(C_6H_8O_6) = n(C_6H_8O_6) \times N_A}$
A.N. : $N(C_6H_8O_6) = 2{,}84.10^{-3} \times 6{,}02.10^{23} = \mathbf{1{,}71.10^{21}}$ **molécules**.

4. $\boxed{c = \dfrac{n(C_6H_8O_6)}{V_{solution}}}$ A.N. : $c = \dfrac{2{,}84.10^{-3}}{200.10^{-3}} = \mathbf{1{,}42.10^{-2}\ mol.L^{-1}}$.

✍ Exercice 2

1.

a) Le solvant est l'**eau** et le soluté, les pastilles d'**hydroxyde de sodium**.

b) $M(NaOH) = M(Na) + M(O) + M(H) = 23{,}0 + 16{,}0 + 1{,}00 = \mathbf{40{,}0\ g.mol^{-1}}$.

c) $m(NaOH) = n(NaOH) \times M(NaOH)$ (1)
$n(NaOH) = c \times Vsolution$ (2)
En remplaçant (2) dans (1) : $\boxed{m(NaOH) = c \times V_{solution} \times M(NaOH)}$
A.N. : $m(NaOH) = 1{,}0.10^{-1} \times 100.10^{-3} \times 40{,}0 = \mathbf{4{,}0.10^{-1}\ g}$.

d) On procède au tarage de la balance puis à la pesée du soluté (étapes ① et ②).
On transvase le soluté dans une fiole jaugée de 100 mL en prenant soin de bien rincer la coupelle de pesée et l'entonnoir (étapes③, ④ et ⑤).
On complète progressivement la fiole jaugée avec de l'eau distillée en agitant régulièrement afin de bien dissoudre le soluté (étape ⑥).

On ajuste précisément le niveau de la solution jusqu'au trait de jauge avec une pipette Pasteur (étape ⑦).
La solution est prête (étape ⑧).

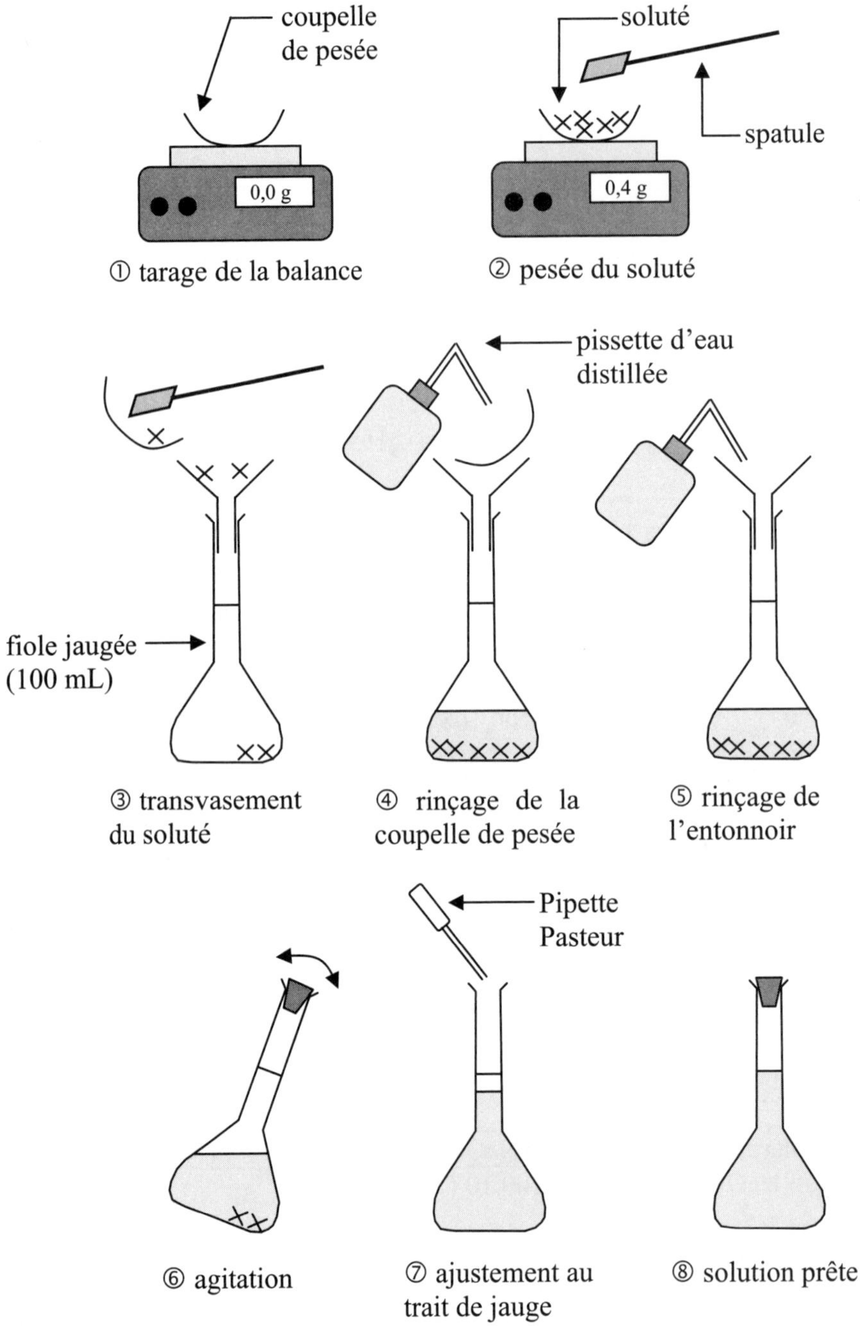

e) Pour ajuster précisément le volume de la solution au trait de jauge, il faut que l'œil qui effectue la lecture soit au même niveau que ce dernier. De plus, la base du ménisque doit coïncider avec lui.

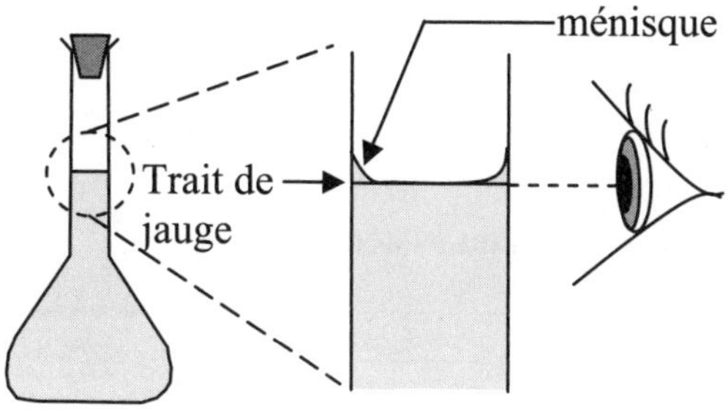

2.

a) L'opération décrite est une **dilution**.

b) S_0 : **solution mère** ; S_1 : **solution fille**.

c) Lors d'une dilution, la quantité de matière, prélevée dans un volume V_0 de solution mère, se conserve : $n = c_0 \times V_0 = c_1 \times V_1$

Le volume de solution mère à prélever est donc : $\boxed{V_0 = \frac{c_1 \times V_1}{c_0}}$

A.N. : $V_0 = \frac{1{,}0.10^{-2} \times 50.10^{-3}}{1{,}0.10^{-1}} = \mathbf{5{,}0.10^{-3}\ L = 5{,}0\ mL}$.

d) On verse un petit volume de solution mère S_0 fraîchement préparée dans un bécher propre et sec. On prélève, dans le bécher, un volume V = 5,0 mL de solution mère, à l'aide d'une pipette jaugée de 5,0 mL munie d'une propipette (poire à pipeter). On verse le volume de solution mère prélevé dans une fiole jaugée de 50 mL. On ajoute de l'eau distillée dans la fiole jaugée en agitant régulièrement la solution. On ajuste enfin le volume de la solution au trait de jauge à l'aide d'une pipette Pasteur.

Exercice 3

A. Gonflage de l'airbag grâce à une transformation chimique

1. Quantité de matière d'azoture de sodium :

$$n = \frac{m}{M_{NaN_3}}$$ A.N. : $n = \frac{122}{(23{,}0 + 3 \times 14{,}0)} =$ **1,88 mol.**

2. Tableau descriptif de l'évolution du système

Equation	$2\ NaN_{3(s)}$ $\longrightarrow$	$2\ Na_{(s)}$ +	$3\ N_{2(g)}$
Etat initial (mol)	n	0	0
Au cours de la transformation (mol)	$n - 2\ x$	$2\ x$	$3\ x$
Etat final (mol)	$n - 2\ x_{max}$	$2\ x_{max}$	$3\ x_{max}$

3. Détermination de l'avancement maximal

Le réactif limitant est nécessairement l'azoture de sodium car c'est le seul réactif : sa quantité de matière est donc nulle dans l'état final.

D'après le tableau d'avancement : $n(NaN_3)_f = 0 = n - 2\ x_{max}$

d'où : $x_{max} = \frac{n}{2}$ A.N. : $x_{max} = \frac{1{,}88}{2} =$ **0,940 mol.**

4. Quantité de matière du gaz formé

Le gaz formé étant le diazote de formule $N_{2(g)}$, la quantité de matière de gaz formé est égale à $3\ x_{max}$ d'après le tableau d'avancement.

$n_{gaz} = n(N_2)_f = 3\ x_{max}$ A.N. : $= 3 \times 0{,}940 =$ **2,82 mol.**

5. Volume de gaz dégagé par la transformation chimique :

D'après l'équation d'état des gaz parfaits : $P_f \times V_{gaz} = n_{gaz} \times R \times T_1$

D'où : $V_{gaz} = \frac{n_{gaz} \times R \times T_1}{P_f}$

$P_f = 1{,}0\ \text{bar} = 1{,}0 \times 1{,}013.10^5\ \text{Pa} = 1{,}0.10^5\ \text{Pa}$

$T_1 = 273 + \theta_1 = 273 + 30{,}0 = 303\ \text{K}$

R = 8,314

A.N. : $V_{gaz} = \frac{2{,}82 \times 8{,}31 \times 303}{1{,}0.10^5} =$ **$0{,}071\ m^3$ = 71 L.**

6. La masse initiale d'azoture de sodium est **suffisante** pour gonfler l'airbag puisque, d'après l'énoncé, celui-ci a une contenance de 70 litres.

7. Quantité de matière de sodium formé :
D'après le tableau d'avancement : $\boxed{n(Na)_f = 2\ x_{max}}$
A.N. : $n(Na)_f = 2 \times 0{,}940 =$ **1,88 mol.**

8. Masse de sodium formé :
$\boxed{m(Na)_f = n(Na)_f \times M(Na)}$ A.N. : $m(Na)_f = 1{,}88 \times 23{,}0 =$ **43,2 g.**

B. Gonflage de l'airbag grâce à un gaz comprimé

1. Pression à laquelle il faudrait comprimer le gaz :
D'après l'équation d'état des gaz parfaits : $P \times V_2 = n_{gaz} \times R \times T_2$

D'où : $\boxed{P = \dfrac{n_{gaz} \times R \times T_2}{V_2}}$ $T_2 = 273 + \theta_2 = 273 + 20{,}0 = 293\ K$
$V_2 = 300\ mL = 300.10^{-6}\ m^3$

A.N. : $P = \dfrac{2{,}82 \times 8{,}31 \times 293}{300.10^{-6}} = \mathbf{229.10^5\ Pa}$.

2. Calculons le volume V_3 occupé par une masse de 122 g d'azoture de sodium.

On utilise la masse volumique ρ de l'azoture de sodium : $\rho = \dfrac{m}{V_3}$.

D'où : $\boxed{V_3 = \dfrac{m}{\rho}}$ A.N. : $V_3 = \dfrac{122}{1{,}85} =$ **65,9 mL.**

3. Le dispositif faisant intervenir une transformation chimique est préféré car il prend environ **quatre fois moins de place** (65,9 mL contre 300 mL) que celui faisant intervenir un gaz comprimé.
De plus, la pression à laquelle il faut comprimer le gaz est difficile à obtenir car très élevée (229.10^5 Pa $\approx$ 226 fois la pression atmosphérique !).

Devoir 2

Exercice 1

1.

a) On détermine graphiquement l'absorbance des pics d'absorption et on complète le tableau :

Échantillon	n° 1	n° 2	n° 3	n° 4	n° 5
Absorbance A	$A_1 = 0{,}020$	$A_2 = 0{,}044$	$A_3 = 0{,}10$	$A_4 = 0{,}12$	$A_5 = 0{,}055$
Concentration en $mmol.L^{-1}$	$C_1 = 4{,}5$	$C_2 = 10{,}4$	$C_3 = 24{,}3$	$C_4 = 29{,}5$	à déterminer

On choisit le maximum d'absorption pour λ^{-1} proche de 2300 cm^{-1} quel que soit l'échantillon.

b) Courbe d'étalonnage :

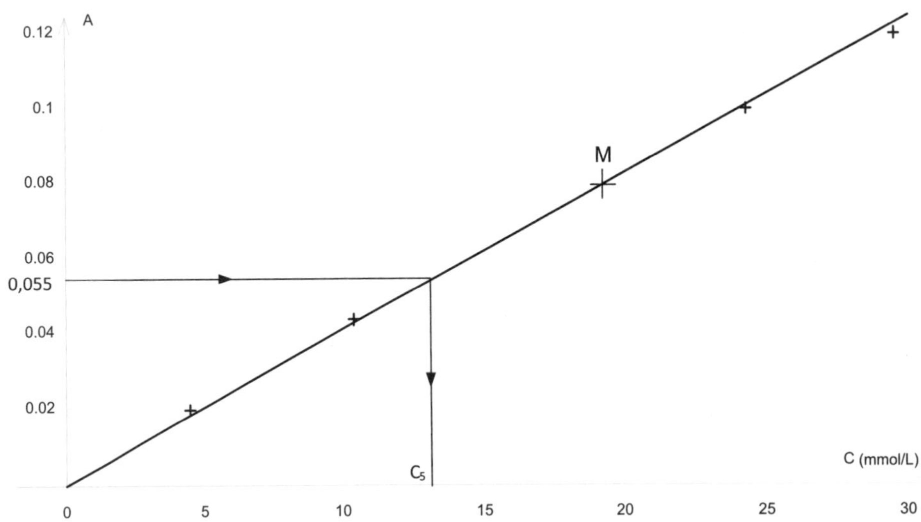

On trace une droite moyenne, passant au plus près de tous les points.

c) La courbe tracée à la question 1.b) est une droite croissante, passant par l'origine. On peut dire que l'absorbance est proportionnelle à la concentration.

2.

a) L et ε sont des constantes, donc A est proportionnelle à la concentration, ce qui est en accord avec la courbe obtenue en 1.b).

b) $\boxed{A = \varepsilon.L.C}$, on pose $k = \varepsilon.L$, la droite a pour équation $\boxed{A = k.C}$ où k représente son coefficient directeur.
Déterminons ce coefficient directeur en prenant deux points sur la droite :
O ($C_N = 0$, $A_N = 0$) et M ($C_M = 19{,}5$; $A_M = 0{,}080$).
Exprimons la concentration molaire en unités S.I. soit en $mol.m^{-3}$.
$C_M = 19{,}5\ mmol.L^{-1} = 19{,}5\times10^{-3}\ mol.L^{-1} = 19{,}5\times10^{-3}\times10^{3} = 19{,}5\ mol.m^{3}$.

$\boxed{k = \frac{A_M - A_O}{C_M - C_O}}$ A.N. : $k = \frac{0{,}080-0}{19{,}5-0} = \mathbf{4{,}1\times10^{-3}\ m^3.mol^{-1}}$.

$k = \varepsilon.L$ donc $\boxed{\varepsilon = \frac{k}{L}}$ A.N. : $\varepsilon = \frac{4{,}1\times10^{-3}}{3{,}5\times10^{-3}} = \mathbf{1{,}2\ m^2.mol^{-1}}$.

3.

a) Voir la courbe d'étalonnage. On détermine l'abscisse du point dont l'ordonnée est $A_5 = 0{,}055$.

On trouve $C_5 = \mathbf{13{,}4\ mmol.L^{-1}}$.

b) Calculons la concentration massique en CO_2 de l'échantillon 5.

$\boxed{C_{m5} = M(CO_2).C_5}$

$C_{m5} = (12 + 2\times16)\times13{,}4 = \mathbf{590\ mg.L^{-1}}$, il entre donc dans la catégorie des vins cités dans le texte, sa concentration massique étant comprise entre 200 et 700 $mg.L^{-1}$

Exercice 2

1. Choix de la méthode de suivi
a) L'ion dichromate ainsi que l'ion chrome (III) colorent la solution. Cette coloration de la solution va donc changer en fonction de l'apparition des ions chrome (III) et/ou la disparition des ions chromate. La réaction pourra donc être suivie par spectrophotométrie.

b) La spectrophotométrie est une méthode de mesure non-destructive car le système chimique n'est pas modifié par le passage de la lumière au cours de la mesure.

2. Suivi temporel

a) On sélectionne la longueur d'onde qui correspond au maximum d'absorption de l'espèce chimique étudiée.

b) Tableau d'avancement de la transformation chimique (en moles) :

Équation	$3\ CH_3CH_2OH_{(aq)}$	$+ 2\ Cr_2O_7^{2-}{}_{(aq)}$	$+ 16H^+_{(aq)}$	$= 3CH_3COOH_{(aq)}$	$+ 4\ Cr^{3+}_{(aq)}$	$+ 11\ H_2O_{(l)}$
État initial	n_0	n_1	Excès	0	0	Beaucoup
État intermédiaire	$n_0 - 3x$	$n_1 - 2x$	Excès	$3x$	$4x$	Beaucoup
État final	$n_0 - 3x_{éq}$	$n_1 - 2x_{éq}$	Excès	$3x_{éq}$	$4x_{éq}$	Beaucoup

c) $[Cr_2O_7^{2-}{}_{(aq)}] = \dfrac{n(Cr_2O_7^{2-}{}_{(aq)})}{V} = \dfrac{n_1 - 2x}{V}$

$[Cr_2O_7^{2-}{}_{(aq)}].V = n_1 - 2x$ donc $\boxed{x = \dfrac{1}{2}.(n_1 - [Cr_2O_7^{2-}{}_{(aq)}].V)}$

d) $A = 150.\ [Cr_2O_7^{2-}{}_{(aq)}]$ donc $[Cr_2O_7^{2-}{}_{(aq)}] = \dfrac{A}{150}$

$x = \dfrac{1}{2}.(n_1 - \dfrac{A}{150}.V) = \dfrac{1}{2}.(c.V' - \dfrac{A}{150}.V)$ avec $V' = 10\ mL = 10 \times 10^{-3}\ L$

$x = \dfrac{1}{2}.(2{,}0.10^{-2} \times 10 \times 10^{-3} - \dfrac{A}{150} \times 12 \times 10^{-3}) = \dfrac{1}{2}\ (20 \times 10^{-5} - 8{,}0 \times 10^{-5} \times A)$

$\Rightarrow \boxed{x = (10 - 4A).10^{-5}\ mol}$

e) Lorsque l'absorbance n'évolue plus, c'est que $[Cr_2O_7^{2-}]$ n'évolue plus. L'avancement est alors maximal, car la transformation est totale.

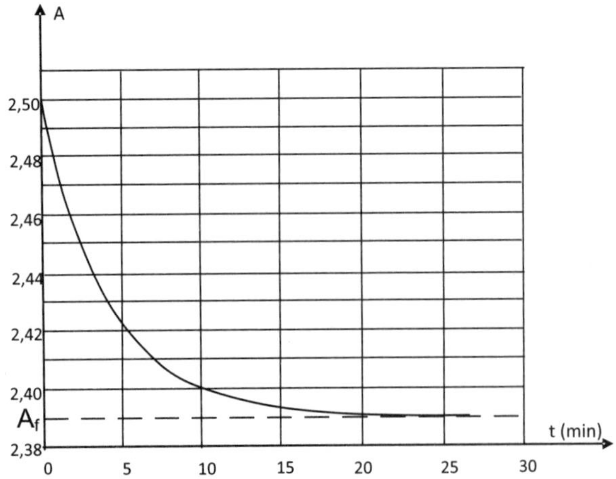

Graphiquement, pour $x = x_{max}$, on a $\mathbf{A_f = 2{,}39}$.

$x_{max} = (10 - 4.\ A_f).10^{-5}$
$x_{max} = (10 - 4\times2{,}39)\times10^{-5} = \mathbf{4{,}4\times10^{-6}\ mol}$.

Si l'éthanol est le réactif limitant, cela signifie que les ions dichromate sont en excès. Donc en fin de réaction, il resterait des ions $Cr_2O_7^{2-}$.

Vérifions cette hypothèse :

$n(Cr_2O_7^{2-})_f = n_1 - 2x_{max}$

$n(Cr_2O_7^{2-})_f = c.V' - 2\ x_{max}$
$n(Cr_2O_7^{2-})_f = 2{,}0.10^{-2} \times 10 \times 10^{-3} - 2 \times 4{,}4 \times 10^{-6}$
$n(Cr_2O_7^{2-})_f \neq 0$, l'ion dichromate est en excès, l'éthanol est limitant.

f) L'éthanol est totalement consommé, soit $n_0 - 3x_{max} = 0$.
Donc $n_0 = 3x_{max}$, quantité de matière contenue dans 2,0 mL de sang.

Dans 1,0 L de sang la quantité de matière d'éthanol est $n = n_0 \times \dfrac{1{,}0}{2{,}0\times10^{-3}} = 3x_{max}$.

Alors, la masse d'éthanol est $\boxed{m = n.M} = 3 \times 4{,}4\ x\ 10^{-6} \times \dfrac{1{,}0}{2{,}0\times10^{-3}} \times 46 = \mathbf{0{,}30\ g}$

pour un litre de sang. Le conducteur n'est pas en infraction puisque cette alcoolémie est inférieure à 0,5 $g.L^{-1}$.

Devoir 3

✍ Exercice 1

1. D'après les indications fournies par l'énoncé, le cristal de chlorure d'ammonium est représenté ci-dessous.

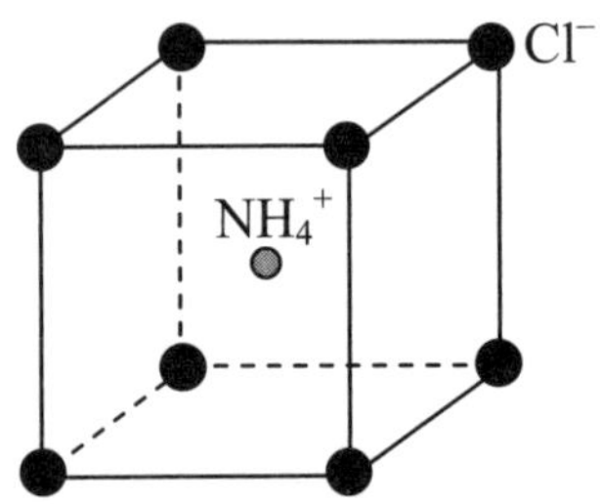

Cristal ionique
de chlorure d'ammonium

Il est composé :
- d'ions chlorure qui se trouvent aux 8 sommets de la maille, lesquels sont communs à 8 mailles. La maille contient donc :

$N(Cl^-) = 8 \times \frac{1}{8} = \mathbf{1\ ion\ Cl^-}$.

- d'un ion NH_4^+ situé au centre de la maille. Ce centre n'étant commun avec aucune autre maille, la maille représentée contient :
$N(NH_4^+) = \mathbf{1\ ion\ NH_4^+}$.

Remarque :

On vérifie que la composition {1 ion Cl^- + 1 ion NH_4^+} assure bien l'électroneutralité de la maille.

2. $M(NH_4Cl) = M(N) + 4 \times M(H) + M(Cl)$
A.N. : $M(NH_4Cl) = 14{,}0 + 4 \times 1{,}00 + 35{,}5 =$ **$53{,}5$ g.mol^{-1}.**
Une mole d'atomes de chlore contient $6{,}02.10^{23}$ atomes et possède une masse de 35,5 g. Un atome de chlore a donc pour masse :

$$m(Cl) = \frac{M(Cl)}{N_A}$$

La masse d'un électron étant négligeable par rapport à la masse d'un atome, on peut donc écrire :

$$m(Cl^-) = m(Cl) = \frac{M(Cl)}{N_A}$$

D'une manière analogue la masse $m(NH_4^+)$ peut s'identifier à la masse des atomes qui composent l'ion ammonium NH_4^+ :

$$m(NH_4^+) = m(N) + 4\,m(H) = \frac{M(N) + 4M(H)}{N_A}$$

La maille contenant un ion NH_4^+ et un ion Cl^-, sa masse vaut donc :

$$\boxed{m_{maille} = m(Cl^-) + m(NH_4^+) = \frac{M(Cl) + M(N) + 4M(H)}{N_A} = \frac{M(NH_4Cl)}{N_A}}$$

AN. : $m_{maille} = \frac{53{,}5}{6{,}02.10^{23}}$ **= 8,89.10⁻²³ g = 8,89.10⁻²⁶ kg**.

Le volume de la maille (cube d'arête a = 387 pm = 387.10^{-12} m) valant $V_{maille} = a^3$, la masse volumique du cristal d'ammonium est :

$$\boxed{\rho(NH_4Cl) = \frac{m(NH_4Cl)}{V_{maille}}} \quad \text{A.N. : } \rho(NH_4Cl) = \frac{8{,}89.10^{-26}}{\left(387.10^{-12}\right)^3} = \mathbf{1{,}53.10^3\ kg.m^{-3}}.$$

3.

a) La dissolution de n moles de chlorure d'ammonium solide dans l'eau peut être modélisée à l'aide d'un tableau d'avancement :

	$NH_4Cl\ (s)$ $\rightarrow$	$NH_4^+{}_{(aq)}$ +	$Cl^-{}_{(aq)}$
E.I. (mol)	n	0	0
E.t. (mol)	n – x	x	x
E.F. (mol)	n - x_{max}	x_{max}	x_{max}

b) D'après le tableau d'avancement précédent, lorsque le chlorure d'ammonium est totalement dissous on a : $n - x_{max} = 0 \Rightarrow \boxed{n = x_{max} = [NH_4^+] \times V_1}$

Or, $n = \frac{m(NH_4Cl)}{M(NH_4Cl)} \Rightarrow \boxed{m_{solide} = m(NH_4Cl) = [NH_4^+] \times V_1 \times M(NH_4Cl)}$

A.N. : $m_{solide} = m(NH_4Cl) = 0{,}1 \times 250.10^{-3} \times 53{,}5 =$ **1,3 g**.

Le volume V_{solide} correspondant à cette masse est alors donné par la masse volumique du solide $NH_4Cl_{(s)}$:

$$\rho(NH_4Cl) = \frac{m_{solide}}{V_{solide}} \Rightarrow \boxed{V_{solide} = \frac{m_{solide}}{\rho(NH_4Cl)}}$$

A.N. : $V_{solide} = \dfrac{1{,}3.10^{-3}}{1{,}53.10^{3}} = \mathbf{8{,}5.10^{-7}\ m^3}$.

Comme $1\ m^3 = 10^6\ cm^3$ on obtient : $V_{solide} = \mathbf{8{,}5.10^{-1}\ cm^3}$.

c) Un accroissement de volume de 0,1 % correspondrait à une augmentation ΔV du volume de la solution, tel que :

$$\frac{\Delta V}{V_1} = 0{,}1\ \% = \frac{0{,}1}{100} \Rightarrow \Delta V = \frac{0{,}1}{100} \times V_1 = \frac{0{,}1}{100} \times 250 = \mathbf{2{,}5.10^{-1}\ mL}$$

On en déduit que, lors de la dissolution, le volume de solide introduit (0,87 cm^3) ne contribue pas totalement à l'augmentation du volume de la solution. Cette différence provient de la destruction du réseau cristallin par les molécules d'eau, qui permet le rapprochement des ions $Cl^-_{(aq)}$ et $NH_4^+{}_{(aq)}$.

Exercice 2

1.

a) Il y a une **interaction attractive** entre les charges négatives du bâton d'ébonite et les molécules d'eau car celles-ci se rapprochent du bâton.

b) L'eau est une **molécule polaire** car il y a une interaction attractive entre les charges négatives portées par le bâton d'ébonite et les molécules d'eau.

c) Les atomes d'hydrogène étant moins électronégatifs que l'atome d'oxygène, ils porteront chacun une charge partielle positive ($+\delta$).

Pour compenser ces deux charges partielles ($+\delta$), l'oxygène portera une double charge partielle négative (-2δ) :

$$\overset{+\delta}{H} — \overset{-2\delta}{O} — \overset{+\delta}{H}$$

- - - - - - - -×- - - - - - - -

$\mathbf{G^+}$ et $\mathbf{G^-}$

Les 2 barycentres étant confondus, cela signifierait que la molécule d'eau n'est pas polaire, ce qui est contraire à l'expérience décrite. La géométrie de la molécule d'eau n'est donc **pas linéaire**.

2.

a) Une solution est un liquide constitué d'un solvant et de un ou plusieurs solutés. Le solvant étant l'espèce majoritaire, le soluté l'espèce minoritaire.

b) Une solution électrolytique est une solution qui contient des ions. Une solution aqueuse est une solution dont le solvant est l'eau.

c) Diluer, c'est le fait de rajouter un solvant à la solution.

d) Volume nécessaire de solution mère à prélever :
Il faut, dans un premier temps, introduire un volume V_1 précis de solution mère dans la fiole jaugée à l'aide d'une pipette jaugée. Dans un second temps, il faut compléter jusqu'au trait de jauge avec de l'eau distillée :

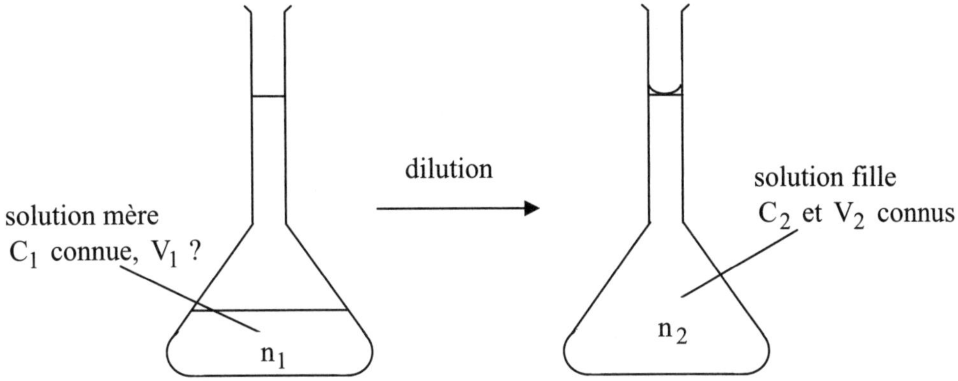

Quantité de matière de chlorure de baryum introduite dans la fiole à l'aide de la pipette jaugée : $n_1 = C_1 \times V_1$.
Quantité de matière de chlorure de baryum dans la solution fille à préparer :
$n_2 = C_2 \times V_2$.
Le fait de rajouter de l'eau (de diluer) ne change pas la quantité de matière de chlorure de baryum : il s'ensuit que $n_1 = n_2$.
Par conséquent : $C_1 \times V_1 = C_2 \times V_2$.

D'où : $\boxed{V_1 = \dfrac{C_2 \times V_2}{C_1}}$ A.N. : $V_1 = \dfrac{1{,}0.10^{-3} \times 100.10^{-3}}{2{,}0.10^{-2}} = \mathbf{5{,}0.10^{-3}\ L = 5{,}0\ mL}$.

e) Matériel nécessaire à la préparation de la solution :

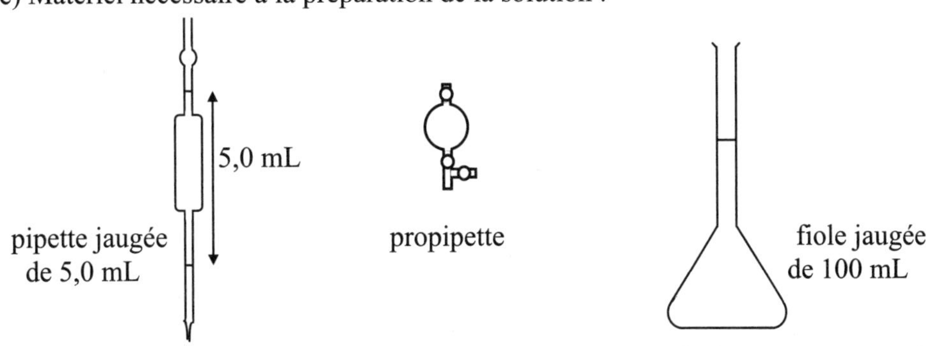

On introduit, à l'aide d'une **pipette jaugée de 5,0 mL** munie d'une **propipette** (ou poire), 5,0 mL de la solution mère de chlorure de baryum dans une **fiole jaugée de 100 mL**. On complète jusqu'au trait de jauge avec de l'eau distillée en utilisant une pissette d'eau, puis on homogénéise.

3.

a) Quantité de matière de chlorure de baryum dans la solution fille :

$\boxed{n_2 = C_2 \times V_2}$ A.N. : $n_2 = 1{,}0.10^{-3} \times 100.10^{-3} = \mathbf{1{,}0.10^{-4}}$ **mol.**

b) Masse de chlorure de baryum solide correspondante :

$\boxed{m_2 = n_2 \times M_{BaCl_2}}$ A.N. : $m_2 = 1{,}0.10^{-4} \times (137{,}3 + 2\times35{,}5) = \mathbf{2{,}1.10^{-2}}$ **g.**

4.

a) Equation de dissolution du chlorure de baryum dans l'eau :

$$\mathbf{BaCl_{2(s)} \longrightarrow Ba^{2+}_{(aq)} + 2\ Cl^-_{(aq)}}$$

L'ion stable du chlore est Cl^-. Il y a un nombre stœchiométrique de 2 devant l'ion Cl^- dans le membre de droite de l'équation, car il y a 2 éléments chlore dans le membre de gauche. Par conservation de la charge électrique, l'ion stable du baryum est nécessairement Ba^{2+}.

b) Concentration molaire effective des différents ions dans la solution diluée :
La quantité de matière dans l'état initial de chlorure de baryum est $C_2 \times V_2$ car on cherche la concentration molaire des ions dans la solution fille.

Equation	$BaCl_{2(s)}$ $\longrightarrow$	$Ba^{2+}_{(aq)}$ +	$2\ Cl^-_{(aq)}$
E.I. (mol)	$C_2 \times V_2$	0	0
Au cours de la transformation (mol)	$C_2 \times V_2 - x$	x	$2\ x$
E.F. (mol)	$C_2 \times V_2 - x_{max}$	x_{max}	$2\ x_{max}$

$$[Ba^{2+}_{(aq)}] = \frac{n^{EF}_{Ba^{2+}}}{V_2} = \frac{x_M}{V_2} = \frac{C_2 \times V_2}{V_2} = C_2 = \mathbf{1{,}0.10^{-3}\ mol.L^{-1}}.$$

$$[Cl^-_{(aq)}] = \frac{n^{EF}_{Cl^-}}{V_2} = \frac{2x_M}{V_2} = \frac{2 \times C_2 \times V_2}{V_2} = 2 \times C_2 = \mathbf{2{,}0.10^{-3}\ mol.L^{-1}}.$$

Calcul de l'avancement maximal :
Le réactif limitant est nécessairement le chlorure de baryum car c'est le seul réactif.
Sa quantité de matière est donc nulle dans l'état final :

$n^{EF}_{BaCl_2} = 0 = C_2 \times V_2 - x_{max}$ $\Rightarrow$ $\boxed{x_{max} = C_2 \times V_2}$ A.N. $x_{max} = \mathbf{1{,}0.10^{-4}}$ **mol.**

Devoir 4

Exercice 1

1. Ajustons la stœchiométrie de l'équation de combustion :

$$C_aH_bO_c \quad + \quad \mathbf{(a+\frac{b}{4}-\frac{c}{2})}\ O_{2(g)} \longrightarrow \mathbf{a}\ CO_{2(g)} \quad + \quad \mathbf{\frac{b}{2}}\ H_2O_{(g)}$$

2. Quantité de matière initiale de la molécule inconnue :

$$\boxed{n^i_{C_aH_bO_c} = \frac{m_1}{M}} \qquad \text{A.N. : } n^i_{C_aH_bO_c} = \frac{10,0}{60,0} = \mathbf{1,67.10^{-1}\ mol.}$$

3. Quantité de matière de dioxyde de carbone formé :

$$\boxed{n_{CO_2} = \frac{m_2}{M_{CO_2}}} \quad \text{A.N. : } M_{CO_2} = 44,0 \text{ g.mol}^{-1} \Rightarrow n_{CO_2} = \frac{22,0}{44,0} = \mathbf{5,00.10^{-1}\ mol.}$$

4. Quantité de matière d'eau formée :

$$\boxed{n_{H_2O} = \frac{m_3}{M_{H_2O}}}$$

$$\text{A.N. : } M_{H_2O} = 18,0 \text{ g.mol}^{-1} \Rightarrow n_{H_2O} = \frac{12,0}{18,0} = \mathbf{6,67.10^{-1}\ g.mol^{-1}}.$$

5. Tableau d'avancement relatif à la combustion :

Equation	$C_aH_bO_c$ +	$(a+\frac{b}{4}-\frac{c}{2})\ O_2 \longrightarrow$	$a\ CO_2$ +	$\frac{b}{2}\ H_2O$
Etat initial (mol)	$n^i_{C_aH_bO_c}$	$n^i_{O_2}$	0	0
Au cours de la transformation (mol)	$n^i_{C_aH_bO_c} - x$	$n^i_{O_2} - (a+\frac{b}{4}-\frac{c}{2}).x$	a.x	$\frac{b}{2}.x$
Etat final (mol)	$n^i_{C_aH_bO_c} - x_{max}$	$n^i_{O_2} - (a+\frac{b}{4}-\frac{c}{2}).\ x_{max}$	$a.\ x_{max}$	$\frac{b}{2}.\ x_{max}$

Remarques

Les états physiques ont été volontairement oubliés pour des raisons de place.
Le dioxygène est en excès.

6. Avancement maximal :
La molécule inconnue est le réactif limitant car le dioxygène est en excès.
La quantité de matière de la molécule recherchée est donc nulle dans l'état final :

$$n^{EF}_{C_aH_bO_c} = n^{i}_{C_aH_bO_c} - x_{max} = 0$$

$$\boxed{x_{max} = n^{i}_{C_aH_bO_c}}$$ A.N. : $n^{EF}_{C_aH_bO_c} = \mathbf{1{,}67.10^{-1}\ mol}$.

7. Valeurs de a, b et c et formule brute :
Détermination de a
Dans l'état final, la quantité de matière de dioxyde de carbone formé est d'après le tableau d'avancement : $n_{CO_2} = a.\, x_{max}$

Il s'ensuit que : $\boxed{a = \dfrac{n_{CO_2}}{x_{max}}}$

A.N. : $a = \dfrac{0{,}500}{0{,}167} = \mathbf{2{,}99}$.

a étant un nombre entier : **a = 3**.

Détermination de b
Dans l'état final, la quantité de matière d'eau formée est d'après le tableau d'avancement : $n_{H_2O} = \dfrac{b}{2} . x_{max}$

Il s'ensuit que : $\boxed{b = \dfrac{2 \times n_{H_2O}}{x_{max}}}$

A.N. : $b = \dfrac{2 \times 0{,}667}{0{,}167} = 7{,}99$

b étant un nombre entier : **b = 8**.

Détermination de c
La quantité de matière de dioxygène qui a disparu est, d'après le tableau d'avancement : $n^{disp}_{O_2} = (a + \dfrac{b}{4} - \dfrac{c}{2}).\, x_{max}$

Il s'ensuit que : $\boxed{c = 2 \times a + \dfrac{b}{2} - \dfrac{2 \times n^{disp}_{O_2}}{x_{max}}}$

$$c = 2 \times 3 + \frac{8}{2} - \frac{2 \times 0{,}752}{0{,}167} = \mathbf{0{,}994}$$

c étant un nombre entier : **c = 1**.

La formule brute de la molécule est donc $\mathbf{C_3H_8O}$.

8. Formules développées et semi-développées répondant à cette formule brute :

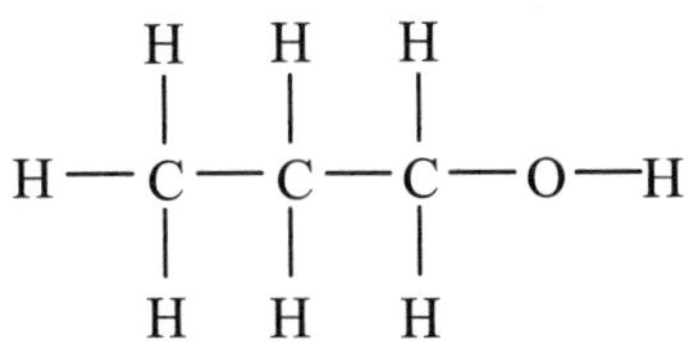

$CH_3—CH_2—CH_2—OH$

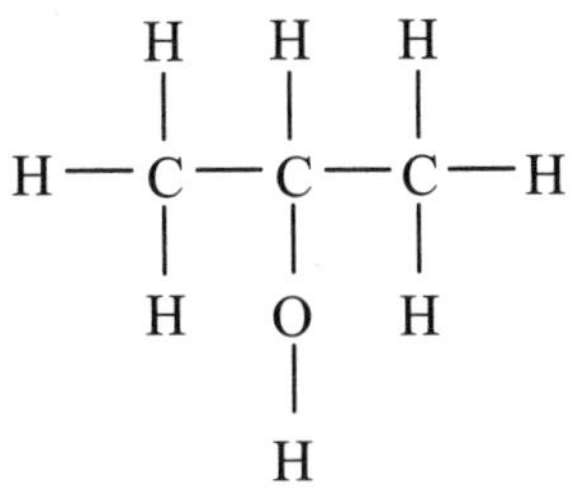

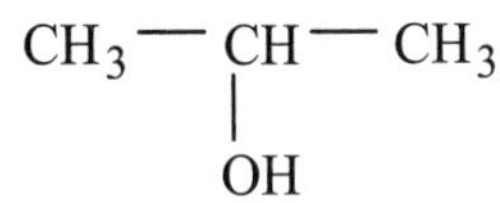

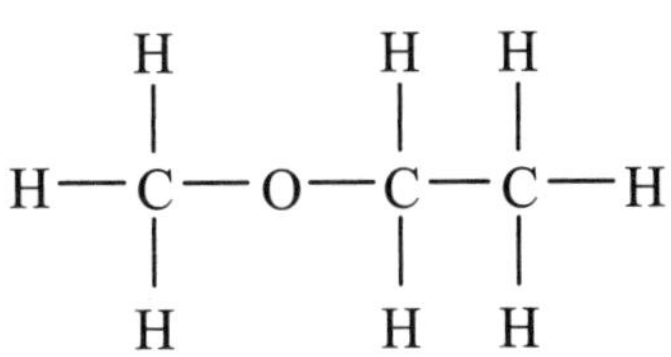

$CH_3—O—CH_2—CH_3$

formules développées — formules semi-développées

9. Ces molécules sont des **isomères** : elles possèdent la même formule brute mais des formules développées ou semi-développées différentes. De telles molécules ont des propriétés physiques et chimiques différentes.

✍ Exercice 2

1. Le combustible est le **méthane**. Le comburant est le **dioxygène**.

2. Formules développées :

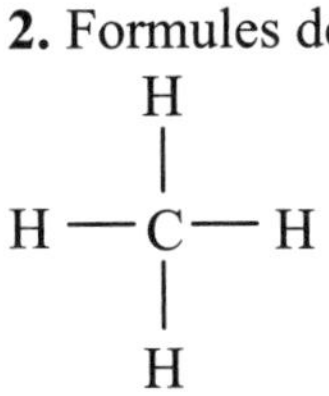

$O=O$ $\quad$ $O=C=O$ $\quad$ $H—O—H$

3. Bilan des liaisons rompues et des liaisons formées :

Liaisons rompues : 4 liaisons simples carbone–hydrogène et 2 liaisons doubles oxygène–oxygène (il y a un nombre stœchiométrique de 2 devant $O_{2(g)}$ dans l'équation chimique).

Liaisons formées : 2 liaisons doubles carbone–oxygène et 4 liaisons simples oxygène–hydrogène (il y a un nombre stœchiométrique de 2 devant $H_2O_{(g)}$ dans l'équation chimique).

4. Energie molaire de la réaction de combustion du méthane :
Nous utilisons la formule suivante du cours :

$$Q_{combustion} = \begin{pmatrix}\text{somme des énergies} \\ \text{de liaisons rompues}\end{pmatrix} - \begin{pmatrix}\text{somme des énergies} \\ \text{de liaisons formées}\end{pmatrix}$$

$$\boxed{Q_{combustion} = (4\times D_{C-H} + 2\times D_{O=O}) - (2\times D_{C=O} + 4\times D_{O-H})}$$

$Q_{combustion} = (4\times425 + 2\times495) - (2\times805 + 4\times460)$

$Q_{combustion}$ **= – 760 kJ/mol** < 0 : la réaction est donc **exothermique** (elle libère de la chaleur).

5. Quantité de matière n contenue dans 1,0 m^3 de méthane :

$\boxed{n = \dfrac{V_l}{V_m}}$ A.N. : $n = \dfrac{1{,}0.10^3}{24{,}0}$ = **42 mol.** ($1{,}0\ m^3 = 1{,}0.10^3$ L)

6. Tableau d'avancement relatif à la combustion du méthane :

Equation	$CH_{4(g)}$ +	$2\ O_{2(g)}$ ⟶	$CO_{2(g)}$ +	$2\ H_2O_{(g)}$
Etat initial (mol)	42	excès	0	0
Au cours de la transformation (mol)	42 – x	excès	x	2x
Etat final (mol)	$42 - x_{max}$	excès	x_{max}	$2\,x_{max}$

Le réactif limitant est le méthane. Sa quantité de matière dans l'état final est nulle :
$n_{CH_4}^{EF} = 0 = 42 - x_{max}$

Il s'ensuit que : x_{max} = **42 mol.**

7. Energie libérée par la combustion de 1,0 m^3 de méthane :
Calculons dans un premier temps l'énergie de réaction ΔE :

$\boxed{\Delta E = x_{max} \times Q_r}$ A.N. : $\Delta E = 42 \times (-760) = = \mathbf{-32.10^3}$ **kJ**.

L'énergie libérée lors de la combustion du méthane est donc :

$\boxed{E_{libérée} = |\Delta E|}$ A.N. : $E_{libérée}$ **= 3, 2.10⁴ kJ**.

8. Un kilowattheure correspond à une puissance de 1 kilowatt (1 000 W) consommée pendant 1 heure (3600 s) : 1 kWh = 1000 × 3600 = $\mathbf{3{,}6.10^6}$ **J**.

9. Energie libérée en kilowattheure :

Energie en joules	Energie en kWh
$3{,}6.10^6$	1
$E = 32.10^6$	$E = \dfrac{32.10^6 \times 1}{3{,}6.10^6} = \mathbf{8{,}9}$

32.10^3 kJ = 32.10^6 J.

L'énergie libérée par la combustion de 1,0 m^3 de méthane est donc de **8,9 kWh**.

10. Volume de méthane nécessaire aux besoins de la famille

On vient de calculer l'énergie libérée par la combustion de 1,0 m^3 de méthane.

Afin de trouver le volume V_2, on peut utiliser un produit en croix :

8,9 kWh ⟶ 1,0 m^3 de méthane

25 000 kWh ⟶ V_2

$$V_2 = \frac{25\,000 \times 1{,}0}{8{,}9}$$

$$V_2 = \mathbf{2{,}8.10^3\ m^3}.$$

Une famille de quatre personnes a besoin d'environ 2 800 m^3 de méthane pour se chauffer pendant un an.

Devoir 5

✍ Exercice 1

A. Estimation de l'alcoolémie d'un conducteur par la formule de Widmark

1. Volume d'éthanol ingéré par le conducteur :

Calculons le volume de vin blanc à 12° ingéré : $V = 3 \times 15 = 45$ cL = 450 mL.

D'après la définition du degré alcoolique, nous avons la correspondance suivante :

Vin blanc	Ethanol
100 mL de vin blanc à 12°	12 mL
450 mL de vin blanc à 12°	$V_{éth} = \dfrac{450 \times 12}{100} = \mathbf{54\ mL}$

Le volume d'éthanol ingéré par le conducteur est donc de **54 mL.**

2. Masse d'éthanol ingéré par le conducteur :

On se sert de la formule de la masse volumique : $m_{éth} = \rho \times V_{éth}$

$$m_{éth} = 0{,}80 \times 54 = \mathbf{43\ g.}$$

3. Alcoolémie du conducteur une heure après le repas :

$$\tau = \frac{m_{éth}}{m \times 0{,}70} = \frac{43}{70 \times 0{,}70} = \mathbf{0{,}88\ g.L^{-1}}.$$

4. Le conducteur n'est pas en état de conduire une heure après le repas car son taux d'alcoolémie est au-dessus de la limite autorisée ($0{,}88\ g.L^{-1} > 0{,}5\ g.L^{-1}$).

5. Le conducteur doit éliminer $(0{,}88 - 0{,}5) = 0{,}38$ g d'alcool par litre de sang soit 380 $mg.L^{-1}$. Le taux d'élimination de l'alcool par heure étant en moyenne de 15 milligrammes par 100 millilitres de sang soit 150 mg par litre ($1L = 10 \times 100$ mL), il doit donc attendre :

A éliminer par heure	Durée
150 mg	1 heure
380 mg	$\frac{380 \times 1}{150}$ = **2,5 heures**

Le conducteur doit donc attendre **2 heures 30** avant de reprendre le volant.

B. Equation chimique

1. Demi-équation électronique relative au couple $Cr_2O_7^{2-} / Cr^{3+}$:

$$Cr_2O_7^{2-} + 14\,H^+ + 6e^- = 2\,Cr^{3+} + 7\,H_2O.$$

2. Demi-équation électronique relative au couple CH_3CO_2H / CH_3CH_2OH :

$$CH_3CO_2H + 4\,H^+ + 4e^- = CH_3CH_2OH + H_2O.$$

3. Equation de la réaction mise en jeu dans l'ampoule en verre

Les réactifs sont : $Cr_2O_7^{2-}$ et CH_3CH_2OH.

$$Cr_2O_7^{2-} + 14\,H^+ + 6\,e^- = 2\,Cr^{3+} + 7\,H_2O \qquad \times 4$$

$$CH_3CH_2OH + H_2O = CH_3CO_2H + 4\,H^+ + 4\,e^- \qquad \times 6$$

$$\mathbf{4\,Cr_2O_7^{2-} + 6\,CH_3CH_2OH + 32\,H^+ \longrightarrow 8\,Cr^{3+} + 6\,CH_3CO_2H + 22\,H_2O}.$$

4. L'ion dichromate joue le rôle d'oxydant (il est placé à gauche du slash dans l'écriture du couple) : il oxyde donc l'éthanol.

5. On doit acidifier la solution de dichromate de potassium car, dans l'équation chimique de la question 3, apparaissent des ions H^+, espèce chimique acide par « excellence », dans le membre des réactifs. Les ions H^+ sont donc nécessaires au déroulement de la transformation chimique.

6. Evolution de la couleur dans l'ampoule de verre

La solution devient progressivement verte car les ions dichromate, orange en solution aqueuse, se transforment en ions Cr^{3+}, verts.

C. Calcul de l'alcoolémie du conducteur

1. Quantité de matière initiale d'ions dichromate :

Le nombre stœchiométrique devant l'ion dichromate dans la formule de la solution de dichromate de potassium étant de 1, nous avons : $[Cr_2O_7^{2-}] = C_2$.

$\boxed{n^i_{Cr_2O_7^{2-}} = C_2 \times V_2}$ A.N. : $n^i_{Cr_2O_7^{2-}} = 4{,}19.10^{-4} \times 3{,}00.10^{-3} = \mathbf{1{,}26.10^{-6}}$ **mol**.

2. Quantité de matière d'ions dichromate restante :

$\boxed{n^{EF}_{Cr_2O_7^{2-}} = C'_2 \times V_2}$ A.N. : $n^{EF}_{Cr_2O_7^{2-}} = 3{,}07.10^{-4} \times 3{,}00.10^{-3} = \mathbf{9{,}21.10^{-7}}$ **mol**.

3. Le réactif en excès est l'ion dichromate car sa quantité de matière est différente de zéro dans l'état final. Le réactif limitant est par conséquent l'éthanol.

4. La quantité de matière d'éthanol dans l'état final est nulle car c'est le réactif limitant.

5. Tableau descriptif de l'avancement de la transformation chimique

Equation	$4\,Cr_2O_7^{2-} + 6\,CH_3CH_2OH + 32\,H^+ \longrightarrow 8\,Cr^{3+} + 6\,CH_3CO_2H + 22\,H_2O$					
Etat initial (mol)	$n^i_{Cr_2O_7^{2-}}$	$n^i_{éth}$	excès	0	0	excès
Au cours de la transformation (mol)	$n^i_{Cr_2O_7^{2-}} - 4x$	$n^i_{éth} - 6x$	excès	8 x	6 x	excès
Etat final (mol)	$n^i_{Cr_2O_7^{2-}} - 4\,x_{max}$	$n^i_{éth} - 6\,x_{max}$	excès	$8\,x_{max}$	$6\,x_{max}$	excès

6. Calcul de l'avancement maximal de la réaction :
D'après le tableau d'avancement, la quantité de matière d'ions dichromate qui ont disparu est égale à $4\,x_{max}$:

$$4\,x_{max} = n^i_{Cr_2O_7^{2-}} - n^{EF}_{Cr_2O_7^{2-}}$$

Il s'ensuit que : $\boxed{x_{max} = \dfrac{n^i_{Cr_2O_7^{2-}} - n^{EF}_{Cr_2O_7^{2-}}}{4}}$

$$x_{max} = \frac{1{,}26.10^{-6} - 9{,}21.10^{-7}}{4} = \mathbf{8{,}48.10^{-8}\ mol.}$$

7. Quantité de matière d'éthanol présent dans l'échantillon d'air prélevé :
Comme on l'a vu à la question 4, la quantité de matière d'éthanol dans l'état final est nulle : $n^{EF}_{éth} = 0 = n^i_{éth} - 6\,x_{max}$

Il s'ensuit que : $\boxed{n^i_{éth} = 6\,x_{max}}$ A.N. : $n^i_{éth} = 6 \times 8{,}48.10^{-8} = \mathbf{5{,}09.10^{-7}}$ **mol**.

8. Alcoolémie du conducteur :
Quantité de matière d'éthanol dans 55,0 mL de sang :

$n_{éth}^{55mL} = 2100 \times 5{,}09.10^{-7} = 1{,}07.10^{-3}$ mol.

Quantité de matière d'éthanol dans 1L de sang :

$n_{éth}^{1L} = \dfrac{1000 \times 1{,}07.10^{-3}}{55{,}0} = 1{,}95.10^{-2}$ mol   1L = 1000 mL.

Masse d'éthanol dans 1L de sang :

$m = n_{éth}^{1L} \times M_{éth} = 1{,}95.10^{-2} \times 46{,}0 = \mathbf{0{,}897\ g}$ $M_{éth} = 46{,}0\ g.mol^{-1}$.

Le taux d'alcoolémie est donc de **0,897g.L^{-1}**.

Exercice 2

A. Etude d'une réaction d'oxydoréduction lorsque les deux réactifs sont directement en contact

1. $[Ag^+]_i = \dfrac{n_1}{V_1+V_2} = \dfrac{C_1 \times V_1}{V_1+V_2} = \dfrac{1{,}0.10^{-1} \times 20}{40} = \mathbf{5{,}0.10^{-2}\ mol.L^{-1}}$.

$[Cu^{2+}]_i = \dfrac{n_2}{V_1+V_2} = \dfrac{C_2 \times V_2}{V_1+V_2} = \dfrac{5{,}0.10^{-2} \times 20}{40} = \mathbf{2{,}5.10^{-2}\ mol.L^{-1}}$.

2. Les observations expérimentales indiquent qu'il se forme un dépôt métallique d'argent sur la lame de cuivre ainsi qu'une apparition d'ion cuivre II dans la solution.

$$Ag^+_{(aq)} + e^- = Ag_{(s)} \qquad \times\ \mathbf{2}$$
$$Cu_{(s)} = Cu^{2+}_{(aq)} + 2\,e^- \qquad \times\ \mathbf{1}$$
$$2\,Ag^+_{(aq)} + Cu_{(s)} \longrightarrow 2\,Ag_{(s)} + Cu^{2+}_{(aq)}$$

B. Etude d'une réaction d'oxydoréduction lorsque les deux réactifs ne sont pas directement en contact

1. Schématisation de la pile : réalisée à fin de l'exercice.

2.

a) Le courant circulant de l'argent vers le cuivre, les électrons circulent en sens inverse, soit **du cuivre vers l'argent** dans le conducteur ohmique.

b) L'électrode de cuivre est donc la borne négative, soit l'anode, siège d'une oxydation qui fournit des électrons :

$$Cu_{(s)} = Cu^{2+}_{(aq)} + 2\,e^-$$

Au niveau de l'électrode d'argent (pôle positif), il se produit une réduction qui consomme des électrons :

$$Ag^+_{(aq)} + e^- = Ag_{(s)}$$

L'équation d'oxydoréduction spontanée modélisant le fonctionnement de la pile est donc :

$$2\ Ag^+_{(aq)} + Cu_{(s)} \longrightarrow 2\ Ag(s) + Cu^{2+}_{(aq)}$$

On retrouve bien l'équation de la question **A. 2.**

Remarque

Dans ce cas, le transfert d'électrons, entre les réactifs de la réaction d'oxydoréduction, ne se fait pas directement au sein du système chimique mais par l'intermédiaire d'un système électrique extérieur (fils conducteurs, conducteur ohmique de résistance R…) où prend naissance un courant d'intensité I.

c) Le pont salin permet:

- de fermer le circuit électrique ; il assure le passage du courant entre les 2 solutions, sous forme d'un déplacement d'ions.
- de conserver la neutralité électrique des solutions en leur apportant des ions. D'un côté, il y a consommation d'ions Ag^+, le pont salin apporte des ions K^+ pour compenser. Dans l'autre bécher, il y a formation d'ions Cu^{2+}, le pont salin apporte des ions NO_3^- pour neutraliser. Voir schéma suivant.

3.

a) Tableau d'avancement associé à la transformation chimique :

Équation chimique		$2\ Ag^+_{(aq)}$ +	$Cu_{(s)}$ →	$2\ Ag_{(s)}$ +	$Cu^{2+}_{(aq)}$
État du système	Avancement	Quantité de matière en mol			
E.I. (mol)	0	$n_1 = C_1.V_1$	$n(Cu)_i = \dfrac{m}{M}$	$n(Ag)_i$	$n_2 = C_2.V_2$
En cours	x	$n_1 - 2x$	$n(Cu)_i - x$	$n(Ag)_i + 2\ x$	$n_2 + x$
E.F. (mol)	x_{max}	$n_1 - 2x_{max}$	$n(Cu)_i - x_{max}$	$n(Ag)_i + 2\ x_{max}$	$n_2 + x_{max}$

b) Si Ag^+ est le réactif limitant, il est totalement consommé soit $n_1 - 2x_{max} = 0$

$C_1.V_1 - 2x_{max} = 0 \Rightarrow$ $\boxed{x_{max} = \dfrac{C_1.V_1}{2}}$

A.N. : $x_{max} = \dfrac{1{,}0.10^{-1} \times 20.10^{-3}}{2}$ $\mathbf{= 1{,}0.10^{-3}\ mol.}$

Si Cu est le réactif limitant, $n(Cu)_i - x_{max} = 0 \Rightarrow x_{max} = n(Cu)_i \Leftrightarrow$ $\boxed{x_{max} = \dfrac{m}{M}}$

A.N. : $x_{max} = \dfrac{1{,}0}{63{,}5}$ $\mathbf{= 1{,}6.10^{-2}\ mol.}$

$\mathbf{Ag^+}$ conduit à la valeur de l'avancement maximal la plus faible, il s'agit donc du réactif limitant et $\mathbf{x_{max} = 1{,}0.10^{-3}}$ **mol**.

c) D'après le tableau d'avancement : $n(Cu^{2+})f = n_2 + x_{max}$

Or $n_2 = C_2 \times V_2$ et $[Cu^{2+}_{(aq)}]_f = \dfrac{n(Cu^{2+})_f}{V_2}$

$$\Rightarrow \boxed{[Cu^{2+}_{(aq)}]_f = \frac{C_2.V_2 + x_{max}}{V_2}}$$

A.N. : $[Cu^{2+}_{(aq)}]_f = \dfrac{5{,}0.10^{-2} \times 20.10^{-3} + 1{,}0.10^{-3}}{20.10^{-3}} = \mathbf{1{,}0.10^{-1}\ mol.L^{-1}}$.

d) D'après le tableau d'avancement : $n(Cu)_f = n(Cu)_i - x_{max}$

Or $n(Cu)_f = \dfrac{m(Cu)_f}{M(Cu)} \quad \Rightarrow \quad m(Cu)_f = n(Cu)_f \times M(Cu)$

Finalement : $m(Cu)_f = [n(Cu)_i - x_{max}] \times M(Cu)$

$$\boxed{m(Cu)_f = \left[\frac{m(Cu)_i}{M(Cu)} - x_{max}\right] \times M(Cu)}$$

A.N. : $m(Cu)_f = \left[\dfrac{1{,}0}{63{,}5} - 1{,}0.10^{-3}\right] \times 63{,}5 = \mathbf{9{,}4.10^{-1}\ g}$.

La perte de masse de l'électrode de cuivre est donc $1{,}0 - 9{,}4.10^{-1} = 6{,}0.10^{-2}$ g.

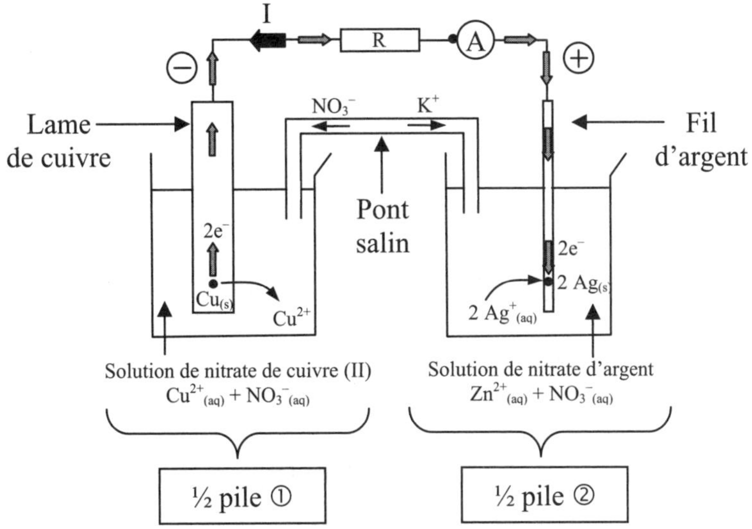

Devoir 6

Exercice 1

A. Synthèse de l'acide benzoïque

1. Le groupe caractéristique des alcools s'appelle le groupe **hydroxyle**.

2. Ecriture topologique de l'alcool benzylique :

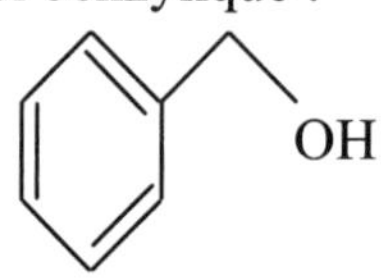

3. L'alcool benzylique est un alcool **primaire** car le carbone fonctionnel est lié à 1 atome de carbone (celui du cycle).

4. L'acide benzoïque appartient à la famille des **acides carboxyliques**. Le groupe caractéristique des acides carboxyliques s'appelle le groupe **carboxyle**.
Ecriture topologique de l'acide benzoïque :

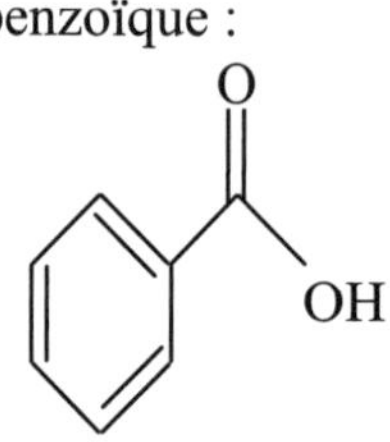

5. Base conjuguée de l'acide benzoïque : $\mathbf{C_6H_5-COO^-}$.

6. Demi-équations d'oxydoréduction :
Le milieu réactionnel étant basique, il faut écrire les demi-équations en milieu basique :

MnO_4^-/MnO_2 : $\mathbf{MnO_4^- + 2\,H_2O + 3\,e^- = MnO_2 + 4\;HO^-}$.

$C_6H_5-COO^-/C_6H_5-CH_2-OH$:

$\mathbf{C_6H_5-COO^- + 4\,H_2O + 4\,e^- = C_6H_5-CH_2-OH + 5\;HO^-}$.

7. Equation de la réaction chimique associée à l'oxydation :

$$MnO_4^- + 2H_2O + 3e^- = MnO_2 + 4 HO^- \qquad \times 4$$

$$C_6H_5 - CH_2 - OH + 5 HO^- = C_6H_5 - COO^- + 4 H_2O + 4e^- \qquad \times 3$$

$$\mathbf{4MnO_4^- + 3C_6H_5 - CH_2 - OH \longrightarrow 4MnO_2 + 3C_6H_5 - COO^- + HO^- + 4H_2O}$$

Equation obtenue après simplification.

Remarque

Les états physiques ont été volontairement oubliés pour des raisons de place.

8. Quantités de matière des réactifs dans l'état initial :

$$\boxed{n^i_{MnO_4^-} = C_3 \times V_3} \qquad \text{A.N. : } n^i_{MnO_4^-} = 0{,}25 \times 100.10^{-3} = \mathbf{2{,}5.10^{-2}\ mol.}$$

$$n^i_{C_6H_5-CH_2-OH} = \frac{m}{M}$$

$$\left.\begin{array}{l} m = \rho \times V \\ \rho = d \times \rho_{eau} \end{array}\right\} \quad m = d \times \rho_{eau} \times V$$

$$\Rightarrow \boxed{n^i_{C_6H_5-CH_2-OH} = \frac{d \times \rho_{eau} \times V}{M}}$$

A.N. : $n^i_{C_6H_5-CH_2-OH} = \frac{1{,}05 \times 1{,}0 \times 2{,}00}{108}$ $\qquad M_{C_6H_5-CH_2-OH} = 108\ g.mol^{-1}$

$$n^i_{C_6H_5-CH_2-OH} = \mathbf{1{,}9.10^{-2}\ mol.}$$

9. Tableau d'avancement relatif à l'oxydation

Equation	$3C_6H_5 - CH_2 - OH$	$+4MnO_4^-$	$= 4MnO_2$	$+3C_6H_5 - COO^-$	$+4H_2O$	$+HO^-$
Etat initial (mol)	$n^i_{C_6H_5-CH_2-OH}$	$n^i_{MnO_4^-}$	0	0	excès	0
Au cours de la transformation (mol)	$n^i_{C_6H_5-CH_2-OH} - 3x$	$n^i_{MnO_4^-} - 4x$	4x	3x	excès	x
Etat final (mol)	$n^i_{C_6H_5-CH_2-OH} - 3\,x_{max}$	$n^i_{MnO_4^-} - 4\,x_{max}$	$4\,x_{max}$	$3\,x_{max}$	excès	x_{max}

10. Montrons que l'alcool benzylique est en léger excès.
Supposons que l'ion permanganate soit le réactif limitant :

$$n^{EF}_{MnO_4^-} = 0 = n^{i}_{MnO_4^-} - 4\,x_{max}$$

$$\boxed{x_{max} = \frac{n^{i}_{MnO_4^-}}{4}} \qquad \text{A.N. : } \frac{2{,}5.10^{-2}}{4} = \mathbf{6{,}3.10^{-3}\ mol.}$$

Calculons alors la quantité de matière d'alcool benzylique dans l'état final (si elle est positive, alors l'hypothèse est bonne) :

$$\boxed{n^{EF}_{C_6H_5-CH_2-OH} = n^{i}_{C_6H_5-CH_2-OH} - 3\,x_{max}}$$

$n^{EF}_{C_6H_5-CH_2-OH} = 1{,}9.10^{-2} - 3\times 6{,}3.10^{-3} = \mathbf{1{,}0.10^{-4}}$ **mol** > 0 : **l'alcool benzylique est bien en excès.**

11. Les espèces chimiques présentes à la fin du chauffage sont les produits formés (ion benzoate, ion hydroxyde et dioxyde de manganèse), le réactif en excès (alcool benzylique), les ions spectateurs Na^+ et K^+ et le solvant (l'eau).

12. Elément B : **chauffe-ballon**. Elément C : **ballon**. Elément D : **réfrigérant**.

13. Le fait de chauffer le mélange à reflux permet d'accélérer la réaction chimique.

14. La pierre ponce sert à réguler l'ébullition : elle permet de générer de petites bulles tout en évitant de faire de gros bouillons.

B. Extraction de l'acide benzoïque

1. Une filtration sur Büchner est beaucoup **plus rapide** qu'une filtration simple.

2. L'espèce chimique que l'on récupère sur le filtre est le solide figurant dans les espèces chimiques présentes à la fin du chauffage, le dioxyde de manganèse $\mathbf{MnO_{2(s)}}$ de couleur brune.

3. Dans le filtrat, on récupère les autres espèces chimiques, à savoir : ion benzoate, ion hydroxyde, ion sodium, ion potassium, alcool benzylique et eau.

4.

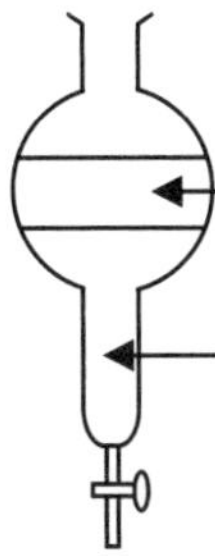

Phase aqueuse : eau, ion benzoate, ion hydroxyde, ion sodium et ion potassium.

Phase organique : dichlorométhane et alcool benzylique.

Dans l'ampoule à décanter, il y a deux phases car l'eau et le dichlorométhane ne sont pas miscibles.
La phase organique est la phase du dessous car le dichlorométhane a une densité plus élevée que l'eau (1,32 contre 1,0).
Les espèces chimiques plus solubles dans l'eau que dans le dichlorométhane se retrouvent dans la phase aqueuse : ion benzoate, ion hydroxyde, ion sodium et ion potassium (les espèces ioniques sont en général très solubles dans l'eau et peu solubles dans les solvants organiques tel que le dichlorométhane).
L'alcool benzylique, plus soluble dans le dichlorométhane que dans l'eau, se retrouve dans la phase organique.
L'objectif de cette étape est d'extraire l'alcool benzylique afin qu'il ne soit plus mélangé à l'ion benzoate.

5. Le solide blanc qui se forme après l'ajout de la solution d'acide chlorhydrique est l'acide benzoïque, très peu soluble dans l'eau. En effet, l'acide benzoïque se forme grâce à l'ajout d'acide chlorhydrique selon la réaction acido-basique suivante : $C_6H_5-COO^-_{(aq)} + H_3O^+_{(aq)} \longrightarrow C_6H_5-COOH_{(s)} + H_2O$.

base acide acide benzoïque

6. Masse théorique d'acide benzoïque :
La quantité de matière d'acide benzoïque formé est égale à la quantité de matière d'ions benzoate formés car le premier se forme à partir des seconds (voir équation ci-dessus).

$n^{EF}_{C_6H_5-COOH} = n^{EF}_{C_6H_5-COO^-} = 3\,x_{max}$ d'après le tableau d'avancement

$n^{EF}_{C_6H_5-COOH} = 3 \times 6{,}3.10^{-3} = \mathbf{1{,}9.10^{-2}\ mol}$.

$m_{théorique} = n^{EF}_{C_6H_5-COOH} \times M_{C_6H_5-COOH} = 1{,}9.10^{-2} \times 122 = \mathbf{2{,}3\ g}$.

$M_{C_6H_5-COOH} = \mathbf{122\ g.mol^{-1}}$.

7. Rendement de la synthèse : $\boxed{\rho = \dfrac{m_{\text{recueillie}}}{m_{\text{théorique}}}}$

A.N. : $\rho = \dfrac{1{,}49}{2{,}3}$ = **0,65 soit 65 %.**

C. Chromatographie sur couche mince (CCM)

1. Interprétation du chromatogramme :
Le produit synthétisé est de l'acide benzoïque car la tache a migré à la même hauteur que celle correspondant à la croix 2. De plus le produit obtenu ne contient pas d'alcool benzylique (réactif) car il n'y a pas de tache au-dessus de la croix 3, à la même hauteur que celle à la verticale de la croix 1.

2. Rapports frontaux :

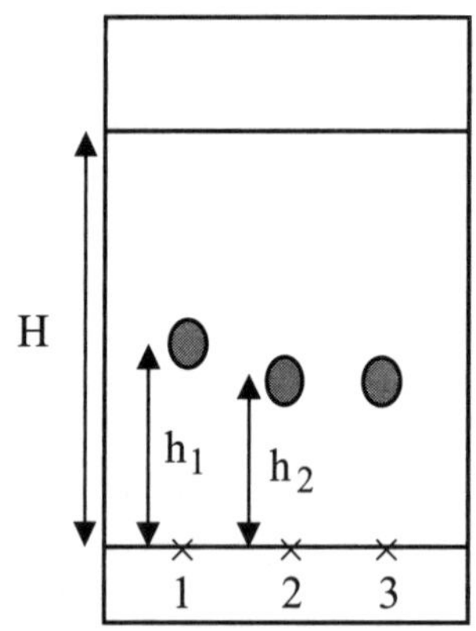

On prend le milieu de la tache.

$R_{f1} = \dfrac{h_1}{H} = \dfrac{1{,}65}{3{,}4} = \mathbf{0{,}49}$

$R_{f2} = \dfrac{h_2}{H} = \dfrac{1{,}4}{3{,}4} = \mathbf{0{,}41}$

Exercice 2

1. Le motif d'un polymère est le motif de répétition de la chaîne carbonée :

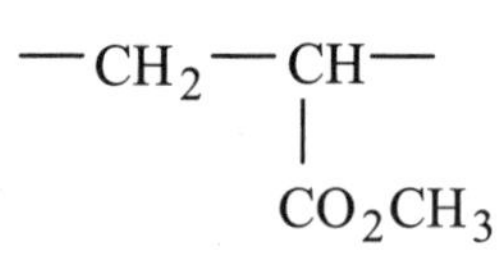

2. Le motif se répétant n fois, la formule du polymère est donc :

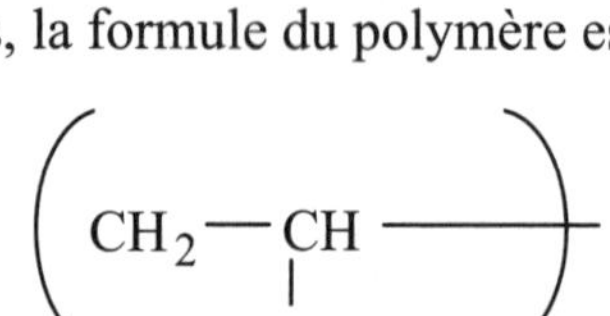

3. D'après la formule du polymère précédent, la masse molaire est égale au nombre de fois que le motif se répète (c'est-à-dire à l'indice de polymérisation n) multiplié par la masse molaire du motif : $M_{poly} = n \times M_{motif}$

$$M_{motif} = 4 \times M_C + 6 \times M_H + 2 \times M_O$$

$$M_{motif} = 4 \times 12{,}0 + 6 \times 1{,}00 + 2 \times 16{,}0 = 86{,}0 \text{ g.mol}^{-1}$$

$$\boxed{M_{poly} = n \times M_{motif}} \Rightarrow M_{poly} = 1000 \times 86{,}0 = \mathbf{86{,}0.10^3\ g.mol^{-1}}.$$

4. Equation chimique associée à la synthèse du polymère :

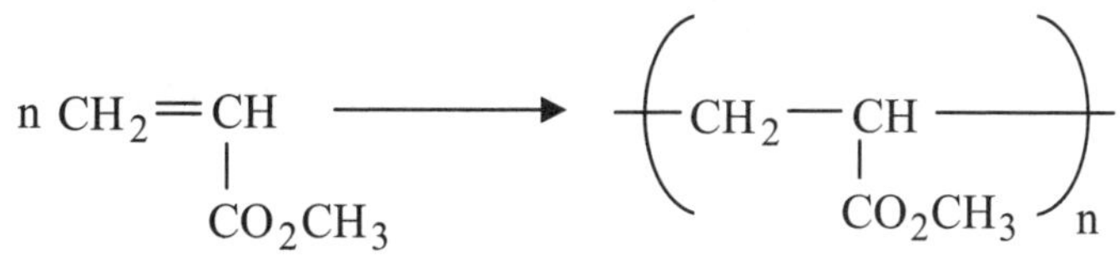

5. Tableau d'avancement relatif à la polymérisation :
Pour simplifier l'écriture du tableau d'avancement, on écrit l'équation chimique précédente de la façon suivante :

$$n\,A \longrightarrow B$$ A étant le monomère et B le polymère.

Equation	n A ⟶	B
Etat initial (mol)	n_{mono}	0
Au cours de la transformation (mol)	$n_{mono} - n.x$	x
Etat final (mol)	$n_{mono} - n.\,x_{max}$	x_{max}

n_{mono} : quantité de matière initiale du monomère.

6. Quantité de matière du monomère à introduire dans le mélange réactionnel :
Le réactif limitant est forcément le monomère car c'est le seul réactif. Il s'ensuit que la quantité de matière du monomère dans l'état final est nulle :

$$n_{mono}^{EF} = 0 = n_{mono} - n.\,x_{max}$$

$$\boxed{n_{mono} = n.\,x_{max}} \quad (1)$$

Afin de calculer la quantité de matière initiale du monomère à introduire, il faut calculer l'avancement maximal x_{max}, égal à la quantité de matière de polymère formée n_{poly}^{EF} d'après le tableau d'avancement :

$n_{poly}^{EF} = x_{max}$

Or, $n_{poly}^{EF} = \dfrac{m_{poly}}{M_{poly}}$

$\boxed{x_{max} = \dfrac{m_{poly}}{M_{poly}}}$

$x_{max} = \dfrac{1{,}0.10^3}{86{,}0.10^3}$ $\quad 1{,}0 \text{ kg} = 1{,}0.10^3 \text{ g}$

$x_{max} = \mathbf{1{,}2.10^{-2}\ mol}$

(1) $\boxed{n_{mono} = n.\, x_{max}}$ A.N. : $n_{mono} = 1000 \times 1{,}2.10^{-2} = \mathbf{12\ mol}$.

7. Calculons la masse du monomère correspondante :

$\boxed{m_{mono} = n_{mono} \times M_{mono}}$ avec $M_{mono} = 86{,}0 \text{ g.mol}^{-1}$

A.N. : $m_{mono} = 12 \times 86{,}0 = \mathbf{1{,}0.10^3\ g}$.

Classification périodique des éléments

A : nombre de masse de l'isotope le plus abondant

Z : numéro atomique

M : masse molaire atomique (g.mol^{-1}) du mélange isotopique naturel

$^{A}_{Z}$X Nom M

ELEMENTS DE TRANSITION

	I	II											III	IV	V	VI	VII	VIII
K	$^{1}_{1}$H Hydrogène 1,00797																	$^{4}_{2}$He Hélium 4,0026
L	$^{7}_{3}$Li Lithium 6,939	$^{9}_{4}$Be Béryllium 9,0122											$^{11}_{5}$B Bore 10,811	$^{12}_{6}$C Carbone 12,0111	$^{14}_{7}$N Azote 14,0067	$^{16}_{8}$O Oxygène 15,9994	$^{19}_{9}$F Fluor 18,9984	$^{20}_{10}$Ne Néon 20,183
M	$^{23}_{11}$Na Sodium 22,9898	$^{24}_{12}$Mg Magnésium 24,312											$^{27}_{13}$Al Aluminium 26,9815	$^{28}_{14}$Si Silicium 28,086	$^{31}_{15}$P Phosphore 30,9738	$^{32}_{16}$S Soufre 32,064	$^{35}_{17}$Cl Chlore 35,453	$^{40}_{18}$Ar Argon 39,948
N	$^{39}_{19}$K Potassium 39,102	$^{40}_{20}$Ca Calcium 40,08	$^{45}_{21}$Sc Scandium 44,956	$^{48}_{22}$Ti Titane 47,90	$^{51}_{23}$V Vanadium 50,942	$^{52}_{24}$Cr Chrome 51,996	$^{55}_{25}$Mn Manganèse 54,938	$^{56}_{26}$Fe Fer 55,847	$^{59}_{27}$Co Cobalt 58,933	$^{58}_{28}$Ni Nickel 58,71	$^{63}_{29}$Cu Cuivre 63,54	$^{64}_{30}$Zn Zinc 65,37	$^{69}_{31}$Ga Gallium 69,72	$^{74}_{32}$Ge Germanium 72,59	$^{75}_{33}$As Arsenic 74,922	$^{80}_{34}$Se Sélénium 78,96	$^{79}_{35}$Br Brome 79,909	$^{84}_{36}$Kr Krypton 83,80
O	$^{85}_{37}$Rb Rubidium 85,47	$^{88}_{38}$Sr Strontium 87,62	$^{89}_{39}$Y Yttrium 88,905	$^{90}_{40}$Zr Zirconium 91,22	$^{93}_{41}$Nb Niobium 92,906	$^{98}_{42}$Mo Molybdène 95,94	$^{99}_{43}$Tc Technétium 99	$^{102}_{44}$Ru Ruthénium 101,07	$^{103}_{45}$Rh Rhodium 102,905	$^{106}_{46}$Pd Palladium 106,4	$^{107}_{47}$Ag Argent 107,870	$^{114}_{48}$Cd Cadmium 112,40	$^{115}_{49}$In Indium 114,82	$^{120}_{50}$Sn Etain 118,69	$^{121}_{51}$Sb Antimoine 121,75	$^{128}_{52}$Te Tellure 127,60	$^{127}_{53}$I Iode 126,904	$^{129}_{54}$Xe Xénon 131,30
P	$^{133}_{55}$Cs Césium 132,905	$^{138}_{56}$Ba Baryum 137,34	*	$^{180}_{72}$Hf Hafnium 178,49	$^{181}_{73}$Ta Tantale 180,948	$^{184}_{74}$W Tungstène 183,85	$^{185}_{75}$Re Rhénium 186,2	$^{192}_{76}$Os Osmium 190,2	$^{193}_{77}$Ir Iridium 192,2	$^{195}_{78}$Pt Platine 195,09	$^{197}_{79}$Au Or 196,967	$^{202}_{80}$Hg Mercure 200,59	$^{205}_{81}$Tl Thallium 204,37	$^{208}_{82}$Pb Plomb 207,19	$^{209}_{83}$Bi Bismuth 208,980	$^{210}_{84}$Po Polonium 210,0	$^{218}_{85}$At Astate 210	$^{222}_{86}$Rn Radon 222
Q	$^{223}_{87}$Fr Francium 223	$^{226}_{88}$Ra Radium 226	**	$^{260}_{104}$Ku Kurtchatovium 260	$^{260}_{105}$Ha Hahnium 260	$^{263}_{106}$Sg Seaborgium	$^{261}_{107}$Ns Nielsbohrium 261/262	$^{264}_{108}$Hs Hassium 264/265	$^{266}_{109}$Mt Meitnerium 266	$^{269}_{110}$X 269/271 (09/11/1994)	$^{272}_{111}$X (08/12/1994)	$^{278}_{112}$X (30/02/1996)						

*Lanthanides	$^{139}_{57}$La Lanthane 138,91	$^{140}_{58}$Ce Cérium 140,12	$^{141}_{59}$Pr Praséodyme 140,907	$^{144}_{60}$Nd Néodyme 144,24	$^{143}_{61}$Pm Prométhium 145	$^{152}_{62}$Sm Samarium 150,35	$^{153}_{63}$Eu Europium 151,96	$^{158}_{64}$Gd Gadolinium 157,25	$^{159}_{65}$Tb Terbium 158,924	$^{162}_{66}$Dy Dysprosium 162,50	$^{165}_{67}$Ho Holmium 164,930	$^{166}_{68}$Er Erbium 167,26	$^{169}_{69}$Tm Thulium 168,934	$^{174}_{70}$Yb Ytterbium 173,04	$^{175}_{71}$Lu Lutétium 174,97
**Actinides	$^{227}_{89}$Ac Actinium 227	$^{232}_{90}$Th Thorium 232,038	$^{231}_{91}$Pa Protactinium 231	$^{238}_{92}$U Uranium 238,04	$^{237}_{93}$Np Neptunium 1,0	$^{242}_{94}$Pu Plutonium 242	$^{243}_{95}$Am Américium 243	$^{247}_{96}$Cm Curium 247	$^{247}_{97}$Bk Berkélium 247	$^{251}_{98}$Cf Californium 251	$^{254}_{99}$Es Einsteinium 254	$^{253}_{100}$Fm Fermium 253	$^{256}_{101}$Md Mendélévium 256	$^{254}_{102}$No Nobélium 254	$^{257}_{103}$Lw Laurencium 257

AUBIN IMPRIMEUR

Achevé d'imprimer en juillet 2012
N° d'impression 1207.0085
Dépôt légal, août 2012
Imprimé en France